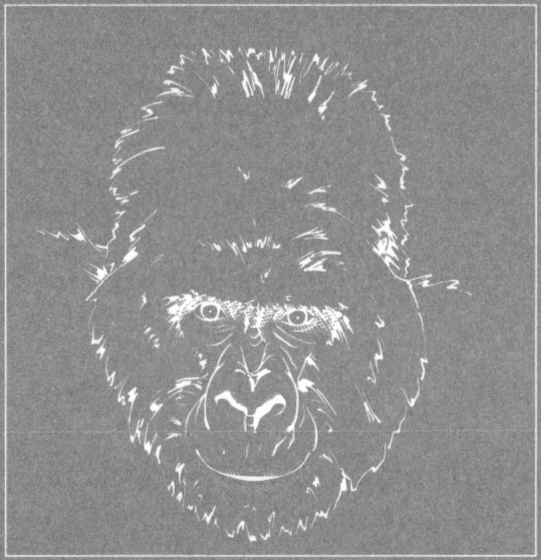

FR

Den Mitgliedern von Familie 5

ZIZ, EFFIE, MAHANE, PUCK,

INTWALI, TUCK, NDATWA,

PANTSY, UMURAVA, SIMBA,

IMANZE, PANDORA, MAHORO,

PICASSO, INEZA, LIZA,

NYIRANSHUTI, FLOSSIE, VATIRI,

WALANZA, KWIRUKA,

NTAMBARA, PABLO, SHINDA,

CANTSBE, MAGGIE, JOZY

und dem Andenken an Dian Fossey
gewidmet.

Jörg Hess

# Familie 5

## Berggorillas in den Virunga-Wäldern

mit Zeichnungen von Sophie Köhler

Friedrich Reinhardt Verlag Basel/Kassel

Das Werk konnte dank finanzieller Unterstützung der folgenden Personen und Stiftungen in der vorliegenden Ausstattung gedruckt werden:

Professor Rudolf Geigy, Basel
Dr. Hans Vontobel, Zürich
Dr. Peter Lenz, Binningen
Stiftung Emilia Guggenheim-Schnurr der Naturforschenden Gesellschaft Basel
Freiwillige Akademische Gesellschaft, Basel
Theurillat-Stiftung, Münchenstein

Fotografien: Jörg Hess
Zeichnungen: Sophie Köhler

Die Deutsche Bibliothek – CIP-Einheitsaufnahme

**Hess, Jörg:**
Familie 5: Berggorillas in den Virunga-Wäldern / Jörg Hess.
Mit Zeichn. von Sophie Köhler. – 2. Aufl. – Basel; Kassel: F. Reinhardt, 1992
ISBN 3–7245–0768–2
NE: HST


Umschlag- und Buchgestaltung: Gregor Messmer
Printed in Switzerland by Reinhardt Druck Basel

ISBN 3-7245-0768-2

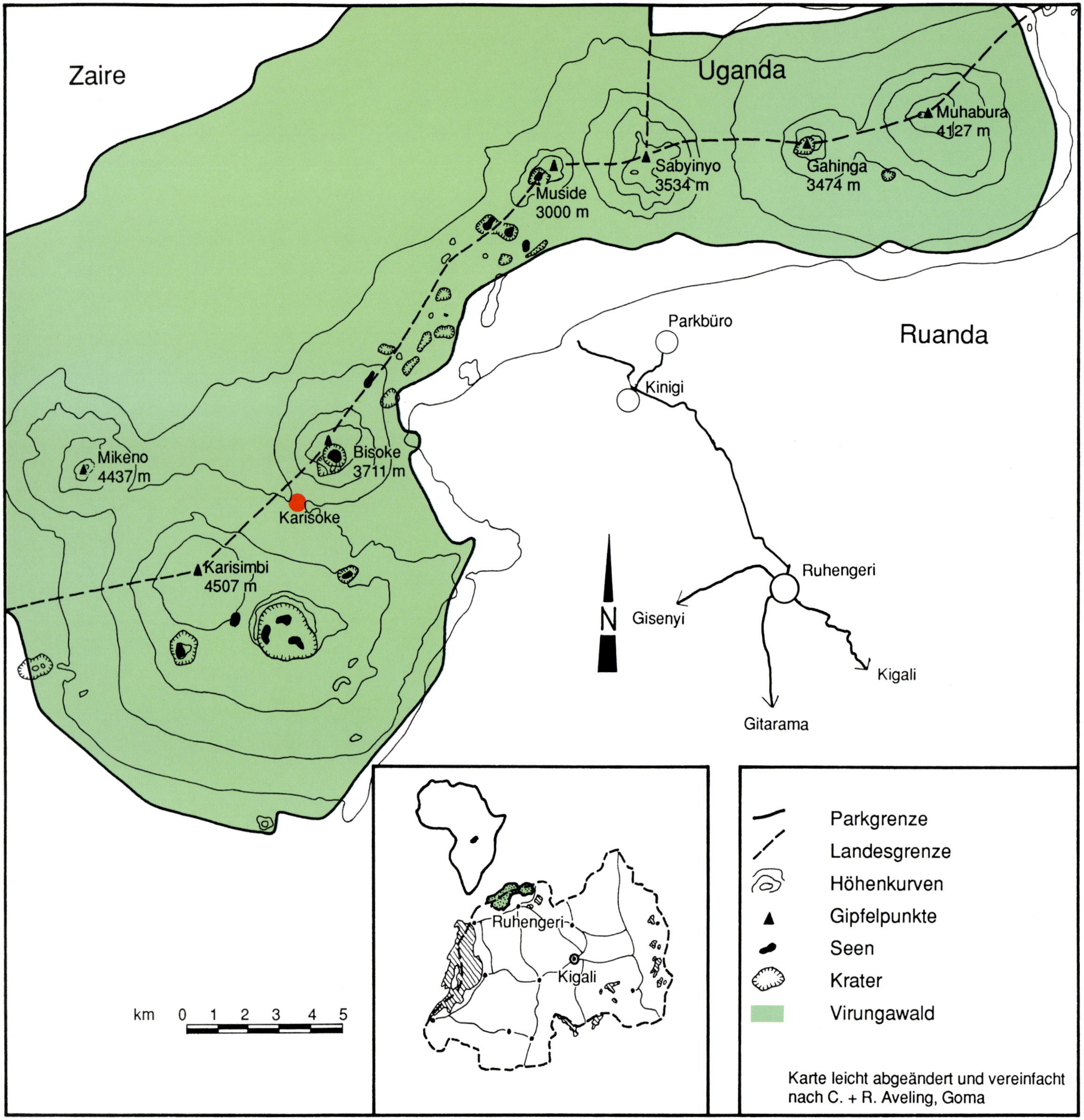

Zaire
Uganda
Ruanda
Muhabura
4127 m
Gahinga
3474 m
Sabyinyo
3534 m
Muside
3000 m
Bisoke
3711 m
Mikeno
4437 m
Karisoke
Karisimbi
4507 m
Parkbüro
Kinigi
Ruhengeri
Gisenyi
Kigali
Gitarama
N
km 0 1 2 3 4 5
Ruhengeri
Kigali
Parkgrenze
Landesgrenze
Höhenkurven
Gipfelpunkte
Seen
Krater
Virungawald
Karte leicht abgeändert und vereinfacht
nach C. + R. Aveling, Goma

# Wovon die Rede ist ...

# Dem, was folgt, vorangestellt

Familie 5 ist eine Berggorillafamilie im zentralafrikanischen Bergregenwald. Sie ist eine der Familien, die die amerikanische Forscherin Dian Fossey in vielen Jahren allmählich und sorgfältig daran gewöhnt hat, Beobachtern zu vertrauen und sie in ihrer Mitte zu dulden. Familie 5 ist aber auch eine der Berggorillafamilien, für die Dian Fossey schließlich auf so tragische Weise ihr Leben hingegeben hat. Menschen waren für Dians Tod verantwortlich, und Menschen sind es auch, die die letzten Berggorillas so bedrängen, daß ihr Überleben auch heute noch immer nicht gesichert ist.

Sieben Monate war ich auf der von Dian Fossey gegründeten Forschungsstation „Karisoke" zu Gast, noch auf ihre Einladung hin. Als wir sechs Monate zuvor meinen Aufenthalt gemeinsam besprachen, hätte keiner sich denken können, daß wir uns nicht mehr sehen würden.

Sieben Monate besuchte ich Familie 5 fast täglich. Man hat mich erwartet, begrüßt, man war freundlich zu mir und man duldete mich. Was ich erlebte und beobachtete, vertraute ich unzähligen Schreibmaschinenseiten an, die ich im kleinen Wellblechhaus auf Karisoke, im Wald, mäusesicher verwahrte. Später trug ich mein Wissen dann nach Hause, und jetzt wartet es darauf, auf- und ausgearbeitet zu werden. Doch manchmal fehlt die Bergregenwaldruhe. In Gedanken verliere ich mich zu oft in Tagträume. Sie führen mich zurück in den nebelverhangenen, kühlen Bergregenwald Ruandas, auf 3000 Meter, nach Karisoke, zu meinen schwarzen, haarigen Freunden. Ich denke immer wieder an sie, so wie man auch an Menschen zurückdenkt, die man kennengelernt und liebgewonnen hat.

Was tun sie wohl gerade jetzt? Kommt die behinderte Pandora wohl mit Mahoro, ihrem kleinen Sohn, zurecht? Wie sieht wohl der Schlingel Umurava jetzt aus, und mit welchen neu ausgedachten Dreistigkeiten bringt er wohl heute Mama Pantsy um die wohlverdiente Ruhe? Sind auf den Höhen des Bikerere die Selleriestangen wohl so im Saft, daß Ziz und die Seinen für einige Tage ein etwas beschaulicheres Wandertempo anschlagen können?

Fragen über Fragen ballen sich zur Gedankenlawine und verschütten die erwünschte Arbeitsmoral. Ich weiß, daß diese innere Unruhe der Preis ist, der zu bezahlen ist, wenn man sich einen Traum erfüllt hat, dessen Wirklichkeit sich als viel traumhafter erwies als jeder Traum.

Das vorliegende Buch erzählt von Familie 5 und von meinen Erlebnissen mit ihr. Es ist keine Monographie über Berggorillas und auch kein wissenschaftliches Buch, obwohl ich, über die Familie 5 hinaus, viel auf Allgemeines zum Alltag und zum Leben der Berggorillas eingehen werde. Ich habe es für alle geschrieben, die für anderes Leben als das unsere etwas empfinden. Wer Berggorillaverhalten – und tierliches Verhalten ganz allgemein – nur gerade als gut ge-

*Berggorillakinder wachsen in ihrer frühen Kindheit sozusagen in einer „Mutterhülle" heran. Die Beziehung des Kindes zu seiner Mutter ist wechselseitig, einem lebhaften, ständig andauernden Dialog vergleichbar. Auch wenn das Kind aus den Armen der Mutter heraus oder über ihre Schulter hinweg seine Umwelt zu entdecken beginnt, bleibt die Mutter die vermittelnde Instanz, die ihrem Kind Schutz und Geborgenheit bietet und ihm dadurch den Weg in die neue Welt öffnet.*

timte und sichtbar werdende Abfolge von Äußerungen ineinander komplex verzahnter Erbinformationen sehen möchte, der kann das natürlich tun. Ich aber spreche hier von hochsozialen Wesen, die denken, Übersicht über ihre Gemeinschaft besitzen, einsichtig und geplant handeln, über ein Selbstbewußtsein verfügen und unter vielem anderen auch Schmerz, Trauer und Mitgefühl empfinden und ausdrücken können.
Das Buch gibt also in vielen Dingen meine Sicht der Dinge wieder, die eine sehr persönliche ist. Eine andere Einschränkung ist noch nötig. Ich habe von Karisoke aus nur gerade eine Berggorillafamilie besucht. Ich beschränkte mich auf diese Wahlfamilie, weil in ihr während meines Aufenthaltes zwölf Säuglinge und Kleinkinder unter einem Jahr lebten, mehr als man je zuvor in einer Familie gleichzeitig aufwachsen sah. Deshalb sind viele Dinge, von denen ich spreche, nicht einfach zu verallgemeinern.
Das Buch ist reich farbig illustriert, und seine Herausgabe war nur mit der Unterstützung vieler Personen und Institutionen möglich.
In einzelnen Kapiteln folgen die Bilder dem Text, in anderen erzählen sie, ergänzt durch Legenden, ihre eigene, vom laufenden Text abweichende Geschichte.
Mit diesem Buch möchte ich vor allem Erlebtes weitergeben, ein Stück Faszination vermitteln, Vergnügen bereiten und vielleicht auch dazu beitragen, daß der Leser das einmalige Wesen der Berggorillas entdeckt und mithilft, die Berggorillas der Virungawälder uns und unseren Kindern als Mitgeschöpfe zu erhalten.

*Von Zeit zu Zeit stehen auf dem Tages-Programm der Familie 5 auch Wanderungen über größere Distanzen. In der dichten Vegetation des Bergregenwaldes ist das Vorankommen auch für Gorillas oft recht mühsam. In der Trockenzeit, wenn die Flüsse Kazi und Suza kein Wasser führen, bietet sich der Familie für kurze Wegstrecken das trockene Flußbett als komfortabler „Waldweg" an.*

# Ruanda und seine Vulkane

Ruanda liegt in Zentralafrika. Das Land grenzt im Norden an Uganda, im Süden an Burundi, im Osten an Tansania und im Westen an Zaire. Es dehnt sich über eine Fläche von 26 338 $km^2$ aus. Die mittlere Höhe über Meer beträgt 1600 Meter, und die höchste Erhebung ist mit 4507 Metern der Vulkan Karisimbi. Ruanda ist noch heute weitgehend ein Agrarland. Seine Böden sind sehr fruchtbar. Vor der Kolonisation bestand die Besiedlung des Gebietes ausschließlich aus kleinen Familiengehöften, die direkt vom zugehörigen bebauten Land der jeweiligen Familien umgeben waren.

*„Pays des milles collines", so nennen die Ruandesen selber ihr Land. Ruanda ist noch heute ein reines Agrarland. Die vielen kleinen und großen Hügel sind ohne Ausnahme von bebauten Feldern überzogen. Die Bevölkerungsdichte, die höchste eines afrikanischen Landes, verlangt, daß der verfügbare Boden optimal genutzt wird.*

Die Bevölkerung traf sich zu jener Zeit in größerer Zahl nur auf lokalen Marktflecken. Der Einfluß der Kolonisation hat dieses Bild verändert. Heute gibt es in Ruanda Städte und Dörfer.

Die Landschaft Ruandas ist mit ihren vielen Hügeln, Bergen und Seen überaus reizvoll. Allerdings hat früher einmal Wald das ganze Land überzogen. Heute findet man primären Wald nur noch an drei Stellen: den Virungawald, der die Vulkane im Nordwesten umgibt, den Nyungwe-Wald im südwestlichen Grenzgebiet und den Wald von Gishwati im Nordwesten.

Man spricht in Ruanda vom Lande selbst als vom „pays des milles collines", und in Afrika nennt man Ruanda die „Schweiz Afrikas". Der Vergleich mit der Schweiz hinkt allerdings; man kann ihn dann gelten lassen, wenn man sich vergleichend auf die Größe des Landes, auf seine landschaftliche Schönheit, auf seine vielen Hügel und Seen beschränkt.

Man unterscheidet in Ruanda 4 Klimazonen: die Region der Vulkane im Nordwesten, die Gebirgszüge, die vom Nordwesten her das Land gegen Süden hin durchziehen und die Wasserscheide zwischen den Flüssen Zaire und Nil bilden, die landschaftlich an Ost-Afrika mahnenden wildreichen Ebenen im Osten und die zentralen Hochplateaus.

Vier Jahreszeiten unterteilen das klimatische Jahr, allerdings bleiben sie ohne großen Einfluß auf die mittlere Temperatur in den gemäßigten Landesteilen. Die große Regenzeit dauert von Mitte März bis Mitte Mai, die große Trockenzeit von Mitte Mai bis Mitte September. Ihr schließt bis Mitte Dezember die kleine Regenzeit an und danach die kleine Trockenzeit.

Die Bevölkerung Ruandas setzt sich aus drei ethnischen Gruppen zusammen, den Batwa, den Bahutu und den Batutsi.

Die Batwa sind die eigentlichen Ureinwohner Ruandas. Sie waren nomadisierende Waldbewohner pigmoider Herkunft, die von der Jagd und vom Sammeln lebten. Ihr Anteil an der heutigen Bevölkerung ist mit etwas mehr als einem Prozent verschwindend klein.

Die Bahutu, die zur Völkergruppe der Bantu gehören, besiedelten Ruanda als brandrodende Bauern im 9. Jahrhundert. Sie bilden heute den größten Bevölkerungsanteil und haben die Regierungsgewalt inne.

1

Die Batutsi, eine weitere Minderheit, kamen im 16. Jahrhundert als Viehnomaden vom Osten her ins Land. Sie errichteten ein mächtiges Feudalsystem und knechteten die Batwa und Bahutu. Als ihnen 1959 die Macht beim Aufstand der Bahutu genommen wurde, flüchteten die meisten überlebenden Batutsi in die umliegenden Länder. Der Anteil der Batutsi an der Gesamtbevölkerung beträgt heute ungefähr 9 Prozent.
Ruanda stand damals, vereint mit Burundi, als selbstverwaltetes Protektorat unter belgischer Herrschaft.

Im Anschluß an den Aufstand der Bahutu erhielt 1962 Ruanda die Selbständigkeit. Der Staat trennte sich kurz zuvor vom benachbarten Burundi, in dem die Batutsi bis heute an der Macht blieben.
Ruanda ist heute, mit etwas über 5 Millionen Einwohnern und einem jährlichen Bevölkerungszuwachs von 3 bis 4 Prozent, das Land mit der größten Bevölkerungsdichte in Afrika.
Trotz seiner Fruchtbarkeit zählt Ruanda zu den ärmsten Ländern des afrikanischen Kontinentes.

## Die Virunga-Vulkane

Im Nordwesten Ruandas bildet die Kette der Virungavulkane einen Teil der Grenze gegen Zaire und Uganda. Es sind, von Westen nach Osten: der Mikeno (4438 m), der ganz in Zaire liegt, dann, auf der Grenzlinie von Ruanda zu Zaire und Uganda, der Karisimbi (4507 m), der Bisoke (3711 m), die niedere kraterreiche Musidegruppe, der Sabyinyo (3634 m), der Gahinga (3474 m) und der Muhabura (4127 m). Alle Virungavulkane sind erloschen. Die einzigen noch tätigen Vulkane liegen nord-

2

3

4

5

westlich dieser Kette in Zaire, der Nyiragongo und der Nyamuragira.
Die Kette der Virungavulkane bildet den nordwestlichen Teil der Bergzüge, die die Wasserscheide zwischen dem Zaire- und dem Nilbecken bilden. Sie sind von einem zusammenhängenden Bergregenwaldgebiet umschlossen, den Virungawäldern, in denen die letzten Berggorillas zu überleben vermochten.
Das gesamte Virungawaldgebiet wurde 1925 zum Prinz Albert Nationalpark erklärt, dem ersten Nationalpark Afrikas. Politisch gehören die Virungawälder heute zu den drei Ländern Zaire, Ruanda und Uganda. Zwei Drittel des Waldes liegen in Zaire (der „Parc des Virungas“), etwas weniger als ein Drittel in Ruanda (der „Parc National des Volcans“) und ein kleiner Rest in Uganda (das „Kigezi-Gorilla-Schutzgebiet“).

*1 – Der Blick von der Grenze des Schutzgebietes über die bebauten Felder gegen die Stadt Ruhengeri. Früher bestand die Besiedelung des Landes aus einzeln stehenden Familiengehöften. Dörfer und Städte waren in Ruanda vor der Kolonisation unbekannt. In der Dreiländerecke Ruanda/Zaire/Uganda bildet die imposante Kette der Virungavulkane ein kurzes Stück der Landesgrenze. (2) Der Mikeno steht als einziger der Vulkane ganz in Zaire. (3) Ihm schließen nach Nordosten hin der Karisimbi und (4) der Bisoke an. Weiter nach Nordosten folgen (5) die niedere Musidegruppe, der mehrgipflige Sabyinyo, der Gahinga und der Muhabura.*

# Der Bergregenwald, seine Tiere und sein Wetter

Wenn man von afrikanischen Regenwäldern spricht, so taucht vor einem das Bild immens großer Waldflächen auf. Man sieht Baumriesen, die gegen den Himmel aufstrebend viele Etagen bilden, lianenbehangen und von epiphytischen Pflanzen überwachsen sind. Die Sonne dringt kaum durch das Kronendach und überläßt die Bodenregion immerwährendem Dämmerlicht und einer schwülen, feucht-dumpfen Wärme. Man wähnt sich in einer dunkeln, geheimnisvollen Welt, in der man rundum von unsichtbarem und zum Teil bedrohlichem Leben umgeben ist.

*Der Bergregenwald bietet dem Auge vielgestaltige und ständig wechselnde Landschaftsbilder. In der subalpinen Zone dominieren die kleinen Waldformationen der niederstämmigen Riesensenecios; diese öffnen sich immer wieder auf Graslichtungen, die an Alpwiesen erinnern. Der im Bild nach oben, gegen die „Eindringlinge" imponierende Schwarzrücken Pablo, ein Mitglied der Familie 5, macht deutlich, daß Berggorillas auch die hochgelegene subalpine Zone aufsuchen.*

Die Bergregenwälder des Virungagebietes entsprechen diesem Bild in keiner Weise. Sie sind helle, offene Pflanzengemeinschaften, in denen die mächtigsten Bäume, die Hagenien, kaum je ein geschlossenes Kronendach bilden. Immer wieder stößt man auf kleine Gras- und Sumpflichtungen, und mit zunehmender Höhe über Meer wird der Wald immer lichter, bis Bäume nur noch vereinzelt stehen und schließlich ganz fehlen.
Das ständig durchbrochene Kronendach ist sonnendurchlässig, Licht trifft den Waldboden und bewirkt, daß er eine üppige, oft übermannshohe Kraut-, Busch- und Strauchvegetation trägt. Oft bildet die Vegetation solche Dickichte, daß ein Durchkommen nur mit dem ständigen Einsatz des Buschmessers möglich ist. Diese an Pflanzen überaus reiche Bodendecke liefert den Berggorillas den größten Teil ihrer Nahrungspflanzen.
Wenige schmale Waldwege erschließen die wichtigen Waldregionen. Wildwechsel bilden ein zusätzliches Netz enger und oft verwachsener Pfade. Bach- und Flußbetten durchziehen die Waldlandschaft. In der Regenzeit bilden sie reißende Wasserbarrieren, und in der Trockenzeit werden sie zu Alternativpfaden, die selbst von Berggorillas für kürzere Wegstrecken benützt werden.

### Vielfältige Vegetationszonen

Die Virungawälder steigen von ungefähr 2300 m Höhe auf bis unter die Gipfelregion der Vulkane. Wenn hier von Wäldern gesprochen wird, also in der Mehrzahl, so darum, weil sich dem Auge nicht ein immer ähnliches, geschlossenes Waldbild anbietet, sondern das unzähliger wechselnder Waldlandschaften. Die Botaniker unterscheiden, von den letzten Ausläufern der von Bauern bebauten Felder bis hinauf in die Kraterregion der Vulkane, sechs verschiedene Vegetationszonen. Sie alle tragen charakteristische und sie bestimmende Pflanzengemeinschaften, und sie machen die erwähnte Vielfalt aus:
Dem Ackerland schließt aufsteigend der vorgelagerte Sekundärwald an. Ihm folgen die Bambuszone, das Hagenien-Hypericum-Waldland, die busch- und strauchbewachsenen Lavaflußhänge, die subalpine und die alpine Zone.

### Der Sekundärwald

Der Sekundärwald bildet als natürliche

Pufferzone den Übergang vom bebauten Ackerland zum Bergregenwald. Auf dem ganzen Waldgebiet Ruandas ist der Sekundärwald vollständig verschwunden, er ist im Laufe der Zeit dem verständlichen und noch heute anhaltenden Landhunger der ständig wachsenden Bevölkerung zum Opfer gefallen. In weiten Teilen Zaires dagegen ist diese Sekundärwaldzone noch intakt.

**Die Bambuszone**

Die Bambuszone kann als eigentlicher Bambuswald ausgebildet sein, oder sie besteht aus einem breiten Gürtel kleiner und großer, untereinander fast immer verbundener Bambusinseln. Auf dem Gebiet Ruandas herrschen die verbundenen Inseln vor, während wir in Zaire vermehrt auf geschlossene Bambuswaldformationen stoßen. Bambuswälder und Bambusinseln machen eine Ausnahme zum geschilderten Bild des lichten Bergregenwaldes. Ihre Kronenregion ist geschlossen, und nur da und dort zaubert die Sonne vereinzelt Lichttupfer auf den beschatteten unbewachsenen Boden. Die abgefallenen kleinen, lanzettförmigen Bambusblätter bilden auf dem Boden eine dicke, weiche und federnde Matte. Die Bambuszone ist saisonal ein wichtiges Nahrungsgebiet der Berggorillas. Sie erstreckt sich von ungefähr 2500 Metern bis gegen 2840 Meter.

**Das Hagenien-Hypericum-Waldland**

Der Hagenien- und Hypericumwald bedeckt große Teile des ganzen Waldgebietes, und er ist vor allem für die Sattelregionen zwischen den Vulkanen charakteristisch. Die mächtigen Hagenien, die bis zu 30 m hoch werden, dominie-

1

2

*1 – Der Sekundärwald, die tiefstgelegene Vegetationszone, fehlt in Ruanda. Er ist schon vor Jahrzehnten dem verständlichen „Landhunger“ der Bevölkerung zum Opfer gefallen und zu bebautem Land und Weidegrund für Vieh umgewandelt worden. (2) Die zweite Vegetationszone, der Bambuswald, bildet heute die Grenze zwischen den Feldern und dem geschützten Bergregenwald. Auf dem Gebiet Ruandas stehen keine eigentlichen Bambuswälder, sondern untereinander verbundene großflächige Bambusinseln, die einen charakteristischen Vegetationsgürtel bilden. Der Boden solcher Inseln ist beschattet und kaum bewachsen.*

ren das Bild. Häufig stößt man zudem auf die kleineren und feinen Hypericumbäume und beinah überall auf den dichten Unterwuchs mit den ihn überragenden Vernoniasträuchern und den charakteristischen Lobelien, deren Blütenkerzen, einmal im Leben der Pflanze, mehrere Meter hoch aufragen können. Das Hagenien-Hypericum-Waldland reicht von 2740 m bis gegen 3100 m.

## Die Lavaflußhänge

Die ansteigenden Lavaflußhänge der Vulkane tragen in den unteren Lagen nur noch kleine eigentliche Baum- oder Waldinseln, und mit zunehmender Höhe findet man größere Bäume nur noch einzeln. Die Bodenbedeckung des Waldlandes ist hier noch üppiger entfaltet und bildet zusammen mit Nesselfeldern stellenweise nur schwer durchdringbare Dickichte. Will man hier vorankommen, so hält man sich vorteilhaft an Wildwechsel, wie Büffelpfade und Gorillapisten. Erschwerend für die zweibeinige Fortbewegung kommt hinzu, daß zähe, abgestorbene, vertrocknete und verholzte Pflanzenteile ein bis zwei Meter hohe Bodenschich-

1

2

3

ten bilden, aus denen das dichte Grün der Pflanzen hochschießt. Man geht wie auf einer federnden Matratze und hat ständig darauf zu achten, den Fuß so abzusetzen, daß man nicht einbricht und sich im tiefen Gewirr richtiggehend verfängt. Diese Zone kann von 2890 bis auf 3410 m führen.

**Die subalpine Zone**

Schon in den höheren Lagen der Lavaflußhänge zeigen unvermittelt neue Pflanzenarten an, daß man sich anschickt, in die subalpine Zone aufzusteigen. Vereinzelt stößt man auf Riesensenecios und auf Riesenlobelien; Pflanzen, die nur hier in der Höhe gedeihen. In der subalpinen Zone bilden die Riesensenecios richtige, urtümlich anmutende Niederwuchswälder. Ihre Stämme sind untereinander zu einem Klettergewirr verflochten und reich mit dicken Moospolstern besetzt. Großflächige Blätter halten die Welt der Stämme im Halbdunkel, und eindrücklich hängen unter den grünen Senecioblättern wie mächtige Bärte die abgestorbenen, die nicht abgeworfen werden. Die zweite charakteristische Pflanze in dieser Höhe ist die Riesenlobelie mit einem mehr als armdicken Stamm und dem ihm aufsitzenden Kronbüschel der schmalen, weit ausladenden Blätter. Steigt man weiter auf, so schwinden die Seneciowälder zu kleinen Waldinseln, bis man nur noch vereinzelt Bäume trifft, und die Lobelienfelder sind nur noch auf einzeln stehende Pflanzen reduziert; allmählich nehmen jetzt Grasflächen, ähnlich unseren Alpweiden, viel Bodenfläche ein. Die subalpine Zone reicht von 3470 m bis auf 3660 m.

**Die alpine Zone**

In der alpinen Zone bestimmen die erwähnten Felder alpiner Gräser das Bild. Sie sind oft von großflächigen Moospolstern durchzogen, und immer wieder tritt spärlicher Erdgrund offen zutage. Nähert man sich allmählich der Region des Kraterrandes, so bekleiden nur noch Moose und Flechten das nackte Lavagestein. Die alpine Zone reicht von 3660 m bis hinauf zu den Kratern.
Wir sehen aus den Höhenangaben, daß sich von Region zu Region die einzelnen Zonen unterschiedlich ausdehnen, und oft sind die Zonenübergänge am Pflanzenkleid nicht einfach deutlich kenntlich. Tiefer gelegene Krater und kleinere Nebenkrater der großen Vulkane finden sich natürlich auch in den tieferen Vegetationszonen, und die Hänge der mächtigen Kraterkegel sind von oben nach unten von unzähligen, oft tief ausgewaschenen Runsen und Tobeln durchfurcht, die das Wasser in der tiefer gelegenen Waldlandschaft zu respektablen Wasserläufen zusammenführen.
In all diesen Zonen halten sich die Berggorillas auf. Selten steigen sie jedoch hoch in die alpine Zone auf, und auch ihre regelmäßigen Ausflüge in die subalpine Zone dauern meist gerade ein bis zwei Tage.
Die Bergregenwälder der Virungavulkane sind ein unbeschreibliches Erlebnis. Sie sind von einmaliger Schönheit und von eindrücklicher, urwüchsiger Gewalt. Sie sind bewegt und ruhig zugleich, abweisend und umschließend, und dem, der Wälder liebt, bieten sie eine Geborgenheit, die Gefühle zu wekken vermag, die irgendwo tief in uns, von unserem Bewußtsein vergessen, aus der Vergangenheit aufbewahrt worden sind.

*1 – Das Hagenienwaldland entspricht unserem Bild von Wald am ehesten. Es steigt bis in die Sattelzonen der Vulkane auf und (2) ist von Gras- und Sumpflichtungen durchsetzt. (3) Auf den Lavaflußhängen wächst zwischen kleinen Waldungen eine übermannshohe, dichte Kraut-, Busch- und Strauchvegetation. (4) Die subalpine Zone prägen die nur hier wachsenden Riesensenecios und Riesenlobelien. Gegen die alpine Zone hin verschwinden die Seneciowaldungen und dann auch die einzeln stehenden Seneciobäume. Alpine Gräser und Moospolster bilden dort offene „Weiden", und auf dem Kraterrand leben nur noch Moose und Flechten auf dem nackten Lavagestein.*

## Mitbewohner im Wald

Berggorillas teilen natürlich ihren Lebensraum in den Virungawäldern mit anderen Tieren. Die Virunga-Fauna ist nicht besonders artenreich, was für einen Lebensraum in dieser Höhe typisch ist. Dafür sind einige Arten in bemerkenswerten Bestandesdichten anzutreffen, etwa die Waldbüffel, die Schirrantilopen, die Schwarzstirnducker und die Baumschliefer. Sie alle bekommt man, wenn man im Wald unterwegs ist, fast täglich zu sehen und zu hören. Schnauben und Hufgetrappel künden die Nähe von Büffeln an, Schirrantilopen äußern einen bellenden Warnruf, und wenn man Ducker überrascht, so flüchten sie und stoßen dabei beinah pfeifend Luft aus. Diese Laute, eingebettet in vielfältige Vogelstimmen und in der Regenzeit untermalt vom Rauschen des Kazi- oder Suzaflusses, bilden die allgegenwärtige akustische Ambiance des Waldes.

Unter den Kleinsäugern nimmt der Baumschliefer eine besondere Stellung ein. Baumschliefer sind murmeltiergroße Wesen, die nächsten Verwandten

4

1

2

3

der Elefanten. Kurz nach dem Eindunkeln und vor der Morgendämmerung erfüllen ihre Stimmen tausendfach den nächtlichen Wald. Sie bringen als eigentliche Tonkünstler eine ganze Skala unterschiedlicher und weittragender Laute hervor, und es braucht Zeit, bis man entdeckt, daß diese vielstimmigen Konzerte einzig von diesen kleinen stimmgewaltigen Sängern bestritten werden. Neben den Schliefern leben im Wald noch andere Kleinsäuger, unter anderem verschiedene Nagerarten, Bilche, Hörnchen, Spitzmäuse, aber auch Stachelschweine und Schleichkatzen wie Mangusten oder Ginsterkatzen. Von der Saison abhängig trifft man auch auf Frösche und Kröten. Die Reptilien sind in der Karisoke-Region nur gerade mit einer kleinen Chamäleonart vertreten. Die Pflanzendecke und die Streuschicht des Bodens sind der Lebensraum unzähliger Insekten und Käfer, manchmal stößt man auf große Landschnecken mit turmartig gewundenen Häuschen oder, wenn es regnet, auf die erstaunlichen tropischen Regenwürmer, die bis zu dreißig Zentimeter lang werden und dicker sind als ein menschlicher Daumen.

Die Vogelwelt zählt über 300 Arten. Einige davon sind endemisch, das heißt, daß sie nur gerade in den Virungawäldern zu finden sind. Eindrücklich sind überall die Stimmen der Frankoline, kleiner Hühnervögel, zu hören. Optisch besonders auffallende Vogelgestalten sind die vielen Greifvögel, die winzigen, überaus bunten Nektarvögel, die farbigen Gesellschaften kleiner Finken, die mächtigen Geierraben mit dem auffallenden Buckel auf dem Schnabel und der große Turaco, der fliegend im Meer grüner Pflanzen kontrastreich seine roten Flügelunterseiten aufblitzen läßt.

4

5

6

7

8

9

*Ihren Lebensraum teilen die Berggorillas mit vielen anderen Lebewesen. (1) Überall trifft man auf Waldbüffel, (2) Schirrantilopen und (3) Schwarzstirnducker. (4) Die tropischen Regenwürmer sind daumendick und gegen 30 cm lang. (5) Ein häufiger Vertreter der reichen Insektenwelt ist die Stabheuschrecke. (6) Reptilien sind selten, nur eine Chamäleonart ist hin und wieder zu sehen. (7) Über 300 Vogelarten bewohnen den Wald, unter ihnen die mächtigen Geierraben. Von den vielen Kleinsäugern bekommt man nur (8) die Baumhörnchen und (9) die Baumschliefer zu sehen.*

Größere Raubtiere fehlen in den höheren Lagen. Löwen sind aus den Virungawäldern schon seit vielen Jahrzehnten verschwunden, und der eindeutige Nachweis eines Leoparden fehlt seit über 15 Jahren. In tieferen Lagen stößt man vereinzelt noch auf Tüpfelhyänen.
Erwähnenswert ist eine kleine Zahl von Waldelefanten, die aber nur sehr selten in der Karisokeregion aufkreuzen. Andere Primaten als die Berggorillas trifft man vor allem in den tieferen Zonen, dem Bambusgürtel und dem Hagenien-Waldland. Es handelt sich dabei um die Dogetti-Meerkatze und die nur in den Virungawäldern lebende Goldene Meerkatze.
Von vielen, vor allem nächtlichen Waldbewohnern bekommt man nur die Stimmen zu hören und am Tag ihre Lebensspuren zu sehen.
Unter all ihren Wald-Mitbewohnern haben die Berggorillas keine Feinde. Sie meiden Büffel und Elefanten, das heißt, sie weichen ihnen in der Regel aus. Antilopen dagegen dulden sie in ihrer unmittelbaren Nähe, ohne sie zu verjagen oder sich durch sie stören zu lassen. Vögel werden von Berggorillas beinah übersehen, und nur das plötzliche Ertö-

1

2

nen von panisch warnenden Vogelstimmen findet ihre Aufmerksamkeit.
In den letzten Jahren werden von Karisoke aus auch Studien an anderen Tierarten unternommen. Berggorillas erhalten heißt ja in erster Linie, ihren Lebensraum und Nahrungsraum zu schützen. Dieser Schutz ist nur möglich, wenn man auch über die Lebensdaten aller andern Waldmitbewohner verfügt, denn alle Tiere im Wald bilden eine verflochtene Lebensgemeinschaft und stehen untereinander in wechselseitiger Beziehung. Die Büffel, um nur ein Beispiel zu nennen, sind zum Teil Nahrungskonkurrenten der Berggorillas. Ihr Bestand nimmt, wohl weil große Raubtiere fehlen, enorm zu und reguliert sich nicht mehr auf natürliche Weise. Nur genaue Studien über ihre Lebensweise und Nahrungsgewohnheiten können zeigen, wie stark die Büffelpopulationen in den begrenzten Virungawäldern anwachsen dürfen, ohne daß sie die Lebensgrundlage anderer Tiere schädigen. Nur mit dem nötigen Wissen kann man den Zeitpunkt erkennen, zu dem ausgleichend eingegriffen werden muß.

## Kein Wetter wie man sich das denkt

Ganz ähnlich wie mit dem Bergregenwald, dessen Bild man nicht mit dem des üblichen Regenwaldes vergleichen kann, steht es mit der Witterung. Klimatisch bietet die Region um Karisoke, obwohl beinahe unter dem Äquator, nicht das Wetter, das man sich vom tropischen Afrika verspricht. Es fällt viel Regen, und oft ist man in kühle, feuchte und tief in die Bodenvegetation hängende Nebelschwaden gehüllt. Witterungsumschwünge können überraschend auftreten. Da genießt man wärmende Sonnenstrahlen, plötzlich zieht eine graue Wolkendecke auf, Nebelfelder werden vom Wind angetrieben, und dann fallen die ersten Tropfen, die ersten Anzeichen dafür, daß es bald in Strömen gießen wird. Ein solcher Wechsel kann sich innert fünf Minuten vollziehen. Auf wirklich warme Sonnentage und blauen Himmel kann man nur während der Trockenzeiten rechnen. Die große Trockenzeit dauert von Mitte Mai bis Mitte September und die kleine von Mitte Dezember bis Mitte März. Im Gegensatz zur Regenzeit bedeutet Trokkenzeit für die Virungawälder nicht, daß dann der Regen ausbleibt, sondern nur, daß es im Durchschnitt weniger oft und nicht so heftig regnet.

Die Regenzeit verwandelt große Teile der Virungawälder für Monate in eigentliche Sumpflandschaften. Selbst mit der behutsamsten Gangart ist es unvermeidlich, daß man hin und wieder bis zum Knie in sumpfigen Boden einsinkt und dann nur mit Mühe, und oft auch ohne Stiefel, sein Bein wieder zu befreien vermag. Stiefel, Regenanzug, Pelerine, Hut und Handschuhe gehören in der Regenzeit zur unerläßlichen Exkursionskleidung.

Karisoke besitzt eine wohlausgerüstete meteorologische Station. Im Mittel liegt die Tagestiefsttemperatur, über 24 Stunden und über das ganze Jahr gemessen, zwischen 3 und 5 Grad, und die mittlere Tageshöchsttemperatur zwischen 14 und 15 Grad. In der Karisokeregion fallen jährlich durchschnittlich 2000 bis 2200 mm Regen. Die Virungawaldanteile Ruandas bedecken ungefähr ½ Prozent der Gesamtoberfläche des Landes. Auf dieses halbe Prozent der Bodenfläche fallen 10 Prozent allen Regens, der auf Ruanda niedergeht. Deshalb sind die Vulkanwälder auch für die Agrarwirtschaft des Landes ungeheuer wichtig, denn sie sind der Wasserspeicher, der dafür sorgt, daß in weiten Teilen des Landes die Felder auch in der Trockenzeit fruchtbar bleiben.

3

*Mit Nebel und Regen hat man im Bergregenwald beinahe täglich zu rechnen. (1) Witterungsumschwünge sind oft nur eine Frage weniger Minuten. Plötzlich ziehen Wolken auf, Nebelschwaden breiten sich nah über der Bodenvegetation aus und (2) verhüllen Pflanzen und (3) auf kürzeste Distanz auch die Gorillas mit einem milchigen Schleier.*

# „Dreierlei Virunga-Gorillas“

Alle Gorillas in den Virungawäldern gehören derselben Unterart an, den Berggorillas (Gorilla gorilla beringei). Sie alle sind Wildtiere, die man in ihrem Lebensraum weder stört, noch einschränkt, füttert oder sonstwie manipuliert.
Dennoch drängt sich eine „Dreiteilung“ auf: „Touristen“-Familien, „Karisoke“-Familien (die man beide als „habituiert“ bezeichnet) und „wilde“ Familien.

**Habituierte Berggorillas**

Wenn man von habituierten Berggorillas spricht, so meint man damit die Berggorillagemeinschaften, die gelernt haben, Menschen, die sich ihnen sorgfältig und freundlich nähern, zu vertrauen und sie, in gewissen Grenzen, ohne Scheu und Ungeduld in ihrer nächsten Umgebung zu dulden.
Diese Form der Angewöhnung geht eigentlich auf die Forschungsarbeiten von George Schaller und Dian Fossey zurück. Schon George Schaller hat bei seinen Studien auf Kabara, am Mikeno-Vulkan in den Jahren 1958 bis 1960 festgestellt, daß sich seine Studienfamilien nach Monaten sorgfältiger Annäherung bereit fanden, ohne aggressiv oder unruhig zu werden, ihn in ihrer Nähe zu dulden. Das hat dann auch dazu geführt, daß seine Studien wissenschaftlich äußerst fruchtbar ausfielen. Es war aber erst Dian Fossey, die amerikanische Berggorillaspezialistin, die dieses System der Annäherung perfektioniert hat. Ihr gelang es nicht nur, sich den Familien anzunähern und von ihnen geduldet zu bleiben, sondern sie fand in den Familien selbst freundliche Aufnahme, durfte sich in ihrer Mitte aufhalten und sie auch auf den täglichen Wanderungen begleiten.
Diese frühen Erfahrungen haben die Leute vom Berggorilla-Projekt genutzt, als es im Jahre 1978 darum ging, im Rahmen der Schutzmaßnahmen einzelne Berggorillafamilien Touristen zugänglich zu machen. Die Angewöhnung einer wilden Berggorillafamilie kann viele Monate, ja manchmal sogar ein bis zwei Jahre dauern. Der Erfolg hängt nicht zuletzt auch vom individuellen Wesen des jeweiligen Silberrückens ab, des Chefs der Familie. Es sind Fälle bekannt, in denen Angewöhnungsversuche erfolglos blieben. Das war zum Beispiel bei Brutus der Fall, dem Silberrücken der früheren Familie 6. Er neigte mehr als andere voll ausgewachsene Männer dazu, menschliche Annäherungen aggressiv abzuweisen. Seine Strategie war erfolgreich. Nach vielen ungemütlichen Erfahrungen mit Brutus blieb man ihm vom Leibe, respektive „von seiner Familie“. Man hat sich unter dem Druck seiner Persönlichkeit darauf beschränkt, sich seiner Familie nur gelegentlich auf Kontrollgängen und nur auf Distanz anzunähern.

**Touristen-Familien**

Zu den habituierten Berggorillas gehören also einmal die Familien, die man als

*„Hommage à David“. Die Berggorillafamilien, die von Karisoke aus regelmäßig besucht werden, dulden den Beobachter in ihrer Mitte und akzeptieren auch, von ihm auf den täglichen Wanderungen begleitet zu werden. So wie im Bild muß man sich den Kontakt eines Beobachters mit Familie 5 etwa vorstellen.*

Tourist besuchen kann. Zur Zeit sind das in Ruanda und in Zaire je vier Gemeinschaften. Sie wurden während Jahren sorgfältig auf solche Kontakte vorbereitet. Man kann in diesen Fällen von „sanftem Tourismus“ sprechen. In der Saison, das heißt während etwa sechs Monaten im Jahr, erhalten diese Familien täglich für die Dauer einer Stunde den Besuch von maximal sechs Menschen. Solche Exkursionen werden von „Guides“ des Berggorilla-Projektes begleitet, die mit der jeweiligen Familie schon über Jahre vertraut sind. Man bleibt bei solchen Besuchen möglichst auf Distanz, verhält sich ruhig, um Störungen zu vermeiden, und man folgt der Familie nicht nach, wenn diese zur Tageswanderung aufbricht.

**Die Karisoke-Familien**

Von Karisoke aus werden vier Berggorillafamilien wissenschaftlich betreut. Auch sie sind als habituiert anzusprechen. Im Gegensatz zu den mit Touristen vertrauten Berggorillafamilien sind sie nur an einen bis zwei Beobachter gewöhnt. Würden bei ihnen plötzlich sechs Menschen erscheinen, so käme es zu beträchtlichen Verunsicherungen. Im Falle der Karisoke-Gorillas kann sich der Beobachter, nach einer Angewöhnungszeit, mitten in der Familie aufhalten, und er begleitet sie auch auf ihren täglichen Wanderungen. Abhängig vom Ort, wo man die Familien frühmorgens trifft, also abhängig vom Anmarschweg, kann die tägliche Kontaktzeit mit einer solchen Familie bis zu sechs Stunden dauern. Das Habituiert-Sein der Karisoke-Familien geht noch direkt auf Dian Fosseys Arbeit zurück. Viele der heute erwachsenen Individuen dieser Familien sind mit mensch-

1

2

3

4

*Drei Silberrückenmänner, die Familien vorstehen, welche von Touristen besucht werden können. (1) „Cyane“, der Chef der Familie 9, (2) „Mrithi“, der Silberrücken der Familie 13 und (3) „Rugabo“, der mit seiner Familie in Zaire residiert und von Djomba aus besucht werden kann. Sie alle haben mit der zurückhaltenden Neugier der Species Mensch leben gelernt. (4) Cyane im Kreis der Seinen. Cyane bedeutet „starker Arm“. Was es mit seinem Namen auf sich hat, zeigt Cyane hin und wieder, denn er versteht es, sich allzu zudringliche Menschen vom Leibe zu halten.*

lichen Beobachtern von Kindsbeinen an vertraut.

## Die täglichen Kontrollen

Alle habituierten Familien werden, auch dann, wenn keine Besuche auf dem Programm stehen, kontrolliert. Trainiertes einheimisches Personal schreitet an solchen Tagen den Wanderweg der Familie vom Vortag ab und kartiert ihn zusammen mit dem Nestplatz der vergangenen Nacht. So gewinnt man Langzeit-Daten über die Wanderungen der Familien und über Mutationen innerhalb der Gemeinschaft. Diese Informationen, die über mehr als ein Jahrzehnt zurückführen, sind das wertvolle wissenschaftliche Kapital, das man in Karisoke und beim Berggorilla-Projekt besitzt. Bei den erwähnten Kontrollgängen verzichtet man grundsätzlich auf den direkten Kontakt mit den Familien selbst. Man läßt ihnen Zeit, hin und wieder ohne Besucher und Beobachter zu sein.

## „Wilde“ Berggorillas

Die übrigen Familien, also die nicht-habituierten, sind überaus scheu und dul-

1

2

3

4

5

6

den die Annäherung von Menschen nicht. Es ist beinahe unmöglich, sich ihnen auf mehr als einige hundert Meter anzunähern, und nur selten bekommt man für einen kurzen Augenblick überhaupt ein Mitglied einer solchen Familie zu sehen. Was man über sie weiß, basiert auf dem, was man aus den von ihnen hinterlassenen Lebensspuren herauszulesen vermag. Solche Lebensspuren sind unter anderem die Schlafnester, die Fuß- und Handabdrücke, Kot, Eßspuren und die beim Essen, Ruhen und Wandern zertretene oder veränderte Vegetation. All diese Spuren sind Zeugnisse, aus denen gewiegte Fährtenleser reiche Rückschlüsse zu ziehen vermögen. Aus ihnen erfährt man zum Beispiel, wie groß eine Familie und ihr Heimbereich ist, aus welchen Altersklassen sich die Familie zusammensetzt, wie viele Mütter Kleinkinder tragen, ob Familienmitglieder krank sind, wie die täglichen Wanderungen verlaufen und an welchen Futterpflanzen sich die Familie am Vortag gütlich getan hat. Darüber hinaus erzählen Spuren aber in groben Umrissen auch die Geschichte besonderer Tagesereignisse.

*Zu Familie 5 wird man von einem erfahrenen „Guide" geführt. Er versteht Gorillaspuren zu lesen und zu deuten. (1) In den Nachtnestern bleibt meist auch Kot zurück. (2) Tagnester sind einfacher gebaut und meist mit Lobelienblättern gepolstert. (3) Kot verrät neben der Wanderrichtung auch die Altersklasse dessen, der ihn hinterlassen hat. (4) Eßspuren enthalten vielseitige Informationen. Im Bild sind die Reste eines „Bambusmahls" zu sehen. (5) Den Ort einer ausgiebigen Siesta zeigen zertretene und zerlegene Pflanzen an. (6) Ein Handabdruck von Ziz, der die beim Gehen eingeschlagenen vorderen Fingerglieder erkennen läßt.*

**Ausnahmefall, medizinische Betreuung**

Wir haben vorhin festgehalten, daß die Berggorillas der Virungawälder Wildtiere sind, die man in keiner Weise manipuliert. Dazu ist hier eine Ausnahme anzumerken. Die Berggorillas werden, wenn das nötig ist, zurückhaltend medizinisch betreut. Solche Hilfeleistungen stellen natürlich eine Manipulation dar, und man darf sich nicht wundern, daß die Fachleute sich in dieser Frage nicht einig sind. Die einen befürworten solche Aktionen, andere lehnen sie ab. Welche Meinung man auch vertritt, einig ist man in der Auffassung darüber, daß heute der Berggorillabestand gefährdet ist. In dieser verhängnisvollen Situation zählt fürs Überleben dieser Unterart jedes einzelne Individuum. Die meisten Bedrohungen haben nicht natürliche Ursachen, sondern sie kommen vom Menschen. In Einzelfällen läßt sich der von Menschen verursachte Gorillatod durch medizinische Hilfe aufhalten. Wenn zum Beispiel Berggorillakinder in Fallen für Schirrantilopen und Ducker geraten, so bleiben um ihre Fuß- oder Handgelenke oft tief einschneidende Drahtschlingen zurück, die die Kinder nicht zu entfernen vermögen. Meist sind sie schwer verletzt, oder es kommt zu bösen Entzündungen, die nicht selten zum Tod führen. Hier ist Hilfe angezeigt, wenn diese ohne allzu große Störung möglich ist. Auch der Besuch durch Menschen kann medizinisch gesehen eine Gefahr für die Berggorillas darstellen, denn es ist nicht auszuschließen, daß sie dabei mit menschlichen Krankheitskeimen in Kontakt kommen, gegen die sie keine körpereigenen Abwehrstoffe mobilisieren können. Auch das sind Fälle, die ein Eingreifen rechtfertigen würden.
In jedem Fall ist aber medizinische Manipulation der Berggorillas nur dann zu bejahen, wenn sie äußerst zurückhaltend erfolgt, wenn man sie zudem als Hilfe auf Zeit versteht und bereit ist, sie wieder gänzlich einzustellen, wenn der Bestand sich so weit erholt hat, daß Verluste auf natürliche Weise und ohne Schaden für die Population ausgeglichen werden.

**Die Toleranz Andersartigen gegenüber**

Wir haben gesehen, daß Berggorillas in relativ kurzer Zeit auf Menschen vertrauensvoll und lernbereit reagieren können. Ein Teil dieser Bereitschaft hat mit der Art und Weise der Angewöhnung zu tun, der andere jedoch mit der den Berggorillas eigenen Wesensart. Berggorillas zeigen zwischenartliche Toleranz nämlich auch gegenüber ihren tierlichen Waldmitbewohnern. Nicht selten trifft man eine Waldantilope, die friedlich äsend inmitten einer Berggorillafamilie steht. Sie wird gelegentlich eines Blickes gewürdigt, aber nicht gestört oder verjagt. Allerdings enden solch paradiesisch anmutende Szenen trotzdem nach kurzer Zeit, denn die neugierigen Gorillakinder können, wenn sie aufs Erkunden aus sind, äußerst dreist werden.
Das Beispiel zeigt uns, daß Verträglichkeit gegenüber Andersartigen einer der faszinierenden Wesenszüge der Berggorillas ist. Diese freundliche Kontaktbereitschaft zu erhalten, verlangt von Menschen, Touristen oder Beobachtern, daß man bereit ist, sie gleichermaßen freundlich und zurückhaltend zu beantworten.

# Karisoke und etwas Hintergrund zu Gorillafamilien

Draußen „gießt es wie aus Kübeln". Dichte Nebel hängen tief in der Vegetation, so als wären sie dort festgebunden. Sie lasten wie eine Decke auf der Pflanzenwelt. Aus den vielen, langen und verwobenen Flechtenbärten, die die Bäume wie ein zweites Kleid einhüllen, rinnt Regenwasser unablässig zu Boden. Die wenigen Waldwege in der Umgebung haben sich in Sumpfpisten verwandelt, in denen man, wenn man nicht aufpaßt, bis zu den Knien einsinken kann. Obwohl eben erst Mittag war, ist es so dunkel wie kurz vor dem Einnachten. Blitz und Donner krachen vom Himmel und sorgen für akustische Aufregung im Einerlei des Regengetrommels auf dem Hüttendach. Unter dem Fußboden der Hütte jammert und schreit ein unglücklicher Baumschliefer, der dort Schutz vor der Sintflut gesucht hat. Auch der Dachboden ist ein trockenes Refugium für allerlei Leben. Die dort ständig residierenden Schläfer und Mäuse liegen sich, fauchend und kollernd, mit vorübergehend anwesenden Regengästen in den Haaren. Unablässig sind über meinem Kopf ihre Trippeljagden zu hören.

*Die Forschungsstation Karisoke liegt im Bergregenwald Ruandas, auf 3000 Metern Höhe, im Sattel zwischen den Vulkanen Karisimbi und Bisoke. Ihr Name ist ein Kürzel aus den beiden Vulkannamen. Sechs kleine, im Wald verstreute grüne Wellblechhütten bieten komfortablen Wohn- und Arbeitsraum. Für die Erledigung aller auf der Station täglich anfallenden Arbeiten ist eine einheimische Belegschaft verantwortlich.*

## Karisoke

Ort des Geschehens ist eine kleine, grüngestrichene Wellblechhütte, mitten im Bergregenwald Ruandas. Sie steht, mit fünf weiteren, weit verstreut liegenden, einander durch üppigen Wuchs verbergenden ähnlichen Hütten auf 3000 Metern ü. M., im Sattel zwischen den Vulkanen Karisimbi und Bisoke. Gemeinsam tragen sie den Namen „Karisoke", den Kürzel aus Karisimbi und Bisoke.
Vier Berggorillafamilien werden von Karisoke aus beobachtet. Sie alle kannten Dian Fossey, die amerikanische Forscherin, die Karisoke gegründet hat. Dian hat mehr als 15 Jahre dort oben gelebt, sie hat mehr über Berggorillas erfahren als je ein Mensch zuvor. Sie hat sich mit den Berggorillas angefreundet und schließlich auf Karisoke auch ihr Leben für sie verloren. Am 26. Dezember 1985 wurde sie ermordet.

**Dians Vermächtnis**

Ihr Vermächtnis an alle, die ihre Arbeit fortsetzen, ist nicht allein die Forschungsstation und das Wissen, das sie zurückgelassen hat, sondern ebensosehr das Vertrauen zum Menschen, das die Berggorillas von Karisoke im Zusammenleben mit Dian Fossey aufgebaut haben. Es macht noch heute möglich, daß man sich inmitten der Berggorillafamilien freundlich geduldet aufhalten kann.
Von Karisoke aus ist zu Lebzeiten Dian Fosseys nicht nur wissenschaftliche Arbeit geleistet worden, sondern man hat auch mit viel Einsatz versucht, den Schutz der Berggorillas der Karisokeregion sicherzustellen.
Heute ist Karisoke vollwertig ins „Berggorilla-Projekt" integriert worden, und

in diesen Händen liegen auch die Schutzmaßnahmen für die gesamte Berggorillapopulation Ruandas. Die wissenschaftliche Arbeit auf Karisoke geht weiter, und sie ist sinnvoll ausgeweitet worden. Man wendet sich auch anderen, nicht nur Berggorillas betreffenden Fragen zu, um die Bedürfnisse aller Lebewesen in den Virungawäldern abzuklären. So findet man vielleicht zu Einsichten und Lösungen, die mithelfen, die Virungawälder und damit auch die Berggorillas wirkungsvoll zu schützen. Wichtig dabei ist auch, daran zu denken, daß an allen früheren und heutigen Aufgaben in Karisoke eine große Zahl von einheimischen Angestellten in vielfältiger Weise maßgeblich beteiligt waren und sind.

**Die Karisoke-Familien**

Zu den vier Familien, die man von Karisoke aus betreut, gehört die Kleinfamilie des Silberrückens Tiger, die Familie Beetsmes, die Nur-Männer-Gemeinschaft, die der Silberrücken Peanuts anführt, und Familie 5, welcher der Silberrücken Ziz vorsteht.
Tiger ist der Chef einer Kleinfamilie, der nur noch die Gorillafrau Fuddle und ihr kleiner Sohn Mbaraga angehören. Seine Familie lebt an den nordwestlichen Abhängen des Bisokes und ihren Ausläufern.
Beetsmes Familie gehören zur Zeit acht Mitglieder an, unter denen sich allerdings nur gerade eine erwachsene Gorillafrau befindet. Beetsmes Familie lebt in der Region zwischen Karisimbi, Mikeno und Bisoke, also im Grenzland zwischen Zaire und Ruanda.
Beetsmes Familie benachbart lebt der Silberrücken Peanuts, der bis vor kurzem eine Nur-Männer-Gemeinschaft von sechs Mitgliedern angeführt hat. Er bekam dann aber Zuzug von vier jugendlichen Individuen aus der „Mupia-Familie", deren Chef, der Silberrücken „Charles Darwin" kurz zuvor verstorben war. Ob sich unter den Neuzuzügern auch jugendliche weibliche Gorillas befinden, ist noch unklar, denn die an Menschen nicht gewöhnten Jugendlichen sind noch recht scheu und lassen sich nur aus Distanz beobachten. Peanuts bewohnt östlich von Beetsme die vom Bisoke her gegen den Karisimbi und den Mikeno hin ausladenden Hänge.
Auf der südwestlichen Seite des Bisokes dehnt sich der Heimbereich der Familie 5 gegen den Karisimbi hin aus. Chef der Familie 5 ist der Silberrücken Ziz.

## Hintergrund zu Berggorilla-Familien

Berggorillas leben in Familiengemeinschaften, die 3 bis 40 Individuen umfassen können. Man spricht von Familien oder Sippen. Die mittlere Größe einer solchen Gemeinschaft liegt bei 12 bis 16 Mitgliedern. Allerdings ist mit solchen Mittelwerten nichts ausgesagt, denn jede Familie, ob groß oder klein, ist ein wachsender sozialer Organismus, der in jedem Wachstumsstadium als vollwertige soziale Einheit zu verstehen ist. Jede Familie bewohnt einen sogenannten Heimbereich, in dem sie täglich umherzieht. Die täglichen Wanderungen sind regellos und jahreszeitlich nur gerade durch das lokale Vorkommen bestimmter Futterpflanzen vorgegeben. Abhängig von der Größe der Familie variiert die Größe des Heimbereiches von 6 bis 35 Quadratkilometern. Innerhalb des Heimbereiches lassen sich mehrere sogenannte „core areas", oder Kerngebiete ausmachen, das sind Heimbereichteile, die von der Familie stärker frequentiert werden als andere Regionen. Aus den Kerngebieten heraus wird deren unmittelbare Umgebung erschlossen. Der Heimbereich einer Familie kann bis in die unterste Vegetationszone am Fuß und bis hinauf zum Gipfel der Vulkane reichen. Die Heimbereiche einander benachbarter Familien überlappen sich, und in solchen Überlappungsgebieten kommt es zu Begegnungen zwischen diesen Familien.

**Altersklassen**

Man teilt Berggorillas innerhalb ihrer Familie in verschiedene Altersklassen ein. Zwischen 0 und 3 Jahren spricht man von Kindern, zwischen 3 und 6 Jahren von Juvenilen, zwischen 6 und 8 Jahren von Subadulten und danach, bis zum 10. Altersjahr von Jungadulten. Geschlechtlich reife, aber noch nicht voll ausgewachsene Männer zwischen 10 und 13 Jahren nennt man Schwarzrükken. Nach 13 Jahren bezeichnet man sie als Silberrücken, sie sind dann voll ausgewachsene Männer. Silberrücken heißen so, weil sich ihre Rücken- und Oberschenkelhaare, wenn die Männer ihre volle Gestalt erreichen, allmählich silbrig verfärben. Von erwachsenen Gorillafrauen spricht man, wenn sie älter als 10 bis 11 Jahre sind.

*Berggorillas leben in geschlossenen Familienverbänden zusammen. Es kann sich dabei um Kleinfamilien mit nur drei Mitgliedern handeln, oder um Großfamilien, die über 40 Individuen umfassen. Jede solche Einheit, ob groß oder klein, ist als wachsender sozialer Organismus in jedem Stadium als vollwertige Familie anzusehen. In einer Familie mittlerer Größe sind neben dem Silberrücken und den erwachsenen Gorillafrauen mit ihren noch abhängigen Kindern auch alle übrigen Altersklassen vertreten. Berggorillas bewohnen Heimbereiche, deren Größen abhängig von der Familiengröße erheblich variieren können.*

Man kann dieser Einteilung zustimmen, aber einige Retouchen sind nötig. So fehlt bei den Erwachsenen die Klasse der „Betagten", und bei den Kindern ist die Abgrenzung von drei Lebensjahren zu wenig differenziert. Ich spreche von betagten Erwachsenen, wenn sie mehr als 35 Jahre alt sind, bei den Kindern in den ersten 10 Lebenstagen von Neugeborenen, darauf bis ins Alter von 8 Monaten von Säuglingen, bis zu anderthalb Jahren von Kleinkindern, und erst danach von Kindern.
Ich werde im folgenden, aus Gründen der Einfachheit, von den Vier- bis Zehnjährigen als Jugendlichen sprechen und auch die Klasse der Kinder nicht unterteilen. Ausnahmen sind immer dann angezeigt, wenn die Verständlichkeit einer Schilderung die genaue Einordnung eines Individuums in die zugehörige Altersklasse verlangt.

## Die Struktur in der Familie

Einer Familie gehören normalerweise ein Silberrücken, ein bis zwei Schwarzrücken, mehrere erwachsene Frauen mit ihren abhängigen Säuglingen, Kleinkindern und Kindern sowie Jugendliche

*Typisch für den Berggorilla-Alltag ist der tagesrhythmische Wechsel zwischen Aktivität und Ruhe. Vor allem die Kleinkinder scheinen nicht in gleicher Weise an diese Aktivitätsphasen der Erwachsenen gebunden. Während die Mütter und der Silberrücken ruhen, entwickeln Kinder und Kleinkinder oft geschäftige soziale Aktivität.*

beider Geschlechter und unterschiedlichen Alters an. Ausnahmsweise finden wir in großen Familien auch zwei oder sogar drei Silberrücken. Chef der Familie ist immer der Silberrücken, und dort, wo zwei oder drei zusammenleben, fällt diese Rolle dem ältesten zu. Man spricht bei den Berggorillas von einer sogenannten Altershierarchie und meint damit, daß neben lebensgeschichtlichen Daten das Alter die Rangposition wesentlich mitbestimmt. Im Falle der weiblichen Rangordnung ist mit „Alter" entweder das effektive Alter gemeint oder die Dauer der Zugehörigkeit einer Gorillafrau zu der betreffenden Familie. Innerhalb der relevanten lebensgeschichtlichen Daten hat vor allem die Verwandtschaft noch Bedeutung.

**Kein Streit um einen Rang**

Um Rangpositionen gibt es kaum je aggressive Auseinandersetzungen, und auch die rangabhängigen Privilegien werden dem, dem sie zukommen, von allen Familienmitgliedern tolerant zugestanden.
Die weibliche Rangordnung selbst ist nur sehr schwer zu durchschauen, und augenfällig sind nur gerade die ersten drei, vier Positionen. Das hängt damit zusammen, daß Rangpositionen nicht einfach feste Größen sind, sondern sich abhängig von unterschiedlichen aktuellen Einflüssen auch ändern können. Das gilt beispielsweise für Gorillafrauen in der Brunft oder für Mütter nach der Geburt eines Kindes, die dann vorübergehend einen höheren Rang einnehmen. Im Fall der Brunft treten sie sozial anders auf, wecken so das Interesse des Silberrückens und sind mit ihm für einige Tage unter Umständen stärker verbunden als sonst. Mütter mit Neugeborenen sind in den ersten Tagen recht scheu, aber, wenn sie in Konflikte geraten, unduldsam, und sie suchen etwas später dann oft die Nähe des Silberrückens und genießen seine besondere Protektion.

**Die Stellung des Silberrückens**

Besondere Bedeutung kommt innerhalb der Familie dem Silberrücken und Chef zu. Er ist das Zentrum der Familiengemeinschaft. Er bestimmt mit seiner Aktivität die der Familie. Er wird darin von der Chefin, der ranghöchsten Gorillafrau in der weiblichen Hierarchie wesentlich unterstützt. Der Silberrücken zeigt innerhalb der Familie Aggressionen nur gerade dann, wenn er schlichtend in Streitereien zwischen Familienmitgliedern eingreift. Er ist ein gewachsener, natürlicher Patriarch, dem die Führung nicht dank seiner Kraft zufällt, sondern weil er soziale Übersicht zeigt, Erfahrung besitzt, freundlich und tolerant ist und den Familienmitgliedern Schutz, Geborgenheit und Sicherheit zu bieten hat. Die Gefolgschaft, die ihm seine Familie leistet, ist freiwillig und unterliegt keinem Zwang von seiten des Silberrückens. Das Bedürfnis nach Schutz und Geborgenheit, der Wunsch nach Gemeinschaft und daraus das Wissen um das Aufeinanderangewiesensein diktieren den Familienmitgliedern diese Gefolgschaft.
Berggorillafrauen steht es frei, ihre Geburtsfamilie zu verlassen und in einen anderen Familienverband überzuwechseln. Solche Wechsel können vom Silberrücken nicht wirklich verhindert werden.
Innerhalb der Familie beansprucht der Silberrücken das Privileg, sich mit brünftigen Gorillafrauen zu paaren. Er wacht über dieses Recht.
Wenn Männer im Stadium des Schwarzrückens zum Silberrücken werden, so führen sie in der Familie ein eher peripheres Dasein. Sie verlassen dann die Familie gelegentlich und wechseln zu einer Lebensweise als Einzelgänger über.
Stirbt ein Silberrücken, so löst sich in der Folge sein Familienverband auf, das heißt, er zerfällt in einzelne Familienteile, die dann bei Nachbarfamilien Anschluß suchen. Das gilt natürlich dann nicht, wenn in der Familie zwei Silberrücken zusammenleben. In einem solchen Fall übernimmt der zweite die Familie, es handelt sich bei ihm ja in der Regel um einen Sohn des Verstorbenen.

# Familie 5

## Ein erster früher Kontakt

Zum ersten Mal besuchte ich Familie 5 etwa acht Monate vor meinem eigentlichen Aufenthalt auf Karisoke. Ich war damals bei Dian Fossey zu Gast. Mehrere Gorillabesuche standen auf meinem Programm. Meinen ersten Auftritt bei Familie 5 vergesse ich nie mehr.
In Begleitung von Munyancheza, einem Führer, brach ich früh am Morgen auf. Als wir in der Nähe von Familie 5 waren, überließ er mich mir selbst und den Berggorillas, ohne selber für die Gorillas in Erscheinung zu treten. Ich näherte mich der Familie gespannt und etwas nervös auf etwa 10 Meter und setzte mich dann einfach hin, abwartend, was geschehen würde. Etwa 10 Minuten verstrichen, bis zwei Gorillas auf mich zukamen, sie schauten mich an und setzten sich mir dann, links und rechts, zur Seite. Sie berührten mich behutsam erkundend, schauten mir aufmerksam ins Gesicht und näherten auch ihre Nasen, um meinen Geruch mitzubekommen. Damit war ihnen offenbar die Sache klar, sie wandten sich von mir ab und wieder ihrer Nahrung zu. Ermutigt durch das Beispiel der Erwachsenen war nun die Reihe an den Kindern. Auch sie waren nur an zurückhaltenden Kontakten interessiert, allerdings etwas neugieriger, verspielter und dreister.

*„Ziz", der Chef der Familie 5, ist eine noch junge Silberrückenpersönlichkeit. Seine Familie leistet ihm freiwillig Gefolgschaft. Er ist ein freundlicher, natürlicher Patriarch, dem die Führungsrolle in der Familie nicht dank seiner Kraft zukommt, sondern weil er soziale Übersicht besitzt und seiner Familie Sicherheit, Schutz und Geborgenheit zu bieten vermag.*

### Ein Schwarzrücken taucht auf

Dann plötzlich tauchte ein Schwarzrükken auf. Er blieb erst auf Distanz, in steifer Imponierhaltung, mit zusammengebissenen Lippen stehen. Ruckartig wandte er mir den Kopf und den Blick zu, um aber sofort wieder wegzusehen. Dieses Kopf-Zu-und-Wegwenden, um kurze Blickkontakte aufzunehmen, ist für Gorillas typisch und war mir von früher her vertraut. Man behält als Gorilla auf diese Weise Unvertrautes im Auge. Plötzlich setzte der Schwarzrücken zu einem Imponierlaufen auf allen Vieren an und überrannte mich einfach. Ich blickte ihm nach und sah, daß seine Aufmerksamkeit und wohl auch sein Imponieren dem Führer galt, der weit hinter uns, von einer Anhöhe herab zu beobachten versuchte, was mit mir wohl geschehen würde. Sicher in der Absicht, am Abend am Feuer seinen Kollegen von den Heldentaten des „Neuen" zu erzählen. Der Schwarzrücken beruhigte sich, kam zu mir zurück, sah mich ruhig und interessiert an, entspannt auf die Handgelenke abgestützt, legte mir seine große, schwere Hand aufs Knie, nahm sie etwas später wieder zurück, um seine Finger zu beriechen. Ob er mit meinem Geruch zufrieden war, ist schwer zu sagen, jedenfalls schien ihm meine Gesellschaft interessant genug, um bei mir zu verweilen. Ich hätte ihn damals lieber etwas auf Distanz gehabt. Nun griff er nach meinem Kragen, er umschloß Jacke, Pullover und Hemd mit festem Griff, und dann folgte eine „Imponierreise", die uns 15 Meter in dichtes Gestrüpp führte. Natürlich hat er mich nicht losgelassen, sondern in festem

1

2

3

Griff aufrecht gehend einfach hinter sich hergeschleppt, wie ein Pack Lumpen. Mich zu wehren wäre bei seiner Kraft völlig sinnlos gewesen. Diese erste kleine Demonstration schien ihm zu genügen. Als richtiger Spielpartner war ich wohl wertlos, denn er ließ mich einfach liegen und ging davon. Ich hatte den Eindruck, diese erste Prüfung nicht mit Bravour bestanden zu haben. Meine Knie schlotterten ein wenig. Ich setzte mich auf und dachte, daß ich, wenn das so weiterginge, meine Berggorillapläne wohl noch einmal sorgfältig überdenken müßte.

Zehn Minuten später folgte ich dann Familie 5 nach und blieb den ganzen Tag über unbehelligt.

Am Abend desselben Tages erfuhr ich dann, unter Lachen, daß der Schwarzrücken Pablo genannt wurde und daß ihm solche Auftritte mit Beobachtern Spaß bereiten. Schon etliche vor mir haben sich von ihm in „Schrecken" versetzen lassen. Ich ahnte damals natürlich nicht, daß dies nicht mein letztes „Spiel" mit Pablo war. Später lernte ich ihn dann besser kennen, jeden zweiten oder dritten Tag auf ähnliche Weise. Man sagte später auf Karisoke sogar,

*Ein Blick in verflossene Zeiten. (1) Der alte „Beethoven" inmitten der Familie 5, die er über Jahrzehnte geführt hat. (2) Beethoven verschwand im Spätsommer 1985, als er etwa 60 Jahre alt war. (3) Mutter Tuck mit dem kleinen Sohn Ndatwa zu Beethovens Zeiten. (4 + 5) Zwei auffallende Persönlichkeiten der Familie 5, mit denen ich selber zu tun bekam. Die greise Gorillafrau „Flossie" und der zum Silberrücken heranwachsende Schwarzrücken „Pablo". (6) Ziz hat die Familie von seinem Vater Beethoven übernommen. Im Bild ist Ziz mit der Chefin „Effie" und deren erwachsener Tochter „Puck" zu sehen.*

Pablo habe sich auf mich spezialisiert.

## Von Beethoven und seinem Sohn

Chef der Familie 5 ist der 18jährige Silberrücken Ziz. Er ist als jugendlicher „Patriarch" körperlich einer der mächtigsten Silberrücken der Region. Ziz ist der Sohn von Beethoven, dem früheren Chef der Familie 5. Beethoven ist vor allem durch Dian Fosseys Arbeit weltberühmt geworden. Als ich zum ersten Mal mit Familie 5 in Kontakt kam, 8 Monate vor dem eigentlichen Aufenthalt, war Beethoven noch im „Amt". Mit beinahe 60 Jahren war er eine imponierende greise Silberrückenpersönlichkeit, die mich sehr beeindruckt hat. Beethoven hat Ziz, nachdem dieser zum Silberrükken herangewachsen war, weiterhin freundlich in der Familie geduldet. Im Spätsommer 1985 verschwand Beethoven spurlos aus seiner Familie. Man nimmt an, er sei den Alterstod gestorben, obwohl man seine sterblichen Überreste nie gefunden hat. Schon vor seinem Tod hat Ziz, der erwachsene Sohn und designierte Nachfolger, dem betagten Beethoven gewisse Pflichten in der Familie abgenommen. Auf Grund von Beobachtungen nimmt man zum Beispiel an, Ziz sei schon seit zwei Jahren vor Beethovens Tod für alle Vaterschaften in der Familie verantwortlich gewesen. Ich habe auf die Geschlechtlichkeit bezogene Intermezzi zwischen den beiden selber erlebt. Wenn Beethoven die Laute hörte, die ihm sagten, daß Ziz sich irgendwo außer Sicht paarte, so hustete er aggressiv, begab sich an den Ort des Geschehens, wies dort Ziz erneut hustend zurecht und kehrte dann zurück, und Ziz paarte sich weiter, vom Auftritt des Alten wenig be-

4

5

6

eindruckt. Es schien so, als sei sich Beethoven auch im Alter schuldig gewesen zu zeigen, daß ihm das, was in der Familie geschieht, nicht entgeht. Er machte aber durchaus nicht den Eindruck, als wolle er dem Sohn „verbieten", sich mit einer seiner eigenen Frauen zu paaren, oder gar selber dieser Pflicht nachkommen.
Solche und andere Hilfestellungen von Ziz haben aber Beethovens Vorrangstellung in der Familie nicht berührt. Er ist bis zu seinem Verschwinden das undiskutierte Oberhaupt seiner Familie geblieben.

## Die Familie von Ziz

Zur Familie von Ziz, also der Familie 5, gehören, neben dem Silberrücken selbst, 11 erwachsene Gorillafrauen, der Schwarzrücken Pablo, 4 jugendliche Individuen beider Geschlechter und verschiedenen Alters, zwei Kinder aus dem Jahr 1985 und 11 Säuglinge und Kleinkinder, die alle im Jahr 1986 zur Welt gekommen sind. Dieser einmalige und nie zuvor in einer Familie registrierte Kinderreichtum hat mich bewogen, Familie 5 zu meiner „Wahlfamilie" zu machen, denn mir ging es bei meinen Beobachtungen um die Mutter-Kind-Beziehung von Berggorillas.
Der Heimbereich der Familie 5 erstreckt sich auf der südwestlichen Seite des Vulkanes Bisoke über ungefähr 20 km$^2$ bis zu den südlichen Vorbergen des Vulkanes Karisimbi. Er schließt die tiefgelegene Bambuszone mit ein und reicht bis hinauf in die Gipfelregion des Vulkanes Bisoke. An der Grenze des Schutzgebietes auf der Höhe der Bambuszone stößt der Heimbereich auf einer langen Strecke direkt an das bebaute Ackerland. Wenn sich Familie 5 in den tiefen Lagen des Heimbereiches aufhielt, kam es oft vor, daß sie geruhsam, versteckt in der üppigen Vegetation saßen und den 200–300 Meter entfernt arbeitenden Bauern oder den Hirten und ihren Herden zusahen.

1

2

3

4

*5 – Die Alphastellung unter den Gorillafrauen der Familie 5 hat Effie inne. Sie bestimmt, zusammen mit Ziz, die tägliche Aktivität der Familie. Effie ist die „graue Eminenz", die zusammen mit ihren vier Töchtern auch den entscheidenden Familien-Clan bildet. Mit zu diesem Clan gehören (1) die erwachsene Puck, die älteste Tochter von Effie, (2) die jüngere unter den erwachsenen Töchtern Tuck, (3) Maggie, die unmittelbar vor der Geschlechtsreife steht und (4) das jüngste Kind Effies, die von der Mutter noch abhängige Tochter Mahane.*

45

## Die Mitglieder der Familie 5

Die nachfolgenden Kurzporträts schließen nur die jugendlichen und erwachsenen Familienmitglieder mit ein. Die Säuglinge, Kleinkinder und Kinder sind zusammen mit ihren Müttern erwähnt. Die knappen Beschreibungen sollen spürbar machen, daß Berggorillas auch in ihrem Wesen eigenständige Persönlichkeiten sind. Alle Altersangaben und Daten beziehen sich natürlich auf die Zeit meines Aufenthaltes bei Familie 5.

**ZIZ** (♂/1) – Ziz ist mit seinen 18 Jahren ein noch jugendlicher Silberrücken, aber trotzdem der undiskutierte Chef der Familie 5. Er hat die Nachfolge seines Vaters Beethoven angetreten. Seine Mutter Marchessa lebt nicht mehr. Pantsy und Shinda sind die jüngeren Geschwister von Ziz, und Ziz selber ist der Vater aller Kinder in Familie 5. Typisch für einen Silberrücken ist, daß er fast doppelt so groß und schwer ist wie die übrigen Familienmitglieder. Dennoch nutzt er nicht seine Kraft, um sich durchzusetzen. Er ist ein natürlich gewachsener Patriarch, der die Familie freundlich und tolerant führt und seine Kraft und Aggressivität ausschließlich dann einsetzt, wenn es darum geht, in der Familie ausbrechenden Streit zu schlichten.

**EFFIE** (♀/2) – Effie ist zwischen 30 und 35 Jahre alt. Sie hat fünf Töchter geboren, von denen vier noch in der Familie mit ihr zusammenleben. Effie ist die unbestrittene Chefin der Familie, die „Graue Eminenz“, die Ziz zur Seite steht und ihn in vielen Dingen unterstützt.
Effies Clan hat innerhalb der Familie großes Gewicht. Effie ist auf eigenartige Weise unnahbar, autoritär, zurückhaltend und äußerst erfahren. Man tut als Familienmitglied gut daran, ihr den nö-

tigen Respekt zu zollen. Selbst Pablo, der kräftige Schwarzrücken, weicht Effie aus und versucht, Konfrontationen mit ihr zu vermeiden. Effie sorgt im Augenblick für ihr jüngstes Töchterchen, die bald zweijährige Mahane. Effie gehört der Familie 5 an, seit man sie kennt.

**PUCK** (♀/3) – Puck ist Effies älteste Tochter. Sie kam im Dezember 1968 zur Welt. Auffallend ist Pucks Äußeres. Sie ist groß und massig und galt darum, bis sie erwachsen war, als männlich. Korrigiert hat sie diesen Irrtum selber, als sie

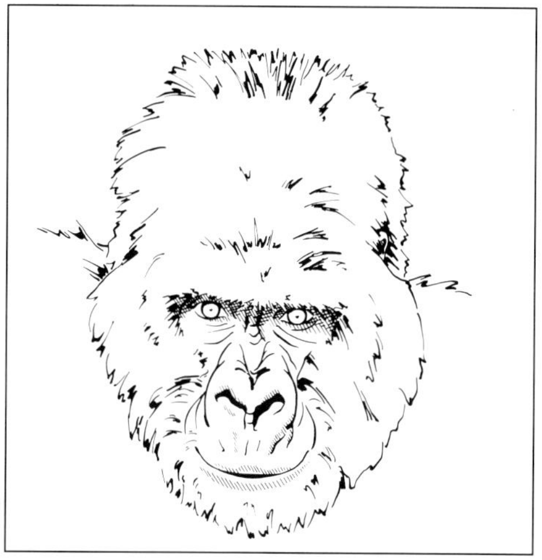

im November 1978 den Sohn Cantsbe gebar. Puck scheint nicht allein von Ziz, sondern auch vom zweiten Mann in der Familie, von Pablo, fasziniert zu sein. Puck neigt dazu, sich auf silberrückentypische Weise imponierend und brusttrommelnd vor der Familie in Szene zu setzen. Puck ist eine besorgte und etwas restriktive Mutter. Sie bemuttert zur Zeit ihr zweites Kind, die sechs Monate alte Tochter Intwali. Puck hat ihre Geburtsfamilie bis jetzt noch nie verlassen.

**TUCK** (♀/4) – Tuck wurde im Mai 1972 als Tochter von Effie geboren. Sie

scheint stärker mit ihrer Mutter Effie verbunden als ihre ältere Schwester Puck. Das hat vermutlich damit zu tun, daß ihr kleiner Sohn, der bald anderthalbjährige Ndatwa, der unzertrennliche Spielkumpan von Effies Tochter Mahane ist. Ihrer Abkunft entsprechend ist die 14jährige Tuck sehr selbstbewußt. Sie ist ruhig, verläßlich und ausgeglichen und läßt ihrem Söhnchen erstaunlich viel Freiheit, ohne darob allerdings ihre mütterlichen Pflichten zu vergessen. Der im Februar 1985 geborene Ndatwa ist Tucks erstes Kind. Tuck lebt seit ihrer Geburt in der Familie.

**PANTSY** (♀/1) – Pantsy ist mit 21 Jahren die ältere Schwester von Ziz und Shinda. Pantsy hat bereits vier Kinder geboren, von denen die jugendliche Jozy und der halbjährige Sohn Umurava mit Pantsy in Familie 5 zusammen sind. Pantsy gehört in die Gemeinschaft der ranghohen Frauen der Familie, obwohl sie mit Effie nicht verwandt ist. Ihre Stellung hat vielleicht auch damit zu tun, daß sie eine Schwester von Ziz ist. Entsprechend der Persönlichkeit der Mutter ist auch der kleine Umurava ein recht selbständiges, neugieriges und unternehmungslustiges Kleinkind. Pantsy

spielt im Umgang mit Umurava die abgeklärte Routine der erfahrenen Mutter aus. Beobachtern gegenüber ist Pantsy freundlich und umgänglich, ein weiteres Zeichen für ihre große Selbstsicherheit.

**SIMBA** (♀/2) – Simba gehört zu den Neuzuzügerinnen. Zur Welt kam sie in der Familie von Onkel Bert, im April 1968. Mit 10 Jahren wechselte sie zum Silberrücken Nunkie, danach zu Tiger, bis sie schließlich zu Familie 5 stieß. Sie ist zwanzig Jahre alt und Mutter von vier Kindern, von denen zwei aber früh starben. Ihr jüngstes Kind, das Töchterchen

Imanze, wurde im Juni 1986 in der Familie 5 geboren. Simba ist gesetzt, ruhig und ihrer Kleinen gegenüber ausgesprochen zärtlich und auch etwas übervorsichtig und einschränkend, eine ausgesprochene „Mutterpersönlichkeit“. Diese Tendenzen weisen allerdings oft auf junge Mütter hin, bei der erfahrenen Simba sind sie dagegen Ausdruck ihres Wesens. Simba scheint freundschaftlich mit Pandora verbunden zu sein.

**PANDORA** (♀/3) – Pandora ist ungefähr 25 Jahre alt. Zum ersten Mal beobachtet wurde sie 1976. Zur Familie 5

gehört sie aber erst seit zweieinhalb Jahren. Pandora ist behindert. An der rechten Hand fehlen ihr alle Finger, bis auf einen Daumenstummel, und von jenen der linken Hand vermag sie nur gerade drei gezielt einzusetzen. Ihre Behinderung scheint mit einer fortschreitenden Krankheit zu tun zu haben und nicht, wie vielfach gesagt wird, mit einem Fallenunfall. Pandora brachte im Mai 1986 ihren Sohn Mahoro zur Welt. Trotz ihrer Behinderung vermag Pandora ihr Kind vollwertig zu bemuttern. Wenn es nötig ist, nimmt sie zur Kinderpflege die Lippen, die Zähne und die Füße zu Hilfe. Pandora ist vorsichtig und leicht in Aufregung zu versetzen. Sie steht ranglich eher am Rande der Familie. Ob ihre Stellung in der Familie und ihr unaufdringliches Wesen mit ihrer Behinderung zu tun haben, ist schwer zu sagen.

**PICASSO** (♀/4) – Picasso ist eine junge Mutter. Zur Zeit sorgt sie für ihren im Januar 1986 geborenen Sohn Ineza. Ihre Lebensdaten sind nicht bekannt. Man weiß von ihr nur, daß sie, ähnlich wie Simba, ihre Familienzugehörigkeit mehrmals gewechselt hat. Picasso ist von kleiner, zartgliedriger Gestalt. Ihr

Sohn ist in dieser Beziehung das Abbild seiner Mutter, er ist ein Drittel kleiner und dünner als seine Altersgenossen, was aber seine ungestüme Entwicklung zum unternehmungslustigen Kleinkind keineswegs gehindert hat. Als Mutter ist Picasso sorgfältig, besorgt und großzügig. Sie spielt mehr mütterliche Erfahrung aus als man ihr das vom Alter her zugestehen würde. Picasso ist gut in die Familie integriert, hält sich aber bei Streiten und Disputen zurück. Mit Pablo verbinden sie von Zeit zu Zeit kleine „Mehrtages-Freundschaften".

**LIZA** (♀/5) – Lizas Alter ist nicht bekannt. Sie ist Pablos Mutter, und daraus läßt sich schließen, daß sie mindestens 25 Jahre alt ist. Ihrem Aussehen nach zu urteilen ist sie wohl noch etwas älter. Im August 1986 gebar Liza ihr Töchterchen Nyiranshuti. Anderthalb Monate später trug sie es eines Morgens tot in den Armen. Warum die Kleine gestorben ist, war nicht herauszufinden. Liza ist eine auffallende Gestalt, groß und feingliedrig, und ihr Gesicht ist markant und großflächig. Von ihrem Wesen her bildet sie in der Familie einen ruhenden Pol. Sie steht irgendwo in der Mitte der weiblichen Hierarchie. Als Lizas Sohn Pablo 4 Jahre alt war, verließ Liza Familie 5 ohne ihn. Sechs Jahre später kehrte sie wieder zurück.

**FLOSSIE** (♀/6) – Flossie ist zwischen 45 und 48 Jahren alt und damit eine greise Gorillapersönlichkeit. Sie ist Mutter, Großmutter und Urgroßmutter. Ihre Kinder, Enkel und Urenkel leben verstreut in vielen Familien, und sie selbst hat eine bewegte, von vielen Wechseln bestimmte Lebensgeschichte. Man sagt von ihr, sie habe mit dem reproduktiven Geschehen in der Familie nichts mehr zu tun. Flossie brachte dann aber im Oktober 1986 einen Sohn, Vatiri, zur Welt. Flossie gilt als etwas „nachlässige" Mutter, ein Eindruck, der bei Müttern mit sehr viel Erfahrung leicht entsteht. Sie gehört zu den rangniederen Individuen der Familie. Sie ist ruhig und bedächtig, und, vom Alter gezeichnet, bei allem, was sie tut, sehr langsam.

**WALANZA** (♀/7) – Walanza stieß Ende 1984 zu Familie 5. Man weiß nicht, woher sie kam. Ihr Alter liegt wohl zwischen 25 und 30 Jahren. Beobachtern gegenüber war sie anfänglich sehr zurückhaltend, was vielleicht darauf schließen läßt, daß sie aus einer „wilden" Familie stammt. Sie lernte aber im Umgang mit Menschen rasch dazu. In der Familie gehört sie in die Mitte der Rangordnung. Sie ist sehr resolut und rasch bereit, reklamierend ihre Stellung zu behaupten. Walanza hat dadurch, daß sie im Mai 1986 Zwillinge zur Welt brachte, „Berggorilla-Geschichte" geschrieben. Ihre beiden Kinder waren die einzigen je registrierten Zwillinge bei Berggorillas.

**KWIRUKA** (♀/S. 50/1) – Ähnlich wie Walanza ist auch Kwiruka noch nicht lange in Familie 5. Auch von ihr sind keine Lebensdaten bekannt. Im Februar brachte sie ein Söhnchen, Ntambara, zur Welt. Sie war ihm gegenüber erst ängstlich besorgt und unsicher. Das ist ein Indiz für fehlende mütterliche Erfahrung und zeigt, daß sie noch sehr jung ist. Auch ihr Äußeres weist auf ihre Jugendlichkeit hin. Mit Menschen scheint sie in ihrer früheren Zeit nie in Kontakt gekommen zu sein. Sie läßt sich kaum beobachten. Nähert man sich ihr, so wird sie nervös, beginnt zu husten und zu schreien und sucht dann das Weite. Nur wenn sie ganz nah bei Ziz ist, duldet

sie für kurze Zeit Beobachtungen. Diese Scheu hat es unmöglich gemacht, sie mit ihrem Sohn in die Mutter-Kind-Beobachtungen miteinzubeziehen. Im Kreis der Familie gehört sie zu den rangniederen Individuen.

**SHINDA** (♂/2) – Shinda ist 9 Jahre alt. Er kam als jüngstes Geschwister von Ziz und Pantsy in Familie 5 zur Welt. In einem Jahr wird Shinda der Altersklasse der Schwarzrücken zuzurechnen sein. Er ist dann geschlechtsreif, aber noch nicht voll ausgewachsen. In der Clique der Jugendlichen ist er der älteste, und

darum sind seine bevorzugten Raufpartner die beiden Großen, Ziz und Pablo. Von Ziz wird Shinda noch bedingungslos geduldet. Er ist auch wesentlich stärker in die Familie eingebunden als der größere und mächtigere Pablo. Shinda besitzt ein freundliches, verspieltes und gewinnendes Wesen. Typisch für ihn ist, daß er dazu neigt, auch mit Menschen freundschaftlich anmutende Verhältnisse aufzubauen.

**CANTSBE** (♂/3) – Cantsbe ist acht Jahre alt. Er ist Pucks erstes Kind. Zusammen mit Jozy, Shinda und Maggie

gehört er zur Clique der Jugendlichen in der Familie. Mit ins Verhaltensrepertoire von Cantsbe und den übrigen Jugendlichen gehören übermütige Aktionen, mit denen sie Erwachsene zu provozieren versuchen. Sie stecken so ihre sozialen Grenzen ab. Für die Kinder ist Cantsbe ein „Großer“, den man uneingeschränkt bewundert. Unter den Jugendlichen ist er eher etwas zurückhaltend und trotz seines Alters mit Mutter Puck noch stark verbunden. Längere Ruhepausen verbringt er bevorzugt in der Gesellschaft mit seiner Mutter und dem Schwesterchen Intwali.

**MAGGIE** (♀/4) – Maggie ist die vierte Tochter Effies. Sie steht mit sechseinhalb Jahren vor der Geschlechtsreife. Diese Tatsache vermag Maggies vielseitige junge Gorillapersönlichkeit zu erklären. Sie ist von Säuglingen fasziniert, mit Kindern sehr verspielt, Jugendlichen gegenüber ein versierter Raufbold und am geschlechtlichen Geschehen in der Familie ungeheuer interessiert. Die älteren Jugendlichen und jungerwachsenen Männer machen ihr den Hof. Beobachter erleben Maggie als überaus zutraulich, aber auch als trickreiche „Diebin“, der kein Ausrüstungsgegenstand heilig

ist. Die auffallendste Seite Maggies ist aber ihre aufkeimende „Mütterlichkeit“. Sie wird es nicht müde, Mütter zu belagern und unablässig darum zu betteln, für kurze Zeit einen Säugling anvertraut zu erhalten.

**JOZY** (♀/5) – Jozy ist mit etwas mehr als sechs Jahren Pantsys ältere Tochter. Sie ist oft mit ihrer Mutter und ihrem Brüderchen Umurava zusammen. Enge Beziehungen verbinden Jozy auch mit ihrem Onkel Ziz. Sie steht in der besonderen Gunst des Silberrückens, sie ruht oft in seiner Nähe und schläft manchmal

sogar in seinen Armen. Jozy hat ein gewinnendes Wesen, sie ist arglos und freundlich und sehr verspielt. Unter den Jugendlichen ist sie die jüngste und eher scheu. Sie ist in deren Kreis deshalb eher eine Mitläuferin, die bei gewagten sozialen „Aktionen“ im Hintergrund bleibt. Auch Jozy ist, wie Maggie, von Müttern und Kindern auffallend fasziniert, aber sie schaut lieber zu und ist vorläufig weniger am aktiven Bemuttern von Säuglingen interessiert. Das ist wohl eine Frage ihres Alters.

**PABLO** (♂/6) – Pablo kam im September 1974 zur Welt. Seine Mutter ist Liza. Mit zwölf Jahren ist er heute auf dem Weg vom Schwarz- zum Silberrücken. Er ist damit sozial in einem schwierigen Gorilla-Alter, sozusagen „zwischen Stuhl und Bank“. Der Gemeinschaft von Müttern und Kindern ist er entwachsen, und von Ziz wird er meist ignoriert und auf Distanz gehalten. Pablos soziale Welt ist die der älteren Jugendlichen und der Jungerwachsenen, die zeitweilig auch für handfeste „Schwarzrückenspiele“ zu haben sind. Wenn Ziz Pablo für kurze Zeit im Zentrum der Familie duldet, honoriert er das mit Wohlverhalten, um ja die besondere Gunst nicht allzuschnell zu verscherzen. Ob Pablo in ein bis zwei Jahren die Familie verläßt oder ob Ziz ihn auch als Silberrücken weiterhin bei sich duldet, ist nicht vorherzusagen.

## Die Individualität

Berggorillas sind, wie die kurzen Porträts der Familienmitglieder gezeigt haben, individuelle und unverwechselbare Persönlichkeiten. Ihre Individualität kommt in ihrem Äußeren genauso zum Ausdruck wie in ihrer inneren Wesensart.
Wer mit Berggorillas nicht vertraut ist, wird zuerst allerdings Mühe haben, sich in ihren schwarzen Lackledergesichtern zurechtzufinden. Lebt man mit ihnen aber über längere Zeit zusammen, so überwindet man diese anfängliche Schwierigkeit rasch, und später wird man kaum mehr verstehen können, wie es möglich war, zu Beginn einzelne Mitglieder der Familie miteinander zu verwechseln.

1

# Unverwechselbarer Nasenspiegel

Im Gesicht der Berggorillas ist das Umfeld der Nasenöffnungen als kleine, erhabene, oft beinahe herzförmige Platte ausgebildet, die Nasenspiegel genannt wird. Dieser Nasenspiegel trägt ein von Individuum zu Individuum verschiedenes Muster kleiner Grübchen, Furchen und Dellen, ein Muster, das auch bei nahen Verwandten nie identisch ist. Es variiert individuell so sehr wie das Muster der Daumenabdrücke beim Menschen. Diese Tatsache nutzt man, um sich in einer Familie zurechtzufinden, wenn man zum ersten Mal mit Berggorillas zu tun bekommt. Man benötigt diese Nasenspiegel-„Eselsbrücke" aber nur über die ersten frühen Kontakttage hinweg. Danach assoziiert man andere auffallende Merkmale mit dem jeweiligen Nasenspiegel, und noch etwas später verschmelzen all diese Merkmale zur Ganzheit des Erscheinungsbildes eines Individuums. Man hat nun die eigenständige Persönlichkeit entdeckt, und Verwechslungen sind danach beinahe ausgeschlossen, unabhängig davon, ob man Mitglieder der Familie nur von hinten, von der Seite oder auf größere Distanz zu sehen bekommt.

Einander nah verwandte Individuen zeigen äußerliche Merkmale und innere Wesenszüge, an denen sich die Verwandtschaft oft sehr leicht erkennen läßt.

Bis man in das ganzheitliche Bild der einzelnen Persönlichkeiten auch noch psychische Merkmale oder den individuellen Klang der Stimme einfügen kann, braucht es noch ein wenig mehr Zeit. An die Stimme muß man sich zuerst gewöhnen, und die Wesensart offenbart sich erst vor dem Hintergrund vieler Einzelbeobachtungen, die einen

2

3

4

5

6

*1 – Das unverkennbare, individuelle Nasenspiegelmuster der Maggie. Die folgenden Nasenspiegelzeichnungen sollen die individuellen Unterschiede deutlich machen, sie zeigen (2) Ziz, (3) Effie, (4) Puck, (5) Tuck, (6) Pantsy.*

# Ein Auftakt nach Maß

Schon mein erster Besuch bei Familie 5 brachte eine unerwartete Überraschung und damit verbunden auch ganz besonders aufregende Tage.
Ich hatte mir fest vorgenommen, während der ersten Zeit auf Karisoke nur jeden zweiten Tag zu Familie 5 auszuziehen, weil ich meinem Körper Zeit lassen wollte, sich allmählich an die Höhe und die beschwerlichen Bergwanderungen zu gewöhnen. Doch bereits dieser erste Tag machte einen Strich durch diese Rechnung.
Als ich mit Antoine, dem obligaten „guide", an jenem Morgen aufbrach, teilte man mir sozusagen zwischen Tür und Angel noch mit, man habe am Tag zuvor in einem Nachtnest Blut gefunden. Ich hatte also auf ein allfällig Neugeborenes zu achten. Ein verheißungsvoller Start für einen, der auszog, um die Mutter-Kind-Beziehung der Berggorillas zu studieren!
Nach zwei Stunden näherten wir uns der Familie, und der Guide entließ mich zur Arbeit. Vorsichtig schloß ich mich der Familie an. Wie erwartet begegnete ich zuerst den neugierigen Blicken aus bernsteinfarbenen Augen, die mich als „Neuen" interessiert musterten. Hin und wieder mußte ich für einen erkundenden Schnupperbesuch stillhalten. Ich versuchte dann, aufgrund meiner Nasenspiegelskizzen, die ich ein halbes Jahr zuvor aufgenommen hatte, das eine oder andere Familienmitglied sicher zu identifizieren. So begleitete ich Familie 5 etwa eine Viertelstunde auf einem Nahrungsgang. Dann legte sich Ziz, der Silberrückenchef der Familie, zur Siesta nieder, und bald war er auch von einigen Müttern und Kindern umgeben. Jetzt entdeckte ich auch das Neugeborene. Es war Walanza, die es trug. Doch irgend etwas stimmte nicht. Ich sah ein zweites Mal und genauer hin, und ich traute meinen Augen kaum: Walanza trug nicht ein Neugeborenes, sondern gleich zwei. Zwillingskinder bei Berggorillas! Das hat man in all den Jahren der Berggorillaforschung noch nie erlebt, und ausgerechnet mir sollte die Ehre zufallen, neugeborene Berggorillazwillinge zu entdecken. Ich fühlte mich wie Hans im Glück. Natürlich beschloß ich sofort, das „Angewöhnungsregime" aufzugeben und Familie 5 gleich von Anfang an täglich aufzusuchen, unabhängig davon, wie schwer das auch werden würde. Ich wollte mir die ersten Lebenstage der Zwillingskinder auf keinen Fall entgehen lassen.
Bei Menschenaffen treten Zwillingsgeburten ungefähr so häufig auf wie bei Menschen. Für mich waren die Berggorillazwillinge natürlich auch deshalb recht spannend, weil ich Jahre zuvor im Basler Zoo schon die Zwillingskinder der Orang-Utan-Mutter Kasih über längere Zeit hatte beobachten können.
Walanza erwies sich als überaus fürsorgliche Mutter. Schon am zweiten Tag war klar, daß Walanza ihre Zwillingskinder auch beide zur Brust brachte, denn für beide wurden mehrere Saugszenen registriert. Die Beobachtung der Zwillinge erwies sich allerdings in den der Geburt

*Die ersten je bei Berggorillas beobachteten Zwillingskinder. Als ich die beiden Neugeborenen entdeckte, waren sie einen Tag alt. Mutter Walanza trug sie sorgsam hoch am Körper und hielt sie mit einem Arm gedeckt und gestützt. Walanza erhielt an jenem Tag oft neugierigen Besuch von Familienmitgliedern, die sich einfach vor sie stellten oder setzten und ihr für einige Minuten ruhig zusahen. Das Interesse an Walanzas Zwillingen hielt in der Familie über Tage an.*

folgenden Tagen als gar nicht so einfach. Mütter mit Neugeborenen sind verständlicherweise einem Beobachter gegenüber scheuer und zurückhaltender als andere Familienmitglieder. Zudem war ich für Walanza ein neues Gesicht, und sie selbst gehörte erst seit ungefähr einem Jahr der Familie 5 an. Sie ist aus einer unbekannten Familie zugezogen und stand damit am Anfang ihrer persönlichen Erfahrung mit Menschen.
Ich selbst hielt mich auch als Beobachter zurück, denn ich wollte nicht Ursache von Störungen sein, um so mehr als Walanza, wie mir schien, schon genug Probleme mit ihren beiden Kindern hatte. Im Klartext hieß das, allfällige Beobachtungen abzubrechen, wenn ich störte, wenn Walanza durch ihr Verhalten ausdrückte, daß sie alleine sein wollte, oder wenn sie Zeichen von Nervosität zeigte.
Über die ersten Tage hinweg ließ sich die Zwillingsmutterschaft Walanzas gut an. Die beiden Kleinen wurden regelmäßig gestillt, sie schliefen viel, und ihre Stimmchen waren kaum je zu hören. Das alles sind verläßliche Zeichen für das Wohlbefinden von Neugeborenen. Die Beobachtungen der ersten Tage beantworteten auch die spannende Frage nach dem Geschlecht der Kinder. Es waren zwei Mädchen. Trotz der zwei Neugeborenen kam Mutter Walanza tagsüber immer wieder zu Ruhe und Schlaf.

## Weinen, ein Alarmsignal

Am vierten Lebenstag der Zwillinge trat dann eine Wende ein. Zwei Beobachtungen ließen Besorgnis aufkommen. Täglich hörte man jetzt die Kleinen rufen, leise weinen oder sogar schreien. Das sind Alarmsignale, denn wenn Neugeborene sich lautlich melden, so zeigen sie damit Unbehagen an. Zudem war zu sehen, daß Walanza oft nicht in der Lage war, ihre beiden Kinder mit ihren Armen am Körper sorgfältig ganz zu dekken. Die Folge davon war, daß ein Körperchen oder Teile davon praktisch ständig dem Regen oder der regennassen Vegetation ausgesetzt waren. Von Tag zu Tag schien die Situation sich zu verschlimmern. Die Kleinen waren ständig genäßt, und ihre Stimmchen waren den ganzen Tag über zu hören. Walanza war sichtlich besorgt und nervös. Gorillamütter reagieren auf Laute und Bewegungen ihrer Neugeborenen immer mit eigener Aktivität, die darauf abzielt, sie zu beruhigen. Gelingt das nicht, weil die Ursache der kindlichen Unruhe durch die mütterlichen Maßnahmen nicht zu beheben ist, so geraten Mutter und Kind in einen Teufelskreis und kommen kaum mehr zur nötigen Ruhe.

## Verhängnisvoller 9. Tag

Am neunten Tag erreichte die Geschichte der Zwillingskinder einen ersten dramatischen Höhepunkt. Ich war an jenem Tag mit Wayne McGuire, einem amerikanischen Kollegen, bei Familie 5. Es war kurz vor Mittag. Wir folgten der Familie nach, und hinter uns war nur noch die betagte Flossie unterwegs. Wir hörten etwas seitlich von uns ein leises Wimmern. Ein Trampelpfad führte durch die Vegetation hin zu einem frischen, sorgfältig zurechtgemachten Tagnest. In ihm lag verlassen eines der Zwillingsmädchen. Die Kleine war naß, lebte aber noch und äußerte von Zeit zu Zeit klagende feine Laute. Walanza hatte also eines der Kinder nach einer Ruhepause einfach zurückgelassen. Warum das geschehen war, ist schwer zu sagen. Vielleicht hatte sie das Fehlen des Kindes beim Aufbruch einfach nicht bemerkt, weil sie selbst sich seit Tagen in einer großen Hilflosigkeit ihren Kindern gegenüber befand. Man weiß auch, daß gelegentlich tote Kinder von ihren Müttern nach einigen Tagen einfach zurückgelassen werden.

## Erfolglose Rettungsversuche

Wir berührten die Kleine nicht. Die hinter uns herannahende Flossie war vielleicht hilfreich. Wir verstellten die Pfade so, daß Flossie gezwungen war, den zu benutzen, der zum Kind hinführte. Flossie ging auf das Tagnest zu, blieb stehen, horchte auf, ging dann näher und setzte sich auf den Nestrand. Sie betrachtete das Kind, tupfte es einmal mit dem Finger an und schien unentschlossen. Wir zogen uns dann zurück, um ihr die Möglichkeit zu geben, ungestört auf das Kind zu reagieren. Wir hofften, sie würde es vielleicht aufnehmen und es zumindest zur Familie hintragen. Zehn Minuten später zog Flossie weiter; sie ließ das Kind hinter sich zurück. Nun wurden wir aktiv. Wir nahmen das Kind auf, trockneten es, und dann packte ich es unter Pullover und Hemd auf die nackte Haut, an den einzigen Ort, an dem ich es warm halten konnte. Von Zeit zu Zeit

*Walanzas Zwillinge waren Mädchen. Wenn Walanza sich zur Ruhe setzte, hielt sie ihre Kinder tief im Schoß. Walanzas umsichtiges Verhalten ihren beiden Kindern gegenüber machte in den ersten Tagen klar, daß eine Berggorillamutter auch imstande ist, für Zwillingskinder mütterlich zu sorgen. Bereits am dritten Lebenstag wurden beide Kinder saugend an Walanzas Brust beobachtet.*

1

2

3

flößten wir ihm ein wenig Wasser ein. Wir wollten so einer möglichen Entwässerung seines Körperchens vorbeugen. Wir riefen dann Antoine, den Guide, und baten ihn, nach Karisoke hochzusteigen, um Instruktionen einzuholen. Wir verabredeten uns mit ihm im Wald, in einem geschützten Pflanzenversteck nahe beim Fundort und versprachen ihm, uns nicht von der Stelle zu rühren. Von Zeit zu Zeit spürte ich am Körper Lebenszeichen der Kleinen, und ab und zu bekam sie auch wieder einige Tropfen Wasser. Ungute Gefühle stiegen in uns auf, denn die Pausen zwischen den einzelnen Äußerungen des Kindes wurden immer länger.

## Die Nacht bricht herein

Es wurde Abend, und schließlich brach die Nacht herein. Antoine war noch nicht zurückgekehrt, und wir begannen uns nun nicht nur um das Gorillakind, sondern auch um uns selber Sorgen zu machen. Eine Viertelstunde nach sieben Uhr mitten im Wald, in völliger Dunkelheit, hörten wir plötzlich ferne Geräusche. Ob das wohl Hilfe war? Wir mach-

*1 – Walanza gehörte, als ihre Zwillinge geboren wurden, der Familie 5 erst etwa ein Jahr an. Niemand weiß, aus welcher Familie sie in Familie 5 überwechselte. (2) Vom sechsten Lebenstag an rief der Zustand von Walanzas Kindern Befürchtungen wach. Sie schienen schwach, und tagsüber war immer wieder ihr Weinen und Schreien zu hören. (3) Am neunten Tag blieb nach einer Siesta eines der Zwillingsmädchen verlassen in einem Tagnest zurück. Eine dramatische, leider erfolglose Rettungsaktion setzte ein. Das Kind starb noch am selben Tag. 48 Stunden später fand man auch das zweite Kind tot in den Armen seiner Mutter.*

ten uns rufend bemerkbar, und bald sahen wir entfernt ab und zu das Licht von Petrollampen aufblitzen. Die „Rettungskolonne“ kam direkt auf uns zu. Erleichterte Begrüßungsworte flogen von der einen zur andern Seite, und wir rüsteten uns zum Aufstieg. Ich kontrollierte noch einmal das Gorillakind – es war tot. Dieser Aufstieg nach Karisoke bleibt unvergessen. Meine Gedanken waren beim verstorbenen Zwillingskind, das ich noch immer mittrug. Wir stolperten mehr, als wir gingen, fielen oft hin, stießen auf eine Herde Büffel, vor der zu unserer Verblüffung die Führer einfach flüchteten und uns zurückließen. Dann jagten sie die Herde mit einem eindrücklichen Lärmkonzert in die Flucht. Wir brauchten für den Aufstieg, der bei Tag in einer guten Stunde zu bewältigen ist, in der Nacht beinahe vier Stunden. Erschöpft und von unserem Erlebnis etwas bedrückt, erreichten wir das Camp und wurden mit Fragen, Reis und warmem Tee erwartet. Erstaunt erfuhren wir dann, daß unser Abenteuer bereits über Funk an andere Stationen im Schutzgebiet weitergegeben worden war, um so Hilfe sicherzustellen. Zufällig besuchte am andern Tag ein Tierarzt der Universität Butare die Station. Er obduzierte das kleine Körperchen und stellte als Todesursache eine schwere Lungenentzündung fest.

**Der zweite Todesfall**

Walanza hat ihre Zwillingskinder in der falschen Jahreszeit, in der Regenzeit geboren, und ihre Unfähigkeit, beide gleichzeitig vor Nässe und Kälte zu schützen, wurde dem einen Kind zum Verhängnis.
Zwei Tage später trug Walanza auch ihr zweites Töchterchen tot in ihren Armen am Körper, und sie behielt es so noch weitere zwei Tage bei sich. Während der ganzen Zeit behandelte sie ihr totes Kind mütterlich. Auffallend war, daß sie vom sich allmählich zersetzenden Körperchen feine, leicht lösliche Hautfetzchen abschälte und sie aß.
Nach und nach schälte sie so ganze Körperpartien des toten Kindes. Natürlich war sie die ganze Zeit über von neugierigen und mitfühlenden Familienmitgliedern umgeben, die sich für das, was geschah, sehr interessierten. Vor allem Kinder und Jugendliche vermochten ihre Neugier kaum zu zügeln, und die Dreisten unter ihnen versuchten sogar blitzschnell nach dem toten Kind zu greifen, um sich ein winziges Stückchen Haut zu sichern.
Es ist auch von anderen Müttern bekannt, daß sie tote Kinder oft noch lange mit sich tragen und sich mit ihnen so auseinandersetzen, als würden sie noch leben. Auch die Tatsache, daß die sich langsam ablösende Haut weggezupft und aufgenommen wird, hat man schon in anderen Fällen beobachtet. Man hat für dieses Verhalten schon verschiedentlich als Bezeichnung das Wort „Kannibalismus“ verwendet. Meiner Meinung nach ist das völlig verfehlt. Es gehört nämlich mit zu den mütterlichen Pflichten, den Körper des Kindes zu pflegen. Dabei werden Unregelmäßigkeiten der Haut untersucht, bekratzt, beknabbert und mit der Zunge berührt. Unreinheiten, Parasiten oder kleine Hautschuppen werden abgelöst und in den Mund gebracht. Bei einem toten, sich allmählich zersetzenden Körperchen lassen sich kleine Hautflecken leicht abkratzen und lösen, und sie werden genauso behandelt wie all das winzige „Sammelgut“ bei der Pflege eines lebenden Kindes. Mit Kannibalismus hat dieses Verhalten nichts zu tun.
Am Morgen des dritten Tages nach dem Tod von Walanzas zweitem Kind war das tote Körperchen verschwunden. Wir suchten nach ihm, fanden es jedoch nicht.
Es ist anzunehmen, daß auch das zweite Kind Walanzas an den Folgen der Nässe und Kälte gestorben ist.
Etwas mehr Sonne in der Trockenzeit hätte Walanzas Unvermögen, ihre Zwillinge wirksam zu bedecken und zu wärmen, ausgeglichen, und sie hätten dann eine Überlebenschance gehabt. Walanza hat ihre Kinder in deren kurzem Leben vollwertig mütterlich betreut und damit gezeigt, daß es möglich ist – soweit die Bewältigung dieser Aufgabe von der Mutter her zur Diskussion steht –, daß auch bei Berggorillas Zwillingskinder aufwachsen können.

# Der Alltag der Familie 5

Berggorillas sind, wie alle Menschenaffen, ausgesprochene Tagtiere. Die Nacht verbringen sie schlafend, also weitgehend inaktiv.

### Nächtliche Ruhe

Zum Konzert der nachtaktiven Waldbewohner steuert eine schlafende Gorillagemeinschaft nur wenig Laute bei. Rülpsend wird hin und wieder eine Kehle ausgeblasen, ein Darm entläßt geräuschvoll Luft, Traumerlebnisse führen von Zeit zu Zeit zu einem verhaltenen Schreien oder Weinen eines Kindes, und ein friedliches Brummen oder ein freundlicher leiser Singsang erzählen davon, daß einer der Schläfer auf seiner „Traumweide" eine kulinarische Köstlichkeit entdeckt hat.

*Die täglichen Aktivitäten der Familie 5 lassen sich grob dreiteilen: Es wird gegessen, geruht und gewandert. Am meisten Zeit im Tagesverlauf beansprucht die Nahrungsaufnahme. Ausgiebigem Essen schließen kürzere oder längere Ruhepausen an, sogenannte Siesten. Wanderungen führen normalerweise in neue Nahrungsräume. Im Rahmen dieser Dreiteilung verläuft jeder Tag verschieden, und die täglichen Geschehnisse lassen sich deshalb nicht einfach generalisieren. An einem Tag reicht die Zeit für zwei bis drei kurzbemessene Ruhepausen, während an einem andern mehrere Siesten zwei bis drei Stunden Ruhe bringen.*

### Jedem sein eigenes Nest

Geschlafen wird bei Berggorillas in einem Nest, das jedes Individuum sich selber herrichtet und nur für eine Nacht benützt. Die Nestbauaktivität setzt kurz vor der Abenddämmerung ein. Für den Nestbau werden 5 bis 15 Minuten aufgewendet. Nester sind, abhängig vom jeweiligen Schläfer, kleinere oder größere komfortable Pflanzenwannen aus eingebogenen und eingebrochenen Ästen und Stämmchen, die zusammengesessen und oberflächlich verflochten werden. Die so entstandene Wanne wird mit feineren Pflanzenteilen ausgepolstert.
Für den Nestbau verwenden Berggorillas nie Futterpflanzen. In der Regel befinden sich die Nester auf dem Boden oder etwas überhöht in bodennaher Vegetation. Diese Gewohnheiten variieren allerdings von Familie zu Familie, und sie werden auch von der Qualität des jeweiligen Schlafortes mitbestimmt. Vereinzelt sind auch schon Baumnester beobachtet worden.

### Die Kleinen schlafen bei den Müttern

Die Familie nestet sowohl zeitlich wie auch räumlich gemeinsam. Die Nester gruppieren sich zentral um dasjenige des Silberrückens. Ihre individuelle Anordnung widerspiegelt so auch die aktuellen sozialen Tendenzen, die innerhalb der Familie auch tagsüber zu beobachten sind. Der Individualabstand kann 50 cm bis 30 Meter und mehr betragen. Einander vertraute Individuen schlafen meist auch nah beisammen. Schon im Alter von einem Jahr beginnen Kleinkinder in der Nähe der Mutter spielerisch zu nesten. Wird es aber ernst mit dem Schlafen, so kehren sie wieder bei der Mutter ein. Erst im Alter zwischen vier und sechs Jahren nächtigen die Kinder dann im eigenen Nest. Oft fällt dieser Zeitpunkt auch mit der Geburt eines jüngeren Geschwisterchens zusammen. Alleinschlafende Kinder nesten in unmittelbarer Nähe des mütterlichen Nestes, und nicht selten suchen sie in den frühen Morgenstunden im Nest der Mutter den ihnen über Jahre vertrauten nächtlichen Körperkontakt. Mütter dulden solche Annäherungen auch, wenn sie schon ihren nächsten Säugling betreuen. Auf diese Weise vollzieht sich

wohl für das Kind der Wechsel in die neue Schlaf-Selbständigkeit sanft und unproblematisch.
Besondere soziale Situationen innerhalb der Familie oder besonders ergiebige und interessante Nahrungsgründe können ausnahmsweise dazu führen, daß die Familie erst nach Einbruch der Dunkelheit zu nesten beginnt. Massive Störungen in der Nacht können einen fluchtartigen Aufbruch aus den Nestern auslösen. In solchen Fällen wird in sicherer Distanz ein zweites Mal genestet, allerdings sind solche Schlafplätze an den in der Dunkelheit nur flüchtig erbauten Nestern zu erkennen.

**Die Spuren der Nacht**

Der Schlafplatz einer Familie hinterläßt für den eingeweihten Fährtensucher eine Vielfalt lesbarer Spuren und Informationen. Kot und Urin werden über Nacht ins Nest abgegeben. Solche und andere Rückstände im Nest, wie Haare, Blut, zusammen mit der Anordnung der Nester und ihrer Zahl, geben beredt Auskunft über die Familie selbst, über die Ereignisse des verflossenen Tages und über die im Nest zugebrachte Nacht. Aufgrund der Anzahl Nester läßt sich die Größe einer Familie beurteilen, und Veränderungen im Familienbestand sind feststellbar. Der Durchmesser des Kotes ist ein Indiz, das Auskunft über den Schläfer gibt, denn er läßt die Zuordnung des Individuums zu einer bestimmten Altersklasse zu. Bei erwachsenen Gorillafrauen weist allenfalls im Nest vorhandener Kinderkot auf die Mutter hin, und seine Farbe läßt gewisse Schlüsse zu auf das Alter des Kindes. Blut kann Zeugnis von Auseinandersetzungen vom Vortag sein oder von einer nächtlichen Geburt. Findet man Silberhaare im Nest, so weiß man, daß in ihm ein Silberrücken genächtigt hat. Weil die Schlafplätze lohnende Auskunft verheißen, werden sie immer genau untersucht und kartographiert, so daß die Lage der Nester und ihre Distanzen untereinander für die Langzeit-Akten auf Karisoke festgehalten sind.

**Wenn es Tag wird**

Die Tagwache der Familie setzt mit der Morgendämmerung ein. Analog dem Schlafengehen kann sich das Aufstehen auch verzögern, etwa, wenn es regnerisch oder unfreundlich neblig ist. Das sind dann die Ausnahmetage, an denen ein Beobachter früh am Morgen unter Umständen die Familie noch in den Nestern antrifft.
Die Zeit des Aufwachens ist gleichsam auch die Zeit des Komfortverhaltens. Gähnen, Augenausreiben, Sichstrekken, die Pflege des eigenen Felles, auffällige Mundhygienemaßnahmen, die erste Pflege und das Stillen der Säuglinge und Kleinkinder durch die Mütter, das alles sind die kleinen Aktivitäten, die ganz allmählich und geruhsam vom Schlafen über das Erwachen in den aktiven Gorillaalltag hineinführen.
Gelegentlich erfolgt dann der Aufbruch in den neuen Tag. Ausgelöst wird er meist dadurch, daß der Silberrücken sein Nest verläßt.

**Essen, wandern und ruhen**

Ganz grob läßt sich die gesamte auf diesen Aufbruch hin folgende Tagesaktivität in drei Aktivitätsbereiche gliedern. Es wird Nahrung gesucht und gegessen, es stehen Wanderungen auf dem Programm, und man gibt sich immer wieder kürzeren oder längeren Siesten hin.
Eine genauere Beschreibung des Tagesverlaufes ist nicht möglich, denn im Rahmen dieser Dreiteilung verläuft jeder Tag anders. Es gibt Tage, die sind mit Essen so ausgefüllt, daß die Zeit höchstens für eine oder zwei kurzbemessene Ruhepausen reicht, während es an einem anderen Tag zu mehreren Siesten kommt, die zusammengenommen mehrere Stunden dauern können. Zeitlich hängt der Tagesverlauf weitgehend ab vom Nahrungsangebot, von seiner Qualität und der räumlichen Verteilung.
Wenn die Bambussprosse sprießen zum Beispiel, bleibt der Familie sehr viel Zeit für ausgiebige Siesten, denn Bambussprosse sind sehr nahrhaft, leicht zu pflücken und rasch zum Verzehr vorbereitet. Zudem bleibt man in dieser Zeit in der Bambuszone, und damit entfallen große tägliche Wanderungen. Wichtiger Zeitgeber über den Tag hinweg ist auch das Wetter. Regen löst völlige Inaktivität aus, und wenn an nassen, kalten Tagen plötzlich Sonnenstrahlen durchbrechen, so erzwingen sie eine erholsame Ruhepause, während der sich die ganze Familie sonnt.

**Ein „mittlerer" Tag**

Zur Veranschaulichung sei hier ein Tag „mittlerer Aktivität" beschrieben. Unmittelbar an den Aufbruch aus den Schlafnestern schließt eine erste Phase der Nahrungsaufnahme an. Sie kann bis zu anderthalb Stunden dauern. Dann folgt eine kürzere, soziale Ruhe- und Schlafpause, und anschließend wird bis gegen Mittag hin erneut Nahrung gesucht. Die Tagesmitte ist die Zeit einer längeren Siesta, zu der sich oft viele Familienmitglieder zusammenfinden. Ähnlich verläuft auch der Nachmittag, der in der Regel von einer Ruhepause um vier herum unterbrochen wird. Zwischen diesen Aktivitäts- und Ruhephasen stehen, je nach Bedarf, kürzere oder ausgedehntere Wanderungen auf dem täglichen Progamm.
Zwingende Fixpunkte im Tagesverlauf

*Die Nacht verbringt die Familie gemeinsam. Jedes Familienmitglied richtet sich für die Nacht ein eigenes Schlafnest her. Solche Nester sind komfortable „Pflanzenwannen", die in der Regel mit feineren Pflanzenteilen gepolstert werden. Die Nestbauaktivität setzt kurz vor der Abenddämmerung ein. Im ersten Tageslicht verläßt die Familie die Schlafnester. An nebligen oder regnerischen Tagen kann die Tagwache etwas hinausgezögert sein. An solchen Tagen kann der Beobachter früh am Morgen die Familie ausnahmsweise noch in den Schlafnestern antreffen.*

sind lediglich das Verlassen der Nachtnester in der Morgendämmerung und das Schlafengehen, wenn die Nacht anbricht. Grundsätzlich läßt sich also sagen, daß der Gorilla-Alltag recht gleichförmig abläuft, wenn auch kein Tag mit dem andern wirklich vergleichbar ist. Trotz dieser Gleichförmigkeit ist für ständige Spannung gesorgt. Sie liegt, wenn wir von besonderen Familienereignissen einmal absehen, im unauffälligen individuellen und sozialen Geschehen innerhalb der Familiengemeinschaft.

## Die Familie unterwegs

Die täglichen Wanderungen sind weitgehend Nahrungsgänge. Sie führen allerdings nicht obligatorisch über bestimmte Distanzen. An einem Tag werden von der Familie vielleicht nur einige hundert Meter zurückgelegt, an einem anderen dagegen können es mehrere Kilometer sein.
Wenn wir vom beinahe unmerklichen, gemächlichen Freßwandern absehen, so können wir Wanderungen in drei Kategorien einteilen: gemächliche Orts-

1

2

wechsel, rasche Ortswechsel und eigentliche Distanzmärsche.

**Gemächliche und rasche Ortswechsel**

Gemächliche Ortswechsel sind Verschiebungen auf breiter Front, oft auf vielen parallel verlaufenden Achsen. Dabei ist typisch, daß Bewegung jeweils zur Futteraufnahme überwechselt, wenn die Familie auf verlockende Futterpflanzen stößt. Für die Kinder und Jugendlichen bleibt immer auch Zeit für eine kleine Jagd oder einen spielerischen Raufhändel.
Im Gegensatz dazu bleiben bei raschem Ortswechsel Futterpflanzen unbeachtet, und kleinere Spielereien entwickeln sich jetzt nur aus der Bewegung heraus und sind weniger häufig. Die Familie ist zudem geschlossener unterwegs, meist nur auf einer oder zwei parallelen Spuren, und man spürt, daß die Familie jetzt ein Ziel anvisiert.

**Distanzmärsche und Fluchten**

Die Distanzmärsche sind schnelle Verschiebungen in geschlossener Einerkolonne. Sie führen über größere Distanzen und werden nur für Ruhepausen unterbrochen. Diese Formation zahlt sich durch Geschwindigkeit aus, denn in der Einerkolonne nutzen alle Familienmitglieder den gleichen vom vordersten Individuum gebahnten Pfad. Spiele und Jagden unterbleiben, und oft werden auch ältere Kinder von ihren Müttern noch auf dem Rücken mitgetragen. Man steht unter dem Eindruck, so geartete Wanderungen seien eigentliche Eilmärsche. Sie können im einfachsten Fall der Bewältigung großer Distanzen dienen. Oft sind sie aber auch die Antwort auf unvertraute Störungen, etwa wenn Menschen, die im Wald unterwegs sind, überraschend auftauchen oder wenn die Familien auf Spuren oder den Schlafplatz einer Nachbarfamilie stoßen und eine Begegnung vermeiden wollen. Auch eigentliche Fluchten verlaufen in ähnlicher Weise. Allerdings vermeiden fliehende Gorillafamilien jedes Heraustreten aus der schützenden Deckung auf offene Flächen, und statt die Vegetation einfach niederzutreten, versuchen sie, wenn immer das geht, unter ihr durchzuschlüpfen. Dem Fluchtweg einer Berggorillafamilie zu folgen ist eine schwierige und kräfteraubende Unternehmung, man verbringt dabei viel Zeit, in tief gebückter Haltung oder auf

3

Bauch und Ellbogen durch richtige Pflanzenkanäle zu kriechen.
Auf Fluchten werden hin und wieder kurze Orientierungs- und Ruhepausen eingeschaltet. Charakteristisch ist dann, daß sich alle Individuen reglos verhalten, um sich akustisch orientieren zu können. Der fluchtartige Aufbruch, etwa aus einer Siestasituation, ist eine beeindruckende Sache. Da können unzählige Individuen ruhig zusammen in der Sonne liegen, dann ertönt plötzlich der kurze und laute Warnschrei eines Aufmerksamen, und innert einer Sekunde sind alle verschwunden. Alles

4

5

6

*1 – Die Familie ist unterwegs. Ein kleiner Halt beim Eintritt in eine neue Geländekammer dient der Sicherheit. (2) Richtig wohl scheinen sich Berggorillas nur im Schutze der Vegetation zu fühlen. Größere Lichtungen im Wald werden in eiligem Schritt überquert. (3) Gemächliche Wanderungen werden von einzelnen Familienmitgliedern kurz unterbrochen, wenn sie auf verlockendes Futter stoßen. (4) Die sehr kleinen Kinder werden beim Wandern von den Müttern am Bauch getragen, (5) während die älteren die „Reise" auf Mutters Rücken miterleben. (6) Eine kurze Wanderrast in der Bambuszone.*

mutet an wie ein Spuk, und wenn man sich anschickt, der Familie nachzufolgen, so stellt man fest, daß diese in der Zwischenzeit beinah lautlos bereits eine beachtliche Wegstrecke zurückgelegt hat.
Allerdings sind solche Reaktionen wie auch die eiligen Wanderungen eher seltene Ausnahmen.

Ganz grundsätzlich gilt für all diese Verschiebungen, daß die Mütter ihre Säuglinge und Kleinkinder tragen. Die Kleinsten unter ihnen klammern sich auf der Bauchseite im Fell der Mütter fest, während die älteren auf dem Rücken reiten mit dem Blick in „Fahrtrichtung".
Eine wandernde Berggorillafamilie nimmt normalerweise Rücksicht auf Individuen, die aus irgendeinem Grund, etwa weil sie krank oder einfach alt sind, das Tempo nicht mitzuhalten vermögen. Gelegentlich wird eine Pause eingeschaltet, und die häufigen Blicke in die Richtung, aus der die Nachzügler zu erwarten sind, machen deutlich, daß die Rast nicht nur der Ruhe dient, sondern den Langsamen auch Zeit zum Aufrükken geben soll.

## Wenn Regen fällt

Starke Regenfälle verursachen eindeutige Einbrüche in der Tagesaktivität. Selten suchen die vom Regen überraschten Berggorillas Zuflucht in dichten, schirmenden Pflanzenverstecken. Die übliche Schutzstrategie besteht vielmehr darin, sich dort, wo man gerade ist, aufrecht hinzusetzen, die Arme über der Brust zu verschränken, den Kopf mit dem Kinn auf die Arme abzusenken und dann den aufrecht sitzenden Körper leicht nach vorn zu neigen. In dieser Haltung verharren Berggorillas wie aus Stein gehauene Monumente reglos im strömenden Regen und warten sein Ende ab. Nicht selten dauert das eine Stunde und mehr. Das Regenwasser perlt über ihr schwarzes Fell wie über eine Regenhaut, ohne die Haut wirklich zu nässen. Mütter verbergen in dieser Haltung ihre Kleinkinder und Säuglinge völlig, so daß sie auch bei heftigem Regen weitgehend trocken bleiben. Schon selbständige Kinder suchen zusätzlichen Schutz dadurch, daß sie sich in der gleichen Körperhaltung an einen Erwachsenen schmiegen.

Läßt der Regen nach, so nimmt die Familie die zuvor unterbrochene Tätigkeit

*1 – Führen Wanderungen über größere Distanzen, so geht die Familie in geschlossener Einerkolonne. (2) Regenfälle beeinflussen die Tagesaktivität. Berggorillas flüchten vor dem Regen nicht, sondern setzen sich einfach hin, neigen den Körper leicht vor und senken das Kinn auf die Brust ab. So verharren sie in strömendem Regen und warten sein Ende ab. (3) Zusätzlichen Schutz bietet das Zusammensitzen. (4) Mütter bewahren ihre Kinder in der beschriebenen Haltung vor allzugroßer Nässe. (5) Läßt der Regen nach, so werden die Kinder als erste wieder tätig.*

1

2

3

4

5

wieder auf. Meist sind es die Kleinen, die ihrer beim Warten aufgestauten Bewegungslust zuerst unbändig Luft machen. Sie jagen und tollen dann in den triefend nassen Pflanzen umher, lecken Regentropfen von Blättern, waten durch Pfützen und beschäftigen sich mit ihrem Spiegelbild, das ihnen aus kleinen Wasserlachen entgegenschaut. Solch ausgelassene Tätigkeiten machen sie dann meist nässer, als das zuvor der schwerste Regen vermocht hätte. Gelegentlich entschließen sich dann auch die Erwachsenen dazu, die Aktivitäten wieder aufzunehmen, die der Regen unterbrochen hat, oder die, die ihnen die Tageszeit und der Magen diktiert.

Wechselt der Regen gleich noch in Sonnenschein über, dann ist dies eine eindeutige Einladung, sich den wärmenden und trocknenden Strahlen hinzugeben. Mit weit von sich gestreckten Armen und Beinen wird abwechselnd der Bauch und der Rücken gesonnt und Wärme aufgetankt.

Auch wenn kein Regen fällt, vermögen plötzlich durchbrechende Sonnenstrahlen Ruhe- und Schlafphasen auszulösen, dies vor allem am frühen Morgen, wenn die Kälte der Nacht noch im Fellkleid hängt oder wenn ziehende Bodennebel eine feuchte und kühle Ambiance bescheren. Der starken Besonnung setzen sich Berggorillas aber nicht allzu lange aus. Wird ihnen zu heiß, so ziehen sie sich zur Ruhe gern in dunkle Schattenverstecke zurück und halten dort ihre Siesten.

Den oft recht widrigen Witterungsbedingungen sind die Berggorillas mit ihrem dicken Haarkleid und mit ihrem Verhalten recht gut angepaßt. Trotzdem sind es die Witterungseinflüsse, die ihnen am meisten gesundheitliche Probleme bescheren. Während der Regenzeit sind Husten, Schnupfen und triefende Nasen in der Familie ständig da

1

2

und dort zu beobachten. Auch die ernsteren Erkrankungen haben in der Regel mit dem Wetter zu tun, denn man registriert vor allem Erkrankungen der Atemwege. Die Autopsien verstorbener Individuen zeigen, daß diese Art von Krankheiten am häufigsten als Todesursache nachgewiesen werden kann.

3

*1 – Ziz in der Regenhaltung. Völlig bewegungslos, wie aus Stein gehauen wartet er, bis es zu regnen aufhört. Das Regenwasser perlt über sein Haarkleid, ohne die Haut zu nässen. (2) Ist der Regen vorbei, so wird die unterbrochene Tätigkeit wieder aufgenommen, man setzt die Wanderung fort oder (3) wendet sich, wie hier Pandora, wieder der Nahrung zu.*

# Nahrung – Vom Suchen, Zubereiten und Essen

Berggorillas leben weitgehend vegetarisch. Man könnte sogar sagen, sie seien auf eine Diät von grünen Pflanzenteilen spezialisiert, denn diese machen den überwiegenden Teil ihrer Nahrung aus. Das sind unter anderem Knospen, Schosse, Sprosse, Blätter, Stengel und Ranken. Hinzu kommen Blüten, Fruchtstände, Rinde, morsches Holz, Wurzeln und Flechten. Zusammen mit Wurzeln wird auch Erde aufgenommen. Eigentliche Früchte bilden in der Karisoke Region einen geringen Anteil an der Gesamternährung, denn sie sind eher selten. Noch unbedeutender ist in dieser Hinsicht der tierliche Anteil an der gesamten Berggorillakost.

*Fast zwei Drittel des Tages verbringen Berggorillas mit Nahrungspflanzen beschäftigt. Sie sind „Vegetarier", die eine Diät grüner Pflanzenteile bevorzugen. Eine Ausnahme von dieser Regel bilden nur Ameisen, deren Eier und Larven. Ein erwachsener Berggorilla benötigt täglich 16 bis 25 Kilo Pflanzenkost. Innerhalb der Familiengemeinschaft ist das Essen eine vergleichsweise solitäre Beschäftigung, bei der die Familie sich über eine große Fläche verteilt. Nur die Mütter tragen beim Essen ihre kleinen Kinder bei sich und dulden auch die älteren in ihrer Nähe.*

## Über 120 Futterpflanzen

Georg Schaller gibt in seiner Monographie über die Berggorillas eine Liste von über 120 Futterpflanzen, die vereinzelt oder regelmäßig gegessen werden. Diese Zahl deckt sich auch mit den Befunden späterer Untersuchungen in anderen Regionen. In dieser Liste sind natürlich viele Pflanzenarten enthalten, die nur sporadisch oder selten genossen werden. Die eigentliche Grunddiät setzt sich aus relativ wenigen Hauptnahrungspflanzen zusammen, zu ihnen gehören unter anderen wilder Sellerie, Disteln, mehrere Brennessel- und Rebenarten, Galium, eine unserem Klettenlabkraut nah verwandte Kletterpflanze, und Bambussprosse.

## 16 bis 25 Kilo Pflanzenkost pro Tag

Ein erwachsener Berggorilla benötigt täglich zwischen 16 und 25 Kilo Pflanzenkost. Interessant dabei ist, daß die schweren und großen Silberrückenmänner nicht wesentlich mehr Nahrung zu sich nehmen als erwachsene Gorillafrauen, jedenfalls nicht soviel mehr, wie man vom Gewichtsvergleich her erwarten könnte. Das hängt vermutlich damit zusammen, daß erwachsene Gorillafrauen fast immer in irgendeiner Phase des reproduktiven Geschehens stehen. Sie sind entweder schwanger, stillen oder tragen einen Säugling, oder sie sind physisch noch mit einem älteren Kind belastet, das sie zeitweilig noch zu tragen haben. Diese zusätzlichen Belastungen machen wohl aus, daß ihr Energiehaushalt zumindest mit dem jungerwachsener Männer vergleichbar ist, und daß sie darum auch ähnlich viel Energie zurückgewinnen müssen.

## Beim Essen ist man gern allein

Die Nahrungsaufnahme ist beim Berggorilla eine eher „einzelgängerische" Beschäftigung; Gesellschaft in zu naher Distanz ist dann wenig gefragt. Mütter dulden natürlich ihre Kinder bei sich, und Erwachsene ausnahmsweise einen anderen, mit dem sie gerade eine „Tagesfreundschaft" verbindet. Es kann beim Essen durchaus zu lautlichen Disputen kommen, etwa wenn sich ein Essender vergißt und sich einem anderen zu sehr annähert. Auch optisch

1

2

*1 – Auf dem Menueplan der Berggorillas stehen über 120 Pflanzenarten. Beim Essen verweilen Berggorillas immer nur für einige Minuten bei ein und derselben Art, und sie wenden sich immer nur einem bestimmten Pflanzenteil zu, und dies auch, wenn sie von der betreffenden Pflanze alle Teile gerne mögen. Diese differenzierte Behandlung der Futterpflanzen hat sicher mit dem Wunsch nach Abwechslung zu tun, sie ist aber auch verdauungsfreundlicher, und wir können in ihr auch einen schonungsvollen Umgang mit der Nahrungsgrundlage sehen.*

3

haben die Familienmitglieder untereinander oft nur wenig Kontakt, denn die bodenbedeckende, oft übermannshohe Vegetation schirmt sie voneinander ab. Essen ist immer auch mit beinahe unmerklicher, gemächlicher Bewegung verbunden, sie führt von Futterpflanze zu Futterpflanze. Dabei ist es, ohne Sichtkontakt, wichtig, daß man gemeinsam auf eine Generalrichtung eingestimmt bleibt.

## Zufrieden aufstoßen

Wegweiser in diese Generalrichtung sind einmal all die gut hörbaren Geräusche, die das Behandeln und Essen von Futter erzeugen. Hinzu kommen aber noch Lautäußerungen, die der gegenseitigen Stimmfühlung dienen. Am häufigsten wird dazu ein kurzer Laut verwendet, der einem Aufstoßen ähnlich tönt und darum englisch auch „to belch" (= aufstoßen, rülpsen) genannt wird. Dieser Belch-Laut kann verschiedene Mitteilungsinhalte haben, er ist aber immer freundlich und verbindend. Während des Essens drückt er Zufriedenheit aus, dient dem Kontakt und der gegenseitigen Aufmerksamkeit. Berggorillas geben sich auf diesen Laut hin Antwort, und sie erkennen einander durch ihn.

## Das Futter bestimmt den Tag

Das jeweils vorhandene Futterangebot bestimmt im Tages- und Jahresverlauf, welche Regionen eines Heimbereiches wann frequentiert werden. Bambussprosse zum Beispiel, die proteinreichste Gorillanahrung, sind sehr beliebt. Zweimal im Jahr, gegen Ende der Regenzeiten, wenn die jungen Sprosse aus dem Boden stoßen, halten sich die Familien, deren Heimbereiche die Bambuszone miteinschließen, in diesen tiefgelegenen Regionen auf.

### Berggorillas „essen“

Der Umgang von Berggorillas mit ihren Nahrungspflanzen ist eine faszinierende Geschichte. Ihn einfach mit fressen zu bezeichnen ist genauso verfehlt wie die Vorstellung, ein Berggorilla stopfe sich, wenn er Nahrung aufnimmt, einfach so viele Pflanzen wie möglich in den Mund, bis er sich satt fühlt.

Natürlich müssen so große und starke Wesen, die täglich viel Energie „ausgeben“, diese über ihre Nahrung auch wieder zurückgewinnen. Im Durchschnitt verbringen Berggorillas zwischen 60 und 70 Prozent ihrer aktiven Tageszeit in irgendeiner Weise mit Futter beschäftigt. Schon diese Zahlen müssen uns aufhorchen lassen.

Im Lebensraum der Berggorillas sind Nahrungspflanzen „à discretion“ verfügbar. Die tatsächlich für die Nahrungsaufnahme aufgewendete Zeit übersteigt die, die nötig wäre, um die erwähnte Tagesration zusammenzubekommen, wenn einfach „drauflosgefressen“ würde. Das heißt also, daß rund ums Futter sehr viel mehr geschieht als wir uns vorstellen.

### Suchen, beurteilen, auswählen ...

Da wird einmal gesucht, beurteilt und ausgewählt, dann ausgerissen, gepflückt, gebrochen oder gesammelt, und danach wird das Nahrungsgut behandelt, also aussortiert, von trockenen und verfärbten Teilen befreit, geschält, zerkleinert oder auf andere Weise in mundgerechte Portionen gebracht, und erst jetzt wird gegessen, also gekaut und geschluckt. Auch der Geschmack wird

4

*Nicht alle der erwähnten 120 Pflanzenarten werden gleich häufig gegessen, einzelne unter ihnen sogar eher selten. Zu den Hauptnahrungspflanzen, denen täglich zugesprochen wird, gehören (1) wilder Sellerie, (2) Galium, eine unserem Kletterlabkraut nah verwandte Art, (3) Disteln, (4) Nesseln, verschiedene Arten, (5) Brombeeren, ihre Blätter und Blüten und (6) Bambus, vor allem die jungen Sprosse.*

5

6

1

2

3

beim Kauen noch geprüft, denn nicht selten wird zerkautes Futter nochmals auf die Hand gebracht und erneut untersucht, zerlesen und sortiert. Es entspricht der Vielfalt des Geschehens, diese Tätigkeiten so wortreich zu schildern, denn beinah jede Futterpflanzenart behandeln Berggorillas mit einer eigenen, ihr angepaßten Technik. Galium etwa wird in langen Strähnen von Büschen und Sträuchern gerissen und gezogen, sorgfältig von ungenießbaren Teilen befreit, dann zu etwa faustgroßen Knäueln geballt und so gegessen, wie wir das mit einem Apfel tun. Große Distelblätter werden zwischen die Finger genommen und so abgestreift, daß der Mittelnerv am Distelstengel stehen bleibt, Rebranken ziehen die Gorillas durch die Hand, und die Blätter bleiben in ihr als kleines Sträußchen zurück, das wird dann einmal gefaltet und in den Mund geschoben. Die äußere Haut von Wurzeln gewinnt man, indem man die Wurzel durch den Rechen der Zähne zieht und je nach Dicke mit unterschiedlichem Druck dafür sorgt, daß die Haut zwischen den Zähnen zurückbleibt. Selleriestangen werden immer beim Knoten gebrochen, und zwar so, daß mit dem Brechen auch gleich eine erste Bahn der Schale vom Stengel abgezogen werden kann. Das gleiche Procedere erfolgt dann beim zweiten Bruch in gegenläufiger Richtung. Auf diese Weise wird mit zwei fließenden Bewegungen nicht nur das gewünschte Stengelstück gebrochen, sondern gleich auch noch vollständig geschält. Bambussprosse werden mit der Faust umschlossen, mit Zug aus dem Boden gedreht, von den äußeren Hüllblättern befreit, und dann werden vom Sproß Mundportionen einfach abgebissen. Das sind nur wenige Beispiele, aber wir sind noch immer nicht am Ende.

**Abwechslung ist gefragt**

Berggorillas scheinen bei der Nahrungsaufnahme auf Abwechslung bedacht zu sein. Selten verweilen sie mehr als vier bis fünf Minuten bei der gleichen Pflanzenart, und es wird aufs Mal nur ein bestimmter Pflanzenteil gegessen. Das gilt auch für die Futterpflanzen, von denen Gorillas gleich mehrere Teile mögen, etwa die Kronblätter, die krautigen tieferen Blattspreiten, den Stengel und die Wurzeln. Zum Beispiel werden für kurze Zeit die zarten Selleriespitzen bevorzugt, dann erfolgt ein Wechsel zu Nesselblättern, danach steht Galium auf dem Programm und anschließend kehrt man zum Sellerie zurück, aber dieses Mal gilt das Interesse den wasserhaltigen, geschälten Stangenteilen. Auffallend sind solche Wechsel in der Bambussaison. Junge Bambussprosse sind die proteinreichste Gorillanahrung. Hat ein Berggorilla zwei, drei kleine Sprosse zu sich genommen, so setzt er sich in die grüne Vegetation, die die Bambusinseln untereinander verbindet, und pflückt

4

5

6

*1 – Beim Essen sind die Familienmitglieder gern allein. (2) Galium wird in Strähnen von Büschen und Sträuchern gerissen und dann zusammengeballt. (3) Kleinere Distelblätter streift man so vom Stengel, daß sie als Sträußchen in der Hand zurückbleiben. (4) Das Schälen eines Sellerie-Stengels, von Knoten zu Knoten. (5) Bambussprosse sind proteinreich und darum ein wichtiger Teil der Gorillanahrung. (6) Werden einzelne Wurzeln durch den „Zahnrechen" gezogen, so bleibt die äußere Wurzelhaut im Mund zurück.*

dort für kurze Zeit Nesseln, bevor er sich erneut dem Bambus zuwendet. Erfahrene Individuen nehmen aus dem Bambus einen Arm voll Sprosse mit sich, um sie nach dem Nesselzwischenmahl auch gleich zur Hand zu haben.

**Nicht nur Lust diktiert die Vielfalt**

Man kann sich natürlich fragen, was die Vielfalt der Behandlungstechniken und der ständige Wechsel bedeuten. Lust an der Beschäftigung und Abwechslung sind wohl nur die eine Seite der Sache. Sicher ist, daß zum Beispiel wehrhafte Pflanzen, wie Nesseln und Disteln, mit besonders angepaßten Methoden risikoloser und komfortabler zu behandeln sind. Der ständige Wechsel von der einen zur andern Art kann verdauungsfreundlicher sein. Darin, daß einzelne Pflanzen nur zum Teil beansprucht werden, können wir einen schonungsvollen Umgang mit der Nahrungsgrundlage sehen. Die beanspruchten Pflanzen sollten sich ja bis zur nächsten Einkehr der Gorillas vollständig und gesund erholen. Zwei Befunde sprechen für die letzte Annahme. Berggorillas benützen zum Bau ihrer allabendlichen Schlafnester nie Futterpflanzen, und eine Studie von David Watts hat gezeigt, daß Berggorillas ihre Nahrungsplätze nie völlig leeressen bevor sie weiterziehen. Dieses Verhalten verhindert nicht nur, daß Futterplätze übernutzt werden, sondern bewirkt auch, daß das Wachstum der betroffenen Pflanzen positiv beeinflußt wird. Vergleiche von bevorzugten Futterregionen mit nahegelegenen unbenutzten Flächen zeigen, daß dort, wo gegessen wird, die Pflanzen rascher und reicher nachwachsen. So hat die entwicklungsgeschichtliche Anpassung an den Lebensraum die Berggorillas über ihren umsichtigen und variantenreichen Umgang mit ihren Futterpflanzen gleich auch noch zu effizienten „Landschaftsgärtnern" gemacht.

**Begehrte Spezialitäten**

Abgesehen von den beinahe unbeschränkt verfügbaren Hauptnahrungspflanzen gibt es im Lebensraum der Berggorillas auch begehrte Spezialitäten, die nur auf beschränktem Raum oder an Orten wachsen, wo sie nicht für jeden zugänglich sind. Um solche Leckerbissen kann hin und wieder Konkurrenz auftreten. Zwingt der beschränkte Raum zum Essen in ungewohnter Nähe oder im Körperkontakt, wie etwa bei der „Flechtenernte" an Felswänden, so schwellen die Laute, die hin und wieder die Nahrungsaufnahme auch sonst begleiten, also Sing- und Brummstrophen, zur ständig gegenwärtigen Lautkulisse an. Solches Singen und Brummen drückt vor allem Wohlbefinden und Zufriedenheit aus. Sitzt man beim Essen nah beisammen, so beteiligt sich jeder an diesem „Lied", und es dient in dieser Situation auch der gegenseitigen Beschwichtigung und hilft Konflikte vermeiden.

**Baumpilze**

Beliebt ist zum Beispiel eine bestimmte Baumpilzart. Oft sind aber Erwachsene nicht in der Lage, sich einen solchen Leckerbissen zu sichern, weil dazu Klettereien in wenig tragfähiges Geäst nötig werden. Es sind also dann die Leichtgewichtler, die Kinder und Jugendlichen, die in ihren Besitz kommen. Allerdings wird diesen der Pilz dann sehr oft abgejagt, eine Szene, die meist mit klagendem und protestierendem Schreien endet. Häufig warten sogar mögliche Konkurrenten bereits am Fuße des Baumes mit unlauteren Absichten darauf, daß der Kleine mit seinem Fund zufrieden und arglos zurückkehrt. Es braucht Zeit, bis Kinder aufgrund schlechter Erfahrungen gelernt haben, daß man sich die Köstlichkeiten besser gleich im luftigen Hochsitz zu Gemüte führt. Auch so hat man als Kind noch genug damit zu tun, sich begierige altersgleiche Neider vom Leib zu halten.

**Der Gang in die Höhe**

Der Heimbereich einer Berggorillafamilie ist gleichsam auch ihr Nahrungsraum, und ihre Wanderungen sind zum großen Teil Nahrungsgänge. Schließt ein Heimbereich mehrere oder sogar alle Vegetationszonen mit ein, wie im Falle der Familie 5, so werden sie im Jahresverlauf auch alle auf der Suche nach Nahrung durchwandert. Mit Ausnahme der subalpinen und der alpinen Zonen bieten alle übrigen den Berggorillas ein reiches Angebot an Nahrungspflanzen. Trotz der eher kargen Bedingungen in der subalpinen und der alpinen Zone steigen Berggorillafamilien regelmäßig auch in diese Höhen auf. Allerdings verweilen sie dort meist nur kurze Zeit. Solche Wanderungen sind beschwerlich und kosten viel Energie. Allein die Annahme, daß in diesen Höhen, und nur

*Vor allem in der subalpinen Zone wird häufig nach Wurzeln gegraben. Dabei essen Berggorillas auch recht viel Erde. Beim Wurzelngraben sitzen die „Esser" oft recht nahe beisammen, und es ist ein ständiges, vielstimmiges Brummen und Singen zu hören. Auf diese Weise beschwichtigen sich die Esser gegenseitig, wenn auf engem Raum vorhandenes Futter sie dazu zwingt, nah beieinander zu sitzen.*

dort, überlebenswichtige Nahrungsanteile zu finden sind, kann erklären, warum diese kräftezehrenden Gänge immer wieder unternommen werden. Auffallend an den Nahrungsgewohnheiten in diesen beiden Zonen sind zwei Dinge.

**Wurzeln und Flechten sind gefragt**

Es werden dort häufiger Wurzeln gegraben als in den tieferen Lagen, und dabei wird auch viel Erdreich mitaufgenommen. Zudem suchen Berggorillas oft steile Felswände auf und kratzen aus den Unebenheiten des Gesteins mit den Fingernägeln winzige Flechtenportionen, die sie dann immer wieder über dem Eckzahn abstreifen und auf diese Weise zu sich nehmen. Vielleicht sind es diese beiden Spezialitäten, die den Berggorillas die subalpine und die alpine Zone so wertvoll machen.

**Eier, als Gelegenheitsfunde**

Gelegentlich wird der Menueplan der Berggorillas auch durch ein Vogelei bereichert. Ich habe mit Familie 5 zwei solche Eierepisoden erlebt. Es handelt sich meines Wissens dabei um die einzigen

1

*1 – Eine andere „Spezialität" in der subalpinen Zone ist das „Flechten-Essen". Aus steilen Felswänden werden mit den Fingernägeln winzige Flechtenportionen gekratzt, (2) zum Mund gebracht und über dem Eckzahn abgestreift. (3) Berggorillas essen auch den Kot von Artgenossen. Es handelt sich aber immer nur um kleine Portionen, und vor allem Kinder und Jugendliche tun das. Sie bevorzugen den frischen, noch warmen Kot, und in der Regel ist es der der eigenen Mutter. (4) Ein seltener „Leckerbissen" sind Ameisen, ihre Eier und Larven. Ein aufgegrabener Bau im Boden lebender Ameisen.*

2

3

4

bisherigen Beobachtungen zum Eieressen. Diese Tatsache weist darauf hin, daß Eier nur sehr selten gegessen werden und daß das immer mit Zufallsfunden zusammenhängt. Es ist also nicht so, daß aktiv nach Vogelnestern und Eiern gesucht würde.

**Maggies Eifund**

Im ersten Fall tritt Maggie als Akteurin auf. Sie ist in einer kleinen Bambuswaldung unterwegs. Plötzlich steht sie still, sieht zu Boden, nimmt etwas auf, sieht es an, beriecht es und steckt es dann in den Mund. Es ist ein Vogelei, etwa so groß wie ein Taubenei. Unversehrt gibt Maggie kurz darauf das Ei aus dem Mund wieder auf die offengehaltene Hand zurück, läßt es dann achtlos zu Boden fallen und entfernt sich. Ich will der Sache auf den Grund gehen und breche die Eischale auf. Der Inhalt ist verdorben und riecht entsetzlich. Der Zustand des Eies reicht wohl als Erklärung dafür aus, warum Maggie an ihm keinen Gefallen gefunden hat.

**Jozys Vogelnestchen**

Ein anderes Mal ersteigt die jugendliche Jozy einen querliegenden Hagenienstamm und klettert darauf hoch bis in die Wipfelregion. Bald danach kommt sie wieder nach unten. Sie klettert einhändig, was ihr sichtlich Mühe bereitet. In der anderen Hand trägt sie etwas, schützend gegen den Körper gehalten. Sie setzt sich an den Fuß des Stammes und betrachtet ihren Fund. Es ist ein kleines Vogelnest mit vier Eiern, das sie sorgfältig in der zu einer Schale geformten Hand vor sich hält. Dann kommt der jungerwachsene Shinda hinzu. Er ist an Jozys Besitz sichtlich interessiert, schaut sich die Sache genau an, greift dann in das Nestchen, nimmt ein Ei heraus und steckt es in den Mund. Jozys Gesicht drückt verblüfftes Staunen aus. Shinda greift ein zweites Mal zu, und als er sich anschickt auch das dritte Ei zu nehmen, rennt Jozy weg und flüchtet sich erneut auf die Hagenie. Sie hat mittlerweile wohl gemerkt, daß sie mit ihren Eiern eine Köstlichkeit besitzt. Sie ißt jetzt, auf ihrem sicheren Hochsitz, die beiden ihr verbliebenen Eier selber. Hinterfragt man die kleine Szene, so scheint beinah sicher, daß Shinda Vogeleier kennt und zuvor wohl auch schon welche genossen hat. Jozys Verhalten dagegen legt nahe, daß sie erst aufgrund dessen, was Shinda tat, gewahr wurde, daß man Vogeleier essen kann. Dafür spricht auch, daß sie Shinda so freundlich und tolerant geduldet hat, denn vor allem unter Jugendlichen gilt, daß man sich als alleiniger Besitzer einer kulinarischen Köstlichkeit sofort so in Sicherheit bringt, daß man sich ihr ungestört zuwenden kann.

**Der Tanz um Ameisen**

Bekannter als das eben geschilderte Eieressen ist die Vorliebe der Berggorillas für Ameisen, deren Eier und Brut. Das Aufbrechen des Baues eines im Boden lebenden Ameisenvolkes und das anschließende Ameisenmahl sind eine aufregende Sache, und das nicht nur für die Gorillas, sondern auch für den Beobachter. Ich wurde bei Familie 5 nur einmal Zeuge dieses Schauspiels, und ich betrat die Szene erst während des zweiten Aktes.
Auf Distanz sah ich, daß mindestens 10 Familienmitglieder auf einer kleinen Waldlichtung hektisch beschäftigt waren. Ich trat näher hinzu und sah Pablo am Boden knieen, der eine Arm steckte bis zur Schulter in einem Erdloch. Aufgeregt und hastig strömten Ameisen aus der aufgebrochenen Erde weg. Pablo zur

1

3

2

Seite verfolgten drei andere Familienmitglieder aufmerksam seine Aktivität, so als würden sie selbst für eine günstige Gelegenheit anstehen. Beinah im Kreis um die ruhige Gruppe tanzten andere Gorillas wie Derwische. Sie vollführten Pirouetten und schüttelten die Arme und Beine in wilden Bewegungen. Etwas abseits saßen einige Zuschauer. Pablo hob eine Handvoll Ameisen aus dem Loch, trat beiseite, führte die Hand zum Mund und reihte sich danach stampfend und um sich schlagend bei den Tänzern ein. Damit war auch die Zeit für einen der Wartenden gekommen, nun seinerseits den Arm tief in den Ameisenbau einzutauchen. So ging das fort, und hinten reihten sich immer neue Interessenten in die Warteschlange ein. Etwas später förderten die grabenden Hände nicht nur Ameisen, sondern auch Puppen und Eier aus der Tiefe ans Tageslicht.

Diese Schilderung bedarf wohl erklärender Worte. Aus schmerzlichen Erfahrungen weiß man als Beobachter, daß die fragliche Ameisenart überaus aggressiv reagiert. Wer eine Handvoll Ameisen aus dem Loch hervorgeholt hat, dem reicht die Zeit, die Hand mit den Leckerbissen einmal zum Mund zu führen. Danach sind die Ameisen über Arme, Beine und den Körper ausgeschwärmt und haben den Weg durch den Pelz auf die Haut gefunden. Dort tun dann die Ameisenkiefer ihr lästiges Werk. Die „tanzenden“ Gorillas versuchen mit ihren schlenkernden Arm- und Beinbewegungen den aufsässigen Rest des köstlichen Mahls wieder loszuwerden.

Gelegentlich hatte dann der Spuk ein Ende. Pablo lag danach entspannt bei den Zuschauern, beobachtete seinen Unterarm und sammelte mit gespitzten

4

*1 – Tief aus dem Boden holt sich Pablo eine „Ameisenportion". (2) Die Zeit reicht nur gerade für einen ersten „Mundvoll", denn die Ameisen dringen durch die Haare auf die Haut, und bei ihren lästigen Bissen ist an ein Weiteressen nicht zu denken. (3) Die kleine Intwali lernt, unter mütterlicher Aufsicht, was es mit dem für andere so attraktiven „Ameisenloch" auf sich hat. (4) Wasser wird von Berggorillas selten direkt aufgenommen. Wenn sich Individuen tief über das in einem Becken im trockenen Bachbett zurückgebliebene Wasser beugen, so trinken sie meist nicht, sondern betrachten interessiert ihre Spiegelbilder.*

Lippen einzelne Ameisen auf, die sich in seinen Armhaaren verfangen hatten und darum nicht zügig zu flüchten vermochten.

Ameisen scheinen für Gorillas eine Delikatesse zu sein. Ob bei dieser Vorliebe noch andere, mit der „Ameisenjagd" verbundene Reize eine Rolle spielen, ist schwer zu sagen. Sicher aber ist, daß der so erworbene Anteil an tierlicher Nahrung für die Gesamternährung unbedeutend bleibt, denn diese Ereignisse treten nur selten auf. Das gilt auch für Vogeleier.

**Wasser wird selten getrunken ...**

Wasser nehmen Berggorillas selten direkt, also aus Fließgewässern oder Regenpfützen auf. Einen großen Teil ihres Flüssigkeitsbedarfes decken sie über wasserhaltige Pflanzenteile. Wenn zum Beispiel Selleriestangen gebrochen werden, so tritt aus ihnen Wasser oft in einem richtigen kleinen Strahl aus. Pflanzenmaterial, das gegessen wird, ist meist auch regennaß. Gelegentlich streifen sich, nach Regenfällen, Gorillas auch ihr Fell einfach mit der flachen Hand ab und lecken dann die naß gewordene Handfläche aus. Nur Jugendliche und Kinder nehmen häufiger Wasser direkt aus Wasserlachen und Pfützen auf, an denen sie spielen. In der Trokkenzeit überschreitet die Familie 5 die Bette des Kazi- oder Suzaflusses, oder sie folgen ihnen eine kurze Strecke flußauf- und flußabwärts. Im trockenen Bett bleibt da und dort in kleinen Becken stehendes Wasser zurück. Ich beobachtete vor allem Pablo und Shinda, wie sie sich immer wieder tief über solche Becken bückten und ihr Gesicht der Wasseroberfläche annäherten. Ich dachte zuerst, sie würden Wasser aufnehmen, und sah damit die Behauptung, das geschehe nur äußerst selten, schon widerlegt. Erst später entdeckte ich dann, daß die beiden nicht tranken, sondern ihr Spiegelbild betrachteten. Pablo hat dabei sogar mit der Wasseroberfläche gespielt, sie angetupft und so in Bewegung versetzt, und damit seinem Spiegelbild auch gleich noch „Leben" verliehen.

## Nahrung formt das ganze Leben

Wir haben jetzt von der Nahrung gesprochen und davon, daß das Nahrungsangebot auch die Größe der Heimbereiche von Berggorillafamilien und ihre täglichen Wanderungen mitbestimmt.

Die Nahrungspflanzen selbst, ihre Verfügbarkeit, Vielfalt, Dichte und Qualität haben aber entwicklungsgeschichtlich die Lebensgemeinschaften und die Lebensführung der Berggorillas weit über die erwähnten Aspekte hinaus mitgeformt und ihnen Richtung verliehen. So sind etwa das Leben als „Bodentier" und das „Nomadisieren" Anpassungen an die spezifischen Standorte der Nahrungspflanzen und an ihre Verteilung im verfügbaren Lebensraum. Daß Futterpflanzen in den meisten Lebensräumen „à discretion" vorhanden sind, verhindert, daß in einer Gemeinschaft Neid und Konkurrenz aufkommen und Ansprüche aggressiv verteidigt werden müssen. Ein relativ friedliches Zusammenleben wird dadurch möglich. Diese Friedfertigkeit, die Berggorillagemeinschaften auszeichnet, fördert die Bereitschaft zu sozialer Freundlichkeit, Harmonie und Toleranz und damit die Möglichkeit, in engen und geschlossenen Familiengemeinschaften zusammenzuleben. Für Berggorillas ist die Nahrung ein ganz wichtiger Überlebensfaktor. Es geht für sie also darum, in ihrem Heimbereich zur richtigen Zeit am richtigen Ort zu sein, um so das saisonale Futterangebot auch optimal nutzen zu können. Dieses Ziel erreicht eine Gemeinschaft, wenn sie die in ihr vorhandene Erfahrung nutzt. Die an Jahren alten Familienmitglieder sind es, die über diesen wertvollen Erfahrungsschatz verfügen. Sie wissen, wann in ihrem Heimbereich wo und was zu finden ist und wie man die entsprechenden Nahrungsgründe erreicht. Sie sind mit den botanischen und topographischen Gegebenheiten ihres Lebensraumes vertraut. Es ist nicht Zufall, daß bei dieser Bedürfnislage innerhalb der Berggorillafamilie das Alter mit seinem Erfahrungsreichtum zur rangordnenden Größe geworden ist. Wir sprechen von einer Altershierarchie. Der älteste Silberrücken ist Chef der Familie, und der bestimmt, unterstützt durch die älteren Gorillafrauen, mit seiner Aktivität die der Familie.

Auch wenn alles hier zur Nahrung und zum Essen gesagte generell formuliert ist, bleibt die Anmerkung wichtig, daß diese Gewohnheiten im Umgang mit den Nahrungspflanzen in vielen Details von Familie zu Familie variieren. Zum Teil beruhen Behandlungstechniken von Futterpflanzen oder das Wissen darum, ob man bestimmte Pflanzen ißt oder nicht, auch auf Familientraditionen. So werden zum Beispiel Futterpflanzen, denen man in Familie 5 zuspricht, in der benachbarten Familie von Beetsme unbeachtet gelassen und umgekehrt.

*Picasso und ihr Söhnchen Ineza, über und über mit feinen, vertrockneten „Pflanzenstreuseln" eingedeckt. Auf diese Weise endet normalerweise die „Galium-Ernte", denn wenn die stark haftenden Kletterpflanzen von Büschen und Sträuchern heruntergerissen werden, ergießt sich über den Esser ein Sprühregen kleiner abgestorbener Pflanzenteile.*

# Siesten, die hohe Zeit des sozialen Lebens

Im Gegensatz zur Nahrungsaufnahme sind die täglichen Siesten die hohe Zeit des Soziallebens.
Abhängig davon, wie ergiebig die Tagesnahrung ist, finden sich die Mitglieder von Familie 5 täglich mehrmals zu einer Siesta zusammen, in kleinen Grüppchen oder in großen Ruhegemeinschaften. Man hat für diese Pausen die Bezeichnung „Siesta“ gewählt, weil der Ausdruck „Ruhe-“ oder „Schlafpause“ nur eine aus der großen Vielfalt an möglichen Tätigkeiten und Beschäftigungen miteinschließt.
Zeitgeber für eine Siesta ist die Sättigung, die auf das Essen folgt, und manchmal auch die Witterung. Es ist dann meist Ziz, der Silberrücken, der sich irgendwo ruhig hinsetzt oder -legt und der Familie so die Zeit einer Siesta anzeigt.
Typisch für die Siesten ist, daß Ziz auch jetzt das soziale Zentrum der Familie bleibt und daß die Familienmitglieder gern nah beisammen sind, ja untereinander den Körperkontakt suchen.

*Im Gegensatz zu den Zeiten der Nahrungssuche kommt während der Siesten das soziale Leben zum Zuge. Typisch ist dann, daß sich die Familie für solche „Ruhepausen“ auf engstem Raum zusammenfindet. Oft sitzen und liegen die Familienmitglieder untereinander sogar im direkten Körperkontakt. Solche Siesten sind über den ganzen Tag verteilt. Sie dauern, abhängig vom Grad der Sättigung, unterschiedlich lang. Die sich entfaltende, vielseitige soziale Geschäftigkeit schließt in der einen oder andern Form alle Altersklassen mit ein.*

## Der Verlauf der Siesta

Unabhängig davon, was jeder tut, verläuft eine Siesta nach einem immer ähnlichen Muster. Wenn sich mehrere Individuen zu einer Siesta zusammengefunden haben, so herrscht zuerst geschäftige soziale Aktivität. Man sucht Kontakt, pflegt einander, spielt, rauft, Mütter kümmern sich um ihre Säuglinge, Kleinkinder und Kinder, und die Männer, Schwarz- und Silberrücken, erdulden neugierige Kinder und beschäftigen sich mit ihnen. Nach einer gewissen Zeit erlahmt diese soziale Geschäftigkeit ein wenig, kleine, unaufwendige Beschäftigungen sind jetzt gefragt, und sie führen ganz allmählich in den geruhsamen Schlaf. Nur Kinder und Jugendliche sind jetzt noch aktiv. Erst wenn auch sie dann schläfrig werden kehrt wirklich Ruhe ein. Später wird die Zeit des Aufwachens dadurch angezeigt, daß ein erholter Schläfer sich reckt und streckt, es wird gegähnt, ein Kind beginnt ruhig und verhalten mit einem Zweiglein zu spielen, eine Mutter stillt ihr Kind, und ein Jugendlicher klettert allein im Geäst eines kleinen Baumes herum. All das sind kleine Anzeichen dafür, daß sich das soziale Leben zu einem zweiten Höhepunkt entfaltet. Auch die Aufbruchstimmung kündet sich mit Kleinigkeiten an, für ein Kind wird plötzlich ein Galiumsträußchen wichtiger als sein Raufkumpan, und Ziz reißt gelangweilt eine Selleriestaude nieder und schält ein Stengelstück. Es ist auch wieder Ziz, der dadurch, daß er aufsteht und weggeht oder zu einer kleinen Imponierszene ansetzt, der Familie anzeigt, daß die Zeit für einen nächsten Nahrungsgang gekommen ist. Die Familie schließt sich ihm auf diese Aufforderung hin an, und bald ist der Siestaplatz leer, und rundherum hört man aus der Vegetation das Brechen von Pflanzen, Kauen und Schmatzen, Geräusche, die anzeigen, daß der Hunger die sozialen Bedürfnisse verdrängt hat.

1

2

*1 – Ein besonders „hochkarätiger“ Spielpartner für Kleinkinder und Kinder ist der Silberrücken, unabhängig davon ob er ruht oder zum Mittun gewillt ist. (2) Sein mächtiger Rücken ist, selbst wenn er schläft, eine gefragte Spielplattform, von der die Kleinen nur selten weggewiesen werden. (3) Kinder können aber auch mit sich selber spielen, mit ihren Armen und Beinen, (4) mit kleinen Dingen oder (5) sie vergnügen sich mit „Turnübungen“, für die ihnen die Pflanzenwelt alle nur erdenklichen „Spielgeräte“ verfügbar hält.*

3

4

5

spiel in die Nähe von Ziz setzen. Sie überwachen aber aufmerksam, was ihre Kinder tun. Zunächst schränken sie alle Versuche der Kleinen, nach Zizs Haaren zu greifen, vorsichtig ein. Erst Zufallsberührungen, auf die Ziz freundlich reagiert, bauen die beschränkenden Barrieren der Mütter allmählich ab. Die Kinder dürfen dann, aus dem Schoß ihrer Mütter heraus, Ziz berühren und vielleicht ein wenig an den Haaren ziehen. Weiterführende Schritte in dieser Beziehung folgen, sobald die Kleinen etwas mehr Selbständigkeit erreicht haben und auf Armlänge Distanz von den Müttern weg dürfen. Von Winzlingen diesen Stadiums wird Ziz manchmal richtiggehend belagert. Sie rennen um ihn herum, zupfen ihn da und dort, führen Scheinkämpfe mit seinen Füßen oder Händen, erklettern seinen Rücken, tanzen auf ihm herum, raufen sich auf ihm, und manchmal schläft ein Kleiner ermüdet auf dem großen Rücken auch einfach ein. Für Kleinkinder und Kinder ist Ziz der Favorit unter allen möglichen erwachsenen Spielpartnern. Er ist ihr bevorzugter Kletterberg, auf dem sich auch „König der Burg“ spielen läßt, und gelegentlich nimmt er liegend auch einen der kleinen Bewunderer zwischen seine mächtigen Arme, hält ihn fest, kitzelt ihn und imitiert, nur mit seinen Händen haltend und greifend, aktiv ein kleines Raufspiel. Auffallend sind bei solchen Szenen zwei Dinge. Ziz ist den Kleinen gegenüber äußerst geduldig. Und er geht zart und zurückhaltend mit ihnen um, was erstaunlich ist, denn oft sind schon allein seine Hände größer als diese ungleichen Spielgefährten. Die Geduld und Sorgfalt bewirken aber, daß die Kleinen in seiner Obhut kaum je in eine Situation kommen, die für sie bedrohlich wirkt oder sie ängstigt.

## Kinder-Spiele

Die Siesta-Spiele der Kleinkinder, Kinder und Jugendlichen sind äußerst vielfältig. Der eigene Körper, allerlei Kleinigkeiten aus der Umgebung oder Spielpartner können Mittelpunkt des Spiels sein.

## Das Spiel mit Dingen und sich selber

Da werden Äste und Zweiglein neugierig behandelt, sie werden zerdreht, geschält, zerbrochen, es wird mit ihnen gestochert, geangelt und geschlagen. Steine werden angeschoben und hangabwärts ins Rollen gebracht, interessiert wird ein altes Vogelnest zerzaust, das leere Turmhaus einer Landschnecke wird untersucht und dann zwischen den Fingern zu Mehl zerrieben, und manchmal wird versucht eine Fliege zu fangen, oder man jagt einem Schmetterling nach. Ebenso faszinierend ist das Spielen mit dem eigenen Körper, denn da scheinen den Möglichkeiten kaum Grenzen gesetzt. Bei den Kleinsten spielen vor allem Füße, Hände, Arme und Beine eine Rolle, mit allen vieren wehen sie in der Luft herum, bremsen den Schwung eines Beines mit den eigenen Griffen, bringen Hände und Füße vor den Mund, kauen auf Fingern und Zehen herum, lassen sich vom Körper der Mutter zu Boden purzeln, strampeln wild vor Freude über den geglückten Absturz, klettern sofort wieder an der Mutter hoch, um erneut eine absichtlich herbeigeführte „Talfahrt“ zu genießen. Wenn sie dann, etwas älter, artgemäß gehen können, kommen kleine Laufspiele hinzu, verwegene Klettereien, bei denen Hängen, Schwingen, Hangeln, Rutschen und Schaukeln geübt wird. Wie Feuerwehrmänner rutschen sie an glatten dicken Bambusstangen in die Tiefe, oder sie erklettern deren Spitzen,

bis diese sich unter ihrem Gewicht langsam zu biegen beginnen und die Kleinen mit ihnen schließlich wie mit einem Lift zu Boden fahren. Dickichte werden von außen waghalsig erklettert, bis die Kinder lachend einbrechen und ins von Zweigen umschlossene Dunkel fallen. Tragfähige Lianen werden sorgfältig mit beiden Händen gedreht, bis man sich dann an sie hängen kann und in rasender Fahrt um die eigene Achse gewirbelt wird. Hundert Purzelbaumvarianten werden durchprobiert, und man steht oft unter dem Eindruck, die Kinder würden sich überhaupt nur purzelnd fortbewegen. All das geschieht mit kaum erlahmender Ausgelassenheit und inmitten einer pflanzlichen Umwelt, die alle nur erdenklichen „Sportgeräte" für die nimmersatten Bewegungsspieler bereithält.

## Wenn die Kleinen sich aufspielen

Rührend anzusehen ist, wenn kleine Kinder sich imponierend vor anderen aufzuspielen versuchen. Sie gehen dann ein wenig wacklig einige Schrittchen aufrecht, holen mit den Ärmchen übertrieben weit aus und schlagen sich mit den Händchen auf die Brust. Oft gehen aber diese Schläge daneben und mit ihnen auch die erhoffte Wirkung der ganzen Demonstration, denn sie geraten dabei aus dem Gleichgewicht und fallen auf den Rücken, bevor der Höhepunkt der kleinen Schau erreicht ist. Erstaunt und etwas verschämt über diesen Ausgang gehen sie dann weg, mit einem Blick zurück zum Adressaten, der ausdrückt, was mit Worten etwa heißen würde: „Warte nur bis zum nächsten Mal!". Ihr Verhalten zum Schluß drückt deutlich aus, daß sie darum wissen, eine wichtige Sache verpatzt zu haben, und es zeigt auch den kindlichen Ernst, der oft hinter solchem „Aufspielen" liegt.

## Etwas besitzen und sich ausstatten

Pflanzenranken, ineinander verwachsene Wurzeln sowie krummgewachsene Zweige geben wunderbare Gebinde ab, die man über den Kopf stülpen oder als Krause um den Hals legen kann. So ausgestattet gehen Kinder dann vor Erwachsenen oder möglichen Spielpartnern auf und ab. Sie sind stolz auf ihren Schmuck und nehmen sich wichtig. Sie wollen bestaunt sein und wohl auch Neid wachrufen.
Hin und wieder finden Kinder in der Umgebung auch interessante Kleinigkeiten, die nicht alltäglich sind. Eine bunte Feder eines Turacos, einen Stachel eines Stachelschweines, eine tote Maus und dergleichen mehr. Der Besitzer weiß, daß das Besitztümer sind, um die er von anderen beneidet wird, und nur darin liegt ihr wirklicher Wert. Er zeigt seinen Fund vor, spielt sich mit ihm vor anderen auf und hofft dabei auf neidvolle Reaktionen. Und darauf braucht er nicht lange zu warten. Immer findet sich einer, der haben möchte, was ein anderer „besitzt", und was folgt ist fest vorgezeichnet. Man jagt einander nach und versucht im Laufe einer Rauferei, den „Besitz" zu erbeuten. Wechselt das Objekt den Besitzer, so beginnt das Spiel von vorn. Oft geht die kleine Kostbarkeit im Verlauf der Spieljagden einfach verloren, aber auch so hat der kurz zuvor noch umworbene Besitz seine Wirkung getan.

## Die familiäre Raufszene

Raufen und Jagen sind die favorisierten Partnerspiele, die alle in der Familie faszinieren. Kleine Raufereien, hektische Spieljagden und wildes Einander-Nachklettern von Kindern und Jugendlichen bleiben selten nur auf zwei Beteiligte beschränkt. Spiele wirken ansteckend.

1

2

3

4

5

*1 – Berggorillakinder sind versierte Kletterer und kleine „Pflanzenakrobaten", aber, wenn immer das möglich ist, (2) vergnügen sie sich auch kletternd lieber zu zweit. (3) Aus gemeinsamen Klettereien entwickeln sich dann auch Kletterjagden, die die Kleinen in luftige Höhen führen. (4) Ein anderer beliebter „Sport" der Kinder sind kleine spielerische Raufhändel, die ganz besonders spannend werden, wenn sanft und verhalten auch noch ein ganz Großer – im Bild Pablo – mittut. (5) Raufen ist aber nicht ans Alter gebunden; für den kleinen Ndatwa ist selbst der noch kleinere Umurava ein akzeptabler Partner.*

Vom spielerischen Keuch-Lachen angezogen, eilen Altersgleiche herbei und tun mit. Es gibt aber immer auch Zuschauer, die ganz Kleinen nämlich, die sich selbst noch nicht einzumischen wagen, sich aber von den spielenden „Großen" magisch angezogen fühlen. Ihre Gesichtchen widerspiegeln den Konflikt zwischen dem Wunsch teilzunehmen und der scheuen Zurückhaltung und Ängstlichkeit, die ihnen Distanz diktiert. Gewinnt die Stimmung fürs „Mitmachen" kurze Zeit die Oberhand, so gehen Kleine etwas näher, stimmen leise in das heisere Spiellied ein, versuchen die Raufenden zu halten oder sie an den Haaren zu ziehen, um so am Rand aktiv ein wenig mit dabei zu sein. Sie treten dann aber schnell wieder zurück, von ihrem Mut wohl selber ein klein wenig erschrocken, und begnügen sich erneut mit der Rolle des bewundernden Zuschauers.

**Die großen Raufpartner**

Auf gleiche Weise fasziniert wie die Kinder von den Jugendlichen, sind, wenn's um Raufspiele geht, die Jugendlichen von den Erwachsenen. Ausdauernd tragen die Jüngeren den Älteren ihre Spieleinladungen vor. Oft solange, bis die Angesprochenen selber in Spiellaune geraten und sich auf einige Raufrunden oder auf kleine Jagden einlassen. Ein Höhepunkt in solch familiären Siesta-Raufereien ist dann erreicht, wenn die beiden ganz Großen der Familie, Ziz und Pablo, gegeneinander antreten. Das geschieht nur selten, aber wenn es dazu kommt, dann haben die beiden die bewundernde Aufmerksamkeit aller Anwesenden für sich. Solche Szenen sind auch akustisch eindrücklich, denn bei Ziz und Pablo schwillt das sonst eher stimmlose Keuch-Lachen, das Raufen immer begleitet, zum dröhnenden Brummen an. Auch Kraft wird eingesetzt, was zur Folge hat, daß die beiden ihr Raufspiel in viele kurze Runden aufteilen und dazwischen immer erschöpft, schwer atmend und keuchend, Verschnaufpausen einlegen.

Zum Raufspielen gehört neben dem schon erwähnten Keuch-Lachen, das auch andere spielerische Aktivitäten begleiten kann, auch das Spielgesicht, der offene Mund, die Oberlippe, die die obere Zahnreihe ganz verdeckt, und oft etwas zugekniffene Augen. Dieser Gesichtsausdruck ist ein verläßliches Zeichen dafür, daß die Szene nur spielerischen Charakter hat. Auch die Erwachsenen zeigen ihn immer.

Kommt es zu Raufspielen zwischen Altersverschiedenen, etwa einem Jugendlichen und einem Kleinkind, so ist auffallend, daß der Ältere und Stärkere seinen Krafteinsatz dem Alter des Kleineren angemessen kontrolliert und dosiert. Die Umgangsformen sind dann zurückhaltend und freundlich und ermöglichen so Spiel- und Raufpaarungen quer durch die Altersklassen der Familie.

Raufspiele kommen zu einem Ende, entweder wenn die Agierenden erschöpft sind, oder wenn es einem gelingt, sich

1

den Griffen des Partners zu entwinden und davonzurennen und so als nächste Runde eine Verfolgungsjagd in Szene zu setzen. Solche Jagden sind rasante Laufspiele, die durch dichte Vegetation führen, bei denen Bäume erklettert werden, immer mit dem Ziel des Jagenden, den Gejagten zu fangen, ihn festzuhalten und sich dann mit ihm wieder zu raufen.

**Wenn Regeln und Rollen wichtig sind**

Bei den etwas älteren Kindern stehen auch kompliziertere Regel- und Rollenspiele hoch im Kurs.

Unablässig laufen zwei um den Fuß eines dicken Baumes. So einander im Kreis verfolgend spielen sie Fangen.
Ein anderes Kind kommt mit steif abgesetzten Schritten und Armbewegungen daher und versucht brusttrommelnd, seine Spielpartner zu beeindrucken. Es ahmt einen „Großen" nach.
Jede Erhöhung, sei das ein stabiler Busch, ein Baumstrunk oder ein schräg aufragender Stamm, wird erklettert und von dem, der zuerst oben ist, in Besitz genommen. Seine Aufgabe ist es nun, jeden Nachfolger am erfolgreichen Nachsteigen zu hindern. Manchmal purzeln dabei gleich alle Beteiligten zu Boden, und jeder versucht sich hektisch zu befreien und erneut als erster oben zu sein. Man spielt „König der Burg".
Ein beliebtes Rollenspiel besteht darin, daß Kinder und Jugendliche gelegentlich Kleinere bemuttern, sie in die Arme nehmen, sich ein Tagnest bauen und sich ihnen dann so zuwenden, wie sie das bei Müttern beobachtet haben. Auch andere Mutterspiele, in denen etwa ein Stück Holz oder ein Pflanzenpolster, wie eine Puppe im Arm getragen, als Kind-Ersatz dient, sind zu beobachten.

2

3

*1 – Ein seltener Anblick: Ziz der Silberrücken läßt sich mit dem zweitgrößten Mann, dem Schwarzrücken Pablo auf einen spielerischen Raufhändel ein. Daß ausschließlich gespielt wird, zeigt das von Ziz deutlich zur Schau getragene „Spielgesicht". (2) Siesten sind aber auch die Zeit der kleinen Vertraulichkeiten und der freundlich verbindenden Kontakte. Jozy läßt sich zur Ruhe auf dem Rücken von Ziz nieder und demonstriert so ihre Vertrautheit mit ihm. (3) Über eine Viertelstunde blieb der Finger eines Schläfers zwischen den Zähnen eines anderen. Wie könnte man gegenseitiges Vertrauen noch deutlicher zum Ausdruck bringen?*

All das sind komplexe Spielformen, die das Einfühlen in eine Rolle verlangen oder den Mitspielern regelkonformes Verhalten vorschreiben. Noch komplizierter wird es dann, wenn im Spielverlauf einer der Spielenden auf die Idee kommt, die Regeln zu wechseln, und das seinem Kumpan durch verändertes Spielverhalten anzeigt. Beim Fangen-Spielen um den Baumstamm zum Beispiel, das Rundum-Rennen in der gleichen Richtung verlangt, kann einem der Beteiligten in den Sinn kommen, es sei spannender, einander nicht mehr zu fangen, sondern selber auszuweichen. Aus dem Fangen wird ein Verstecken. Bis die Regeländerung auch vom andern verstanden ist, kommt es zu Zusammenstößen, aber dann begreift auch er, und nun geht's bald links, bald rechts um den Stamm herum, und man achtet sorgsam darauf, einander nicht in die Arme zu laufen.

## Die kleinen Vertraulichkeiten

Nicht alles Siesta-Geschehen ist von turbulenter Ausgelassenheit gekennzeichnet. Siesten sind auch die Zeit der ruhigen Nähe, der kleinen Vertraulichkeiten. Persönliche Beziehungen werden gepflegt, und manch einer sucht vorsichtig und freundlich die Distanz zu überwinden, die ihn aus ranglichen Gründen von einem andern trennt. Besonders intensive Beziehungen können auch mit kleinen Privilegien verbunden sein, und auch die werden ausgelebt.

Ein Beispiel: Während der Siesta findet man Jozy, das sechsjährige Mädchen, oft in der Nähe von Ziz. Unter den Jugendlichen steht Jozy bei Ziz in besonderer Gunst. Das mag darin begründet liegen, daß Ziz ihr Onkel ist. Oft schläft Jozy nah bei Ziz, manchmal sogar in seinen

Armen. Aber Jozy genießt diese Gunst nicht nur, sondern sie sucht immer auch Gelegenheiten, in dieser Beziehung auch selber aktiv zu sein. Schön zeigte sich das, als Ziz auf der einen Hinterbacke eine mehrere Zentimeter lange Wunde trug. Jozy begann sich eifrig und beflissen um diese Wunde zu kümmern. Wenn immer das möglich war, setzte sie sich zu Ziz hin und pflegte die Verletzung sorgfältig, mit den Fingern und den Lippen. Mit ihren vielen geduldeten Zuwendungen erwarb sie sich ein kleines Privileg, und sie wachte eifersüchtig darüber. Wagte sich ein Gleichaltriger oder ein Jüngerer pflegend an die Schramme von Ziz, so kam sie protestierend herbei und machte allen klar, daß ihr das alleinige Recht zusteht, Ziz auf diese Weise gefällig zu sein. Nur Erwachsenen gegenüber mußte sie zurückstehen, und selbst dann versuchte sie geschäftig mitzuhelfen.

Auf eindrückliche Weise zeigt sich Jozys Vertrautheit mit Ziz, wenn sie sich, von diesem geduldet, einfach auf seinem Rücken zu einem Schläfchen niederläßt.

## Ruhe und Schlaf

Überwältigt der Schlaf die Siestagemeinschaft, so kehrt rasch Ruhe ein. Nur die Kinder und Jugendlichen bleiben über diesen Zeitpunkt hinaus aktiv. Bis sie sich den Schlafenden anschließen, dauert es noch eine Weile.

Zum Schlafen suchen selbst die älteren Jugendlichen ihre Mütter und kleineren Geschwister auf. Sie setzen oder legen sich zu ihnen hin, suchen mit einer Hand oder einem Fuß am Körper der Mutter Berührungskontakt und damit die Geborgenheit, die sie für einen unbeschwerten Schlaf nötig haben.

Die Vertrautheit zwischen allen findet auch im Schlaf ihren Ausdruck, eine weggestreckte Hand hält eine andere, ein Arm liegt quer über dem Körper eines Schlafnachbarn, zwei Köpfe liegen nah beisammen, ein Arm umschlingt den Kopf des andern. Niemand von der Familie wacht über die Schlafgemeinschaft, aber der Tagschlaf ist an sich so oberflächlich, daß schon das leiseste ungewohnte Geräusch bewirkt, daß der eine oder andere der Schläfer blitzschnell auffährt und sich prüfend umsieht und umhört. Stellt er nichts Beunruhigendes fest, so legt er sich wieder zurück und setzt den unterbrochenen Schlaf fort.

### Geduldige Mütter

Säuglinge und Kleinkinder, die noch an den Mutterkörper gebunden und weitgehend von der Muttermilch abhängig sind, haben einen andern täglichen Aktivitätsrhythmus als die Erwachsenen. Sie trinken und schlafen am Körper der Mutter, den ganzen Tag über, wann immer ihnen das beliebt. Ihre Ruhebedürfnisse sind darum nicht auf die Siesten ausgerichtet. Es mag für ihr soziales Reifen, an dem Lernprozesse maßgeblich beteiligt sind, sogar wichtig sein, daß sie sich dann, wenn sich die Familie zusammenfindet, mit allen Sinnen wach und ausgeruht dem zuwenden können, was sozial rund um sie herum geschieht. Wenn die Mütter ruhen oder schlafen möchten, sind die Kleinen an oder auf ihnen hektisch aktiv. Sie zappeln, drehen sich von einer Seite zur andern, greifen nach Pflanzenteilen aus, beißen der Mutter spielerisch in Hände und Füße, versuchen sich den mütterlichen Griffen zu entwinden und üben ihr allmählich reifendes Gehvermögen auf dem Bauch der Mutter. All das wird vom Spielgesicht begleitet und von heiserem leisen Keuchen, einem Lachen vergleichbar. Solch unterschiedliche Bedürfnisse von Mutter und Kind münden aber nicht, wie man glauben könnte, in einen Konflikt. Die Toleranz der Gorillamütter ihren Kindern gegenüber, auch dann, wenn sie schlafen möchten, ist beinahe unbegrenzt. Ein freundlicher Griff, der etwas dezidierter zupackt als sonst, ein unwilliges Zurechtrutschen oder ein zur Ruhe mahnendes leises Husten sind die strengsten mütterlichen Zurechtweisungen. Üblich ist aber, daß die Mütter mit dem Fuß oder der Hand ein Ärmchen oder Beinchen ihrer Kinder fest umgriffen halten und so deren Aktivitätsraum etwas einschränken. All diese Mahnungen zeitigen aber immer nur kurze Wirkung, und die Mutter kommt zum wirklich erholsamen Schlaf nur dann, wenn das Kind selbst allmählich ermüdet und auch schlafen möchte.

### Schläfer und Störenfriede

Toleranz ist von allen Schläfern in der Siestagemeinschaft auch gegenüber Kindern und Jugendlichen gefordert, denn ihnen scheint es gleichgültig, ob um sie herum geschlafen wird oder nicht. Sie jagen einander über Schlafende hinweg nach, kugeln über sie hinweg, raufen zwischen ihnen und teilen dabei versehentlich nach allen Seiten Püffe und Tritte aus, und nicht selten wird ein Schlafender so behandelt wie der Stamm eines Baumes, um den herum man sich nachrennt und Fangen spielt. Ruht die Familie im Bambus, so verleiten die hoch aufragenden Stangen zu waghalsigen Klettereien und Kletterjagden über der schlafenden Familie, und hin und wieder werden Erwachsene durch einen Absturz unsanft aus dem Schlaf gerissen. Natürlich hat die Narrenfreiheit der Kinder ihre Grenzen, und wenn diese überschritten werden,

1

so weist ein unmißverständliches Husten die Störenfriede in die Schranken. Aber im allgemeinen wird von der Familie die ungestüme Ausgelassenheit der Kinder und Jugendlichen während der Siesta erstaunlich gelassen und ruhig hingenommen.

*Gelegentlich erlahmt im Verlauf der Siesta die soziale Geschäftigkeit. (1) Mütter mit Kindern und (2) der Silberrücken geben sich dem Schlaf hin. Wenn etwas später auch noch die Jugendlichen zur Ruhe kommen, dann wird es still in der Siestagemeinschaft.*

2

# Miteinander kommunizieren – sich streiten – sich paaren

Die Kommunikation, die Aggression und das Sexualverhalten der Berggorillas sind Verhaltensweisen, die in diesem Buch da und dort kurz angesprochen wurden, ohne daß dazu aber Grundsätzliches gesagt wird. Dieses Kapitel soll zu diesen drei Bereichen ein wenig Hintergrund geben.

## Vielseitige Verständigung

Berggorillas verständigen sich untereinander auf vielseitige und differenzierte Weise. Sie tun das über ihre Mimik, durch Laute, Gesten, Bewegungen und Körperhaltungen. Auch Gerüche spielen bei ihrer Verständigung eine Rolle.
Noch mehr Vielfalt erreichen alle diese Äußerungen dadurch, daß sie leiser oder lauter, ruhiger oder heftiger sein können. Damit kann eine Mitteilung zusätzlich einen abschwächenden, dringlichen oder gar befehlenden Charakter erhalten.
Die Mimik oder eine Geste können stumm eingesetzt werden oder von Lauten begleitet sein. Laute setzen dann Akzente und Nuancen. Umgekehrt können auch Laute durch Gesten oder einen bestimmten Gesichtsausdruck „unterstrichen" werden.
Oft werden auch mehrere der erwähnten Ausdrucksformen zu ganzen Aktionen kombiniert. Das wohl eindrücklichste Beispiel dafür ist das „Imponieren".

*Weltweit bekannt ist das eindrückliche Imponierverhalten der Gorillamänner, mit dem aufrechten Gehen, dem Brusttrommeln und dem lauten wiehernden Rufen. Imponieren ist eine soziale Demonstration, bei der die Größe, die Kraft, die Beweglichkeit und die Lautgestalt optimal entfaltet wird. Imponieren ist, wie das Bild eindrücklich zeigt, in der Regel auf „bewundernde" Zuschauer ausgerichtet. Es ist darum nicht Zufall, daß Ziz als Ort für diese Demonstration eine Lichtung ausgewählt hat.*

### Sich selber darstellen …

Im Imponieren können wir eine Selbstdarstellung sehen, die sich an die familiäre soziale Umgebung, an Angehörige einer anderen Familie oder an Menschen richtet.
Der, der imponiert, versucht, seine Körper-, Bewegungs-, Kraft- und Lautgestalt gleichzeitig und möglichst optimal zu entfalten und damit Wirkung zu erzielen. Der Körper wird dargestellt durch den aufrechten Gang, und die gesträubten Haare vergrößern dabei noch seine Kontur. Kraft wird ausgedrückt, indem aus der Bewegung heraus kleine Stämme oder Bambusstangen krachend niedergebrochen werden. Die Bewegung kommt in steif anmutendem Schreiten und gegen Ende durch rasches Rennen zur Geltung, und die laut wiehernden UUU-Rufe, das sogenannte „hooting", werden akustisch unterstützt durch klatschende Schläge mit den flachen Händen auf die Brust, das Brusttrommeln. Solches Imponieren führt in der Regel über 10 bis 20 Meter und dauert nur kurz, strebt aber gegen Ende einem Höhepunkt zu, bei dem alle Äußerungen intensiver werden. Das Ende ist abrupt. Plötzlich läßt sich der Imponierende auf alle viere zurückfallen und verläßt die Szene. Imponieren ist vorwiegend die Sache der großen Männer, die es ihrer Stellung wegen von Zeit zu Zeit nötig haben, der Familie auch diese Seite ihres Wesen in Erinnerung zu bringen. Vereinzelt imponieren auch dominante Weibchen. Im Spielrepertoire der

1

Kinder und beim Sich-selber-Darstellen der Jugendlichen kommt dem Imponieren oder einzelnen Teilen aus diesem Ablauf eine wichtige Rolle zu, denn aus diesen beiden Altersklassen rekrutieren sich die grenzenlosen Bewunderer des Silberrückens, wenn dieser sich imponierend aufspielt.

**Belchen, Singen und Brummen ...**

Wir sind bisher an verschiedenen Stellen schon auf einzelne Lautäußerungen eingegangen.
Dian Fossey stellt in einer Arbeit mehr als 25 unterscheidbare und analysierte Berggorillalaute dar. Sie alle haben einen bestimmten Mitteilungsinhalt. Wenn man berücksichtigt, daß all diese Laute in der Lautstärke abgestuft, in Abständen wiederholt, als Folge aneinandergereiht oder zum Teil untereinander kombiniert werden, so kommen weit über hundert Variationen zustande, die unterschiedliche Gestimmtheit oder Bedürfnisse ausdrücken.
Es ist schwierig, diese Vielfalt zu ordnen. Man kann freundliche, aggressive und stimmungsneutrale Laute unterscheiden. Einzelne unter diesen Lauten sind allen eigen, andere sind geschlechtsspezifisch oder bestimmten Altersklassen zuzuordnen.

**Freundliche Laute**

Zu den freundlichen Lauten gehört das früher schon erwähnte und beschriebene „Belchen“, aber auch verschiedene leisere und lautere, tiefere und höhere Sing- und Brummstrophen. Mit hoher, an- und abschwellender Stimme wird beim Essen „gesungen“, wenn man auf Köstlichkeiten stößt. Dieses Singen drückt Wohlbefinden aus. Ob es darüber hinaus andere Esser auf besondere Futterquellen hinweist, ist nicht bekannt. Auch Brumm-Strophen können solche Gefühle ausdrücken, aber bei ihnen steht die Information, die sie weitergeben, oder Stimmungen, die sie erzeugen sollen, im Vordergrund. Gebrummt wird vor allem, wenn man andere beschwichtigen, versöhnlich stimmen oder sie von Vorhaben abbringen will, die einen in irgendeiner Weise unangenehm berühren.

Ebenfalls den freundlichen Lauten zuzuzählen ist das „Keuch-Lachen", das von allen Altersklassen dann zu hören ist, wenn sozial gespielt wird. Zu Spielen im direkten Körperkontakt gehört es fast regelmäßig. Das Keuch-Lachen ist ein heiseres, an- und abschwellendes Keuchen, das jeweils von kurzen Pausen unterbrochen und neu wieder aufgenommen wird. Äußern es Kleinkinder, so ist es beinahe stimmlos und nicht leicht zu hören, während es bei den Erwachsenen zu einem beeindruckenden, heiseren Brummen anschwillt. Dieses Spiel-Keuchen ist dem menschlichen Lachen vergleichbar, wird aber im Klang dadurch verändert, daß heftige Atemzüge es begleiten, denn das Raufen

2

*1 – Sehr selten spielen sich Gorillafrauen in der Gemeinschaft imponierend auf. In Familie 5 tat das regelmäßig nur gerade Puck. (2) Eine Imponiersequenz von Ziz erreicht ihren Höhepunkt. Der zum Ausfallschritt abgehobene Fuß zeigt, daß sich Ziz Sekundenbruchteile später auf alle viere fallen lassen wird und damit am Ende seiner Schaustellung angelangt ist. Deutlich ist im Bild auch zu sehen, daß Gorillas mit der offenen flachen Hand brusttrommeln und nicht, wie vielfach geglaubt wird, mit der geschlossenen Faust.*

zum Beispiel ist eine spielerische Aktivität, bei der viel Kraft eingesetzt wird.

**Aggressives Husten und Schreien**

Den freundlichen Lauten stehen die aggressiven gegenüber. Unter ihnen sind das Husten und das Schreien auffällig. Vom Husten spricht man englisch als von „pig grunts", also von Schweinegrunzen. Leises Husten kann eine Mahnung sein. Steigt seine Lautstärke an, so wird aus der Mahnung eine Zurechtweisung und schließlich eine Drohung. Kommt es aus dem Drohen heraus zu tätlichen Kontakten, so begleitet aggressives Husten auch diesen Schritt.
Das Schreien ist meist während tätlicher Auseinandersetzungen zu hören; es wechselt dann immer auch wieder mit Husten ab. Dieser Wechsel drückt den Konflikt zweier Stimmungen aus, das angriffige Drohen und die ängstliche Defensive. Schreit ein Gorilla, ohne in Tätlichkeiten verwickelt zu sein, so drückt er damit große Unsicherheit oder Angst aus. Schreien kann auch das Mittel sein, mit dem man Mitstreiter zur Unterstützung herbeiruft. Hört man nach einem Streit, den der Silberrücken geschlichtet hat, verhaltenes Husten und Schreien, so ist das ein ausklingendes Reklamieren und Protestieren.

**Zwischen Freundlichkeit und Aggression**

Es gibt Laute, die ins Übergangsfeld zwischen Freundlichkeit und Aggression gehören, also sowohl freundlich als auch aggressiv sein können. Das Imponieren zum Beispiel enthält unter anderem auch eine aggressive Komponente und kann initial Aggressionen einleiten. Der Imponierlaut gehört darum in dieses Übergangsfeld.

**„Neutrale" Laute**

Laute können aber auch „neutral" sein, also weder freundlich noch aggressiv. Sie dienen ausschließlich der gegenseitigen Information. Dafür als Beispiel der Warnlaut. Er ist ein kurzer lauter „Schrecklaut", der meist mit einem raschen Ein- und Ausatmen verbunden ist. Er verlangt als Signal von allen, die ihn hören, sofort äußerste Aufmerksamkeit. Alle Familienmitglieder können warnen, und sie tun das dann, wenn sie von unvertrauten Vorkommnissen überrascht werden.

## Aggressionen innerhalb der Familie

Innerhalb einer Berggorillafamilie sind ernsthafte und mit Tätlichkeiten verbundene Auseinandersetzungen eher selten.

**Lärmige aggressive Dispute**

Dagegen kommt es hin und wieder zu lärmigen Disputen unter Gorillafrauen, unter Jugendlichen oder zwischen diesen beiden Gruppen. Sind nur erwachsene Frauen an ihnen beteiligt, so drehen sich solche Streitereien meist um Futter oder um Kleinkinder. Auch unter Jugendlichen sind diese Motive vorrangig, aber sie neigen auch dazu, Erwachsene zu provozieren. Das geschieht durch imponierendes Vorbeirennen, verbunden mit Rempeln. Sind Mütter das Ziel solcher Provokationen, so können Jugendliche sich auch einfach gegen das zur Mutter gehörende Kind richten. Sie schlagen dann gegen das Kind, rempeln es an oder ängstigen es, nur um die Mutter zu ärgern, die dann herbeikommen und ihrem Kind beistehen muß. Auf diese und ähnliche Weise stecken Heranwachsende ihre sozialen Grenzen ab.
Bei solchen Streitereien wird normalerweise aggressiv zurechtweisend oder drohend gehustet und bei höherer Intensität dazu mit der Hand noch in die Richtung des Provokateurs heftig in die Vegetation geschlagen. Manchmal wird ein Individuum, das den Unwillen eines anderen erregt, auch kurz verfolgt und so verjagt.
Zu direkten, tätlichen Kontakten kommt es in allen diesen Fällen kaum. Unbeteiligte Individuen verfolgen eine solche Szene aufmerksam, lassen sich vielleicht noch dazu herbei, ein wenig mitzuhusten, aber stärker beteiligen sie sich nicht.

**Ernsthafte Auseinandersetzungen**

Anders sieht das bei ernsthaften Auseinandersetzungen aus. Sie können zu Raufereien und Beißereien führen und in der Folge auch zu leichteren Verletzungen. Es wird an den Haaren gerissen, gerauft, gebissen, geschlagen und gekratzt. Verletzungen sind danach meist an Händen und Füßen, im Genick, am Rücken oder im Gesicht zu finden. Auf-

*Der Ausdruck höchst aggressiver Erregung bei einer Gorillafrau. Mit zu dieser Mimik gehört ein lautes, gellendes Schreien, das immer wieder in aggressives Husten überwechselt. Diese aggressive Mimik und die zugehörigen Laute drücken den Konflikt aus, der dann auftritt, wenn ein Individuum zwischen angriffigem Drohen und zur Flucht drängender Angst hin- und hergerissen ist.*

1

fallend bei solchen Interaktionen sind die Rollen, die die übrigen Familienmitglieder und der Silberrücken spielen.

**Die Familie nimmt teil**

Wenn zwischen zwei Individuen ein Streit entsteht, löst er in der Familie sofort eine Eskalation aggressiven Verhaltens aus. Wer in der Nähe ist, hustet und schreit mit und mischt sich unter die Raufenden. Weiter vom Schauplatz entfernte Individuen eilen unter Umständen herbei, um in gleicher Weise mitzutun. Es ist dabei schwer zu sagen, wer sich welcher Partei zur Seite stellt. Auf diese Weise entsteht oft innert Sekunden ein Klima allgemeiner Feindseligkeit, das die anfänglich initiativ Agierenden völlig verunsichert und so die Aggressionen einfach erstickt. Das Mittun aller wird so zum sozialen Instrument, mit dem, so paradox das klingt, Aggressionen zu einem raschen Ende gebracht werden.

**Der Silberrücken greift ein**

Der Silberrücken greift immer sofort in den Streit ein. Hört er auf Distanz aggressives Husten oder Schreien, so unterbricht er seine Tätigkeit sogleich und eilt selber hustend in die Richtung, aus der die aggressiven Laute kommen. Sein Herannahen kündet sich auch durch die Geräusche an, die er erzeugt, wenn er rennend durch die dichtesten Gebüsche bricht. In der Regel bewirkt bereits sein Auftreten, die Streitenden auseinanderzubringen. Ist das nicht der Fall, so packt der Silberrücken einen der Raufenden mit beiden Händen, drückt ihn zu Boden und beißt ihn in die Nakkenregion oder in den Rücken. Spätestens damit wird der Streit beendet.

2

3

*Ernsthafte Konflikte in der Familie kommen nicht häufig vor. Sie beginnen meist zwischen zwei Individuen. (1) Typisch ist, daß sich sogleich andere Familienmitglieder direkt einmischen, oder (2) aggressiv hustend und schreiend aus Distanz mittun. (3) Ziz greift immer schlichtend ein. Nur in dieser Situation wird er, wenn das nötig ist, gegen ein Mitglied seiner Familie aggressiv. Er drückt dann einen der Streitenden zu Boden und beißt ihn in die Nacken- oder Rückenregion. (4) Streit endet manchmal mit oberflächlichen Verletzungen, denen sich die Betroffenen anschließend pflegend zuwenden.*

4

Beide Interventionsformen, die der Familie und die des Silberrückens, wirken unterbindend auf das aggressive Geschehen. Ernsthafte Auseinandersetzungen dauern darum meist nur wenige Minuten.

Nur beim eben geschilderten Schlichten ist Ziz, der Silberrücken, gegen Familienmitglieder wirklich aggressiv. Es gibt allerdings noch zwei andere Situationen, in denen seine Auftritte aggressiv getönt sind.

Paart sich ein Heranwachsender verstohlen mit einer Gorillafrau und vergeht sich damit gegen das Privileg des Silberrückens, so tritt Ziz in gleicher Weise auf wie wenn er Streit schlichten will. Aber in diesen Fällen reicht sein lärmiges Erscheinen immer aus, um für „Ordnung" zu sorgen, und es kommt nicht zu Tätlichkeiten.

Die zweite Situation hat mit dem Imponieren zu tun. Wenn sich diese Selbstdarstellung gegen die Familie oder ein einzelnes Mitglied richtet, so kann es sein, daß Ziz, wenn er sich zum Schluß auf alle viere zurückfallen läßt, einem Individuum der Familie von hinten mit der flachen Hand heftig auf den Rücken schlägt. Ich sage heftig, weil Pablo sich gelegentlich auf diese Weise auch gegen mich gerichtet hat. Für kurze Zeit bleibt einem dann die Luft weg.

Dieses Dazwischentreten von Ziz bei Paarungen und sein „Schlagen" beim Imponieren kann nicht eigentlich als aggressiv bezeichnet werden. Es sind Demonstrationen, die durch das Andeuten von Aggression verstärkt werden.

## Der Streit endet versöhnlich

Aggressionen sind bei Berggorillas nicht beendet, wenn sich die Konfliktpartner trennen, sondern erst, wenn sie sich gegenseitig beschwichtigt und so ihrer freundlichen Gefühle wieder versichert haben.

Hat sich auf die Intervention der Familie oder des Silberrückens hin das aggressive Paar getrennt, so bleibt mit niederer Intensität noch ein aufflackerndes aggressives Husten zu hören, ein „Maulen und Lamentieren". Später wechseln diese Laute in ein freundliches Brummen und Jaulen über, und dies ebnet den Weg zu versöhnlichen Kontakten. Das können Berührungen mit der Hand sein, das Zusammensitzen oder gegenseitiges Pflegen. Waren Mütter am Streit beteiligt, so können solche Freundlichkeiten auch dem fremden Kind gegenüber ausgedrückt werden und so dessen Mutter versöhnlich stimmen.

Solche Szenen sind beinahe obligatorisches Ende aller Aggressionen. Sie sorgen dafür, daß in der Familie aggressive Gefühle und Stimmungen nicht konserviert werden und man zur üblichen friedlichen Tagesordnung übergehen kann.

Auffällig ist in der Familie auch das Mitgefühl, das man dem entgegenbringt, der eine Verletzung davongetragen hat. Es kommt dadurch zum Ausdruck, daß sich Unbeteiligte um den „Verletzten" kümmern, sich zu ihm setzen, ihm ihren

Arm um die Schulter legen, ihn berühren, umfassen, sich für die Verletzung interessieren und die Wunde vielleicht auch pflegen. Alle in der Familie, auch die Konfliktpartner, können sich auf diese Weise äußern.

## Geschlechtliches Verhalten

Gorillafrauen durchlaufen einen monatlichen Geschlechtszyklus. Die Tage innerhalb dieses Zyklus, während denen der Eisprung stattfindet, nennt man bei den Gorillas Brunft. Bei Gorillafrauen dauert diese Brunft 3 bis 4 Tage, und nur während dieser Zeit sind echte Paarungen, also solche, die mit einer Konzeption verbunden sein können, zu beobachten. Die Brunft ist an körperlichen Anzeichen nicht zu erkennen, wohl aber am Verhalten der betroffenen Gorillafrau und an einem besonderen und auffälligen Brunftgeruch. Die Brunften und der ganze Zyklus setzen zu Beginn der Schwangerschaft aus und unterbleiben bis Mitte oder Ende der Stillzeit. Erfolgt eine Konzeption bei einer Paarung, so können also bis zur nächsten Brunft 2½ bis 3½ Jahre verstreichen.

Aus diesen Zahlen und Angaben wird klar, daß in einer Berggorillafamilie geschlechtliches Verhalten nicht besonders häufig zu beobachten ist.

### Einladungen drücken Wünsche aus

Wird eine Gorillafrau brünftig, so verliert sie vorübergehend ihre sonst übliche Zurückhaltung. Sie sucht den Kontakt zum Silberrücken und benimmt sich entgegen sonst verbindlichen Verhaltensregeln. Sie blickt zum Beispiel

1

2

*Es ist das Privileg des Silberrückens, sich mit einer brünftigen Gorillafrau zu paaren. Er führt diesen Kontakt aber nie selber herbei, sondern er wird dazu eingeladen. (1) Mit dem charakteristischen Gesichtsausdruck und dem direkten Blickkontakt trägt Walanza Ziz ihren Paarungswunsch vor. (2) Paarungen können Bauch zu Bauch oder Bauch zu Rücken vollzogen werden. Normalerweise sind Gorillafrauen mit kleinen Säuglingen an Paarungen nicht interessiert. Daß Flossie, mit ihrem noch nicht 30 Tage alten Sohn, eine Paarung mit Ziz herbeiführt, hat neben geschlechtlichen vermutlich auch „soziale“ Motive.*

dem Silberrücken unverwandt ins Gesicht. Ein Verhalten, das unter anderen Umständen auf den Angestarrten als aggressiv wirkt. Interessieren sich nämlich Individuen außerhalb der Brunft füreinander, so zeigen sie das durch ein kurzes Zu- und Wegwenden des Blickes. Zum Brunftverhalten gehört auch die an den männlichen Partner adressierte Einladung. Solche Einladungen sind eindeutige Gesten und Aufforderungen, ohne die keine Paarungen zustande kommen. Nur bei einer einladungsbereiten Partnerin hat der Silberrücken mit eigener Initiative Erfolg.

**Paarungen**

Paarungen dauern im Durchschnitt ein bis zwei Minuten. Sie können Bauch zu Rücken oder Bauch zu Bauch vollzogen werden. Typische mimische und lautliche Äußerungen beider Partner begleiten sie, und es werden zwischen ihnen auch Zärtlichkeiten ausgetauscht. Am Tage des Höhepunktes der Brunft können Paarungen alle Stunden erfolgen.

**Klare Verhältnisse**

Das Recht, sich mit den in der Familie

lebenden Gorillafrauen zu paaren, steht dem Silberrücken-Chef zu. Er wacht über dieses Privileg und schreitet ein, wenn sich jüngere männliche Individuen verstohlen dagegen vergehen. Das Privileg des Silberrückens schließt aber keinen Zwang gegenüber den Gorillafrauen mit ein, denn er kann Paarungen von sich aus, wie wir sahen, nicht herbeiführen. Es sind seine Partnerinnen, die ihre Wünsche an ihn persönlich richten.
Die geschlechtlichen Verhältnisse in der Familie scheinen damit auf den ersten Blick recht klar.

**Wichtige Geschlechtlichkeit**

Die Möglichkeit, in der Familie geschlechtlich aktiv zu sein, ist außerordentlich wichtig für männliche und weibliche Individuen. Ist sie nicht gegeben, so wechseln Gorillafrauen in andere Familien, und junge Männer emigrieren. In großen Familien richtet sich das Privileg des Silberrückens nicht in gleicher Weise auf alle Gorillafrauen. Die eigenen erwachsenen Töchter zum Beispiel beansprucht der Silberrücken nicht für sich. Sie gehören in der Regel, zusammen mit anderen jugendlichen Individuen, die ihre ersten frühen Brunften zeigen, in den geschlechtlichen Einflußbereich des zweiten Mannes, falls ein solcher in der Familie ist. Das erklärt uns auch, warum die Voraussetzungen, daß ein zweiter Silberrücken in einer Familie bleiben kann, nur in individuenreichen Gemeinschaften gegeben sind.
Der Wechsel von Gorillafrauen in andere Familien wirkt unter anderem auch der Inzucht entgegen. Das gleiche gilt auch für das Verhalten des Vaters gegenüber seinen Töchtern. Das heißt aber nicht, daß es in einer Familie nicht zu Verbindungen einander sehr nah verwandter Individuen kommt. Daten belegen einzig, daß solche Verbindungen viel weniger häufig sind als andere.

**Der „Notstand" junger Männer**

Die Tatsache, daß innerhalb der Familie das Brunftinteresse der Gorillafrauen stark auf den Silberrücken ausgerichtet ist, führt natürlich auch zu Problemen und zu Spannungen, denn jugendliche und jungerwachsene Männer sind am geschlechtlichen Geschehen ungeheuer interessiert. Sie versuchen immer, wenn das geht, zu Paarungen zu kommen. Der Silberrücken kann sich in solchen Situationen den Jüngeren gegenüber auch als sehr tolerant erweisen. Sehen wir uns dafür Beispiele aus Familie 5 an.

**Der Umgang mit dem Privileg**

Wenn die jungerwachsene Maggie brünftig wird, dann kommt es zwischen ihr und Ziz zu Paarungen. Ziz duldet aber auch, daß sich Shinda und ausnahmsweise auch Pablo mit Maggie unter seinen Augen paart. Hört er von fern Paarungslaute von Maggie, so eilt er wohl herbei, trifft er aber Shinda mit ihr, so schreitet er nicht ein. Shinda weiß das auch, denn er unterbricht seine Aktivität mit Maggie auf das Herannahen von Ziz nicht. Ähnlich geduldig verhält sich Ziz auch dem etwas jüngeren Cantsbe gegenüber, der solche Gelegenheiten allerdings nicht so oft sucht wie Shinda.
Fehlt bei Ziz die Bereitschaft, auf eine an ihn gerichtete Paarungseinladung einzugehen, so kommt es durchaus vor, daß auch andere Gorillafrauen als die junge Maggie ihre Wünsche Shinda oder Pablo antragen. Manchmal geben sie auch einfach dem Drängen der jungen Männer nach. In solchen Fällen ist Ziz auch Shinda gegenüber nicht immer nachsichtig. Offensichtlich ist auch, daß Shinda und seine beteiligte Partnerin genau wissen, daß ihr Verhalten gegen die Regel verstößt. Das zeigt sich, wenn sie sich auffällig nach Ziz umsehen, bevor sie beginnen, und ihre Paarung meist schon auf die Geräusche des herannahenden Ziz unterbrechen und sich trennen.
Zwischen Ziz und Pablo sieht die Situation ganz anders aus. Nur selten duldet er Pablos Paarungen mit Maggie, und bei anderen Partnerinnen schreitet er immer ein.
Ich habe Pablo, den Schwarzrücken, mehrmals bei „verstohlenen" Paarungen beobachtet, was immer nach einem ähnlichen Muster abläuft. Ziz hört die beiden, unterbricht seine Tätigkeit und eilt herbei. Er hustet, bricht rennend durch die Vegetation: er kündet sein Kommen an. Hört Pablo Ziz kommen, so unterbricht er die Paarung sofort, setzt sich in ein Feld von Selleriestauden oder anderen Futterpflanzen und beginnt hektisch zu essen. Er kaut und schmatzt dabei überlaut und bricht und behandelt die Pflanzenteile mit betont akzentuierten Bewegungen. Was er damit beabsichtigt ist eindeutig: er gibt vor, zu essen und mit dem, was hier geschehen ist, nichts zu tun zu haben. Aber Ziz läßt sich nicht täuschen und jagt Pablo davon. Dreierlei wird aus dieser Szene ersichtlich. Pablo weiß, daß er Verbotenes tut, aber er versucht Ziz zu täuschen, und Ziz offenbart dadurch, daß er sich nicht täuschen läßt, seine soziale Erfahrung und Übersicht.
Diese wenigen Szenen zeigen, daß Ziz trotz seiner Privilegien auch geschlechtlich eine gewisse Toleranz und Kompromißbereitschaft zeigt, und daß Gorillafrauen ausnahmsweise auch bereit sind, auf jüngere Männer einzugehen. Auf diese Weise wird der „geschlechtliche Notstand" der Adoleszenten und Jungerwachsenen etwas gemildert, und es ist ihnen möglich, wichtige geschlechtliche Erfahrungen zu sammeln.

1

2

*1 – Selbst im erigierten Zustand ist der etwa daumenlange Penis eines Gorillamannes erstaunlich klein. (2) Trotz der Privilegien von Ziz kommt auch Pablo, im Bild mit Maggie, gelegentlich zu geschlechtlichen Kontakten. Zu solch „verstohlenen“ Paarungen kommt es aber nur, wenn sich die Beteiligten versichert haben, daß Ziz weit entfernt oder anderweitig beschäftigt ist. (3) Eine Bauch-zu-Rücken-Paarung zwischen Ziz und der noch jungen Maggie, die eben ihre ersten Brunften durchlebt.*

3

# Begegnungen zwischen Familien

Wo sich Heimbereiche benachbarter Familien überlappen, kann es zu Begegnungen zwischen Familien kommen oder zu solchen zwischen Familien und einzelgängerisch lebenden Silberrükken. Populationsdynamisch gesehen sind solche Begegnungen von besonderem Stellenwert. Vor allem drei dabei möglicherweise auftretende Ereignisse sind auffallend: Die Auseinandersetzungen der beteiligten Silberrücken, der Übertritt von Gorillafrauen in einen nachbarlichen Familienverband und die Kindstötungen, die unter Umständen mit solchen Übertritten verbunden sein können.

*Gorillafrauen können, wenn sie wollen, von einer Familiengemeinschaft in eine andere überwechseln. Oft tun sie das sogar mehrmals, bevor sie sich einem Silberrücken und seiner Familie fest anschließen. Solche Familienwechsel können aber nur vollzogen werden, wenn sich benachbarte Familien begegnen, sie sind also eigentliche Übertritte. Entschließt sich eine Mutter mit einem Säugling zu einem Wechsel, so kann der für das Kind fatale Folgen haben. Es ist möglich, daß der neue Silberrücken das Kind tötet. Man spricht von „Infantiziden".*

## Solitäre Silberrücken

Zunächst ein Wort zur Emigration jungerwachsener Männer. Wächst ein jugendlicher Mann über das Schwarzrükkenstadium zum Silberrücken heran, so sind normalerweise seine Tage in der Geburtsfamilie gezählt. Er neigt mehr und mehr zu einer peripheren Lebensweise im Familienverband, begleitet danach seine Familie noch auf Distanz, bis er sich völlig von ihr trennt und zu einer solitären Lebensweise übergeht. Diese einzelgängerische Phase im Leben eines Silberrückens kann über Jahre andauern oder in Einzelfällen sogar das ganze weitere Leben. Der Anschluß eines solchen solitären Silberrückens an eine Familie scheint nicht möglich, jedenfalls ist kein solches Beispiel je bekannt geworden. Sein Weg zur eigenen Familie führt über die Begegnungen mit Familien, bei denen sich ihm unter Umständen eine Gorillafrau anschließt. Eine gewisse Stabilität erreicht eine so entstandene Kleinfamilie aber erst, wenn ihr zwei oder mehr weibliche Mitglieder angehören. Zahlen zeigen, daß ein Silberrücken mit nur einer Partnerin diese häufiger wieder selber an eine andere Familie verliert. Ausnahmsweise kann es aber auch dazu kommen, daß sich ein kleiner Familienteil eines verstorbenen Silberrückens einem solitären Mann anschließt.

Ein Heranwachsender kann vom älteren Silberrücken in seiner Geburtsfamilie auch dann noch geduldet werden, wenn er zum Silberrücken geworden ist. Doch ist dies eher die Ausnahme, und nur vereinzelt sind Familien mit zwei oder gar drei Silberrücken bekannt. Beim zweiten oder dritten handelt es sich fast ausnahmslos um die Söhne des residierenden Mannes. Daß der Chef einer Familie sich einem heranwachsenden Silberrücken gegenüber so tolerant erweist, hat sicher mit dem Charakter des Chefs zu tun, mit der Vertrautheit, die ihn mit dem Sohn verbindet und mit der Größe der Familie.

Doch zurück zu den Einzelgängern, die im Begegnungsgeschehen eine Rolle spielen können. Man kann sich natürlich fragen, warum denn, evolutiv gesehen, nicht dafür gesorgt ist, daß auf Kosten der Großfamilien mehrere kleinere Einheiten existieren, die mehr Silberrücken am reproduktiven Geschehen in der Population teilhaben lassen. Über diese Frage läßt sich nur spekulieren. Der Reproduktionserfolg ist nur ein Teil

der Geschichte. Der andere ist die erfolgreiche Aufzucht eines Kindes, und dafür bildet die Großfamilie den günstigeren Hintergrund. Man kann sich auch vorstellen, daß solitäre Silberrücken dadurch, daß sie auf Begegnungen aus sind, um zu Zuwachs zu kommen, einen gewissen Druck auf Familien ausüben, und diese so zusätzlich stabilisieren.
Solitäre Silberrücken bilden zudem ein Reservoir für neu entstehende Familien, und das ist darum wichtig, weil Familien – solche mit nur einem Silberrücken – sich beim Tod ihres Chefs auflösen, also verschwinden.

## Familien-Begegnungen

Im Normalfall spielen sich Familienbegegnungen in den peripheren Teilen der Heimbereiche ab, also dort, wo sich einander benachbarte Heimbereiche überlappen.
Wenn Familien sich begegnen, so kann es vorkommen, daß die eine der anderen nachfolgt, in zentralere Heimbereiche vordringt und mehrfach Kontakte herbeizuführen versucht.
Auch einzelgängerische Silberrücken können, wie wir sahen, an solchen Kontakten beteiligt sein. Sie sind aber weniger in bestimmten, ihnen eindeutig zugehörigen Heimbereichen zu Hause, und darum sind Begegnungen mit ihnen nicht so stark an die Randregion von Heimbereichen gebunden. Von Einzelgängern weiß man zudem, daß sie sich oft tagelang auf den Wanderspuren einer Familie aufhalten, dieser nachfolgen und immer wieder Kontakt mit ihr suchen.
Begegnungen zwischen Familien und solche von Familien mit Einzelgängern können gesucht oder gemieden werden. Solitäre Männer und Kleinfamilien zeigen die Tendenz, Begegnungen herbeizuführen, große stabile Familien neigen eher dazu, ihnen auszuweichen. Wenn wir davon ausgehen, daß diese Begegnungen mit der Chance verbunden sind, daß man durch Übertritte von Gorillafrauen zu Familienzuwachs kommt, so würde das diese unterschiedlichen Interessen erklären. Einzelgänger und Kleinfamilien suchen diesen Zuwachs, während Großfamilien durch ihre Zurückhaltung Verluste zu vermeiden suchen.

### Die Rolle der Silberrücken bei Begegnungen

Begegnen sich Familien, so kann es zu Konfrontationen zwischen den beiden Silberrücken kommen. Das muß nicht zwingend so sein, aber wenn es zu Auseinandersetzungen kommt, so offenbaren uns die Silberrücken eine Aggressivität, die in erheblichem Kontrast zu ihrem fast aggressionslosen Verhalten innerhalb ihrer eigenen Familien steht. Grob unterteilt sind drei Begegnungsverläufe möglich.
– Die Mitglieder der beteiligten Familien nehmen untereinander freundlich Kontakt auf, ohne daß es dabei zu richtigen Auseinandersetzungen kommt. Sie trennen sich danach wieder und gehen ihre eigenen Wege. Zu hören und zu sehen sind meist nur Imponierereien jugendlicher Mitglieder beider Familien.
– Es kann auch dazu kommen, daß sich die beiden Silberrücken auf Distanz eindrückliche Imponierduelle liefern. Sie zeigen dabei die ganze Sequenz aller typischen Elemente des Imponierens. Ihren Höhepunkt erreicht jede Sequenz dann, wenn die beiden Silberrücken steif, aufrecht seitlich aneinander vorbeirennen, sich dabei mit den flachen Händen laut klatschend auf die Brust schlagen und dazu den Imponierlaut, laute wiehernd anmutende UUU-Rufe, äußern. Ist ein zweiter Silberrücken in der Familie, so tut der auf gleiche Weise mit, und oft unterstützen auch die Schwarzrücken, in gemessener Distanz hinter ihrem Silberrücken, dessen Auftritte. Solche Imponierduelle können immer neu aufflackern, bis sich dann einer der Silberrücken, durch die Demonstrationen seines Widersachers beeindruckt, mit seiner Familie zurückzieht. Es kommt bei diesem Verlauf nicht zu tätlichen Auseinandersetzungen.
– Die dritte Möglichkeit beginnt wie der vorausgeschilderte Fall, aber nach anfänglichem Imponieren kommt es dann zu eigentlichen Beschädigungskämpfen zwischen den beiden Silberrücken. Dabei können Wunden geschlagen werden, deren hinderliche Folgen erst nach Monaten verschwinden oder in einzelnen Fällen sogar zum Tod ihres Trägers führen. An solchen Auseinandersetzungen sind in der Regel nur die Silberrücken beteiligt, ausnahmsweise werden sie auch durch Einzelaktionen von Heranwachsenden oder Gorillafrauen unterstützt.

*Kommt es bei der Begegnung von Familien zu Konfrontationen, so sind an diesen nur die Silberrücken beteiligt. Manchmal liefern sie sich einfach Imponierduelle auf Distanz, bis einer sich zum Rückzug entschließt. Das Imponieren kann aber auch Vorspiel zu schweren Beschädigungskämpfen sein. (1) Ziz in einer eindrücklichen Imponierpose. (2) Der „Silber-Rücken" zeigt Ausgewachsensein an, und das verpflichtet dazu, wenn nötig, sich alleine vor die Familie zu stellen. (3) Ein steifes Imponierstehen ist der Auftakt zu einer Imponierszene. (4) Ziz mit einer kleinen Schramme, nach einem für ihn glücklich verlaufenen Zusammenstoß mit Tiger.*

1

2

3

4

1

2

3

## Tigers Konfrontation mit Ziz

Nur selten wird man als Beobachter direkter Zeuge dieses Geschehens. Manchmal stößt man aber auf Spuren einer solchen Begegnung, und mit Hilfe der kundigen einheimischen Spurenleser läßt sich dann rekonstruieren, was sich zugetragen hat, und durch nachfolgende Beobachtungen ergänzen. Hier ein solches Erlebnis „aus zweiter Hand".

Der Silberrücken Tiger lebte, zusammen mit seiner Partnerin Fuddle und deren kleinem Sohn Mbaraga, in einem der Familie 5 benachbarten Heimbereich. Eines Abends, kurz vor unserem Aufbruch, stießen wir auf eine kleine, völlig zertretene „Arena" in der Vegetation. Überall lagen büschelweise Silberhaare herum, und an einigen Stellen fand sich eingetrocknetes Blut. Das waren zweifellos Spuren der Begegnung zweier Familien. Wir mutmaßten, daß es hier wohl nur zu einer Konfrontation zwischen Ziz und Tiger gekommen sein konnte. Wir verfolgten eine vom Kampfplatz gegen Tigers Heimbereich wegführende Blutspur, fanden aber vor Einbruch der Dunkelheit keinen Verletzten. Am nächsten Morgen nahmen wir die Suche wieder auf. Zunächst wieder erfolglos. Wir stießen dann auf Familie 5 und kontrollierten alle Individuen. Niemand unter ihnen trug Verletzungsspuren eines Kampfes. In der Zwischenzeit war auch der Suchtrupp „Tiger" fündig geworden. Man hat Tiger im dichten Gewirr schützender Pflanzen in einem nur durch wenige Zweige angedeuteten Tagnest gefunden. Er lag apathisch und reglos auf der einen Körperseite, und nicht einmal unsere Annäherung fand sein Interesse. Nur einmal hob er kurz den Kopf, um nach uns zu sehen. Wir warteten ab. Tiger setzte sich dann später mühsam auf, und wir sahen, daß er zu beiden Seiten des Kopfes, an beiden Oberarmen, auf der einen Hinterbacke, an beiden Füßen und an beiden Händen schwere Verletzungen hatte. Vor allem die Wunden an Händen und Füßen wiesen darauf hin, daß am Kampf nicht nur Ziz, sondern wohl auch Pablo und einige Frauen der Familie teilgenommen hatten. Es ist anzunehmen, daß Tiger auf dem Boden lag, von Ziz niedergehalten, und daß, rasch herbeieilend und wieder wegrennend, weitere Mitglieder der Familie 5 Tiger in die weggestreckten Arme und Füße gebissen haben. Tiger war nicht imstande, seine Arme, Hände und Finger zu bewegen, um an Futter zu kommen. Wir sorgten uns um sein Leben. Tiger blieb zwei Tage fast am gleichen Ort. Wir besuchten ihn täglich und mobilisierten vom Berggorilla-Projekt zusätzlich fachliche Hilfe. Wir sammelten für Tiger Galium, schälten Selleriestangen und legten die vorbereiteten Futterpflanzen behutsam in seine Nähe. Er begriff rasch, daß wir ihm helfen wollten, er blieb freundlich und sprach unserem Angebot zu. Etwas später gelang es dann, ihm in Selleriestangen versteckte Kapseln mit Antibiotika zu verabreichen. Futter und diese medizinische Intervention waren die einzige Hilfe, die wir Tiger anbieten konnten. Tiger erholte sich langsam, und erst nach Tagen war er als schwer gezeichneter Rekonvaleszent fähig, mühselig und langsam kurze Strecken zu gehen und seine übliche Tagesaktivität wieder aufzunehmen. Bei all unseren Besuchen bekamen wir Fuddle mit ihrem Sohn nie zu sehen. Spuren zeigten aber, daß sie die ganze Zeit über in Tigers Nähe geblieben ist. Wir schätzten, daß Tiger Monate brauchen würde, bis er seine Verletzungen überwunden und sein Selbstvertrauen wiedergewonnen haben würde.

*1 – Blutspuren, die aus einer zertretenen Pflanzenarena wegführten, waren Hinweise darauf, daß Tiger bei einer Begegnung seiner Kleinfamilie mit Familie 5 verwundet worden war. (2) Erst etwa 24 Stunden nach dem „Zusammenstoß", mitten am Tag, fand man Tiger in seinem Nachtnest. Er lag über Stunden beinahe reglos. (3) Als er sich dann zum ersten Mal mühsam aufsetzte, konnte man das Ausmaß seiner Verletzungen beurteilen. Er trug Wunden an beiden Seiten des Kopfes, auf den Innenseiten beider Oberarme und an beiden Händen und Füßen. Er war kaum in der Lage, nach einer Futterpflanze auszugreifen und sie zum Mund zu führen.*

## Wenn Gorillafrauen die Familie wechseln

Gorillafrauen haben die Möglichkeit, von einer Familie in eine andere überzuwechseln. Solche Wechsel erfolgen freiwillig, sie unterliegen keinem irgendwie gearteten Zwang. Sie sind allerdings nur dann möglich, wenn sich Familien begegnen. Es sind also eigentlich Übertritte und nicht Emigrationen, wie wir sie von jungen Silberrücken kennen.

Vor allem jungerwachsene und rangniedere Gorillafrauen neigen zu solchen Übertritten, und oft tun sie das sogar mehrmals, bevor sie sich für längere Zeit oder endgültig der Familie ihrer Wahl anschließen.

Innerhalb einer Population sorgen diese Wechsel für die Durchmischung des genetischen Materials und wirken so der Inzucht entgegen.

Über die von den beteiligten Individuen direkt erlebbaren Vorteile solcher Wechsel und darüber, was den Entscheid, sich einer bestimmten Familie anzuschließen, herbeiführt, wird vorderhand nur spekuliert. Vor allem jungerwachsene Individuen scheinen damit, daß sie ihre Geburtsfamilie verlassen, ihre Reproduktionschancen zu steigern, und Rangniedere verbessern ihre soziale Stellung, wenn sie von einer größeren in eine kleinere Familie übertreten. Auch der Entscheid für eine bestimmte Familie könnte mehrere Gründe haben. Etwa die Nahrungsqualität des neuen Heimbereiches, die Familiengröße, von früher her vertraute Individuen, die den gleichen Wechsel schon früher vollzogen haben, die Persönlichkeit des Silberrückens und wohl auch persönliche Empfindungen für ihn, wie etwa Sympathie. Eindeutig wird durch Untersuchungen belegt, daß die Wahrscheinlichkeit, mit der eine Neuzuzügerin in einer Familie bleibt, ansteigt, wenn es ihr gelingt, in dieser Familie ein Kind großzuziehen. Damit wird auch deutlich, daß Sicherheit, Stabilität und Geborgenheit, Faktoren also, die die Aufzuchtschancen begünstigen, den Verbleib in einer Familie mitbestimmen. Von Bedeutung ist zudem auch die Bereitschaft, mit der eine Neuzuzügerin im neuen Familienverband akzeptiert wird, und die Zeitspanne, in der sich ihre soziale Integration vollzieht.

Die von solchen Übertritten betroffenen Silberrücken können auf dieses Geschehen kaum Einfluß nehmen, wenn wir davon absehen, daß sie darüber entscheiden ob man Begegnungen sucht oder meidet. Es sind auch einzelne Fälle bekannt, in denen ein Silberrücken versucht hat, ein wechselwilliges Individuum am Wegzug zu hindern oder seinen Zuzug zu begünstigen.

**Unverständlicher Kindertod**

Wechseln Mütter mit Säuglingen oder Kleinkindern die Familie, so ist es wahrscheinlich, daß der neue Silberrücken das Kind der Zuzügerin tötet. Mehrere solche Fälle sind bekannt und vereinzelt sogar beobachtet worden. Auch dieses Verhalten scheint, vordergründig betrachtet, in krassem Widerspruch zum früher geschilderten Wesen eines Silberrückens zu stehen. Viele Fachleute sehen in solchen Kindstötungen eine Strategie der Evolution, die mit dem Schlagwort „Propagation der eigenen Gene" erklärt wird. Damit wird gesagt, daß es evolutiv gesehen darum geht, möglichst immer das eigene genetische Material zu verbreiten. In ein Kind zu investieren, das fremdes Erbgut trägt, würde dieser Regel widersprechen. Wie man auch über solche Theorien denken mag, sie sind sicher, weil sie eingleisig sind, nur ein kleiner Teil dessen, mit dem ein so komplexes Geschehen erklärt werden muß. Ich möchte hier auf die für Berggorillas erlebbaren Auswirkungen solcher Kindstötungen kurz eingehen, denn sie helfen uns besser verstehen.

Wir haben schon gesehen, daß Begegnungen zwischen den Familien für die beteiligten Silberrücken risikoreiche Unternehmen sein können. Solche Risiken einzugehen, macht sich nur dann bezahlt, wenn dabei etwas zu gewinnen ist. Ein möglicher solcher Gewinn ist gelegentlich eine Zuzügerin in der Familie. Aber nicht der Zuzug einer Gorillafrau macht den Erfolg aus, sondern erst ihr Verbleiben in der Familie. Die Familie verhält sich in der ersten Zeit einer Neuzuzügerin gegenüber ablehnend oder zurückhaltend und zwingt sie so zu einer Existenz am Familienrand. Beschleunigt wird ihre soziale Eingliederung dann, wenn sie in der Familie ihre erste Brunft erlebt. Als Folge dieses Zustandes gibt sie ihre Zurückhaltung auf und sucht aktiv den Kontakt zum Silberrücken. Der Silberrücken ist an ihr interessiert, duldet sie im Familienzentrum in seiner Nähe, paart sich mit ihr und bietet ihr Schutz gegen Anfeindungen. Für die übrige Familie wird so ihre Zugehörigkeit spür- und erlebbar. All diese Ereignisse fördern den Integrationsprozeß. Bleibt das Kind einer neuzugezogenen Mutter unbehelligt, so kann es, vom Alter des Kindes abhängig, Jahre dauern, bis seine Mutter wieder brünftig wird, denn während der frühen Zeit, in der sie ihr Kind mit Milch versorgt, unterbleibt ihr Zyklus. Für den Fall dieser Mutter heißt das, daß sie in der Familie lange Zeit peripher bleibt, nicht voll integriert wird, und damit steigt die Wahrscheinlichkeit, daß sie die Familie erneut wechselt.

Tötet der Silberrücken dagegen ihr Kind, so verstreichen bis zur nächsten Brunft ein bis zwei Monate. Ihre soziale Stellung wird rasch gefestigt, und die Chancen, daß sie in der Familie bleibt, steigen. Natürlich erhöht der Silberrükken dadurch auch seinen eigenen Fortpflanzungserfolg, denn er gewinnt eine stabile Beziehung zu einer Mutter, die vielleicht all ihre späteren Kinder in seiner Familie zur Welt bringt. Die Sicherung der Verbundenheit mit der Neuzuzügerin, die erhöhte Stabilität der Familie, die Aussichten auf weitere Vaterschaften und der psychische Gewinn einer neuen und vertrauten Beziehung sind Aspekte, die zusätzlich zu berücksichtigen und auch für die übrige Familie von Bedeutung sind.

Wenn wir die Kindstötungen aus dieser Sicht betrachten, so wird das zuvor „Unbegreifbare" ein wenig verständlicher.

Man nimmt übrigens an, daß Mütter, die die Familie wechseln, sich der Gefahr bewußt sind, die dabei ihren Kindern droht. Nur damit ist zu erklären, daß ältere Kleinkinder, die von ihren Müttern zwar noch abhängig, aber schon soweit selbständig sind, daß sie auch alleine zu überleben vermögen, von den Müttern bei einem allfälligen Wechsel in der Geburtsfamilie zurückgelassen werden.

Um solche Sozialwaisen kümmert sich in der Regel der Silberrücken. Er duldet

sie bei sich, beaufsichtigt sie, führt sie, und er bietet ihnen die nötige Geborgenheit, bis sie soweit herangewachsen sind, daß sie auch ohne solche Überlebenshilfen auskommen. Psychisch sind solche Kinder großem Druck ausgesetzt. Wenn sie von der Mutter verlassen werden, kann sich ihr Wesen völlig verändern, und es kann Jahre dauern, bis sie wieder zur früheren kindlichen Ausgelassenheit und Spielfreude zurückfinden.

*Gorillafrauen wissen offenbar, daß ihren Kindern im Falle eines Familienwechsels Gefahr droht. Nur so erklärt sich, daß bei einem Wechsel Kinder, die mit ihren Müttern noch eng verbunden sind, sich aber schon selber ernähren können, einfach in der Geburtsfamilie zurückgelassen werden. Um solche Sozialwaisen kümmert sich in der Familie immer der Silberrükken. Er hat sie um sich, hütet sie, umsorgt sie und bietet ihnen so lange die nötige Geborgenheit, bis sie alt genug sind, daß sie in der Familie auch ohne seine Hilfe zurechtkommen. Auch an den andern Kleinkindern in der Familie zeigt sich Ziz fürsorglich interessiert.*

# Von der Geburt zum „Kindertod“

## Die Schwangerschaft

Die Schwangerschaft dauert bei Gorillafrauen ungefähr 260 Tage. Abweichungen von diesem Mittelwert können bis zu 15 Tagen betragen.
Äußerlich ist die Schwangerschaft nur schwer zu erkennen. Berggorillas nehmen mit ihrer Nahrung große Mengen Ballaststoffe auf und haben darum auch im nichtschwangeren Zustand einen beträchtlichen Körperumfang. Die mit einer Schwangerschaft zusammenhängende Umfangzunahme ist deshalb kaum feststellbar. Andere verläßliche Anzeichen einer Schwangerschaft, etwa Veränderungen in der Tagesaktivität oder plötzlich bevorzugte Ruhehaltungen, sind nur durch minutiöse und lang dauernde Vergleichsbeobachtungen nachzuweisen, und solche stehen bis heute für Berggorillas noch aus.
Ein physiologisches Zeichen, auf das man sich verlassen kann, ist die Tatsache, daß die Schwangere zwei bis drei Monate nach einer Konzeption keine regelmäßigen Brunftzyklen mehr zeigt und daß sie darum am Paarungsgeschehen in der Familie nicht mehr beteiligt ist.
Auch die Zeichen, die eine bevorstehende Geburt anzeigen, sind spärlich. Kurz vor der Geburt schwellen unter Umständen die Brüste der Schwangeren leicht an, und in Einzelfällen tritt tropfenweise Vormilch aus den Brustwarzen. Auf diese Veränderungen reagieren Schwangere auffällig. Sie kratzen und reiben ihre Brüste, berühren die Brustwarzen und bringen danach den Finger kontrollierend vor die Nase und in den Mund.
Ähnliche Beobachtungen wurden auch bei schwangeren Flachlandgorillas in den Zoos gemacht.

*Liza mit ihrem zwei Tage alten Neugeborenen. In den der Geburt folgenden Tagen sind Mütter recht scheu, sie halten sich oft am Rande der Familie auf und meiden Kontakte. Die meisten Berggorillakinder kommen in der Ruhe der Nacht zur Welt. In den letzten Jahren sind auf Karisoke aber auch drei Taggeburten beobachtet worden. Das ist schon darum erstaunlich, weil Gorillageburten unauffällige Ereignisse sind. Der eigentliche Geburtsakt dauert selten mehr als zwei bis drei Minuten.*

## Die Geburt

Berggorillakinder werden über das ganze Jahr verteilt geboren. Ein schwacher jahreszeitlicher Anstieg der Geburten liegt in den Monaten Juli und August, ohne daß man aber von einer eigentlichen Geburtensaison sprechen könnte.
Die Geburten erfolgen meist in der Nacht. Das läßt sich aus Spuren schließen, die man in Nachtnestern findet. Die Nacht ist die Zeit der sozialen und individuellen Ruhe, in der sich eine Mutter, unabhängig vom Essen und Wandern und ungestört von neugierigen Zuschauern, auf die Geburt selbst und auf die ersten Stunden mit dem Neugeborenen konzentrieren kann.
Auf Karisoke sind in den letzten Jahren auch verschiedentlich Taggeburten beobachtet worden. Die Amerikanerin Kelly Stewart berichtet in zwei Publikationen über 3 Geburten, die sie ganz oder teilweise beobachten konnte. Geburten sind rasche und unauffällige Ereignisse. Die Wehen dauern nur kurz. Die Mutter ergreift das Kind mit den Händen, wenn es die Geburtsöffnung verläßt, bringt es sofort an ihren Körper und deckt es mit den Armen zu. Über

den Umgang mit der Nabelschnur und der Nachgeburt liegen bis heute kaum Beobachtungen vor. Neugeborene sind oft schon in den ersten 24 Stunden an der Brust zu beobachten. Die Familie nimmt bei Taggeburten am Geburtsgeschehen Anteil. Wie sehr eine Gebärende die Anteilnahme Erwachsener und die neugierige Zudringlichkeit Jugendlicher duldet, scheint wesentlich von ihrer sozialen Stellung abzuhängen. Sozial unsichere Mütter weichen, wenn sie vor einer Geburt stehen, dem Kontakt mit Familienmitgliedern eher aus. Für alle Mütter mit Neugeborenen gilt, daß sie nach der Geburt den Geburtsplatz verlassen, sich zurückziehen und Kontakte mit anderen eher meiden. Sie halten sich dann bevorzugt an der Peripherie der Familie auf. Erst Tage nach der Geburt beobachtet man dann die charakteristische Tendenz der Mütter mit Neugeborenen, sich im Zentrum der Familie, nahe beim Silberrücken, aufzuhalten. Das Verhalten bei der Geburt wird auch vom sozialen Status der Gebärenden bestimmt.
Während meines Aufenthaltes bei Familie 5 habe ich keine Geburt direkt beobachten können. Ich bekam Neugeborene immer erst in den Morgenstunden nach der Geburtsnacht zu sehen.

**Erlebte Geburt**

Hier sei, den Ausführungen von Kelly Stewart folgend, der Verlauf einer Geburt geschildert. Die Gebärende war die inzwischen verstorbene Marchessa, ein Mitglied der Familie 5.
Die Beobachtungen bei der Familie begannen 3 Stunden vor dem eigentlichen Geburtsgeschehen. Im Verlauf dieser drei Stunden wurde Marchessa mehrmals kurz gesehen. Sie hielt sich die ganze Zeit über in der Familie auf. Ihr Verhalten und das der übrigen Familienmitglieder war völlig normal, und nichts deutete auf eine bevorstehende Geburt hin.
11.54 h – Die Familie läßt sich zur Mittagsruhe nieder. Drei Erwachsene, unter ihnen der Silberrücken, und drei Jugendliche sind in Marchessas Nähe, innerhalb eines Umkreises von 5 Metern. Marchessa am nächsten, in einer Distanz von anderthalb Metern, befindet sich die sechseinhalbjährige Puck. Die Gorillas bereiten sich ein Tagnest. Kelly Stewart nimmt an, daß zu diesem Zeitpunkt Marchessas Wehen einsetzten, denn sie war ruhelos, wechselte andauernd ihre Körperhaltungen, stand immer wieder auf und berührte mit den Fingern ihre Genitalregion.
11.59 h – Marchessa steht auf, geht zwei Meter weiter und erstellt dort erneut hastig ein Tagnest. Im verlassenen Nest sind Spuren von Blut, Fruchtwasser und ein zähflüssiger brauner Schleim zu finden, Indizien dafür, daß sich Marchessas Kind schon im Geburtsweg befindet.
12.09 h – Marchessa erhebt sich, kauert nieder mit nach vorn geneigtem Körper, berührt die Genitalregion und äußert zwei kurze Grunzlaute.
12.10 h – Es wiederholt sich die gleiche Szene wie zuvor.
12.11 h – Marchessa berührt erneut die Genitalregion und äußert Laute.
12.12 h – Marchessa nimmt wieder die Hockstellung ein, neigt ihren Körper nach vorn, greift mit beiden Händen zwischen die Beine und bleibt so einige Sekunden reglos. Jetzt erfolgt die Geburt. Marchessa setzt sich danach abgewandt hin.
12.12 ½ h – Die Mutter dreht sich zur Beobachterin hin, sie trägt ihr Kind Bauch zu Bauch, tief im Schoß. Während der Geburt näherten sich ihr mehrere Familienmitglieder. Marchessa verließ darauf ihr Nest und verschwand. Im Nest blieben kaum Spuren zurück, und von der Nabelschnur war nichts zu sehen. Nur Puck verfolgte in der Nähe sitzend die ganze Geburt interessiert, und sie hat anschließend auch das von Marchessa verlassene Nest gründlich inspiziert. Aus der Richtung, in die Marchessa verschwunden war, hörte man aufgeregte Laute.
12.54 h – Als Marchessa wieder beobachtet werden konnte, war ihr Kind gesäubert, aber noch naß. Beim Verlassen des Geburtsplatzes, 40 Minuten zuvor, war das Neugeborene vollständig von grün-braunem Schleim überzogen, so daß sein Gesichtchen nicht zu erkennen war. Marchessa war jetzt ununterbrochen inspizierend, pflegend und säubernd am kindlichen Körper aktiv. Die meiste Zeit über trug sie das Neugeborene mit dem Rücken gegen den Bauch oder vom Körper leicht abgehoben auf ihrem Arm liegend, den sie hoch quer vor der Brust hielt. Das Neugeborene war die ganze Zeit mit dem Bauch und dem Gesicht von seiner Mutter weggewandt. Manchmal nahm diese es wieder an den Körper, bedeckte es mit beiden Armen und wiegte ihren Körper vor und zurück.
13.23 h – Das Neugeborene öffnet und schließt jetzt seinen Mund häufig. Mar-

*1–6 – Schon im Alter von zehn Tagen verfügen Gorillakinder über eine ausdrucksstarke und vielfältige Mimik, die ihnen ermöglicht, ihre unterschiedlichen Stimmungen recht differenziert anzuzeigen. Ihre Gesichtchen sind fast immer in Bewegung und widerspiegeln wache Aufmerksamkeit. Auf die Mütter wirkt diese Ausdrucksfähigkeit faszinierend. Sie nehmen an diesen Äußerungen ihrer Kinder Anteil, oft einfach dadurch, daß sie ihnen versunken, aber aufmerksam zusehen.*

1

2

3

4

5

6

1

2

3

chessa bringt es hoch gegen die Brust, dreht aber dann sein Körperchen wieder von sich weg, mit dem Rücken zur Brust. Etwas später nimmt sie es wieder aus dem Körperkontakt, worauf es hohe Protestlaute hören läßt. Marchessa antwortet ihm mit einem Belchlaut und legt es mit dem Bauch hoch an die Brust, so daß sein Köpfchen auf die linke Brust ausgerichtet ist. Das Neugeborene wird ruhig, und es sind feine Nickbewegungen mit dem Köpfchen zu beobachten. Es ist anzunehmen, daß Marchessas Neugeborenes zu diesem Zeitpunkt zum ersten Mal zu saugen versuchte.

Die zwei anderen von Kelly Stewart beobachteten Geburten verliefen in großen Zügen ähnlich wie bei Marchessa. Im einen Fall, die Gebärende war die rangniedere Pandora, dauerten die Wehen allerdings deutlich länger, und es kam während und nach der Geburt zu dreisten und zudringlichen Aktionen Jugendlicher gegenüber der Mutter.

## Das Neugeborene

Ein neugeborenes Berggorillakind ist zwischen 1600 und 2000 Gramm schwer. Dieses geringe Gewicht erklärt, weshalb Geburten so schnell und meist auch problemlos verlaufen. Das Aussehen eines Neugeborenen muß man aufgrund vieler Einzelbeobachtungen beschreiben, weil man das Körperchen kaum je als Ganzes zu sehen bekommt. Die Mutter hält es im dichten Bauchfell verborgen und deckt es mit ihren beiden Armen.

### Wie sie aussehen

Kurz nach der Geburt sind Gesicht und Körper des Neugeborenen überaus run-

4

5

*1 – „Wach-sein" heißt bei einem wenige Tage alten Neugeborenen, daß es mit seinen Sinnen Anteil nimmt an dem, was mit ihm geschieht. Es öffnet seine Augen, sein Gesichtchen verliert die „Schlafrunzeln" und macht einen aufmerksamen Eindruck. Voraussetzung für sein Wohlbefinden ist, daß es im ständigen Körperkontakt mit der Mutter bleibt, so Geborgenheit spürt und warmgehalten wird. Es muß (2) ausgiebig zum Schlafen kommen und (3) von der Mutter stündlich zur Brust gebracht werden. Auch die Jugendlichen in der Familie sind an Neugeborenen interessiert. (4) Jozy schaut sich den fünf Tage alten schlafenden Vatiri sehr genau an. (5) Die typische Ruhehaltung der Mutter mit ihrem Neugeborenen. Liza sitzt aufrecht, hat die vier Tage alte Nyiranshuti, Bauch zu Bauch, tief in ihrem Schoß sitzen und hält sie mit beiden Armen umschlossen. Das Bild zeigt auch deutlich, daß das Kind, das sich am Mutterkörper noch nicht selbständig fortbewegen kann, aus dieser Haltung heraus ohne mütterliche Hilfe die Brust nicht zu erreichen vermag.*

zelig. Die spärlich oder gar nicht behaarten Körperstellen weisen eine fahle, grauweiße Färbung auf. Die Haare auf dem Rücken und Kopf sind von der Nässe gekraust. Die erwähnte Körperfarbe weicht aber schon nach einigen Stunden einem kräftigeren und beinahe leuchtenden Braunrosa, und die trocknenden Haare strecken sich. Der Rükken des Neugeborenen trägt ein Pelzchen feiner braunschwarzer Haare. Die Innenseiten seiner Arme und Beine, sein Bauch und seine Brust scheinen auf den ersten Blick unbehaart und bringen die Rosafärbung der Haut zur Geltung. Dies ist eine Täuschung, denn all diese Körperpartien tragen Haare; sie sind aber so fein und spärlich, daß man sie selbst auf kurze Distanz kaum zu sehen vermag. Ohne Haare sind nur das Gesichtchen, die Ohrmuscheln, die Handinnenflächen und die Fußsohlen. Die Haare auf dem Kopf des Kindes sind dicht, relativ lang und braun-schwarz gefärbt. Sie sitzen dem Köpfchen wie ein Käppchen auf und können gegen das Genick hin so lang sein, daß sie den Hals wie eine kleine Kapuze decken. Später wachsen diese Käppchen dann zu sehr individuellen und abenteuerlich anmutenden Frisuren aus, an denen man die Säuglinge auch auf Distanz besser zu erkennen vermag als an ihren Gesichtchen.

1

### Die frühen Äußerungen

Die auffälligsten frühen Äußerungen des Neugeborenen sind die ihm angeborenen Klammergriffe und seine Such- und Einstellbewegungen mit dem Kopf, die ihm die mütterliche Brust finden helfen. Auf die angeborenen Leistungen im Zusammenhang mit dem Brustsuchen kommen wir später noch zurück.

Das Neugeborene kann sich, von der Geburt an, im Fell der Mutter festklammern. Schon nach wenigen Tagen sind diese Griffe so stark, daß die Mutter Hände und Füße des Neugeborenen aus ihren Haaren losreißen muß, und dabei bleiben oft Haare im Fäustchen oder zwischen den eingeschlagenen Zehen zurück. Erst etwas später lernt das Kind dann diese Griffe selbständig freizugeben. Aufgrund von Beobachtungen in Zoos war man lange Zeit der Meinung, neugeborene Gorillakinder seien nicht fähig, mit ihren Klammergriffen ihr eigenes Gewicht zu tragen. Das ist ein Irrtum. Mütter stützen und decken ihre Kinder ständig und geben sie den eige-

*1 – Flossie mit Vatiri: 2. Lebenstag. Noch wird vom Neugeborenen der größte Teil des Tages durchschlafen. (2) Liza mit Nyiranshuti: 5. Lebenstag. Ist das Kind wach, so hält es jetzt seine Augen offen und vermag sein Köpfchen aufrecht zu halten. (3) Flossie mit Vatiri: 8. Lebenstag. Das Brustsuchen bereitet kaum mehr Mühe, Vatiri kann sich jetzt auch länger in einer aufrechten Saugposition halten. (4) Liza mit Nyiranshuti: 10. Lebenstag. Wenn nicht geklammert werden muß, sind Arme und Hände ständig in Bewegung, und gelegentlich wird mit einem Griff der Hand das andere Ärmchen gehalten.*

2

3

4

nen Griffen kaum je frei. Geschieht das aber im Verlauf des ersten Lebenstages doch, so vermag das Neugeborene, zumindest für kurze Zeit, sein Gewicht selber zu tragen. Diese Fähigkeit nimmt dann von Tag zu Tag zu. Daß die Mütter ihre Neugeborenen rund um die Uhr stützen und decken, erspart diesen natürlich, sich mit viel Energieaufwand selber zu tragen. Darüber hinaus hat aber dieses mütterliche Verhalten noch andere, genauso wichtige Funktionen. Die Mutter hält das Neugeborene warm, drückt ihm ihre Affektion aus und vermittelt ihm so Geborgenheit.

**Unwohlsein wird geäußert**

Hin und wieder sind vom Neugeborenen auch ungerichtet anmutende Arm- und Beinbewegungen zu sehen. Es läßt auch Laute hören; ganz leise Grunztöne, ein ebenso leises zusammenhängendes Weinen und kurze, etwas lautere Schreie. Seine Augen öffnet es schon am ersten Lebenstag während kurzer Wachphasen, und es reagiert auch auf starke Hell-Dunkel-Kontraste. Wenn es wach ist, verzieht es manchmal grimassierend das Gesichtchen.
All diese Äußerungen, Bewegungen und Laute haben aber in den ersten zwei, drei Lebenstagen immer mit Bedürfnissen zu tun oder mit Unwohlsein. Es läßt zum Beispiel protestierende leise Laute hören, wenn die Mutter es am zweiten oder dritten Tag aus dem direkten Körperkontakt hebt.
Ruhe und Schlaf sind beim Neugeborenen die Zeichen seines Wohlbefindens.

**Die Mütter reagieren**

Die Mütter reagieren auf alle Laute und Bewegungen ihrer Neugeborenen jeweils sofort. Sie umfassen die Kinder, drücken sie stärker an den Körper, wiegen den Körper vor und zurück, rücken sie zurecht oder schieben sie am Körper hoch in eine mögliche Sauglage. Die Mutter kommt erst dann selber zur Ruhe, wenn es ihr gelingt, das Neugeborene zu beruhigen. Ist die Mutter mit Essen beschäftigt, so hält sie in dem, was sie tut, immer sofort ein, wenn das Neugeborene sich meldet. Will es trinken, so hilft sie ihm zur Brust und bleibt reglos sitzen, bis es gesättigt ist, und erst dann nimmt sie die zuvor unterbrochene Tätigkeit wieder auf.

Die ersten frühen Saugphasen des Kindes enden in der Regel damit, daß es mit der Brustwarze im Mund einschläft, wenn es satt ist. Wird der Säugling älter, so paßt die Mutter ihm ihr Verhalten an. Sie kann dann zum Beispiel ihr Kind zur Brust bringen und es saugen lassen, ohne dabei immer ihre eigene Tätigkeit einzustellen.

In seinen ersten Lebenstagen ist das Neugeborene in der Regel recht ruhig und schläft viel, vorausgesetzt, die Mutter ist fähig, seine Bedürfnisse zu stillen.

Auffallend ist, wenn wir den Geburtszustand und die ersten Lebenstage betrachten, daß die Neugeborenen, abgesehen vom Klammern, relativ hilflos und auf die mütterliche „Intensivpflege" angewiesen sind. Sie sind nicht fähig, sich am Mutterkörper selber fortzubewegen. Wenn sie zum Beispiel tief im Schoß gehalten werden, erreichen sie die Brust der Mutter nicht ohne Hilfe.

## Überraschender Kindertod

Die Kindersterblichkeit bei den Berggorillas ist relativ hoch. George Schaller spricht in seiner Monographie im ersten Lebensjahr von 23 Prozent, und Dian Fossey nennt in einer Arbeit zur Entwicklung von Berggorillakindern sogar 27 Prozent.

An diesen hohen Prozentzahlen sind die früher beschriebenen Kindestötungen beteiligt und der Kindertod, der durch die Tätigkeit der Wilderer herbeigeführt wird. Als häufigste unter den natürlichen Todesursachen vermutet man bei Kindern Erkrankungen der Atemwege, die mit dem kalten und nassen Wetter zu tun haben. Dian Fossey nimmt an, daß Säuglinge, die in die Regenzeit hineingeboren werden, häufiger sterben als solche, die während der Trockenzeit zur Welt kommen.

Ich habe bei Familie 5 den Tod von drei Säuglingen miterlebt. Den einen Fall, den von Walanzas Zwillingen, haben wir schon kennengelernt. Das dritte Kind, das gestorben ist, war Nyiranshuti, das etwa anderthalb Monate alte Töchterchen von Liza.

### Nyiranshutis Tod

Schon 10 Tage vor Nyiranshutis Tod gab es Anzeichen dafür, daß mit ihr etwas nicht stimmte. Die Kleine begann häufig zu weinen und zu schreien. Wenn Liza sie zur Brust brachte, saugte sie hektisch, aber immer nur sehr kurz, so als ob sie keine Milch bekommen würde, und Ruhe und Schlaf, die üblicherweise die Sättigung begleiten, stellten sich bei ihr nur ein, wenn sie völlig erschöpft war. Die Situation schien sich von Tag zu Tag zu verschlimmern. Mutter Liza wurde immer nervöser, weil sie ihr Kind nicht mehr zur Ruhe bringen konnte, und fand dadurch selbst auch bald keine Ruhe mehr. Gegen Ende dieser zehn Tage blieb Liza mit ihrem weinenden und schreienden Kind fast immer an der Seite von Ziz, so als ob sie sich von ihm Hilfe versprechen würde. Ziz blieb nicht gleichgültig. Er betrachtete Lizas Kind immer wieder auf Distanz, und dann und wann beantwortete er die Rufe der Kleinen mit einem beruhigenden Belchen.

Als ich nach Tagen, an einem Morgen auf den Höhen des Bikerere, eines Vorberges zum Karisimbi, auf Familie 5 stieß, schickte sich diese gerade zu einer Siesta an. Etwas später tauchte auch Liza auf, die ich drei Tage zuvor zuletzt gesehen hatte. Zunächst erschrak ich, denn in ihrem Arm trug sie etwas, das aussah wie eine Plastikpuppe eines Menschenkindes. Ich näherte mich ihr vorsichtig und sah, daß sie das verunstaltete Körperchen ihres toten Kindes bei sich trug. Allen vom Mutterkörper abgewandten Teilen des kleinen Leichnams fehlte die bedeckende Haut, und der Körper, der Kopf und alle vier Extremitäten waren bis zur Unkenntlichkeit prall aufgedunsen; das Gesichtchen war zur Fratze verzerrt. Die Verwesung war so weit vorangeschritten, daß man den Verwesungsgeruch schon auf 10 Meter Distanz wahrnahm.

Liza trug ihr Kind bis in den frühen Nachmittag dieses Tages mit sich. Sie hielt es im Schoß wie ein lebendes Kind und stützte es mit den umfangenden Armen. Wenn sie sich fortbewegte, trug sie das Körperchen mit den Händen oder

*Die Mütter mit Neugeborenen stehen, wenn sie ihre Scheu abgelegt haben und die Gesellschaft anderer wieder suchen, im Mittelpunkt des familiären Interesses. Vor allem auf andere Mütter mit Säuglingen wirken Neugeborene anziehend. Picasso hat sich in einer Ruhepause zu Flossie gelegt, schaut das Neugeborene an und verfolgt aufmerksam, was zwischen der Mutter und ihrem fünf Tage alten Kind geschieht.*

1

2

*1 – Liza trägt ihr totes Töchterchen im Arm. Sie hält es auf gleiche Weise am Körper, wie das eine Mutter mit einem lebenden Kind tun würde. (2) Jozy sieht Liza interessiert zu, wie diese die Haut in Fetzen vom Körperchen ihres toten Kindes schält. (3) Die Familienmitglieder sind gegenüber dem, was Liza mit ihrem Kind geschah, nicht gleichgültig. Oft sitzen gleich mehrere „Zuschauer" in respektvoller Distanz zu Liza und beobachten was vorgeht. Sie drükken damit nicht nur ihre Neugier aus, sondern vermutlich auch Mitgefühl und Anteilnahme.*

Armen an den Körper gedrückt. Auch pflegend wandte sie sich ihrem toten Kind zu und löste immer wieder kleine Hautflecken vom Körperchen ihres Kindes, die Liza aber, im Gegensatz zu Walanza, nicht in den Mund brachte, sondern fallen ließ.

## Die Familie interessiert sich

Ständig saßen Familienmitglieder um Liza herum und schauten ihr zu. Die Erwachsenen unter ihnen blieben zurückhaltend und schienen mit ihrem Verhalten auch Anteilnahme auszudrücken. Shinda imponierte immer wieder seitlich an Liza vorbei und versuchte, ihr das Kind mit einem raschen Griff zu entreißen, aber das gelang ihm nie. Am interessiertesten hielt sich Jozy in Lizas Nähe auf. Sie versuchte das tote Körperchen zu berühren, was Liza jedoch ungeduldig zurückwies. Einmal war Jozy erfolgreich, und es gelang ihr, vom kindlichen Körper ein kleines Fetzchen Haut abzuschälen. Sie brachte es sofort in den Mund. Während des Essens am Nachmittag blieb Liza von Neugierigen und Mitfühlenden unbehelligt. Sie legte dann das Körperchen neben sich auf den Boden, um beide Hände zum Essen frei zu haben. Sobald sich jedoch ein Familienmitglied näherte, nahm sie ihr totes Kind sofort wieder an den Körper.

## Das Kind bleibt zurück

Etwas später bewegte sich Liza essend auch einige Meter vom abgelegten Körperchen weg, blickte aber zur Kontrolle immer wieder hin. Schließlich ließ sie es im Anschluß an eine solche Situation einfach zurück, was in der Familie unbemerkt blieb.
Die Todesursache Nyiranshutis bleibt

3

ungeklärt. Interessant sind aber die Übereinstimmungen, die bei den beiden Müttern Walanza und Liza im Umgang mit ihren toten Kindern zu beobachten waren. Beide schälten den toten Körperchen die Haut in winzigen Fetzchen ab, und beide trugen das tote Kind noch während Tagen mit sich, bis sie es schließlich irgendwo zurückließen.
Es scheint, daß die Mütter keine eindeutige Einsicht in den Tod ihrer Kinder hatten. Der angeborene Teil ihrer Mütterlichkeit verlangte von ihnen über den Tod des Kindes hinaus mütterliche Zuwendungen, und erst als die Reaktionen des Kindes lange Zeit ausblieben, löste sich das verbindende Band allmählich auf.
Man kann sich vorstellen, daß diese mütterliche Fürsorge, die auch dann noch weitergeht, wenn ein Kind nicht auf Zuwendungen reagiert, zum Beispiel in kritischen Phasen einer Krankheit sinnvoll ist und das Überleben des Kindes zu sichern vermag.

# Von Müttern und Kindern

Diesem Kapitel sind einige grundsätzliche Gedanken voranzustellen, bevor wir uns im Detail ansehen, was zwischen Mutter und Kind alles geschieht.

## Vom Pflegen bis zum Spiel

Bei den Berggorillas ist das mütterliche Verhalten ein riesiger Komplex der unterschiedlichsten Leistungen. Die Mutter pflegt und ernährt ihr Kind. Sie provoziert und fördert die bei ihm ontogenetisch reifenden Fähigkeiten, und sie ist dafür besorgt, daß das Kind sich körperlich und psychisch wohl und geborgen fühlen kann. Darüber hinaus ist sie die frühe Spielpartnerin ihres Kindes, und etwas später wird sie auch zur kompetenten Mittlerin zwischen diesem, seiner sozialen Umwelt und seinem Lebensraum. Sehr oft schauen Berggorillamütter ihren Säuglingen und Kleinkindern aber einfach versunken und fasziniert zu und zeigen damit auch ihre affektive Freude am Kind.

*Picasso mit Ineza. Was auch geschieht, hinter dem Kind steht immer seine besorgte Mutter. Sie bietet ihrem Kind die für seine Unternehmungen nötige Geborgenheit und trägt zu seiner Selbstsicherheit bei, sie stillt alle seine Bedürfnisse, bietet ihm Schutz und begleitet es bei allem, was es tut, mit ihrer Aufmerksamkeit und der ständig wachen Bereitschaft, hilfreich einzugreifen. Sie ist darüber hinaus ihrem Kind auch eine vielseitige Spielpartnerin, und sie vermittelt und überwacht seine frühen sozialen Kontakte mit anderen Familienmitgliedern.*

## Der ununterbrochene Dialog

Nun könnte die Vorstellung aufkommen, das Kind würde von seiner Mutter „verwaltet". Das ist nicht so. Die Beziehung zwischen Mutter und Kind ist ein ununterbrochener Dialog, an dem alle Sinnesorgane beider beteiligt sind. Jede „Aktion" von Mutter und Kind ist gleichzeitig auch eine „Reaktion". Es ist diese Wechselbeziehung, die das Heranwachsen des Kindes ermöglicht und sichert, es aber auch stört, sobald von einer der beiden Seiten die nötigen „Antworten" ausbleiben. Es ist deshalb schwer, nur vom Kind zu sprechen, ohne die Mutter einzubeziehen und umgekehrt.

## Lernen ist wichtig

Innerhalb der Beziehung zwischen Mutter und Kind spielen, von der Geburt an, auch Lernprozesse eine ganz wichtige Rolle. Und zwar lernen beide, Mutter und Kind. Das erste, was das Neugeborene zum Beispiel erfährt und was sein Verhalten bestärkt, ist das Erlebnis, daß die Mutter auf seine Äußerungen reagiert und seine Bedürfnisse stillt.

Durch die Reaktion des Neugeborenen erfährt die Mutter, daß sie es zu beruhigen vermag; sie lernt, auf welche ihrer Maßnahmen es besonders anspricht, und das erlaubt ihr wiederum, ihr Verhalten den Bedürfnissen des Neugeborenen entsprechend allmählich zu differenzieren.

## Von wichtigen Besonderheiten

In groben Zügen lassen sich die Besonderheiten der Mutter-Kind-Beziehung beim Gorilla folgendermaßen charakterisieren:

– Die Beziehung beginnt mit einem sehr engen Körperkontakt zwischen dem Kind und seiner Mutter. Die

1

2

3

Mutter trägt es während der ersten drei Monate rund um die Uhr am Körper. Diese Kontaktsituation bestimmt seine frühe Entwicklung weitgehend. Das Kind wächst sozusagen in einer „Mutterhülle“ heran.

- Gegen Ende dieser Zeit entwickelt sich das Kind allmählich zur unverwechselbaren „Säuglingspersönlichkeit“ und wird selbständiger. Wenn zu Beginn des vierten Lebensmonats der Körperkontakt mit der Mutter für kurze Zeit zum ersten Mal unterbrochen wird, so ist das nicht der Anfang der Ablösung von der Mutter, sondern diese erste Selbständigkeit wird nur vor dem Hintergrund der innigen Abhängigkeit möglich.

- Berggorillakinder werden bis ins vierte Altersjahr gestillt. Sie nehmen aber schon vom vierten bis fünften Monat an auch kleine Portionen festen Futters auf. Gegen Ende der Stillzeit steht beim Saugen nicht mehr das „Ernährtwerden“ im Vordergrund, sondern das psychische Wohlbefinden.

- Die Formen des Körperkontaktes des Säuglings mit der Mutter sind in der frühen Zeit einem ständigen Wandel unterworfen. Kann das Kind den Kontakt mit der Mutter für kurze Zeit unterbrechen, so ändert es auch die Art, wie es sich der Mutter versichert. Der Blickkontakt beginnt dann eine wichtige Rolle zu spielen.

- Mit der Entwöhnung lockert sich die Beziehung der Mutter zu ihrem Kind ein wenig. Die Mutter bleibt aber auch danach die einzige Instanz, die das Kind zu trösten vermag, ihm Sicherheit und Geborgenheit bietet, und nur im Körperkontakt mit ihr findet das Kind Ruhe und Schlaf. Das bleibt so bis ins sechste und siebente Altersjahr hinein.

- Im Verhalten der Mütter ihren Kindern gegenüber läßt sich der Grad der mütterlichen Erfahrung ablesen. Diese Tatsache macht deutlich, daß auch bei erwachsenen Individuen Lernprozesse noch eine Rolle spielen. Andere, auffällige und oft große Unterschiede in der Art und Weise, wie Mütter ihre Kinder behandeln, haben mit der individuellen Lebensgeschichte der Mütter zu tun, mit ihrer persönlichen Wesensart und mit ihrer sozialen Stellung.

- In die Zeit nach der Entwöhnung fällt meist auch die Geburt eines nächsten Geschwisters. Mütter lassen ihre älteren Kinder aktiv an all dem teilhaben, was mit dem jüngeren Geschwister geschieht. Die älteren lernen dabei mit Säuglingen und Kleinkindern umzugehen, und diese Nähe macht sie neben der Mutter zum wichtigsten Sozialpartner ihres Geschwisters.

- Die Mutter-Kind-Beziehung ist in der frühen Kindheit die einzige „Zweierbeziehung“, die das Kind eingeht. Indem die Mutter hütend, wachend und eingreifend alle sozialen Begegnungen des Kindes aufmerksam verfolgt, macht sie durch ihren Einfluß jede andere soziale Beziehung ihres Kindes zur Dreierbeziehung.

- Die Beziehung des Kindes zu seiner Mutter kann eine Lebensbeziehung sein, vorausgesetzt, Mutter und Kind bleiben zusammen im gleichen Familienverband. In diesem Fall läßt sich diese Beziehung auch im Verhalten zweier Erwachsener untereinander erkennen.

4

5

## Mütter und Kinder in Familie 5

In der Zeit meines Aufenthaltes betreuten alle elf erwachsenen Gorillafrauen der Familie 5 einen Säugling oder ein Kleinkind.

Zwei dieser Kinder waren älter als ein Jahr, Mahane, die Tochter Effies, und Ndatwa, der Sohn von Tuck.

Weitere vier – drei Buben und ein Mädchen – fand ich bereits in der Familie vor. Die anderen sechs, 2 Buben und 4 Mädchen, kamen in der Zeit zur Welt, als ich mich bei Familie 5 aufhielt. Walanzas Zwillinge, die nur wenige Tage gelebt haben, sind in diesen Zahlen eingeschlossen.

Ein solcher Kinderreichtum in einer Familie ist, wie die Karisoke-Kartei belegt, absolut einmalig.

Wenn in den Karisoke-Familien Kinder zur Welt kommen, so erhalten sie heute Namen in der Landessprache Kinyarwanda. Diese Namen werden in der Regel von den einheimischen Angestellten auf Karisoke vorgeschlagen.

Die nachfolgende Liste gibt eine Übersicht über die Kinder in der Familie 5, über ihr Geschlecht, ihr Geburtsdatum, ihre Mütter und soweit bekannt, einen Hinweis auf die Bedeutung ihres Kinyarwanda-Namens.

Die Liste nennt die Kinder in chronologischer Folge nach ihrem Alter.

*In allen wichtigen Phasen seiner Entwicklung ist das Kind auf vielfältige Weise eng mit seiner Mutter verbunden. (1) Der frühe intensive Körperkontakt. (2) Die so wichtigen Klammergriffe des Kindes im mütterlichen Haar. (3) Die kleinen „Freiheiten" neben der Mutter. (4) Die ersten Schritte in aufrechter Haltung und (5) die über die Mutter hinaus zu Gleichaltrigen führenden Sozialkontakte. Das alles sind Stationen auf dem Weg vom Säugling zum Kind, die nur vor dem Hintergrund der mütterlichen Begleitung möglich werden.*

| Name des Kindes | Geschlecht | Geburtsdatum | Bedeutung des Namens | Mutter | Bemerkungen |
|---|---|---|---|---|---|
| Mahane | ♀ | 21. 10. 84 | | Effie | |
| Ndatwa | ♂ | Feb. 85 | | Tuck | |
| Umurava | ♂ | 4. 1. 86 | Bestimmung, Entschlossenheit | Pantsy | |
| Ineza | ♂ | 28. 1. 86 | Güte, das Beste, Freundlichkeit | Picasso | |
| Intwali | ♀ | 12. 2. 86 | brav, tapfer, kühn, mutig | Puck | |
| Ntambara | ♂ | 21. 2. 86 | der, der kämpft, sich abmüht | Kwiruka | |
| Zwillinge | ♀♀ | 3. 5. 86 | | Walanza | gestorben im Alter von 7 und 9 Tagen |
| Mahoro | ♂ | 5. 5. 86 | Friede, Ruhe | Pandora | |
| Imanze | ♀ | 31. 5. 86 | etwas, das man liebt | Simba | |
| Nyiranshuti | ♀ | 6./7. 8. 86 | Freundin | Liza | gestorben im Alter von 1½ Monaten |
| Vatiri | ♂ | 19. 10. 86 | Eigenname des dienstältesten Guides von Karisoke | Flossie | |

*Intime Siesta-Zweisamkeit von Mutter und Kind. Pucks Töchterchen Intwali sitzt zwischen dem Körper und Oberschenkel des schlafenden Ziz. Mutter Puck sieht Intwali aus nächster Nähe ins Gesichtchen und scheint sich mit ihr zu „unterhalten“. Ein Bild, das gleichzeitig Vertrautheit untereinander und das differenzierte Interesse der Mutter an ihrem Kind spürbar macht.*

1

2

3

4

5

*Die Mütter und ihre Kinder in der Familie 5. (1) Effie, die Chefin, mit ihrer Tochter Mahane, (2) Tuck, die jüngere der Effietöchter, und ihr Sohn Ndatwa, (3) Pantsy, die Schwester von Ziz, mit ihrem Söhnchen Umurava, (4) Puck, die älteste Effietochter, mit Töchterchen Intwali, (5) die greise Flossie mit dem Söhnchen Vatiri, (6) Kwiruka, die Neuzuzügerin mit ihrem Söhnchen Ntambara, (7) Liza, die Mutter von Pablo, mit dem Töchterchen Nyiranshuti, (8) Simba und Töchterchen Imanze, (9) Zwillingsmutter Walanza, (10) die behinderte Pandora mit dem Söhnchen Mahoro und (11) Picasso mit dem Söhnchen Ineza.*

6

7

8

9

10

11

## Unterschiedliche Mütter

Wenn man über Berggorillakinder und ihre Entwicklung spricht, so fällt es schwer, einzelne Entwicklungsschritte präzis zu datieren. Viele der beim Kind reifenden Fähigkeiten bahnen sich unmerklich an und formen sich danach über lange Zeiträume hinweg aus. Die Persönlichkeiten der Kinder weichen voneinander ab. Die Mütter üben auf alle Entwicklungsprozesse unterschiedlichen Einfluß aus. Das alles bestimmt den zeitlichen Verlauf der Entwicklung eines Kindes wesentlich mit.

Die Lebensgeschichte einer Mutter, ihr Alter, ihr Status, ihr Wesen und ihre körperliche Verfassung haben damit zu tun, wie eine Mutter auf ihr Kind reagiert.

### Was Erfahrung bewirkt

Ältere Gorillafrauen, die schon mehrere Mutterschaften erlebt haben, sind erfahren. Sie spielen ihrem Kind gegenüber ihre Pflegeroutine und ihre Kompetenz aus, konfrontieren es zum Beispiel schon früh mit variierten Trag- und Kontaktformen und beschleunigen so seine Entwicklung. Die gleiche Wirkung hat ihre Selbstsicherheit, die ihnen ermöglicht, ihr Kind weniger einschränkend zu behandeln. Sie wissen aus ihrem früheren Erleben heraus auch, wie die kindliche Entwicklung verläuft und welche Fortschritte wann zu erwarten sind. Sie werden also nicht überrascht und reagieren gezielt. Diesem Muttertypus entsprechen in Familie 5 beispielsweise Effie und Pantsy.

Junge Mütter, die ihr erstes Kind betreuen, sind erfahrungsarm und oft unsicher. Sie schränken ihr Kind ein, behandeln es über lange Zeit gleichförmig; sie haben ihr Verhalten jedem neuen Entwicklungsschritt lernend anzupassen und verzögern so die Entwicklung des Kindes. Zu diesem Muttertyp gehört Kwiruka, die noch nicht lange in der Familie weilt. Sie ist jung und betreut mit Ntambara vermutlich ihr erstes Kind.

Betrachten wir vor dem Hintergrund mütterlicher Erfahrung eine besondere, frühe Reaktion des Kindes.

Wenn die Mutter ein Neugeborenes am dritten oder vierten Tag aus dem Körperkontakt zu heben versucht, etwa weil sie seine Bauchseite ansehen oder pflegen will, reagiert das Kind unwillig. Es drückt sein Unbehagen durch Laute und mit wehenden Armbewegungen aus, mit denen es versucht, den Klammerkontakt wiederherzustellen. Die erfahrene Mutter nimmt das Kind dann ruhig an den Körper zurück, deckt es mit beiden Armen, tröstet es und wird bald danach den gleichen Versuch wiederholen. Sie kennt diese Reaktion des Kindes, und sie weiß, daß es unzählige Versuche braucht, bis das Kind diesen frühen kurzen „Kontaktverlust" ertragen kann, ohne sich dagegen aufzulehnen.

Die unerfahrene Mutter reagiert auf die gleichen Äußerungen des Kindes zuerst auf ähnliche Weise. Sie nimmt es an den Körper zurück und deckt es mit den Ar-

1

2

3

4

*1 – Effie ist eine erfahrene Mutter, die mit Mahane ihr fünftes Kind erfolgreich aufzieht. (2) Ntambara ist Kwirukas erstes Kind. Kwiruka ist unerfahren und so scheu, daß sie sich nur wohlfühlt und beobachten läßt, wenn sie sich nahe bei Ziz aufhält. (3) Pandora betreut Mahoro trotz ihrer Behinderung vorbildlich. An der Hand, die Mahoro hält, fehlen Pandora bis auf den Daumenstummel alle Finger. (4) Pantsy zeigt im Umgang mit Umurava ihre Erfahrenheit dadurch, daß sie ihn in allen möglichen Haltungen am Körper duldet, ohne dabei unsicher zu werden.*

men. Sie wird aber von dieser ersten Reaktion ihres Kindes überrascht und verunsichert. Bis sie einen zweiten Versuch wagt, kann es Stunden dauern. Und es braucht Tage, bis sie langsam lernt, mit dem Kind, das sich so gegen den frühen Kontaktverlust wehrt, umzugehen.

**Pandoras Behinderung**

Sehr verschieden von den andern Müttern behandelt Pandora ihren Sohn Mahoro. Das hat jedoch nicht mit ihrer Erfahrung zu tun, denn Pandora ist eine routinierte Mutter; aber sie leidet an einer Krankheit, die sie behindert. An ihrer rechten Hand hat sie, bis auf einen Daumenstummel, alle Finger verloren, und an der linken kann sie nur den Daumen, den zweiten und den vierten Finger benützen. Die Pflege des Kindes verlangt aber Feinmanipulationen, zu denen man die Finger braucht. Pandora behilft sich, von andern Müttern abweichend, mit den Zähnen, der Zunge und den Lippen. Sie zeigt auch in anderen Dingen besondere, ihrer Behinderung angepaßte Lösungen, wobei sie oft auch die Füße benützt. Pandora ist fähig, ihr Kind vollwertig zu bemuttern, und ihr

1

2

3

Beispiel zeigt auch, wie anpassungfähig Berggorillas in ihrem Verhalten sind, wenn das nötig wird.

**Wenn die Kinder „wilder" werden**

Im fünften und sechsten Monat unterbricht das Berggorillakind zeitweilig den Kontakt mit seiner Mutter. Es hält sich neben ihr auf, geht aber nicht weiter weg als auf Armlänge Distanz. Es kann jetzt schon auf allen vieren gehen, ist dabei aber noch etwas unbeholfen und unsicher. Wenn es am Mutterkörper ist, entwickelt es eine ungestüme Aktivität. Es klettert auf der Mutter herum, spielt mit ihr oder wendet sich vom Körper der Mutter aus ungestüm seiner Umgebung zu. Für die Mutter ergeben sich daraus Probleme, wenn sie mit Nahrung beschäftigt ist. Sie gerät dann in einen Konflikt; das Kind braucht Aufmerksamkeit und ab und zu auch eine eingreifende Hand, und für die Nahrung braucht sie beide Hände.
Das Problem stellt sich allen Müttern in der gleichen Art, es wird aber von Mutter zu Mutter verschieden gelöst. Sie kommen jetzt zu sehr freien Tragarten, bei denen das Kind die größtmögliche Bewegungsfreiheit genießt, sich trotzdem sicher fühlt und die Mutter die Hände für die Beschäftigung mit dem Futter frei behält. Wie aber sehen solche Traghaltungen aus?

Puck trägt ihr Töchterchen Intwali, wenn sie beschäftigt ist, meist so, daß es rittlings auf der einen Schulter sitzt. Das Kind ist dem Kopf der Mutter zugewandt, so daß dieser sich Intwali fast wie ein Tisch anbietet.
Ineza steht mit beiden Beinen auf dem Bauchansatz von Mutter Picasso, lehnt mit dem eigenen Bauch gegen die Schul-

4

*Individuell verschieden und variantenreich tragen die Mütter ihre Kinder, während sie essen. Die Mütter brauchen dabei freie Hände und die Kinder ihre Bewegungsfreiheit. (1) Vom dritten Lebensmonat an sitzen Kinder gern mit dem Rücken zum Körper der Mutter. So können sie ungestört mit Augen und Händen tätig werden. (2) Pantsy hat Umurava außerhalb ihres Armes auf dem Oberschenkel sitzen. (3) Ineza lehnt nach hinten hinaus mit dem Bauch gegen Picassos Schulter. (4) Intwali sitzt rittlings auf Pucks Achsel, dem Kopf der Mutter zugewendet. (5) Pandora muß beim Essen mit einer Hand zurechtkommen, die andere hat sie für Mahoro zur Verfügung.*

5

ter der Mutter und hat den Oberkörper frei. Er kann so zu beiden Seiten und nach hinten gerichtet aktiv sein.
Pantsy bevorzugt zwei Haltungen. Sie hat Umurava entweder rückenreitend hoch im Genick sitzen oder an ihrer Körperseite. Ist Umurava an der Seite Pantsys, so sitzt oder steht er mit dem Rücken zu ihr in der Schenkelgrube oder auf dem angewinkelten Oberschenkel und hält sich mit nach hinten verdrehtem Arm, mit der Faust im Oberarm- oder Schulterhaar der Mutter. In dieser Haltung ist Umurava außen am mütterlichen Arm, aber Pantsy kann ihn mit einer Bewegung einfach umgreifen und halten.
Bei Pandora ist die Sache ein wenig einfacher. Sie kann die rechte Hand nicht gebrauchen und hält darum mit dem rechten Arm Mahoro am Körper, auch wenn sie ißt. Er kann dabei stehen oder sitzen und der Mutter zu- oder von ihr weggewandt sein. Beim Essen hilft Pandora der linken Hand mit dem Fuß, wenn das nötig wird.
Es gibt noch andere Beispiele. Mit der Variation der Traghaltungen hat die mütterliche Erfahrung wenig zu tun. Es sind einmal gefundene Lösungen, die sich bewährt und allmählich eingespielt haben. Sie zeigen uns aber, wie groß der individuelle Spielraum ist, den eine Mutter nutzen kann.
Wir haben jetzt von erfahrenen und unerfahrenen Müttern gesprochen und davon, wie sich Erfahrenheit auf die kindliche Entwicklung auswirken kann. Es ist wichtig, hier abschließend anzumerken, daß auch Kinder unerfahrener Mütter gesund und vollwertig heranwachsen und daß sie allfällige frühe Entwicklungsrückstände sehr schnell aufholen.

## Von Mustern die Signale sind

Auffällig bei Neugeborenen sind die unregelmäßigen Färbungsmuster auf ihren Handinnenflächen und Fußsohlen. Sie kommen dadurch zustande, daß an bestimmten Stellen das dunkle Pigment der Haut fehlt. Diese Muster sind individuell sehr verschieden. Es können im einen Fall winzige Tupfer sein, in einem anderen großflächige Felder oder ein ganzes Netz untereinander verbundener Linien. Ihre Bedeutung ist bis heute nicht geklärt. Persönlich halte ich diese Muster für optische Reize, die eine in die Zukunft gerichtete Funktion besitzen. Sie wenden sich sowohl an die Mutter als auch an das Kind und haben für die Entwicklung des Kindes große Bedeutung.

Ihre Wirkung ist nur vor dem Hintergrund dessen verständlich, was zwischen Mutter und Kind geschieht. Zu dieser Deutung der Muster ist eine Erklärung nötig.

Mütter wenden sich pflegend auffälligen Körperstellen des Kindes häufiger zu als den unauffälligeren. Das gilt für alle Körperöffnungen, die Ohrmuscheln, das Gesicht und für alle Stellen, die sich farblich von ihrer unmittelbaren Umgebung abheben.

Reift beim Kind in den ersten Lebenswochen das optische Interesse, so richtet sich sein Blick zuerst auf deutliche Kontraste, etwa auf die Zähne der Mutter, auf ihre rosa Zunge oder auf Futterteile, die vor dem Hintergrund des dunklen Gesichtes der Mutter hell hervortreten. Dieselben Beobachtungen macht man später, wenn das Kind seine Händchen unter Führung der Augen gezielt einzusetzen vermag. Es versucht dann zuerst nach diesen Stellen zu greifen.

Sehen wir nun, was in den ersten Lebenstagen mit den Handinnenflächen und den Fußsohlen geschieht. Schon bald nach der Geburt beginnt die Mutter die Hand- und Fußgriffe des Kindes aus ihrem Fell zu lösen, sie faltet die Fingerchen und Zehen auf, schaut auf die Handinnenflächen und die Fußsohlen und leckt sie manchmal. Die Mutter tut das häufig, auch wenn es gar nicht nötig ist, also aus bloßer Neugier. Dieses mütterliche Verhalten bewirkt, daß das Kind sehr schnell lernt, seine Griffe auf die Berührung der Mutter hin selber freizugeben, und das macht wiederum der Mutter möglich, ihr Kind mit variierten Kontaktformen und ungewohnten Traghaltungen vertraut zu machen. Für das Kind öffnet sich damit ein neuer Bewegungsraum. Es gewöhnt sich daran, sich auch ohne zu greifen wohlzufühlen und seine Beine, Arme, Füße und Hände anders zu gebrauchen als nur zum Klammern. Zuerst führt es seine Hände und Füße mit fahrigen Bewegungen vor die Augen, beobachtet sie, gewinnt langsam Kontrolle über sie, bringt sie dann gezielt vors Gesicht und ins Maul, saugt, kaut, lutscht und beißt auf ihnen herum.

In dieser Phase der kindlichen Entwicklung hat das erwähnte Muster auch für das Kind Bedeutung, denn es sorgt durch seine zusätzlichen Reize dafür, daß das Interesse an dieser Beschäftigung nicht erlahmt. Etwas später lernt es Aus- und Zugreifen und erlebt dabei, wenn es zusätzlich noch Kraft einsetzt, daß Dinge, die es ergreift, sich zu ihm hin bewegen oder daß es seinen Körper zu Dingen hinzieht. Dabei erfährt es die Qualitäten, die den Dingen eigen sind. Es wird fähig, sich, mit den Armen ziehend und mit den Beinen stoßend, auf dem Körper der Mutter fortzubewegen.

All diese frühen Erfahrungen sind der Auftakt dazu, daß das Kind seine eigene Körperlichkeit zu begreifen beginnt, daß sich ihm seine „Dingumwelt“ öffnet und daß es langsam auch zur eigenen Fortbewegung findet.

Wir können also von der Wirkung der erwähnten Muster sagen, daß sie wesentlich dazu beitragen, das Kind aus der in den frühen Tagen so wichtigen Immobilität des Sich-Anklammerns hinauszuführen, und daß sie die wichtigen Prozesse miteinleiten, die die Eigenentwicklung des Kindes ermöglichen.

Eine weitere Beobachtung stützt diese Annahme. Wenn das Kind über die erste frühe Phase seiner Entwicklung hinausgewachsen ist und diese Muster ihre Wirkung verlieren, beginnen sie sich langsam zu pigmentieren und verschwinden schließlich.

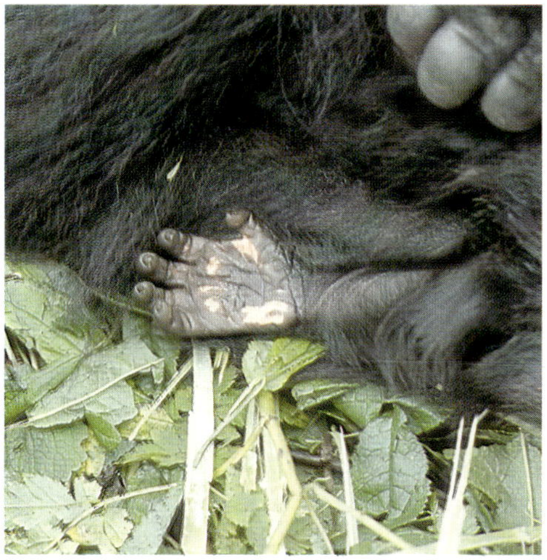
1

2

3

*1 + 3 – Von der Geburt an tragen Gorillakinder auf den Handinnenflächen und Fußsohlen auffällige Muster. Diese kommen dadurch zustande, daß stellenweise das dunkle Pigment der Haut fehlt. (2) Die so „gezeichneten" Hände und Füße scheinen für die Mütter genauso interessant (4) wie für die Kinder. Beide sind von ihnen fasziniert und schauen sie immer wieder an. (5) Typisch für Kinder ist, daß sie sich nicht nur diesen hellen Mustern bevorzugt zuwenden, sondern allem, was sich hell leuchtend vor dem jeweiligen Hintergrund abhebt.*

4

5

## Saugverhalten

Mit dem Wort „Saugen“ wird im Falle der Berggorillas nicht ausschließlich ein Verhalten des Kindes beschrieben. Die Mutter ist am Saugen ihres Kindes nicht nur dadurch beteiligt, daß sie sich ihm mit ihrer Milch zur Verfügung hält. Sie geht sehr differenziert auf das Sauggeschehen ein und leistet „Saughilfen“, wenn ihr Säugling noch sehr klein ist.

### Suchen und Einstellen

Schon im Verlaufe des ersten Lebenstages suchen Neugeborene nach der Milchquelle und trinken zum ersten Mal. Den Kontakt mit der Brustwarze erstellen sie mit angeborenen Such- und Einstellbewegungen. Beim Suchen streichen sie mit dem Kopf auf der Körperoberfläche der Mutter rhythmisch nach beiden Seiten hin. Berührt dabei ihr Mundumfeld die Brustwarze, wechseln die Such- in die Einstellbewegungen über, das heißt, daß nun der Mund geöffnet und mit dem Kopf frontal gegen die Brust geschlagen wird. Bekommt das Neugeborene die Warze zu fassen, so dauern diese Bewegungen noch kurz an und helfen mit, sie so in den Mund zu bekommen, daß sie tief eingezogen werden kann. Danach setzen erst die ruhigen Saugzüge ein, die man an einem feinen Nicken des Kopfes erkennt. Getrunken wird alle Stunden einmal. Gegen Ende der Stillzeit, also mit ungefähr drei Jahren, liegen die einzelnen Saugakte länger, bis 2½ Stunden, auseinander. Ist der Säugling noch klein, ermüdet er beim Saugen rasch und trinkt nur etwa eine Minute lang. Schon im ersten Monat registriert man dann aber Saugzeiten von zwei bis zweieinhalb Minuten, und schließlich pendelt sich die Saugdauer bei drei bis fünf Minuten ein und bleibt so bis ans Ende der Stillzeit. Entwöhnt wird das Kind nach drei bis dreieinhalb Jahren. Während dieser Zeit wandelt sich das Bild des saugenden Kindes. In der frühen Zeit enden die Saugakte meist damit, daß das gesättigte Kind einfach mit der Warze im Mund einschläft. Später kann es zum Saugen seine spielerische Tätigkeit unterbrechen und sie danach wieder aufnehmen. Im dritten Monat fällt auf, daß der Säugling während des Saugens mit den Augen das Geschehen rund um sich herum aufmerksam verfolgt. Eigenartig und bis jetzt noch unerklärlich ist, daß im vierten und fünften Monat der Säugling während des Saugens ständig die Brust zu wechseln beginnt. Manchmal geschieht das innerhalb eines Saugaktes 20 bis 30mal. Diese Gewohnheit verschwindet dann wieder. Wenn das Kleinkind sich später zeitweilig von der Mutter getrennt aufhält, geht es zum Saugen zu ihr hin und nimmt dann recht variantenreiche Saughaltungen ein. Liegt die Mutter, so legt es sich etwa quer zur Brust oder von der Schulter her gegen sie hin. Sitzt sie, kann es auch stehend an ihr trinken.

*Das Bild des saugenden Kindes auf dem Bauch seiner liegenden und an der kindlichen Aktivität wenig beteiligt scheinenden Mutter täuscht. Berggorillamütter nehmen an den Saugakten ihrer Kinder in vielfältiger Weise Anteil. Sie schauen dem saugenden Kind zu, kontrollieren seine Saugaktivität, fordern es zum Weitersaugen auf, wenn es eine Saugpause einlegt oder an der Brust einschlafen will. Wenn die Kinder noch sehr klein sind, finden sie oft nur mit der gezielten mütterlichen Hilfe zur Brust.*

### Die Mutter hilft

Neugeborene und sehr kleine Säuglinge vermögen tief aus dem Schoß ihrer Mütter heraus die Brust nicht selber zu erreichen. Ihre Suchbewegungen machen die Mütter auf ihren Trinkwunsch aufmerksam, und diese verschieben den Säugling dann am Körper in eine mögliche Sauglage. Erfahrene Mütter reagieren sofort in der Weise, unerfahrene brauchen mehr Zeit und müssen lernen, wie und wo am Körper sie das Kind zur Ruhe bringen. Wenn das Kind dann zwei und mehr Monate alt ist und sich am Körper der Mutter selber fortbewegt, ist diese Hilfe nicht mehr nötig. Eine andere frühe Saughilfe besteht darin, daß die Mutter, wenn sie das Kind hoch an den Körper gebracht hat, sein Köpfchen mit der Hand von hinten umfaßt und seinen Mund gezielt auf die Brustwarze ausrichtet. Damit wird dem Säugling langwieriges und ermüdendes Suchen und Einstellen erspart. Die Suchbewegungen dienen von da an weniger dem Brustfinden, sondern sie zeigen den Trinkwunsch an. Dieses Auf-die-Brust-Ausrichten erfolgt bei erfahrenen Müttern schneller und gezielter als bei unerfahrenen, die ihre Einsichten ins Sauggeschehen erst noch gewinnen müssen. Mütter erleichtern ihren kleinen Säuglingen das Saugen auch dadurch, daß sie störende Tätigkeiten, etwa die Nahrungsaufnahme während des Saugens, vorübergehend einstellen. Viele andere mit dem Saugen verbundene mütterliche Aktivitäten sind über die ganze Stillzeit hinweg zu beobachten. Mütter sehen ihren saugenden Kindern aufmerksam zu und fordern sie mit feinen Schüttel- und Ruckbewegungen zum Weitersaugen auf, wenn sie an der Warze einschlafen wollen. Während die Kinder saugen, sieht man häufig, daß Mütter sie zu pflegen beginnen. Von

1

2

3

4

einem bestimmten Alter an protestieren die Kinder mit Bewegungen und Lauten gegen die mütterlichen Pflegehandlungen. Mütter lernen rasch, daß dann, wenn das Sauggeschäft ihre Kinder in Anspruch nimmt, solche Widersetzlichkeiten ausbleiben, und das macht Pflegen leichter.

**Saugen tröstet auch**

Zum Schluß dieses Exkurses ins Saugverhalten ist noch vom Trostsaugen zu sprechen. Trostsaugen dient nicht der Ernährung des Kindes, sondern seinem psychischen Komfort. Es ist immer dann zu beobachten, wenn das Kind den freundlichen, versichernden und tröstenden Zuspruch seiner Mutter braucht, zum Beispiel, wenn es einen Schreck erlebt, sich verletzt hat, verunsichert worden ist oder Angst empfindet. Solche Erlebnisse können mannigfaltige Ursachen haben. Ein Säugling brennt sich an einer Nessel, Klettereien auf dem Rücken der Mutter führen zu einem unerwarteten „Absturz", ein Kleinkind gerät in eine spielerische Rauferei, die bedrohliche Ausmaße annimmt, oder es verliert bei einem kleinen Ausflug seine Mutter aus den Augen.

Das Trostsaugen unterscheidet sich vom Saugen dadurch, daß die Warze nur kurz eingesogen und schon nach drei bis vier raschen Saugzügen wieder freigegeben wird. Die Wirkung des Trostsaugens ist überraschend. Der kurze und enge Saugkontakt mit der Mutter gibt dem Kind seine Selbstsicherheit sofort zurück, so daß es sich gleich anschließend erneut den Erlebnissen aussetzen kann, die ihm kurz zuvor die schlechten Erfahrungen brachten.

Die Entwicklung hin zu diesem Trostsaugen beginnt schon in den ersten Lebenstagen. Am wirkungsvollsten zu trösten vermag die Mutter ihr Kind, wenn sie ihm den intimsten und engsten Körperkontakt anbietet. Dieser besteht darin, das Kind an die Brust zu nehmen, es mit beiden Armen zu umschließen und ihm die Warze anzubieten. Je mehr von der Körperoberfläche des Kindes mit dem Mutterkörper in Berührung kommt, desto größer ist die Wirkung. Schon den ganz kleinen Säugling bringt die Mutter also nicht nur zur Brust, wenn er trinken will, sondern auch, wenn er getröstet oder beruhigt werden muß. Bei diesen frühen Erfahrungen lernt das Kind die Mutterbrust auch als Ort des Trostes kennen.

Mit dem Entwöhnen nimmt für das Kind auch diese Form des Trostes ein Ende. Es ist vorab der Verlust des Trostsaugens, der dem Kind die Zeit des Entwöhnens so schwierig macht.

5

*1 – Die angeborenen Suchbewegungen helfen dem vier Tage alten Vatiri, die Warze zu finden. (2 + 4) Wenn ganz Kleine saugen, so stellen die Mütter andere Aktivitäten ein und konzentrieren sich ganz auf ihr Kind. (3) Die Augen des 14 Tage alten Vatiri zeigen, daß er nun beim Saugen auch noch andere Interessen verfolgen kann. (5) Die Sättigung führt oft direkt in den Schlaf, und nicht selten bleibt die Warze dabei im Mund des Kindes. (6) Der sichtbare Milchrand zeigt, daß hier ein versierter Sauger am Werk ist, und (7) Mahane stillt ihren Hunger, indem sie sich einfach vor die liegende Mutter setzt.*

6

7

## Lernen ist ins Spiel „verpackt"

Berggorillakinder sind, wie alle Menschenaffenkinder, ausgesprochene Lernwesen. Das heißt, daß sie einen großen Teil ihres Verhaltens in der Kindheit und Jugend zu lernen haben. Solche Lernprozesse sind praktisch immer in spielerisches Handeln „verpackt". Spielen und Lernen sind so miteinander verbunden und verwoben, daß man als Beobachter die entsprechenden Anteile an der einzelnen Handlung nicht voneinander trennen kann. Man spricht deshalb einfach vom „Ernstbezug", der dem Spiel eigen ist. Es gibt aber auch das „Spielen um des Spielens willen", und deshalb ist es nicht sinnvoll, einfach jedes Spielen nach versteckten Lerninhalten zu hinterfragen.
Berggorillakinder lernen zum Beispiel, welche Pflanzen eßbar sind und wie man mit ihnen umzugehen hat. Wir wollen uns hier, stellvertretend für viele andere Lernprozesse, ansehen, wie ein Kind diese Erfahrungen im Umgang mit Pflanzen erwirbt. Die Auseinandersetzung mit Futterpflanzen, während das Kind heranwächst, ist aus mehreren Gründen ein gutes Beispiel. Sie zeigt, wie mit Pflanzen zunächst gespielt wird, wie solche Spiele langsam eine Richtung bekommen und in welcher Form die Mutter beteiligt ist. Das Kind nimmt zudem im Laufe dieser „Lernzeit" auch festes Futter auf und muß sich, wenn es entwöhnt wird, selber ernähren können. Die Mütter füttern ja ihre Kinder nach dem Entwöhnen nicht mehr. Sie helfen ihnen aber dadurch weiter, daß sie sie während des Essens weiterhin bei sich dulden und ihnen so einen ausgiebigen und günstigen Futterplatz sichern.

### Im zweiten Monat

Die ersten Kontakte des Säuglings mit Pflanzenteilen sind eigentliche „Zufallsbekanntschaften", die dieser im Alter von etwas mehr als einem Monat macht. Er sitzt dann im Schoß der essenden Mutter, von oben fallen Pflanzenstückchen herab, bleiben zwischen seinem Kopf und dem Körper der Mutter stekken, und manchmal gelingt es ihm, sie suchend mit dem Mund zu fassen oder mit einem Klammergriff festzuhalten.

### Im dritten Monat

Gegen Ende des zweiten Monats und im dritten wird gezielt gegriffen, Dinge werden erkundet, manipuliert, vor die Augen gebracht, angesehen, in den Mund gesteckt, belutscht und gekaut. Jetzt werden Pflanzenteile wichtig. Noch immer sind es allerdings Futterpflanzen, denn noch ist dem Kind nur das zugänglich, was die Mutter essend zu sich nimmt. Aber schon jetzt, lange bevor diese Pflanzen für seine Ernährung wichtig werden, lernt es den unterschiedlichen Geschmack von Futterpflanzen kennen und schluckt wohl auch die ersten winzigen Bissen.

### Im vierten Monat

Der nächste Schritt folgt wenig später. Die Bewegungsfähigkeit des Säuglings nimmt zu, er interessiert sich über die Mutter hinaus für seine unmittelbare Umgebung, und seine Mutter trägt ihn auf differenziertere Weise am Körper. Nun wird von der Mutter weggegriffen, Pflanzen werden herangezogen und Teile abgerissen. Augen, Hände und Mund sind jetzt auf alle erdenklichen Weisen am Erkunden und Untersuchen beteiligt, und es wird mit Pflanzenteilen gespielt. Stämmchen und Stengel werden geschaukelt, mit kleinen Zweigen wird herumgefuchtelt, es wird rhythmisch auf Blätter geschlagen und sie

1

2

*Im Umgang mit Pflanzen und am Beispiel ihrer Mütter lernen Kinder allmählich, was man als Berggorilla ißt und was nicht. Auftakt zu diesen Lernprozessen ist (1) das ausgelassene Spiel mit Pflanzenteilen und (2) die Gewohnheit kleiner Berggorillakinder, alles, was erreichbar ist, auch in den Mund zu stecken. (3) Später wird dann gleichzeitig mit der Mutter gegessen, und dabei versuchen die Kinder ihr eigenes Verhalten bis in kleine Details ganz auf dasjenige der Mutter abzustimmen.*

werden spielend zerfetzt und zerpflückt. Wichtig ist jetzt, daß der Säugling mit Pflanzen zu tun bekommt, die nicht als Nahrung dienen, und er erlebt, daß Pflanzen wehrhaft sein können, daß Disteln stechen und Nesseln brennen. Der Säugling nimmt jetzt auch mehr Pflanzenteile auf, aber von eigentlichem Essen kann man nicht sprechen.

**Im fünften und sechsten Monat**

Zwischen dem vierten und sechsten Monat beginnt das Kind auf dem Rükken der Mutter zu reiten, hält sich für kurze Zeit neben ihr auf und übt sich im Gehen auf allen vieren. Sein Zugang zur Pflanzenwelt wird damit direkter, und viele seiner Aktivitäten drehen sich um Pflanzen, es entdeckt neue Umgangs- und Spielformen mit diesen und erwirbt sich eine gewisse kindliche Virtuosität in der Behandlung von Pflanzen. Aber es geschieht noch mehr. Das Kind nimmt jetzt, wenn seine Mutter ißt, an diesem Geschehen auf neue Weise teil. Es begnügt sich nicht mehr damit, im Schoß der Mutter Pflanzenteile zu behandeln, sondern es versucht, sich synchron zur Mutter der gleichen Pflanzenart zuzuwenden. Es tut das, was die Mutter tut. Dem Beispiel der Mutter folgend wechselt es auch von der einen zur andern Art. Manchmal bemerkt das Kind nicht, daß die Mutter zum Beispiel von wildem Sellerie zu Galium überwechselt. Stellt es das verspätet fest, läßt es seinen Sellerie fallen und sucht aufgeregt und hektisch zu Galium zu kommen.
Der Wunsch, es der Mutter gleichzutun, richtet sich zuerst nur auf die Wahl der Pflanzenart, etwas später auch auf den Rhythmus der mütterlichen Aktivität, und schließlich eifert es der Mutter auch im vorbereitenden Behandeln der Pflanzen nach.

3

All das braucht natürlich viel Zeit und geschieht nicht innerhalb weniger Wochen. Aber die Fortschritte, die das Kind im Umgang mit Futterpflanzen erzielt, nehmen deutlich erkennbar zu. Es wird so langsam zum Mit-Esser. Im Alter von einem Jahr nimmt es regelmäßig festes Futter auf. Es ist schwer zu sagen, wieviel und welche Bedeutung diese Mengen für seine Ernährung haben.
Wichtiger ist wohl, daß sich das Kind in dieser frühen Zeit erfolgreich den Weg zur artgemäßen Nahrung ebnet. Wirklich versiert mit Futterpflanzen umgehen kann es erst in seinem zweiten und dritten Lebensjahr, und das lernt es dann auch am Beispiel anderer. Man nimmt an, daß ein Berggorillakind schon im Alter von zwei Jahren so viel festes Futter aufnimmt, daß es sich damit vollwertig ernähren kann.

## Lernen führt auch zur Mütterlichkeit

Von Maggies vielseitiger Persönlichkeit war schon die Rede. Eine Seite ihres Wesens verdient an dieser Stelle besonders hervorgehoben zu werden.
Säuglinge und Kleinkinder üben auf Maggie eine ungeheure Anziehung aus. Als einzige unter den Jugendlichen genießt sie das Vertrauen nahezu aller Mütter und bekommt von diesen ältere Säuglinge und Kleinkinder für kurze Zeit anvertraut. Sie beginnt ihre „mütterliche Arbeit" dann damit, daß sie, mit dem Kind im Arm, ein Tagnest erstellt. Danach setzt sie sich hinein, hält „ihr Kind" mit beiden Armen und beginnt es zu pflegen und mit ihm zu spielen, genauso wie das die richtige Mutter tun würde. Darf sie ein Kind länger behalten, geht sie mit ihm auch versiert auf „Futtertour".
Man nimmt heute an, daß die Fähigkeiten einer Gorillafrau, ihr Neugeborenes vollwertig mütterlich zu versorgen, auf angeborenen und erworbenen Verhaltenskomponenten beruhen. Unklar ist jedoch, wie groß die beiden Anteile sind und was sie genau einschließen. Durch reine Beobachtung lassen sich diese Fragen nicht beantworten.
Maggies Verhalten vermag uns zu zeigen, wie man sich solche Lernprozesse vorstellen muß.

### Maggies Moospolster

Einmal besuchte ich Familie 5 zusammen mit David Watts, einem amerikanischen Kollegen. Kurz vor Beginn einer Siesta sahen wir Maggie von einem Baum heruntersteigen. Sie trug ein großes Moospolster im Arm. Wir dachten: Aha, jetzt wird ein Tagnest schön weich gepolstert. Doch weit gefehlt. Maggie begann wohl zu nesten, hielt jedoch ihr Moos während der ganzen Nestbauarbeiten mit einem Arm fest an den Körper gepreßt. Dann legte sie sich ins Nest, umschloß das Moospolster mit beiden Armen, hielt es so über eine Stunde, zupfte an ihm herum, als ob sie es pflegen würde, und verschob es am Körper in eine „kindergerechte" Position, sobald sie ihre Lage wechselte. Was Maggie da vom Baum herunter mitgebracht hatte, war eben kein Moospolster, sondern eine „Moospuppe".

### Eine Lektion in Mütterlichkeit

Ein weiteres Maggie-Beispiel führt uns eine völlig andere Dimension des Lernens von „Mütterlichkeit" vor Augen. Ich beobachtete einmal Pantsy und ihren kleinen Sohn Umurava. Er war damals schon so groß, daß Pantsy ihm erlaubte, auch zu mir zu kommen. An jenem Tag nutzte Umurava diese Freiheit. Er kam, setzte sich in meinen Schoß und begann neugierig meine Kleider, meine Gerätschaften und meinen Bart zu inspizieren. Wie die Regel das verlangt, hielt ich mich die ganze Zeit über reglos, wohl auch etwas angespannt steif, und berührte Umurava nicht, sondern ließ ihn einfach gewähren. Dann erschien Maggie. Sie sah mit Staunen Umurava in meinem Schoß sitzen, kam herbei, setzte sich vor uns hin und schaute uns zu. Zuerst schien alles in Ordnung. Doch dann drückten ihre Augen mehr und mehr Verwunderung aus, sie sah mich fragend an, und ihre Blicke wechselten schnell, unentwegt von Umurava zu mir und wieder zurück. Maggie wurde immer nervöser, es bereitete ihr sichtlich Mühe, einfach stillzusitzen, und ihr Ausdruck wurde mißbilligend. Plötzlich stand Maggie auf, griff sanft nach Umurava und zog ihn von mir weg an ihren Körper. Ich erwartete nun na-

1

2

*Eine ganz besondere Seite von Maggies Wesen ist ihre Vorliebe für Kinder. Erhält sie einen Säugling zum Hüten anvertraut, so baut sie ein Tagnest und beginnt dann am Kind ihre erwachenden mütterlichen Gefühle auszuleben. (1) Maggie mit beiden Armen voll Lobelienblättern, die dazu dienen sollen, ein geplantes Nest auszupolstern. (2) Die „mütterliche" Maggie, zugleich mit zwei Kleinen beschäftigt. (3) Selbst während einer Siesta hält Maggie sich dort auf, wo Chancen bestehen, sich gelegentlich mit einem Säugling beschäftigen zu können.*

3

türlich die übliche Maggie-Mutter-Szene. Aber Maggie ging nicht weg, sie nestete dort, wo sie zuvor saß, in völlig ungeeigneter zertretener Vegetation ganz kurz und beschäftigte sich dann, mir zugewandt, mütterlich mit Umurava. Auffallend war dabei, daß sie alle Pflegehandlungen am Kind sehr akzentuiert ausführte. Sie war zudem mit den Augen nicht vertieft in das, was sie tat, sondern sie blickte mir alle 10 bis 20 Sekunden auffordernd ins Gesicht, als wolle sie sich überzeugen, ob ich auch wirklich zuschaue. So ging das eine Weile, und die Episode fand ihr Ende, als Umurava sich entschloß, zu Mutter Pantsy zurückzugehen.

Es besteht kein Zweifel: Ich habe mit meinem Umurava gegenüber völlig unbeteiligten Verhalten Maggie zuerst in Staunen versetzt, später ihr Mißfallen erregt, und schließlich hat sie mir Umurava weggenommen und mir „vorgezeigt", wie man mit einem kleinen Kind im Schoß umzugehen hat.

Maggie wird wohl an der Lernfähigkeit von Menschen ihre Zweifel bekommen haben, denn sie hat mich später wieder in genau der gleichen Situation angetroffen.

Abgesehen von der Lektion in Mütterlichkeit, die Maggie mir erteilte, hat mich ihr Verhalten zum ersten Mal auch auf die Idee gebracht, daß Lernen bei Berggorillas nicht nur heißt, daß man nachahmend einfach übernimmt, was andere vorleben, sondern, daß es auch die Belehrung gibt, also das bewußte, nur auf den Lernenden ausgerichtete „Vorzeigen".

1

2

3

4

5

*Eine Mutter ist am Körper ihres Kindes auch immer wieder pflegend aktiv. Besonders das (1) Gesicht und der Kopf, (2 + 3) die Arme, Beine, Hände und Füße und (4) alle Körperöffnungen werden regelmäßig inspiziert und behandelt. Oft werden durch Pflegehandlungen gezielt auch Entleerungen ausgelöst. (5) Manchmal überrascht der Kot des Kindes die Mutter auch und verunreinigt ihr Haarkleid. Simba kam nach einem solchen Zwischenfall erst wieder zur Ruhe, als sie sich mit Hilfe von Pflanzenteilen gereinigt hatte.*

6

7

8

9

10

*Der erste Spielpartner des Kindes ist seine Mutter. Das Spiel zwischen Mutter und Kind entwickelt sich aus Pflegehandlungen und dem Erkunden des kindlichen Körpers heraus. (6) Liza löst bei ihrem Neugeborenen neugierig den Lippenreflex aus. (7) Auch später zielen viele mütterliche Spiele auf den Mund des Kindes ab, aber das Kind zeigt jetzt lachend, daß ihm all das Spaß bereitet. (8) Es wird aber auch gekitzelt, (9) wild gestikuliert, mit „Beißen gedroht", und (10) das Kind „bekämpft" ausgelassen die mit festen Griffen haltenden Hände und Füße der Mutter.*

# Über die Wissenschaft hinaus ...

Was ich bei Familie 5 beobachtet und notiert habe, ist nur eine Seite meiner Karisoke-Zeit. Die andere war gleichsam eine Reise weit über die „Wissenschaft“ hinaus. Eine Reise, die ich mit allen Sinnen erlebte, der ich allmählich mit Haut und Haar verfiel. Sie führte allerdings nicht in Entrücktes, Geheimnisvolles, sondern mitten hinein in ein mir vom Menschsein her durchaus vertrautes Beziehungsnetz.
Ich habe zwischen Mensch und Berggorillas Vertrauen wachsen sehen, Mitleid erlebt, Freundschaften, neugierige Ausgelassenheit, zudringliche Dreistigkeit und vornehme Zurückhaltung. Ich wurde zurechtgewiesen, getröstet und aufgemuntert. Man setzte sich vertraulich zu mir, legte mir kumpelhaft die haarigen Arme über die Schulter und sah mir aus bernsteinfarbenen Augen verschmitzt, wissend, lachend und verschwörerisch ins Gesicht. Nach und nach hat man mich mit der Gorilla-Etikette vertraut gemacht. Ich lernte und gehörte so mehr und mehr selber ein wenig zu dieser faszinierenden Familiengemeinschaft. Doch wurde ich nie zum „Berggorilla“,dazu war ich zu schwach, zu unbeholfen und zu unerfahren, und zudem blieb ich respektvoll neutral. Familie 5 sah mich wohl als harmlosen Mitläufer mit eigenartigen Gewohnheiten, der sich den Rücken und die Füße abschnallen konnte und der ein nicht besonders kleidsames Fell trug. Alle Mitglieder der Familie blieben mir in allen für Berggorillas wichtigen Dingen überlegen, und sie wußten das auch. Dennoch hatten sie die Toleranz und die Geduld, mich in ihrer Mitte als Gast zu akzeptieren.

*Erfahrene Gorillamütter haben eine Vorstellung davon, wie die Entwicklung ihres Kindes verlaufen wird und welche Entwicklungsschritte bei ihm in nächster Zeit zu erwarten sind. Sie provozieren reifende Fähigkeiten lange bevor das Kind sie durch seine Äußerungen anzeigt, und wenn sie dann manifest werden, greifen die Mütter fördernd ein. Wenn das Kind sich allmählich seiner unmittelbaren Umgebung zuzuwenden beginnt, nimmt seine Mutter es vermehrt auch so an den Körper, daß es seine neu erwachenden Bedürfnisse ausleben kann.*

## Eine Vorrede zu einem Kapitel

Dieses Kapitel verlangt eine kleine Vorrede.
In einer Familiengemeinschaft von Berggorillas geschieht viel, was mit den herkömmlichen wissenschaftlichen Methoden nicht zu fixieren ist. Man wird Zeuge einmaliger Szenen, die nicht reproduzierbar und darum auch nicht quantifizierbar sind. Ahnungen, Vertrauen, Gefühle, inneres Wissen und Erkennen werden durch sie angesprochen. Das alles hat, wenn von Menschenaffen die Rede ist, nicht mit einer vermenschlichenden Sicht der Dinge zu tun, sondern damit, daß wir Wesen und einer sozialen Organisation gegenüberstehen, die ihre entwicklungsgeschichtlichen Wurzeln mit uns gemeinsam haben. Bei einer Berggorillamutter, die sich ihrem weinenden Kind zuwendet, es tröstet und ihm zum Schluß die Brust anbietet, sind wir persönlich berührt, denn wir erkennen aus eigenem Erleben, was die Mutter tut und welche Wirkung ihr Tun auf ihr Kind hat. In uns wird Erleben angesprochen, an dem wir teilnahmen, bevor wir bewußt nachdenken konnten über das, was uns geschah.

Wissen und Erkenntnisse, die man über aktives Miterleben, über Ahnungen und Gefühle erwerben kann, fallen normalerweise unter den Tisch der Wissenschaft, oder sie werden als „Anekdoten" belächelt und nicht ernst genommen. Diese Seite des Erlebens führt aber auf Karisoke zu abendfüllenden Gesprächen unter all denen, die mit Berggorillas zu tun haben. Es sind wohl Dinge, die nicht den Wissenschafter, dafür um so mehr den Menschen hinter ihm ansprechen und staunen lassen.
Ich persönlich betrachte all diese Erlebnisse und Gefühle als ebenso legitime Art, zu Einsichten zu gelangen, wie den Weg, der über methodisch saubere, wissenschaftliche Beobachtungen führt, die abschließend auswertbar sind. Wenn man zu einem ganzheitlichen Bild darüber kommen will, was Berggorillagemeinschaften sind und wie sie leben, so sind auch diese Erlebnisse gewichtig in die Gesamtsicht miteinzubeziehen. Ich glaube sogar, daß ein solches Gesamtbild nur dann entstehen kann, wenn man beide Seiten berücksichtigt. Manchmal war ich auch im ehrlichen Zweifel darüber, welche dieser Seiten ich persönlich als wichtiger zu bewerten habe.

## Kontakt nehmen ...

Berggorillas sind für einen Beobachter, der sich in einer Familie aufhält und mit ihr vertraut ist, nicht gefährlich.
Betrachten wir den Kontakt zuerst von den Berggorillas her. Sie sind untereinander freundlich, tolerant, und sie sind zu einsichtigem Handeln fähig. Diese Züge ihres Wesens ermöglichen ihnen, auch mit Andersartigen auf gleiche Weise umzugehen.
Natürlich sind Berggorillas nur dann „ungefährlich", wenn man sich an gewisse Voraussetzungen hält, und damit sind wir beim Verhalten des Menschen.
So fremd das auch tönen mag, Berggorillas muß man als gleichwertigen Mitgeschöpfen gegenübertreten, also freundlich, höflich und zurückhaltend. Man darf auch nie vergessen, daß man als Beobachter in ihren Lebensraum, in ihr Leben und in ihre Familien tritt.
Neben dieser Grundhaltung sind noch einige konkrete Verhaltensregeln zu beachten, die einem von Karisoke aus nahegelegt werden, und schließlich ist es das Verhalten, das uns Berggorillas untereinander selber vorleben, nach dem man sich zu richten hat. Vom Beobachter ist damit gefordert, daß er bereit ist, von Berggorillas zu lernen.

## Karisoke-Regeln

Auf Karisoke gibt es keine geschriebenen Regeln für den Umgang mit Berggorillas. Man erfährt von erfahrenen Beobachtern, worauf es ankommt und was man zu unterlassen hat.
Zu den ungeschriebenen „Gesetzen" auf Karisoke gehört unter anderem, daß man bei den Berggorillas nicht raucht, nicht ißt, sie nicht berührt, wann immer sich das vermeiden läßt, und daß man seine unaufschiebbaren Geschäfte weitab von der Familie verrichtet. Selbstverständlich verzichtet man auf den Besuch einer Familie, wenn man krank ist oder sich nicht wohl fühlt, auch wenn man nur an einer starken Erkältung leidet.
Wenn der Silberrücken der Familie gegen einen imponiert, sich aufrecht, brusttrommelnd und mit lautem Imponierrufen bis auf ein, zwei Meter nähert, darf man nicht weglaufen, wie mächtig der innere Drang dazu auch sein mag. Man kauert nieder, wendet seinen Blick ab und bleibt ruhig. Ein Silberrücken, dem man auf diese Weise auf sein Imponieren antwortet, wird es immer bei dieser eindrücklichen Selbstdarstellung bewenden lassen, wohl darauf vertrauend, daß er auch den Menschen, genauso wie seine Familienmitglieder, mit seinem Auftritt beeindruckt hat. Läuft man dagegen weg, so provoziert man ihn mit Sicherheit, er folgt einem nach, und dabei kann es zu folgenschweren direkten Kontakten kommen. Das sind nur einige Karisoke-Regeln. Sie alle zielen darauf ab, daß man als Beobachter in allen Dingen völlig neutral bleibt und so jede Konkurrenz zu den Berggorillas vermeidet.
Mit dem Einhalten dieser Regeln dient man den Gorillas, sich selber und der Beobachtungsarbeit.
Indem man Berührungen mit Berggorillas ausweicht und andere Hygienemaßnahmen beachtet, hält man das Risiko klein, sie mit Krankheitskeimen zu konfrontieren, gegen die sie keine körpereigene Abwehr mobilisieren können.
Mit der neutralen Stellung in der Familie schützt man sich selber, weil man so Konflikte weitgehend ausschließt.
Bleibt man als Beobachter im Hintergrund, so zieht man beim Erscheinen nicht sofort alles Interesse auf sich. Das ist wichtig, wenn man natürliches, möglichst unbeeinflußtes Verhalten beobachten möchte.

**Nicht immer lebt sich leicht ...**

Natürlich lebt sich nicht immer leicht mit diesen Einschränkungen. Wenn Kinder einem Spiele antragen, so ist man versucht, selber aktiv mitzutun. Freundliche Berührungen verlangen freundliche Erwiderungen, und es fällt oft schwer, auf solche Antworten ein-

1

2

3

*Besonders wichtig in der frühen Entwicklung des Kindes sind seine Hände und Füße. Es nimmt sie vors Gesicht, bewegt sie, schaut ihnen zu und (1 + 2) bringt sie in den Mund. Aus anfänglichem Erkunden wird bald auch ausgelassenes Spiel. Von der dritten Lebenswoche an nimmt das Kind seine Hand gezielt in den Mund, und (4 + 5) etwas später gelingt ihm das, unter der Führung der Hände, auch mit den Füßen. (3) Bei all diesen Beschäftigungen ist die Mutter seine passionierte Zuschauerin. Das Kind lernt so nicht nur seinen eigenen Körper kennen, sondern auch seine Möglichkeiten, und erfährt, daß Hände und Füße Mittler zu anderen Dingen sind.*

4

5

fach zu verzichten. Da wir die Berggorilla-Lautsprache nicht beherrschen, befinden wir uns in einem ständigen Kommunikationsnotstand, und dieses Hindernis würden wir gerne beseitigen.
Trotz all dieser Überlegungen ist die Forderung nach Zurückhaltung berechtigt. Nehmen wir zum Beispiel den Kleinen in meinem Schoß. Es ist denkbar, daß seine Mutter in der Nähe schläft und uns darum nicht zusieht. Beginnt der Kleine nun aus irgendeinem Grund plötzlich zu weinen oder zu schreien, so könnte das zu einem Konflikt zwischen mir und der alarmierten Mutter führen. Weiß die Mutter aber aus Erfahrung, daß man die Kleinen nie anrührt, so ist sie einsichtig genug, die Ursache der kindlichen Schreie nicht einfach dem Beobachter anzulasten.
Hin und wieder erlaubt man sich, sei es aus Übermut oder aus einer Notwendigkeit heraus, die Regeln zu mißachten. Zwei Beispiele mögen das illustrieren.

**Shindas Morgengruß**

Shinda, der jugendliche Mann, hatte sich schon bald für mich einen besonderen Morgengruß ausgedacht. Wann immer ich bei Familie 5 erschien, kam er mir rennend entgegen, drehte einige Pirouetten, drückte sich so, rempelnd, im engen Pfand an mir vorbei und gab mir einen Klaps in die Kniekehlen. Tag für Tag hieß Shinda mich so willkommen, und immer, wenn er vorbei war, sah er spitzbübisch und erwartungsvoll über die Schulter zu mir hin. Erst als ich mich dann entschloß, ihn ebenfalls mit einer Pirouette zu begrüßen, bei der mein schlenkernd nachgezogener Fuß ihn jeweils sanft in den Hintern traf, schien Shindas Morgengruß so erwidert worden zu sein, wie er sich das wünschte. Wir blieben dann bei diesem so festgelegten Begrüßungsmodus.

**Maggies Diebereien**

Einmal saß ich in Beobachtungen vertieft in der Nähe von Picasso und Ineza. Unbemerkt hatte sich von hinten Maggie angeschlichen und sich mit der Außentasche meines Rucksackes beschäftigt. Es war ihr gelungen, die Schnalle zur einen Außentasche sachte zu öffnen, denn als ich mich umsah, saß sie drei Meter von mir entfernt und trug in jedem Arm eines meiner Fotoobjektive. Solcher Besitz ist für Gorillas nur dann interessant, wenn der rechtmäßige Besitzer zeigt, daß er ihn zurückhaben möchte. Bei unwichtigen Dingen ignoriert man den Dieb darum am besten. Nur waren die Objektive für mich keine unwichtigen Dinge. Ich entschloß mich, gegen die Regel, aktiv zu werden. Vor Maggies Augen nahm ich aus der anderen Außentasche eine für den Heimweg reservierte Banane. Ich schälte sie und aß sie bis auf einen kleinen Bissen auf. Maggie schaute fasziniert zu. Den kleinen Rest bot ich ihr dann auf der flachen Hand an. Maggie war begeistert, ließ die Objektive fallen, nahm das Bananenstück und verschwand. Ich besaß meine Objektive wieder und kam mir mächtig schlau vor. Aber ich hatte die Rechnung ohne Maggies Beobachtungsgabe gemacht. Während zehn Tagen wurde ich von ihr regelrecht belagert. Sie hatte genau gesehen, woher die Banane gekommen war, und versprach sich wohl noch mehr. Ich mußte schließlich die Packordnung ändern und besagte Tasche leer lassen. Dreimal ließ ich Maggie die Tasche „verstohlen" öffnen, und dreimal mußte sie wohl enttäuscht feststellen, daß da keine Bananen waren, bis sie wieder zur eigenen Tagesordnung überging und mich in Ruhe ließ.

1

2

*1 – Der unternehmungslustige und freundliche Shinda. Sein interessiert forscher Blick klärt wohl ab, wie weit er bei seinen nächsten Unternehmungen gehen kann. (2) Maggie, die spezialisierte „Diebin", macht sich am Rucksack von David Watts zu schaffen. (3) Eine freundliche Konfrontation der beiden großen Männer, Ziz und Pablo. Der weitere Verlauf der Szene ist vorgezeichnet, Pablo wird Platz machen müssen, denn zu Ziz' Privilegien gehört das uneingeschränkte Wegrecht.*

## Gorilla-Etikette

Mit dem Ausdruck „Gorilla-Etikette“ sind all die Regeln gemeint, die man als Beobachter von den Berggorillas selber zu lernen hat.
Natürlich setzt man nur gerade diejenigen Regeln aus dem Gorillaverhalten persönlich um, die sich mit der angestrebten zurückhaltenden und neutralen Haltung vereinbaren lassen. Man verwendet als Beobachter also nie aggressive Gesten, wie etwa das Drohen, auch wenn das Gorillas hin und wieder tun, und man äußert nur die Laute, von denen man sicher weiß, daß sie ausschließlich freundlichen und beschwichtigenden Charakter haben. Berggorillas reagieren auf unvertraute Geräusche und überraschende Bewegungen mit erhöhter Aufmerksamkeit, ja manchmal sogar schreckhaft. Man kündet der Familie deshalb sein Kommen am Morgen frühzeitig an, und tagsüber versucht man plötzliche, laute Geräusche und abrupte Bewegungen zu vermeiden. Ist das nicht möglich, so teilt man bevorstehende Störungen mit, indem man einen Belchlaut äußert.
Unter Berggorillas steht dem Ranghöheren das Recht auf freien Weg zu, wie auch das Recht auf einen besonders komfortablen Sitz- oder Ruheplatz. Das bedeutet, daß man als rangmäßig nicht integrierter Beobachter jedem Gorilla diskussionslos das Wegrecht einräumt und einen Sitzplatz aufgibt, wenn man sieht, daß Gorillas ihn für sich beanspruchen.
Berggorillas können einen zurechtweisen durch Husten oder indem sie gegen einen gerichtet mit der Hand unwirsch in die Vegetation schlagen. Geschieht das, entschuldigt man sich „belchend“ und ändert sein Verhalten, wenn die Zurechtweisung das verlangt.



Zuwendungen können auch freundlich

3

sein, ein Belchlaut, eine Annäherung, eine Berührung oder ein In-Kontakt-Sitzen. In diesem Fall ist freundliche, aufmunternde Zustimmung am Platz.
Wenn man mit einem Belchlaut direkt angesprochen wird, so erwidert man ihn. Gelegentlich teilt man der Familie mit dem gleichen Laut auch seinen Standort mit oder nimmt mit ihr Stimmfühlung auf. Gorillas kennen sich übrigens an diesem Laut persönlich und erkennen auch, welcher Belchlaut dem Beobachter zuzuordnen ist.
Beim Essen ist unter Gorillas allzu nahe Gesellschaft nicht so geschätzt, wohl dagegen während der Siesten. Es ist sinnvoll, als Beobachter auch diese mit besonderen Aktivitäten verbundenen Stimmungen zu respektieren.
Kindern und Jugendlichen gesteht man natürlich die Narrenfreiheit zu, die sie auch innerhalb ihrer Familie genießen.
Das ist nur eine Auswahl aus all dem, was man von Berggorillas allmählich lernt. Je vertrauter man mit ihnen ist, desto eindeutiger wird, was man zu tun oder zu lassen hat, alles wird einem selbstverständlich, und man gewinnt so, auch als Mensch unter Berggorillas, eine gewisse soziale Sicherheit.

1

2

3

4

5

*Das Schlafbedürfnis der Kinder deckt sich nicht mit dem der Erwachsenen. So kommt es, daß sie (1 + 2) auf oder an ihren schlafenden Müttern wach und aktiv bleiben und (3) manchmal sogar übermütige und hektische Geschäftigkeit entwickeln. Erstaunlich ist die Toleranz und die Geduld, mit der die Mütter den kleinen „Ruhestörern" begegnen. Zwei Lösungen bieten sich den Müttern an. (4) Sie schränken den Aktionsradius der Kleinen dadurch ein, daß sie sie mit einem festen Fuß- oder Handgriff am Ort fixieren, (5) oder sie schieben den Schlaf auf und schauen ihren Kinder einfach zu.*

Gerät man in eine Situation, in der man nicht weiß, wie man sich richtig zu verhalten hat, dann benimmt man sich am besten, wie man das auch einem völlig fremden Menschen gegenüber tun würde. Diese Strategie hat sich bewährt.
Natürlich gilt auch hier, was für die Karisoke-Regeln gesagt wurde: es fällt nicht immer leicht, sich richtig zu benehmen. Wenn man Berggorillas zum Beispiel das Wegrecht einräumt, so heißt das gelegentlich, daß man aus einem engen Pfad wegzutreten hat, unter Umständen hinein in ein Feld übermannshoher Nesseln, die durch drei Kleiderlagen stechen können und schmerzhaft brennen. Hat man sich, ohne das zu bemerken, mitten in höchst aggressive Ameisen gesetzt, so fällt es schwer, überraschende Bewegungen zu unterlassen oder diese noch freundlich anzukünden, bevor man selber aktiv wird.

**Wie man sich mitteilt**

Es ist im Zusammenhang mit diesen Verhaltensregeln für Beobachter immer wieder die Rede von „ankündigen", „melden", „mitteilen" und von „freundlichen Lautäußerungen", die man dafür benützt.
Im Repertoire von Berggorillas gibt es mehrere Laute, die ausschließlich in freundlichem Kontext geäußert werden. Etwa ein tiefes Brummen und ein hohes, an- und abschwellendes Singen, die beide, mehrmals wiederholt und aneinandergereiht, beinahe wie eine kleine Melodie tönen, oder das Belchen (to belch – aufstoßen, rülpsen), das einem kurzen Aufstoßen ähnlich klingt und meist nur einmal geäußert wird. Als Beobachter benützt man vor allem diesen Belch-Laut. Er hat situationsabhängig einen vielfältigen Mitteilungsinhalt. Man kann unter anderem mit dem Belchen auf etwas aufmerksam machen, seinen Standort melden, Stimmfühlung aufnehmen, etwas ankündigen, beschwichtigen, sich entschuldigen oder einfach sein Wohlbefinden ausdrücken.

## Von der Gewöhnung zum Vertrauen

An das regelmäßige Erscheinen eines neuen Gesichtes gewöhnen sich die Mitglieder der Familie 5 sehr schnell. Sie befinden sich im „Heimvorteil", denn Beobachter sind ihnen vertraut, und in den ersten Tagen interessiert sie nur gerade das ungewohnte Bild des „Neuen" und vielleicht noch sein Geruch. Der neue Beobachter dagegen ist unsicher, gespannt, neugierig und zu Beginn wohl auch etwas ängstlich. Für ihn ist die Begegnung einmalig.
Die gegenseitige Gewöhnung ist ein Prozeß, der ohne großes Zutun von beiden Seiten abläuft. Wenn man sich an die erwähnten „Spielregeln" hält, sind keine Störungen zu erwarten.
Die Gewöhnung selbst ist die Grundlage dafür, daß allmählich Vertrauen wachsen kann. Dieser zweite Teil der Beziehung, der über eine Gewöhnung hinausführt, verlangt von beiden Seiten „Leistungen". Man muß sich gegenseitiges Vertrauen sozusagen verdienen, und zwar in einem ständigen Dialog.

## Individuelle Kontakte

Die persönlichen Kontakte, denen man sich als Besucher der Familie 5 aussetzt, sind sehr individuell. Sie hängen mit vielen Faktoren zusammen. Unter anderem spielt die Altersklasse des beteiligten Familienmitgliedes eine Rolle, sein Geschlecht, seine soziale Stellung, seine persönliche Wesensart und seine Lebensgeschichte.
Ein kurzer Blick auf die Altersklassen kann uns solche Unterschiede zeigen. Kinder sind aufs Erkunden aus, sie sind neugierig und nach kurzer Angewöhnung zutraulich und arglos. Jugendliche neigen zu spielerischen Kontakten, sind etwas dreister, und gelegentlich provozieren sie. Erwachsene Frauen zeigen Toleranz, dulden einen, sind aber eher zurückhaltend, vor allem wenn sie Säuglinge oder Kleinkinder tragen. Effie, die wichtigste Dame in der Hierarchie, macht da eine Ausnahme. Sie ist, ihrer Würde und Stellung bewußt, Kontakten gegenüber eher abhold. Sie duldet es, beobachtet zu werden, zeigt dabei aber mit Zurechtweisungen jeweils unmißverständlich, was sie will. Die Schwarzrücken unter den Männern spielen sich gerne auf, provozieren und sind, wenn es zu Kontakten kommt, oft recht kraftvoll. Ihr Verhalten hat mit ihrer eher peripheren Stellung in der Familie zu tun, die unter anderem bei ihnen sozial zu einem gewissen Kontaktdefizit führt. Erstaunlich ist, daß Schwarzrücken, wenn sie ins Stadium des Silberrückens übertreten, diese Allüren in kurzer Zeit ablegen wie ein ausgetragenes Kleid. Sie werden dann den Menschen gegenüber distanziert und zurückhaltend, ja manchmal sie fast ignorierend, was aber täuscht, denn sozial bleiben sie aufmerksam und für alles, was geschieht, verantwortlich.
Daß sich die persönliche Wesensart eines Individuums auf die Kontakte auswirkt, ist verständlich, denn im Dialog kann man den Charakter nicht ablegen. Dasselbe gilt auch für die soziale Stellung, also für den Rang. Für die Lebensgeschichte vieler Gorillafrauen ist eine

wichtige Frage, wann sie zur Familie gestoßen sind und woher sie kamen. Kwiruka zum Beispiel lebte erst etwa ein Jahr in Familie 5, als ich sie kennenlernte. Sie war den damaligen Beobachtern unbekannt, kam also vermutlich aus einer Familie, die keinen Kontakt mit Menschen hatte. Ihre Menschenscheu schien das auch zu bestätigen. Sie ließ sich zusammen mit ihrem Söhnchen selten länger als einige Minuten beobachten, wurde dabei immer nervöser und drückte schließlich ihr Mißtrauen mit panischem Husten und verhetzendem Schreien aus. Innere Ruhe bewahrte sie nur dann, wenn sie sich in unmittelbarer Nähe von Ziz aufhielt. Auch Walanza war erst etwa ein Jahr in Familie 5, und man vermutete auch bei ihr den Zuzug aus einer „wilden“ Familie. Trotzdem, und das ist wieder individuell und lebensgeschichtlich bedingt, hat sie sich rasch und erfolgreich an Beobachter gewöhnt und war auch fähig, deren Gesellschaft über lange Zeit freundlich zu ertragen.

1

## Wie Vertrauen wächst

Wenn Vertrauen wächst, so ist das nicht ein offenliegender spektakulärer Vorgang. Man stellt wachsendes Vertrauen allmählich an kleinen Veränderungen in alltäglichen Begegnungen und Begebenheiten fest.
Zuerst sind es vereinzelte scheue Zuwendungen, die dann mit der Zeit zum Alltag der Beziehung gehören, und schließlich können sie sich zu recht komplexen persönlichen Szenen ausweiten.
Eher scheue Individuen verlieren zum Beispiel langsam ihre Zurückhaltung, dulden dann, daß man sich in ihrer Nähe aufhält, und schließlich nehmen sie gelegentlich auch selber Kontakt auf. Das erlebte ich mit Pandora. Am Anfang war sie durch meine Anwesenheit belastet und duldete das Beobachtet-Werden nur für eine knappe Stunde. Mit der Zeit wuchs ihr Vertrauen, und zum Schluß waren auch bei ihr Beobachtungen möglich, die die Kontaktzeit eines ganzen Tages einschlossen. Sicher hatte dieser Wandel Pandoras auch noch damit zu tun, daß ihr kleiner Sohn in dieser Zeit heranwuchs und die Sorgen um ihn damit kleiner wurden.
Gewisse Kleinkinder durften von Anfang an Kontakt mit mir aufnehmen, andere nicht. Als Pantsys Sohn Umurava sich von der Mutter auf zwei, drei Meter entfernen durfte, wurden ihm kleine Ausflüge in alle Richtungen gestattet, nur zu mir hin durfte er sich nicht bewegen. Versuchte er in meine Richtung zu kommen, nahm ihn Pantsy sofort an den Körper zurück. Eines Tages wagte Pantsy einen Versuch. Sie war müde und wollte schlafen. Sie äußerte einen deutlich an mich gerichteten Belchlaut. Ich war erstaunt, der Laut war eindeutig eine Mitteilung, er sollte mich auf etwas aufmerksam machen, nur wußte ich nicht, worauf. Zu meinem Erstaunen kam dann Umurava auf mich zu, ohne

2

Daß Berggorillas auch Menschen Vertrauen entgegenbringen können hat damit zu tun, daß das gegenseitige Vertrauen auch in ihrer eigenen Gemeinschaft eine wichtige Rolle spielt, ja sogar die Grundlage ihres Familienlebens darstellt. (1) Den ganzen Tag über kann man in Familie 5 Szenen zwischen Familienmitgliedern erleben, die Zuneigung und Vertrautheit sichtbar machen. (2) Für alle in der Familie ist der Silberrücken und Chef Ziz, so erstaunlich das klingen mag, wohl der verläßlichste Partner.

die übliche Einschränkung durch Pantsy. Er nahm mit mir Kontakt auf, und ich wußte nun, was Pantsys Laut bedeutete: „Achtung, jetzt darf er…" und möglicherweise auch: „…benimm dich…" Nach diesem ersten Versuch duldete Pantsy die Annäherungen ihres Söhnchens an mich immer, und oft saß er in meinem Schoß. Pantsy hat mit ihrer Großzügigkeit nicht nur ihrem Sohn und mir einen Gefallen erwiesen, sondern sie nutzte solche Augenblicke für ein vertrauensvolles Nickerchen. Mir schien, ich hätte in ihren Augen die Prüfung als „Babysitter" bestanden.

### Schlafen mit Ziz

Ich erlebte, daß ich mich zunehmend in kritischen Situationen auch auf Ziz berufen konnte. Erstaunlich war für mich der Auftakt zu diesem Vertrauen, ein sehr frühes Erlebnis mit Ziz. Es war ganz am Anfang meiner Zeit mit Familie 5. Ich beobachtete Ziz, weil ich wissen wollte, wie er seine Zeit verbringt. Es war ein kalter, nasser Tag, und plötzlich brachen warme Sonnenstrahlen durch. Ich saß einen Meter vom ebenfalls ruhenden Ziz entfernt. Er begann zu gähnen, das steht noch in meinem Protokoll von damals, danach folgte in meinen Notizen aber eine Zeitlücke von 35 Minuten. Ich war eingeschlafen. Auch Ziz hatte diese Zeit über geschlafen. Ich kannte ihn damals noch nicht. Meine Sorglosigkeit kann ich mir nur so erklären, daß ich, ohne das bewußt wahrzunehmen, unter dem Einfluß seiner Ausstrahlung stand; ich spürte, daß ich ihm absolut vertrauen durfte. Das bestätigte sich später vielfach. Er setzte sich in kritischen Situationen für mich ein wie für die Schutzbefohlenen seiner eigenen Art. Ich lernte auch, mich hin und wieder in seinen sozialen Schatten zu flüchten, wenn Pablo mir seine massiven Gorillaspiele antrug.

### …und wieder Shinda

Es können in der Familie auf den Beobachter bezogene Rituale entwickelt werden, in die dieser mit einem eigenen Beitrag einbezogen wird und die schließlich bis hin zu einer Freundschaft führen können. Von Shindas Morgengruß und seinem Pirouettieren habe ich schon gesprochen. Das war aber nur der Auftakt zur Beziehung mit ihm. Später, am Schluß eines Beobachtungstages packte ich meinen Sack und wollte aufbrechen. Shinda stellte sich hinter mich und hielt mich fest. Er ist so stark, daß man sich in einer solchen Situation mit Kraft nicht selber helfen kann. Ich sprach ihm zu, ohne Erfolg. Er ließ mich nicht gehen. Ich setzte mich, und er tat das auch. Wir waren etwa 5 Minuten miteinander „beschäftigt", dann wagte ich einen zweiten Versuch. Shinda blieb sitzen und ließ mich gehen. Diese Szene wiederholte sich nun jeden Abend. Shinda schien sehr aufmerksam darüber zu wachen, die ersten Aufbruchzeichen meinerseits nicht zu verpassen. Mit der Zeit wußte ich, was er wollte, und er brauchte mich nicht mehr mit Gewalt zurückzuhalten: er wollte einige Minuten einfach mit mir zusammensitzen. Zum obligaten Morgengruß hatte Shinda so auch noch eine Abschiedszeremonie erfunden, und er beanspruchte sie als sein Recht. Ganz überzeugt von Shindas besonderer Zuneigung war ich allerdings erst dann, als er in seine Beziehung zu mir noch eine weitere Station einbaute. Er begann nämlich, mich hin und wieder während einer Siesta aufzusuchen, um an mich gelehnt oder auf meinem Schenkel sitzend zu schlafen. Sein Gewicht war dabei oft unangenehm, aber die Freude über die ausgedrückte Zuneigung überwog bei mir. Solch gemeinsames Schlafen wurde allerdings nie zur festen Gewohnheit wie der Morgen- und Abendgruß. Es geschah einfach von Zeit zu Zeit. Wer aber weiß, was Im-Körperkontakt-Schlafen bei Berggorillas bedeutet, der wird mir zustimmen, daß zwischen mir und Shinda etwas entstanden ist, das man getrost als von Vertrauen getragene Freundschaft bezeichnen darf.

**Liza zeigt ihr Töchterchen**

Innerhalb der Familie hatte ich mehr und mehr auch sehr intime und persönliche Szenen zwischen den Familienmitgliedern beobachtet. Dann kam die Zeit, in der auch ich hin und wieder in eine solche mit eingeschlossen wurde. Eine Begegnung mit Liza mag das illustrieren. In der Nacht davor hatte Liza ihr Töchterchen zur Welt gebracht. Ich sah Liza an diesem Tag nur ganz kurz, früh am Morgen. Mütter mit wenigen Stunden alten Neugeborenen verhalten sich zurückhaltender und scheuer als üblich. Kurz vor Mittag sah ich sie dann plötzlich in einiger Distanz aus dichter Vegetation treten. Sie blickte mich fragend und kritisch an, so als hätte sie sich zu entscheiden, ob sie ihren nächsten,

1

*1 – Wenn Kinder drei und mehr Monate alt sind, werden sie von den Müttern auf dem Rükken transportiert. Geht es über lange oder beschwerliche Wegstrecken, so werden selbst Zwei- bis Dreijährige rückenreitend mitgetragen. (2) Sind Kinder mit dieser Transportform einmal vertraut, so steigen sie selber auf. Für Kinder ist der Rücken der Mutter ein Teil ihrer Welt. Sie fühlen sich auf ihm wohl und in keiner Weise eingeschränkt. Auf dem Rücken der Mutter reitend kann man (3) schlafen, spielen, sich mit Pflanzen beschäftigen und (4) auf allen Vieren stehen, wenn einem danach zumute ist.*

2

3

4

geplanten Schritt wagen sollte. Sie entschied für ja, näherte sich, setzte sich so vor mich hin, daß ihre Füße die meinen berührten, dann löste sie ihr Neugeborenes mit sanften und vorsichtigen Bewegungen vom Körper, senkte es in den Armen etwas ab und drehte es zu mir hin, darauf schaute sie mir immer wieder auffordernd ins Gesicht. Sie hat mir ihr Neugeborenes gezeigt, und ich habe es gebührend bewundert und ihr das auch gesagt. Natürlich war ich gerührt. Unter Gorillafrauen hatte ich diese Szene schon beobachtet. An mich gerichtet war das wohl der höchste aller Vertrauensbeweise, den ich von einer älteren Dame wie Liza erwarten durfte.

Vertrauen spürt man auch dann, wenn man von Berggorillas lernt, das Gelernte gelegentlich einsetzt und darauf eine Antwort bekommt. Das einfachste Beispiel dazu ist das Belchen, ein Laut, auf den ich schon früher zu sprechen kam. Es ist ein Erlebnis, wenn einem, so wie sich das unter Gorillas gehört, auf das Belchen hin mit Belchen geantwortet wird. Ein anderes Beispiel.

**Pablos Übermut**

Von Pablos Übermut, von seinen kraftvollen Spielanträgen und rauhen Spielen habe ich schon kurz gesprochen. Nicht immer angenehm war, wenn er versuchte, mit festem Griff Jacken-, Pullover- und Hemdkragen zu packen und sich dann zu einem übermütigen Imponierlauf in die Vegetation anschickte. Natürlich ohne seinen Griff zu lösen, mit der menschlichen Last im Schlepptau. Zuerst blieb keine andere Wahl, als einfach mitzutun. Dann bot sich die Obhut von Ziz an, unter der man solchen

Zugriffen entkam. Schließlich sah ich, daß Pablo sich in gleicher Weise auch an älteren Jugendlichen verging. Stand denen der Sinn nicht nach seinen Spielen, äußerten sie ihre ablehnende Haltung mit einem eindringlichen an- und abschwellenden Brummlied. Ich verhielt mich später genauso, und oft nahm Pablo auf meinen Wunsch Rücksicht. Ich lernte so mit Pablos ungestümen Auftritten zu leben. Wir sprachen uns sozusagen gegenseitig ab, wobei natürlich mit zu den Spielregeln gehörte, daß ich hin und wieder auch klein beigab und ihm seinen Willen ließ, wenn auch mit wenig Begeisterung.

Mit zur Vertrauensbildung gehört es auch, daß man Zurechtweisungen annimmt, freundliche und dringliche. Gorillas verlassen sich offenbar in solchen Fällen darauf, daß sie auf ihre Äußerungen hin auch beim Menschen die erwünschte Reaktion erreichen.

Diese Beispiele lassen sich beliebig mehren. Ich habe jetzt vor allem Gorillas als die Agierenden im Prozeß der Vertrauensbildung dargestellt, trotzdem bleibt dieser Prozeß ein ständiger gegenseitiger Dialog.

## Präzise Beobachter

Berggorillas interpretieren im menschlichen Verhalten auch Äußerungen, die einem nicht ins Bewußtsein dringen, denn ihre visuelle Wahrnehmung und Aufmerksamkeit ist ungeheuer viel schärfer als die unsere. Oft wird einem erst, nachdem ein Berggorilla reagiert, klar, daß man selber das Signal dafür gegeben hat. Manchmal können einem Kleinkinder im Schoß oder auf dem Rücken auch ein wenig lästig werden, etwa dann, wenn man aufbrechen möchte und die Kleinen sich nicht dazu entschließen, zur Mutter zurückzukehren oder sich anderen Interessen zuzuwenden. Man erlebt dann, daß die Mutter ihr Kind zu sich ruft oder es zurückholt. Zuerst glaubt man an einen willkommenen Zufall. Aber die gleiche Szene wiederholt sich zu oft, immer synchron mit den eigenen Bedürfnissen. Solche Interventionen der Mütter sind keine Zufälle. Winzige Äußerungen der eigenen Ungeduld sind es, die die Mütter aufmerksam machen und tätig werden lassen.

Pandora hat mir einmal demonstriert, wie genau sie zu beobachten vermag. An einem Morgen wollte ich mein tägliches Protokoll mit Pandora und Mahoro beginnen. Ich setzte mich etwa vier Meter von ihr entfernt hin. Zwei, drei Minuten später sah ich, daß sie mich immer wieder aufmerksam musterte und nervöser schien als üblich. Dieser Zustand hielt über eine Stunde an, ohne daß mir klar geworden wäre, was denn heute nicht stimmte. Dann wurde Pandoras Neugier übermächtig. Sie kam zu mir, starrte auf den unteren Gamaschenabschluß an meinem Fuß und berührte dann erkundend einen winzigen Zipfel eines Schnürsenkels, der unter der Gamasche hervorschaute. Das also war's, was sie heute so lange irritiert hatte. Als ich mich am Morgen angekleidet hatte, war der eine Schnürsenkel gerissen. Ich hatte ihn zusammengeknotet. Ein winziges, etwas ausgefranstes Knotenzipfelchen ragte nun unter der Gamasche hervor, nicht mehr als einen halben Zentimeter, aber es sah so aus, als würde ein Insekt auf meinem Schuh sitzen.

Berggorillas sind nicht nur aufmerksame Beobachter, sie sind auch fähig, Geschehen zu beurteilen und darauf einsichtig zu reagieren. Das Vertrauen auf diese Fähigkeit macht sie zu zuverlässigen Partnern, wenn man als Beobachter in eine konfliktträchtige Situation gerät. Ineza, der kleine Sohn von Picasso, saß einmal an mein Knie gelehnt und griff nach einer Nessel. Mutter Picasso sah uns aufmerksam zu. Ineza packte die Pflanze mit dem Fäustchen, riß sie ab, verbrannte sich dabei die Finger und begann zu schreien, ohne die Nessel aber fallen zu lassen. Picasso kam sofort hinzu, nahm die Nessel aus dem Händchen des Kindes und danach den Kleinen tröstend an den Körper. Sie wandte sich in keiner Weise gegen mich persönlich. Sie hatte gesehen, was geschehen war, und erkannte die Ursache des kindlichen Unglücks.

*Berggorillas sind, wie alle Primaten, ausgesprochene „Neugierwesen". Unvertrautem gegenüber sind sie zuerst immer zurückhaltend und scheu. Ist der Bann aber einmal gebrochen, richtet sich ihr Interesse nicht nur auf Dinge, sondern auch auf den Menschen als „Sozialpartner". (1) Beinahe täglich erhält man als Beobachter neugierigen Besuch eines Kindes. (2) Ein Filmteam ist bei Familie 5 zu Gast. Pablo inspiziert die Kamera. Er weiß, daß sich in der Frontlinse Gesichter widerspiegeln. (3) Umuravas Interesse gilt meinem Schuh, bald zeigt aber (4) die Hand auf mein Knie, daß ein beherzter Aufstieg in meinen Schoß bevorsteht.*

1

2

3

4

1

## Erlebtes Mitgefühl

Zum Schluß dieses Kapitels hier noch eine Episode, die mich tief und unvergeßlich gerührt und beeindruckt hat. Sie hat mit Pablo und Maggie zu tun. Die besonderen Wesenszüge und ihre schillernden Persönlichkeiten haben wir schon im Detail kennengelernt.
An einem Morgen, kurz vor Mittag, saßen wir von Pflanzen verdeckt im Steilhang des Vulkans Bisoke. Wir, das waren Simba, ihr Töchterchen Imanze und ich. Ich protokollierte das Verhalten der beiden. Plötzlich brach über uns, den Augen verborgen, Pablos Brusttrommelei los. Ein Blick zurück genügte. Pablo kam beinahe fliegend angestürmt, in mächtigen Sprüngen, direkt auf mich zu. Ich legte mich hin und versuchte aus seiner „Flugbahn“ zu rollen. Erfolglos, er landete mit beiden Füßen auf meinem Kreuz. Alles geschah innerhalb von Sekunden, und Pablo verschwand gleich danach so, wie er gekommen war, hangabwärts. Zuerst kam ich nicht mehr auf die Beine und dachte, mein Rücken hätte Schaden genommen. Ich lag da, unfähig, mich aufzurichten, fluchte erst hinter Pablo her und

*1 – Mütter mit Kleinkindern setzen sich in Ruhepausen gern zusammen. Sie scheinen sich gegenseitig für die Probleme, die ihnen ihre Kinder aufgeben, zu interessieren. Immer wieder ist zu sehen, wie bei einer Nachbarin die Ausführung einer Pflegehandlung am Kind genau verfolgt wird oder eine Mutter aufmerksam zusieht, wie eine andere mit ihrem Kind spielt. (2) Besonders spannend ist diese mütterliche Gewohnheit für die noch abhängigen Säuglinge, denn sie erhalten so Gelegenheit zu ersten Kontakten mit Gleichaltrigen.*

2

gab auch meinen Schmerzen klagend Ausdruck. Ich weiß das alles so genau, weil ich in der Hitze des Gefechtes den Recorder nicht ausgeschaltet hatte und so später das, was lautlich geschah, abhören konnte. Zwei Minuten später erschien die bald erwachsene Maggie auf der Szene. Sie saß auf Distanz, die Arme verschränkt, das Kinn auf die Arme gestützt und sah mich mit ernstem Gesicht an. Dann kam sie heran, setzte sich ganz nahe zu mir, näherte ihr Gesicht auf Zentimeterdistanz dem meinen und schaute mir länger und reglos in die Augen. Plötzlich strich sie mir mit einer Hand mehrmals sanft und ruhig über die Haare. Dreimal, immer von Pausen unterbrochen, wiederholte Maggie diese freundliche Geste. Ich war überwältigt. Trotz meiner zwanzig Jahre Gorillaerfahrung hätte ich mir eine solche Szene nie auszudenken gewagt. Maggie hat mir tatsächlich Mitgefühl und Mitleid ausgedrückt und mich zu trösten versucht – und sich wohl auch für Pablo entschuldigt. Zehn Minuten später war ich wieder auf den Beinen und fühlte mich wieder halbwegs wohl. Daß mir selber dieses Erlebnis unvergeßlich bleibt, ist nicht so wichtig. Doch die geschilderte Episode vermag uns zu zeigen, daß Mitgefühl und Trösten Empfindungen und Gesten sind, die zum Wesen des Berggorilla gehören. Maggie hat ihre Reaktionen ja nicht für meinen Fall erfunden. Sie verfügt über diese Fähigkeiten, sie hat sie in ihrer Familie gelernt, weil man sich unter Berggorillas eben Mitgefühl und Mitleid ausdrückt und sich gegenseitig auch tröstet.

174

# Bestand, Gefährdung und Schutz

## Die Entwicklung des Bestandes

Von 1950 bis 1986 sank der Berggorillabestand in den Virungawäldern kontinuierlich von 600 bis 700 Individuen auf ungefähr 250.
Die Ursachen dieser Bedrohung waren von Region zu Region verschieden. Doch waren überall Menschen dafür verantwortlich. Es wurde gejagt und gewildert, der Lebensraum der Berggorillas wurde von Menschen annektiert und zerstört. Schaden entstand vor allem dadurch, daß man Weidevieh in die Wälder trieb und daß Menschen in diesen Wäldern den verschiedensten Tätigkeiten nachgegangen sind.
Schon recht früh rief nicht nur der Bestandesrückgang Befürchtungen wach, sondern auch die Tatsache, daß ihn andere dramatische Veränderungen begleiteten. Die Anzahl der Familien verringerte sich, die Familien wurden kleiner, und innerhalb der Familien nahm der Anteil an Männern deutlich zu, und der von Kindern und Jugendlichen nahm drastisch ab.
In den Jahren 1971/73 ergab eine Zählung einen Bestand von 260 bis 290 Individuen. In der folgenden Zeit glaubte man eine gewisse Stabilisierung der Population zu bemerken. Eine neuerliche Zählung 1976/78 bestätigte diese Vermutung, denn der Bestand schien sich zwischen 252 und 258 Individuen eingependelt zu haben. Einen Zuwachs stellte man jedoch nicht fest. Das schrieb man der noch immer großen Aktivität der Wilderer zu.
1981 zählte man erneut in der ganzen Virungaregion. Wieder registrierte man dabei einen schwachen Bestandesrückgang auf 255 Individuen. Andere Resultate dieser Zählung ließen jedoch einen Hoffnungsschimmer zu. Wohl war die Zahl der Familien erneut kleiner geworden, sie fiel von 31 auf 28, aber die Familien selbst wiesen im Durchschnitt mehr Mitglieder auf als zuvor. Im Mittel ist der Familienbestand von 7,9 auf 8,5 Individuen angewachsen. Der Vergleich der Zaire- mit den Ruandafamilien zeigte allerdings gegenläufige Werte. In Zaire hat die Zahl der Familien zugenommen (von 14 auf 16), die Individuenzahl in den Familien sank (von 9,7 auf 7,4). In Ruanda dagegen reduzierte sich die Familienzahl (von 14 auf 10), dafür stieg die Individuenzahl je Familie (von 6,9 auf 9,7). Hinzu kam, daß man im ganzen Gebiet innerhalb der Familien beide Geschlechter in ausgewogeneren Anteilen vorfand und daß mehr Kinder und Jugendliche in ihnen lebten.
Die letzte Zählung erfolgte während meines Aufenthaltes im Jahre 1986. Sie erbrachte mit 290 Individuen einen ersten geringen Zuwachs des Bestandes seit 1950. Wichtiger war aber, daß sich die frühere Tendenz zu mehr Kindern und Jugendlichen in den Familien mit den neuen Zahlen eindeutig bestätigen ließ. Interessant an dem Resultat von 1986 ist, daß die Ruandafamilien im Durchschnitt die günstigeren Werte aufwiesen als die Familien in Zaire und daß, von diesen Werten her gesehen, in-

*Die Resultate der letzten Bestandeszählung im Jahr 1986 zeigten seit 30 Jahren den ersten geringfügigen Zuwachs der Berggorillapopulation in den Virungawäldern. Viel wichtiger als dieser Bestandeszuwachs ist aber, daß die Zählungen auch gezeigt haben, daß heute in den einzelnen Familien deutlich mehr Kinder und Jugendliche leben als zuvor. (1) Es sind Kinder und Jugendliche, wie Mahane, Ndatwa und Jozy im Bild, auf denen die Hoffnung gründet, daß Berggorillas vielleicht ins nächste Jahrhundert hinein überleben.*

1

nerhalb der Ruandafamilien diejenigen obenausschwangen, die von Touristen besucht werden können. Für diese Ergebnisse machte man die in Ruanda schon seit längerer Zeit angelaufenen Schutzbestrebungen verantwortlich. Die von „Touristen-Familien" bewohnten Heimbereiche werden von Wilderern gemieden, weil diese dort größere Gefahr laufen, entdeckt zu werden.
Heute leben in den Virungawäldern 290 bis 300 Berggorillas. Hinzu kommen noch 100 Individuen im Bwindi-Wald in Uganda, einem kleinen, von den Virungawäldern isolierten Verbreitungsgebiet, das etwa 40 km östlich der Virungavulkankette liegt. Für die Bwindi-Population fehlen allerdings neuere Zahlen. Nimmt man aber hoffnungsvoll an, sie habe sich über längere Zeit gehalten, so stellt sich der Weltbestand der Berggorillas, die in unsere Zeit überlebt haben, auf rund 400 Individuen.

**Noch heute gefährdet...**

Trotz aller Schutzbemühungen sind die Berggorillas auch heute noch bedroht. Man ist oft der Meinung, Berggorillas seien nur gerade durch die Eingriffe gefährdet, die den direkten Tod eines Individuums zur Folge haben. In Wirklichkeit sind es aber viele direkte und indirekte Gefahren, die lokal variieren und von politischen und wirtschaftlichen Umständen abhängen.
Direkt bedroht sind Berggorillas zum Beispiel von der Wilderei, und zwar unabhängig davon, ob sich die Aktivitäten der Wilderer direkt gegen Berggorillas richten, oder ob die Wilderer Fallen für andere Tiere stellen, in denen sich ungewollt auch Berggorillakinder verfangen.
Zu den direkten Gefahren gehören unter anderem die Zerstörung von Lebensraum durch Übergriffe, bei denen die Parkgrenzen nicht respektiert werden, Störungen im Lebensraum, die von illegalen Benützern des Schutzgebietes ausgehen, und der zunehmende lose Kontakt mit Menschen, der Berggorillas auch mit menschlichen Krankheitskeimen konfrontieren kann.
Zwei Beispiele sollen hier zeigen, welches Ausmaß die Wilderei im Einzelfall noch hat und welche fatalen Kettenreaktionen Störungen auslösen können.

**Fallen drohen überall...**

Einmal begleitete ich Familie 5 in die Bambuszone innerhalb einer Region, die als besonders gut gegen Wilderer geschützt gilt. Gegen zehn Uhr vormittags wollte Effie mit Mahane auf dem Rükken durch einen tunnelförmigen Einschlupf einen Bambusstand betreten. Plötzlich stand sie still, nahm eine steife Haltung ein, hustete aggressiv, verließ rückwärts schreitend den Einschlupf und versuchte ihr Glück weit entfernt an einer anderen Stelle. Ich beobachtete diese Szene und wollte nachsehen, was Effie so geärgert hat, kroch in den Gang, und dann verfing sich meine Hand in einer hochschnellenden Fallenschlinge.

2

3

4

*1 – Der Eindruck unbeschwerten Daseins der Gorillakinder täuscht, sind es doch meist Kinder, die in die Fallen der Wilderer geraten. (2) Wildwechsel im Bambus sind der von Wilderern bevorzugte Ort für Fallen. (3) Eine Schirrantilope, die in einer Falle den Tod gefunden hat. Die Fallenjagd der Wilderer zielt vor allem auf Antilopen ab, aber solche Fallen werden auch jungen Gorillas gefährlich. Fallenverletzungen enden für Gorillas nicht selten mit dem Tod. (4) Beinahe ein Vexierbild. Gut getarnt lauert der Fallentod im Bambuswald. Selbst dem geübten menschlichen Auge bleiben Fallen oft verborgen.*

Darauf vernichtete ich die Falle, gab meine Beobachtungen vorübergehend auf, um die fragliche Bambusinsel von 200 Metern Durchmesser genau abzusuchen und fand 8 weitere Fallen. Als ich dann abends für den Heimweg den „Guide“ traf, erklärte er mir stolz, er habe an der gleichen Stelle 13 weitere Fallen gefunden.

Die erwähnte kleine Bambusinsel war mit 21 Fallen richtiggehend abgeriegelt worden, und in ihr hatte sich die ganze Familie 5 mit allen Kindern und Kleinkindern für längere Zeit aufgehalten. Glücklicherweise ohne böse Folgen.

**Was Störungen auslösen …**

Störungen im Lebensraum werden meist von Menschen verursacht, die sich illegal im Wald aufhalten. Wilderer sind unterwegs, es wird Bambus geschnitten, Holz gehackt und gesammelt, man sucht nach wildem Honig. Man findet vereinzelt noch immer Weidevieh innerhalb der Waldgrenzen. All diesen Störungen weichen Berggorillafamilien aus. Dadurch werden rasche Dislokationen häufiger, und in der Folge treten mehr Familienbegegnungen auf. Damit erhöht sich auch die Wahrscheinlichkeit, daß Gorillafrauen in andere Familien wechseln, und schließlich steigt damit die Zahl der bei solchen Wechseln auftretenden Kindstötungen. Unter stabilen Bedingungen sind solche Tötungen eine sinnvolle evolutive Strategie, die den Familien Vorteile bringt. Das gilt aber nur bis zu einer kritischen Zahl solcher Vorfälle. Wird diese überschritten, so kehren sich die eingehandelten Vorteile in Nachteile um, und die Population erleidet Schaden. Solche Schäden sind vor allem dann schwerwiegend, wenn der Bestand wie im Falle der Berggorillas schon so klein ist, daß das Überleben der Art beinah von jedem einzelnen aufwachsenden Kind abhängt.

**Berggorillas werden geschützt...**

Die Schutzmaßnahmen in Ruanda reichen ins Jahr 1974 zurück. Damals wurde das „cattle remove program" ins Leben gerufen: man verbot, Nutzvieh zum Weiden in die Wälder zu führen. 1979 wurde das Berggorilla-Projekt gegründet. Mit einem großen Stab von Mitarbeitern ist diese Organisation in drei Bereichen des Berggorillaschutzes in Ruanda tätig. Der Park wird überwacht und das Wildern so gut wie möglich verhindert. Vier Berggorillafamilien wurden für Touristen erschlossen, und die Bevölkerung wird mit Vorträgen und Filmvorführungen über Berggorillas aufgeklärt. Schon vor der Gründung des Berggorillaprojektes hat Dian Fossey für die Karisoke Region eine eigene Wildererabwehr organisiert.
Das Berggorillaprojekt wird heute vom AWF (African Wildlife Fund), vom WWF (World Wildlife Fund) und von der FFPS (Fauna and Flora Preservation Society) wirtschaftlich getragen und von der Regierung Ruandas unterstützt. Zwei amerikanische Organisationen sind mit spezialisierten Zielsetzungen zusätzlich zum Berggorillaprojekt gestoßen, der „Digit Fund", der vor allem für Karisoke zuständig ist und die „Morris Animal Foundation", die ein spezialisiertes veterinärmedizinisches Labor unterstützt. Auch die wissenschaftliche Station auf Karisoke ist heute dem Berggorillaprojekt angegliedert.
Das Berggorillaprojekt hat dank all dieser Unterstützung bis heute wertvolle Schutzarbeit geleistet und auch Erfolge errungen.

**Ein Wort zum Tourismus...**

Wir haben gesehen, daß der „Gorilla-Tourismus" nicht eine Erfindung der Touristik-Branche ist, sondern eine von den Schutzorganisationen entwickelte Maßnahme.
Ruanda ist ein armes Land. Die Devisen, die Ruanda aus dem Gorilla-Tourismus zufließen, stellen einen bedeutenden Posten im Rahmen der nationalen Einnahmen dar. Das wirtschaftlich eingebundene Interesse Ruandas stabilisiert die Schutzarbeit ganz wesentlich. Hinzu kommt, daß die bei Besuchen und Kontrollen intensiv begangenen Heimbereiche für Wilderer unsicher werden. Die neuesten Bestandeszahlen zeigen, daß der streng kontrollierte und reglementierte „sanfte" Tourismus für die Berggorillas zumindest kurzfristig Vorteile gebracht hat. In Zaire hat man auf die gleiche Weise Familien an Touristen gewöhnt, um dort ebenfalls zusätzliche Sicherheit zu erreichen.
Natürlich bringt der Tourismus auch Gefahren. Wir haben schon von der Möglichkeit gesprochen, daß Krankheiten übertragen werden können. Es wird also immer eine Frage des Abwägens von Nutzen gegen Schaden sein, ob man der touristischen Erschließung von Berggorillafamilien zustimmt oder nicht. In der heutigen Situation wiegt wohl der Nutzen schwerer. Voraussetzung ist aber, daß die jetzt geltenden Besuchsregeln auch in Zukunft streng eingehalten werden und daß man Besuche nicht auf mehr als die jetzt angewöhnten Familien ausdehnt – es sind acht an der Zahl, vier in Ruanda und vier in Zaire.

**Kritische Populationsgröße...**

Die in der Öffentlichkeit vorherrschende Meinung, es genüge für das Überleben einer Art, daß noch einige Elternpaare vorhanden sind, ist leider falsch. Ein zu kleiner Bestand sichert weder die für ein Überleben notwendige genetische Vielfalt noch die nötigen Aufzuchtserfolge. Eine Population darf nicht unter eine bestimmte Größe absinken, wenn sie überleben soll. Man spricht von dieser Größe als von der „kritischen Populationsgröße". Wird sie unterschritten, so können selbst Schutzmaßnahmen das Aussterben nicht verhindern, sondern zögern es höchstens hinaus. Man errechnet diese kritische Populationsgröße, indem die unterschiedlichsten Lebensdaten einer Art in einer mathematischen Formel verrechnet werden.

*Mit etwa 48 Jahren ist Flossie eine greise Gorillafrau. Man nahm von ihr an, sie habe mit dem reproduktiven Geschehen in der Familie nichts mehr zu tun. Eines morgens trug Flossie ein Neugeborenes im Arm. Flossie ist vom Alter gezeichnet, sie ißt sehr langsam und Bergwanderungen machen ihr Mühe. Ruht sie, so sind oft Kinder bei ihr, sitzen ruhig und staunen sie an, beinahe so als würde sie ihnen mit ihrem Aussehen Geschichten für die Augen erzählen. Berggorillas werden im Mittel 40 bis 45 Jahre alt. Ob Gorillafrauen bis ans Lebensende fähig sind Kinder zu gebären, weiß niemand zu sagen.*

Berggorillas sind langsam reproduzierende Lebewesen. Gorillafrauen bringen je Schwangerschaft nur ein Kind zur Welt und betreuen es intensiv über 3 bis 4 Jahre, darum liegt der minimale Geburtenabstand bei 4½ Jahren. Eine Gorillafrau wird in ihrer Lebensspanne nur 3 bis 6 Kinder großziehen können. Zudem ist die Kindersterblichkeit bei Berggorillas mit ungefähr 30 Prozent sehr hoch. Solche Umstände beeinflussen unter anderem die kritische Populationsgröße.
Für die Berggorillas ist diese kritische Größe nicht bekannt, weil andere notwendige Daten noch fehlen. Man nimmt aber an, daß der heutige Bestand knapp über der kritischen Zahl liegt.

**Fazit...**

Niemand weiß heute also bestimmt zu sagen, ob Berggorillas in eine fernere Zukunft überleben werden. Einzelne Bedingungen dafür sind aber bekannt. Der Schutz muß weiter ausgedehnt und vor allem auch in Zaire auf den gleichen Stand wie in Ruanda gebracht werden. Der Gorilla-Tourismus muß sanft und auf die heutigen Familien beschränkt bleiben. Die Schutzarbeit muß von Menschen aus aller Welt langfristig unterstützt werden.
Eine wichtige Voraussetzung ist erfüllt: der Lebensraum, der den Berggorillas in den Virungawäldern zur Verfügung steht, reicht dafür aus, daß sich der heutige Bestand verdreifachen, ja sogar vervierfachen kann.

1

2

3

4

5

*Wenn das Gorillakind zum ersten Mal (1 + 2) den Körperkontakt mit seiner Mutter verläßt und die ersten Schritte von ihr weg wagt, so ist das nicht der Auftakt zu einer allmählichen Trennung. Es ist vielmehr so, daß diese frühen Schrittchen nur aus der innigen Verbundenheit mit der Mutter heraus möglich werden. (3) Die so erworbene kleine „Unabhängigkeit" führt Kinder in neue vielseitige Spielräume. (4) Vorerst entfernt sich das Kind aber nur auf Armlänge Distanz von seiner Mutter. (5) Spiel- und Turngelegenheiten finden sich überall, und manchmal erlauben sie sogar, mit der Mutter im Körperkontakt zu bleiben.*

1

2

*1 – Ein „Silber-Rücken“, dem man vertrauen kann. (2) Ziz sitzt in einem Tagnest, ruht und schaut sich die Umgebung an. Als er aufbrach, stellte ich mich selbst in sein Nest, gab mich der gleichen Aussicht hin und hielt im Bild (3) fest, was Ziz zu sehen bekam. Er hat, wohlverborgen, aus seinem Pflanzenversteck heraus Menschenkinder beobachtet, die nahe der Parkgrenze Weidevieh hüteten; eine kleine Geschichte, an der man zweifeln müßte, wenn man dem Autor nicht vertraut.*

*(S. 184/1) – Eine kurze Rast der Familie 5 in einem Lobelienfeld.*

*(S. 185/2) – Der kleine Ndatwa, der jetzt zusammen mit seiner Mutter Tuck in Beetsmes Familie lebt und glücklicherweise den Familienwechsel seiner Mutter schadlos überstanden hat.*

3

1

# Ein Wort zum Schluß

Seit der Zeit meines Aufenthaltes in Ruanda ist es im Bestand der Familie 5 und bei den übrigen Karisokefamilien zu erfreulichen und zu betrüblichen Veränderungen gekommen.

✻

Die Familie von Tiger besteht nicht mehr. Tiger wurde bei einem weiteren Zusammenstoß mit Ziz so verwundet, daß er an den Folgen seiner Verletzungen starb. Fuddle, die frühere Partnerin von Tiger, hat sich einer andern Familie angeschlossen, und das kostete ihren kleinen Sohn Mbaraga das Leben.

✻

Jozy, das ältere Töchterchen von Pantsy, ist in eine Wildererfalle geraten und hat die dabei erlittenen Verletzungen nicht überlebt.

✻

Die Gorillafrauen Flossie und Simba haben ihre Kinder Vatiri und Imanze vor Ablauf des ersten Lebensjahres verloren.

✻

Walanza, die „Zwillingsmutter", betreut wieder einen Säugling.

Tuck hat sich mit ihrem Sohn Ndatwa der Beetsme Familie angeschlossen. Der kleine Ndatwa ist dabei erstaunlicherweise nicht zu Schaden gekommen.

✻

Pablo ist zum Silberrücken herangewachsen. Es scheint bisher, daß er von Ziz in der Familie weiterhin toleriert wird.

✻

Aus Shinda ist ein stattlicher Schwarzrücken geworden.

2

Berggorillas sind faszinierende und bewundernswerte Wesen. Ihre Fähigkeit, miteinander freundlich und tolerant umzugehen, ist der Grundstein dafür, daß sie in ihren Familiengemeinschaften harmonisch und friedlich zusammenleben können.
Sie stehen mit ihrer natürlichen Umwelt in einem Gleichgewicht, welches ihnen bis heute ihr Überleben gesichert hat.
Die Bedrohung, der sie seit einigen Jahrzehnten ausgesetzt sind, geht von den Menschen aus, von ihren stammesgeschichtlichen Verwandten.
Berggorillas brauchen unsere Hilfe. Sind wir Menschen nicht in der Lage, in unserem Denken und Handeln dieser Hilfeleistung Priorität zu geben, so könnte es geschehen, daß Berggorillas in kurzer Zeit aussterben. Wir hätten dann die Berggorillas durch unser Verschulden im gleichen Jahrhundert, in dem sie entdeckt worden sind, auch zum Verschwinden gebracht.
Berggorillas brauchen unsere Hilfe, und sie ist dringend. Nicht darum, weil sie erst zum Teil erforscht sind, und auch nicht darum, weil wir mit ihnen einen Teil unserer eigenen Wurzeln verlieren würden; sie verdienen unsere Hilfe um ihrer selbst willen.

# Mein Dank an Viele

Das vorliegende Buch führte die Leser in die sieben Monate zurück, die ich bei Familie 5 verbringen durfte.
Zuerst war alles nur ein Traum. Daß aus dem Traum Wirklichkeit wurde und schließlich auch dieses Buch, daran haben viele Freunde, Bekannte und Institutionen in vielfältiger Weise Anteil. Ihnen allen schulde ich Dank.
Einige unter ihnen möchte ich, chronologisch den Ereignissen folgend, erwähnen.
Meine Pläne und Wünsche wurden zum Projekt, weil Dian Fossey mich ermutigt und nach Karisoke eingeladen hatte.
Das ORTPN (Office Rwandais du Tourisme et des Parcs Nationaux) in Kigali und das MGP (Mountain Gorilla Project) in Kinigi prüften und bewilligten mein Gesuch. Jeanpierre von der Becke, der damalige Direktor des MGP, half mir mit freundschaftlichem Rat weiter.
Zuhause in Basel hat meine Frau die wirtschaftliche Sorge um die „Familie 1“ übernommen.
Kathrin und Alfred Ineichen und Henriette Blaser trugen großzügig dazu bei, daß ich meine Reise ohne große Schulden antreten konnte. Das einheimische Personal auf Karisoke hat mich freundlich aufgenommen und mir das Stationsleben in jeder Beziehung erleichtert. Dr. David Watts, der Direktor von Karisoke hat mich den Gorillafamilien „vorgestellt“ und ist mir zum unentbehrlichen Freund geworden.
Zwei andere amerikanische Kollegen, Wayne McGuire und Ian Rafert, haben einige Zeit meine Beobachtersorgen mit mir geteilt.
Um die kleinen „Notfälle“ und „Hilferufe“ aus dem Bergregenwald kümmerten sich in Basel, mit Paketen, meine Familie und Freunde.
Wieder zuhause haben Prof. Dr. Rudolf Geigy und ein Kreis von Freunden mir Mittel zur Verfügung gestellt, die mir erlauben, einen Teil der gesammelten Daten auszuwerten, eine Arbeit, die noch nicht abgeschlossen ist.
Schließlich, als wir das Buch planten, fanden sich folgende Personen und Institutionen bereit, die Herausgabe finanziell zu unterstützen: Prof. Dr. Rudolf Geigy, Dr. Hans Vontobel, Dr. Peter Lenz, Freiwillige Akademische Gesellschaft, Stiftung Emilia Guggenheim-Schnurr und Theurillat-Stiftung.
Sie machten damit möglich, den Band wie geplant reich farbig illustriert zu realisieren und ihn dennoch zu einem günstigen Preis anzubieten.
Als Korrektoren und mit Anregungen bei der Arbeit am Manuskript standen mir meine Frau und Wernfried Kahre zur Seite, und Sophie Köhler hat sich in mein Bildmaterial vertieft und die im Buch enthaltenen Zeichnungen angefertigt.
Für all diese Hilfe, Freundschaft und Unterstützung, die ich von allen, auch von weiteren, nicht genannten Personen erfahren habe, möchte ich hier von Herzen danken.

Jörg Hess

# Ein Blick ins Schrifttum

Die nachfolgenden Zitate machen auf Bücher, Artikel und Publikationen aufmerksam, die jenem Leser hilfreich sind, der sich vertiefter mit Berggorillas beschäftigen möchte. Die Liste enthält auch all die Werke, aus denen Angaben und Daten für das vorliegende Buch entnommen wurden. Sie umfaßt jedoch nur einen verschwindend kleinen Teil eines umfangreichen Schrifttums über Berggorillas.


Aveling, C., Harcourt, A. H., *A census of the Virunga gorillas*, Oryx, Vol. X-VIII, 1984,

Caro, T. M., *Observations on the ranging behaviour and daily activity of lone silverback mountain gorillas*, Animal Behav., 24, 889–897, 1976,

Fossey, D., *Development of the mountain gorilla, The First Thirty-Six Months, in:* The Great Apes, The Benjamin Cummings Publishing Co., Menlo, 1979,

Fossey, D., *Gorillas im Nebel*, Kindler Verlag München, 1989,

Fossey, D., *Making friends with mountain gorillas*, National Geographic, Vol. 137, 1970,

Fossey, D., *More years with mountain gorillas*, National Geographic, Vol. 140, 1971,

Fossey, D., *Observations on the home range of one group of mountain gorillas*, Animal Behav., 22, 568–581, 1974,

Fossey, D., *The imperiled mountain gorilla*, National Geographic, Vol. 159, 1981,

Fossey, D., *Vocalizations of the mountain gorilla*, Animal Behav., 20, 36–53, 1972,

Goodall, A. G., *The wandering Gorilla*, Collings, London, 1979,

Harcourt, A. H., *Activity periods and patterns of social interaction: A neglected problem*, Behaviour, LXVI, 1–2, 1977,

Harcourt, A. H., *Social relationship among adult female mountain gorillas*, Animal Behav., 27, 251–264, 1979,

Harcourt, A. H., *Social relationships between adult male and female mountain gorillas in the wild*, Animal Behav., 27, 325–342, 1979,

Harcourt, A. H., *The social relations and group structure of wild mountain gorilla*, in: The Great Apes, The Benjamin Cummings Publishing Co., Menlo, 1979,

Harcourt, A. H., Stewart, K. J., *Gorillas' time feeding: aspects of methodology, body size, competition and diet*, Afr. J. Ecol., Vol. 22, 207–215, 1984,

Harcourt, A. H., Stewart K. J., Fossey, D., *Gorilla reproduction in the wild, in:* Reproductive Biology of the Great Apes, 10, 265–279, Academic Press Inc., London, 1981,

Harcourt, A. H., Stewart, K. J., Fossey, D., *Male emigration and female transfer in wild mountain gorilla*, Nature, Vol. 263, 1976,

Schaller, G. B., *The Mountain Gorilla*, The University of Chicago Press, Chicago und London, 1963,

Schaller, G. B., *Unsere nächsten Verwandten*, Scherz Verlag Bern, 1965,

Stewart, K. J., *Parturition in wild gorillas: behaviour of mothers, neonates, and others*, Folia primatol. 42, 62–69, 1984,

Stewart, K. J., *Suckling and lactational anoestrus in wild gorillas*, J. Reprod. Fert., 83, 627–634, 1988,

Stewart, K. J., *The birth of a wild mountain gorilla*, Primates, 18(4), 965–976, 1977,

Vedder, A. L., *Movement patterns of a group of freeranging mountain gorillas and their relation to food availability*, Am. J. Primatol., 7, 73–88, 1984,

Watts, D. P., *Effects of mountain gorilla foraging activities on the productivity of their food plant species*, Afr. J. Ecol., Vol. 25, 155–163, 1987,

Weber, A. W., *Population dynamics of the Virunga gorillas*: 1959–1978, Biological Conservation, 26, 341–366, 1983,

Andere Materialien:

Jörg Hess, *Berggorillalaute*, Akustische Erinnerungen an die Berggorillas der Familie 5, eine Auswahl kommentierter Lautäußerungen von Berggorillas, Kassette, herausgegeben von Jörg Hess, produziert von H. P. Mäglin, Basel, 1988,

(Zu beziehen zum Preis von SFr. 25,– beim Autor)

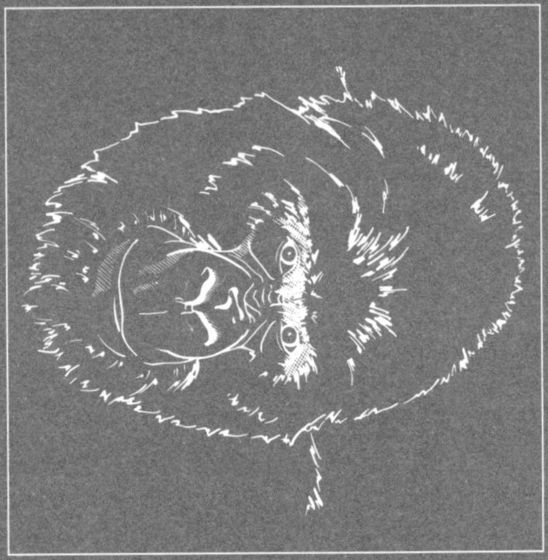

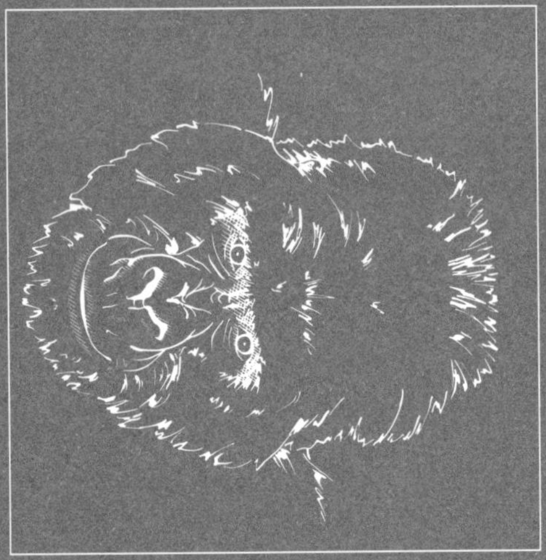

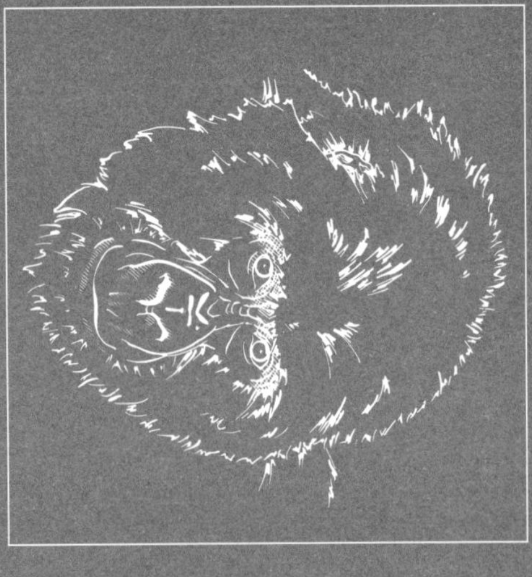

GEOLOGISCHES JAHRBUCH
**Reihe B** Regionale Geologie Ausland
und Angewandte Geowissenschaften
**Heft 106**

# Bentonites

## Characterization, Geology, Mineralogy, Analysis, Mining, Processing and Uses

Edited by
STEPHAN KAUFHOLD

With 316 Pages, 205 Figures and 27 Tables

Published by
Bundesanstalt für Geowissenschaften
und Rohstoffe (BGR)

Distribution by
E. Schweizerbart'sche Verlagsbuchhandlung
(Nägele u. Obermiller)
Johannesstraße 3 A, 70176 Stuttgart

Hannover 2024

## Keywords

Bentonite, bentonite deposits, smectite, clay mineralogy, crystal chemistry, chemical composition, crystal structure, textures, porosity, rheology, mechanical properties, electrical conductivity, methods of analysis, mineral deposits, genesis, metasomatism, deposit, recovery, conditioning, preprocessing, utilization, sealing, drilling muds, underground disposal

## Citation

KAUFHOLD, S. (ed.) (2024):
Bentonites — Characterization, Geology, Mineralogy, Analysis, Mining, Processing and Uses.–
Geol. Jb., **B 106**: 316 pp., 205 figs., 27 Tables; Hannover.

# Bentonites

## Characterization, Geology, Mineralogy, Analysis, Mining, Processing and Uses

Edited by
STEPHAN KAUFHOLD

## Abstract

**Bentonites are a fascinating group of non-metallic minerals and raw materials that have a plethora of industrial applications ranging from metal production, food and beverage technologies, to the manufacture of pharmaceuticals.**

There are a remarkable variety of types of bentonite deposits in the world, and they all have very different properties. Consequently, not all the bentonites are suitable for all the various industrial applications, but bentonites from particular deposits are suitable only for *specific* applications. The reasons for the diversity in bentonite properties are poorly understood, and our insights are, therefore, rather limited. The mineral composition in bentonites varies, as well as the proportion of swelling minerals (smectites). Furthermore, the chemistry, structure, and properties of these smectites can differ widely. For example, charge density and distribution, exchangeable cations, grain size and particle morphology differ from deposit to deposit. This is apparently caused by the geological processes that formed the respective bentonite deposit.

In the first part of the book, bentonite deposits (both primary and secondary) and the characterization of bentonite properties are reviewed based on a set of 40 samples (38 bentonites and 2 illite-smectite clays) from around the world. The different properties (e.g. swelling potential) and characteristic parameters are discussed, and the possible reasons for these differences in bentonite properties are identified. The important influence of exchangeable cations is excluded by using homoionic samples in order to clarify additional parameters relevant to the properties.

In the second part of the book, the industrial aspects of bentonites, from exploration, mining and processing as well as the wide range of industrial applications are discussed.

The range of applications is often overlooked in scholarly literature, and, therefore, many in the field are not aware of the challenges that bentonite variability creates for their characterization (and ultimately their industrial use). The book aims to fill this gap by presenting 17 end-use applications, including adsorbers, landfill sealants, beverage treatment, catalysts and others. These end-user studies provide an insight into the complexity of product management and the characteristic bentonite properties required for each of the end-use applications. This part of the book is authored by specialists with generally more than ten years of experience in their specific fields of expertise.

Editor's email address: stephan.kaufhold@bgr.de

# [Bentonit

## Charakterisierung, Geologie, Mineralogie, Analyse, Gewinnung, Verarbeitung und Verwendung]

### Kurzfassung

**Bentonite sind faszinierende mineralische Rohstoffe, die in einer Vielzahl industrieller Prozesse Verwendung finden – von der Metallproduktion über die Lebensmittel- und Getränketechnologie bis hin zur Herstellung von Pharmazeutika.**

Aus rohstofftechnischer Sicht ist auffällig, dass weltweit verschiedene Lagerstätten Bentonite mit ganz unterschiedlichen Eigenschaften hervorbringen. Dies hat zur Folge, dass nicht alle Bentonite für alle industriellen Anwendungen gleichermaßen geeignet sind, sondern je nach Lagerstätte immer nur für *bestimmte* Anwendungen. Die Ursachen für diese Vielfalt sind noch weitgehend unbekannt. Zum einen variiert die mineralogische Zusammensetzung, also der Anteil der quellfähigen Minerale (Smektite), zum anderen sind die Chemie, Struktur und Eigenschaften dieser Smektite sehr unterschiedlich; z. B. können Ladungsdichte, Ladungsverteilung, austauschbare Kationen, aber auch die Korngröße und die Partikelmorphologie variieren. Ganz offensichtlich hängt dies davon ab, welche geologischen Prozesse die jeweilige Bentonitlagerstätte gebildet haben.

Das Buch ist in zwei Teile gegliedert: Im ersten Teil widmen sich die Autoren primären und sekundären Bentonitvorkommen und der Charakterisierung der Eigenschaften von Bentoniten, basierend auf Untersuchungen an 40 Proben (38 Bentonite und 2 Illit/Smektit-haltige Tone). Dabei werden Eigenschaften wie z. B. die Quellfähigkeit und die sie bestimmenden Parameter diskutiert. Weiter versuchen die Autoren, die Ursache der Unterschiede in den Eigenschaften aufzuzeigen. Der wichtige Einfluss austauschbarer Kationen wird dabei durch homoionische Belegung umgangen, um weitere eigenschaftsrelevante Parameter aufzudecken.

Der zweite Teil des Buches befasst sich mit der Exploration, dem Abbau und der Aufbereitung von Bentoniten bis hin zu ihren vielfältigen praktischen Anwendungen in der Industrie.

Gerade die Vielfalt der Anwendungsmöglichkeiten fand in der wissenschaftlichen Literatur bislang wenig Beachtung, weshalb vielfach unbekannt ist, welche Herausforderungen die Variabilität der Bentonite nicht nur bezüglich ihrer Charakterisierung, sondern letztlich auch für die industrielle Nutzung mit sich bringt. Das Buch will diese Lücke schließen, indem es 17 Anwendungsfälle für Bentonite vorstellt, z. B. als Adsorptionsmittel, Abdichtung für Deponien, Katalysatoren oder in der Getränkeherstellung. Dieser Teil des Buches wurde von Spezialisten verfasst, von denen die meisten mehr als zehn Jahre Erfahrung in ihrem jeweiligen Anwendungsbereich haben und somit einen tiefen Einblick in die Komplexität des Herstellungsprozesses und der spezifischen Anwendung geben können.

# Foreword

by Katja Emmerich & Reinhard Kleeberg
German-Austrian-Swiss Clay Group (DTTG)

Bentonites are important natural raw materials with a current worldwide production of about 18 million tons annually. Bentonites are nano-sized swellable clay minerals, and their properties provide the basis for a variety of uses. Despite significant advances in fundamental research, their comprehensive characterization is challenged by their small size and can be time- and labor-intensive. Therefore, the specifications of bentonite properties for required applications are commonly derived from empirical investigations, and the potential of some bentonites for new applications is still not identified. Bentonites cannot be recycled but may be reused as secondary raw materials. Although significant resources remain available, a sustainable use of bentonites is mandatory for the general public interest.

An in-depth understanding of the relationships between bentonite composition, physical and chemical properties, and practical applications is essential to ensure the continued development of new and sustainable uses. The results derived from basic research and detailed characterization of bentonites must be combined with practical experience derived from day-to-day mining and processing of bentonites as well as an impartial evaluation of customer requirements.

The book is a data handbook for a selection of bentonites from around the world, as well as a summary of the state-of-the-art of bentonite characterization. Information is also provided on the genesis of bentonites, their exploration, mining technology and processing. Quality management in the industrial laboratory and the various uses of bentonites are discussed and evaluated.

The team of authors includes mineralogists, geologists and chemists, some of whom work(ed) in research, but many work(ed) in the bentonite industry where they acquired critical experience from the daily challenge of meeting the specifications of bentonite properties for different applications.

Their widespread knowledge would have never been published without the initiative of Stephan Kaufhold, who himself is a mineralogist – previously in industry and now engaged by the Geological Survey of Germany. He persuaded his co-authors to compile their knowledge in this book, and thoughtful international peer reviews seconded their effort. The result is a long-awaited and comprehensive overview of bentonites, and a valuable addition to the literature on the research into clay minerals.

The book may be used for teaching or as a resource for professionals in science and industry working on the property-performance relationships of bentonites, from mine to end-user.

Prof. Dr. Katja Emmerich
*KIT – Karlsruhe Institute of Technology*
*(Institute of Concrete Structures and Building Materials (IMB/MPA/CMM))*

Dr. Reinhard Kleeberg
*TU Bergakademie Freiberg*
*(Institute for Mineralogy)*

# Table of Contents

Introduction

# Introduction

Stephan Kaufhold

## ▸ Aims and objectives of this book

The purpose of this book is to summarize the state-of-the-art of bentonite characterization. The different property-performance relationships are discussed based on 38 well-characterized bentonite samples from around the world. In the literature, there is a general lack of information concerning bentonite mining, processing, and the challenges for production managers to provide optimum bentonite products. This volume attempts to address this disparity by providing detailed information about bentonites from mining to end-use. Most bentonites are formed by devitrification of siliceous glass and the different genetic models are also discussed, summarized and assessed.

This book is intended both as a reference handbook on bentonites, for beginners and experienced clay scientists, as well as a summary of recent advances in research.

The diversity of bentonites, the resultant challenges for future research and the end-user are addressed in the subsequent chapters:

- Chapter 1 "Smectite and Bentonite Terminology, Classification, and Genesis"
  The terms smectite and bentonite are introduced and current knowledge about their formation is provided.

- Chapter 2 "The Samples Used in this Study"
  A set of 38 bentonite samples and two illite-smectite clay samples from around the world is introduced. This is the first time such a large sample set has been evaluated for a wide range of parameters.

- Chapter 3 "Sample Characterization"
  The most common methods for the characterization of bentonites are presented and discussed with respect to their potential for improving the understanding of the relationships between bentonite properties and performance.

- Chapter 4 "Properties and Performance"
  The most relevant properties of smectites and bentonites are presented, and unresolved issues are discussed.

- Chapter 5 "Sources of Bentonite"
  The issues and challenges commonly encountered in the exploration and exploitation of bentonites are discussed.

- Chapter 6 "Processing"
  The most important processing technologies applied in the production and refining of bentonites for the wide range of end-uses are presented.

- Chapter 7 "Applications"
  The most important end-uses of bentonite are described, the choice of the optimum bentonite are evaluated, challenges to quality control are discussed, and research issues identified.

This book, therefore, summarizes advances and problems in analytical techniques (state-of-the-art characterization); critically assesses the property-performance relationships of bentonites; presents the main end-uses of bentonite, including quality management aspects, and summarizes topics for future research.

## ▸ Definitions and challenges

Bentonites are defined as smectite-dominated clays. They are fascinating raw materials that have a wide range of end-uses in industrial adsorbents, cements, cosmetics, paper, polymer nanocomposites, etc. Indeed, bentonites could be termed as the clay of the thousand applications.

In addition to their many applications, the other remarkable feature of bentonites is their diversity. Bentonites from different mines (and often within the same mine) may differ in their mineralogical composition, exchangeable cation, Fe-content, layer charge density (LCD), smectite content, etc. The variability of the cation population and the smectite content are usually identified, but measuring only these two parameters rarely facilitates a reliable assessment of the bentonite's performance in a given application. Because of the diversity of parameters that are or might be important with respect to the bentonite performance, the actual quality is commonly determined by several different tests.

*'Bentonites are fascinating raw materials because the diversity of their properties is reflected in the wide range of their applications.'*

Until now a complete characterization of all measurable bentonite properties does not permit the prediction of the performance of a bentonite in a specific application. This is because not all the parameters known to affect bentonite properties (e.g. particle size and shape, layer charge heterogeneity, intergrowth of particles with volcanic glass) can be accurately measured. Furthermore, it is probable that not all relevant bentonite properties have yet been identified.

Therefore, from time to time, unexplainable bentonite behavior is observed as demonstrated by the following three examples:

(1) Only one bentonite sample from a specific deposit could be used without flocculating agents for a specific purification process in paper-making. This bentonite, in contrast to the others, contains smectite fibers rather than rose- or sheet-like smectite aggregates. This observation demonstrates that particle morphology and microstructure may be important for the performance of a bentonite.

(2) The rheological properties of a bentonite (sample B40 in this book) from a deposit in Brazil were not improved by classical soda activation. Cation-exchange capacity (CEC) measurements revealed that the smectites in this bentonite are H–Al-smectites, and are thus likely to have been the product of acid alteration. The alkaline activation, however, is based on the formation energy of the alkaline earth carbonates, hence on the presence of $Ca^{2+}$ or $Mg^{2+}$ in the interlayer. Therefore, soda activation of Al-bentonite is not possible.

(3) One bentonite sample from Milos island, which was intended to be used in a mixture with cement, displayed extraordinary viscosity. A detailed analysis proved up to 30 mass% amorphous silica (soluble in soda), which predictably reacted with the cement (Ohrdorf et al. 2011).

These three examples indicate the difficulty of predicting the performance of bentonites from different sources for a specific application.

Scientists from various disciplines, not just the geosciences, are working with bentonite in evaluating radioactive waste disposal issues. It is therefore important that all involved scientists understand the range of bentonite diversity and how this can be best managed. This would be easy if the properties and performance relations were known. In this respect, the effect of different types of exchangeable cations is frequently investigated and many studies compare Na- and Ca-bentonites. Comparing different Na-bentonites for a given application (e.g. drilling fluid), however, commonly leads to different values (e.g. dissimilar viscosities) — that may be explained by, for example, particle morphology or differences of the layer charge density distribution.

## ▸ Overview of the existing literature

GRIM & GÜVEN (1978) provides an excellent overview of bentonites in their comprehensive book "Bentonites: Geology, Mineralogy, Properties and Uses". They focused on genesis (formation of smectites), occurrence, and also provided a classification scheme for bentonites.

In April 2009 the International Magazine of Mineralogy, Geochemistry, and Petrology "Elements" published a special volume (Vol. 5) on bentonites (BAIN 2009). It provides information on the applications, the bentonite market, and some specific aspects of bentonite research.

Scientists working on bentonite acquire their knowledge not only from the publications dealing with bentonite, but also from the general publications on clay science or related fields pertaining to smectites, such as soil science or colloid chemistry.

The reference book "Tonminerale und Tone" by JASMUND & LAGALY (1993) provides a reasonably complete overview of the different clays and clay minerals, but unfortunately it is only published in German. Similarly, GERHARD LAGALY's book "Dispersionen und Emulsionen" (LAGALY et al. 1997), which provides a profound insight into colloid chemistry including the bentonite-water system, is also only available in German.

The first edition of the "Handbook of Clay Science" edited by BERGAYA et al. (2006b) includes a comprehensive collection of contributions by many well-known clay scientists. In 2013 the second and even more comprehensive edition of the "Handbook of Clay Science" was published in two volumes: "Part A – Fundamentals" and "Part B – Techniques and Applications" (BERGAYA & LAGALY 2013a, b).

MOORE & REYNOLDS (1989, 1997) provide the most important information about the analysis of clay minerals by X-ray diffraction (XRD) methods and WILSON (1994), among others, describes the spectroscopic methods of clay mineral analysis. VAN DER MAREL & BEUTELSPACHER (1976) published a useful compilation of the infrared (IR) spectra of clay minerals, with a comprehensive background to FARMER's work on IR analysis (e.g. FARMER 1974).

SMYKATZ-KLOSS (1974) is the reference publication on differential thermal analysis (DTA).

Specific and detailed information on clay minerals, their analysis, and their interactions in the environment is available from the Clay Minerals Society (CMS) in the "CMS Workshop Lectures Series" (Vols. 1–16). Each workshop's lectures are given in a single volume.

Important information about the possibilities and constraints of the analysis of bentonites can also be derived from the soil science literature, for example, the "Methods of Soil Analysis: Parts 1–5", a series published by the Soil Science Society of America (SSSA).

Reactions of clays are commonly associated with surface reactions, and, therefore, the understanding of the surfaces of the clay minerals is of fundamental importance for bentonite research. Detailed information on mineral surface reactions is available from, among others, VAUGHAN & PATTRICK (1995) and NEWMAN (1987).

An overview of the uses of bentonite is provided by GRIM (1962) and MURRAY (2007).

**Stephan Kaufhold**
Federal Institute for Geosciences
and Natural Resources (BGR);
Hannover, Germany

Chapter 1

# Smectite and Bentonite Terminology, Classification, and Genesis

H. Albert Gilg, Stephan Kaufhold & Kristian Ufer

## ▸ 1.1 Crystal structure systematics of the smectite group

*Bentonite* is a rock name, and *smectite* is the name of a group of clay minerals. Bentonites are dominated by swelling clay minerals that belong to the smectite group.

The term *bentonite* was introduced by Knight in 1898 for a soapy clay rock that he had described earlier in 1897 as *taylorite*. The term *taylorite*, however, was already preoccupied for a mineral, thus Knight finally named the clay *bentonite* after the host rocks, namely the Fort Benton Group (Meek & Hayden 1862). The name *smectite* may be related to the Greek words "smao" (= to soap), "smegma" (= soapy, greasy substance), or "smektris" (= a kind of fuller's earth). Brown (1955) introduced the term *smectite* for the group of swelling 2 : 1 layer silicates. The mineral *montmorillonite,* which belongs to the mineral group of smectites, was named after the city of Montmorillon in the South of France by Damour & Salvétat (1847). The entire story about the origin of the current terms is summarized by Robertson (1986).

A summary and recommendation for the usage of clay mineralogical terms is provided by the Clay Minerals Society (CMS): The Glossary of Clay Science (www.clays.org/Clay_Glossary).

The basic structural units of clay minerals are tetrahedral sheets dominated by Si (with minor Al-substitution) and octahedral sheets consisting of Al, Mg, and/or Fe. According to the occupancy of the octahedral sheet, *tri-* and *dioctahedral smectites* are distinguished. In the case of trioctahedral smectites three (or almost three) of the three octahedral positions are occupied by, for example, Mg such as in saponite. In contrast to the trioctahedral smectites, the dioctahedral smectites (montmorillonite–beidellite series) possess a vacancy in the octahedral sheet so that one of the three different positions is not occupied. Cis- and trans-vacant smectites are identified depending on the position of the vacancy relative to the mirror plane of the oxygen and hydroxyl framework (Fig. 1.1). Most smectites are cis-vacant. The vacancy is further discussed by Tsipursky & Drits (1984) and Drits et al. (1995).

The *dioctahedral smectites* are most abundant, and are often simply termed *montmorillonite*. In reality, dioctahedral smectites without any tetrahedral charge are rare. Most smectites are montmorillonitic smectites in the montmorillonite–beidellite series (Fig. 1.2). Therefore, the term *dioctahedral smectite* is preferred over *montmorillonite* in this book, unless montmorillonites were described in the cited studies.

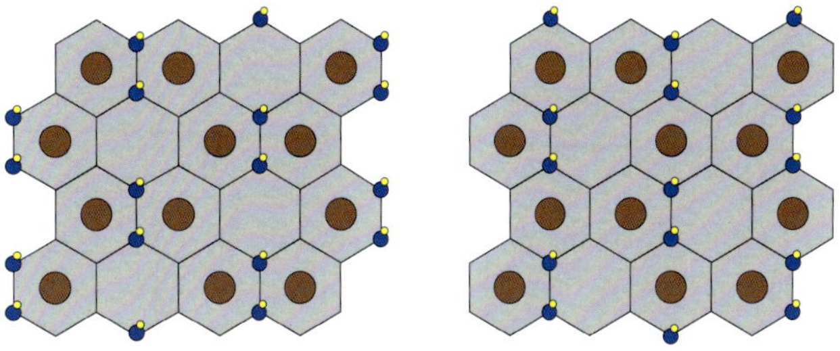


Fig. 1.1: Sketch showing cis- and trans-vacant positions in the octahedral sheet of dioctahedral smectites (blue/yellow: hydroxyl group).

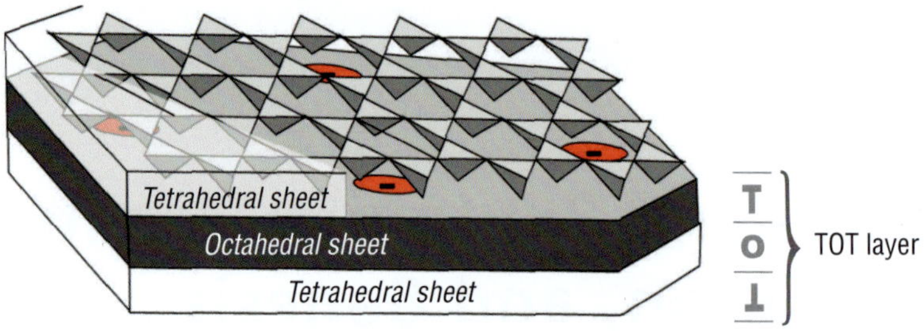


| | Beidellite | Montmorillonite | Ideal nontronite | Fe-rich nontronite | Saponite | Real dioctahedral smectites (based on the sample set of the present study) |
|---|---|---|---|---|---|---|
| T | $AlSi_3$ | $Si_4$ | $AlSi_3$ | $(Al, Fe)Si_3$ | $AlSi_3$ | $Si_{3.7-4}Al_{0-0.3}Fe_{0-?}$ |
| O | $Al_2$ | $(Al, Mg, Fe)_2$ | $Fe_2$ | $Fe_2$ | $(Mg, Fe)_3$ | $(Al_{1-1.7}Mg_{0.1-0.5}Fe_{0-0.6})_{2-2.1}$ |
| T | $AlSi_3$ | $Si_4$ | $AlSi_3$ | $(Al, Fe)Si_3$ | $AlSi_3$ | $Si_{3.7-4}Al_{0-0.3}Fe_{0-?}$ |

Fig. 1.2: Sketch illustrating the smectite group (boxes indicate location of permanent negative charge).

The tetrahedral sheet only contains ferric iron while both, ferric and ferrous iron can be located in the octahedral sheet which may also accommodate Zn, Cr, and Li (not shown in the Figure).

Saponite, hectorite and stevensite are tri-octahedral smectites that occasionally form exploitable clays, while beidellite and nontronite are rarely present in industrial bentonites. Other smectite minerals not occurring in economically viable deposits include volkonskoite, sauconite, swinefordite and yakhontovite (Kaufhold et al. 2015c).

The smectites belong to the 2:1 layer silicates together with, for example, the micas. The term *2:1* refers to the ratio of Si/Al-tetrahedral sheets to Al/Mg/Fe-octahedral sheets. In the 2:1 layer silicates the octahedral sheet is sandwiched by two tetrahedral sheets with the tetrahedra pointing to each other — often abbreviated as TOT (tetrahedral sheet – octahedral sheet – tetrahedral sheet). In contrast to most other minerals, the smectite structure possesses an excess of negative charges known as *layer charge*. This negative layer charge is balanced by the so-called *exchangeable cations* (commonly $Na^+$, $Ca^{2+}$, or $Mg^{2+}$) that are located on the outer surfaces (outside the TOT layer). A smectite particle, due to its imperfect stacking, is often termed a *quasicrystal* and consists of a stack of different 2:1 layers. In crystallography, however, the term *quasicrystal* is used for ordered structures without three-dimensional translational symmetry, which does not apply for smectites (Shechtman 2011).

The charge-balancing exchangeable cations are located between the 2:1 layers. Together with variable amounts of water they form the so-called *interlayer*, or simply *gallery* (Fig. 1.3). In micas, the interlayer cation is mostly $K^+$ that is located above the pseudohexagonal holes of the tetrahedral sheet in the center of the collapsed interlayer. However, the common smectite interlayer cations are hydrated and hence keep the 2:1 layer apart. Furthermore, when the quantity of surrounding water changes, for example, due to variations in the relative humidity, smectites swell or shrink depending on whether the cations adsorb or lose their water. Hydration and dehydration of the exchangeable cations, which are mainly located in the interlayer between stacks of different 2:1 units, are the cause of the swelling capacity.

Before the discovery of the X-ray diffraction (XRD) effect, clay minerals were almost exclusively characterized by their chemical composition. The use of microscopic methods to understand their structure was constrained by the small crystal size. The first diffraction experiments on clay minerals were performed in the late 1920's and early 1930's. Pauling (1930) recognized the layered structural character, and the similarities of gibbsite, brucite, pyrophyllite, micas, and chlorites.

The first crystallographic structure model of a montmorillonite was proposed by HOFMANN et al. (1933). These authors correctly recognized the analogy with other TOT structures. They described montmorillonite as sheets of Al-hydroxides that are connected on both sides with Si-O sheets. They also realized that the resulting layers are weakly bound, and that the interlayer space contains water molecules. Using XRD experiments, they investigated the swelling behavior related to the water content, temperature, and relative humidity. Although they ignored the chemical inhomogeneity and the existence of interlayer cations, their structure model was fundamental for further investigations over the next decades.

In the early 1930's it was still debated if montmorillonite is structurally correlated to mica-like TOT minerals or to halloysite, which is a highly disordered member of the kaolinite group, due to their similarities in diffraction experiments. A relationship to zeolites was even considered. GRUNER (1935) performed powder diffraction experiments on several clay minerals, including nontronites, montmorillonites, beidellites, and minerals with now redundant names. He realized that they were structurally identical, and form an isomorphous series. An early comprehensive work by ROSS & HENDRICKS (1945) classified these minerals with the "montmorillonite group", later called the "smectite group". The term *smectite* was already widely used in the 18th century, usually as a synonym for *fuller's earth*. Later it emerged that other materials named smectite were actually bentonites (because of the admixtures).

GRUNER (1935) was also able to determine lattice parameters and spacing of the smectites from his powder diffraction experiments, although the photographs were of poor quality and the diffraction intensities diffuse. He explained this as an effect of crystal size, but he also proposed a disorder effect and considered that the stacks display a "lack of parallelism" due to distortions in the layers themselves, or an inhomogeneous distribution of water content.

Later it was suggested that the disorder in smectites is *turbostratic* (AYLMORE & QUIRK 1960). The concept of turbostratic-disordered structures was introduced by WARREN and BISCOE (WARREN 1941; BISCOE & WARREN 1942) in their description of the stacking of graphitic layers, and consists of random translations or rotations of layers parallel to each other. This type of disorder can be found in layered structures such as graphitic carbon (WARREN & BODENSTEIN 1965), boron nitride (BN) (HUBÁČEK et al. 1996; ANDREEV & LUNSTRÖM 1994), molybdenite, $MoS_2$ (BORSELLA et al. 1998), and in almost all natural smectites (MOORE & REYNOLDS 1997). Even rotations of less than one degree produce typical diffraction patterns from turbostratic-disordered structures. The three-dimensional periodicity of the smectite crystals is overruled, and as a result the coherent scattering between the layers is lost. Non-basal reflections can be interpreted as diffraction from a single layer.

Due to the lack of naturally occuring mineral specimen, it is not possible to use classical single crystal diffraction for structural characterization. The measurement and simulation of powder patterns is one way to overcome this problem. LAUE (1932) already qualitatively described the diffraction of layered structures, and later several mathematical treatments and computer programs were developed. However, most of these techniques suffered from time-consuming manual handling. UFER et al. (2008) developed a Rietveld compatible structural model that now allows Rietveld refinement of clays containing a high proportion of smectites.

Structural information of smectites can also be obtained by applying appropriate pretreatments before the diffraction experiments in

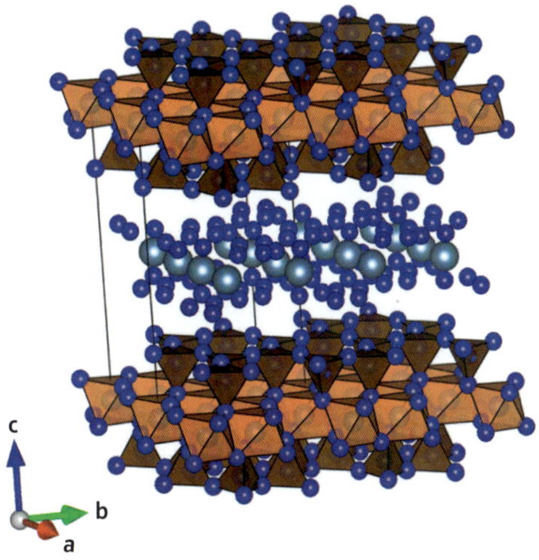


Fig. 1.3: Structural model of smectite. The interlayer or gallery is located between the two 2:1 layers.

The image was produced using the VESTA program (MOMMA & IZUMI 2008) representing a two-layer hydration state of the smectite.

order to reduce the degree of disorder. Mamy & Gaultier (1976) performed exchange experiments with potassium cations and repeated hydration-dehydration cycles to force the smectitic layers into a certain degree of ordering, comparable to disordered illite polytypes. Tsipursky & Drits (1984) used this preparation technique for the examination of more than 30 dioctahedral smectites by oblique-texture electron diffraction (OTED). They showed the diffraction effects of the two different octahedral arrangements (cis-vacant or trans-vacant) as well as random mixtures of them.

Other kinds of translational disorders in addition to turbostratic stacking are discussed (Viani et al. 2002; b/3; b-axis translation). Any rotation and/or translation of the layers parallel to each other, or occupancies of different octahedral positions, influence the non-basal reflections, but have no influence on the basal reflections. However, the basal reflections of smectites often show a non-rational series, asymmetric shapes, and different degrees of broadening. This results from the coexistence of different hydration states in the interlayers and the random mixed-layering of these layers with different thickness. The different hydration states may result from a broad layer charge density distribution. The diffraction effect for different hydration states exists at all relative humidities (Ferrage et al. 2005) and is, therefore, difficult to suppress.

The structure of the interlayer could be considered, and included in the structure models. However, the identification of the structure of the interlayer water is still a challenge. A comprehensive discussion about the arrangement of water molecules in the interlayer, and about the constraints of the different methods is provided by Sposito & Prost (1982). No additional results on this aspect of smectite research are provided in this book. However, in order to be able to better refine the smectite structure without the need to perfectly understand the arrangement of water molecules in the interlayer, Kaufhold et al. (2011b) suggested investigating Cu-trien exchanged smectites. The actual scientific value of this procedure has still to be evaluated. The most important but difficult task is to describe the real structure of smectites. Molecular modelling provides additional information about the real structure, and particularly the hydration states (e.g. Teich-McGoldrick et al. 2015; Ngouana-Wakou & Kalinichev 2014; Sun 2016).

In recent years, large crystals of hectorites, a trioctahedral smectite, have been synthesized (e.g. Breu et al. 2004). These hectorites were intercalated ("pillared") with large organic molecules that form bridges between adjacent layers and, therefore, result in a three-dimensional ordering. The structure of these artificially-ordered smectites can then investigated by single crystal methods.

## ▸ 1.2 Terminology and classification of smectites and bentonites

Bentonites differ with respect to smectites in their composition and charge distribution, the amount and composition of ancillary minerals, texture as well as their suitability for different applications. These properties could be used for classification although, as discussed later on in Section 1.3, other geological features, genesis or protolith type could also be used for classification, or at least to distinguish between different bentonites. However, the genetic history of bentonites is often complex and difficult to unravel, and is thus generally not practical for classification. Most of the accepted classifications are, therefore, related to composition or other measurable properties of the bentonites. Smectite classification is also important but must be treated separately.

The chemical and mineralogical composition of bentonites is variable and their major elements can be determined with high accuracy. Therefore, the chemical composition can be used for bentonite classification. However, despite comparable chemical compositions of bentonites from different deposits, they often perform differently in various applications. Although material from the same deposit usually has a similar behavior, the reason for the different performances of bentonites from different deposits is still poorly understood. The simplest classification of bentonites, therefore, is to name the bentonite after the locality (mining area). For example, it is common to refer to *Bavarian bentonite* and *Milos bentonite*. The term *Wyoming bentonite* may sometimes be used as synonym for *Na-bentonites*. The mining area is used for material classification both by industry and clay scientists, but this is of course not scientifically satisfactory. From a commercial viewpoint, a common classification relates to the dominant exchangeable interlayer cation, such as Na-bentonite versus Ca-bentonite (e.g. EISENHOUR & REISCH 2006; MURRAY 2007). Some commercial bentonites, however, contain Mg as a dominant exchangeable interlayer cation (KÖSTER et al. 2019). The term *Mg-bentonite*, however, may be misleading (exchangeable versus structural Mg) and should be avoided, especially for trioctahedral Mg-rich smectite-dominated rocks. Trioctahedral smectite-rich clays are often traded as bentonites, for example the saponite-rich clays from Watheroo, Western Australia (ABEYSINGHE 2002), or the hectorite-rich clays from Hector, California (AMES et al. 1958).

The International Mineralogical Association (IMA) published nomenclature recommendations for zeolites, which are cation exchangers similar to smectites. For zeolites, it is now recommended to place the dominant exchangeable cation after the mineral name (Levinson suffix), for example chabazite-Ca (chabazite with exchangeable Ca; NICKEL & GRICE 1998). This terminology is applicable for minerals (e.g. smectites) but not for rock names (such as bentonite). Bentonites are dominated by smectite. Bentonite classification, therefore, could be linked to smectite classification although bentonites may even contain smectites with different compositions (PETIT et al. 2002).

A comprehensive presentation of the history of smectite classification is provided by EMMERICH et al. (2009), and, therefore, only briefly discussed here. Almost all classifications are based on the chemical composition of the octahedral sheet. GRIM & KULBICKI (1961) suggested distinguishing montmorillonites with Mg- and Al-dominated octahedral sheets. Montmorillonites with high Mg-contents were termed *Cheto-type*, and montmorillonites with significant octahedral Al were termed *Wyoming-type*. They also considered using their thermal properties to distinguish between the types. SCHULTZ (1969) considered tetrahedral charge in addition to the octahedral composition and distinguished Wyoming, Tatatilla, Otay (previously Cheto), Chambers, and non-ideal montmorillonites/beidellites. BRIGATTI & POPPI (1981) assessed a large set of published data on the non-ideal smectites, and added the smectites with high Fe-content. EMMERICH et al. (2009) suggested to classify smectites based on octahedral composition (di/tri), layer charge, charge location, vacancy, and Fe-content; for example "low charged beidellitic cis-vacant montmorillonite". The advantage of this method is (a) that all information is provided, and (b) that it does not leave room for "non-ideal montmorillonites". The disadvantage is that many parameters, including some that are rarely measured such as tetrahedral charge and vacancy (the latter commonly based on thermal analysis), must be determined for a classification. This smectite classification is scientifically precise and, together with the type of exchangeable cation, provides information on the relevant properties. The classification by EMMERICH et al. (2009) focused on the montmorillonite-beidellite series but it may be applied to other smectites as well. In case of trioctahedral smectites cis- and trans-vacancy do not have to be distinguished, because these smectites do not possess vacancies.

Bentonites are traded globally as a bulk commodity and, regardless of the smectite classification discussed above, will probably still be classified according to the location of the deposit, and possibly according to some special properties. For some industrial purposes the type of exchangeable cation or natural Na-occupation are important. However, in scientific publications and technical discussions bentonites are automatically classified according to their exchangeable cation, possibly another particular characteristic, and optionally the location. For example, a bentonite is classified as "natural Na–Fe-poor bentonite (from Argentina)" or as "soda-activated high charged Fe-rich bentonite (from Hungary)". Although occasionally still used, the old terminology (e.g. Cheto-type) is gradually disappearing. The terms *Na-bentonite*

Bentonites are dominated by smectite.

and *Ca-bentonite* are commonly used to describe a bentonite containing smectites with predominant Na- or Ca-interlayer cations. This terminology is not precise because the Na (or Ca) is the exchangeable cation in the smectite, which is only a constituent of the bentonite rock, and, therefore, a smectite property is combined with a rock name. However, since Na and Ca do not occur in the octahedral sheet, the term *Na-bentonite* may be used unambiguously. Although these terms may be considered as abbreviations rather than correct scientific descriptors, they are used in this book because they are widely accepted.

Bentonites are highly variable with respect to their mineralogical composition. The different bentonite deposits deliver specific material, but some deposits contain particularly distinctive and rare clay minerals with an unusual composition or properties. The most famous locality is probably Hector, California, where hectorite is mined. Specific clays, such as hectorite, are not necessarily applicable to all typical bentonite uses, but for selected applications they may be of great economic value. The natural acid clays are another example of a specialty type that occur where recent acidic hydrothermal solutions interact with bentonite, which results in an acid attack on the bentonite similar to that in technical acid activation. The final product of acid activation, as in bleaching clay production, is a mixture of smectite with attached mesoporous silica derived from the incongruent dissolution of the smectites. The mesoporous silica is highly reactive and tends to recrystallize, until finally forming cristobalite with almost no further mesoporosity. Hence, acid clays can be technically interesting materials if the silica surface is still "reactive" (Kaufhold 2001; Kaufhold & Decher 2003). The reserves of such suitable materials, however, may be constrained due to the locally restricted alteration zones.

Sohling et al. (2009a) described a deposit that consists of a mixture of silica and stevensite, which is technically interesting because of the high porosity that is believed to be associated with amorphous silica known as "natural silica gel". This porosity is complemented by a moderate but significant cation-exchange capacity of about 36 meq/100 g (although it is not an SI unit, "meq/100 g" is a standard unit in clay science and, therefore, is used in this book).

Smectite-rich interstratified clay minerals may occur in significant minable quantities and may even be used in similar applications as some bentonites. Their status as a special type of industrial bentonite, e.g. *K-bentonite*, however, needs further scientific discussions.

- Bentonites are often classified based on special characteristics (e.g. natural Na-bentonite or Fe-rich bentonite) as well as the location of the deposit.
- Dioctahedral smectites can be classified according to the detailed characterization described by Emmerich et al. (2009).
- Care must be taken with respect to a possible confusion of octahedral and interlayer cations when using the term "cation-rich smectite" (particularly if the cation is Mg).

## ▸ 1.3 Genesis of bentonite deposits

Smectites form either by hydrous alteration of pre-existing, reactive silica-bearing materials or by direct precipitation in a lacustrine or marine environment (e.g. Aplin 1993; Meunier 2005; Galán 2006; Wilson 2013). In all cases, an aqueous fluid is involved in the formation of the clay mineral. This may occur at ambient temperatures of the Earth's surface or under elevated temperatures in a hydrothermal or diagenetic setting. Stable oxygen and hydrogen isotope and supportive thermometric data suggest that most smectites form in nature at temperatures below about 90 to 120 °C (e.g. Savin & Lee 1988; Marumo et al. 1995; Inoue 1995; Sheppard & Gilg 1996; Mizota & Faure 1998; Köster et al. 1999; Mas et al. 2003). Higher formation temperatures

(> 150 °C) have occasionally been reported for some saponites and beidellites based on oxygen isotope data (e.g. COLE 1983; STAKES & O'NEIL 1982; DEKOV et al. 2008), and were predicted for a variety of smectite minerals based on thermodynamic mineral stability calculations (e.g. TARDY et al. 1987; WILSON et al. 2006a, b) or applied in experimental synthesis studies (e.g. KLOPROGGE et al. 1999; VIDAL et al. 2012). However, field evidence indicates that the transformation of smectites to interstratified clay minerals, such as illite-smectite or chlorite-smectite, generally begins at temperatures above about 50 to 100 °C in nature (e.g. CHRISTIDIS 1995; YLAGAN et al. 2000) but is strongly dependent on the duration of the thermal conditions.

In-situ alteration of rocks may involve transformation processes of pre-existing sheet silicates or, more commonly, neogenesis by dissolution-reprecipitation reactions possibly via an amorphous gel phase (DE LA FUENTE et al. 2000). The smectites may replace precursor minerals and form pseudomorphs, or they may grow into open space voids or fractures.

The chemical composition of a fluid strongly influences the stability and nature of the clay mineral during alteration. Very low (earth)alkali to hydrogen cation activity ratios and dissolved silica contents in the fluid tend to stabilize kaolinite, halloysite, allophane or even gibbsite, while strongly alkaline and extremely silica-rich fluids force the crystallization of feldspars or zeolites (e.g. HARDER 1972; AAGAARD & HELGESON 1983; TARDY et al. 1987). Therefore, approximately neutral to weakly alkaline conditions are required to crystallize smectite minerals. Dissolution of volcanic glass results in high dissolved silica contents in the fluids that are favorable from smectite formation.

**Bentonites are defined as smectite-dominated clays.** More than 35 years ago, GRIM & GÜVEN (1978) presented the first genetic classification scheme for economic bentonite deposits that is still in use today. They distinguished bentonite deposits formed by:

- alteration of volcanic ash or tuff essentially in-situ;
- hydrothermal alteration generally of igneous rocks;
- deuteric alteration of igneous rocks;
- miscellaneous or uncertain modes of origin that included neoformed and detrital smectites.

Since the GRIM & GÜVEN publication, however, numerous studies have contributed to a much better understanding of bentonite genesis. More than 700 publications on "bentonite deposit(s)" are cited in GeoRef since 1978. The classification of bentonite deposits using the GRIM & GÜVEN (1978) system has some difficulties because the classes are not exclusive and there are no clear criteria for classification for all types of deposit.

CHRISTIDIS & HUFF (2009) proposed a simpler classification based on genetic processes:

- in-situ diagenetic alteration of volcanic glass;
- hydrothermal alteration of volcanic glass;
- formation of Mg-smectite-rich sediments in inland, saline-alkaline lakes and sabkha environments.

This classification, however, does not include deposits formed by weathering processes, secondary accumulation of smectites and alteration of non-volcanic protoliths, and the criteria to distinguish between hydrothermal and diagenetic alteration were not provided.

A new classification scheme for bentonite deposits is presented in this book.

A new classification of economic bentonite deposits is presented here: Bentonite deposits can be divided into primary and secondary deposits.

- **Primary bentonite deposits** form either by metasomatic processes that lead to the in-situ transformation of an alumosilicate rock to a smectite-rich clay or by direct precipitation from an aqueous fluid (e.g. GALÁN & POZO 2011).
- **Secondary bentonite deposits** form by sedimentary accumulation of detrital expandable clay minerals.

This definition contrasts with a previous concept of JEANS et al. (1982) that considers primary bentonites to be mostly non-economic, thin, air-fall accumulations of volcanic ash in a marine or brackish environment and secondary bentonites as derived from detrital, resedimented, thick ash accumulations.

The geological setting, the processes of smectite formation, the origin, composition and temperature of fluids involved as well as the architecture of the hydrological system are discussed. Finally, the role of protolith composition and texture in the case of a transformational origin and the effects of superimposed post-formational alteration are considered.

Despite the many publications, a significant number of economically important deposits are still only poorly described and have not been studied sufficiently well. The sites of many significant deposits are no longer accessible due to subsequent infill and post-exploitation restitution. The lifetime, and therefore accessibility, of many deposits currently being exploited is short. Therefore, we know comparatively little about the origin of many world-class bentonite deposits as compared to that of metal, coal or oil deposits.

The quality, importance and thus economic value of a bentonite occurrence strongly depend on several geological factors that are intimately related to the origin of the deposit:

- the total size of the deposit;
- the presence or possibility of additional deposits in the region (brownfield exploration);
- the thickness of the bentonite bed(s);
- the amount of smectite in the clay;
- the type and composition of smectite;
- the shape of the individual mineral and texture of the aggregates; and
- the abundance and size of ancillary, especially deleterious minerals.

The latter four factors also strongly influence the suitability of a bentonite for specific applications or for additional processing, such as acid or soda activation. Additional aspects that influence the economics of a deposit include the ore-to-waste ratio, available infrastructure, distance and transport costs to the processing plant or markets (e.g. O'Driscoll 2006).

## 1.3.1 Primary bentonite deposits

### 1.3.1.1 In-situ alteration of volcanic and volcaniclastic rocks

The vast majority of bentonites were formed by transformation of volcanic rocks in a wide variety of tectonic settings and depositional environments as well as from chemically distinct protoliths (Grim & Güven 1978; Christidis 2008; Christidis & Huff 2009). The volcanogenic nature of the protoliths can be established from the observed transitions of the bentonite to unaltered or weakly altered volcanic rocks, or the presence of volcanic glass shards and residual volcanogenic minerals (e.g. Grim & Güven 1978). In some cases, only pseudomorphs after glass shards are preserved. Primary volcanic and resedimented volcaniclastic glass-rich deposits (e.g. Jeans et al. 1982) are both included in this class of bentonites since it is very difficult and sometimes even impossible to distinguish between the two types, especially after intense alteration (McPhie et al. 1993).

#### Depositional environment

Most large bentonite deposits that are derived from alteration of volcanic rocks occur in convergent tectonic settings such as continental margin (Wyoming, Greece), mature island arc (Japan) and continental collisional zones with subsequent extension (Bavaria, Hungary, Spain). However, continental rift or intraplate settings (Arizona, Northern Czech Republic, Westerwald/Germany, Kutch/India) are also favorable for the formation of economic bentonites.

**Proximal bentonite deposits** occur close to the volcanic eruption centers, mostly from coarse-grained pyroclastic flow deposits within or at the rim of large calderas, and are often spatially associated with sequences of unaltered volcanic rocks. Because porosity and permeability are crucial

Fig. 1.4: The proximal Angeria deposit; Milos, Greece.

factors for alteration, coherent lavas, massive obsidian flows, strongly welded tuffs and subvolcanic intrusions are less suitable protoliths for bentonites.

The thickness of economic bentonite beds in a proximal setting may exceed 50 m (Fig. 1.4). The coarse-grained texture of the volcanic educts can often be detected in bentonite (Fig. 1.5). A typical example of a shallow submarine proximal deposit is the Angeria(-Kofi-Aghios Irini) deposit in eastern Milos, Greece (Fig. 1.4). It is one of the largest open mining operations for bentonite with an annual production of about 1 Mt. Early Pleistocene coarse-grained andesitic pyroclasitic rocks are altered to Ca-bentonites (Decher 1997, Christidis et al. 1995, Stewart & McPhie 2006).

In contrast, the Miocene bentonite-hosting volcanic rocks of the Cabo de Gata region in SE Spain were deposited in a coastal depositional environment, in part in a subaerial setting, for example at the Los Trancos deposit (Martín Vivaldi & Linares 1968; Delgado 1993; Caballero et al. 2005).

While eastern Milos island emerged shortly after deposition of the submarine pyroclastic host rocks (Steward & McPhie 2006), a Late Miocene (Messinian) transgression submerged the rhyodacitic pyroclastic rocks of the Los Trancos deposit that were overlain by reefal marine limestones (Delgado 1993). Whether bentonitization occurred in a strictly marine or subaerial environment is, therefore, not clear in either case.

Fig. 1.5: Coarse-grained texture of proximal bentonite derived from pyroclastic flow; Angeria deposit, Milos, Greece.

**Distal bentonite deposits** were derived from fine-grained air-fall ash in a marine or lacustrine sedimentary environment located far from the volcanic vent. Some economic bentonites, for example in the North Alpine Foreland Basin in Southern Germany, were deposited more than approximately 300 km from their probable volcanic source in the Pannonian Basin (UNGER et al. 1990; ROCHOLL et al. 2008).

Because the primary fall-out thickness of distal ash deposits is generally less than the economic cut-off of greater than approximately 0.5 m thickness (SLAUGHTER & HAMIL 1970), economic distal bentonite deposits generally require detrital resedimentation of air-fall ash (JEANS et al. 1982). The resedimentation of the volcanic glass particles is often accompanied by entrainment of non-volcanogenic, detrital minerals (HOFMANN 1956; ULBIG 1999).

Many bentonites thus show gradual transitions to overlying sediments (SLAUGHTER & EARLEY 1965; ELZEA & MURRAY 1990) or more rarely intercalations of smectite-poor sediments. In some deposits, multiple eruption and air-fall ash accumulation events have been postulated to provide the appropriate thickness of a single economic bentonite bed (UNGER & NIEMEYER 1985a), but unambiguous evidence for such scenarios has not yet been presented.

Due to the fine-grained nature of the ash particles, distal bentonites often appear homogeneous in hand specimen, although some bentonites occasionally show bedding or even graded-bedding or cross-lamination (GOLDRING 1999; Fig. 1.6B). The distal bentonites are generally less than a few meters thick, and sometimes occur in a series of individual beds, each with economic thickness (KNECHTEL & PATTERSON 1956, 1962). The distal beds can often be traced over several tens of kilometers (SLAUGHTER & EARLEY 1965; ELDER 1988).

Most **marine distal bentonites** formed on the continental shelf at shallow depths (ELZEA & MURRAY 1990; GOLDRING 1999; BERRY 1999) or in coastal settings with lagoons or tidal channels (MICHAELIDIS 2011). Significant variations of the thickness of the beds (KNECHTEL & PATTERSON 1956, 1962) have been attributed to redistribution of ash on the seafloor by currents (ELDER 1988). Many marine Na-bentonite deposits, such as the world-class deposits in Wyoming, South Dakota and Montana (SLAUGHTER & EARLEY 1965; ELZEA & MURRAY 1990), Tsukinuno in Japan (ITO et al. 1999; TAKAGI et al. 2005) or Lago Pellegrini in Argentina (ANDRIES & ZALBA 2003), occur in mud-dominated basins, while marine bentonites situated in calcareous environments, such as the Cretaceous bentonites of Southern England (JEANS et al. 1977, 1982; GOLDRING 1999), have a Ca-dominated interlayer cation composition.

Fig. 1.6: Bavarian bentonites. (A): Distal rhyolite ash-derived terrestrial lacustrine bentonite at the Rehbach deposit near Gammelsdorf, Bavaria, Germany. Note the oxidation and presence of pedogenic dolomite nodules at the top of the bed that is overlain by Miocene gravel. (B): Cross-bedding in a distal bentonite, Strass deposit near Mainburg, Germany, indicating resedimentation of ash and entrainment of detrital minerals.

It is noted however, that some Na-bentonites in the Ordu region of Turkey are intercalated in a limestone sequence (KARAKAYA et al. 2011), and the marine distal Otay bentonites (CLEVELAND 1960; BERRY 1999) have an Mg-dominated interlayer cation composition. Thus, the relationship between interlayer compositions of the smectites with the depositional environment of the volcanic protoliths of bentonites is complex (KÖSTER et al. 2019).

**Terrestrial lacustrine distal bentonites** are found either in large intracontinental lakes, for example in the Mio-Pliocene Bidahochi Formation (Chambers and Cheto bentonites, Arizona, USA; KIERSCH & KELLER 1955, DALLEGGE 1999) or in small oxbow lakes of braided rivers in fluvial floodplains (Mid-Miocene Bavarian bentonites, Germany; UNGER & NIEMEYER 1985a, b; ULBIG 1999; KÖSTER & GILG 2015).

## The role of the protolith

High contents of glass in pyroclastic volcanic rocks are an essential requirement to form smectite-rich, high-quality bentonites. Feldspars and mafic silicate minerals may also alter to smectites, while micas are less susceptible to smectitization and quartz is completely inert. The chemical composition of smectite strongly depends on the composition of the volcanic glass or the precursor minerals (BANFIELD et al. 1991). Thus, on a submicroscopic scale, smectites in economic bentonite deposits may show significant heterogeneities (CHRISTIDIS & DUNHAM 1993, 1997) that are not obvious on a macroscopic scale. In general, the transformation of intermediate to felsic volcanic rocks will generate dioctahedral Al-dominated smectites, mostly montmorillonites, while mafic volcanic rocks will form montmorillonites rich in Fe or beidellites rich in Fe (Fig. 1.7). Bentonites dominated by nontronite or saponite have not been observed in economic deposits derived from mafic volcanic rocks.

The transformation of volcanic glass or feldspars to smectites involves significant chemical changes, typically the mobilization of alkali elements and silica that requires high fluid-rock ratios (CABALLERO et al. 1992). CHRISTIDIS (1998) calculated minimum water-rock ratios of 10 to 15 for the formation of bentonites from andesites on Milos and rhyolite on Kimolos, Greece. The least mobile elements during smectitization are aluminum, titanium and to a less extent iron (CHRISTIDIS 1998, 2008).

In a $TiO_2/Al_2O_3$ versus $Fe_2O_3/Al_2O_3$ diagram (Fig. 1.8), the bulk chemical composition of bentonites that form from mafic rocks, for example Kutch, India (CARLSON 2004; OLSSON & KARNLAND 2009), Rokle, Czech Republic (KONTA 1986; CARLSON 2004) and Cyprus (CHRISTIDIS 2006), can easily be distinguished by their high Ti/Al and Fe/Al values, while rhyolite-derived bentonites, for example from Wyoming (DAVIS 1965; CARLSON 2004), Morocco (DDANI et al. 2005),

Fig. 1.7: Bentonite with high Fe-content derived from basaltic tuffites; Meudt deposit, Westerwald, Germany.

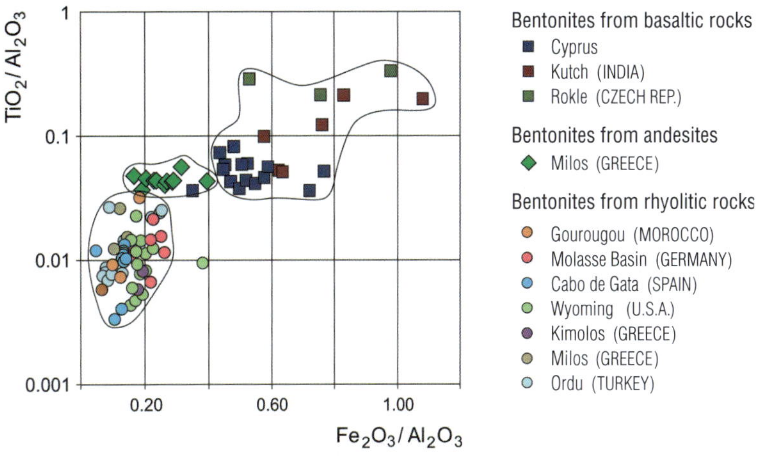


Fig. 1.8: $Fe_2O_3/Al_2O_3$ versus $TiO_2/Al_2O_3$ of bulk volcanogenic bentonites. Bentonites derived from basaltic rocks (squares) are distinguished from bentonites from rhyolitic or rhyodacitic rocks (circles) and from andesites (diamonds).

southern Spain (Delgado 1993), Milos (Christidis 1998), Turkey (Karakaya et al. 2011) and Bavaria (Tebbe 1996; Ulbig 1999), show very low Fe/Al and Ti/Al ratios, and bentonites from andesites (Milos) show intermediate values (Christidis et al. 1995; Decher 1997).

Due to the diversity of geotectonic settings, the geochemical signatures of bentonite protoliths can be quite variable, but their character is predominantly calc-alkaline, more rarely alkaline (southern England) or tholeiitic (Kutch). The significant chemical modifications during bentonitization, especially for alkaline and alkaline-earth elements, make it impossible to characterize bentonites based on their whole rock major element geochemistry, such as total alkalis versus silica (TAS) diagram. Thus, the usually immobile trace elements, including Ti, Y, V, Zr, Th, Nb, Ta, Yb, etc., are used in discrimination diagrams, preferably in the form of ratios (Winchester & Floyd 1977), to interpret the protolith composition, the geochemical character, and possibly even the tectonic setting. For example, the Zr/Ti ratio increases strongly with differentiation, while Nb/Y ratios are high (greater than 1) in alkaline rocks.

Although this trace element geochemical approach to address the problem of protolith composition has been applied with success in some deposits on Milos Island (Decher 1997), the data for other deposits are spurious and were attributed to the mobilization of Y (Christidis 1998). However, it is noted that inadequate analytical techniques, for example the inductively coupled plasma mass spectrometry (ICP-MS), may yield inaccurate values if refractory minerals, such as zircon, are not completely dissolved by the acid attack. For example, Walz (1991) reported very low Zr- and Y-contents in Bavarian bentonites using acid dissolution and ICP-MS analysis, as compared to other studies utilizing XRF analyses on powders or glasses (Unger & Niemeyer 1985b; Tebbe 1996; Ulbig 1999). Furthermore, the entrainment of non-volcanogenic minerals, especially in distal deposits, may significantly alter the trace-element chemistry of bentonites. Thus, a careful characterization of non-clay and especially heavy minerals in bentonites is required prior to a meaningful interpretation of trace-element concentrations. Only few studies report microchemical analyses (electron microprobe or laser ablation (LA) ICP-MS) of residual glass shards in economic bentonite beds (Jeans et al. 1977; Abdul Aziz et al. 2010; Gilg & Rocholl 2009). The analyzed glass shards are generally strongly hydrated (~4 to 8 mass% $H_2O$), and indicate significant mobility of some alkaline and alkaline-earth elements, but also some trace elements during low-temperature hydration of volcanic glass (Noble 1967; Zielinski et al. 1977).

## Temperature of bentonitization

Most previous classification schemes for volcanogenic bentonites (Grim & Güven 1978; Christidis & Huff 2009) distinguish between the *low-temperature* and *hydrothermal* alteration types. The low-temperature alteration was recently termed *diagenetic* by Christidis & Huff (2009) in order to emphasize the absence of thermal anomalies, but to include a wider range of temperatures. Grim & Güven (1978) further distinguished between *deuteric* and *hydrothermal* alteration types, with hot fluids derived directly from the cooling igneous rock in the former case and external fluids of various origins in the latter.

Hydrothermal alteration involves thermal and chemical gradients that usually result in a distinct alteration mineral zonation. However, as the temperatures of smectitization are relatively low (<< 90 °C), the thermal gradients and alteration zoning are often not clearly developed. The presence of interstratified illite-smectite and an increase in illite content in illite-smectite towards the thermal center was observed at the Cala dell'Aqua bentonite deposit, Ponza Island, Italy (Ylagan et al. 1996; Altaner et al. 2003) and the Tsantilis deposit on Milos Island, Greece (Christidis 1995). It is not clear in these cases, whether smectitization was induced by the hydrothermal system or if pre-existing bentonites were overprinted by hot fluids (Christidis 1995).

It is very difficult to determine the smectitization temperature of a deposit. At present the most reliable thermometer utilizes the combined oxygen and hydrogen isotopes of smectites (Sheppard & Gilg 1996; Delgado & Reyes 1996). However, the oxygen and hydrogen isotope fractionation factors between smectites and water are still controversial (Sheppard & Gilg 1996; Clauer et al. 2012), and post-formational isotope exchange, especially for hydrogen, must also be considered (Kyser & Kerrich 1991; Bauer et al. 2016). Good isotope evidence for a hydrothermal origin (> 40 °C) of bentonites were only presented in a few thick proximal bentonite deposits on Milos island (Fig. 1.9; Taïeb 1990; Decher et al. 1996; Ballanti 1997) and in the Sierra de Gata region, southern Spain (Leone et al. 1983; Delgado & Reyes 1993). Thus, most bentonite deposits probably formed at temperatures below about 50 °C.

As no unambiguous criteria exist today to distinguish very low temperature hydrothermal from ambient temperature bentonites, a classification into *hydrothermal* and *diagenetic* bentonites is at best challenged, and should be avoided unless clear evidence for above-ambient temperatures is presented.

## Origin of fluids involved in bentonitization

Many bentonites that are derived from volcanic rocks are located in marine or coastal environments, and, therefore, seawater was considered to be the principal fluid responsible for bentonitization, especially from rhyolitic protoliths for which the addition of Mg is required (Christidis 2008).

However, stable oxygen and hydrogen isotope data (Fig. 1.9) indicate that in most deposits meteoric water, rather than seawater, is the dominant component in the alteration fluids. The proximal Milos bentonites, which were supposed to have formed from submarine pyroclastic rocks during cooling of the flows by circulating seawater (Christidis 2008) have stable isotope compositions that suggest the involvement of meteoric waters (Taïeb 1990; Decher et al. 1996; Ballanti 1997). The distal Wyoming Na-bentonites show even lower $\delta D$ and $\delta^{18}O$ values (Savin & Epstein 1970; Taïeb 1990; Cadrin et al. 1996) that are similar to those of terrestrial distal bentonites in the Molasse basin (Gilg & Sheppard 1999; Bauer et al. 2016). The existence of bentonite deposits that formed from rhyolitic glass in a freshwater terrestrial environment (Molasse Basin, Germany) is also evidence that seawater is not a necessary ingredient in the formation of bentonites. It should be noted here, however, that stable isotope data of bentonites from Milos, Greece, and Cabo de Gata, Spain, were interpreted as indications for mixed meteoric-marine fluids (Delgado 1993; Decher et al. 1996; Ballanti 1997; Köster et al. 2019). A recent study on boron concentrations and boron isotope compositions of smectites from bentonite deposits demonstrates that boron-rich brines were involved in the formation of many Na-bentonites, and that unmodified seawater was rarely involved in bentonite formation (Köster et al. 2019).

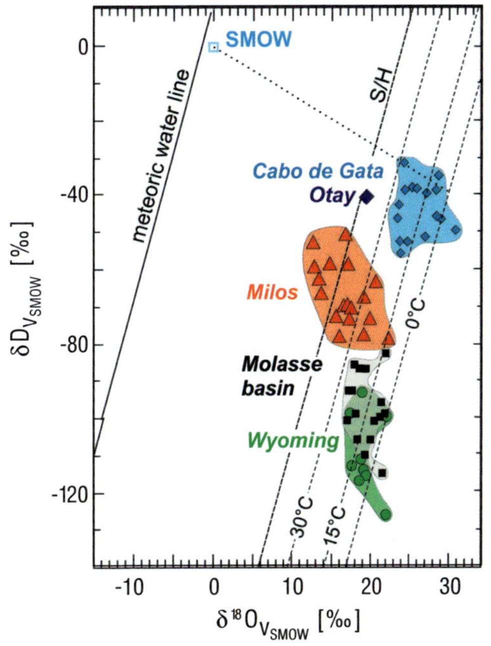


Fig. 1.9: Hydrogen and oxygen isotope composition of smectites from major bentonite deposits (Bauer et al. 2016; Cadrin et al. 1996; Decher et al. 1996; Ballanti 1997; Gilg & Sheppard 1999; Leone et al. 1983; Savin & Epstein 1970; Taïeb 1990). The supergene/hypogene (S/H) line and the composition of smectites in equilibrium with meteoric waters at various temperatures (30, 15 °C) are shown for comparison. The isotope composition of smectites in equilibrium with seawaters is presented by the dotted line.

Many bentonites originally formed in reducing conditions as indicated by their bluish or greenish color and/or the presence of sulfides, but were later oxidized near the surface by meteoric waters and thus transformed to yellowish or reddish clays that may contain secondary gypsum (Fig. 1.6 A). This superimposed supergene alteration of a bentonite enhances its performance in specific applications (WILLIAMS et al. 1954; ELZEA & MURRAY 1990), and may influence the stable isotope signatures. Some bentonites on Milos were even attacked by a steam-heated acid-sulfate alteration, and thus underwent a natural acid activation (KAUFHOLD 2001; KAUFHOLD & DECHER 2003). The naturally acid-activated bentonites, however, contain additional phases such as amorphous silica, kaolinite, alunite, and gypsum. They are less reactive and have lower porosity as compared to industrially acid-activated bentonites (KAUFHOLD & DECHER 2003).

## Architecture of the hydrologic system

The metasomatic reactions that transform porous volcanic rocks into bentonites involve significant volumes of aqueous fluids (CHRISTIDIS 1998). The mechanisms and pathways of fluid flow during the formation of bentonite deposits are poorly known (Fig. 1.10). In hydrothermal systems, convective fluid flow is dominant and often focused along faults, spreading laterally into permeable layers. Many proximal deposits, such as the Los Trancos deposit, southern Spain, obviously formed from warm fluids upwelling along a fault zone or lithological contacts (Fig. 1.11).

The transition zone between the white bentonite and the fresh rhyodacitic pyroclastite is relatively sharp (less than 2 m). The only alteration features that can be observed as a halo around the bentonite are few centimeter- to decimeter-thick palygorskite veinlets in the unaltered rhyodacite (MARTÍN VIVALDI 1962; Fig. 1.12).

The circulation of hydrothermal fluids is required for the intense and deep alteration by mixed meteoric-marine fluids of Pleistocene andesitic pyroclastic flows at the Angeria deposit, Milos. Gravitationally driven groundwater flow is another viable mechanism to form bentonite deposits from meteoric waters.

The fluid flow regime in distal bentonites emplaced in sedimentary sequences is more problematic. A very rapid transformation of the glass particles on the seafloor within days has

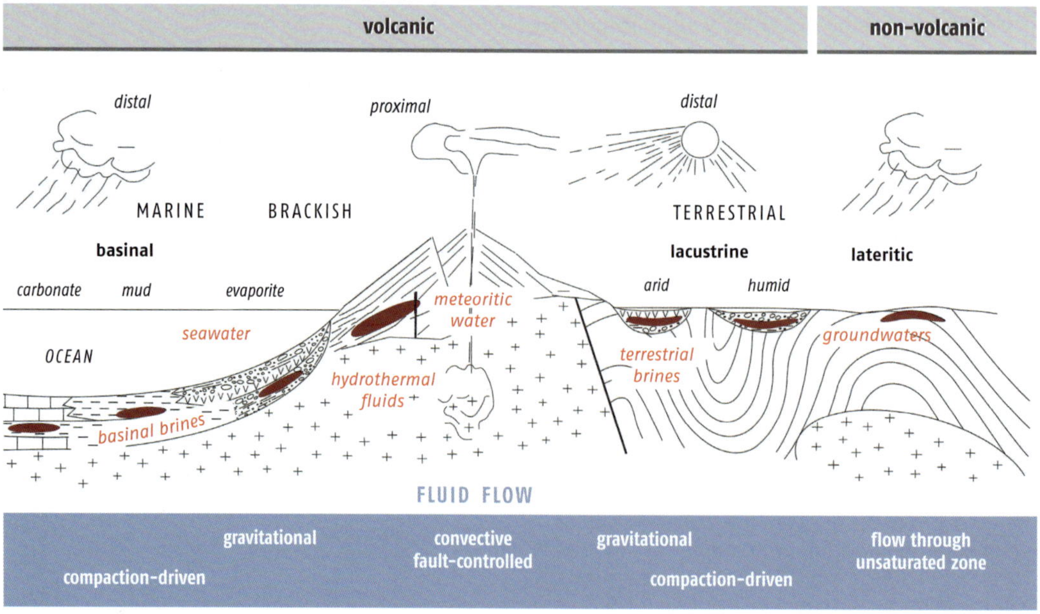


Fig. 1.10: Environments of transformation bentonite deposits with involved fluids and mechanisms of fluid flow.

Fig. 1.11: The proximal Los Trancos bentonite deposit, Sierra de Gata, Spain, formed from rhyodacitic pyroclastic rocks along a fracture zone from an upwelling hydrothermal fluid dominated by meteoric waters.

Fig. 1.12: Palygorskite veins in the Los Trancos deposit, Sierra de Gata, Spain.
(**Left**): Whitish veinlets in the fresh rhyodacite close to the bentonite.
(**Right**): Brownish vein within the bentonite.

been proposed by Berry (1999) for the marine distal Otay bentonite, and previously suggested by Grim & Güven (1978). However, the high fluid/rock ratios necessary for transformation of thick ash layers to clay cannot be sustained in such an environment. Dewatering during compaction in thick mud-rich sedimentary basins seems a more viable solution, especially for the marine shale-hosted Na-bentonites of Wyoming, Japan or Argentina. The systematic trace element (Sr, V, Y, Zn and Cu) variation with depositional depth in the Clay Spur Bentonite in Wyoming and Montana, located in the Cretaceous Western Interior Seaway (Elzea & Murray 1990), may be related to increases in both salinities and anaerobic conditions of the expelled pore waters from the underlying sediments. It is noted, however, that stable isotope data (see above) suggest a meteoric, not a modified marine fluid, while high boron concentrations suggest the involvement of brines (Köster et al. 2019).

The presence of pedogenic and palustrine carbonates in the Bavarian bentonites and their intimate relationship to smectitization (Fig. 1.6) suggests that bentonites may form from rhyolitic ash in a weathering environment with strongly fluctuating groundwater levels (Köster & Gilg 2015; Köster et al. 2017).

The Kutch bentonites formed in an Eocene lateritic weathering environment over the Deccan basalts (Patel 1987; Valeton 1999). The bentonites occur in the saprolite zone and grade into an overlying kaolinite and bauxite zone (Patel 1987; Wilke 1987; Valeton 1999). It is concluded that many world-class bentonites formed in a weathering environment.

### 1.3.1.2 In-situ alteration of non-volcanic rocks

One of the most unusual bentonite deposits is mined near Vitória da Conquista, Bahia, Brazil (Fig. 1.13). Smectite-rich clays are developed in an up to 50 m thick Neogene lateritic weathering zone overlying Precambrian granitic gneisses and amphibolites in the Gavião block of the São Francisco Craton (Moreira 1984; Albrecht 2011).

The bentonite consists mostly of a $Fe^{3+}$-bearing montmorillonite with a Ca- and Mg-dominated interlayer composition. Kaolinite and quartz are the main impurities, along with vermiculite, hematite, goethite, rutile, hornblende and plagioclase. The smectites formed mostly from plagioclase, amphibole and mica (Fig. 1.14). The bentonite

Fig. 1.13: Lateritic bentonite deposit on Precambrian gneisses and amphibolite; Vitória da Conquista, Bahia, Brazil.

Fig. 1.14: Bentonite formed in saprolite on Precambrian gneiss; Vitória da Conquista, Bahia, Brazil.

is overlain by a kaolinite-rich zone and shows a gradual transition to an underlying vermiculite-rich zone and the unaltered gneisses and amphibolites in the footwall (Moreira 1984).

The geological processes for bentonite formation at Vitória da Conquista resemble those for laterite-related Kutch bentonites with the exception that non-volcanic protoliths are involved. The low boron content of the smectites is consistent with the involvement of dilute meteoric waters during smectite formation (Köster et al. 2019).

### 1.3.1.3 Chemical precipitation of bentonites in an aqueous environment

Clays dominated by trioctahedral smectites with high Mg-content, mostly saponite, stevensite, hectorite or minor kerolite-smectite, are mined in only very few locations in the world:

- the Madrid and Calatayud basin, Spain (Pozo et al. 1993b; Pozo & Casas 1999; Galán & Pozo 2011);
- the Basin and Range province, USA (Khoury et al. 1982; Hay et al. 1986; Miles 2011);
- Jbel Rhassoul, Morocco (Chahi et al. 1999);
- Quaternary lakes near Watheroo, Western Australia (Abeysinghe 2002).

The Mg-rich clays formed by chemical precipitation from saline lakes in an arid environment (Fig. 1.15) or less commonly in a marine setting, or possibly by replacement of chemical or biological precipitated precursor phases, and are often associated with sepiolite or palygorskite deposits (Calvo et al. 1999; Galán & Pozo 2011; Pozo & Calvo 2018). Trioctahedral smectites preferably form at high pH (> 9.5), Mg(+ Fe)/Si ratio, $pCO_2$ and alkali salinity as compared to sepiolite and palygorskite (Jones & Galán 1988). Their mineralogical composition is often complex, consisting of saponite or kerolite-smectite or, more rarely, stevensite. The clays occur in the transition zone between alluvial and marginal lacustrine facies, often in a palustrine mudflat setting (Khoury et al. 1982; Hay et al. 1986; Pozo et al. 1993b; Pozo & Casas 1999). Crystallization from the aqueous fluid, possibly via a gel phase (Pozo & Casas 1999), is indicated by the low concentrations of Al, rare-earth elements (REEs), Ti, Cr, and other transition trace elements, as well as a positive correlation of Mg with F, Cl and Li (Pozo et al. 1993a; Torres-Ruíz et al. 1994; Pozo & Casas 1999). Furthermore, these clays do not contain any residual volcanogenic minerals and only few detrital minerals. However, diagenetic transformation of siliceous and carbonate-rich sediments has also been proposed for Jbel Rhassoul stevensite deposit, Morocco (Chahi et al. 1999), and some saponite deposits (Pozo & Calvo 2018). The Li- and F-bearing trioctahedral smectite hectorite is presently mined near Hector, California (Ames et al. 1958), at the Lyles deposit, Yavapai County, Arizona (Norton 1965), and in the McDermitt caldera, northern Nevada (Moores 2010). The clays, which are enriched in Li, occur in lacustrine sediments and are often associated with volcanic rocks. The hectorite bed at Hector overlies a travertine deposit close to a fault, which has been interpreted as the outflow zone of a hot spring (Ames et al. 1958). Although several authors observed the presence of volcanic glass particles in the hectorite bed suggesting a transformation of volcanic ash by Li-, Mg-, and F-rich brines to the smectites (Foshag & Woodford 1936; Ross & Hendricks 1945; Ames et al. 1958), the very low concentrations of REEs and other trace elements (TEs) (Elzea Kogel & Lewis 2001) are more indicative of a primary origin by precipitation from aqueous solutions. Further studies on the genesis of hectorite deposits are warranted.

**Fig. 1.15:** A saponite-rich bentonite deposit within a Quaternary lacustrine clay pan near Watheroo, Western Australia.

## 1.3.2 Secondary bentonite deposits

Bentonites that were exclusively formed by sedimentary accumulation of detrital smectites are rare. In some cases they are difficult to distinguish from primary transformation bentonites, especially if volcaniclastic sediments were altered. Local erosion of primary bentonites, short-distance transport, and redeposition may occur in some bentonite districts (Unger & Niemeyer 1985a; Grim & Güven 1978), but is difficult to verify. The absence of volcanogenic minerals in a bentonite in a sediment-hosted environment is probably the best criterion.

The bentonites of the Barmer district in Rajasthan, India, have been considered as the best example of this bentonite class (Grim & Güven 1978). The smectite-rich beds consist of montmorillonites with high Fe-content, minor kaolinite and mostly non-volcanogenic heavy minerals (Siddiquie & Bahl 1965). They formed in the marine coastal Paleocene–Eocene Akli Formation, and are thought to be derived from weathered Precambrian granite, gneisses or the Neoproterozoic Malani rhyolites (Siddiquie & Bahl 1965).

The chemical composition of the bentonites with high Fe- and Ti-contents is, however, very similar to the basalt-derived Kutch bentonites in Gujarat, and this is more suggestive of a mafic precursor rock. Additionally, mafic alkaline magmatism at the Cretaceous–Tertiary (K–T) boundary has been recently detected in the vicinity of the Barmer Basin (SHARMA 2007).

- A new classification scheme for bentonite deposits is presented:
  Primary bentonites are generated either by metasomatism of aluminosilicate rocks (transformation bentonites) or by precipitation from aqueous bodies (neoformation bentonites), whereas secondary bentonites are accumulations of detrital smectites.
- The majority of metasomatic bentonites derive from glassy volcanic rocks. However, bentonite deposits from non-volcanic protoliths also exist.
- Slightly alkaline to neutral conditions and significant amounts of water are required for efficient bentonitization. Thus, high permeability of the protoliths and sustained fluid flow are crucial factors to form a deposit.
- The influence of the composition of the protolith on the bentonite is complex. In general, dioctahedral Al-dominated smectites crystallize from felsic volcanic rocks, while mafic volcanic rocks generate smectites with higher Fe-content. The protolith of a bentonite can be identified using Ti/Al and Fe/Al ratios. Trioctahedral smectites are common in bentonites precipitated in lacustrine settings.
- The temperature of smectitization in bentonite deposits is commonly below about 50 °C, based on stable oxygen and hydrogen isotope data.
- Although marine waters are often considered to have played a crucial role in bentonitization, published isotope data from many deposits indicate a greater influence of meteoric waters and brines.

H. ALBERT GILG
Chair of Engineering Geology
Technical University of Munich;
Munich, Germany

STEPHAN KAUFHOLD
Federal Institute for Geosciences
and Natural Resources (BGR);
Hannover, Germany

KRISTIAN UFER
Federal Institute for Geosciences
and Natural Resources (BGR);
Hannover, Germany

Chapter 2

# The Samples Used in this Study

Stephan Kaufhold

## ▸ 2.1 Sample location and type

Most of the published research on bentonites pertains to studies on only a few different bentonite samples and, due to the diversity of the parameters that need to be investigated, this is considered to be a major problem. As a result, new relationships – for example between properties and performance – cannot be identified.

Typically a study considers two different bentonites, such as a high and a low charged bentonite from the Clay Minerals Society (CMS) Source Clays Repository (Wyoming and Arizona), and an additional saponite. This is an insufficient set of samples for reliable interpretation of, for example, the effects of different layer charge density, because the layer charge density is not the only difference between these samples.

Therefore, this volume presents a substantial sample set, consisting of 38 bentonites and two illite-smectite clays. These samples, which were sourced from various locations in the world (Fig. 2.1), were characterized extensively and used in many different studies.

The study commenced in 2002 with the objective of identifying the optimum bentonite for high-level radioactive waste repositories. This research focused (and still focuses) on the possible mechanisms leading to a reduction of swelling capacity, which is often termed illitization, although other mechanisms may also be relevant. Accordingly, it was decided to include two illite-smectite clays together with the bentonites, and the results from these two samples (B30 and B35)

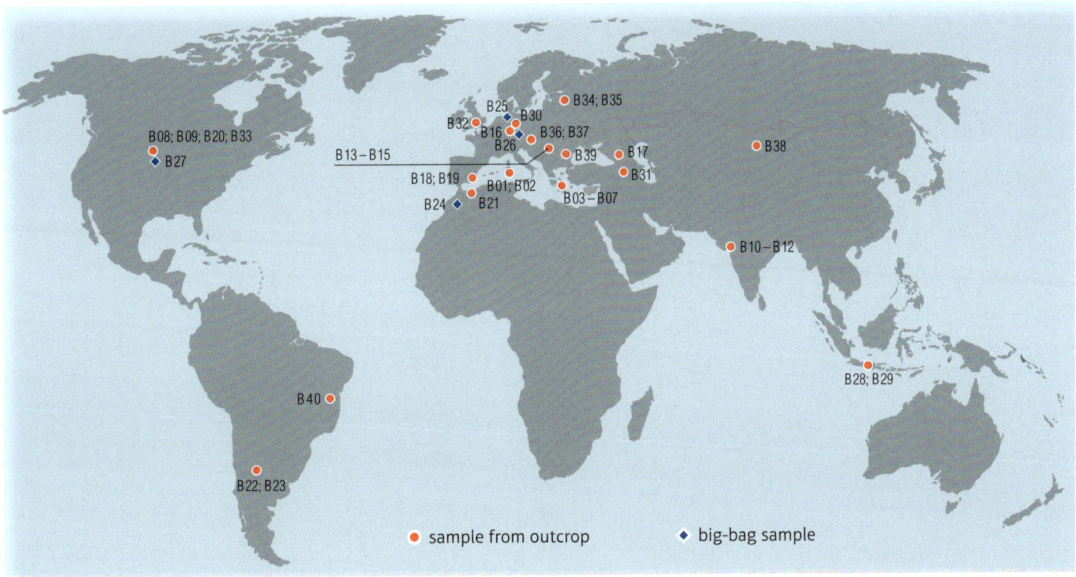


Fig. 2.1: Approximate location of the 40 samples in this study. The exact location is provided in Table 2.1.

are also included in this volume because they can help to identify the different behavior of non-swelling layers. This is relevant because the presence of minor amounts of non-swelling layers in bentonites and their effect on the material properties is discussed in high-level radioactive waste (HLRW) research. One of the illite-smectite clays is the Friedland (Germany) clay (sample B30), which was/is considered as a possible backfill material for tunnels and galleries. The other illite-smectite clay (sample B35) is from Russia (vicinity of St. Petersburg).

Most of the samples were kindly provided by the bentonite-producing industry, but details on the occurrence are commonly lacking. The studies conducted on the 40 samples focused on the comparison of properties and performance. A detailed description of each bentonite occurrence is not the aim of this book. The locations of the materials discussed in this volume are shown in Figure 2.1 and listed in Table 2.1.

All of the samples (at least 3 kg each) were available as unprocessed material, with the exception of four big-bag samples (B24 – B27)

**Table 2.1: Bentonite and clay sample location and additional information.**

*Samples with an unknown location were donated by companies that did not provide information on the exact location.*

| Sample No. | Country | District/product | Type | Sample No. | Country | District/product | Type |
|---|---|---|---|---|---|---|---|
| B01 | Italy | Sardinia | raw | B21 | Morocco | Providencia | raw |
| B02 | Italy | Sardinia | raw | B22 | Argentina | Cuyo | raw |
| B03 | Greece | Milos | raw | B23 | Argentina | Cuyo | raw |
| B04 | Greece | Milos | raw | B24 | Morocco | P1 | big bag |
| B05 | Greece | Milos | raw | B25 | Germany | Deponit CA | big bag |
| B06 | Greece | Milos | raw | B26 | Czech Republic | Keramosil | big bag |
| B07 | Greece | Milos | raw | B27 | USA | Volclay SPV | big bag |
| B08 | USA | Wyoming/Waldo 8 | raw | B28 | Indonesia | Tulakan | raw |
| B09 | USA | Wyoming/ Tensleep Mowry | raw | B29 | Indonesia | Punung | raw |
| B10 | India | Kutch | raw | B30 * | Germany | Friedland | raw |
| B11 | India | Kutch | raw | B31 | Armenia | Idezevan | raw |
| B12 | India | Kutch | raw | B32 | England | Woburn | raw |
| B13 | Hungary | Veszprém | raw | B33 | USA | Wyoming/MX80 | granulated |
| B14 | Hungary | Veszprém | raw | B34 | Russia | unkown | raw |
| B15 | Hungary | Veszprém | raw | B35 * | Russia | Pikalevskoje | raw |
| B16 | Germany | Bavaria, Priel | raw | B36 | Slovakia | Liskovec | raw |
| B17 | Georgia | Ozurgeti | raw | B37 | Slovakia | Jelsovy Potok | raw |
| B18 | Spain | Almeria | raw | B38 | Russia | Shernogorsk | raw |
| B19 | Spain | Almeria | compacted | B39 | Romania | unkown | raw |
| B20 | USA | Wyoming/MX80 | granulated | B40 | Brazil | unkown | raw |

* illite-smectite clay

A – sample B01
B – sample B10
C – sample B07
D – sample B15

Fig. 2.2: Photographs of four bentonite samples (B01, B07, B10, B15) illustrating the variability of bentonite appearance.

that were processed industrially, one Almeria bentonite that was crushed and pre-compacted (sample B19), and the MX80 samples (B20 and B33 = technical products).

The advantage of the industrially processed materials is that a huge amount of homogeneous material was available, which in turn could (and can) be used for up-scale tests for different applications. However, the disadvantage is that these samples can be contaminated by dust, material from the mill, or even by bentonite from a different deposit (because products may be blends). Moreover, these samples could not be investigated with respect to microstructure because of the effects of the grinding. Therefore, unprocessed and just air-dried materials were preferred.

Comparing the appearance of the different samples demonstrates the diversity of bentonites. Some bentonite samples consist of grains of different color and hardness, large crystals of minor components are visible, and they still retain the textural appearance of a tuff (Fig. 2.2 A). Other bentonites contain grains with different colors, and this effect is probably caused by different oxidation states of iron, either in the lattice or as oxyhydroxides (Fig. 2.2 B). Some samples appear to be homogenous at the macroscopic scale, but the colors can be different (white (Fig. 2.2 C), yellow, green, blue, red, brown). In some cases, large carbonate grains occur in a homogeneous bentonite matrix (Fig. 2.2 D).

Photographs of all samples are provided in Figures 2.3 and 2.4. Samples B20 and B33 (different charges of MX80) were included in the sample set because this bentonite is frequently investigated for HLRW repository research.

## ▸ 2.2 Sample preparation

The sample preparation for 200 g of the raw material included drying at 60 °C for three days, and pulverizing in a hammer mill to a powder sieved to < 250 µm. For XRD analysis, additional pulverizing was required using either a mortar or McCrone mill.

The 200 g sample size of some samples was insufficient due to the numerous tests that were executed on the powdered samples. Therefore, a second batch (200 g powder) had to be produced, and that obviously raises the problem of a possible difference in composition. A C/S-analyzer (LECO), X-ray fluorescence (XRF), and cation-exchange capacity (CEC) analyses were used to identify possible differences between both charges. All these methods revealed the different carbonate contents in samples B09 and B15. Both materials contain coarse white carbonate grains that caused the differences between the charges. The differences for the other bentonites were insignificant. However, chemical and mineralogical data of the bentonites and clays may vary from batch to batch.

The set of 40 samples was considered to be sufficient to provide further insight into the secrets of bentonites, and this was true in most cases. However, the sample set showed a correlation between the tetrahedral charge and iron content, which could have been by chance, but meanwhile is understood to be based on energetics (Kaufhold et al. 2017c).

Further samples, such as claystones, were considered in addition to the bentonites for the discussion of some of the analytical methods (e.g. disaggregation).

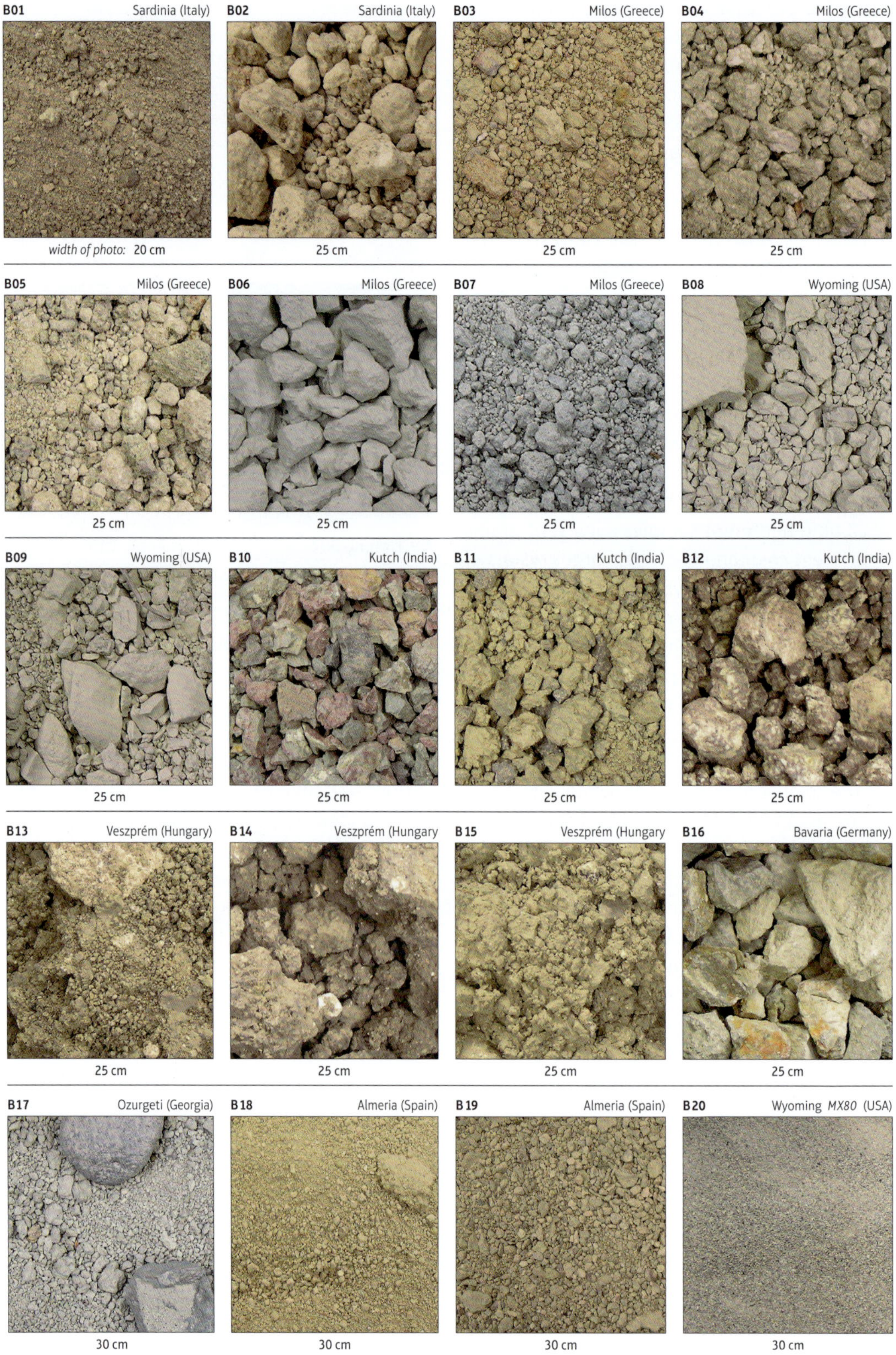


Fig. 2.3: Photographs of samples B01 to B20.

Fig. 2.4: Photographs of samples B21 to B40 (excluding the big-bag samples).

**Stephan Kaufhold**
Federal Institute for Geosciences
and Natural Resources (BGR);
Hannover, Germany

# Chapter 3

# Sample Characterization

Wen-An Chiou, Reiner Dohrmann, Stephan Kaufhold, Michael Plötze, Joseph W. Stucki & Kristian Ufer

In the natural uncrushed state some bentonite samples appear heterogeneous at a macroscopical scale (see Figs. 2.3 and 2.4 in Chapter 2), and further heterogeneities are often suspected at a smaller scale (but are rarely investigated). Because of this heterogeneity, samples are commonly homogenized prior to analysis (even if this may not always be necessary). In addition, for most of the usual characterization methods (e.g. XRD), the samples must be prepared as powder.

This chapter describes preparation and analysis of the set of 40 samples introduced in Chapter 2. The samples described in this volume have been used for more than ten years on different projects and for different tests. Initially about 200 g of powdered material was produced but, after a few years, this amount was mostly expended. Therefore, a second (and sometimes even a third) charge had to be prepared from the raw material stock (2–5 kg). The charges were compared by XRF, which as expected demonstrated that charges from a few samples yielded different results for their carbonate content. Significant differences were observed for samples B09 and B15, and both samples contain coarse carbonates or aggregations with a varying carbonate content.

## ▸ 3.1 Drying

Most analytical methods are based on the investigation of bentonite powder. The bentonite samples must be dried before grinding, which is required for sample representation. The water content of bentonites in the different open pits varies from 10 to 35 mass%. A reference hydration state is required to compare the analytical results of bentonites, and this is best achieved after drying the sample.

Long-term drying, however, is suspected to irreversibly decrease the swelling capacity, which is probably due to the collapse of interlayer domains. When an exchangeable cation loses its last solvating water molecule it may enter the ditrigonal cavities, and that may be an irreversible process. This effect can be observed after exchange of the interlayer cations for $K^+$. The reason why this happens in the case of interlayer $K^+$ is the low hydration energy of $K^+$. Upon drying the solvating water molecules are readily desorbed, resulting in collapsed layers and loss of swelling capacity, both of which can be detected by XRD.

With respect to the consequences on the bentonite of the drying procedure, the terms *collapse* (interlayer space decreases to about 10 Å) and *fixation* (decrease of CEC and exchangeable cations, respectively) must be distinguished. Both may result in a *decrease of swelling capacity*, the third important term in this context. This is explained in detail by Kaufhold & Dohrmann (2010a, b) and briefly in the present section. The $K^+$-poor smectites do not collapse readily, but fixation may be important.

Many clay laboratories do not dry bentonite samples at 105 °C (but, e.g. at 60 °C) because of the fear of irreversible consequences to the swelling properties. However, the reference temperature is usually 105 °C. Therefore, the water content from 60 to 105 °C is determined and the obtained values, such as the cation-exchange capacity (CEC), are corrected according to this water content, and the values are finally referred to the 105 °C dry mass. At 60 °C the processes explained above are considered to be reversible, at least in the case of "normal" cations ($Ca^{2+}$, $Na^{+}$, $Mg^{2+}$).

> ▸ Drying below 105 °C is recommended, although the effects of 105 °C drying for a few days on bentonite properties – such as the CEC – are minor (≈ 1–5 %) compared with 60 °C.

Systematic studies on the effects of drying on bentonite properties are rare. Kaufhold et al. (2010a) conducted two different long-term tests, one at 90 °C for 1.5 years and another one at 120 °C for 4.5 years. The expectation was that the amount of exchangeable $K^{+}$ would decrease to almost zero, and that the CEC would decrease accordingly. Interestingly, the amount of exchangeable $K^{+}$ did not change. For K-bentonites (produced by K-exchange), Kaufhold & Dohrmann (2010b) proved that non-solvatable/non-hydratable $K^{+}$ can already be observed after drying at 60 °C for a few days (or probably even less, but that was not tested). No change of exchangeable $K^{+}$ was observed in samples with "normal" cation population (i.e. low K-content). Instead the bentonites lost 9 % of their CEC after 1.5 years of drying at 90 °C. The content of exchangeable $Na^{+}$ and $Ca^{2+}$ decreased by 7 %, and exchangeable $Mg^{2+}$ decreased by 11 %. The difference between the various cations is small. In conclusion all types of cations can be fixed after extensive drying (for years). After 4.5 years at 120 °C, the CEC decreased by 14 % compared to the initial material, but as compared to the 1.5-year-long experiment, only the divalent cations registered a further decrease as reported by Hofmann & Endell (1939). The bivalent cations are bound more strongly to the surface because of the two charges and the possibility to electrostatically interact with both sides of the interlayer. Note that the amount of fixed cation was determined by the Cu-triethylenetetramine (Cu-trien) CEC method conducted at standard conditions. The re-exchange of once fixed cations is considered to be related to kinetics as discussed by Steudel et al. (2009), who investigated the CEC of vermiculites.

The values presented above, therefore, depend on the time of the exchange experiment, the shaking time, and temperature of the solution. Consequently, the actual values (CEC decrease after a treatment) vary according to the exchange reaction time, and, therefore, these values cannot be compared with the layer charge density (LCD). The mechanism, however, seems to be the same. This may be one of the reasons why no correlation of the degree or extent of fixation (which differs for the various bentonites) with, for example, the LCD or the tetrahedral charge was ascertained. Theoretically, opposing charges should also be important for fixation but this was not proven.

Although the drying times in these experiments were much longer than those usually in the laboratory, they confirm the fear that drying could affect the smectites: ***Even if the loss of swelling capacity upon drying at 105 °C for a few days would only result in a decrease of a few milliequivalents per 100 grams (meq/100 g), drying at 60 °C is preferable.***

Spray-drying and freeze-drying are alternatives to common oven-drying. Both methods are more laborious but provide some advantages over common oven-drying. In the case of freeze-drying the samples are frozen and stored under vacuum, which causes sublimation of the ice. The advantage of this method is that the particles are well separated and do not stick together in tight aggregates, as in the case of common oven-drying. Hence freeze-drying should be used, for example, in scanning electron microscope (SEM) studies of powders or if specific components have to be separated. Freeze-drying, however, is not a common technical process in bentonite production. Spray-drying, in contrast, is sometimes even applied on an industrial scale.

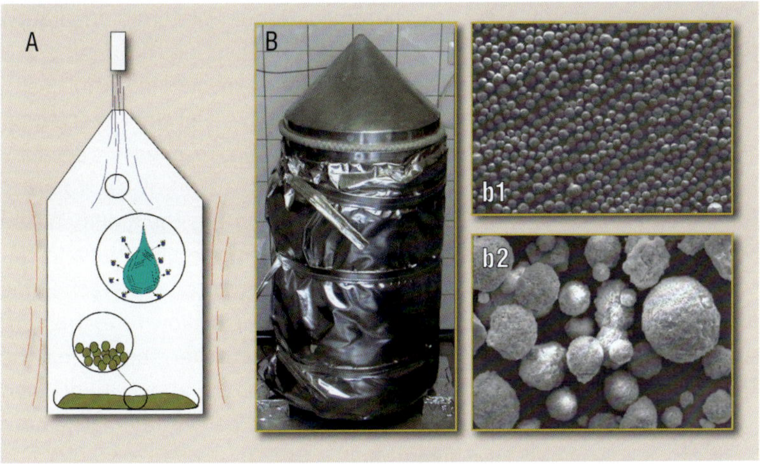


Fig. 3.1: Spray-drying as an alternative to common oven-drying.

(A): Schematic representation; (B): photograph of laboratory spray-drying device; (b1) and (b2): SEM image of drying product.

A dispersion* (based on water or even ethanol) is finely sprayed into a heated chamber where the solvent is evaporated. Depending on the diameter of the dispersion drops, round aggregates of the solid are deposited on the bottom of the heated chamber. The product is a free-flowing powder of well-defined aggregate size (Figs. 3.1, 3.2). The formation of rounded aggregates, with no preferred orientation when analyzed (particularly XRD), is a significant advantage for laboratory studies. However, spray-drying in the laboratory is rarely a routine drying method although it is reasonably used to eliminate preferred orientation, which is a prerequisite for accurate XRD quantification (either using pattern addition or Rietveld refinement; Hillier 1999). It should be noted that the rapid water evaporation during spray-drying requires high temperatures that in turn may result in some of the above-mentioned changes to the clay minerals. An alternative would be to use liquids with lower boiling temperature as ethanol (Hillier 2002).

In contrast to the other drying tests discussed above, the drying time for spray-drying is short (seconds) and the maximum temperature is 150 °C (for the device shown in Fig. 3.1). The effect on the smectite clay particles of spray-drying can be directly investigated by XRD. The first basal reflection ($d_{001}$) becomes very broad due to a variety of different hydration states. Conventional XRD (variable slits optics) suffers from possible effects of the surface roughness. This effect can be avoided by using parallel beam optics (Fig. 3.2, right). The broad $d_{001}$ reflection results from the coexistence of different hydration states (0–2 layer of water).

**Note**

** The terms "suspension" and "dispersions" are often either confused or misused. Both terms reasonably describe bentonite/water mixtures with water contents above the gel state. The term "dispersion" is commonly used if stable colloidal systems are concerned and "suspension" is used for unstable, quickly settling heterogenous mixtures. Therefore, a Ca-bentonite-water mixture may be considered a relatively unstable system and hence a suspension. However, in the case of bentonites, most suspensions are at least stable for a while and hence most commonly referred to as "dispersion" – at least in this book.*

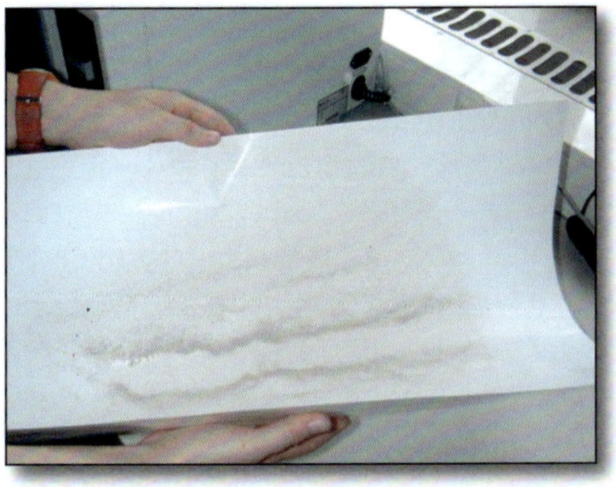

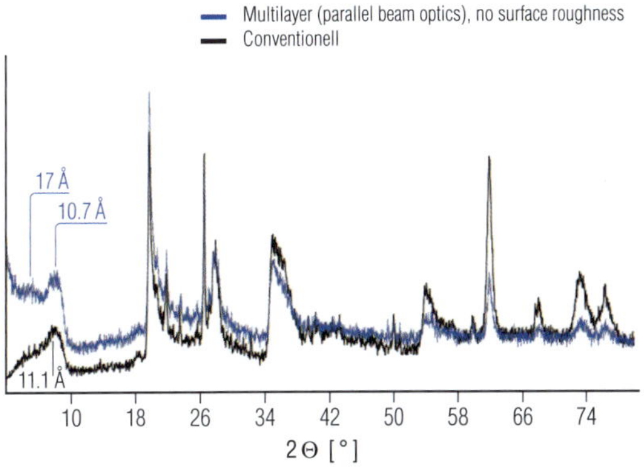


Fig. 3.2: Spray-drying product (**left**) produced in the spray-drying oven (Fig. 3.1). XRD diagrams of a spray-dried Na-bentonite sample (**right**). Conventional pattern using a theta-theta XRD (Seifert 3003 TT) indicated by the black color. The same sample analyzed using parallel beam optics, which avoids surface roughness effects.

Rietveld quantification of the XRD patterns of conventional illitic-kaolinitic clay recorded after two procedures for sample preparation:

(a) spray-drying and

(b) top-filling;

demonstrated that the preferred orientation of all clay minerals as well as of two feldspars was practically eliminated. This study confirmed that top-filling, which is widely used, caused intensity errors of selected peaks of nearly 900 % for muscovite and about 500 % for the feldspars in the clay sample. After spray-drying the phyllosilicates had average "preferred orientation factors" for the basal reflections of about 1 to 2 (2 means 200 % of the expected intensity). Feldspars still had 200 to 250 % of the expected intensities, which in total also resulted in a decrease of the "goodness-of-fit" (GOF) of 1.8 from 2.6. A GOF value, which describes the quality of the error minimization using the XRD Rietveld calculation, of 1 is considered to be perfect. Some Rietveld software products allow refinement of preferred orientation. Furthermore, it may be difficult to compensate the above-mentioned errors of a few hundred percent by mathematical algorithms.

- A low degree of preferred orientation is beneficial for any XRD quantification (either using pattern addition or Rietveld refinement).

The spray-drying of bentonite samples resulting in variable hydration states in the smectite may be another challenge for this technique if it is to be used in analyses for bentonite quantification.

## ▸ 3.2 Grinding and disaggregation

Grinding bentonite samples is required for two reasons:

(1) Homogenization of the sample so that even small amounts collected from the sample bag are representative of the bentonite sample and comparable with the next subsample.

(2) Some analytical methods, such as infrared spectroscopy and XRD, require small particle size distributions and particle size is often important for analysis.

As an example, large quartz crystals would result in lower infrared bands but very sharp and intense XRD reflections. Hence, insufficient grinding would result in erroneous or at least varying intensities for the individual minerals (KLUG & ALEXANDER 1954). Different laboratories report on different effects of grinding on bentonite properties (e.g. LUO et al. 2017; DELLISANTI et al. 2018), and the "mechanical activation" of smectites, probably induced by shearing forces, is well known from industrial experience. However, systematic and quantitative studies are rare and hence no generally accepted and generally recommended procedure exists. Routine analysis of bentonite may start using oscillating disc milling as the first step for XRF chemical analysis, which is then followed by XRD, infrared (IR), elemental analysis (C and S), $N_2$-BET, and CEC/exchangeable cation analysis. Manual grinding using an agate mortar may be an alternative, or automatic grinding using milling machines such as the "Mikroschnellmühle MS 200, Retsch" or the McCrone mill. These mills can all be equipped with agate or with other grinding media such as corundum or zirconia ($ZrO_2$). However, all these various sample treatments may lead to dissimilar material properties. The differences are commonly not large but some methods can be used to quantify them.

Rheological methods are known to be sensitive enough to identify different sample treatments, as is the cation-exchange capacity, including measurement of exchangeable cations. Furthermore, addition to grinding, heating at elevated temperature may also affect the material properties (already discussed in Section 3.1). Some laboratories dry samples at 105 °C before analyzing them, for example for CEC/exchangeable cation analysis.

***All values given in this book were measured after drying at 60 °C and recalculated for the water content separatedly measured at 105 °C.*** Two samples (B02 and B23) were selected to test the effect of different preparation procedures (Table 3.1). It is also stressed that the grinding product does not only depend on the type of the mill, but also on the duration of the grinding. For example, grinding bentonites in an oscillation disc mill for 5 to 10 minutes can result in amorphization, although careful grinding using the same technique, stopping each 10 seconds to manually control that the particles are sufficiently small, may be applicable even for bentonites.

Table 3.1: Effect of sample preparation on CEC and exchangeable cation analysis (values in meq/100 g).

| Sample No./ Technique | Drying | Grinding | Na | K | Mg | Ca | SUM | CEC | SUM − CEC |
|---|---|---|---|---|---|---|---|---|---|
| | | | [meq/100 g] | | | | | [meq/100 g] | |
| **B02_F** < 2 mm | air-dried | < 2 mm hand mortar | 11.0 | 1.1 | 46.0 | 34.6 | 93 | 91 | 1.4 |
| **B02_A** hand | air-dried | < 20 µm hand mortar | 10.9 | 1.5 | 50.3 | 34.3 | 97 | 91 | 6.1 |
| **B02_B** McCrone | air-dried | McCrone | 11.4 | 2.1 | 43.9 | 35.8 | 93 | 90 | 3.2 |
| **B02_C** 105 | 105 °C | < 2 mm hand mortar | 10.1 | 1.6 | 37.6 | 29.9 | 79 | 80 | -0.7 |
| **B02_D** 105 SSM | 105 °C | oscillating disk mill | 10.8 | 2.0 | 38.3 | 32.4 | 84 | 82 | 1.5 |
| **B02_E** SSM | air-dried | oscillating disk mill | 12.1 | 2.5 | 43.2 | 35.0 | 93 | 92 | 0.8 |
| **B02_G** MS200 | air-dried | mortar mill | 11.0 | 2.5 | 45.7 | 32.9 | 92 | 89 | 3.5 |
| **B23_F** < 2mm | air-dried | < 2 mm hand mortar | 67.7 | 0.5 | 1.4 | 31.0 | 101 | 100 | 0.6 |
| **B23_A** hand | air-dried | < 20 µm hand mortar | 63.6 | 1.0 | 9.7 | 25.6 | 100 | 97 | 3.1 |
| **B23_B** McCrone | air-dried | McCrone | 64.8 | 1.2 | 1.6 | 30.6 | 98 | 97 | 1.1 |
| **B23_C** 105 | 105 °C | < 2 mm hand mortar | 59.2 | 1.1 | 1.1 | 27.8 | 89 | 89 | -0.2 |
| **B23_D** 105 SSM | 105 °C | oscillating disk mill | 60.4 | 1.5 | 1.3 | 28.6 | 92 | 91 | 1.3 |
| **B23_E** SSM | air-dried | oscillating disk mill | 67.5 | 1.9 | 1.6 | 31.5 | 103 | 100 | 2.3 |
| **B23_G** MS200 | air-dried | mortar mill | 64.7 | 0.4 | 3.9 | 28.9 | 98 | 99 | -1.5 |

**_F**: < 2 mm, air-dried (reference treatment); **_A**: manual grinding (hand mortar, sieved to pass a 20 µm sieve); **_B**: McCrone milling (1.5–2.5 g sample + 10 mL ethanol, 10 min grinding with agate grinding elements); **_C**: drying 105 °C, 4 days; **_D**: drying 105 °C, 4 days and oscillating disc mill for 30 sec, agate; **_E**: oscillating disc mill for 30 sec, agate; **_G**: 5 min MS200 mortar mill. Errors in CEC determinations are discussed by Dohrmann et al. (2012a).

As mentioned above, exchangeable cations may be very sensitive to some preparation processes, such as drying. Kaufhold & Dohrmann (2009, 2010 a, b) observed a CEC decrease in most bentonites after different preparations. Drying at 105 °C obviously caused the most significant effects on the CEC of the two bentonites studied (B02, B23: Table 3.1). After drying at 105 °C for four days a significant change of the cation population was observed in both samples. Although at different absolute levels, exchangeable $Na^{+}$ decreased by approximately 10 %. Exchangeable $Mg^{2+}$, exchangeable $Ca^{2+}$ and the CEC decreased as well by 10 % compared to the reference "air-dried" procedure. Manual grinding using a hand mortar, repeated sieving (20 µm sieve) and further grinding of > 20 µm material, also caused a strong increase in exchangeable $Mg^{2+}$ that exceeded the CEC. Interestingly, mortar mills such as the "Mikroschnellmühle MS 200, Retsch" or the McCrone mill showed the smallest effects compared to the reference treatment.

- Common sample preparation procedures may slightly affect the properties of bentonites (e.g. rheology affected by grinding).
- Drying at 105 °C for four days decreased the CEC (Cu-trien) and exchangeable cation population by roughly 10 %.
- Extensive grinding may cause amorphization, but careful grinding (with respect to the duration) is applicable.
- Manual grinding was found to be less effective than expected (particularly $Mg^{2+}$ increased), but the actual effect of manual grinding depends on the power applied (and hence on the individual person grinding).

In most cases bentonites can be ground using one of the techniques described above. Claystones, on the other hand, have to be disaggregated before the contained clay-size material can be size-fractionated. Sample preparation for disaggregation may damage crystal structures, and there is no single method for disaggregation. The disaggregation strategy depends on the mineralogical composition and geological situation and has to be adapted for the particular sample; however, there are no clear criteria for this adjustment. The only "golden rules" are to avoid (a) structural degradation of the clay minerals, and (b) artefacts introduced by any steps in the preparation procedure.

The most careful disaggregation method for claystones is ultrasound (US bath, or ultrasonic bath after Moore & Reynolds 1997; Fig. 3.3). After disaggregation, the finest particles are repeatedly separated by sedimentation techniques and the size fractions can be analyzed.

The ultrasonic method for sample disaggregation is, however, very time-consuming. For a typical claystone from the URL Mont Terri (Underground Rock Laboratory in the motorway tunnel

Fig. 3.3: Photograph of the thin plastic cup containing a mixture of sample and water (**A**) that is placed in the ultrasonic bath (**B**) as described in Moore & Reynolds (1997). The generated dispersion is decanted and collected in a bucket.

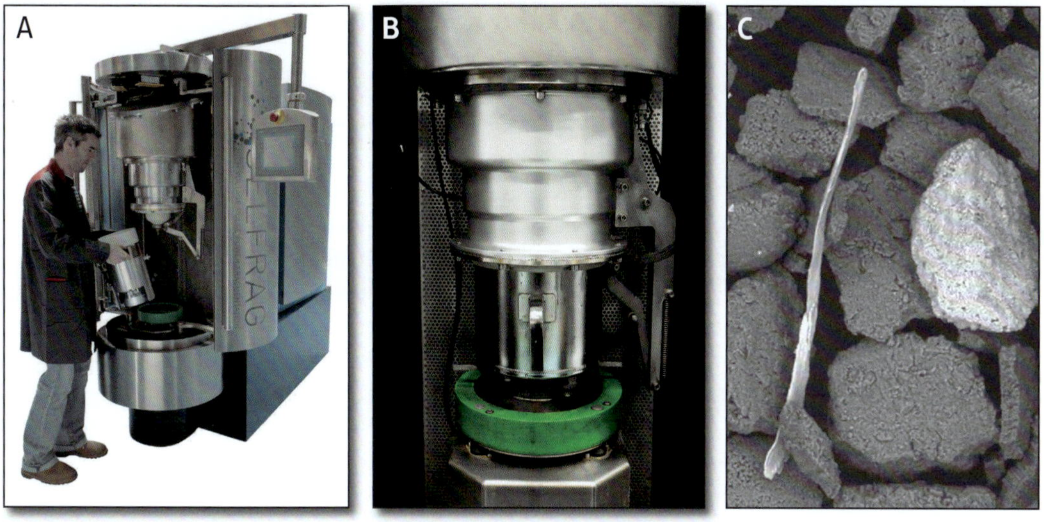


Fig. 3.4: (A): The SELFRAG Lab laboratory-scale batch processing equipment. It uses high-voltage electrical pulses (90–200 kV) for fragmentation and liberation of individual components. (B): Inside view: The vessel containing the sample is raised into the sealed process zone before electrical pulsing. (C): Opalinus clay sample "shaly facies, BHE1–19" showing the coarse material after disaggregation, which also contains copper swarfs and nicely preserved pyrite grains.

of Mont Terri, Switzerland), more than 20 ultrasonic treatment steps, each with ten minutes sonication were necessary. However, the same amount of fine fraction was generated as compared to that derived from using various chemicals to aid dispersion (e.g. citrate/dithionate for Fe-oxide removal, acetic acid for carbonate removal, hydrogen peroxide for removal of organics; Göbel et al. 2006).

The electrodynamic fragmentation apparatus is faster and much more powerful (SELFRAG; Fig. 3.4 A, B). A high voltage discharge (of 0–400 kV, with an energy of 10–300 $Jcm^{-1}$) is injected for only a few microseconds in the discharge plasma channel, which initially measures only a few micrometers. Pressures of up to 1010 Pa are generated in the process. As a result of the discharge, high-pressure shock waves propagate through the solids causing them to be disaggregated by the mechanical stress. Reflections from acoustic inhomogeneities induce tensile stress along grain boundaries, inclusions or composite interfaces, causing the material to break at these inhomogeneities.

SEM analyses of > 63 µm fractions after SELFRAG disaggregation demonstrate that there are no clay aggregates in that fraction, which confirms the effectiveness of this technique. Copper swarfs (Fig. 3.4 C) up to 1 mm in size, generated from electrode material during the disaggregation, were detected. More suitable reaction chambers must be used to avoid this contamination.

Mixing claystones with deionised water in a plastic bottle, and disaggregation with an ultrasound homogenizer (ultrasonic converter with booster horn and sonotrode) is a much simpler, and relatively powerful, method. Titanium alloy (Ti-6Al-4V) probes transmit mechanical longitudinal waves into the sample. This allows a much higher energy transfer compared to the ultrasonic bath as used in Figure 3.3.

Grinding/disaggregation is required for many analytical methods, but care has to be taken to avoid artefacts during this preparation procedure. There is no one single technique for all clays or bentonites.

- The techniques used for clay disaggregation have to be adapted to the nature of the sample.

## ▸ 3.3 Preparation of purified and homoionic materials

The cation population of smectites, including the type and amount of exchangeable cations in the interlayer space, varies from deposit to deposit and often even within one deposit. The Bavarian bentonites may have all been equilibrated with the same water because the ratio of exchangeable interlayer Ca/Mg/Na is constant. In contrast, the famous deposits of Milos or Wyoming are known to show appreciable variation with respect to the exchangeable cation population. The type of the dominating interlayer cation is crucial both with respect to analytics and application. The latter is discussed in Chapters 6 and 7. The present section deals with the preparation of homoionic bentonite samples for analytical or scientific purposes. As an example, to be able to compare XRD pattern of different materials or of one bentonite before and after a certain reaction, a similar cation population may be helpful. The same holds true for thermal analysis, because the type of exchangeable cation determines dehydration related to the different binding energies. Also the particle size analysis is strongly affected by the proportion of exchangeable $Na^+$ (Section 3.5).

Homoionic samples have to be prepared in certain cases for the characterization of bentonites. Analytical artefacts may be caused by iron oxides, organic matter, carbonates, and silica coating the particles, all of which can cause aggregation and hence affect particle size determination, fractionation, and even the XRD intensities by preferred orientation (clay minerals in aggregates cannot settle freely, and hence may not yield preferred oriented mounts). Tributh & Lagaly (1986) suggested a comprehensive purification to avoid these analytical artefacts and attain complete dispersion of the sample (without the interfering effect of mineral cements). First the carbonates are dissolved using a sodium acetate – acetic acid solution. This solution has a pH of about 4.8. The critical pH at which smectite structures are affected is still discussed. Regardless of the details of this discussion, Na-smectites are more sensitive towards acid solutions compared to Ca- or Mg-saturated smectites. At pH 4 Ca/Mg-saturated smectites are largely stable whereas Na-rich smectites start to exchange part of their interlayer cations for protons initiating the interesting and well-documented autotransformation (Janek & Komadel 1993, 1999). The actual extent of the acid reaction (e.g. pH 4) depends on the solid/liquid ratio, a fact which is often not taken into consideration. Nevertheless, the pH in all steps of purification should be greater than 4. Between the different stages of purification, Tributh & Lagaly (1986) suggest four washing steps, each using a NaCl solution. First carbonates and then organic matter are dissolved with 10 % $H_2O_2$ (takes some time). The reaction can be accelerated by increasing the temperature up to 60 or even 70 °C. After four more NaCl washing steps the iron oxides are dissolved using a sodium dithionite-citrate-bicarbonate solution (based on Mehra & Jackson 1958). This solution reduces $Fe^{3+}$, complexes $Fe^{2+}$, and buffers the pH. In the final stage, sodium carbonate can be used to dissolve possible silica cements. Then the material is washed again and dialyzed. Finally, the purified material is either dried and ground, or used for the production of the < 2 µm fraction. This comprehensive purification guarantees that none of the typical cements obscures any analytical result. However, depending on the sequence of the individual stages, either a fully oxidized or (partly) reduced smectite is produced. Therefore, the comparison of the CEC before and after, such as to determine the smectite content, may lead to ambiguous results. Kaufhold et al. (2011a) investigated the bentonites presented in this book by Mössbauer spectroscopy and with respect to their $Fe^{2+}/Fe^{3+}$ ratio. Most bentonites show large ferric/ferrous iron ratios (most of the iron is ferric).

The products obtained after the above-described purification, however, are dominated by ferrous iron and hence may not be representative of natural bentonites. The use of citrate should also be discussed because, in the final stage (Fe-oxide removal), the powerful complexing citrate is used that not only forms Fe-complexes but also tenaciously adsorbs to the aluminol groups of the smectites, and hence modifying the chemical properties of the edge surface. Tests with oxalic acid proved that washing is not effective in removing adsorbed oxalate (KAUFHOLD 2001). The oxalate could still be found with IR and of course detected by differential thermal analysis coupled with mass spectrometry (DTA-MS) and LECO analysis. The citrate may also be strongly adsorbed and hence withstand desorption even after several washing steps. In order to effectively remove the citrate, $H_2O_2$ treatment could be performed as the final step with the advantage that the edge surface is cleaned and that ferric iron dominates the octahedral sheet, as is commonly found in natural bentonite environments.

Mineral cements may often be important for clay mineral analysis of consolidated clays and particularly of soils. For bentonites the above-described purification often is not necessary, because dispersion can be obtained after exchanging the divalent cations for either $Na^+$ or $Li^+$. However, the complete exchange of divalent cations such as $Ca^{2+}$ or $Mg^{2+}$ for $Na^+$ is difficult due to the much larger selectivity of the interlayer charge for divalent cations. Therefore, for the preparation of homoionic Na-exchanged bentonites, a large excess of Na has to be applied and this procedure has to be repeated several times, including removal of the equilibrium solution.

In many studies the bentonites are simply washed with a large excess of $Na^+$ (for example, $Na^+$/CEC = 1000) and thereafter assigned as Na-exchanged bentonites, without measuring the exchangeable cation population after the exchange. The removal of carbonates is strongly recommended before Na-exchange because carbonates such as calcite or aragonite partially dissolve, and, therefore, add a small quantity of $Ca^{2+}$ to the system that competes with the $Na^+$ within each step. If the saturation is applied in a single step only gypsum is even more problematic because of its better solubility compared to calcite. However, gypsum may even dissolve completely after repeated washing with NaCl, but not calcite if it is present in large quantities.

### ▷ CASE STUDY 1

KAUFHOLD & DOHRMANN (2009) reported on an interesting result observed for two Wyoming bentonites (samples B08 and B09). Both materials, with natural exchangeable $Na^+$ population close to 100 % of the CEC, were reacted with a NaCl solution (stability test) at elevated temperature. The product was washed and dialyzed, which could also have been relevant. The dried and ground products were analyzed for the exchangeable cation population and, despite the fact that the samples were only reacted with a NaCl solution, the amount of exchangeable $Na^+$ drastically decreased.

Results of this test are shown in Table 3.2.

**Table 3.2: Cation population of four selected samples before and after a NaCl stability test (KAUFHOLD & DOHRMANN 2009).**

| Sample No. | Partly Soluble Minerals [mass %] | | CEC [meq/100 g] | | Ca [meq/100 g] | | Mg [meq/100 g] | | Na [meq/100 g] | | K [meq/100 g] | |
|---|---|---|---|---|---|---|---|---|---|---|---|---|
| | Calcite | Gypsum | before | after | before | after | before | after | before | after | before | after |
| B06 | 0 | | 106 | 101 | 53 | 4 | 40 | 6 | 18 | 98 | 2 | 1 |
| B07 | 2 | | 95 | 93 | 32 | 19 | 4 | 6 | 67 | 75 | 5 | 3 |
| B08 | 2 | 0.3 | 68 | 61 | 15 | 22 | 1 | 2 | 71 | 46 | 0 | 1 |
| B09 | 2 | 0.3 | 68 | 63 | 26 | 31 | 2 | 2 | 70 | 42 | 1 | 1 |

Why did exchangeable $Na^+$ decrease? Most likely traces of soluble Ca-phases (calcite and gypsum are present in most natural Wyoming bentonites) may still have been present during dialysis. Here $Ca^{2+}$ ions may have been liberated and exchanged into smectite interlayers, while $Na^+$ ions were desorbed and removed by the dialysis membrane. In all instances a slight decrease of the total CEC was observed. This is discussed elsewhere (Kaufhold & Dohrmann 2009).

The amount of exchangeable $Ca^{2+}$ in the Milos bentonites B06 and B07 decreased. In sample B07, some of the calcite probably buffered a part of the cation exchange because $Ca^{2+}$ did not decrease to the same degree as in B06. This is also clearly reflected by the content of exchangeable $Na^+$. In samples B08 and B09 an increase in exchangeable $Ca^{2+}$ and a decrease of exchangeable $Na^+$ was measured. The content of exchangeable $Na^+$ correlated well with the CEC (= 100 % exchangeable $Na^+$) before the experiment. After five months reaction of 4 g bentonite with 40 mL of a 6 M NaCl solution at 60 °C, washing with deionized water, and dialysis, the content of exchangeable $Na^+$ decreased despite an almost 100 fold excess of $Na^+$ (about 3 mmol clay-derived charges in the tube with 240 mmol $Na^+$). This can only be explained by the partial dissolution of calcite and/or gypsum either during the whole of the heating phase or dialysis. Interestingly, no such effect was observed for the Milos bentonites B06 and B07, which could be related to the presence or absence of gypsum. However, with respect to the entire sample set, there are still some questions about the reasons for different degrees of cation exchange.

The example emphasizes the importance of partially soluble Ca-phases. For all scientific studies with laboratory-generated homoionic bentonites, it is recommended to determine the interlayer cation population by cation-exchange experiments together with atomic absorption spectroscopy (AAS) or inductively coupled plasma (ICP). It is also recommended to check the attainment using calcite-saturated exchange solutions (Dohrmann & Kaufhold 2009, 2010), and this could possibly include studying exchange solutions that were not pretreated with calcite in order to identify the differences in exchangeable $Ca^{2+}$.

Measurement of the $d_{001}$ value, in order to characterize the interlayer cation population, is not considered sufficiently accurate to verify a complete cation exchange and identify the product as a homoionic clay. The $d_{001}$ value clearly indicates the dominance of either mono- or bivalent cations, but minor amounts of additional cations can be present and different hydration states have to be taken into account (Section 4.4). Therefore, cation-exchange experiments that include measurements of exchangeable cations should be used in order to characterize the laboratory products before they are applied in additional scientific purposes.

- Removal of carbonates and gypsum before saturation with $Na^+$ is recommended.
- Every homoionic saturation has to be checked by CEC and exchangeable cation experiments rather than measuring the position of the $d_{001}$ reflection.

### ▷ CASE STUDY 2

The natural bentonites presented in this book have an inhomogeneous exchangeable cation population (Fig. 3.5). In the first trial for preparation of homoionic Na-exchanged clays the dried and ground samples were washed repeatedly with NaCl solutions ([$Na^+$] 100 times the CEC, four times centrifugation/replacement of reaction solution + dialysis). The samples were dried after dialysis and characterized using the Cu-trien method (80 mg sample mass). Exchangeable cation population and CEC values are provided in Table 3.3 and Figure 3.5.

Samples containing carbonates could not be Na-exchanged to greater than 95 %. The procedure clearly failed because, in calcareous bentonites, the carbonates were not dissolved during NaCl treatment and washing so that the carbonates were present during dialysis, and that may have resulted in additional Ca-ions competing successfully for exchangeable cation sites.

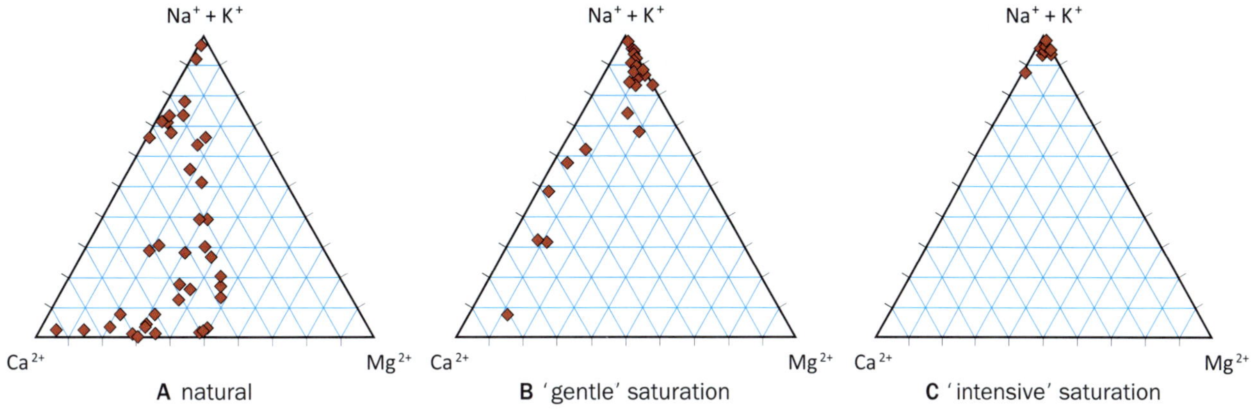


Fig. 3.5: Comparison of the exchangeable cation population of the 38 bentonite and 2 illite-smectite clay samples studied. $Na^+$ and $K^+$ are grouped as simple sum ($K^+$ is mostly < 2 %).

(**A**): Natural exchangeable cation population (values in %/CEC). These values represent compositions after applying all necessary optimizations/corrections as discussed in Section 4.1.
(**B**): After repeated washing with NaCl without removal of carbonates ('gentle' saturation; values in %/CEC).
(**C**): After prior removal of carbonates ('intensive' saturation; values in %/sum of cations).

In (**A**) and (**B**) exchangeable cation values were given as %/CEC because samples contained partly excess electrolyte (natural bentonites), or a non-calcite-saturated exchange solution was used with calcite being still present producing excess Ca-ions. In (**C**) %/sum of cations was used which reflects the best basis for evaluation.

Therefore, in a second attempt to produce homoionic materials (of > 95 % Na-population), the carbonates were dissolved using the buffered sodium acetate – acetic acid solution suggested by Tributh & Lagaly (1986). Carboxylic acids attached to the edges as well as organic matter were then dissolved with $H_2O_2$. After washing four times with concentrated NaCl solutions, the samples were dialysed, dried, and ground with a mortar mill. Details of the procedure are given in the Appendix. This treatment yielded sufficiently homoionic samples (Table 3.3).

All the bentonites studied – except one (sample B12) – show a very narrow field in the triplot edge, representing < 5 "Ca + Mg". None of the bentonites had > 2 % $K^+$. The two illite-smectite clays B30 and B35 contained 90 and 94 % $Na^+$, but also 5 % $K^+$ each.

The reason why one sample (B12) retained 12 % $Ca^{2+}$ after the 'intensive' pretreatment (and none after the 'gentle' pretreatment) is not clear. This sample did not contain carbonates, and, therefore, did not contain any $Ca^{2+}$ after NaCl washing. However, B12 contains a few percent apatite that may have been attacked during the 'intensive' pretreatment.

Blum et al. (2002) described increased exchangeable $Ca^{2+}$ pools in weathered acidic forest soils that contain apatite as $Ca^{2+}$ source. They were able to demonstrate "that the dissolution of apatite (calcium phosphate) represents a source of calcium that is comparable in size to known inputs from atmospheric sources and silicate weathering". If this observation is transferred to acidic weathered apatite, then the degraded apatite may have been the $Ca^{2+}$ source during CEC determination. However, sample B12 remains the only bentonite having < 95 % exchangeable Na after the 'intensive' pretreatment.

Table 3.3: Interlayer cation population after repeated washing with NaCl with and without dissolution of carbonates.

| Sample No. | Natural Exchangeable Cation Population | | | | 'Gentle' Saturation NaCl + dialysis | | | 'Intensive' Saturation Dissolution of carbonates, organic matter, NaCl + dialysis | | |
|---|---|---|---|---|---|---|---|---|---|---|
| | $Na^+$ (initial) | $Na^+ + K^+$ | $Mg^{2+}$ | $Ca^{2+}$ | $Na^+ + K^+$ | $Mg^{2+}$ | $Ca^{2+}$ | $Na^+ + K^+$ | $Mg^{2+}$ | $Ca^{2+}$ |
| | [% / CEC] | | | | [% / CEC] | | | [%/CEC] | | |
| B01 | 16 | 18 | 46 | 36 | 88 | 8 | 4 | 98 | 2 | 0 |
| B02 | 12 | 14 | 48 | 38 | 94 | 6 | 0 | 96 | 2 | 2 |
| B03 | 11 | 13 | 36 | 51 | 94 | 6 | 0 | 96 | 1 | 3 |
| B04 | 18 | 20 | 45 | 35 | 95 | 5 | 0 | 99 | 1 | 0 |
| B05 | 15 | 17 | 38 | 45 | 57 | 5 | 38 | 98 | 1 | 1 |
| B06 | 16 | 18 | 34 | 48 | 91 | 9 | 0 | 97 | 1 | 2 |
| B07 | 69 | 74 | 3 | 23 | 85 | 8 | 7 | 96 | 2 | 2 |
| B08 | 97 | 97 | 1 | 2 | 92 | 6 | 2 | 99 | 1 | 0 |
| B09 | 92 | 92 | 2 | 6 | 48 | 4 | 48 | 99 | 1 | 0 |
| B10 | 29 | 31 | 22 | 47 | 94 | 6 | 0 | 97 | 1 | 2 |
| B11 | 66 | 67 | 17 | 16 | 69 | 19 | 12 | 99 | 1 | 0 |
| B12 | 51 | 52 | 23 | 25 | 92 | 8 | 0 | 88 | 1 | 11 |
| B13 | 1 | 3 | 48 | 49 | 32 | 11 | 57 | 97 | 2 | 1 |
| B14 | 1 | 4 | 49 | 47 | 85 | 8 | 7 | 98 | 2 | 0 |
| B15 | 2 | 4 | 48 | 48 | 7 | 12 | 81 | 97 | 2 | 1 |
| B16 | 0 | 4 | 30 | 66 | 93 | 7 | 0 | 99 | 1 | 0 |
| B17 | 68 | 73 | 3 | 24 | 75 | 13 | 12 | 96 | 2 | 2 |
| B18 | 28 | 30 | 35 | 35 | 87 | 9 | 4 | 98 | 2 | 0 |
| B19 | 24 | 27 | 38 | 35 | 62 | 7 | 31 | 97 | 3 | 0 |
| B20 | 72 | 74 | 7 | 19 | 92 | 8 | 0 | 99 | 1 | 0 |
| B21 | 36 | 39 | 31 | 30 | 95 | 5 | 0 | 99 | 1 | 0 |
| B22 | 72 | 73 | 2 | 25 | 95 | 5 | 0 | 99 | 1 | 0 |
| B23 | 66 | 67 | 1 | 32 | 95 | 5 | 0 | 99 | 1 | 0 |
| B24 | 37 | 39 | 29 | 32 | 95 | 5 | 0 | 99 | 1 | 0 |
| B25 | 0 | 2 | 27 | 71 | 94 | 6 | 0 | 99 | 1 | 0 |
| B26 | 26 | 29 | 20 | 51 | 84 | 11 | 5 | 99 | 1 | 0 |
| B27 | 77 | 79 | 5 | 16 | 90 | 10 | 0 | 99 | 1 | 0 |
| B28 | 1 | 3 | 4 | 93 | 93 | 7 | 0 | 99 | 1 | 0 |
| B29 | 0 | 1 | 35 | 64 | 92 | 8 | 0 | 99 | 1 | 0 |
| B30 | 43 | 56 | 18 | 26 | 84 | 16 | 0 | 95 | 5 | 0 |
| B31 | 63 | 65 | 15 | 20 | 89 | 10 | 1 | 97 | 2 | 1 |
| B32 | 1 | 3 | 13 | 84 | 94 | 6 | 0 | 99 | 1 | 0 |
| B33 | 67 | 69 | 6 | 25 | 89 | 11 | 0 | 98 | 2 | 0 |
| B34 | 7 | 8 | 32 | 60 | 94 | 6 | 0 | 99 | 1 | 0 |
| B35 | 1 | 7 | 22 | 71 | 90 | 10 | 0 | 99 | 1 | 0 |
| B36 | 1 | 5 | 30 | 65 | 94 | 6 | 0 | 99 | 1 | 0 |
| B37 | 1 | 0 | 31 | 69 | 94 | 6 | 0 | 99 | 1 | 0 |
| B38 | 24 | 28 | 30 | 42 | 33 | 8 | 59 | 95 | 2 | 3 |
| B39 | 2 | 4 | 20 | 76 | 98 | 2 | 0 | 100 | 0 | 0 |
| B40 | 3 | 3 | 51 | 6 | 93 | 7 | 0 | 99 | 1 | 0 |

## ▸ 3.4 Particle size fractionation

The investigation of the < 2 µm fraction is often used in clay science. In the case of soil samples, organic matter (chemically) and many coarse components are removed (by sedimentation) so that a much clearer impression about the clay minerals is obtained. The same holds true for normal marine clays containing a large portion of coarse quartz and carbonate grains. The separation of the < 2 µm fraction results in the enrichment of the proportion of clay minerals. If a substantial amount of the coarse fraction is removed, then the detection limit of the clay minerals is significantly improved. The < 2 µm fraction is commonly studied by XRD using texture slides. A suspension/dispersion is either allowed to settle on a glass slide or it is sucked trough a porous ceramic plate (Gibbs 1965). The high degree of preferred orientation resulting from the sample preparation also increases the XRD intensity of the basal reflections and hence improves the detection limit. Smectites are commonly identified by the change of the d-value after reaction with solvating molecules (Moore & Reynolds 1989).

The production and investigation of the < 2 µm fraction of bentonites, however, is of questionable value because they are already rich in < 2 µm minerals (e.g. 80 % < 2 µm in the precursor). Therefore, analyzing the bulk fraction with 80 % < 2 µm or analyzing the subfraction (100 % < 2 µm) does not make a significant difference – the enrichment factor is low in the case of bentonites. The XRD investigation of texture slides, however, is strongly recommended particularly for the identification of interstratified clay minerals.

Smectites commonly show a low degree of preferred orientation (Dohrmann et al. 2009), since they often occur as rosette-like aggregations.

Transmission electron microscopy (TEM) studies demonstrated that isolated smectite layers tend to form wavy sheets with rolled edges. Pure smectite fractions, therefore, are not expected to show much higher degrees of preferred orientation. However, in combination with kaolinites, illites, and chlorites that display good orientation, a preferred orientation can be fabricated if the smectites lie on the surfaces of the other clay minerals (Dohrmann et al. 2009). Therefore, the production of texture slides of bentonites is of particular value for the characterization of the minor clay mineral components, such as kaolinite.

In the case of bentonites the < 0.2 µm fraction is commonly produced and analyzed. This fraction is commonly composed of more than 90 % smectite and sometimes even of pure smectite. The purity of the < 0.2 µm fractions is discussed further in Section 3.7. The type of exchangeable cation, particularly the content of exchangeable $Na^+$ that supports delamination and hence disaggregation, significantly affects the result of fractionation (for further analysis), and hence also any particle size analysis based on sedimentation. In order to identify the effect of exchangeable $Na^+$ on fractionation, the bentonites were investigated with a sedigraph (1 g/50 mL water in SediGraph 5100™, with MasterTech 052 Autosampler™, Micrometrics, Norcross, Georgia, USA). The cation population and ultrasonic treatment were variable.

The results are given in Figure 3.6, and in Table 3.4 in the following section.

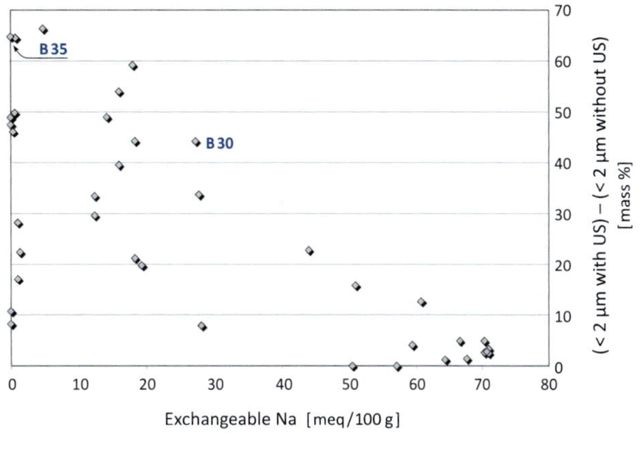


Fig. 3.6: Comparison of the < 2 µm fraction determined by sedigraph, with and without ultrasonic (US) treatment, and the quantity of exchangeable $Na^+$ (data from Table 3.4, Section 3.5; B30 and B35 = illite-smectite clays).

| Sample No. | Feldspar | Quartz | Cristobalite | Kaoslinite | Illite | Clinoptilolite | Anatase | Siderite | Hematite |
|---|---|---|---|---|---|---|---|---|---|
| B01 | – | – | | | | | | | |
| B02 | – | – | – | | | | | | |
| B03 | | ? | ? | | | | | | |
| B04 | ? | – | | | | | – | | |
| B05 | | | | | | | | | |
| B06 | – | – | | | | | – | | |
| B07 | | | | | – | | | | |
| B08 | – | + | – | | | | | | |
| B09 | – | + | ± | | | | | | |
| B10 | | + | | | | | | | |
| B11 | | – | | | ? | | ± | | |
| B12 | | | | | | | | – | – |
| B13 | | + | | ± | | | – | | |
| B14 | | ± | | – | | | ? | | |
| B15 | | + | | – | | | ? | | |
| B16 | | + | | + | + | | | | |
| B17 | | | | | | | | | |
| B18 | | – | | | | | | | |
| B19 | | – | | | | | | | |
| B20 | – | + | – | | | | | | |
| B21 | – | | ± | | | | | | |
| B22 | – | ± | ± | | | | | | |
| B23 | | + | | | | | | | |
| B24 | | | ± | | | | | | |
| B25 | | + | | ± | ± | | | | |
| B26 | | | + | | | | | | |
| B27 | | ± | – | | | | | | |
| B28 | | – | ± | | | – | | | |
| B29 | | + | | + | | | | | |
| B30 | | + | | + | – | | | | |
| B31 | | ± | + | | | | | | |
| B32 | | | | | | | | | |
| B33 | | ± | – | | | | | | |
| B34 | | + | | ± | | | | | |
| B35 | | + | | | ± | | | | |
| B36 | – | + | + | ± | | | | | |
| B37 | ? | ? | | | | | | | |
| B38 | – | + | | ± | | | | | |
| B39 | | | + | | | | | | |
| B40 | | | | + | | | | | |

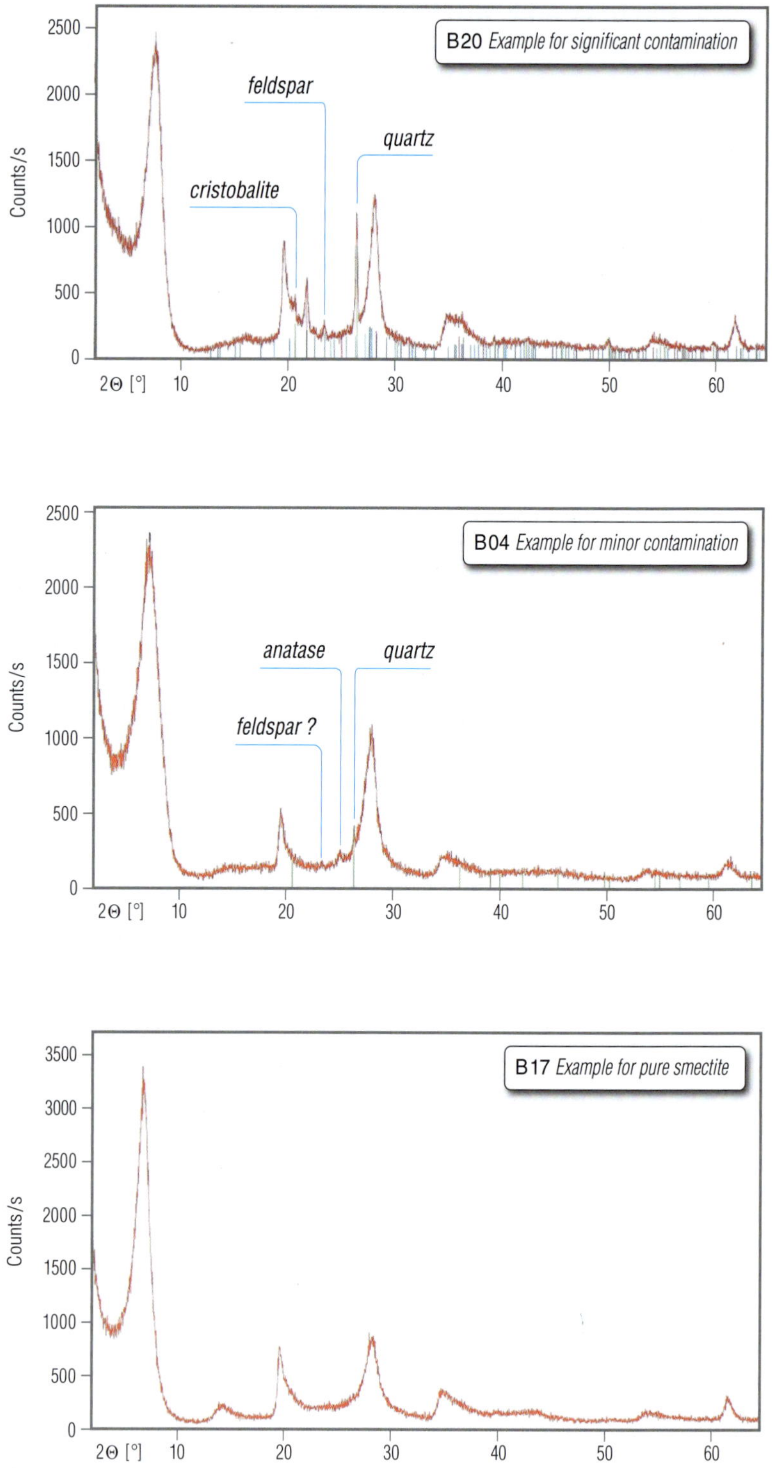


Fig. 3.7: Occurrence of trace and minor minerals in the < 0.2 µm fraction of all bentonites studied.

The significant difference in the quantity of the < 2 µm fraction, with and without ultrasonic treatment, demonstrates the effect of $Na^+$. The ultrasonic treatment of bentonites with low $Na^+$ values (Ca/Mg-bentonites) yielded an increase of the quantity of the < 2 µm fraction from approximately 10 to 60 mass%. However, even some Ca/Mg-bentonites (near 0 in Fig. 3.6) show a small difference in the < 2 µm content, with and without ultrasonic treatment. This difference could not be explained by the layer charge density, which should also affect delamination. Particle intergrowth may possibly play a role.

In summary:

- the higher the $Na^+$ content, the lower the necessity to perform ultrasonic treatment before particle size analysis;
- the variation in the difference of < 2 µm quantities, with and without ultrasonic treatment, of Ca/Mg-bentonites is interesting, but cannot yet be explained.

For the characterization of the bentonites, the < 0.2 µm fraction was produced after chemical treatment of the samples. According to Tributh (1991), carbonates, ironoxyhydroxides, and organic matter were removed and the samples were then $Na^+$ exchanged. Fractionation was performed in a centrifuge. The qualitative mineral composition of the < 0.2 µm fraction is given in Figure 3.7. Only six bentonites (B05, B07, B17, B18, B19, B32) were considered to be pure.

A detailed study with sustained XRD measurement times by Kaufhold et al. (2011a) revealed minor phases in three of the six samples, and only three samples (B05, B17, B32) were actually pure. However, as also shown by Kaufhold et al. (2011a), the detection limit of feldspar with the equipment used was approximately 0.3 mass%, and, therefore, minor amounts of feldspar may still be present. This detection limit was established by mixing different amounts of pure feldspar and pure smectite.

- The quantity of the < 2 µm fraction of bentonites largely depends on the $Na^+$ content.
- For bentonite characterization the < 0.2 µm fraction should be taken into consideration as it is dominated by smectite but, however, is rarely pure smectite.

## 3.5 Submicron particle size analysis

There is a lot literature in scientific and technical journals on the methods for determining the sizes of particles. Descriptions of new methods and modifications of old ones are constantly appearing, and numerous symposia on this subject have been held. However, the size analysis of small particles can be difficult, especially of particles such as clay minerals because of their large surface area to volume ratio (and high aspect ratio) and the high chemical activity on the particle surface. The determination of the particle size distribution > 63 µm is much less critical, with respect to their analysis, than the characterization of the fine fraction, particularly the submicron particles. On the other hand, it is necessary to develop a method for characterizing these particles individually. Moreover, physical dispersion of these particles can be very difficult since they tend to form aggregates, which reduce the high surface energy, and they do not settle as isometric particles. Dispersants of various sorts could be used to stabilize the system, but they could compromise the integrity of the inherent state of these small or nanoparticles. Smectites, the main constituent of bentonites, are the smallest clay particles of the common clays (except for allophane, for example). Moreover, in contrast to other clay minerals, smectites vary with respect to their aspect ratio (depending on the exchangeable cation, mechanical force applied, and solid/liquid ratio). Therefore, the measurement of the particle size distribution

**Table 3.4: Particle size analysis of the bentonites using a sedigraph, with and without ultrasonic treatment, for original cation population and after $Na^+$ exchange. In addition, a centrifuge was used to compare the fine fractions of the bentonites.**

| Sample No. | Bentonites with natural cation population SEDIGRAPH | | | | | | $Na^+$ exchanged bentonites (< 63 µm) SEDIGRAPH | | | | | | $Na^+$ exchanged bentonites CENTRIFUGE | | |
|---|---|---|---|---|---|---|---|---|---|---|---|---|---|---|---|
| | | without ultrasonic | with ultrasonic | | | | with ultrasonic | | | | | | 1 x centrifuged | | 5 x centrifuged |
| | $Na^+$ | < 2 µm | < 2 µm | 2–6.3 µm | 6.3–20 µm | > 20 µm | < 0.6 µm | 0.6–2 µm | < 2 µm | 2–6.3 µm | 6.3–20 µm | > 20 µm | < 0.06 µm | < 0.2 µm | < 0.1 µm |
| | [meq/100 g] | [mass%] | | | | | [mass%] | | | | | | ["%"] | | [mass%] |
| B01 | 16 | 14 | 68 | 11 | 6 | 16 | 85 | 0 | 85 | 3 | 3 | 9 | 33 | 50 | 42 |
| B02 | 12 | 17 | 50 | 15 | 8 | 27 | 85 | 5 | 90 | 6 | 2 | 3 | 40 | 53 | 44 |
| B03 | 12 | 22 | 52 | 9 | 9 | 31 | 89 | 3 | 92 | 4 | 4 | 0 | 57 | 73 | 61 |
| B04 | 18 | 19 | 63 | 13 | 14 | 10 | 95 | 3 | 98 | 3 | 0 | 0 | 55 | 77 | 56 |
| B05 | 16 | 18 | 58 | 9 | 7 | 27 | 95 | 1 | 96 | 4 | 0 | 0 | 60 | 80 | 74 |
| B06 * | 18 | 30 | 89 | 6 | 3 | 2 | 92 | 6 | 98 | 1 | 0 | 1 | 46 | 71 | 55 |
| B07 | 67 | 85 | 90 | 2 | 3 | 6 | 83 | 1 | 84 | 4 | 5 | 7 | 58 | 79 | 74 |
| B08 * | 71 | 80 | 83 | 7 | 4 | 6 | 69 | 9 | 78 | 13 | 5 | 4 | 35 | 54 | 50 |
| B09 | 70 | 78 | 81 | 3 | 4 | 12 | 82 | 9 | 91 | 6 | 1 | 3 | 42 | n. d. | 54 |
| B10 | 28 | 84 | 92 | 3 | 4 | 2 | 91 | 3 | 94 | 3 | 1 | 2 | 64 | 85 | 76 |
| B11 | 64 | 82 | 83 | 3 | 4 | 11 | 84 | 3 | 87 | 5 | 2 | 6 | 75 | 81 | 72 |
| B12 | 61 | 69 | 81 | 7 | 5 | 7 | 83 | 6 | 89 | 7 | 2 | 2 | 61 | 77 | 76 |
| B13 | 1 | 60 | 88 | 3 | 3 | 6 | 93 | 3 | 96 | 1 | 3 | | 84 | 89 | 78 |
| B14 * | 1 | 74 | 91 | 1 | 4 | 5 | 97 | 1 | 98 | 1 | 1 | 1 | 82 | 90 | 80 |
| B15 * | 1 | 49 | 71 | 3 | 4 | 21 | 95 | 2 | 97 | 1 | 2 | | 78 | 84 | 68 |
| B16 | 0 | 61 | 69 | 13 | 13 | 5 | 73 | 7 | 80 | 10 | 7 | 3 | 41 | 57 | 60 |
| B17 | 68 | 86 | 87 | 2 | 5 | 5 | 94 | 2 | 95 | 1 | 2 | 3 | 55 | 79 | 77 |
| B18 | 28 | 37 | 71 | 9 | 7 | 13 | 87 | 2 | 89 | 4 | 5 | 2 | 35 | 55 | 50 |
| B19 | 19 | 45 | 64 | 10 | 7 | 19 | 77 | 7 | 84 | 6 | 6 | 5 | 37 | 58 | 55 |
| B20 | 59 | 83 | 87 | 4 | 6 | 4 | 88 | 4 | 91 | 5 | 1 | 3 | 33 | 64 | 47 |
| B21 | 44 | 35 | 58 | 11 | 8 | 24 | 85 | 1 | 86 | 6 | 3 | 5 | 42 | 67 | 57 |
| B22 | 70 | 81 | 86 | 4 | 8 | 3 | 83 | 3 | 86 | 3 | 7 | 4 | 37 | 64 | 56 |
| B23 | 71 | 83 | 86 | 3 | 6 | 6 | 79 | 9 | 88 | 2 | 5 | 4 | 48 | 70 | 68 |
| B24 | 51 | 53 | 69 | 14 | 10 | 7 | 83 | 5 | 89 | 4 | 3 | 4 | 40 | 57 | 62 |
| B25 | 0 | 51 | 62 | 13 | 10 | 16 | 75 | 4 | 80 | 7 | 7 | 7 | 36 | 49 | 56 |
| B26 | 18 | 59 | 80 | 8 | 8 | 4 | 85 | 5 | 90 | 6 | 0 | 4 | 35 | 53 | 55 |
| B27 | 71 | 84 | 87 | 3 | 6 | 5 | 89 | 2 | 91 | 4 | 3 | 2 | 40 | 68 | 63 |
| B28 | 0 | 12 | 61 | 21 | 13 | 5 | 70 | 17 | 86 | 8 | 6 | 0 | 49 | 61 | 58 |
| B29 | 0 | 37 | 85 | 4 | 6 | 5 | 88 | 5 | 93 | 3 | 2 | 2 | 60 | 77 | 74 |
| B30 | 27 | 39 | 83 | 10 | 4 | 3 | 42 | 35 | 77 | 16 | 7 | 1 | 10 | 17 | 18 |
| B31 | 51 | 81 | 80 | 4 | 7 | 10 | 83 | 4 | 87 | 6 | 4 | 3 | 41 | 59 | 61 |
| B32 * | 1 | 1 | 66 | 10 | 15 | 10 | 92 | 1 | 93 | 3 | 4 | | 78 | 86 | 79 |
| B33 | 57 | 84 | 83 | 4 | 9 | 4 | 89 | 2 | 91 | 2 | 2 | 5 | 38 | 60 | 48 |
| B34 | 5 | 5 | 72 | 8 | 9 | 12 | 82 | 5 | 87 | 7 | 3 | 3 | 30 | 60 | 51 |
| B35 | 0 | 11 | 75 | 12 | 10 | 3 | 76 | 11 | 87 | 9 | 2 | 2 | 30 | 53 | 47 |
| B36 | 0 | 3 | 49 | 11 | 15 | 25 | 75 | 8 | 82 | 8 | 5 | 5 | 26 | 38 | 38 |
| B37 | 1 | 2 | 52 | 8 | 20 | 21 | 78 | 5 | 84 | 5 | 2 | 9 | 29 | 48 | 33 |
| B38 | 14 | 6 | 55 | 14 | 18 | 13 | 72 | 12 | 83 | 5 | 8 | 4 | 25 | 38 | 34 |
| B39 | 2 | n. d. | n. d. | n. d. | n. d. | n. d. | 76 | 9 | 84 | 16 | 0 | | 32 | 57 | 56 |
| B40 | 2 | n. d. | n. d. | n. d. | n. d. | n. d. | 87 | 5 | 92 | 4 | 4 | 0 | n. d. | 59 | 58 |

*samples investigated with WETEM technique "0" = 0.1 < 0.5 % n. d. = not determined (e.g. because fraction was lost or contaminated) of bentonites is a challenge. Because of even slight differences in the laboratory procedures, the results from different laboratories are rarely comparable. However, the purpose of measuring smectite particle size should at least be the identification of their relative differences: Does bentonite A contain finer smectite particles than bentonite B? The answer to this question may even be of industrial relevance in order to explain the different performances of two materials. Bentonites with particularly fine smectites have a larger surface area that may affect both rheological properties and adsorption capacity at aluminol sites (such as phosphate adsorption).

As discussed in the preceding section the particle size distribution of bentonites depends largely on the Na-content (Fig. 3.6). Therefore, the particle size distribution was measured after Na-saturation and dialysis. A sedigraph was used (SediGraph 5100™ with MasterTech 052 Autosampler™, Micrometrics, Norcross, Georgia, USA) to measure down to about 0.6 µm. The difference of smectite particle diameters, however, is expected at even lower values. The key to measure reasonable sedigraph results was the optimum dispersion density of about 2 mass%.

Sedigraph values are given in Table 3.4 and interpreted in Figure 3.8. As shown in Section 3.4 (Fig. 3.6), the quantity of particles < 2 µm strongly depends on the quantity of exchangeable $Na^+$. But after homoionic Na-exchange, all samples yielded a < 2 µm content of 80 mass% (including the illite-smectite clay samples B30 and B35). Before Na-exchange some samples displayed significantly fewer clay-sized particles (Fig. 3.8 A).

In conclusion, the characterization of the < 2 µm fraction is relevant for common clays, but less suitable to characterize bentonites because it is related to the smectite content and does not reflect the differences between the various bentonites in the sub-µ range. Using the sedigraph it was possible to measure the < 0.6 µm fraction. However, only a few samples contained a significant amount of particles between 0.6 and 2 µm (except for the illite-smectite clay sample B30), and a good correlation of the < 0.6 µm fraction with the smectite content (Table 3.17) was found.

- The fine particle size distribution of bentonites depends primarily on the cation population (type and amount of exchangeable cations).
- The < 2 and < 0.6 µm fractions measured by the sedigraph depended mainly on the smectite content, and were not suitable to distinguish the bentonites with particularly fine smectites from the others. The relevant differences were in the sub-µ range.
- No significant differences between the < 2 and < 0.6 µm fractions of the bentonites were identified. All bentonites, in contrast to other clays (such as sample B30), contain few particles in the 0.6 to 2 µm fraction.

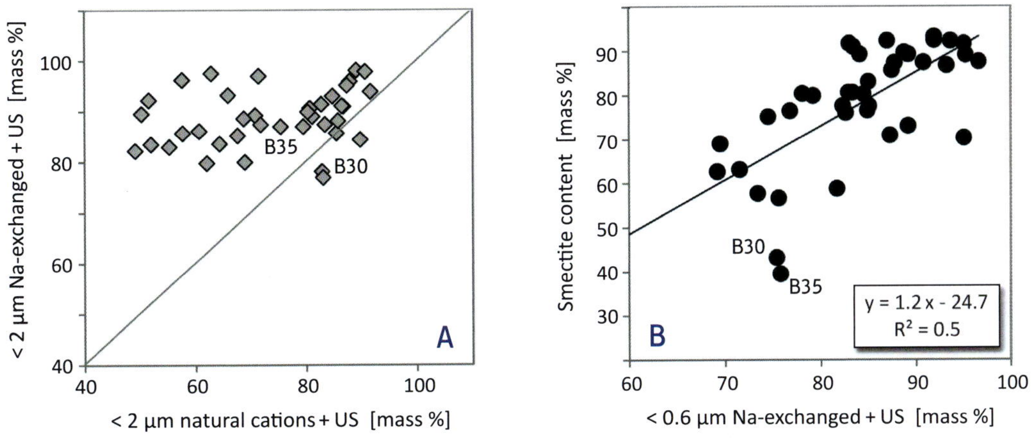


**Fig. 3.8:** Comparison of the sedigraph results before and after Na-exchange (**A**) and of the < 0.6 µm fraction measured with the sedigraph and the smectite content (**B**).

To characterize the submicron particle size distribution, homoionic Na-bentonites were centrifuged (details of the analytical procedure are given in the Appendix). The bentonites (2.5 g Na-exchanged) were subjected to 500 mL water in centrifuge beakers, and then shaken for one week, with 10 minutes per day of ultrasonic treatment. Then the dispersions were centrifuged according to the settlement time of the < 0.06 and < 0.2 µm fraction. Because of the rather long required centrifugation times (up to 3 h – depending on the depths of collecting the liquid), the dispersion was sampled only once per fraction. Of course the different fractions were not sampled quantitatively by this one-step method, but the resulting values (sampled mass was divided by initial mass = "%") were assumed to be suitable for a comparison of different bentonites, at least to identify bentonites with particularly small smectite particles. The absolute values, therefore, have to be treated with care. However, some samples yielded values up to 90 %, which is indicative of particularly fine smectites.

The < 0.1 µm fraction was sampled in a second independent approach. This value was chosen because it is assumed to be at the median particle size of smectites (commonly ranging from 50–200 nm). Materials with a large fraction of < 100 nm particles could be characterized as ***"fine-smectite bentonite"***. Bentonites with a low content of < 100 nm particles could be classified as ***"coarse-smectite bentonite"***. The differences of bentonite performance according to smectite particle size (such as rheological parameters) could then be discussed.

First the different methods used to characterize the submicron particle size distribution were compared (Fig. 3.9). A good correlation of the < 0.6 µm fraction obtained by the sedigraph and the < 0.2 µm fraction determined by the centrifuge ("1x method") was identified (Fig. 3.9 A). However, it is noted that the values of these two methods cannot directly be compared because

- slightly different fractions are compared (< 0.6 µm vs. < 0.2 µm), and
- the fraction was collected only once, the 1x centrifuge method clearly does not take the total fraction into account.

The observed difference indicates that the 1x centrifuge method is closer to the sedigraph results for those bentonites with a high content of < 0.6 µm fraction, as determined by sedigraph. This can be explained by the fact that the completeness of the < 0.2 µm fraction after collecting the fraction once is larger if the particles are smaller (completeness here refers to the amount by which all particles of a given diameter were enriched in a specific fraction).

However, both the sedigraph and centrifuge methods yield comparable results, and no significant differences were identified. There were also no significant differences between the < 0.2 µm fraction ("1x centrifuge method") with the < 0.1 µm fraction (sampled five times: "5x centrifuge method", Fig. 3.9 B).

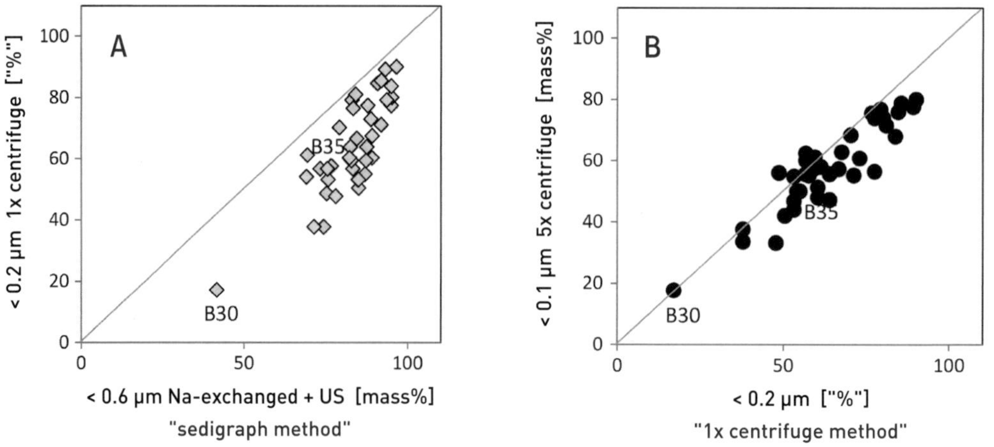


Fig. 3.9: Comparison of the results of the different submicron particle size methods.

Interestingly, the < 0.2 µm values (sampled once) were only slightly larger than the < 0.1 µm values (sampled five times). This can be explained by the fact that the diameter of most of the Na-smectites ranges from 50 to 200 nm, and therefore it would not be possible to sample all smectites in the < 0.1 µm fraction. Figure 3.9 B hence indicates that not all smectites were collected in the < 0.1 µm fraction. The < 0.1 µm fraction was particularly interesting because it provides information about materials with smaller particle size as compared to others, and the < 0.1 µm fraction was selected for the 5x centrifuge method. The good correlation illustrated in Figure 3.9 B, on the other hand, reflects the different smectite contents because, in the case of purified Na-bentonites, the content of < 1 µm (or < 0.2 µm) particles depends primarily on the smectite content. Therefore, in order to distinguish bentonites with particularly fine from those with coarser smectites, the < 0.1 µm fraction was divided by the smectite content (Fig. 3.10).

The finest smectite particles – when considering the quantity of < 0.1 µm per smectite content – were found in the Bavarian bentonites. The Wyoming bentonites, on the other hand, are very variable. The value of the illite-smectite sample B35, however, is unexpectedly high, which probably results from the lower smectite content as compared to the others (smectite content B30 was not determined). The significance of this value (< 0.1 µm fraction/smectite content), therefore, remains questionable. As an alternative, the < 0.06 µm fraction (sampled once) was divided by the < 0.2 µm fraction (sampled once). This graph (Fig. 3.10 B) emphasizes the particularly fine smectite particles in all Hungarian bentonites, the Indian sample B11, and the fibrous bentonite B32. The advantage of this plot is that the smectite content does not affect the trends, because two fractions both depending on the smectite content were divided by each other (< 0.06 µm / < 0.2 µm).

All of the above-mentioned methods are based on the sedimentation of the particles. In contrast to ideal spherical particles, the sedimentation of the differently shaped smectite particles (platelets, needles, etc.) is more difficult to describe by a scientifically accurate formula, and the sedimentation of platy particles differs from that of isometrical particles. Therefore, the results of the above-mentioned methods suffer from this systematic error (the effect of different morphology on the sedimentation).

As an alternative, electron microscopic methods may be particularly valuable to study the size distribution of the submicron particles. In the dry state, however, smectite primary particles aggregate and this makes it difficult to investigate primary particles.

To overcome this problem, the wet environmental-cell TEM (WETEM) technique was utilized for this study (Fukami et. al. 1987, 1991; Chiou et al. 1991 a, b, 1999).

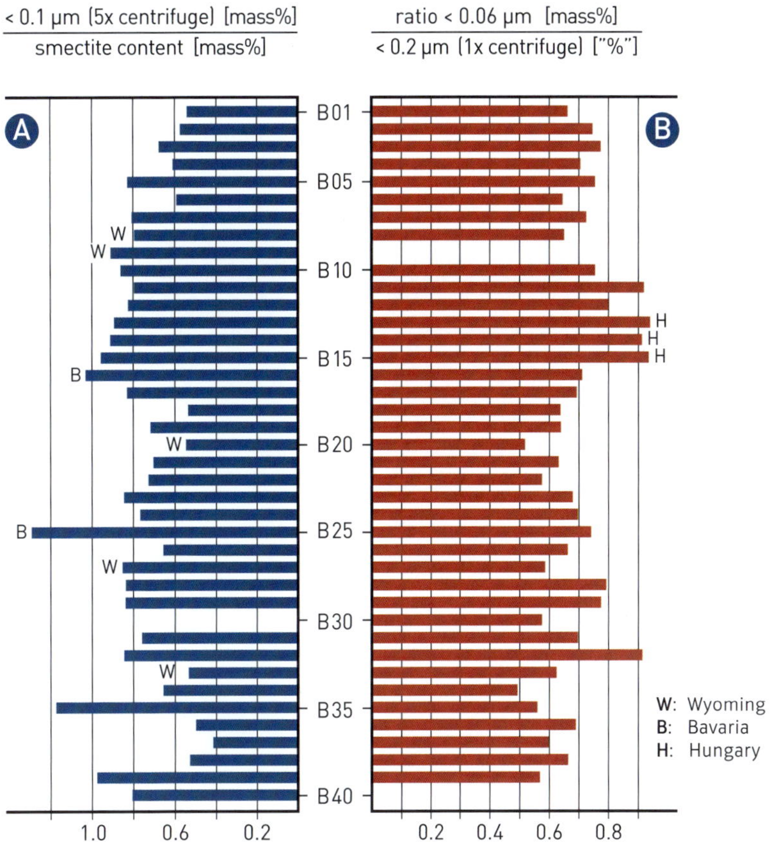


Fig. 3.10: To identify bentonites with particularly fine particles, the < 0.1 µm fraction (5x) was divided by the smectite content (**A**) and the < 0.06 µm fraction was divided by the < 0.2 µm fraction (1x) (**B**).

- To distinguish bentonites with a large amount of particularly fine smectites the < 0.06 µm fraction was divided by the < 0.2 µm fraction (rather than the smectite content).
- All Hungarian bentonites (B13–B15), the Indian B11, and B32 were found to contain more particles in the < 0.06 µm fraction than the others, and hence can be considered as particularly "fine bentonites".
- Most of the methods for particle size distribution (particularly in the submicron range) suffer from systematic errors caused by the platy morphology and different morphologies of the particles.

This technique employs a special environmental chamber in the TEM stage that allows in-situ observation of dispersed individual clay particles in a liquid environment, and thus makes the measurement of the a–b-axis plane possible.

There are, however, difficulties in the sample preparation, in particular the actual inserting of clay (dispersion) samples into the environmental cell. The concentration of clay particles and the volumes of suspended solution are crucial, but very difficult to control. Thus, coagulation of clay particles may occur during environmental-cell TEM observation. Nevertheless, with experience, trained eyes and patience, particle size and shape can usually – although not invariably – be determined.

A simple and cost-effective method of constructing an environmental cell for in-situ wet TEM research was developed and was used in this research (Kuwamura et al. 2013; Fig. 3.11). Special carbon films were fabricated following Fukami's method (Fukami et al. 1987; 1991). The surface of carbon film has concave and convex morphology, and by placing two carbon films face-to-face, many isolated voids were created in the space between concave and convex zones of the film. These insulated voids provide an excellent sealed space for aqueous dispersions that can be studied in a vacuum environment, such as an electron microscope column.

In order to prevent possible breakage of the carbon film and thus enhance the integrity of the environmental cell, only seven holes were finished on a rigid copper disc, and the hole through which the electron beam penetrates is relatively small (≈ 1 mm). The wet cell, sealed with two carbon films, was constructed to fit into a regular TEM sample holder (Fig. 3.12). The environmental cell with the wet sample (dispersion) was evacuated in a pre-pumping chamber in order to ensure the integrity of the wet cell before inserting it into the TEM column. A modified JEOL JEM-2010 TEM that operated at 200 kV and equipped with a CCD camera was used for the measurements.

Five different bentonite samples were selected for the investigation by the WETEM technique (samples: B06, B08, B14, B15, B32). The < 0.2 µm fractions of the samples were investigated in order to determine if the WETEM technology is suitable to identify differences between the

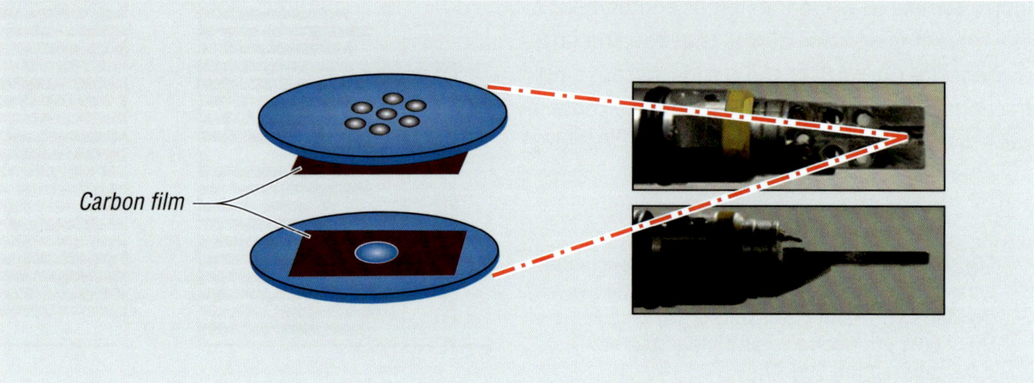


Fig. 3.11: Schematic diagram shows carbon film on special 7-hole Cu-grids that were used to construct the wet environmental cell.

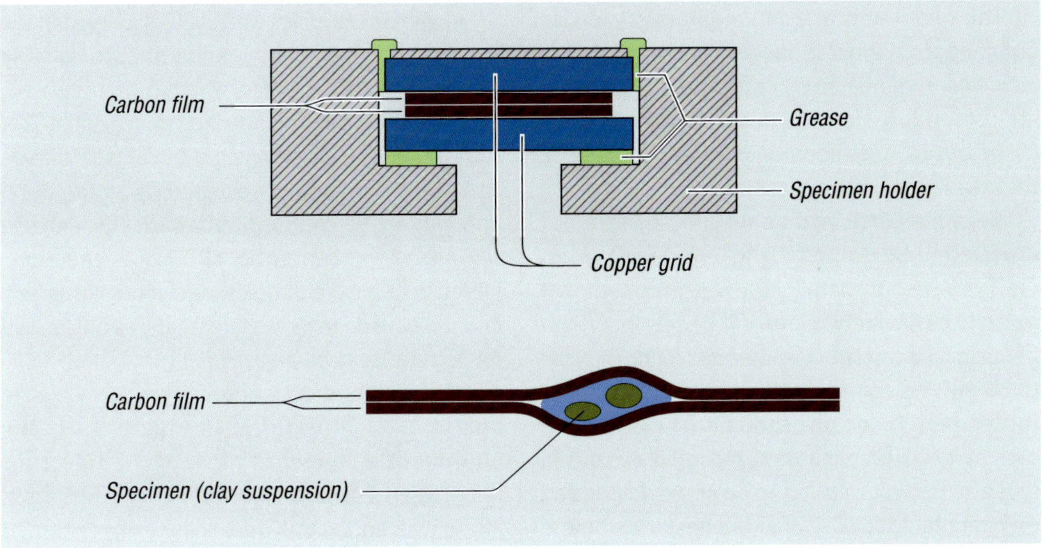


Fig. 3.12: Schematic diagram of the new environmental cell used in this research.

(**Top**): Cross-section of the cell. (**Bottom**): Illustration of the method to keep the solid/liquid mixture dispersed in the special TEM holder.

submicron particle size distributions in the selected samples. The samples were weighed and dispersed in deionized water with about 10 % of ethanol to prevent possible growth of bacteria and/or algae. No other additives were inserted into the suspension. All the samples were prepared to a concentration of 2000 ppm (solid/liquid). Bentonite clay dispersions were sonicated in a water bath again to ensure complete dispersion of the sample. A very small amount of the suspension (0.3 mL) was pipetted and very carefully transferred onto a special carbon film, and then covered with another carbon film. To ensure a good seal for this environmental cell, a very small amount of vacuum grease was also applied to seal both films. Special care must be taken to prevent adhesives from entering the film and thus contaminating the sample. The integrity of the wet cell (dispersion sandwiched between carbon films) was tested by evacuation in a pre-pumping chamber. The environmental cell with the sample was then inserted into the TEM column for in-situ study (Fig. 3.12).

The quality of the WETEM images depended on the volume of water between the carbon films. A lower water content yielded greater contrast, and the particle edges were sharper compared to larger water contents. On the other hand, larger water contents resulted in a better dispersion that, despite rather diffuse images, were more suitable for automatic particle size analysis via grey scale analysis (Fig. 3.13).

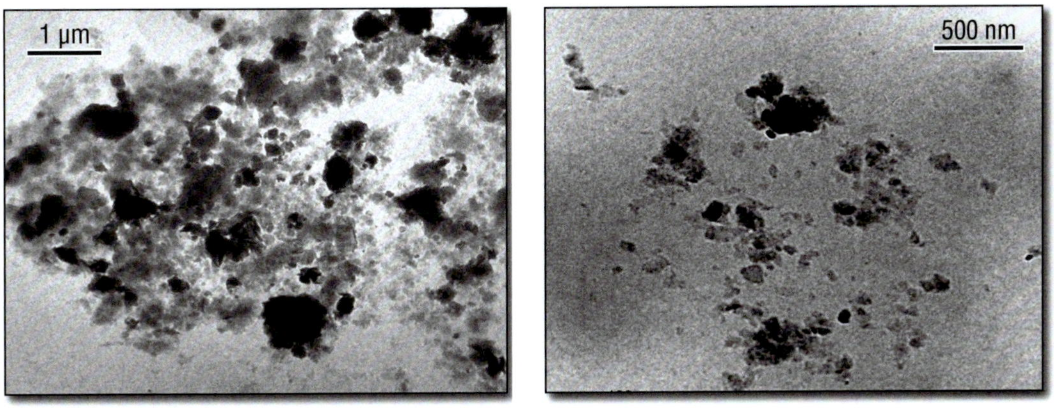


Fig. 3.13: Example for WETEM particle size analysis. (**Left**): Lower water content = well resolved particle edges but less dispersion. (**Right**): Larger water content = diffuse image but well dispersed particles.

The mean and graphic mean particle size obtained from graphic analysis and the average (equivalent) diameter (R2) of about 350 particles are reasonably similar. Thus, both the graphic mean and R2 are good numbers to characterize the mean particle size of the sample.

Because particles in any sample were not expected to be isometric, the "equivalent diameter" was used to simplify the size measurement which is particularly relevant if images obtained from a microscope are taken into account. In order to obtain the equivalent diameter of a particle, the longest ($l$) and one shortest ($s$) diameter of each particle were measured, recorded, converted to the actual length using an enlarging factor, and then tabulated for size analysis. Results for more than 350 particles in one sample were obtained by using the point-counting method, which was unbiased regardless of the chosen spacing between particles.

Two types of "equivalent" diameter were calculated using the following formula:

$$R1 = \sqrt{l \times s} \quad \text{[Eq. 1]}$$

$$R2 = \sqrt{\frac{l \times s}{3.1416}} \times 2 \quad \text{[Eq. 2]}$$

Since the "diameter" was based on the assumption of a circular area projected from a spherical particle, it was decided to use R2 as the particle diameter in this study. Thus:

$$\text{Diameter } \phi = \sqrt{\frac{l \times s}{3.1416}} \times 2 \quad \text{[Eq. 3]}$$

- The equivalent diameter of most smectites is between 100 and 150 nm.
- Uncommon bentonites – such as B06, which is dominated by smectites with an equivalent diameter ≤ 50 nm – could be identified with the WETEM technique.

In general particles were well-dispersed in the WETEM and thus a wide range of particle sizes was observed and studied, whereas particles were not well dispersed in air-dried conventional TEM samples (Fig. 3.58), in which the real particle size and shape are usually obscured by aggregation and cannot be counted automatically. Particle size analysis by conventional TEM was, therefore, biased because the samples were poorly dispersed, and the particle size measurement was only based on better-dispersed areas.

The results of the submicron particle size analysis are illustrated in Figure 3.14. The equivalent diameter of most of the smectites is between 100 and 150 nm. Sample B06 from Milos was an exception because it contained much finer smectite particles. Almost 50 % of the smectites in this sample had an equivalent diameter of ≤ 50 nm. Although < 0.2 µm fractions were investigated, particles larger than 200 nm were sometimes found, and this demonstrates that centrifugation techniques for particle size fractionation are rarely perfect.

All results refer to the < 0.2 µm fraction. The 0.2 to 2 µm fraction (prepared by centrifugation) was compared with the < 0.2 µm fraction (Fig. 3.14) in order to determine if the results were affected by the previous separation of the < 0.2 µm fraction. Although some larger particles were found, most of the particles were finer than the particle size range of the separation. This observation can be explained by aggregation and also, probably, by the capability of the WETEM to resolve stable aggregates by image analyses.

The following conclusions were made:

- **WETEM analysis demonstrated that the 0.2 to 2 µm fraction still contained appreciable aggregates of much finer primary particles.**
- The comparability of the results of both types of methods, the sedimentation-based sedigraph and/or centrifuge method and the WETEM technique was investigated. The sedimentation-based methods (sedigraph and centrifuge) identified a high proportion of particles < 50 nm present in the Hungarian bentonites B13 to B15. WETEM analysis, however, identified particularly fine particles in sample B06.

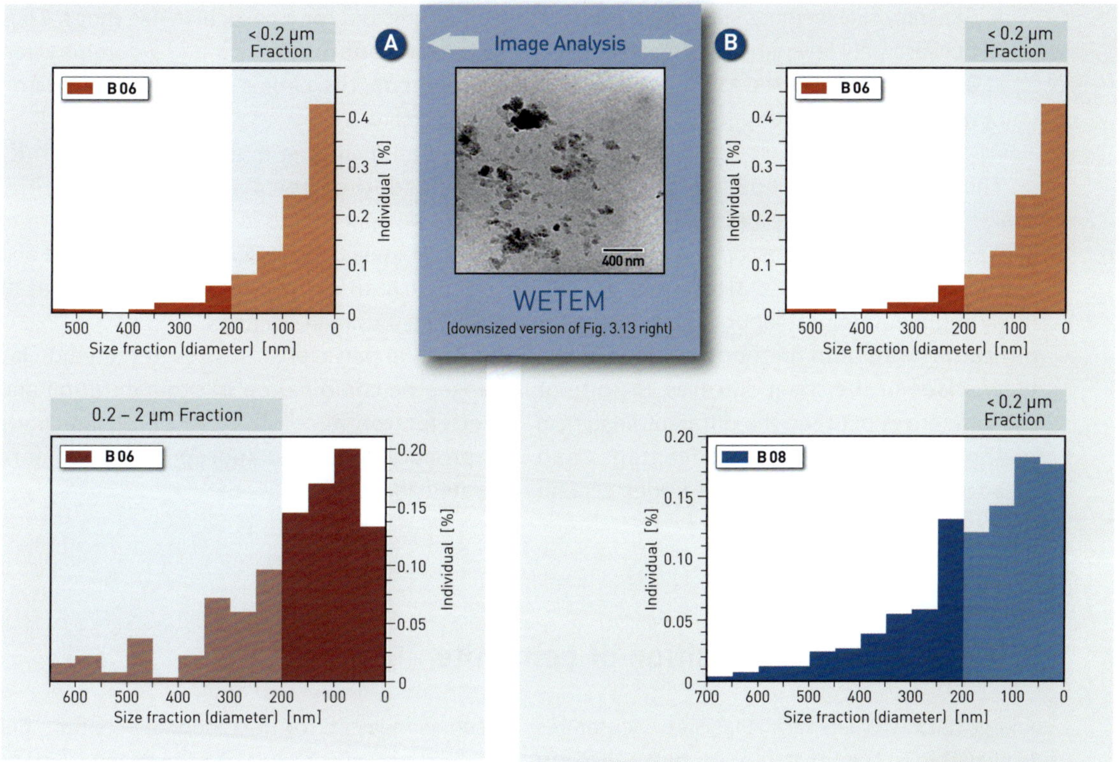


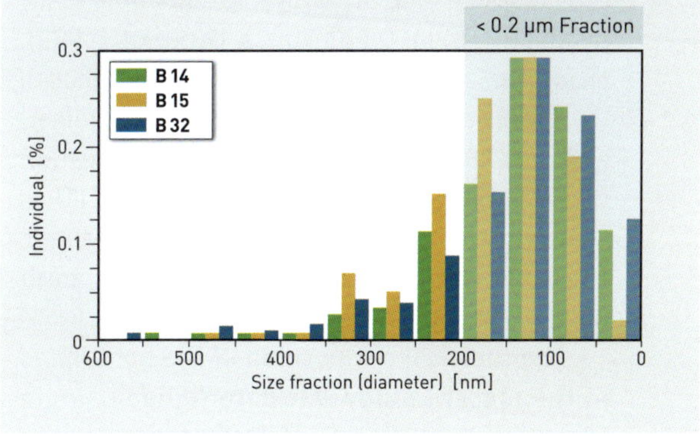


Fig. 3.14: Submicron particle size analysis derived from image analysis of WETEM images.

(A): < 0.2 µm fraction and 0.2 to 2 µm fraction of sample B06.

(B): < 0.2 µm fractions of the five samples B06, B08, B14, B15 and B32.

▸ **Results obtained by sedimentation-based methods and WETEM could not be compared.** The reason for this difference is not yet understood. Possible reasons for the observed differences are:

- All particle size analytical methods have some assumptions, but in reality the conditions are ususally not ideal, and small deviations could accumulate and generate a significant difference.
- The particle shape is one of the major factors affecting the results of the various methods. Settling velocity varies according to the particle shape, such as spherical, platelet, needle, rod, lath, triangular, polygon, etc. Furthermore, it is impossible to concentrate particles of the same shape in a mixed sample (such as in a natural sample).
- Many other factors will also affect the result of size analysis, including the property of the particle, the complexity of the mixture of particles, the medium as well as the environment surrounding the particle, the condition of the analytical instrument, the procedures (protocol) of size analysis, the method of analyzing data, etc.

- Generally TEM methods suffer from statistics because only few particles are considered and the settling-based sample preparation may also be important.

The most usual methods for particle size analysis currently include sieve, sedimentation, light scattering, and microscopy methods. Either static or dynamic light scattering is used in many sedimentological laboratories. There are difficulties with both methods because of the platy shape of the sheet silicates. In spite of the differences between the different analytical methods, each method has advantages and disadvantages, and works well under certain conditions and for a particular size range. Thus it is often appropriate to use a combination of methods, the choice of which depends on several factors.

For an example, if the particles are fully dispersed, then the sedimentation method should be appropriate for particle sizes down to approximately 0.5 µm. However, it is difficult and impractical to use this method for particles of less than 0.5 µm in diameter.

For the particles with sizes in the mud-clay range, the combination of sedimentation and wet electron microscopy (WETEM) methods is probably the most appropriate, as demonstrated above.

## ▶ 3.6 Chemical composition of bentonite

A large dataset of chemical analysis of bentonites is available in the literature, for example Grim & Güven (1978), Christidis & Dunham (1993), Mermut & Cano (2001), and Kogel & Lewis (2001).

The chemical composition can be determined either by XRF (powder) or by ICP (after digestion of the samples) analysis. The advantage of ICP is that light elements, such as Li, can be measured. For common bentonite analysis, however, both methods are straightforward.

The chemical composition of the bentonites in the present study was determined using a PANalytical AXIOS and a PW2400 spectrometer. Samples were prepared by mixing with a flux material (lithium metaborate Spectroflux, Flux No. 100A, Alfa Aesar), and melting into glass beads. The beads were analyzed by wavelength dispersive X-ray fluorescence spectrometry (WD-XRF). To determine loss on ignition (LOI), 1000 mg of sample material was heated to 1030 °C for ten minutes. Results are provided in Table 3.5 and Table 3.6.

The chemical composition reflects the mineralogical composition of the smectites and of the bentonites, and since it is a quantitative characteristic, it can be used to assess the variability of the composition within a given deposit. As an illustration, the CaO value may be used as measure for the carbonate content, but the accuracy of such calculations depends on the variability of the mineral composition. For example, the CaO content can hardly be used to estimate carbonates if either the cation population of the smectites or the plagioclase content is variable. The trace element composition can sometimes be applied as a fingerprint of the source of an unknown sample. Although the Milos bentonites commonly contain appreciable Ba, there are a number of other bentonites enriched in Ba.

Even if the data presented in the present study is statistically irrelevant because insufficient samples per deposit were analyzed, some trends can be identified in this dataset:

The **As-content** is low in all bentonites, except for sample B37. Arsenic is relevant for the application of bentonites used for beverage production, and, therefore, beverage bentonites are tested for extractable arsenic rather than bulk arsenic. The lack correlation between As and the Fe-content (Table 3.6) is surprising since As is often associated with iron oxyhydroxides. Notably As-concentrations determined with the XRF as described above have to be treated with care.

Two samples with almost 200 ppm **Ce** were found, and values as high as 100 ppm are not rare.

Table 3.5: Major element composition of all the bentonites sampled (XRF, second batch).

| Sample No. | $SiO_2$ | $TiO_2$ | $Al_2O_3$ | $Fe_2O_3$ | MnO | MgO | CaO | $Na_2O$ | $K_2O$ | $P_2O_5$ | LOI | SUM |
|---|---|---|---|---|---|---|---|---|---|---|---|---|
| | [mass %] | | | | | | | | | | | [mass %] |
| B01 | 53.3 | 0.2 | 16.6 | 2.8 | 0.1 | 4.1 | 1.7 | 1.3 | 0.9 | 0.0 | 18.7 | 99.7 |
| B02 | 52.0 | 0.6 | 15.4 | 5.0 | 0.1 | 4.4 | 1.7 | 0.9 | 1.1 | 0.1 | 18.5 | 99.6 |
| B03 | 52.1 | 0.7 | 16.6 | 4.9 | 0.1 | 3.1 | 1.6 | 0.6 | 0.3 | 0.1 | 19.5 | 99.7 |
| B04 | 49.4 | 0.7 | 15.6 | 8.0 | 0.0 | 3.1 | 0.9 | 0.6 | 0.4 | 0.1 | 19.5 | 98.7 |
| B05 | 47.6 | 0.7 | 15.9 | 6.0 | 0.0 | 3.0 | 4.4 | 0.4 | 0.5 | 0.1 | 20.2 | 99.7 |
| B06 | 52.8 | 0.7 | 18.0 | 3.4 | 0.0 | 3.5 | 1.5 | 0.5 | 0.5 | 0.2 | 18.7 | 99.7 |
| B07 | 54.8 | 0.3 | 17.0 | 3.2 | 0.1 | 4.5 | 1.5 | 2.0 | 1.5 | 0.1 | 14.5 | 99.6 |
| B08 | 66.8 | 0.1 | 15.7 | 3.1 | 0.0 | 1.5 | 0.9 | 2.6 | 0.4 | 0.0 | 8.3 | 99.7 |
| B09 | 59.6 | 0.1 | 14.7 | 3.0 | 0.3 | 1.4 | 5.4 | 2.2 | 0.4 | 0.0 | 12.2 | 99.7 |
| B10 | 49.4 | 1.9 | 13.9 | 11.4 | 0.0 | 2.6 | 1.5 | 0.8 | 0.5 | 0.1 | 17.5 | 99.6 |
| B11 | 46.1 | 2.4 | 14.4 | 15.7 | 0.1 | 2.5 | 0.9 | 1.8 | 0.1 | 0.0 | 15.9 | 99.7 |
| B12 | 47.9 | 0.6 | 13.6 | 9.8 | 0.0 | 3.9 | 3.1 | 1.6 | 0.1 | 1.4 | 17.7 | 99.7 |
| B13 | 44.6 | 2.0 | 16.2 | 10.1 | 0.1 | 2.1 | 3.1 | 0.1 | 0.6 | 0.3 | 20.4 | 99.6 |
| B14 | 45.8 | 2.1 | 16.8 | 9.9 | 0.0 | 2.2 | 1.6 | 0.1 | 0.7 | 0.4 | 20.3 | 99.6 |
| B15 | 38.3 | 1.7 | 13.8 | 8.8 | 0.2 | 2.0 | 10.2 | 0.2 | 0.5 | 0.5 | 23.0 | 99.2 |
| B16 | 51.5 | 0.4 | 20.1 | 5.9 | 0.0 | 2.9 | 1.4 | 0.1 | 1.7 | 0.1 | 15.5 | 99.7 |
| B17 | 54.5 | 0.3 | 17.4 | 3.2 | 0.1 | 4.2 | 1.9 | 2.0 | 1.0 | 0.1 | 14.6 | 99.6 |
| B18 | 53.6 | 0.2 | 16.7 | 3.1 | 0.0 | 4.2 | 1.7 | 1.2 | 0.9 | 0.0 | 18.1 | 99.7 |
| B19 | 54.1 | 0.2 | 15.5 | 3.4 | 0.0 | 4.3 | 2.9 | 1.2 | 1.2 | 0.1 | 16.7 | 99.7 |
| B20 | 60.8 | 0.1 | 19.0 | 3.6 | 0.0 | 2.3 | 1.2 | 2.0 | 0.5 | 0.1 | 9.9 | 99.7 |
| B21 | 54.2 | 0.2 | 20.7 | 2.2 | 0.0 | 2.0 | 1.2 | 2.0 | 1.1 | 0.0 | 15.8 | 99.6 |
| B22 | 62.4 | 0.2 | 15.0 | 1.1 | 0.0 | 3.3 | 1.0 | 2.3 | 0.4 | 0.1 | 13.9 | 99.8 |
| B23 | 58.7 | 0.2 | 17.5 | 1.1 | 0.0 | 3.1 | 1.2 | 2.5 | 0.5 | 0.1 | 14.8 | 99.7 |
| B24 | 53.2 | 0.2 | 21.2 | 2.0 | 0.0 | 2.1 | 1.3 | 2.0 | 1.0 | 0.0 | 16.6 | 99.6 |
| B25 | 55.0 | 0.5 | 18.1 | 5.8 | 0.0 | 2.3 | 1.2 | 0.3 | 1.7 | 0.1 | 14.8 | 99.7 |
| B26 | 62.3 | 0.1 | 14.0 | 1.1 | 0.0 | 3.0 | 1.7 | 0.8 | 0.7 | 0.0 | 15.9 | 99.8 |
| B27 | 59.2 | 0.2 | 19.2 | 3.7 | 0.0 | 2.3 | 1.3 | 2.3 | 0.5 | 0.1 | 10.7 | 99.7 |
| B28 | 58.8 | 0.2 | 13.5 | 2.1 | 0.0 | 3.1 | 2.7 | 0.1 | 0.5 | 0.1 | 18.4 | 99.6 |
| B29 | 49.8 | 1.2 | 21.0 | 5.4 | 0.0 | 1.9 | 1.1 | 0.0 | 0.1 | 0.0 | 19.3 | 99.7 |
| B30 | 58.9 | 0.9 | 17.9 | 6.3 | 0.0 | 2.0 | 0.3 | 1.1 | 3.0 | 0.1 | 9.0 | 99.7 |
| B31 | 59.7 | 0.7 | 13.7 | 4.7 | 0.0 | 3.2 | 1.8 | 2.0 | 0.7 | 0.2 | 13.1 | 99.7 |
| B32 | 52.1 | 0.4 | 12.8 | 8.4 | 0.0 | 2.7 | 1.9 | 0.4 | 0.5 | 0.1 | 20.1 | 99.5 |
| B33 | 58.6 | 0.1 | 19.5 | 3.6 | 0.0 | 2.4 | 1.2 | 2.1 | 0.5 | 0.0 | 11.4 | 99.7 |
| B34 | 57.9 | 0.6 | 15.5 | 7.2 | 0.0 | 2.4 | 1.6 | 0.2 | 0.6 | 0.1 | 13.4 | 99.7 |
| B35 | 59.8 | 1.1 | 16.7 | 5.9 | 0.0 | 2.1 | 1.1 | 0.0 | 3.9 | 0.0 | 8.9 | 99.7 |
| B36 | 61.7 | 0.8 | 17.5 | 8.1 | 0.1 | 1.6 | 1.3 | 0.4 | 1.4 | 0.1 | 6.7 | 99.7 |
| B37 | 63.3 | 0.1 | 20.1 | 2.4 | 0.1 | 3.4 | 1.9 | 0.5 | 0.8 | 0.0 | 7.0 | 99.6 |
| B38 | 54.6 | 0.7 | 16.0 | 3.1 | 0.1 | 2.5 | 5.8 | 1.0 | 0.9 | 0.1 | 14.7 | 99.7 |
| B39 | 69.1 | 0.2 | 15.6 | 1.9 | 0.0 | 0.6 | 1.3 | 0.0 | 0.2 | 0.0 | 10.9 | 99.8 |
| B40 | 51.7 | 0.4 | 20.2 | 7.6 | 0.0 | 3.0 | 0.1 | 0.0 | 0.1 | 0.0 | 16.6 | 99.7 |

As expected, the **Co-content** correlates with the Fe-content, and ranges from < 3 ppm to almost 60 ppm. The **Cr-content** is not related to the Fe-content. Samples B01, B02, B11 and B12 demonstrate that the Cr-content can vary significantly even within one bentonite mining districit. The **Cu-content** in most samples is < 10 ppm, and three out of five Milos bentonites yielded Cu-values below the detection limit, which is interesting because there are some Cu-ore occurrences on the small island. The **Ga-concentration** is extraordinarily constant (on average 22 ppm). Hence, a

**Table 3.6: Trace element composition of all the bentonites sampled.**

| Sample No. | As | Ba | Bi | Ce | Co | Cr | Cs | Cu | Ga | Hf | La | Mo | Nb | Nd | Ni | Pb |
|---|---|---|---|---|---|---|---|---|---|---|---|---|---|---|---|---|
| | [ppm] | | | | | | | | | | | | | | | |
| B01 | < 2 | 159 | < 3 | 94 | 4 | 61 | 6 | < 10 | 23 | 8 | 40 | 3 | 36 | 58 | 24 | 24 |
| B02 | < 2 | 384 | < 3 | 50 | 11 | **244** | 11 | 24 | 18 | < 5 | 26 | < 2 | 12 | < 50 | 3 | 17 |
| B03 | 7 | 262 | < 3 | 42 | 22 | 25 | 8 | 25 | 18 | < 5 | 30 | < 2 | 6 | < 50 | 42 | 14 |
| B04 | < 2 | **8541** | < 3 | 38 | 5 | 43 | 14 | 30 | 14 | < 5 | < 20 | < 2 | 6 | < 50 | 15 | 6 |
| B05 | 11 | 326 | < 3 | 39 | 12 | 7 | 10 | < 10 | 17 | < 5 | 30 | < 2 | 6 | < 50 | 7 | 7 |
| B06 | < 2 | 262 | < 3 | 50 | < 3 | < 3 | 15 | < 10 | 20 | < 5 | 44 | < 2 | 9 | < 50 | < 3 | 19 |
| B07 | < 2 | 734 | < 3 | 72 | 9 | 7 | 8 | < 10 | 19 | < 5 | 26 | < 2 | 8 | < 50 | 3 | 29 |
| B08 | 2 | 502 | < 3 | 87 | < 3 | 8 | < 5 | < 10 | 25 | < 5 | 65 | < 2 | 27 | 60 | < 3 | 32 |
| B09 | < 2 | 394 | < 3 | 71 | < 3 | 8 | < 5 | < 10 | 25 | 6 | 40 | < 2 | 22 | < 50 | < 3 | 37 |
| B10 | < 2 | 63 | < 3 | **182** | 23 | 91 | 8 | **160** | 22 | < 5 | 85 | 3 | 41 | 105 | 56 | 5 |
| B11 | < 2 | 72 | < 3 | < 20 | **59** | 60 | 7 | **167** | 22 | < 5 | < 20 | 4 | 12 | < 50 | **94** | < 4 |
| B12 | < 2 | 13 | < 3 | < 20 | **50** | **169** | 6 | 97 | 16 | < 5 | < 20 | < 2 | 3 | < 50 | 75 | < 4 |
| B13 | 3 | 672 | < 3 | 94 | 16 | 128 | 8 | 28 | 22 | < 5 | 70 | 3 | **66** | 79 | **122** | 8 |
| B14 | 4 | 349 | < 3 | 37 | 16 | 113 | 10 | 36 | 26 | < 5 | 42 | < 2 | **69** | < 50 | **138** | 5 |
| B15 | 2 | **3133** | < 3 | 99 | 11 | 114 | 9 | 25 | 18 | < 5 | 67 | 5 | **57** | < 50 | **103** | < 4 |
| B16 | 18 | 260 | < 3 | 124 | 9 | 55 | 8 | 12 | 28 | 8 | 74 | < 2 | 22 | < 50 | 29 | 37 |
| B17 | < 2 | 691 | < 3 | 67 | 6 | 8 | 7 | 105 | 17 | < 5 | 61 | < 2 | 7 | 51 | 8 | 17 |
| B18 | 5 | 120 | < 3 | 66 | < 3 | 18 | < 5 | < 10 | 19 | < 5 | 43 | < 2 | 11 | < 50 | 16 | 32 |
| B19 | 5 | 126 | < 3 | 41 | 4 | 31 | 9 | < 10 | 19 | < 5 | 28 | < 2 | 11 | < 50 | 19 | 32 |
| B20 | 10 | 262 | < 3 | 115 | 6 | 8 | < 5 | < 10 | 30 | 6 | 53 | 4 | 27 | < 50 | < 3 | 41 |
| B21 | < 2 | 885 | < 3 | 84 | < 3 | 44 | 8 | < 10 | 21 | 8 | 46 | 5 | 22 | < 50 | 19 | 15 |
| B22 | < 2 | 129 | < 3 | 72 | 14 | 7 | < 5 | 14 | 20 | < 5 | 34 | < 2 | 20 | 51 | 6 | 14 |
| B23 | 2 | 124 | < 3 | 76 | 11 | 8 | 6 | 17 | 22 | 7 | 45 | < 2 | 20 | 52 | 13 | 11 |
| B24 | < 2 | **1335** | < 3 | 94 | < 3 | 10 | < 5 | < 10 | 23 | 6 | 55 | < 2 | 24 | < 50 | < 3 | 26 |
| B25 | 5 | 255 | < 3 | 107 | 10 | 51 | 9 | 17 | 28 | 9 | 73 | < 2 | 22 | < 50 | 26 | 31 |
| B26 | 3 | 39 | < 3 | 65 | < 3 | 5 | 8 | < 10 | 16 | < 5 | 34 | < 2 | 14 | < 50 | < 3 | 22 |
| B27 | 9 | 295 | < 3 | 104 | < 3 | 4 | < 5 | < 10 | 31 | < 5 | 59 | 5 | 25 | 78 | < 3 | 44 |
| B28 | < 2 | 100 | < 3 | < 20 | < 3 | 8 | 8 | < 10 | 13 | < 5 | < 20 | < 2 | 4 | < 50 | < 3 | 6 |
| B29 | 5 | 82 | < 3 | < 20 | 11 | 29 | 7 | 22 | 25 | < 5 | < 20 | < 2 | 4 | < 50 | 9 | 6 |
| B30 | 9 | 310 | < 3 | 86 | 18 | 127 | 13 | 33 | 24 | < 5 | 48 | < 2 | 17 | < 50 | 50 | 24 |
| B31 | < 2 | 330 | < 3 | 88 | < 3 | 27 | < 5 | 14 | 17 | 12 | 33 | 4 | 21 | < 50 | 18 | 13 |
| B32 | 4 | **1377** | < 3 | **173** | 4 | 5 | < 5 | < 10 | 25 | 19 | 78 | 15 | **138** | 87 | 20 | 25 |
| B33 | 9 | 248 | < 3 | 98 | < 3 | 10 | < 5 | < 10 | 29 | < 5 | 68 | 4 | 27 | 56 | < 3 | 40 |
| B34 | 5 | 351 | < 3 | 67 | 14 | 84 | < 5 | 43 | 22 | 8 | 53 | < 2 | 12 | 63 | 59 | 11 |
| B35 | 10 | 219 | < 3 | 78 | 14 | **166** | 10 | 21 | 25 | 5 | 79 | 3 | 27 | < 50 | 68 | 5 |
| B36 | 5 | 409 | < 3 | 57 | 21 | 29 | 8 | 25 | 19 | 5 | 38 | < 2 | 18 | < 50 | 11 | 16 |
| B37 | **136** | 622 | < 3 | 94 | < 3 | 81 | 28 | < 10 | 20 | 7 | 71 | 11 | **54** | < 50 | 48 | 33 |
| B38 | **< 2** | 269 | < 3 | 98 | < 3 | 14 | < 5 | < 10 | 22 | < 5 | 59 | < 2 | **15** | 68 | 7 | 18 |
| B39 | 4 | 90 | < 4 | 71 | < 3 | < 4 | **159** | 7 | 19 | 10 | 54 | < 2 | 8 | 45 | 2 | 5 |
| B40 | < 2 | 804 | < 4 | 33 | 14 | **670** | < 3 | 89 | 16 | 7 | 18 | < 3 | 3 | < 12 | **186** | 9 |

bentonite deposit with a Ga-concentration of 100 ppm could be easily distinguished from the others. The bentonites from Hungary contain the highest **Ni-contents**. The other clays rich in iron from India show the second largest Ni-values. The **Pb-values** are all moderate, and a bentonite with 100 ppm Pb could be easily differentiated from the bentonites considered in this study. **Rb** correlates quite well ($R^2 = 0.8$) with the $K_2O$ content, indicating that Rb is mostly contained in micas/illite and possibly feldspar. The only significant **Sb-content** was found in sample B37 from Slovakia.

Table 3.6 (continued)

| Sample No. | Pr | Rb | Sb | Sc | Sm | Sn | Sr | Ta | Th | U | V | W | Y | Zn | Zr |
|---|---|---|---|---|---|---|---|---|---|---|---|---|---|---|---|
| | [ppm] | | | | | | | | | | | | | | |
| B01 | < 50 | 27 | < 5 | 5 | < 50 | 6 | 88 | < 5 | 36 | 3 | 18 | < 5 | 23 | 71 | 216 |
| B02 | < 50 | 50 | < 5 | 12 | < 50 | 5 | 129 | < 5 | 30 | 6 | 54 | < 5 | 20 | 84 | 184 |
| B03 | < 50 | 21 | 7 | 14 | < 50 | 5 | 90 | < 5 | 18 | 9 | 117 | < 5 | 12 | **180** | 150 |
| B04 | < 50 | 33 | < 5 | 15 | < 50 | 6 | 101 | < 5 | 19 | 4 | 153 | < 5 | 17 | 68 | 138 |
| B05 | < 50 | 36 | < 5 | 22 | < 50 | 2 | 82 | < 5 | 21 | 14 | 207 | < 5 | 4 | 41 | 141 |
| B06 | < 50 | 66 | < 5 | 12 | < 50 | 4 | 72 | < 5 | 23 | 9 | 105 | < 5 | 9 | 60 | 195 |
| B07 | < 50 | 54 | < 5 | 3 | < 50 | 2 | 253 | < 5 | 21 | < 3 | 41 | < 5 | 17 | 82 | 155 |
| B08 | < 50 | 16 | < 5 | 5 | < 50 | 10 | 156 | < 5 | 44 | 17 | < 5 | < 5 | 18 | 80 | 159 |
| B09 | < 50 | 14 | < 5 | 3 | < 50 | 9 | 203 | 7 | 40 | 14 | < 5 | < 5 | 27 | 68 | 150 |
| B10 | < 50 | 44 | < 5 | 27 | < 50 | 6 | 120 | < 5 | 14 | < 3 | **290** | < 5 | 94 | 88 | 207 |
| B11 | < 50 | 5 | < 5 | 38 | < 50 | 2 | 151 | < 5 | 17 | 4 | **257** | < 5 | 18 | **197** | 147 |
| B12 | < 50 | 9 | < 5 | 37 | < 50 | 3 | 134 | < 5 | 11 | < 3 | 113 | < 5 | 28 | 121 | 41 |
| B13 | < 50 | 59 | < 5 | 19 | < 50 | 6 | 157 | 8 | 18 | 4 | 140 | < 5 | 38 | 118 | 230 |
| B14 | < 50 | 62 | < 5 | 19 | < 50 | 6 | 123 | < 5 | 13 | < 3 | 140 | < 5 | 17 | 99 | 233 |
| B15 | < 50 | 51 | < 5 | 19 | < 50 | 3 | 315 | 7 | 18 | 3 | 125 | < 5 | 26 | 96 | 210 |
| B16 | < 50 | **104** | < 5 | 19 | < 50 | 6 | 47 | < 5 | 33 | 21 | 50 | < 5 | 66 | **152** | 210 |
| B17 | < 50 | 37 | < 5 | < 2 | < 50 | 2 | 278 | < 5 | 29 | 6 | 41 | < 5 | 16 | 92 | 162 |
| B18 | < 50 | 40 | < 5 | 11 | < 50 | 11 | 170 | < 5 | 29 | 4 | 16 | < 5 | 23 | 63 | 173 |
| B19 | < 50 | 57 | < 5 | 11 | < 50 | 9 | 174 | < 5 | 25 | < 3 | 20 | < 5 | 25 | 63 | 159 |
| B20 | < 50 | 18 | < 5 | 7 | < 50 | 13 | 250 | < 5 | 51 | 15 | 7 | 6 | 35 | 90 | 185 |
| B21 | < 50 | 43 | < 5 | 3 | < 50 | 7 | 153 | < 5 | 54 | 7 | 19 | < 5 | 17 | 35 | 208 |
| B22 | < 50 | 19 | < 5 | 4 | < 50 | 7 | 171 | < 5 | 38 | 6 | 31 | < 5 | 11 | 63 | 106 |
| B23 | < 50 | 14 | < 5 | 3 | < 50 | 4 | 183 | 7 | 40 | 18 | 38 | < 5 | 22 | 73 | 100 |
| B24 | < 50 | 38 | < 5 | 3 | < 50 | 7 | 142 | 7 | 58 | 8 | 10 | < 5 | 20 | 40 | 205 |
| B25 | < 50 | **110** | < 5 | 15 | < 50 | 4 | 45 | < 5 | 28 | 5 | 61 | 6 | 46 | 95 | 244 |
| B26 | < 50 | 46 | < 5 | < 2 | < 50 | 9 | 118 | < 5 | 43 | 5 | < 5 | < 5 | 13 | 36 | 121 |
| B27 | < 50 | 16 | < 5 | 7 | < 50 | 12 | 238 | < 5 | 47 | 13 | 13 | < 5 | 40 | 85 | 198 |
| B28 | < 50 | 12 | < 5 | 3 | < 50 | 2 | **1155** | < 5 | 13 | < 3 | 11 | < 5 | 6 | 39 | 81 |
| B29 | < 50 | 6 | < 5 | 27 | < 50 | 4 | 99 | < 5 | 16 | 3 | **236** | < 5 | 23 | 80 | 104 |
| B30 | < 50 | **151** | < 5 | 19 | < 50 | 4 | 233 | 7 | 22 | 4 | **188** | < 5 | 27 | 112 | 179 |
| B31 | < 50 | 41 | < 5 | 10 | < 50 | 6 | 230 | < 5 | 25 | 5 | 20 | < 5 | 30 | 68 | **369** |
| B32 | < 50 | 13 | < 5 | 3 | < 50 | 4 | 123 | 10 | 11 | 8 | 8 | < 5 | 59 | 131 | **583** |
| B33 | 55 | 18 | 19 | 5 | < 50 | 9 | 227 | < 5 | 38 | 13 | < 5 | < 5 | 31 | 84 | 191 |
| B34 | < 50 | 39 | < 5 | 11 | < 50 | < 2 | 155 | < 5 | 12 | 6 | 70 | < 5 | 12 | 51 | 169 |
| B35 | < 50 | **130** | 8 | 14 | < 50 | < 2 | 85 | < 5 | 7 | 6 | **198** | < 5 | 15 | 48 | 222 |
| B36 | < 50 | 73 | < 5 | 19 | < 50 | 3 | 146 | < 5 | 9 | 5 | 147 | < 5 | 12 | 98 | 148 |
| B37 | < 50 | 37 | 41 | < 2 | < 50 | 5 | 166 | 11 | 47 | 18 | 8 | < 5 | 10 | 48 | 147 |
| B38 | < 50 | 29 | < 5 | 10 | < 50 | < 2 | 431 | 6 | 6 | 5 | 27 | < 5 | 31 | 95 | 285 |
| B39 | n. d. | 31 | < 6 | 5 | < 13 | < 3 | 65 | < 4 | 26 | < 3 | < 5 | < 4 | 40 | 39 | 102 |
| B40 | n. d. | 7 | < 6 | 32 | < 14 | < 3 | 15 | < 4 | 10 | < 3 | 101 | < 4 | 23 | 57 | 25 |

The contents of Sc, Sn, Sm, Ta, Th, W, and Y are insignificant in all the bentonites in this study, and therefore elevated values could be indicative of a particular bentonite deposit. The Sr-content of sample B28 (> 1000 ppm) is significantly higher than all others and even much higher than sample B29 from the same mining district. V, Zn, and Zr are insignificant.

Because of the variability of the chemical composition within some deposits, and the increasing number of bentonite mines, the trace element composition is often not suitable as an indicator for the location. In contrast the geochemical identification of deposits may be possible using isotopic data as was demonstrated for the so-called "coltan", which is of course a different type of raw material as compared to clay (Melcher et al. 2008; Gäbler et al. 2011). The source of "coltan" (columbite–tantalite ores) can be identified by the isotope composition in combination with different further parameters and this method might also work for bentonites. However, appreciable work would be required to gather samples and select suitable isotopes. This example is mentioned because it demonstrates the value of isotopic measurements with respect to distinguishing between different deposits and mining districts. The isotopic composition of bentonite deposits has been studied mainly with respect to the genesis of the deposit, but the data could also help to distinguish between different locations.

A special C/S analyzer (LECO) was used for carbon and sulfur analysis, and the organic and inorganic carbon contents can be distinguished by using the LECO C/S analyzer before and after acid treatment. The total organic carbon (TOC) content was measured with a LECO CS-444 analyzer after dissolution of the carbonates, which were dissolved in HCl at 80 °C until no further gas evolution could be observed. The total carbon (TC) content was measured in samples of 170 to 180 mg of the dried material. The total inorganic carbon (TIC) content was calculated from the difference of TC–TOC. The samples were heated in the device to 1800–2000 °C in an oxygen atmosphere, and the $CO_2$ was detected by an infrared detector. Results are provided in Table 3.7.

The content of organic carbon was low except for sample B27, which is an industrially processed Wyoming bentonite. The other Wyoming bentonites (B08, B09, B20, B33) contain much less organic carbon. The inorganic carbon content usually provides an accurate measure for the carbonate content, and can be converted to a quantitative value if only one type of carbonate is present. The ratio of the different carbonates has to be determined if two ore more are present. Nevertheless, data in Table 3.7 demonstrated that approximately half of the bentonites contain almost no carbonate (< 0.1 %).

**Table 3.7: Organic and inorganic C-contents and total S-contents of the bentonites, determined by LECO.**

| Sample No. | Organic C | Inorganic C | Total C (TC) | Total S (TS) |
|---|---|---|---|---|
| | [mass %] | | | |
| B01 | 0.0 | 0.1 | 0.2 | 0.0 |
| B02 | 0.0 | 0.0 | 0.1 | 0.0 |
| B03 | 0.0 | 0.0 | 0.0 | 0.0 |
| B04 | 0.0 | 0.0 | 0.0 | 0.1 |
| B05 | 0.0 | 0.6 | 0.6 | 0.7 |
| B06 | 0.0 | 0.0 | 0.0 | 0.0 |
| B07 | 0.0 | 0.2 | 0.2 | 0.1 |
| B08 | 0.0 | 0.2 | 0.2 | 0.1 |
| B09 | 0.1 | 0.3 | 0.3 | 0.2 |
| B10 | 0.1 | 0.1 | 0.1 | 0.0 |
| B11 | 0.0 | 0.1 | 0.1 | 0.0 |
| B12 | 0.0 | 0.1 | 0.1 | 0.1 |
| B13 | 0.1 | 0.5 | 0.5 | 0.0 |
| B14 | 0.1 | 0.1 | 0.2 | 0.0 |
| B15 | 0.1 | 0.4 | 0.4 | 0.0 |
| B16 | 0.1 | 0.0 | 0.1 | 0.1 |
| B17 | 0.1 | 0.3 | 0.4 | 0.1 |
| B18 | 0.1 | 0.1 | 0.2 | 0.0 |
| B19 | 0.0 | 0.3 | 0.4 | 0.0 |
| B20 | 0.1 | 0.2 | 0.3 | 0.3 |
| B21 | 0.0 | 0.0 | 0.0 | 0.0 |
| B22 | 0.0 | 0.0 | 0.0 | 0.0 |
| B23 | 0.0 | 0.0 | 0.0 | 0.0 |
| B24 | 0.0 | 0.0 | 0.1 | 0.1 |
| B25 | 0.1 | 0.0 | 0.1 | 0.0 |
| B26 | 0.1 | 0.1 | 0.2 | 0.0 |
| B27 | 0.8 | 0.1 | 0.9 | 0.2 |
| B28 | 0.1 | 0.0 | 0.1 | 0.0 |
| B29 | 0.1 | 0.0 | 0.1 | 0.0 |
| B30 | 0.4 | 0.1 | 0.5 | 0.1 |
| B31 | 0.0 | 0.2 | 0.2 | 0.0 |
| B32 | 0.1 | 0.0 | 0.1 | 0.0 |
| B33 | 0.1 | 0.1 | 0.1 | 0.0 |
| B34 | 0.1 | 0.0 | 0.1 | 0.0 |
| B35 | 0.0 | 0.0 | 0.0 | 0.0 |
| B36 | 0.1 | 0.0 | 0.1 | 0.0 |
| B37 | 0.2 | 0.1 | 0.3 | 0.2 |
| B38 | 0.3 | 1.0 | 1.3 | 0.0 |
| B39 | 0.0 | 0.0 | 0.0 | 0.0 |
| B40 | 0.0 | 0.0 | 0.0 | 0.0 |

The S-content is a measure for the pyrite or gypsum content, sometimes even of barite. S is much less abundant in bentonites than carbonate (or C in general).

## ▸ 3.7 Structural formula

*Smectite* is the term for a group of minerals. The most common smectites are montmorillonite, beidellite, saponite, and nontronite (Fig. 1.2). The end members are rarely found in nature. Instead, common smectites are mixtures, such as beidellitic montmorillonite or Fe-rich saponite. Therefore, natural smectites are characterized by their structural formula.

The structural formula representing the entire smectite group (trioctahedral and dioctahedral smectites in one structural formula) is given below (the stochiometry represents one formula unit which is equal to half a unit cell). The formula unit (FU) is based on an oxygen network of ten oxygen atoms plus two OH-groups):

| | |
|---|---|
| *Interlayer:* | $(M)^{x+}_{0-0.6}$ |
| *Octahedral sheet:* | $(Al^{3+}, Fe^{3+}, Mg^{2+}, Fe^{2+})_{2-3}$ |
| *Tetrahedral sheet + oxygen framework:* | $(Al_y\, Si_{4-y}\, (OH)_2\, O_{10})$ |

The structural formula can be calculated from the chemical composition of the pure smectite fraction. Commonly the < 0.2 µm fraction is produced, checked for purity with X-ray diffraction (XRD), and analyzed for the chemical composition. The < 0.2 µm fraction, however, is rarely pure smectite (Section 3.4) and even small amounts of feldspar or volcanic glass affect the results. Such small impurities are often assessed quantitatively in order to correct the chemical composition (e. g. subtraction of 2 mass% quartz). The accuracy of this correction depends on the quality of the analytical method, which differs significantly from laboratory to laboratory (Section 3.22).

Alternatively, energy-dispersive X-ray spectroscopy (EDX) analyses of either scanning (SEM) or preferably transmission electron microscopy (TEM) are used. However, it is rarely possible to analyse single smectite particles with SEM, and the possibility of impurities affecting the results must always be taken into consideration. Single smectite particles can be investigated by TEM, but to be statistically meaningful several hundred particles of different size fractions have to be studied. Furthermore the accuracy of some element concentrations, particularly of the light elements such as $Na^+$, is questionable.

All these problems related to defining a chemical composition of pure smectite result in significant error, and the resultant structural formulae are rarely comparable and have to be treated with care. Nonetheless, these analyses can be used for an approximate characterisation of smectites, such as determing if one smectite is high in Al or not.

There are several methods to calculate the structural formula from the chemical data, assuming a perfect chemical composition actually representing a pure smectite. The different ways differ with respect to the required assumptions. The chemical composition as the major input provides information about the ratio of the cations.

Assuming that the smectite fraction is pure, the remaining variables are

- the interlayer composition, and
- the sum of octahedral cations.

It should be noted that exchangeable $Mg^{2+}$ must be absent in all these calculations (fixed $Mg^{2+}$ may have to be taken into account). The assumption of 4.0 cations in the tetrahedral sheet (per FU), which corresponds to an ideal sheet of tetrahedra, is widely accepted. The cations can be normalized to the total amount of negative charges, but the problem remains to reasonably distribute them. In the simplest case, the sum of octahedral cations is assumed to be 2.0 (fixed cation charge; Grim & Güven 1978), and the exchangeable cations do not need to be considered further. Saponite, however, is a trioctahedral mineral containing approximately three cations per octahedral formula unit. The dioctahedral minerals possess one vacancy (of three sites), which occasionally can be occupied by one Mg-atom. Hence, the restriction of the octahederal sheet to either 2.0 or 3.0 cations is an oversimplification that is often used to calculate the layer charge density from the structural formula (Köster 1977).

The sum of octahedral cations of common montmorillonites ranges from 2.0 to 2.2. Ross & Hendricks (1945) state that the charge deficit may be obtained from the sum of exchangeable cations derived from chemical analysis, in which case the sum of octahedral cations need not be fixed to 2.0. Using this method, small quantities of feldspar impurities (or similar) directly affect the sum of interlayer cations and hence the resulting layer charge density, which is also often derived from structural formula calculations. Köster (1977) recognized the danger of the effect of these impurities and suggested the use of the layer charge density determined by the alkylammonium method, rather than from the sum of $Na^+$, $Ca^{2+}$, and $K^+$. It is also applicable to assume the layer charge density (e.g. 0.33 eq/FU; Ross & Hendricks 1945).

Kaufhold et al. (2011a) compared the structural formula method (SFM) and the alkylammonium method (AAM) for the determination of the layer charge density, and concluded that both methods provide different information. SFM results in a formula with fixed cations and AAM provides a value of the exchangeable sites. This is discussed further in Section 3.13.

Of the < 0.2 µm fractions from the 38 bentonites sampled (the illite-smectite clays were not considered), six were almost pure and only three < 0.2 µm fractions were actually pure (Kaufhold et al. 2011a; Section 3.4). However, the feldspar content still could be approximately 0.3 mass% (detection limit with XRD tested by artificial feldspar addition), and there may be even greater contents of amorphous material. In this section, 14 bentonites were considered as the basis for discussion on structural formulae, since the calculation of the structural formulae for the other bentonites was thought to have been compromised by the significant corrections that would have to be performed, including the quantitative correction for cristobalite and feldspar contents. Furthermore, each laboratory uses different quantification methods of varying quality, and this results in laboratory specific errors and non-comparable structural formulae.

Almost all the structural formulae given in Table 3.8 have to be critically assessed because of the effect of impurities.

**Table 3.8: Qualitative composition and structural formulae of the bentonites determined according to both Ross & Hendricks (1945) and Köster (1977).**

| Sample No. | Feldspar | Quartz | Cristobalite | Kaolinite | Illite | Clinoptilolite | Anatase | Siderite | Hematite | "Fixed Anionic Charge" Ross & Hendricks (1945) | | | | | | | |
|---|---|---|---|---|---|---|---|---|---|---|---|---|---|---|---|---|---|
| | | | | | | | | | | ($Al^{VI}$ + | Fe | + Mg) | SUM | (Si | + $Al^{IV}$) | SUM | O |
| B01 | – | – | | | | | | | | 1.45 | 0.13 | 0.41 | 1.99 | 3.95 | 0.05 | 4.00 | 11 |
| B02 | – | – | – | | | | | | | 1.33 | 0.23 | 0.40 | 1.97 | 3.94 | 0.06 | 4.00 | 11 |
| B03 | | ? | ? | | | | | | | **1.46** | **0.23** | **0.28** | 1.98 | **3.95** | **0.05** | 4.00 | **11** |
| B04 | | – | | | | | – | | | 1.29 | 0.44 | 0.27 | 2.00 | 3.82 | 0.18 | 4.00 | 11 |
| B05 | | | | | | | | | | **1.40** | **0.32** | **0.28** | 2.00 | **3.85** | **0.15** | 4.00 | **11** |
| B06 | – | – | | | | | – | | | 1.49 | 0.18 | 0.31 | 1.99 | 3.91 | 0.09 | 4.00 | 11 |
| B07 | | | | | – | | | | | 1.39 | 0.17 | 0.47 | 2.02 | 3.93 | 0.07 | 4.00 | 11 |
| B11 | | – | | | | | ± | | | **1.29** | **0.48** | **0.24** | 2.00 | **3.83** | **0.17** | 4.00 | **11** |
| B12 | | | | | | | | – | – | 1.17 | 0.40 | 0.41 | 1.98 | 3.85 | 0.15 | 4.00 | 11 |
| B17 | | | | | | | | | | **1.42** | **0.17** | **0.43** | 2.02 | **3.93** | **0.07** | 4.00 | **11** |
| B18 | | – | | | | | | | | 1.42 | 0.17 | 0.39 | 1.98 | 3.96 | 0.04 | 4.00 | 11 |
| B19 | | – | | | | | | | | 1.36 | 0.19 | 0.41 | 1.96 | 3.98 | 0.02 | 4.00 | 11 |
| B32 | | | | | | – | | | | **1.19** | **0.48** | **0.31** | 1.97 | **3.98** | **0.02** | 4.00 | **11** |
| B37 | ? | ? | | | | | | | | **1.45** | **0.13** | **0.41** | 1.99 | **3.95** | **0.05** | 4.00 | **11** |

The calcuations for two samples yielded negative Al-contents in the tetrahedral sheet due to a slight excess of $SiO_2$ related to quartz. According to the HOFMANN & KLEMEN treatment (HOFMANN & KLEMEN 1950), both samples should have a tetrahedral charge of approximately 20 %, which could be explained by 5 mass% quartz in these samples (the subtraction of 5 mass% $SiO_2$ increases the tetrahedral charge from about 0 to 20 %).

To test if the method at least provided reasonable trends, the LCD obtained by the structural formula method and AAM (not based on the < 0.2 µm fraction) were compared, and the typical relations were found (LAIRD 1994; KAUFHOLD 2001, 2006; KAUFHOLD et al. 2011a; Figs. 3.15, 3.39). Those samples with minor impurities follow the well-known trends discussed in the literature. Evaluation of the LCD values of all bentonites, without any correction for minor constituents, does not result in a trend (Fig. 3.15), and the values obtained for the samples with (minor) impurities are probably unusable.

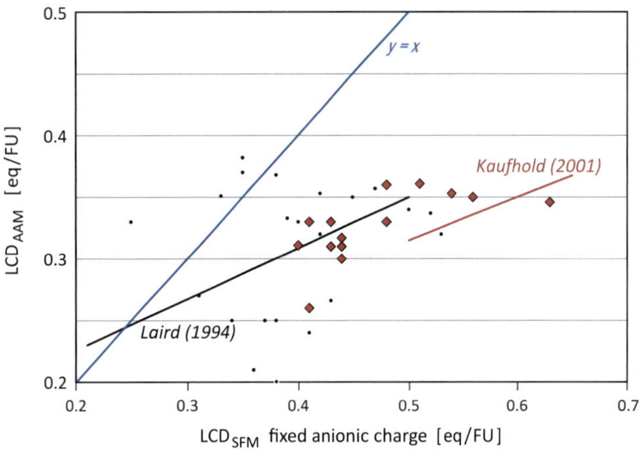


Fig. 3.15: Comparison of the LCD of 14 bentonites (red diamonds) with known but minor amounts of impurities determined both by SFM and AAM method. The small circles indicate the results obtained for all samples.

The LCD values determined by SFM are considered to be affected by fixed cations, but the values obtained by AAM correlate well with CEC data and are not affected by fixed cations.

Table 3.8 (continued)

| Sample No. | Feldspar | Quartz | Cristobalite | Kaolinite | Illite | Clinoptilolite | Anatase | Siderite | Hematite | "Measured Total Charge" KÖSTER (1977) | | | | | | | |
|---|---|---|---|---|---|---|---|---|---|---|---|---|---|---|---|---|---|
| | | | | | | | | | | ($Al^{VI}$ + | Fe | + Mg) | SUM | (Si | + $Al^{IV}$) | SUM | O |
| B01 | – | – | | | | | | | | 1.48 | 0.13 | 0.41 | 2.03 | 3.97 | 0.03 | 4.00 | 11 |
| B02 | – | – | – | | | | | | | 1.38 | 0.24 | 0.41 | 2.03 | 3.98 | 0.02 | 4.00 | 11 |
| B03 | | ? | ? | | | | | | | **1.48** | **0.23** | **0.28** | 2.00 | **3.96** | **0.04** | 4.00 | **11** |
| B04 | | – | | | | | – | | | 1.33 | 0.44 | 0.27 | 2.04 | 3.85 | 0.15 | 4.00 | 11 |
| B05 | | | | | | | | | | **1.43** | **0.32** | **0.29** | 2.04 | **3.87** | **0.13** | 4.00 | **11** |
| B06 | – | – | | | | | – | | | 1.52 | 0.19 | 0.31 | 2.02 | 3.93 | 0.07 | 4.00 | 11 |
| B07 | | | | | – | | | | | 1.42 | 0.17 | 0.47 | 2.06 | 3.96 | 0.04 | 4.00 | 11 |
| B11 | | – | | | | | ± | | | **1.31** | **0.48** | **0.24** | 2.03 | **3.84** | **0.16** | 4.00 | **11** |
| B12 | | | | | | | | – | – | 1.24 | 0.41 | 0.41 | 2.06 | 3.90 | 0.10 | 4.00 | 11 |
| B17 | | | | | | | | | | **1.45** | **0.17** | **0.43** | 2.05 | **3.95** | **0.05** | 4.00 | **11** |
| B18 | | – | | | | | | | | 1.45 | 0.17 | 0.39 | 2.02 | 3.98 | 0.02 | 4.00 | 11 |
| B19 | | – | | | | | | | | 1.41 | 0.19 | 0.41 | 2.01 | 4.02 | -0.02 | 4.00 | 11 |
| B32 | | | | | | – | | | | **1.22** | **0.48** | **0.31** | 2.01 | **4.01** | **-0.01** | 4.00 | **11** |
| B37 | ? | ? | | | | | | | | **1.48** | **0.13** | **0.41** | 2.03 | **3.97** | **0.03** | 4.00 | **11** |

Kaufhold et al. (2011a), therefore, suggested that the SFM based on chemical composition represents the formula of smectites with inexchangeable (fixed) cations, and the formula calculated according to Köster (1977) represents the smectite with exchangeable cations. The advantage of AAM is that minor components such as feldspar or quartz do not affect the results.

The possibility of the presence of tetrahedral Fe was excluded in Table 3.8 and the related discussion. Fe could, at least theoretically, be accommodated in the tetrahedral sheet as discussed further in Section 3.15. If this was the case, then the calculation of the structural formula unit should be reconsidered because Al and Fe must be distributed in both the octahedral and tetrahedral sheets. Furthermore, this also introduces a new variable that needs to be quantified. The quantity of the tetrahedral charge experimentally could be determined by the CEC difference before and after Li-fixiation.

- Structural formulae have to be treated with care because:
  - different strategies / methods are used to correct for the impurities that are often present even in the < 0.2 µm fraction;
  - different algorithms are used to calculate the SF (e.g. octahedral sheet: 2.0 or 2.x).

A proportion of Fe might be in the tetrahedral sheet, which affects the structural formula calculation. However, this study of the nine samples of bentonite (Section 3.15) does not indicate a significant effect from the small proportion of tetrahedral Fe. The existence of materials with greater contents of tetrahedral Fe cannot be excluded. In spite of all the problems mentioned and discussed above, the SFM is suitable to distinguish different types of smectites (e.g. saponite vs. montmorillonite).

## 3.8 X-ray diffraction (XRD)

XRD is the most widely used method both for qualitative and quantitative clay and bentonite analysis. The difficulty of determining the qualitative mineralogical composition of clays is discussed extensively by Moore & Reynolds (1989), and not repeated here. The basis of clay mineral identification is summarized in the clay mineral identification sheet published online by the USGS (https://pubs.usgs.gov/of/2001/of01-041/htmldocs/flow/index.htm). XRD-based clay mineral identification is discussed further by Brindley & Brown (1980).

Generally, there are two different preparation methods for XRD investigations in clay mineralogy. Powdered sample preparations can be prepared without (or with strongly reduced) preferred orientation of the platy particles. Clay and non-clay minerals and the di- or tri-octahedral character can be identified in these samples. In addition, these measurements can be evaluated by the Rietveld method and, therefore, a quantitative phase analysis of bentonites can be made.

The spray-drying technique is the most effective way to obtain randomly orientated particles (Section 3.1). However, this technique is time consuming and therefore unproductive for everyday routine work. A simple side-loading technique leads to powdered samples of bentonite with a reduced preferred orientation, which can be evaluated by a Rietveld refinement. Because of their flakey morphology, smectites generally tend to have a less pronounced degree of preferred orientation, in comparison to other clay minerals (Dohrmann et al. 2009).

The other preparation method is specific for clay investigations and intends to produce samples with a high degree of preferred orientation. Several techniques exist, such as

- the sedimentation of the particles on a glass slide,
- smearing a wet paste on a slide,
- or the suction of a suspension/dispersion through a porous ceramic tile (Fig. 3.16 A, B).

All methods lead to an arrangement of the platy layer silicates parallel each other and to the sample surface (Fig. 3.16 C).

The big advantage of the preparation of oriented samples is that the orientation suppresses the hk reflections and enhances the diagnostic basal reflections. The lattice constants of layer silicates are quite similar in the a- and b-direction. This leads to strong overlapping of three-dimensional reflections, and hampers the identification of individual minerals in mixtures. In contrast, the layer thicknesses of layer silicates clearly differ, and therefore the basal reflections can be recorded at distinctive positions. These basal reflections can be indexed as $00l$ reflections in the case of ordered structures. For stacking disordered minerals, the $00l$ indexing is crystallographically questionable or even impossible.

Smectites often display a non-rational series of basal reflections, which means they deviate from the rule of rationality $d_{00n} = d_{001/n}$. This points to a mixed stacking of layers with different hydration states and therefore different layer thicknesses.

For diagnostic purposes, oriented samples undergo various preparations, such as heating to specific temperatures or intercalation procedures. This leads to diagnostic reactions of the minerals, such as swelling or collapsing, and helps to differentiate the reflections of the individual minerals (see Section 3.9).

While the use of oriented samples is very helpful for identification, using them for quantitative phase analysis is difficult. The reason is that the peak intensity of oriented samples depends not only on the crystal structure and the content of the mineral in the mixture, but also on the degree of preferred orientation. In Figure 3.16 C it can be seen that the platy particles are not strictly parallel to each other. Their orientation parallel to the sample surface shows a certain distribution around the ideal parallel arrangement.

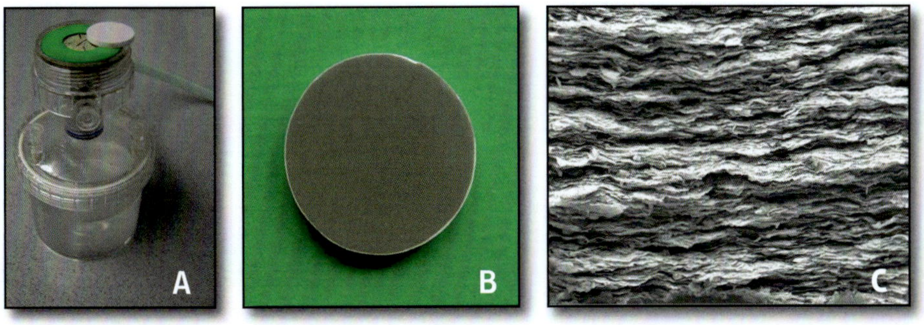


Fig. 3.16: Sampling Oriented Specimens.
(A): Preparation of an oriented specimen by suction through a ceramic tile.
(B): Surface of the specimen.
(C): SEM photography of a cross-section through the sample material.

Reynolds (1986) introduced the parameter sigma* (standard deviation of the tilting angle of the $00l$ planes) to describe this degree of orientation. The higher the value of sigma* the broader is the distribution of deviations from parallelism. Consequently the peak intensity of the basal reflections of a mineral with a high sigma* is reduced in comparison to an ideal parallel arrangement. The actual value of sigma* of a mineral in a sample depends on its particle shape distribution, its geological history, and also on the preparation technique. Even more, the individual minerals in a mixture often show different sigma* values (Dohrmann et al. 2009). In principle, these values can be measured and evaluated for quantification, but this is complicated and leads to inaccuracies. Therefore, phase quantification based on oriented samples may be seriously biased.

Smectites have quite high values of sigma* due to their morphology. In extreme cases this prevents the preparation of good quality oriented samples because the hk reflections are distinctly present and superimpose other reflections. On the other hand, this makes the preparation of powdered samples easier.

Figure 3.17 shows typical XRD patterns of a bentonite with a high smectite content. The interlayer cations were exchanged with both $Ca^{2+}$ and $Na^{+}$. Both samples were measured as oriented and as powdered samples with a low preferred orientation (by sideloading = "random"). The diffraction patterns of the oriented samples are dominated by the 00*l* reflections. In the patterns of the powdered samples the 00*l* reflections are also present, but additionally some broad and asymmetric peaks that can only be indexed two-dimensionally as hk reflections, according to the typical lattice parameters *a* and *b* of layer silicates. Although the same smectite was investigated, the 00*l* reflections of the Na- and Ca-forms differ in position and intensity ratios. This effect is independent of the preparation technique, and these same peak positions occur in the powder pattern as well as in the oriented pattern, and the intensity ratios are also similar (regardless of preparation technique).

The 00*l* reflection of the Na-intercalated form has a d-value of 12.4 Å while the Ca-form has a $d_{001}$ value of 15.3 Å. This can be interpreted as a monolayer (Na) and a bilayer (Ca) of water in the interlayer (Section 4.4). The d-values of the other 00*l* reflections show a basal series that deviates slightly from the rule of rationality.

This indicates that there is no pure monolayer or bilayer hydrated, but a mixed layering of both states with a tendency to either mono (Na) or bi (Ca). In addition to the kind of interlayer cation, the effect of different interlayer spacings is also influenced by the temperature and relative humidity. With increasing temperature/relative humidity the smectite includes more water molecules in the interlayer space and the 00*l* reflections shift to higher d-values.

In order to demonstrate the swelling effect, an oriented sample of a Na-smectite was measured at different relative humidities in the range from 0 to 95 % RH in steps of five percent, and at constant temperature of 25 °C.

Figure 3.18 shows the position of the first peak depending on the relative humidity. From 0 to 15 % the d-value is 10 Å (or even slightly lower), which corresponds to an unhydrated state with no water in the interlayer space. Then the d-value increases continuously with increasing humidity. Between approximately 35 and 55 % RH, the corresponding d-value is about 12.5 Å, which can be interpreted as one layer of water. Above 75 %, the d-value is > 15 Å, indicating two layers of water in the interlayer space.

The concept of different water layers, however, in fact is a simplified model.

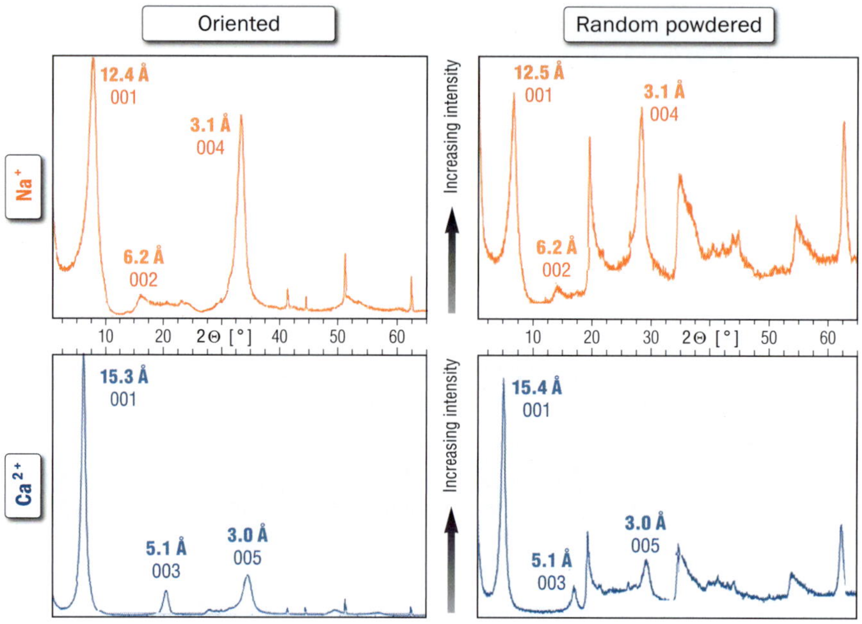


Fig. 3.17: Example of a pure smectite powder and texture slide pattern.

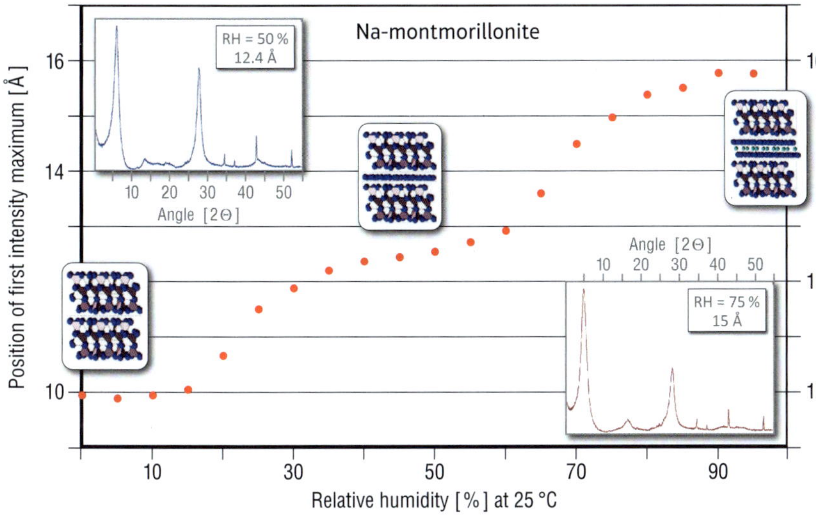


Fig. 3.18: Position of the $d_{001}$ reflection ("first intensity maximum") depending on the relative humidity.

There are no sharp steps between the d-spacings of the different states, from one state to the next, but a gradational increase. The peaks of these intermediate states are broader and more non-rational, which results from the mixed layering of different hydration states. Ferrage et al. (2005) showed for different interlayer cations that, at almost all humidities, all three states (zero water, one layer and two layers) coexist.

The hk reflections of smectites are not affected by the interlayer swelling. The asymmetric shape of the hk reflections results from the turbostratic disorder of the smectites (Section 1.2). Even the 06,33 reflection, which appears quite sharp in the powder patterns in Figure 3.17, is asymmetric at a higher zoom view. The random rotations and translations of the layers parallel to each other destroy the coherent scattering of the layers with each other. This can be interpreted as scattering of separated layers according to the hk reflection. The 00*l* reflections are not affected by the turbostratic disorder.

In recent years the Rietveld method (Rietveld 1967) became very popular for structural investigations of minerals. This method consists of the calculation of a whole powder diffraction pattern from crystallographic data, and automatically fitting the calculated to a measured pattern. The method can be used even for mixtures of different minerals and provides quantitative information on mineral contents (as long as suitable structural models are available).

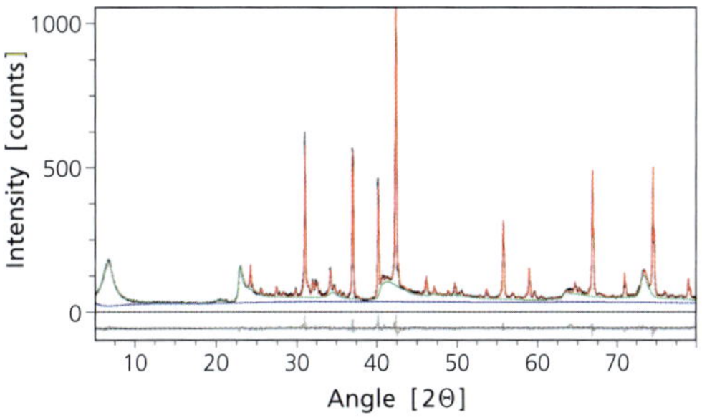


Fig. 3.19: Rietveld pattern fitting of a bentonite. The smectite pattern is highlighted in green.

The concept of interpreting the hk reflections as being reflections from a single layer is in contradiction to the Rietveld method, which requires perfect three-dimensional ("infinitely large") crystals. Ufer et al. (2004) developed a supercell approach that overcomes this contradiction, and allows the use of the Rietveld method for turbostratically disordered layer structures. It was demonstrated that this approach leads to satisfactory results for the quantification of mineral contents, such as the smectite content in bentonites (Ufer et al. 2008; Fig. 3.19).

- XRD analysis demonstrates the frequent coexistence of different numbers of water layers at different water contents.
- Defining different water layers is a model to describe XRD data but does not imply the existence of homogeneous layers that could be used for surface area calculations or similar (see Sections 3.19 and 4.4).

## ▸ 3.9 Characteristic intercalations for XRD analysis of smectites

The characteristic basal spacing ($00l$) of clay minerals in oriented specimens is commonly used for qualitative X-ray diffraction analysis. Relative intensities and positions of the other, non-basal peaks (such as the 060 reflections) of randomly oriented powders were used, for example, to distinct dioctahedral and trioctahedral types as well as for the determination of polytypes (Thorez 1975; Brindley & Brown 1980; Moore & Reynolds 1989).

The outstanding properties of smectites (swelling and CEC) can be used for their idenfication both in bentonites and natural materials with minor amounts of smectites (soils, marls, marine or ceramic clays). Their unambiguous identification can be achieved by the intercalation of a certain molecule and the subsequent analysis of the $d_{001}$ value (by XRD). The choice of the type of molecule to be intercalated, however, is important because each type of molecule offers specific information and may have certain advantages or disadvantages. The intercalation can be based on either solvation (the molecule replaces the water around the exchangeable cations) or cation-exchange processes (the molecule replaces the exchangeable cation).

In addition, a characteristic decrease of the interlayer distance upon heating after exchange for different cations should be mentioned here. If solvating molecules are used, then a pronounced effect of the type of interlayer cation can be expected but need not necessarily be observable. Smectite containing samples are, therefore, sometimes saturated with different types of cations prior to the intercalation procedure. The most common solvating molecules used to test for the swelling capacity of clays (smectites) are the polyhydric alcohol complexes ethane-1,2-diol (ethylene glycol, EG) and propane-1,2,3-triol (glycerol, GLY; MacEwan 1944; Bradley 1945; Brindley 1966). The complexes replace the hydrate shell around the interlayer cations, and form a new solvate shell around the cations (Theng 1974).

Molecular dynamics indicated the presence of one- and two-layer glycolate complexes (with the interlayer cation) and that some water (up to 1.0 $H_2O$/unit cell) remains in the interlayer (Szczerba et al. 2014). In addition, the effects of different layer charge densities (LCDs), charge location, and type of interlayer cation on the adsorption of solvating molecules were studied (e.g. Walker 1957, 1958; Greene-Kelly 1952; MacEwan & Wilson 1980; Malla & Douglas 1987; Moore & Reynolds 1989; Sato et al. 1992; Christidis & Koutsopoulou 2013). Generally, earth alkali ions are more easily solvated than the alkali ions. Nevertheless, the $d_{001}$ value is similar for both types of cations with about 17 Å for EG and about 17 to 18 Å for GLY except for potassium, which gives lower values. However, additional effects of structural parameters on the characteristic $d_{001}$ value were identified. The $d_{001}$ value was found to be higher for low charged smectites and tetrahedral charge leads to lower $d_{001}$ value. The basal reflections are additionally used to characterize interstratified clay minerals such as illite-smectites (e.g. Drits & Sakharov 1976; Reynolds 1980; Środoń 1980; Moore & Reynolds 1989).

Different treatments for characteristic intercalation into smectite and other 2:1 layer silicates are summarized in Table 3.9.

The intercalation of the polyalcoholic compounds takes place from the vapour or the liquid phase. Different experimental procedures were proposed for the saturation by polyalcohols, but no standard international protocol exists.

***The intercalation of EG and GLY is usually carried out by treating the specimen for more than 12 hours at 60 °C (EG) and 110 °C (GLY) in a saturated atmosphere of the related polyalcohol.***

However, the different methods of glycolation (vapour or liquid phase, i.e. polyalcohol solution in water or ethanol) produce significant differences in the XRD patterns. The polyalcohol concentration in the liquid phase as well as the applied solvation method have a strong influence on the layer expansion and the intensity of the basal spacing (Novich & Martin 1983; Miles & de Kimpe 1985; Mosser-Ruck et al. 2005). High charged smectites may intercalate the polyalcohols only in the liquid phase.

Table 3.9: Diagnostic polyalcohol intercalation and thermal treatments for smectite.

| Treatment | $d_{(001)}$ spacing | References |
|---|---|---|
| Mg- (or Ca-) saturation + EG, GLY | Smectite: 17 Å (EG)/17.8 Å (GLY)<br>Vermiculite: 14 Å<br>Illite: 10 Å<br>Chlorite: 14 Å | e.g. WALKER (1957, 1958) |
| Li-saturation (3N LiCl) + 200–300 °C (12 h) + GLY | Montmorillonite: 9.6 Å<br>Beidellite: 17.7 Å | GREENE-KELLY (1952) |
| K-saturation (1N KCl) + 300 °C (30 min) + GLY | re-expansion related to mean layer charge (> 0.3 to 18 Å; > 0.4 to 10–14 Å) | MALLA & DOUGLAS (1987) |
| Cs-saturation + GLY (20 h) | Saponite: 13.5 Å<br>Hectorite: 17.6 Å | CHRISTIDIS & KOUTSOPOULOU (2013) |
| Heating 500 °C (90 min) + EG | Stevensite: 10 Å<br>Saponite and Hectorite: 17–18 Å | CHRISTIDIS & KOUTSOPOULOU (2013) |

In addition to these classical methods, a fast and simple application of propane-1,3-diol (1,3-propanediol, PD) was proposed by PLÖTZE & KAHR (2005). Its intercalation takes place very quickly within 30 minutes at room temperature, and results in a larger $d_{001}$ value for smectite of about 18.5 Å. Some examples are discussed in the following.

The details of the bentonites studied in this section are listed in Table 3.10. The samples included a sodium bentonite (B09) and earth alkali bentonites (mostly Ca). The layer charge density of the smectites (determined by AAM) ranged from 0.18 (B09) to 0.38 eq/FU (B15). The intercalation was carried out on the < 20 µm fraction of the bentonite without further treatment. The < 20 µm fraction was produced by wet sieving in order to increase the smectite content. Additionally, the Na-montmorillonite SWy-1 from the CMS Source Clay Repository was used for comparison.

- The characteristic basal spacing (00*l*) of clay minerals in oriented samples after different cationic saturations, solvations and thermal treatments is commonly used for qualitative X-ray diffraction analysis.
- Solvation with polyhydric alcohol complexes, such as ethane-1,2-diol (EG) and propane-1,2,3-triol (GLY), are standard for analysis of inner-crystalline swellable clay minerals.

Table 3.10: Charge-related parameters of the studied bentonites:
Layer charge density (LCD) of the smectites, cation-exchange capacity (CEC), and exchangeable cations of the bentonites (see also Section 4.1).

| Sample No. | LCD | CEC | EXCHANGEABLE CATIONS K | Na | Mg | Ca |
|---|---|---|---|---|---|---|
| | [eq/FU] | [meq/100 g] | [meq/100 g] | [meq/100 g] | [meq/100 g] | [meq/100 g] |
| B01 | 0.36 | 91.3 | 1.7 | 14.9 | 42.4 | 34.4 |
| B06 | 0.32 | 99.8 | 1.6 | 15.4 | 32.8 | 46.1 |
| B09 | 0.18 | 65.8 | 0.3 | 60.2 | 1.2 | 11.2 |
| B10 | 0.33 | 89.9 | 1.6 | 26.7 | 20.1 | 42.1 |
| B14 | 0.33 | 82.0 | 2.3 | 1 | 38.8 | 36.8 |
| B15 | 0.38 | 75.5 | 1.5 | 1.2 | 34.3 | 33.8 |
| B16 | 0.27 | 66.5 | 2.4 | 0.3 | 19.8 | 47.3 |
| B25 | 0.29 | 61.3 | 1.3 | 0.2 | 14.6 | 38.8 |
| B29 | 0.32 | 66.0 | 0.8 | 0.4 | 23.1 | 42.1 |
| B34 | 0.37 | 87.5 | 1 | 6 | 26.5 | 50.2 |
| B36 | 0.24 | 57.9 | 1.9 | 0.7 | 15.1 | 33.5 |
| B39 | 0.28 | 61.2 | 1.4 | 0.8 | 12.4 | 52.3 |

## Specimen preparation and intercalation procedures

Textured samples were prepared on a glass plate (Gibbs 1965). A quantity of each sample was mixed with deionised water to form a thick paste, which was then smeared on a glass slide and air-dried. The textured samples were subsequently saturated with different polyalcohols. For each intercalation a separate smear slide was prepared.

The following polyalcohols (from Sigma-Aldrich, Buchs, Switzerland) were used for solvation:

- ethane-1,2-diol (ethylene glycol, EG),
- propane-1,2,3-triol (glycerol, GLY), and
- propane-1,3-diol (1,3-propanediol, PD).

In this study the solvations were carried out in a combined procedure using liquid polyalcohol and polyalcohol vapour. A few drops of a 1 : 2 solution of the organic liquid in water were placed at the edge of the air-dried slide so that the clay becomes moist. The moist smear slide was placed afterwards in a closed desiccator over a bath with the liquid alcohol. The specimens were stored overnight in the EG or glycerol vapour at 65 or 110 °C, respectively (Brindley 1966).

The solvation of the clay with PD was carried out in a simpler way. The smear slide was prepared directly from a clay paste with the PD-ethanol solution (1 : 3). Alternatively, it is also possible simply to place a few drops of a PD-ethanol solution at the edge of the air-dried smear slide or to spray a fine mist of the solution on the slide so that the clay becomes visibly moist. The specimens are ready for XRD measurement after air-drying for approximately 30 minutes.

## XRD measurement and evaluation

The XRD pattern were recorded with a Bruker AXS D8 diffractometer equipped with primary and secondary soller, automatic theta compensating divergence slit, and a solid state point detector using CoK$\alpha$ radiation (Bruker AXS, Germany). The measurement range was 2 to 30° 2$\theta$, the step size 0.02° and the counting time four seconds. The XRD measurements were carried out sequentially. A few milligrams of talc were added to the intercalated samples as line positioning standard.

The determination of the basal spacing was carried out by processing the diffraction pattern with the DIFFRAC$^{plus}$ EVA and the TOPAS P software (Bruker AXS, Germany). The peak profile was analysed as split-Pearson VII function with a refined third-order background polynomial.

The smectites in the different bentonites showed on average in air-dried state (40 % RH) a basal spacing $d_{001}$ of 15.1 Å. Only the Na-bentonite B09, as expected, yielded a lower d-value (12.5 Å). After EG intercalation the $d_{001}$ value of all smectites increased to an average value of 17.0 Å (range 16.7–17.2 Å). For GLY intercalation an average $d_{001}$ value of 17.9 Å was attained (range 17.5–18.1 Å) (Table 3.11). PD led to an expansion of the $d_{001}$ of the smectites on average to 18.5 Å (range 17.9–18.9 Å). These values are independent of the type of exchangeable cations.

Possible reasons for the ranges observed are discussed in the following, based on Figures 3.20, 3.21, 3.22, and 3.23.

The variation of the $d_{001}$ reflection was found to be practically independent of parameters such as layer charge density or type and amount of exchangeable cations in the bentonite. Only the $d_{001}$ value of the EG-saturated samples showed a weak correlation with the layer charge density (Fig. 3.20 A), which was not evident for GLY and PD (Fig. 3.20 B, C). Surprisingly a weak cor-

Table 3.11: Basal spacing $d_{001}$ of the smectites after different intercalations.

| Sample No. | AD | | EG | | GLY | | PD | |
|---|---|---|---|---|---|---|---|---|
| | d/Å | FWHM/ 2-theta [°] | d/Å | FWHM/ 2-theta [°] | d/Å | FWHM/ 2-theta [°] | d/Å | FWHM/ 2-theta [°] |
| B01 | 15.3 | 1.09 | 17.1 | 0.73 | 17.7 | 0.87 | 18.3 | 0.93 |
| B06 | 15.2 | 0.88 | 17.1 | 0.46 | 17.8 | 0.54 | 18.4 | 1.06 |
| B09 | 12.5 | 0.84 | 17.1 | 0.38 | 17.9 | 0.44 | 18.4 | 0.53 |
| B10 | 14.5 | 2.06 | 16.7 | 0.97 | 17.5 | 1.15 | 18.5 | 1.48 |
| B14 | 15.4 | 1.90 | 16.8 | 1.51 | 17.6 | 2.35 | 17.9 | 2.80 |
| B15 | 15.4 | 1.79 | 16.9 | 1.52 | 18.1 | 1.45 | 18.9 | 1.98 |
| B16 | 15.0 | 1.44 | 17.2 | 0.87 | 17.8 | 0.90 | 18.7 | 1.00 |
| B25 | 15.1 | 1.44 | 16.8 | 1.16 | 18.1 | 1.13 | 18.7 | 1.13 |
| B29 | 15.3 | 1.65 | 17.1 | 1.22 | 17.8 | 1.13 | 18.3 | 1.91 |
| B34 | 15.1 | 1.08 | 16.9 | 0.79 | 17.8 | 0.92 | 18.1 | 1.20 |
| B36 | 15.1 | 1.80 | 17.2 | 1.05 | 18.0 | 1.10 | 18.7 | 1.18 |
| B39 | 15.0 | 0.72 | 17.1 | 0.52 | 17.8 | 0.57 | 18.6 | 0.64 |

AD: air-dried EG: ethylene glycol GLY: glycerol PD: 1,3-propanediol FWHM: full width at half maximum (peak width)

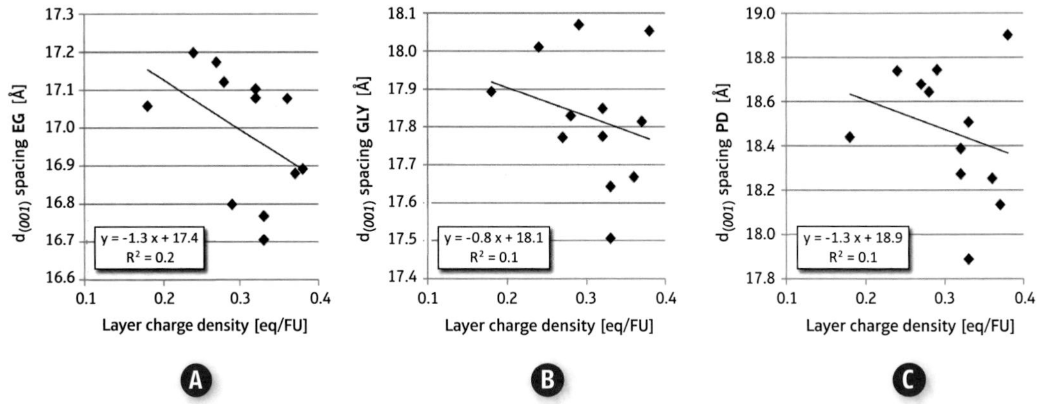


Fig. 3.20: Basal $d_{001}$ value of the smectites after EG (**A**), GLY (**B**), and PD intercalation (**C**) compared with the layer charge density.

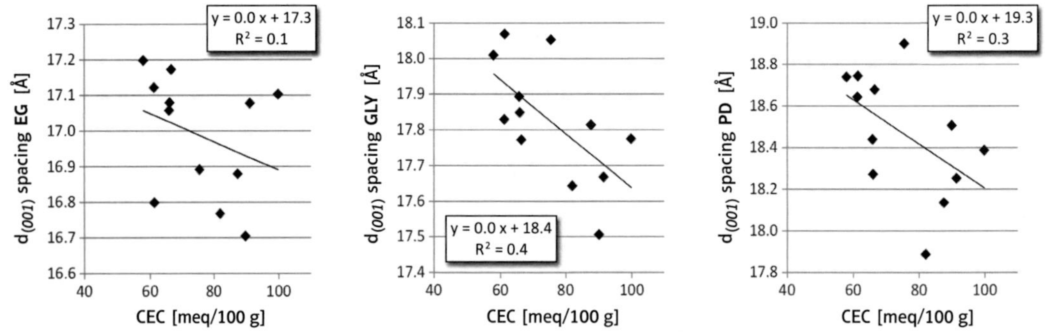


Fig. 3.21: Basal $d_{001}$ value of the smectites after EG (**A**), GLY (**B**), and PD intercalation (**C**) compared with the CEC.

relation of the $d_{001}$ value with the CEC was found for all molecules used for intercalation, but most significantly for GLY (Fig. 3.21). This result is interesting and can not yet be explained, because the $d_{001}$ value represents a smectite parameter whereas CEC relates to the bentonite and hence the smectite content. The observed trend, therefore, may be a result of the excess of GLY compared to the bentonite. A weak trend was also identified when comparing the LCD and the full width at half maximum (FWHM); (Fig. 3.22). In the case of all molecules used for intercalation, higher values were found in the more highly charged smectites. In other words, the higher the layer charge, the broader the XRD $d_{001}$ reflection, at least this is demonstrated by the few samples in the above figures. Kaufhold et al. (2011 b) compared the FWHM of Cu-trien exchanged bentonites with both the layer charge density and the tetrahedral charge, and identified a reasonably good correlation between the FWHM and the tetrahedral charge (regression coefficient 0.7). The FWHM of the samples discussed in this section were, therefore, compared with the tetrahedral charge. The results shown in Figure 3.23 confirmed this trend, which cannot yet be unequivocally explained. Tetrahedral charge obviously leads to broader basal reflections.

The absence of a relationship between the $d_{001}$ value of the smectites and the exchangeable cations for all three intercalations in the bentonite is interesting because lower values (13–14 Å), both after GLY and PD intercalation, were reported for K-smectites (Brindley 1966; Plötze & Kahr 2005). The content of exchangeable $K^+$ in the samples used, however, was small.

The stability of the intercalated material is crucial for laboratory practice (storage, XRD measurement time, etc.). In particular, for EG intercalation, the transition from the two-layer state to the one-layer state commences after less than six hours (Fig. 3.24). Because of this, XRD measurements on the textured specimens should be done sequentially. EG as well as GLY intercalation are commonly

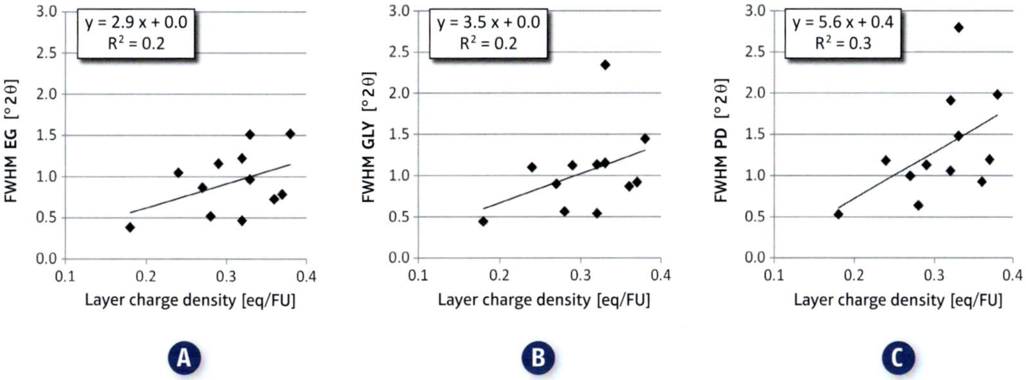


**Fig. 3.22:** Full width at half maximum (FWHM) of the smectites after EG (**A**), GLY (**B**), and PD intercalation (**C**) compared with the layer charge density.

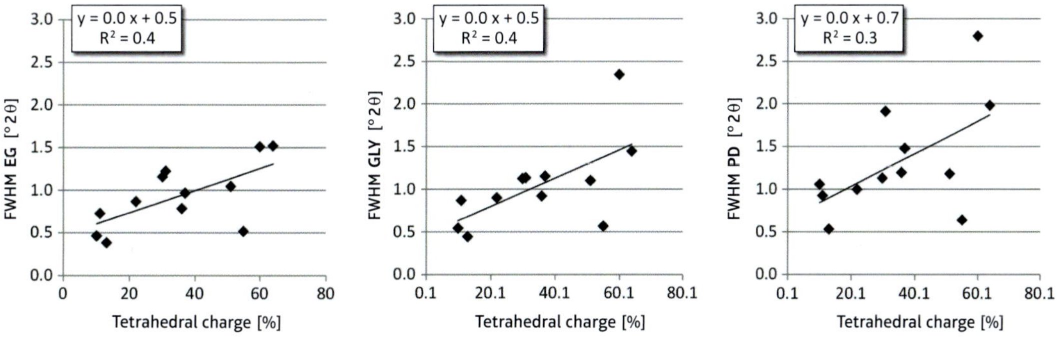


**Fig. 3.23:** Full width at half maximum (FWHM) of the smectites after EG (**A**), GLY (**B**), and PD intercalation (**C**) compared with the tetrahedral charge.

performed by exposing the specimens to organic vapours from an open liquid surface maintained at elevated temperatures or by placing the organic liquid or an aqueous mixture on the specimens. Although partial complexing often takes place quickly, at least overnight storage in a saturated polyalcohol atmosphere is useful to establish optimum conditions. GLY intercalation can be performed also as a mixture with ethanol. The stability of the glycolated product, however, depends on the ratio of GLY and ethanol. Low GLY concentrations lead to high intensity of the peaks but expansion may be incomplete. Using a 1 : 1 ratio of GLY and ethanol, on the other hand, leads to lower intensity at the beginning and changes with time. The system is not stable but the principal expansion does not change even after storing the specimens for several months under ambient conditions (Novich & Martin 1983; Miles & de Kimpe 1985).

The PD intercalation is less difficult. The two-layer state is more stable than the EG intercalation complex (up to 15 h, Fig. 3.25), and this enhanced stability allows XRD measurements in batch mode with an automatic sample changer.

- The intercalations (particularly EG) have the disadvantage of being reversible. The EG evaporates in less than six hours, giving unequivocal and relative-humidity-dependent basal spacing.
- The PD intercalation complex is stable up to 15 hours, which allows measurements in batch mode with an automatic sample changer. Furthermore, the solvation of the clay with PD is much faster and simpler. The smear slide can be prepared directly from a clay paste with the PD-ethanol solution and is ready for XRD measurement after air-drying for approximately 30 minutes only. Both the fast and simple preparation, as well as the higher stability, demonstrates the potential use of PD as diagnostic intercalation compound for industrial laboratory routines.

Fig. 3.24: Evaporation of EG after intercalation in SWy 1 (CMS Source Clay Na-montmorillonite). After six hours the transition starts from two layers to one layer of EG in the interlayer with the $d_{001}$ value from 17 to 14 Å.

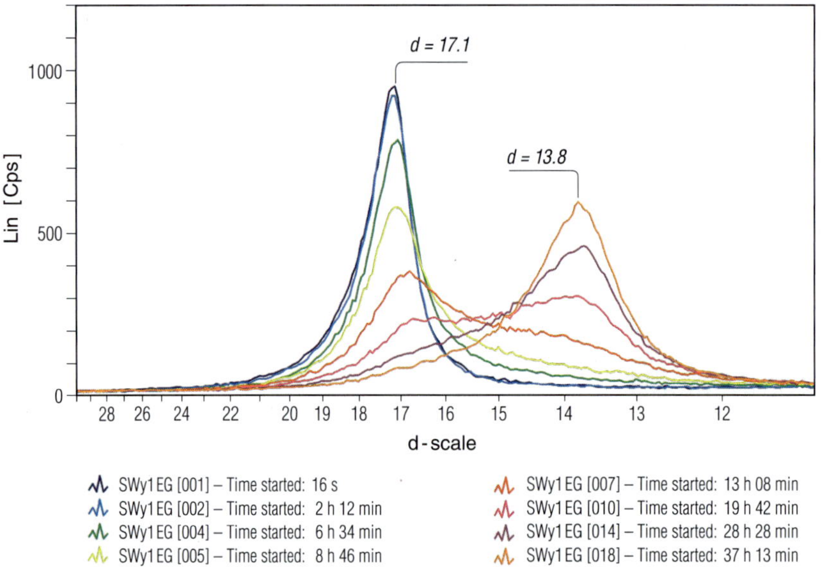


Fig. 3.25: Evaporation of PD after intercalation in SWy 1 (CMS Source Clay Na-montmorillonite). After 15 hours the transition starts from two layers to one layer of PD in the interlayer with the $d_{001}$ value from 18 to 14 Å.

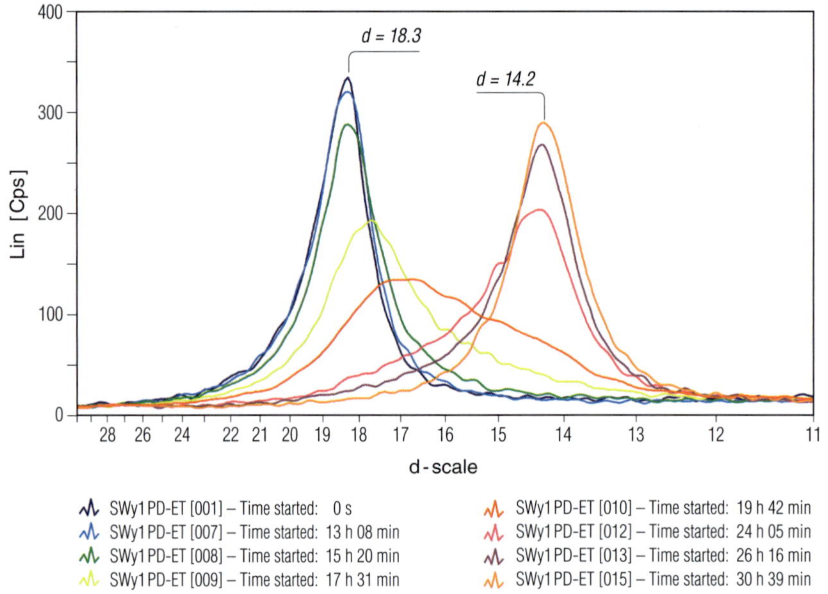

## ▸ 3.10 Infrared spectroscopy (IR)

Fourier transform infrared (FT-IR) spectroscopy is sometimes used as a complementary method for the characterization of bentonites and/or smectites. XRD measures crystalllographic features, such as distances within the lattice. IR, on the other hand, is sensitive towards binding energies of bonds that change their dipole moment upon IR irradiation. Accordingly, a corrensite (regular (1:1) stacking of chlorite and smectite) appears as a mixture of chlorite and smectite because the superstructure (additional low angle peak in the XRD) does not give rise to additional bonds. FT-IR spectroscopy is used both as a complementary qualitative method and to characterize the composition of smectites. As an example, MADEJOVÁ et al. (2002) proved the low detection limit of kaolinite in smectite rich clays. Further detection limits are discussed by KAUFHOLD et al. (2012).

All samples of this book were investigated with FT-IR-spectroscopy. The **potassium bromide** (KBr) pellet technique (1 mg sample is dispersed in 200 mg KBr and pressed) was applied to measure mid-infrared (MIR) spectra. Spectra were collected on a Thermo Nicolet Nexus FT-IR spectrometer (MIR beam splitter: KBr; detector: DTGS TEC). The resolution was adjusted to 2 $cm^{-1}$. Near-infrared (NIR) spectra were recorded by using the diffuse reflectance infrared Fourier transform (DRIFT) technique, beam splitter $CaF_2$, and detector InGaAs. Both MIR and NIR spectra consist of 32 scans each and usually 64 or even more spectra are collected. The resolution was adjusted to 2 $cm^{-1}$.

The most important studies on infrared spectroscopy of minerals are provided by FARMER (1974) and VAN DER MAREL & BEUTELSPACHER (1976). FARMERS' focus was on the assignment of bands whereas VAN DER MAREL & BEUTELSPACHER provided a unique collection of spectra showing the variability of the spectral features within one mineral class. In addition a significant set of spectroscopic studies are available that deal with either the assignment of special bands or with the extraction of quantitative information, such as the chemical composition of smectites. The infrared spectra of smectites contain information about the chemical composition of the smectites, for example the type and extent of isomorphic substitution, both of the tetrahedral and octahedral sheet. The composition of the octahedral sheet can be extracted either from the stretching or deformation region. To extract the information, the spectra have to be deconvoluted or fitted, based on previously determined band positions.

The widely used band positions are summarized in Figure 3.26. Based on statistical assessment of the bands, it is even possible to identify the cation arrangement of a representative unit of the octahedral sheet by using the IR intensity ratios. Details are provided by GATES (2005) and will not be discussed further here.

MADEJOVÁ et al. (1992, 1994) and MARCHEL & STANJEK (2012) described the deconvolution of the OH-stretching region of different smectites. The band positions for fitting were based on the work of FARMER (1974) and SLONIMSKAYA et al. (1986). Beidellites (with $^{IV}Al$) show a further characteristic band at 3660 $cm^{-1}$, which is not shown in Figure 3.26 (MADEJOVÁ & KOMADEL 2005).

Deconvolution provides the possibility to quantify the ratio of these bands and hence quantify the type and extent of octahedral sheet composition (MARCHEL & STANJEK 2012). As an alternative, the OH deformation bands can be considered, which have less intensity but are commonly well resolved. The Al–Al–OH deformation at about 915 $cm^{-1}$ can be observed for almost all smectites (bentonites). The position of the Al–Fe–OH deformation band is known to depend on the Fe-content and ranges from 875 to 890 $cm^{-1}$ corresponding to approximately 0.9 and < 0.4 Fe-atoms per elementary cell (EC), respectively (GOODMAN et al. 1976; RUSSEL & FRASER 1994; WILSON 1994; KAUFHOLD 2001). However, the Al–Fe–OH band can only be assessed if carbonates are absent. The Al–Mg–OH deformation band is located at approximately 840 $cm^{-1}$. KLINKENBERG et al. (2006) identified systematic differences of the position of this band, and observed that Wyoming smectites show a Al–Mg–OH band position at 845 $cm^{-1}$, in contrast to 830–840 $cm^{-1}$ for the others. It is interesting to note that Morrocan bentonites and a sample from South Dakota were also around 845 $cm^{-1}$. The bentonite from South Dakota may be related

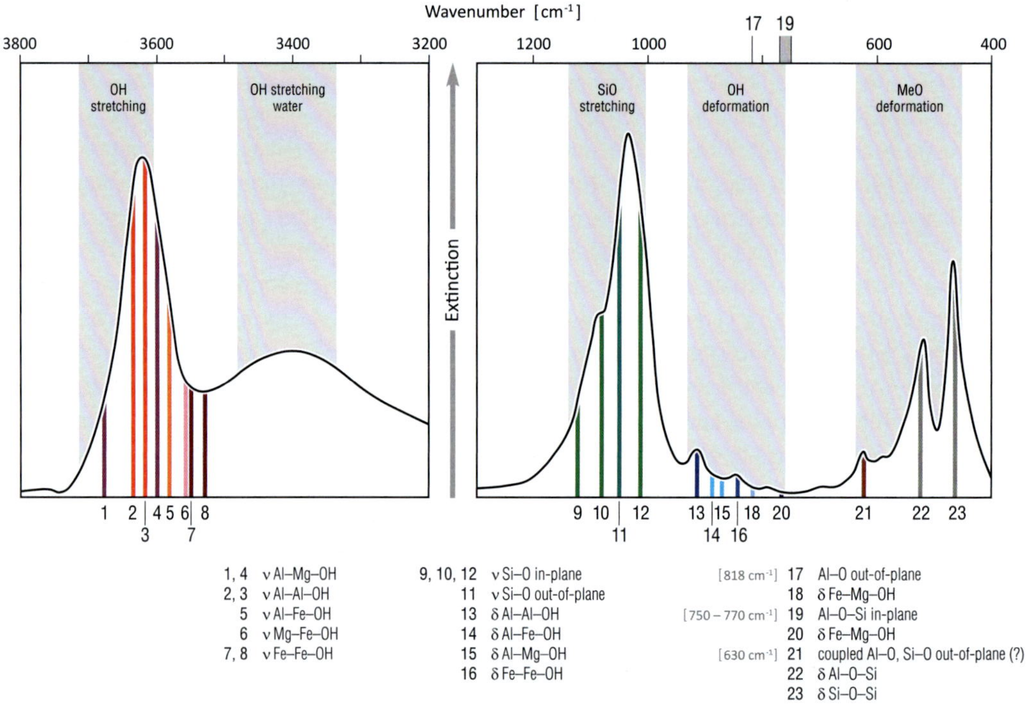


**Fig. 3.26:** Assignment of IR bands of smectites, spectrum obtained from a pure smectite sample from Muancago, Peru (BGR mineral standard sample S091).

to the Wyoming bentonites. As yet there is no explanation to explain this unique feature of the Wyoming and Morrocan bentonites.

However, by measuring the band position of this band it is possible to distinguish Wyoming/ Morrocan from most of the other bentonites (Klinkenberg et al. 2006). Fe-rich smectites might show a band at 820 $cm^{-1}$, which was assigned to the Fe–Fe–OH deformation. In this region beidellites show two characteristic bands, 818 $cm^{-1}$ assigned to Al-O out-of-plane vibrations, and 750–770 $cm^{-1}$ assigned to Al-O-Si in-plane vibrations (Farmer 1974; Wilson 1994). The Si–O–Si and Al–O–Si deformation bands are at 525 and 465 $cm^{-1}$, respectively. Some bentonites show a band at approximately 630 $cm^{-1}$. Madejová & Komadel (2001) assigned this band to a coupled Al–O, Si–O out-of-plane vibration.

- Most MIR bands were reasonably assigned. The assignment of the 630 $cm^{-1}$ band in smectites is still worth investigating because it correlates with both tetrahedral charge and Fe-content.

The intensity of the 630 $cm^{-1}$ band of all samples in this review was assessed semiquantiatively by assigning the values 0, 1, 2, or 3 according to the relative intensity. This could be improved by band deconvolution, but Figure 3.27 demonstrates a correlation of the intensity of this band with the tetrahedral charge and the Fe-content. The absence of the 630 $cm^{-1}$ band corresponds to a tetrahedral charge of more than 30 %, whereas its unambiguous presence (class 2–3) corresponds to tetrahedral charges less than 30 %. Regardless of the actual assignment of 630 $cm^{-1}$ band, the results indicate that it, at least for sufficiently pure smectite, provides an estimate of the tetrahedral charge. In this context it has to be noted that the Fe-content and tetrahedral charge are related (Section 3.15), at least in the sample set presented here. Consequently, this band can also be used to estimate the Fe-content based on the established correlations. However, the correlation of the 630 $cm^{-1}$ band intensity with the Fe-content is poor, which indicates that this band is not directly related to the Fe-content.

The main infrared spectroscopic feature of all common silicates is the Si–O stretching vibration, which in the case of smectites consists of four different Si–O vibrations (Farmer 1974; Lerot & Low 1976; Yan et al. 1996; Karakassides et al. 1999). In contrast to the others, the 1080 $cm^{-1}$ band is assigned to Si–O out-of-plane vibrations that corresponds to the vibration of the Si–O bonds pointing towards the octahedral sheet and hence perpendicular to the tetrahedral sheet. The other three vibrations are in-plane vibrations of the Si–O bonds of the thetrahedral sheet. Kaufhold & Decher (2003) showed that acid-activation of bentonites results in selective leaching of octahedral cations proceeding from the edges, and causes a shift of the Si–O stretching that can be explained by the formation of a type of silica gel with more out-of-plane vibrations.

Kaufhold et al. (2012) discussed the possibilities and limitations of IR spectroscopy for the quantification of the mineral assemblage of bentonites. This method is based on a manual pattern calculation, taking into account a significant set of different spectra obtained from pure smectites. If accurate values, that is better than ± 5 mass%, are desired then modern XRD methods are preferable. However, the Reynolds Cup competition of the Clay Minerals Society (see Section 3.22) proved that accuracy is not only related to the method used, but also depends on the experience of the user.

IR spectroscopy provides information about the chemical composition of the layers. Therefore, it can be used to estimate the layer charge density (Petit et al. 1998; Kuligiewicz et al. 2015).

Mid-infrared spectra, such as those discussed above, are usually recorded by the KBr technique. Spectra can also be recorded in the reflectance mode. However, because of the weak signal-to-noise ratio in the MIR, reflectance is more suitable for measuring near-infrared spectra. The NIR spectrum shows overtones and combination bands of the MIR bands, and a typical NIR spectrum of smectite is shown in Figure 3.28. NIR spectra are usually described by the wavelength rather than wavenumber, but both axes are provided on Figure 3.28.

The small band at 4530 $cm^{-1}$ (2.21 µm) corresponds to the combination of OH stretching and deformation bands (3620 $cm^{-1}$ + 915 $cm^{-1}$ = 4535 $cm^{-1}$; here: Al–Al–OH). This band contains information about the octahedral substitution. Gates (2005) discusses the variation of this band according to the smectite composition.

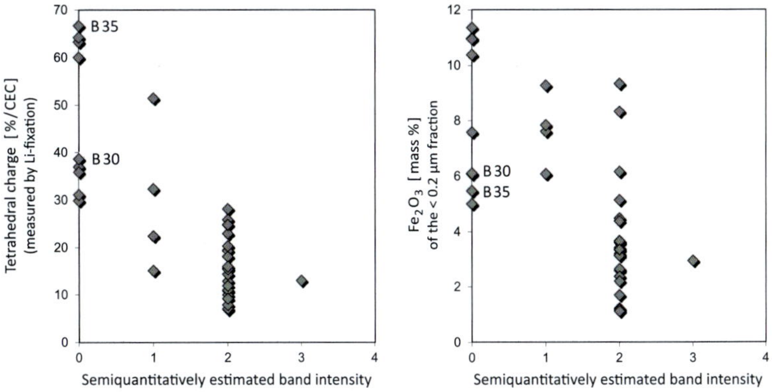


Fig. 3.27: Comparison of the 630 $cm^{-1}$ vibration with the terahedral charge (**left**) and the Fe-content of the 0.2 µm fraction (**right**); x-axis: estimated intensity of the 630 $cm^{-1}$ band.

- IR spectroscopy can be used for quantification of the mineralogical composition, but is not as accurate as XRD-based methods.
- The NIR technology is increasingly used for in-situ characterization of rocks and may be useful for in-situ quality control of bentonites as well.
- NIR spectroscopy can be used to derive information about the quantitative mineralogical composition, hydration state, the octahedral composition, and, based on suitable calibration, even provide an estimate of the layer charge density.

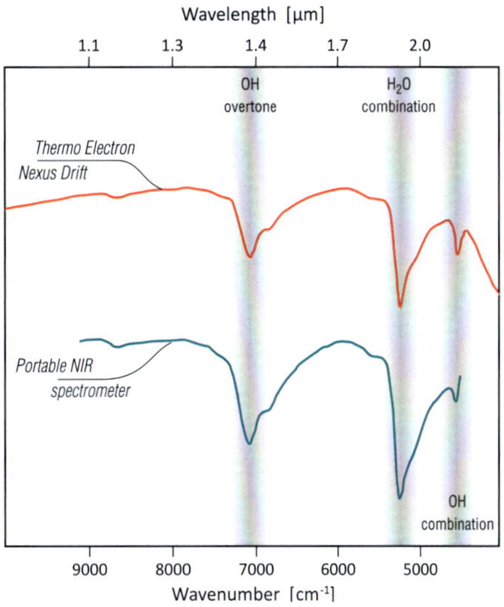


Fig. 3.28: NIR spectrum of a typical pure dioctahedral smectite sample from Muancago, Peru (BGR mineral standard sample S091).

The NIR signal is related to the MIR spectrum as it contains overtones and combinations of MIR bands. The relationship between composition and NIR band position, therefore, corresponds to the MIR band positions discussed above.

The band around 5100 $cm^{-1}$ is affected primarily by combination of $H_2O$ stretching and bending (3400 $cm^{-1}$ + 1630 $cm^{-1}$ = 5030 $cm^{-1}$). The band around 7000 $cm^{-1}$ can be assigned to the first overtone of the OH stretching of the octahedral OH and water and thus effectively mirrors the 3200–3700 $cm^{-1}$ MIR region.

As explained above, MIR bands are often deconvoluted, which also could be done in the NIR. The second derivative is also used to extract more information out of the few bands. Calculating the second derivative produces individual bands that could be assessed quantitatively. Accordingly, the NIR spectroscopy is not complicated, and increasingly used as an in-situ method.

Clark et al. (1990), Post & Noble (1993), and Gates (2005) provide details about NIR of smectites, and Madejová et al. (2000, 2009) reported on various studies about special montmorillonites, such as Li-treated, acid-activated montmorillonites. Software such as "The Spectral Geologist (TSG™)" assists in the quantitative interpretation of a NIR spectrum of a clay (based on a given set of reference spectra). The quantitative mineral information that can be obtained, based on a given set of reference spectra, must be treated with care, and can be improved by using a small number of reference spectra (only of those components actually present).

Recently, Kuligiewicz et al. (2015) reported on the possibility to determine the layer charge density based on NIR spectroscopy and Bizovská et al. (2016) demonstrated the usefulness of NIR with respect to the characterization of the hydration state of smectites.

## ▸ 3.11 Thermal analysis

Thermal analysis is one of the traditional mineralogical methods used both for qualitative and sometimes even quantitative mineralogical analysis. Commonly a homogeneous (powdered) sample is weighed into a small crucible and slowly heated in a thermoanalytical device. As a function of increasing temperature, the weight loss can be determined (thermal gravimetry, TG) and a DTA curve is obtained (exothermal or endothermal reactions depending on the temperature) by comparing the sample temperature with the temperature of an inert reference. Calorimetric values can be obtained (differential scanning calorimetry, DSC) with a suitable calibration. A DSC device was used for measuring the curves shown in the present section. Standard measurement conditions are given by Smykatz-Kloss (1974) and Emmerich (2011).

The evolved gases are now usually analyzed either by mass or by infrared spectrometry (simultaneous thermal analysis, STA). For the measurements shown and discussed in this section, a NETZSCH thermal balance STA 449 F3 Jupiter with a mass spectrometer QMS 403 C Aëolus was used. Approximately 100 mg were equilibrated at 53 % RH, weighed, and investigated with a heating rate of 10 K/min up to 1150 or 1200 °C. The mass spectrometer recorded the masses m/z = 18 (water), m/z = 44 ($CO_2$), and m/z = 64 ($SO_2$) in the evolved gas.

Dehydration of the interlayer water is the first thermal reaction caused by heating a bentonite. Either a single peak, or a peak with a pronounced shoulder, is observed. The latter indicates the presence of bivalent cations such as $Mg^{2+}$ or $Ca^{2+}$ in the interlayer (Fig. 3.29). The maximum of the dehydration peak ranges from 125 to 175 °C, and strongly depends on the heating rate, or the dehydration kinetics. No striking correlation of the dehydration maximum and the type of interlayer cation were found although slightly more Na-bentonites show lower peak temperatures. Both the DSC signal as well as the MS-$H_2O$ curve can be taken into account for the investigation of the dehydration, because both provide comparable results (Fig. 3.29).

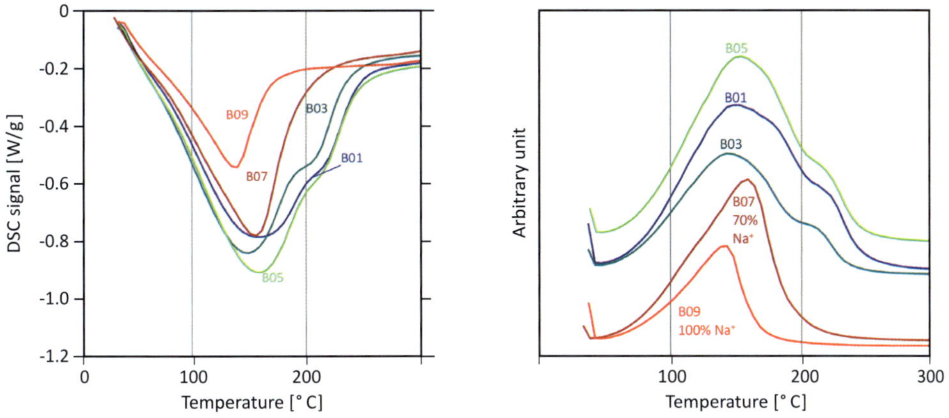


Fig. 3.29: Selected thermal dehydration peaks of Na-dominated materials (red) and Ca/Mg-clays (blue-green); DSC signal (**left**) and MS signal (m/z = 18) (**right**).

In addition to the typical dehydration curves three specific effects were observed (Fig. 3.30). Sample B39 showed the most pronounced dehydration shoulder, which is at lower temperatures than the common dehydration shoulders of Ca/Mg-bentonites (between 205 and 220 °C). A doublet was observed for bentonite sample B40. Both clays, samples B39 and B40, are bentonites that reacted with natural acid. The pronounced shoulder of sample B39 is difficult to explain because the sample is dominated by exchangeable $Ca^{2+}$, which should not differ from the others. Sample B40, on the other hand, contains some exchangeable $Al^{3+}$ and probably $H^{+}$, which would explain the differences to the curve. Sample B28 contains almost 20 mass% zeolites that are reflected in the DSC curves by the extended dehydration of the zeolitic water (much more strongly bound than the smectite water), particularly in the MS curve (Fig. 3.30) between 300 and 350 °C.

- A shoulder around 200 °C of the dehydration peak corresponds to the presence of bivalent exchangeable cations if they had two layers of water prior to measurements.

The quantity of dehydrated water can be measured from the TG curves, using the data recorded by the thermobalance. Before the measurements all samples are equilibrated at 53 % RH in order to provide comparable starting conditions. To actually determine the water-uptake capacity, however, static methods as oven drying are recommended because of the absence of kinetic effects that have to be taken into account for DSC measurements.

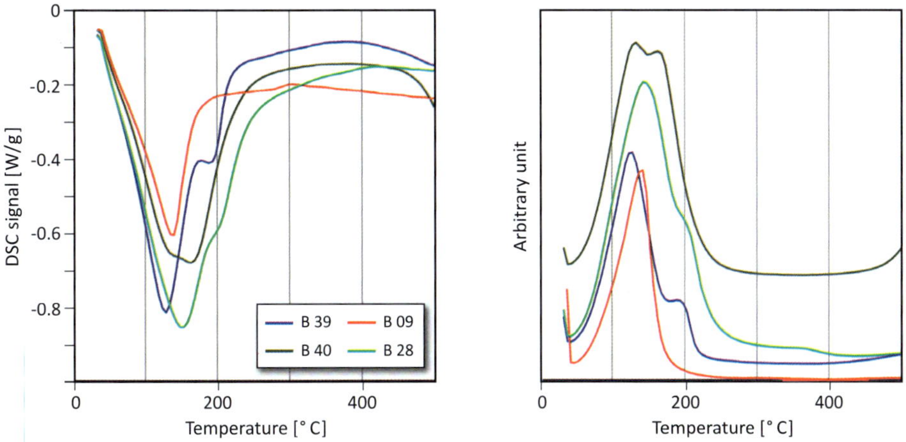


Fig. 3.30: Comparison of the unusual dehydration curves of samples B39 and B40 with the Na-bentonite B09 from Wyoming; DSC signal (**left**) and MS signal (m/z = 18) (**right**).

The oxidation of organic matter is the next thermal reaction at higher temperatures. FRIEDRICH et al. (1996) investigated a significant set of soils and clearly distinguished two groups of organic matter according to the temperature at which the oxidation occurs. LER ("easy oxidizable organics") oxidize between 250 and 400 °C and HER ("more difficult to oxidize") between 400 and 500 °C. Generally the content of organic material in bentonites is low (on average < 0.1 mass% organic-C). The highest content was identified in the big-bag sample B27 from Wyoming (0.8 mass% organic-C). Five other bentonites showed organic carbon contents between 0.1 and 0.25 mass% (LECO data, Section 3.6). These organic carbon contents are best observed on the STA-MS-$CO_2$ curve. The detection limit of the system used, which depends on the mass spectrometer, was around 0.03 mass% organic carbon. A small MS peak is observed in most 0.03 mass% C-samples. For the unambiguous identification of organic carbon, two measurements should be performed with and without oxygen in the system (air and nitrogen).

For the bentonites investigated in this study, all measurements were performed with air and different types of organic material were identified, some of which are shown in Figure 3.31. The product of organic matter oxidation is $CO_2$ and $H_2O$ (if $O_2$ is present). However, the MS-$H_2O$ curves may be affected by hydroxides, and at higher temperatures (around 500 °C) also by layer silicates such as kaolinite. The organic matter in sample B07 is predominantly LER, and the sample with the highest content of organic carbon contains mostly HER – possibly black carbon or even graphite because almost no water is produced (Fig. 3.31).

Bentonites may also contain sulfides and/or sulfates. Despite the commonly low content of these phases, STA-MS is applicable for distinguishing both types of S-phases because they decompose at different temperatures (e.g. SMYKATZ-KLOSS 1974). Sulfides, commonly pyrite, oxidize in a two-step reaction between 450 and 550 °C, and sulfates decompose at temperatures of approximately 1000 °C and above, which can be observed by evolved $SO_2$. As in the case of organic-C, the detection limit of S-phases is approximately 0.03 mass% (with the system and sample mass used). The quality of the $SO_2$-MS peak varies in samples with 0.03 mass%.

The MS-$SO_2$ curves of some of the S-containing samples are provided in Figure 3.32. All Wyoming bentonites contain both sulfide and sulfate. Sample B05 from Milos, which contains the most S and the intensity is divided by ten, contains both sulfate and sulfide. Most of the bentonites contain both types of S-phases, some only sulfates, and a few (sample B37) only contains sulfides. The sulfate decomposition is complex, sometimes starting below 1000 °C and sometimes above, which emphasizes the importance of performing the measurements up to 1200 °C.

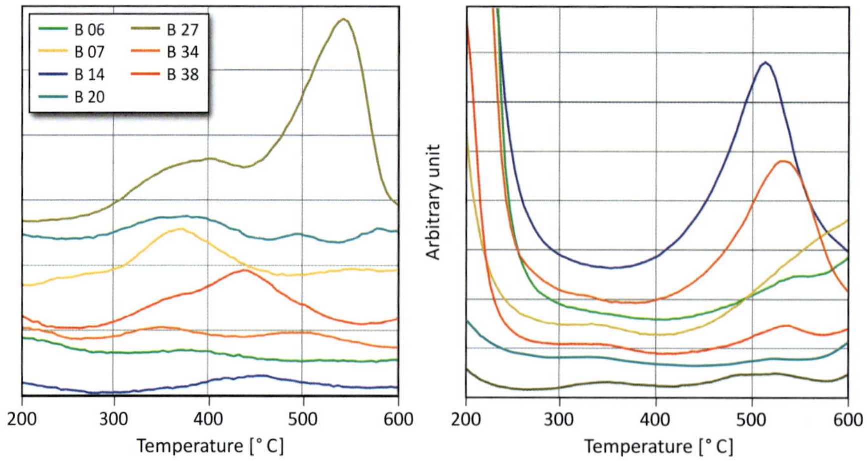


Fig. 3.31: MS curves of evolved $CO_2$ (m/z = 44) (**left**), and evolved $H_2O$ (m/z = 18) (**right**) of bentonites containing organic carbon.

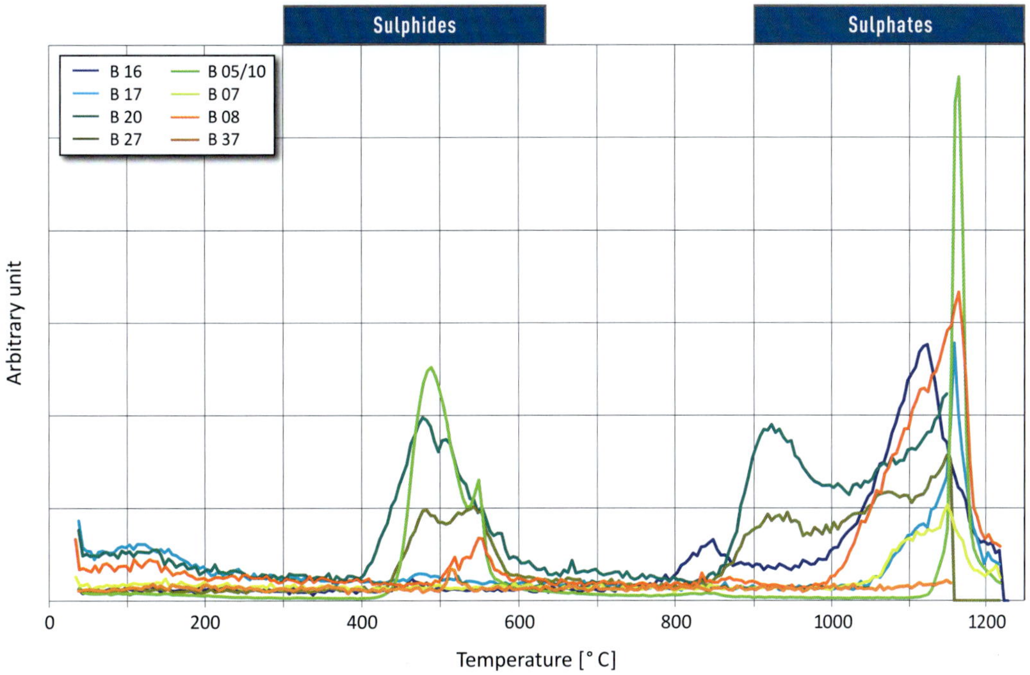


**Fig. 3.32:** MS curves of evolved $SO_2$ (m/z = 64) from selected S-containing bentonites. The intensity of sample B05 was divided by ten.

At 500 °C different reactions occur that result in the necessity to measure MS curves to correctly interpret the DSC signal. At 500 °C some organic matter may still oxidize, and furthermore some sulfides such as pyrite are oxidized if oxygen is allowed into the system. Also some carbonates start to decompose, and the dehydroxylation of some clay minerals commences (kaolinite). At the same temperature, the most interesting thermal reactions in the bentonites (or smectites) start (between 500–800 °C). In this range the structural hydroxyls are liberated, and this so-called *dehydroxylation* was extensively studied by Emmerich (2000) and Wolters & Emmerich (2007), who investigated the influence of the exchangeable cation on the dehydroxylation temperature and the influence of the composition on the octahedral sheet. Drits et al. (1995) showed a relation between dehydroxylation and vacancy, so that trans-vacant smectites dehydroxylate at temperatures below 600 °C and cis-vacant ones above 600 °C. Tsipursky & Drits (1984) identified a relation between cis- and trans-vacant smectites and charge location, so that trans-vacant smectites mostly have a higher tetrahedral charge compared to cis-vacant ones. In addition, a relation between Fe-content and tetrahedral charge exists (Paquet 1970) so that the dehydroxylation temperature correlates with the Fe-content (Wolters et al. 2009). The vacancy is commonly determined based on thermal analysis as reported by Lantenois et al. (2008) but difficult to determine by an independent method. The role of the Fe-content with respect to dehydroxylation, however, is rarely discussed. Apparently, two different parameters determining the exact dehydroxylation temperature must be taken into consideration. Although the type of vacancy (cis = higher dehydroxylation T, trans = lower dehydroxylation T) is supposed to play a role (Drits et al. 1995), the dehydroxylation is also known to depend on the type of cation. According to Köster & Schwertmann (1993), the dehydroxylation temperature increases in the order Fe-OH < Al-OH < Mg-OH. The dehydroxylation of the bentonites is discussed below by taking the Fe-content and the tetrahedral charge, which is known to be related to the Fe-content (Section 3.15), into consideration.

For the systematic investigation of dehydroxylation, care must be taken with respect to carbonates and clay minerals other than smectite, both of which contribute towards the weight

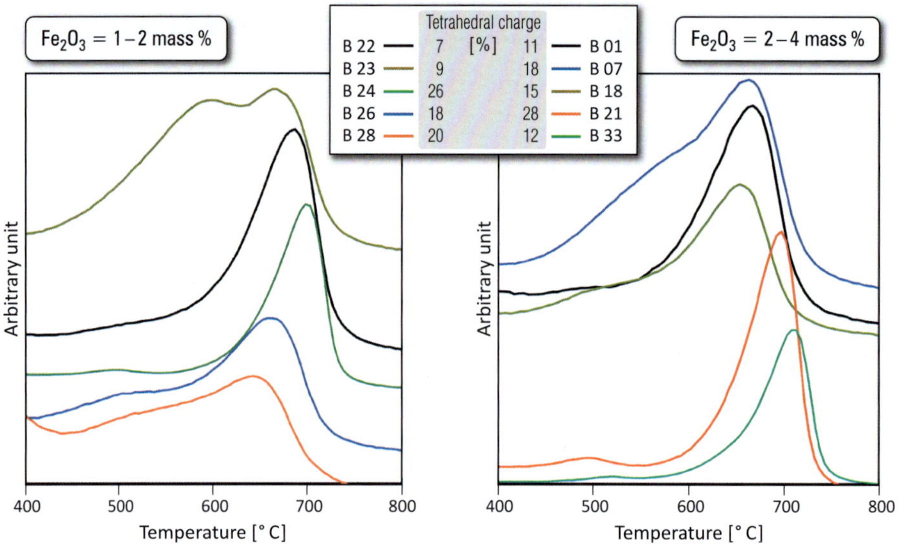


**Fig. 3.33:** Comparison of the MS-$H_2O$ curves of the Fe-poor bentonites (all without other clay minerals).

loss in the 500 to 800 °C range. The TG curve can, therefore, only be used for a quantitative dehydroxylation study if carbonates and other clay minerals are absent. Hydroxides commonly dehydroxylate at lower temperatures and hence do not pose a significant problem.

The MS curves, which are not affected by carbonates, can also be used but the quantitative data is more difficult to extract. The optimum procedure is described by Wolters & Emmerich (2007), who investigated the < 0.2 µm fraction of bentonites and used deconvolution of MS curves for the quantitative evaluation. The MS curves may be affected by the presence of kaolinite. Therefore, only samples without any kaolinite are discussed below within various ranges of Fe-contents.

The evolved $H_2O$ curves (m/z = 18) of the Fe-poor samples are given in Figure 3.33. Fe-poor bentonites usually dehydroxylate at higher temperature (Wolters & Emmerich 2007), and sample B22 from Argentina represents the expected

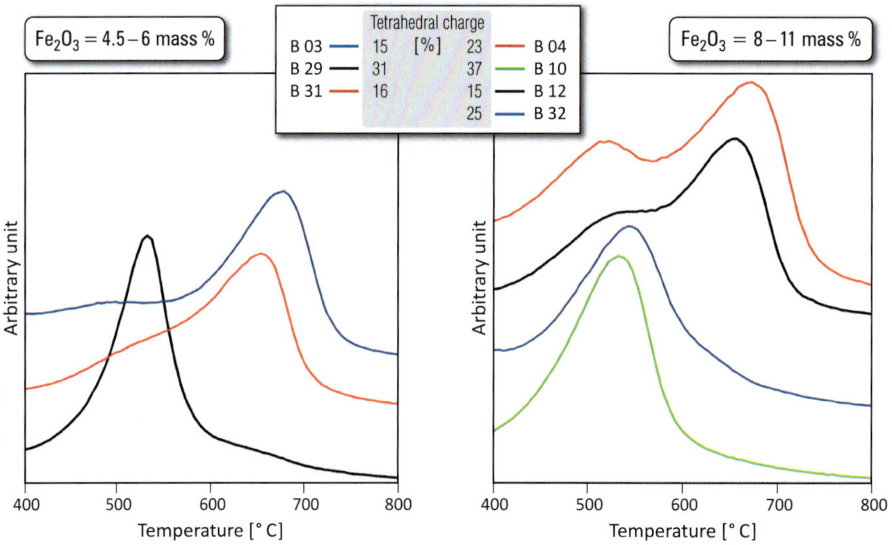


**Fig. 3.34:** Comparison of the MS-$H_2O$ curves of three bentonites, sample B29 contains approximately 5 mass% kaolinite.

type (Fig. 3.33, left). However, material from the same deposit (sample B23), which differs neither with respect to tetrahedral charge (7 and 9 %) nor with respect to the Fe-content, has a completely different dehydroxylation behavior. This difference is explained by the vacancy (cis- or trans-vacant; Tsipursky & Drits 1984). The other low Fe-bentonites dehydroxylate at higher temperature, and in the 2 to 4 mass% $Fe_2O_3$ class the dehydroxylation temperatures were usually higher (Fig. 3.33, right). Only sample B07 displays lower temperature dehydroxylation.

In the third $Fe_2O_3$ class (4.5–6 mass%; Fig. 3.34, left) most samples show high dehydroxylation temperatures although sample B29, which could have been excluded because of its 5 mass% kaolinite, is dominated by a low temperature dehydroxylation. Although the kaolinite contributes to more than 10 % of the peak area of the low temperature peak, the intensity of the high temperature peak is weak, probably because the smectite dehydroxylates at temperatures lower than 600 °C. Sample B29 is, therefore, unusual because it contains trans-vacant smectite. A significant variation was also found in the high Fe-class (Fig. 3.34, right), where two samples with the expected low dehydroxylation temperatures were found, but two samples with a higher amount of cis-vacant octahedral sheets were also found (B04 and B12).

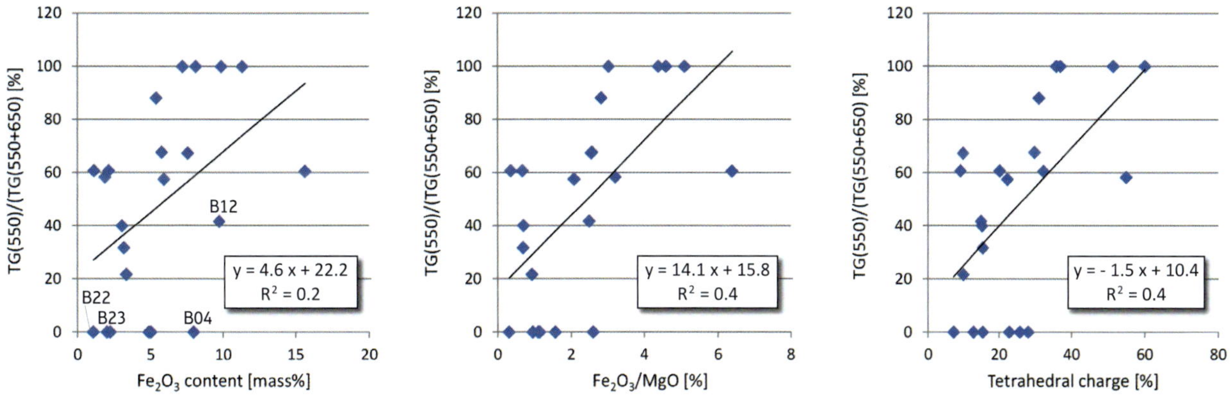


Fig. 3.35: Correlation of Fe-content (**left**), Fe/Mg-ratio (**middle**), and tetrahedral charge (**right**) with the ratio of low and high T-mass-loss, samples containing carbonate were not considered (B30 and B35 not included).

The ratios of low- and high-temperature dehydroxylation TG signals (mass loss of peak at 550 °C divided by mass loss at 550 + 650 °C) in the bentonites were correlated with the Fe-content, and a correlation similar to that in Wolters & Emmerich (2007) was obtained (Fig. 3.35, left). A better trend was found when comparing the Fe/Mg-ratio and the tetrahedral charge (Fig. 3.35, center and right), but this reflects the relationships between $Fe_2O_3$ and tetrahedral charge. It is therefore impossible to conclusively identify the parameter that causes the dehydroxylation.

Data for samples B22 and B23 demonstrate that, in a certain range, the dehydroxylation temperature may vary independently of the Fe-content. Furthermore, data from samples B04 and B12 demonstrates that higher dehydroxylation temperatures exist in spite of a high Fe-content.

- Organic carbon and sulfur could be detected to levels of approximately 0.03 mass% (depending on the apparatus).
- According to the specific reaction temperatures, organic carbon can be classified and sulfur phases can be distinguished.

- The position of the dehydroxylation peak depends on both Fe-content and cis-trans ratio, and, therefore, an unambiguous interpretation of the dehydroxylation peaks is difficult (best possible if Fe-content is low).
- The reasons for the correlation of dehydroxylation temperature, Fe-content, and tetrahedral charge were discussed by KAUFHOLD et al. (2017c, d).

Carbonate decomposition occurs within and above the range of dehydroxylation, as can be observed both in the DSC and in the MS-$CO_2$ curve. Recrystallization and even partial melting occur at temperatures above this range. As explained in Section 1.2, the temperature of recrystallization can be used for bentonite classification because it reflects the chemical composition. Even slight differences of the chemical composition may affect the recrystallisaztion processes. High-temperature processes in bentonites are discussed in detail by GRIM & KULBICKI (1961).

## ▸ 3.12 pH of bentonites

The pH of sediments including clays is commonly controlled by the presence of carbonates as minor constituents. Five different pH buffers are distinguished in soil science (ULRICH 1981; THOMAS 1996) and the pH value can be used to predict the dominant cations on soil-cation exchangers. This classification refers mainly to Al- and Fe-speciation and the presence of carbonates, and does not take into account possible effects of mono- or bivalent cations on the surfaces of swelling clay minerals. The influence of the type of exchangeable cation, particularly the quantity of exchangeable $Na^+$, is important in the study of bentonites (KAUFHOLD et al. 2008).

All relevant data of the bentonites discussed in this book are summarized in Table 3.12.

In Figure 3.36 the pH is compared with the contents of both exchangeable $Na^+$ and carbonate. It is noted that there is no correlation between exchangeable $Na^+$ and carbonates, which indicates that both parameters are individually important with respect to the pH.

Two of the samples discussed demonstrate specific features affecting the pH value; sample B05 contains some pyrite and sample B40 contains exchangeable $Al^{3+}$ (Section 4.1). The latter is typical of natural acid alteration, and the properties of such natural acid clays are highly variable (KAUFHOLD 2001; KAUFHOLD & DECHER 2003). They may contain different quantities of free acid and high contents of sulfates and amorphous silica. Sample B40, therefore, represents a special case

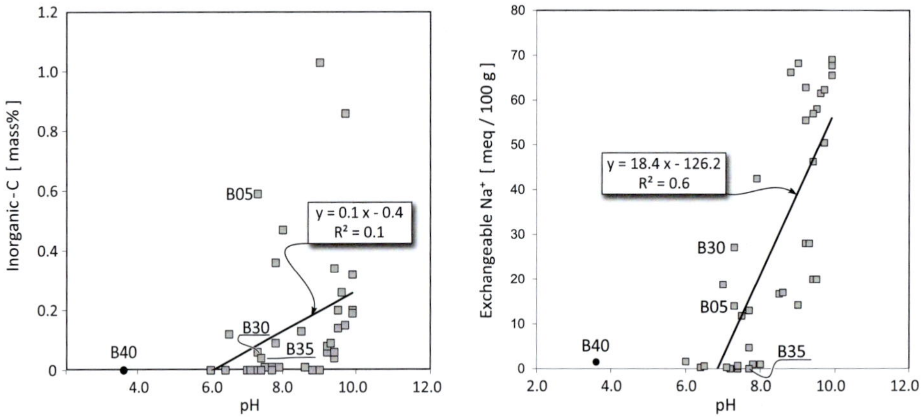


Fig. 3.36: Comparison of the effect of carbonates and exchangeable $Na^+$ on the pH of aqueous bentonite dispersions (black circle: sample B40, natural acid clay, special case).

and was excluded for the calculation of the regression line in Figure 3.36.

The most interesting issue resulting from the data relates to the reason for the different pH of Ca/Mg-bentonites and Na-bentonites. KAUFHOLD et al. (2008) investigated the carbonate content and the amount of exchangeable $Na^+$, and by varying the solid/liquid ratio of calcareous samples they demonstrated that the carbonates determine the pH at low solid/liquid ratios. The differences of Na- and Ca/Mg-bentonites are, therefore, minor up to calcite solubility. However, with increasing solid content, both types of bentonite start to behave differently:

- Ca/Mg-bentonites display an acidic reaction and the pH decreases;
- Na-bentonites obviously possess a further source of alkalinity and the pH increases further (Fig. 3.37).

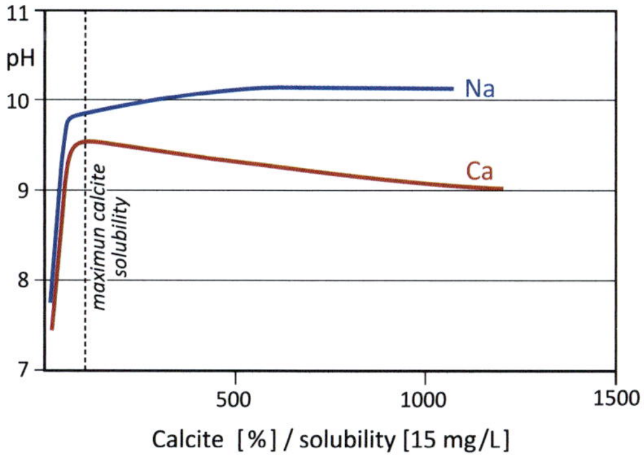


Fig. 3.37: Dependence of the pH of calcareous Ca- and Na-bentonite dispersions on different solid/liquid ratios (schematic representation of Fig. 1 in KAUFHOLD et al. 2008).

The acidic reaction of the Ca-bentonites can be explained by the hydrolysis reaction of $Ca^{2+}$ ($Ca^{2+} + H_2O \leftrightarrow Ca(OH)_2 + 2H^+$). This stoichiometry may not represent the actual reaction that occurs in the interlayer but, regardless of the actual stoichiometry, interlayer $Ca^{2+}$ is considered to display some hydrolysis. A corresponding reaction of $Na^+$ in the interlayer to explain the additional increase of the pH and hence the pH contribution of $Na^+$ smectites is unlikely. In fact different mechanisms may explain the additional alkaline reaction (increase of the curve above calcite solubility in Fig. 3.37). KAUFHOLD et al. (2008) assumed that either the hydrolysis of smectite (larger surface area of Na-smectites), or the increase of the Stern layer volume, is responsible for the additional proton-consuming reactions. According to BAR-ON & SHAINBERG (1970), montmorillonite hydrolysis alone does not explain pH values > 9.5. In conclusion, the main reason for the difference of the pH of Na- and Ca-bentonites is the hydrolysis of interlayer $Ca^{2+}$. In addition, a proton-consuming reaction of exchangeable $Na^+$ was observed, but can only be attributed to the larger surface area of the Na-smectites in dispersion. However, analytical corroboration is difficult to obtain because of the pronounced effect of the ionic strength on surface deprotonation and protonation effects.

The pH value of a bentonite dispersion is sometimes used to distinguish sodium carbonate activated materials from natural bentonites. KAUFHOLD et al. (2013b) concluded that the pH difference of activated and at least some natural Na-bentonites is barely significant. Consequently, in an alternative method, KAUFHOLD et al. (2013b) demonstrated that thermal analysis can be used to determine if a bentonite was activated with sodium carbonate. Even bentonites that were mixed with much less sodium carbonate as compared to the CEC, and were exposed to excess water, displayed very weak but significant MS-$CO_2$ signals around 100 °C (KAUFHOLD et al. 2013b).

- The typical pH of Ca/Mg-bentonite dispersions is between 7 and 8, and that of Na-bentonites is between 9 and 10.
- The difference of the pH values of Na- and Ca/Mg-bentonites, even of calcareous materials, becomes significant at solid/liquid contents considerable higher than the carbonate solubility.
- The pH decrease of Ca-bentonites with increasing solid/liquid ratio can be explained by the hydrolysis of $Ca^{2+}$, and the opposite effect of Na-bentonites may be explained by the larger external surface area of Na-smectites in dispersion.

Table 3.12: pH value (2 mass% dispersion), exchangeable $Na^+$ content, and carbonate abundance in all the bentonites sampled.

| Sample No. | pH | $Na^+$ ICP [meq/100 g] | $Na^+$ [%] | Calcite | Dolomite | Pyrite | Organic C [mass %] | Inorganic C [mass %] | Total C (TC) [mass %] | Total S (TS) [mass %] |
|---|---|---|---|---|---|---|---|---|---|---|
| B01 | 8.5 | 17 | 17 | 1 | | | 0.0 | 0.1 | 0.2 | 0.0 |
| B02 | 7.7 | 13 | 13 | 0 | | | 0.0 | 0.0 | 0.1 | 0.0 |
| B03 | 7.5 | 12 | 11 | 0 | | | 0.0 | 0.0 | 0.0 | 0.0 |
| B04 | 7.0 | 19 | 17 | | | | 0.0 | 0.0 | 0.0 | 0.1 |
| B05 | 7.3 | 14 | 14 | 5 | | 1 | 0.0 | 0.6 | 0.6 | 0.7 |
| B06 | 8.6 | 17 | 16 | 0 | | | 0.0 | 0.0 | 0.0 | 0.0 |
| B07 | 9.9 | 66 | 67 | 1 | 1 | | 0.0 | 0.2 | 0.2 | 0.1 |
| B08 | 9.9 | 69 | 100 | 2 | | | 0.0 | 0.2 | 0.2 | 0.1 |
| B09 | 9.6 | 62 | 91 | 2 | | | 0.1 | 0.3 | 0.3 | 0.2 |
| B10 | 9.2 | 28 | 29 | 1 | | | 0.1 | 0.1 | 0.1 | 0.0 |
| B11 | 9.2 | 63 | 65 | 1 | | | 0.0 | 0.1 | 0.1 | 0.0 |
| B12 | 9.2 | 56 | 51 | 1 | | | 0.0 | 0.1 | 0.1 | 0.1 |
| B13 | 8.0 | 1 | 1 | 4 | | | 0.1 | 0.5 | 0.5 | 0.0 |
| B14 | 7.8 | 1 | 1 | 1 | | | 0.1 | 0.1 | 0.2 | 0.0 |
| B15 | 7.8 | 1 | 2 | 4 | | | 0.1 | 0.4 | 0.4 | 0.0 |
| B16 | 7.2 | 0 | 0 | | | | 0.1 | 0.0 | 0.1 | 0.1 |
| B17 | 9.9 | 68 | 68 | 2 | 1 | | 0.1 | 0.3 | 0.4 | 0.1 |
| B18 | 9.3 | 28 | 27 | 1 | | | 0.1 | 0.1 | 0.2 | 0.0 |
| B19 | 9.4 | 20 | 24 | 3 | | | 0.0 | 0.3 | 0.4 | 0.0 |
| B20 | 9.5 | 58 | 71 | 2 | | | 0.1 | 0.2 | 0.3 | 0.3 |
| B21 | 7.9 | 42 | 47 | | | | 0.0 | 0.0 | 0.0 | 0.0 |
| B22 | 8.8 | 66 | 71 | 0 | | | 0.0 | 0.0 | 0.0 | 0.0 |
| B23 | 9.0 | 68 | 68 | | | | 0.0 | 0.0 | 0.0 | 0.0 |
| B24 | 9.4 | 46 | 47 | | | | 0.0 | 0.0 | 0.1 | 0.1 |
| B25 | 7.4 | 0 | 0 | 0 | | | 0.1 | 0.0 | 0.1 | 0.0 |
| B26 | 9.5 | 20 | 22 | 1 | | | 0.1 | 0.1 | 0.2 | 0.0 |
| B27 | 9.7 | 62 | 68 | 1 | | | 0.1 | 0.9 | 0.9 | 0.2 |
| B28 | 7.4 | 1 | 1 | | | | 0.1 | 0.0 | 0.1 | 0.0 |
| B29 | 6.4 | 0 | 0 | | | | 0.1 | 0.0 | 0.1 | 0.0 |
| B30 | 7.3 | 27 | 72 | | | 1 | 0.4 | 0.1 | 0.5 | 0.1 |
| B31 | 9.7 | 51 | 62 | 1 | | | 0.0 | 0.2 | 0.2 | 0.0 |
| B32 | 7.4 | 1 | 1 | 0 | 1 | | 0.1 | 0.0 | 0.1 | 0.0 |
| B33 | 9.4 | 57 | 69 | 1 | | | 0.1 | 0.1 | 0.1 | 0.0 |
| B34 | 7.7 | 5 | 6 | | | | 0.1 | 0.0 | 0.1 | 0.0 |
| B35 | 7.7 | 0 | 0 | | 1 | | 0.0 | 0.0 | 0.0 | 0.0 |
| B36 | 7.1 | 0 | 1 | | | | 0.1 | 0.0 | 0.1 | 0.0 |
| B37 | 6.5 | 1 | 1 | 1 | | | 0.2 | 0.1 | 0.3 | 0.2 |
| B38 | 9.0 | 14 | 21 | 7 | 1 | | 0.3 | 1.0 | 1.3 | 0.0 |
| B39 | 6.0 | 2 | 3 | | | | 0.0 | 0.0 | 0.0 | 0.0 |
| B40 | 3.6 | 2 | 2 | | | | 0.0 | 0.0 | 0.0 | 0.0 |

Calcite, Dolomite, Pyrite: values taken from Table 3.17 (mod. accord. to Kaufhold et al. 2012)

## ▸ 3.13 Permanent charge – layer charge density (LCD)

The layer charge density (LCD) of smectites corresponding only to the proportion of permanent charge is the most important smectite property, as it is directly related to the swelling and adsorption processes. The term *layer charge* is often used for the permanent charge, but sometimes also for the overall charge, which is the CEC that is commonly expressed as charge/mass. The permanent charge is usually expressed as a charge/formula unit, which can be recalculated to charge/area by taking into account the dimensions of a unit cell (which only slightly depends on the Fe-content). The term *layer charge density* is, therefore, the preferred term for the permanent charge.

The LCD is determined either by the structural formula method (SFM: Ross & Hendricks 1945) or by the alkylammonium method (AAM: Lagaly & Weiss 1969; Lagaly 1994). All the other LCD methods are either systematically incorrect (CEC and common inner surface area measurements; Section 3.19), or were calibrated against SFM or AAM.

The structural formula method is explained in Section 3.7. The alkylammonium method is based on the intercalation of a set of different n-alkylammonium ions (the sample has to be split; Fig. 3.38), and measuring the resulting d-spacing. The method is based on the fact that the space between the permanent charges varies. The distance between the charges roughly ranges from 1 to 2 nm, depending on the charge density. Weakly charged smectites with large distances of the permanent charges can accommodate large alkylammonium ions without the need to increase the d-value. The organic molecules arrange as monolayer. Highly charged smectites, on the other hand, display a marked increase of the $d_{001}$ value even at low chain lengths, as explained in detail by Lagaly (1994). The basis of this method is the transition of the monolayer-to-bilayer arrangement of the alkylammonium smectites, which depends both on the distance of the charges (that is the space between them), and the chain length. The latter parameter is known because each solution corresponds to one chain length, and hence the distance or space between the charges can be calculated.

Both these methods, SFM and AAM, provide systematically different values, and that was clearly a difficulty for smectite research, as reported by Laird (1994), who compared data from Maes et al. (1979), Senkayi et al. (1985), and Laird et al. (1989). Kaufhold (2006) and Kaufhold et al. (2011a) added more samples and confirmed that the SFM method provides higher values than AAM, and that this difference becomes more pronounced at higher LCD values (Fig. 3.39).

Regardless of the purity of the < 0.2 µm fractions, $LCD_{SFM}$ values were calculated for all bentonites by using the method described by Ross & Hendricks (1945; exchangeable cations are used to calculate the charge deficiency), and compared with the AAM method, which does not require

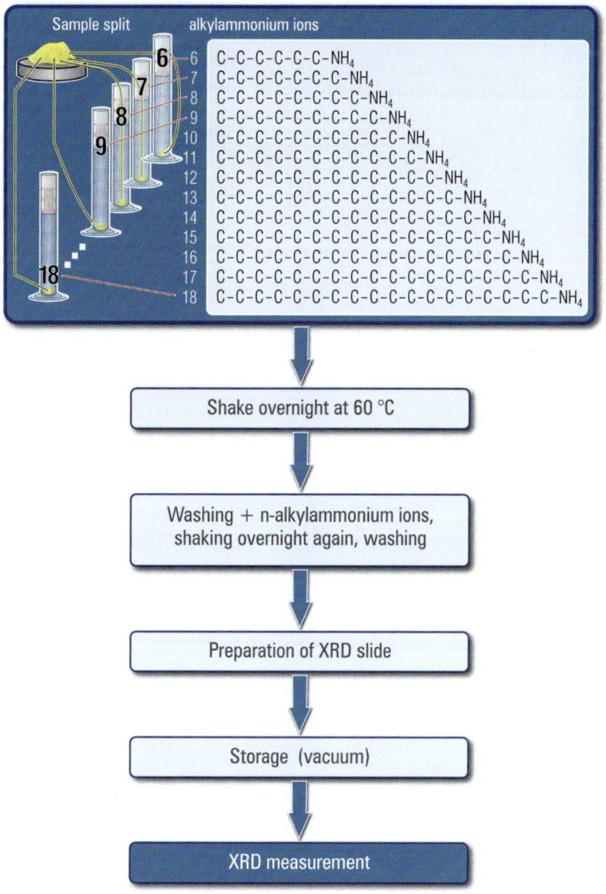


Fig. 3.38: Schematic representation of the AAM according to Lagaly (1994).

pure samples because only the position of the $d_{001}$ reflection is taken into consideration (Fig. 3.39). The presence of interstratified clay minerals or partly swelling admixtures, however, can affect the determination of the $d_{001}$ values of the smectites and hence may pose a problem. The significant scatter of all samples (blue diamonds in Fig. 3.39) can be explained by the impurities quartz, cristobalite, and feldspar (Section 3.7). The almost pure samples are not shown, and the pure samples correlate well with the trend reported by LAIRD (1994).

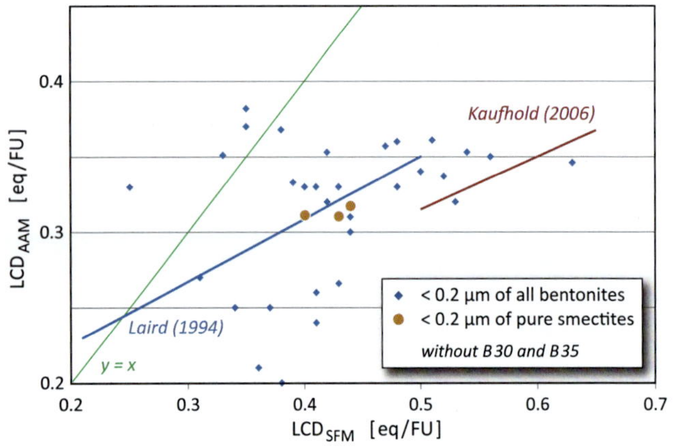


Fig. 3.39: Comparison of the LCD of smectites determined by SFM (< 0.2 µm fraction) and AAM (KAUFHOLD et al. 2011 a).

Various reasons for this systematic difference have been discussed:

- KAUFHOLD (2006) compared AAM values with the CEC and concluded that the SFM provides exaggerated values because the CEC corresponding to, for example, 0.5 eq/FU would be irrationally high (around 150 meq/100 g).

- In a follow-up study, KAUFHOLD et al. (2011 a) critically reconsidered all relevant parameters that could cause the systematic difference. Impurities, including those that are even harder to detect than traces of feldspar such as volcanic glass, can cause significant differences. However, the impurities do not explain why the difference is systematic. For example, the feldspar content should not be dependant on the distance of the permanent charges of the smectite. Furthermore, the valency of the Fe, which is rarely measured, was found to be insignificant. Finally, the investigation of the pure smectites after exchange for the CEC index cation Cu-trien demonstrated the presence of non-exchangeable non-structural cations, and not just $K^+$ but also $Na^+$ and $Ca^{2+}$. These cations definitely contribute towards the LCD calculated by the SFM according to ROSS & HENDRICKS (1945; Section 3.7), but obviously do not contribute towards the CEC since they are non-exchangeable. The same chemical composition was observed after intercalation of AAM instead of Cu-trien, thereby indicating comparable selectivity of both molecules (alkylammonium was not able to exchange more cations than Cu-trien).

- Furthermore, the few samples indicate that the quantity of non-exchangeable non-structural cations depends on the LCD. This would explain (a) the systematic difference, and (b) why no high values for the CEC could be measured, but corresponds to 0.5 eq/FU and indicates that both methods are correct but provide different information. SFM, on the one hand, provides a measure of the total permanent charges including fixed (= non-exchangeable) cations, and AAM only measures the exchangeable cations.

- However, KAUFHOLD et al. (2011 a) also report that the non-exchangeable non-structural cations do not completely explain the difference. By taking into consideration the variable charge, which can also hold some cations, the difference between both LCD methods can be quantitatively explained. The selection of one or both methods, therefore, depends on if the swelling domains are to be characterized, or the total particle structure, and if pure smectite fractions can be produced by, for example, sedimentation/centrifugation.

The difference of the SFM and AAM values could be quantitatively explained by both non-exchangeable (fixed) non-structural cations and the variable charge.

Regardless of the above discussion, AAM – as the only method – provides the possibility to measure a layer charge density distribution (LCDD). Using this method it was demonstrated that smectites possess domains with a larger average distance of the charges (highly charged domains), and areas where the distances are low (low charged domains). In addition it is possible to distinguish between homogenously charged and heterogeneously charged smectites; respectively those with a narrow distribution of distances of the permanent charges, and those with significant high and low charged domains (Fig. 3.40).

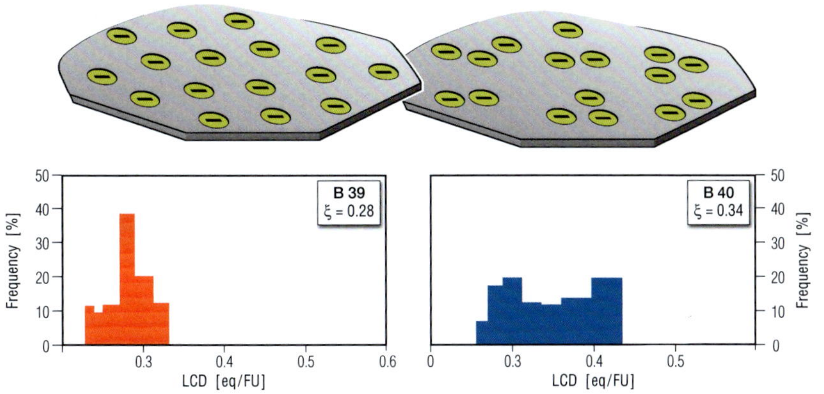


Fig. 3.40: Schematic representation of a homogeneous (**left**) and a heterogeneous (**right**) layer charge density distribution.

The layer charge density distribution of all bentonites without prior particle size fractionation was determined according to Lagaly (1994) using ***n*-AAM = 6 – 18** with the following modifications:

- Suspensions were shaken at 60 °C instead of storage in an oven without moving the sample resulting in a solid sediment, which is much more difficult to wash.
- The XRD mounts were prepared by suction of the suspension through a porous ceramic plate, sediments on glass slides are much less stable.
- XRD mounts were dried at 60 °C in vacuum to prevent (partial) rehydration.
- XRD measurements were performed in a climate chamber purged by $N_2$ and an internal height error standard (talc, < 2 µm).

All layer charge density distributions are shown in Figure 3.41. Selected repeated measurements of the entire LCDD demonstrated that the d-value of each peak may vary within ± 0.1 to 0.2 Å. Each variation of the d-value results in small changes of the LCDD, but the principal shape of the curves does not change and the method is regarded as relatively robust. At least the principal shape of the curve pointing either towards a narrow or broad charge distribution can be well reproduced. An error assessment of the

- The LCD values obtained by the SFM and the AAM differ systematically:
  - they are equal at low LCD values (0.2 eq/FU), and
  - at higher LCD a much larger value is obtained by SFM compared with AAM (0.50 SFM ↔ 0.35 AAM eq/FU).
- For the estimation of the LCD with AAM (rather than the LCDD) the intercalation of a few alkylammonium cations is applicable if the resulting d-value lies within the monolayer-to-bilayer transition.

  It is, therefore, recommended to use two to four different chain lengths (e.g. 10, 12, 14, 16), instead of only using *n*-AAM = 12.

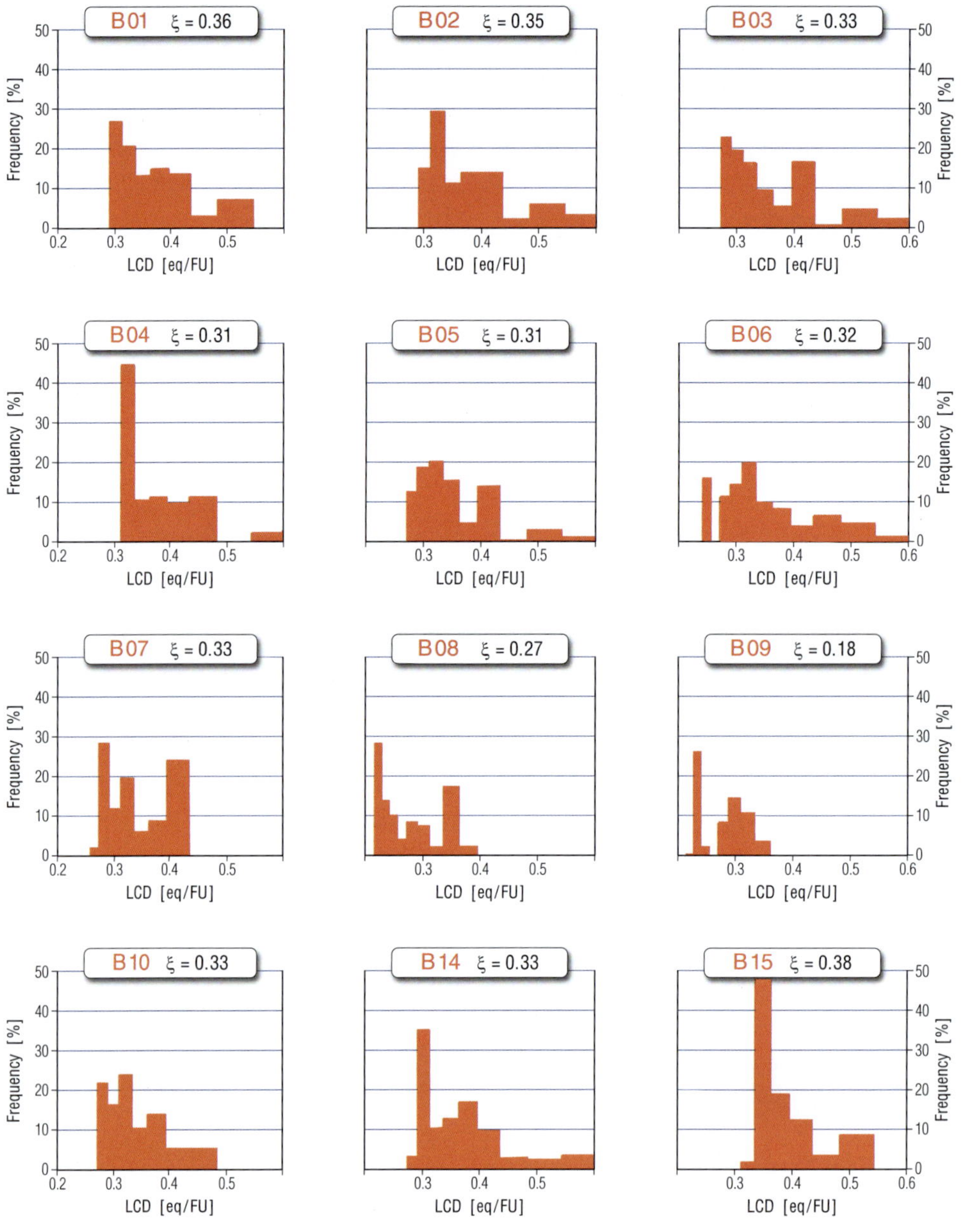


**Fig. 3.41:** Layer charge density distribution of selected smectites in all bentonites determined by the AAM method ($n$-AAM = 6 – 18). The $d_{001}$ value of chain length 16 of some samples was determined based on the mean value of the $n$-AAM = 15 and $n$-AAM = 17 value.

results from the method was based on varying washing steps, drying and measurement atmosphere, and several repetitions.

Some $n$-AAM solutions are known to be less stable than others, which may also depend on the quality of the chemicals and hence on the provider. Some problems with $n$-AAM = 16 were observed in this study. Reasonably, the d-spacing should increase with increasing number of C-atoms ($n$). This allows to critically assess the data obtained. In the present study some samples showed much lower $d_{001}$ spacings for $n$-AAM = 16 compared with $n$-AAM = 15 and $n$-AAM = 17. This was assumed to be an analytical error possibly resulting from degraded chemicals used to produce the $n$-AAM = 16 solution (the chemicals should possibly not be stored over longer times and the quality of the chemicals was found to be variable). For the calculation of the LCDD as shown in Figure 3.41 the $d_{001}$ spacing

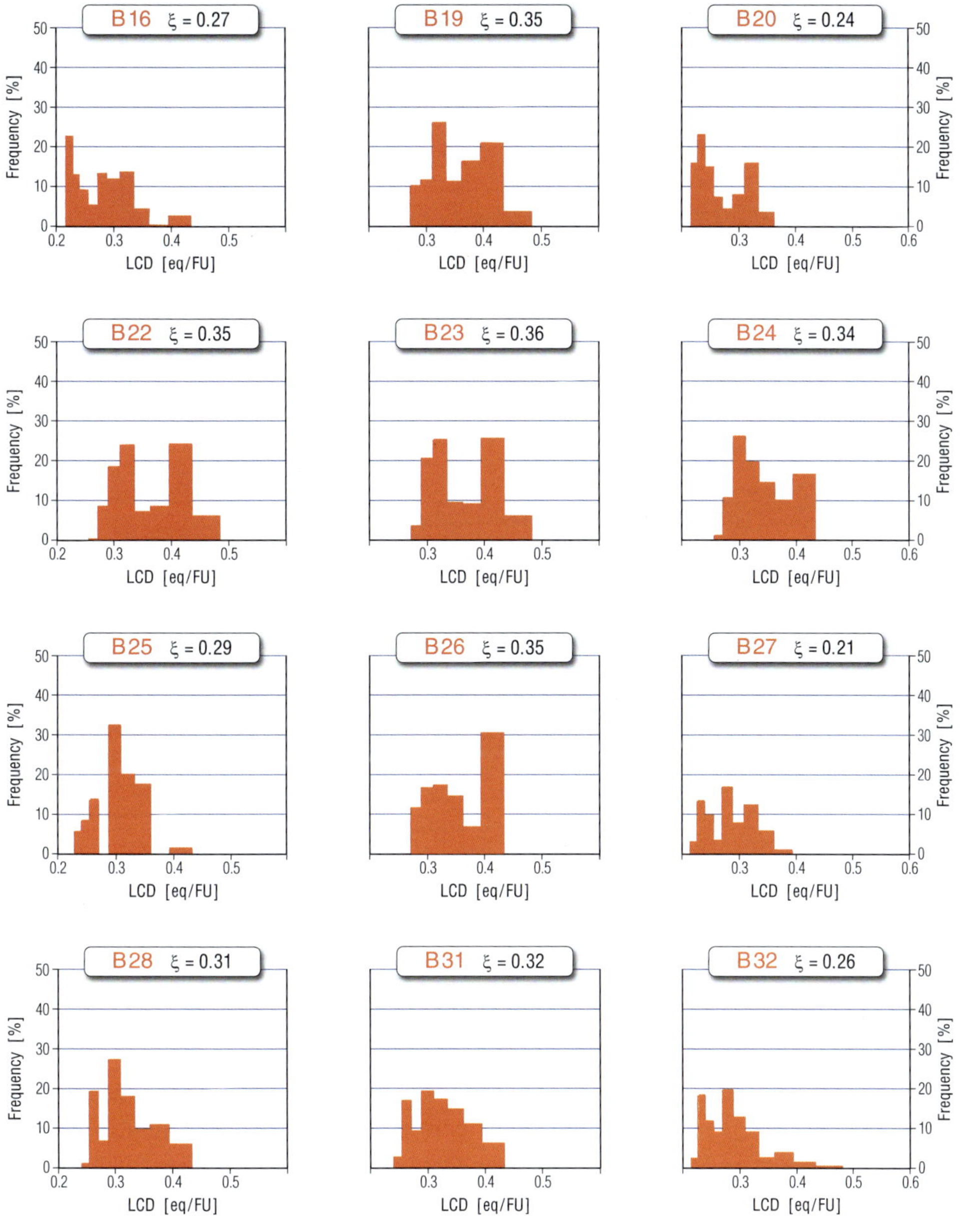


**Fig. 3.41** (continued)

was calculated as mean value of $n$-AAM = 15 and $n$-AAM = 17 which does not significantly affect the LCDD. Further errors can result from possible partial rehydration of the AAM-smectites, incomplete or excess interlayer occupation, and $d_{001}$ spacing evaluation including height error. The accuracy of the method was discussed extensively, and summarized by Mermut (1994).

The disadvantage of the AAM is that it is laborious, particularly if all available chain lengths are applied to determine the LCD distribution. Olis et al. (1990) suggested a rapid method for the determination of the LCD with $n$-AAM = 12 and $n$-AAM =18. This method is applicable for those bentonites with intermediate LCD, such those where the $d_{001}$ of $n$-AAM = 12 is within the range of the monolayer-to-bilayer transition. The method is less applicable for low and highly charged smectites.

A value for the LCD is often assumed for unknown smectitic samples. Ross & Hendricks (1945) proposed 0.33 eq/FU for the calculation of the structural formula, but a statistical assessment of the variability of this assumption is difficult. The present sample set at least allows for an estimation of the statistics of the average LCDs of smectites (Fig. 3.42). Almost 40 % of the samples showed LCD values of 0.32 to 0.36 eq/FU (AAM). Within this dominant class, nine samples are in the 0.32 to 0.34 eq/FU class and eight in the 0.34 to 0.36 eq/FU class; 10 % of the samples have LCD ≥ 0.36 eq/FU and 25 % are equal or below 0.28 eq/FU. This indicates that significant LCD differences have to be expected for each third bentonite. For example, 10 % of the samples have a LCD of < 0.25 eq/FU, which differs from the mean value (0.34 eq/FU) by 0.09 eq/FU. Accordingly, each tenth sample has a 30 % larger smectite content as could be expected from CEC.

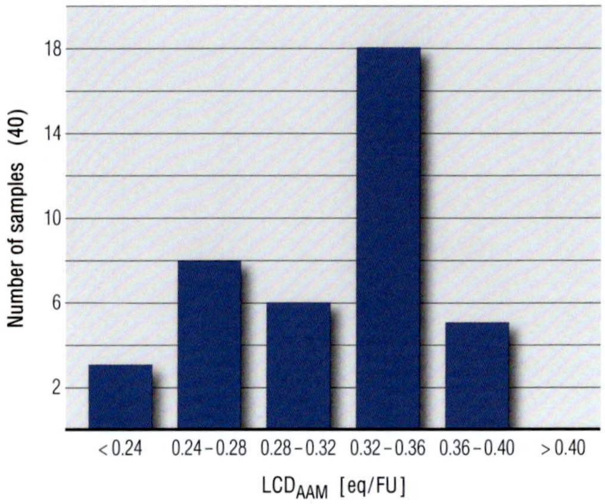


Fig. 3.42: Frequency distribution of the layer charge density classes of the smectites of all bentonites sampled.

▶ No significant correlation of the tetrahedral charge and the LCD of smectites was found.

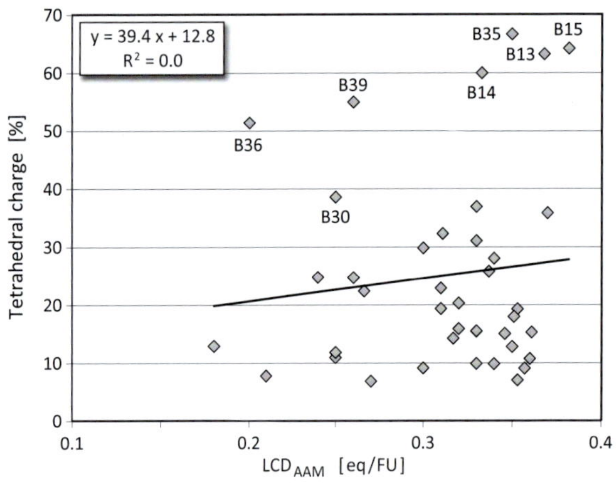


Fig. 3.43: Comparison of the layer charge density and the tetrahedral charge.

Although it is more difficult to measure, a detailed smectite characterisation should include the determination of the LCD. For this the oxygen-deuterium (OD) method can be used which is accurate and fast (Kuligiewicz et al. 2015).

The possible correlation of tetrahedral charge and layer charge density was also investigated. In comparing illites and smectites, a clear trend is obvious since illites have higher tetrahedral sheet charge as well as higher layer charge density, and this may be the reason why it is occasionally claimed that both parameters are related. Weaver (1989) states that beidellite "generally has larger layer charge".

This sample set offers the possibility to compare both parameters on a statistically reasonable basis (Fig. 3.43), and this demonstrates that it is better to assume that both parameters are independent. This observation only pertains to the studied dataset, and may be different for illite-smectite sequences in basins.

Comparing different bentonites, however, does not show any systematic relationships, and the reasons for the different tetrahedral charges are further discussed in Section 3.15.

## ▸ 3.14 Variable charge

The most important property of smectites is their permanent negative charge. As explained in the preceding section, the permanent charge can be measured with the alkylammonium method, but usually the CEC is determined, although the CEC is the sum of permanent and variable charge. Also minor constituents such as zeolites, organic matter, and non-smectitic clay minerals may have to be taken into account. The permanent charge of smectites results from isomorphic substitution in the lattice (Section 3.13), and the variable charge of smectites results from the edges of the TOT particles, at which Al-O surface groups dominate for dioctahedral smectites. The acidity of these groups is discussed in Section 3.21. Kaufhold & Dohrmann (2013) suggest that the Al-O groups are protonated at approximately pH 3, the number of neutral and protonated surface groups equals at pH 4.5, neutral species reach 100 % between pH 5.5 and 6, and above pH 6 negatively charged Al-O sites appear. This surface species assignment is under consideration and is not discussed further. However, the quantification of the variable charge is discussed, and theoretically the amount of variable charge depends on the edge surface area (Kaufhold & Dohrmann 2013).

The total external surface area is related to the degree of delamination, but the edge surface area depends mainly on the particle diameter and can be calculated based on a few assumptions. A unit cell is assumed with dimensions a = 0.5 nm and b = 0.9 nm for the calculation of the edge surface area and the quantity of variable charges (quantity of aluminol groups). There is, for example, an extensive literature on the differences of the unit cell parameters and their dependence on the Fe-content, but these variations are insignificant with respect to the calculation of the variable charge. The atomic structure of one unit cell contains one to two external Al-atoms along the a-axis (on average 1.5) and three Al-atoms along the b-axis. Therefore, the quantity of the external atoms in a particle with 0.1 x 0.1 µm (100 x 100 nm) dimensions can be calculated, as well as the mass of the unit cell based on the molar mass of one unit cell. The molar mass of one unit cell (or formula unit) is variable and depends mainly on the Fe-content, but one can assume 730 g/mol is representative of all bentonites with moderate Fe-content (detailed discussion about molar mass of smectites in Section 3.19); (Fig. 3.44).

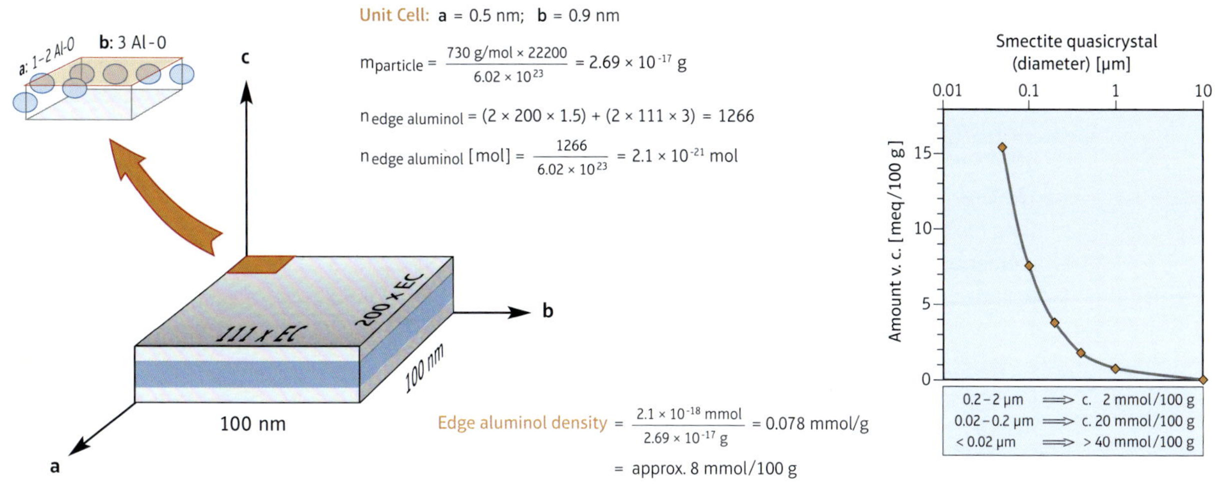


Fig. 3.44: Schematic representation of the calculation of the amount of variable charge and calculated dependence of the variable charge on the diameter of the smectites (Kaufhold & Dohrmann 2013).

Dividing the number of external aluminol groups by the weight of the above discussed particle yields 8 meq/100 g, which roughly corresponds to 10 % of the CEC. Nearly every parameter assumed for this calculation could be discussed on the basis of various publications. In this respect the least realistic assumption is probably that of an even edge surface, as one would expect for mica, since the morphology of smectites observed by TEM suggests that smectites have an irregular edge surface. However, the characterization of the edge surface roughness is an analytical challenge, and the actual role of different surface morphologies can only be a matter for speculation.

Different methods for measuring the variable charge were tested, and the measured values were compared with the calculated values (Kaufhold & Dohrmann 2013). The results from two CEC-based methods and potentiometric titration were compared. The attempt to measure the permanent charge CEC after blocking the edges with selectively adsorbing anions (phosphate, acetate, oxalate, citrate) was a failure. The Cu-trien is either adsorbed by co-adsorbtion, or it replaces the edge anions, in these materials.

Cu-trien adsorption was measured at different pH in the CEC-based methods, and two different protocols were compared in order to identify possible artefacts:

### ▷ METHOD 1

For the first method 100 mg sample were dispersed in water and acidified to pH 3.5 – 4. Cu-trien was then added and the VIS extinction at 578 nm was determined after centrifugation. The clear solution used for VIS measurements was then mixed again with the sample. Then NaOH increments were added, and pH and VIS extinction recorded after sufficient reaction time.

### ▷ METHOD 2

For the second method a sample was split into five batches (100 mg in five different tubes) and mixed with water of different pH value. After addition of the Cu-trien the VIS extinction and hence the CEC were determined. Kaufhold & Dohrmann (2013) noted that the reaction time in this case is critical.

A comparison of reaction times demonstrated that 24 hours are required to reach equilibrium. This was no problem in the case of Method 1, since this titration could not be done in one day (commonly up to one week was required to complete the titration), and, therefore, reaction times were automatically long enough. Method 2, on the other hand, is much faster but in this case the kinetics have to be considered.

Kaufhold & Dohrmann 2013 provide details about both methods. The extinction of the Cu-trien at 578 nm depends on the pH value (Ammann et al. 2005) and, therefore, four independent measurements (different solutions) were recorded of the extinction as a function of pH. The assumption was that the actual concentration was not changed by pH changes but only the intensity of the color (extinction coefficient = f(pH)). Below pH 4 the intensity change becomes significant. Therefore, the error introduced by this correction also becomes significant. Values measured below pH 4 have to be treated with care. The solubility of smectites, which in the case of Ca-smectites starts to be relevant below pH 4, may also be important and, therefore, these measurements can only be conducted on Ca/Mg-bentonites. Na-smectites are even more sensitive in this respect, due to the lower adsorption energy (selectivity) of the $Na^+$, some protons may enter the interlayer of Na-smectites already at pH 4.

The results obtained by both CEC methods (Method 2 only those values measured after 24 h) are compared in Figure 3.45. Despite the different methods to vary the pH of the solutions, as well as the different reaction times, both methods yield a good correspondence between the values.

Kaufhold & Dohrmann 2013 extracted the CEC values at the reference pH values 4, 6, and 9 and determined that the correlation was reasonable. These results, particularly CEC at pH 4 and 9, were used to calculate the total variable charge, and the values ranged from approximately 10 to 30 % (for pH 9), which is higher than the calculated value. This difference either results from a different particle size compared to that used for calculation, or from the edge irregularities that are discussed above.

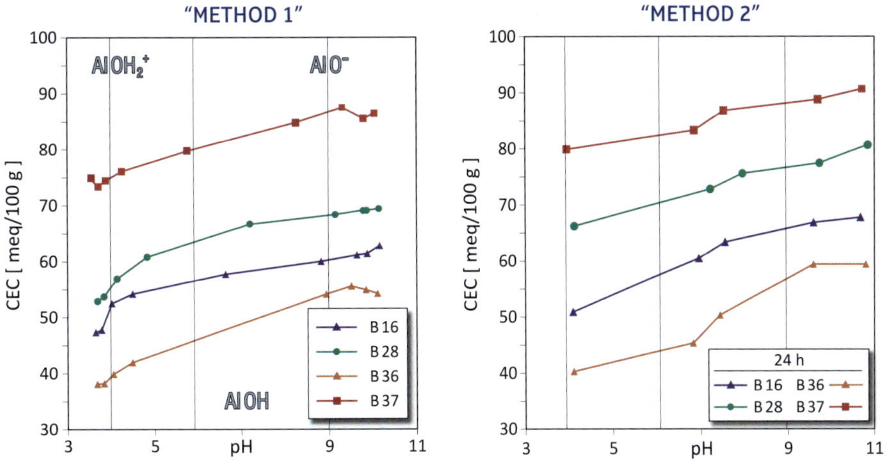


**Fig. 3.45:** Comparison of two Cu-trien based methods for the determination of the variable charge.

(**Left**): Titration. (**Right**): Split sample with five different dispersions.

Potentometric titration (described in Section 3.21) was also used to determine the variable charge, as well as the CEC-based methods. The Q-function was used to calculate the total amount of protons desorbed in the range of the first $pK_a$ value of smectite, which is attributed to the first deprotonation of protonated aluminol groups. Using this method even higher values (15–35 %) were obtained for the variable charge. Results are summarized in Table 3.13.

Method 1 and Method 2 provided comparable results. Therefore, both could be compared with the potentiometric titration method. However, the values marked in grey (Table 3.13)

**Table 3.13: Comparison of the variable charge determined by three different methods (Kaufhold & Dohrmann 2013).**
*The CEC is given in meq/100 g and variable charge in % (referred to CEC).*

| Sample No. | "METHOD 1" pH titration CEC | | | | | "METHOD 2" pH static CEC | | | | | POTENTIOMETRIC TITRATION METHOD | |
|---|---|---|---|---|---|---|---|---|---|---|---|---|
| | CEC pH 4 | CEC pH 6 | CEC pH 9 | Variable charge pH 4–6 | Variable charge pH 4–9 | CEC pH 4 | CEC pH 6 | CEC pH 9 | Variable charge pH 4–6 | Variable charge pH 4–9 | Amount of aluminol groups | |
| | [meq/100 g] | | | [%] | | [meq/100 g] | | | [%] | | [meq/g] | [%] |
| B13 | — | 60 | 65 | — | — | — | — | 73 | | | 0.17 | 26 |
| B14 | — | 74 | 79 | — | — | — | 74 | 81 | | | 0.15 | 19 |
| B16 | 52 | 57 | 60 | 8 | 13 | 51 | 57 | 64 | 9 | 20 | 0.17 | 28 |
| B28 | 56 | 64 | 68 | 12 | 18 | 66 | 69 | 76 | 4 | 13 | 0.18 | 26 |
| B29 | 55 | 65 | 72 | 14 | 24 | 60 | 70 | 75 | 13 | 20 | 0.25 | 35 |
| B32 | 71 | 80 | 87 | 10 | 18 | 75 | 81 | 88 | 7 | 15 | 0.13 | 15 |
| B34 | 64 | 72 | 78 | 10 | 18 | 73 | 81 | 88 | 9 | 17 | 0.16 | 21 |
| B36 | 40 | 46 | 54 | 11 | 26 | 40 | 44 | 56 | 7 | 29 | 0.16 | 30 |
| B37 | 75 | 80 | 86 | 6 | 13 | 80 | 82 | 86 | 2 | 7 | 0.11 | 13 |
| B39 | 52 | 59 | 68 | 10 | 24 | 57 | 62 | 66 | 8 | 14 | n. d. | n. d. |
| | | | | 10 | 19 | | | | 7 | 17 | | 24 |

values marked blue: mean value — values in grey: insufficient reaction time — n. d.: not determined

determined with CEC Method 2 were recorded after insufficient reaction times (2 h instead of 24 h). Therefore, values obtained by Method 1 were chosen for comparison with the values obtained by the potentiometric titration method (Fig. 3.46).

In spite of the reasonable correlation of the values obtained by variable pH-CEC with those by potentiometric titration, the latter yielded slightly larger values that cannot yet be explained. The relative differences for different bentonites are also relevant with respect to their characterization (for the identification of the reason for the larger variable charge of some bentonites compared to others). The values obtained by Method 1 were compared with basic material properties, such as the chemical composition, and a correlation was found between the variable charge and the Mg-content.

The variable charge increases with decreasing MgO content, as can be seen on Figure 3.46 and can be explained by the fact that the variable charge is determined by the aluminol groups, which are less abundant in the case of smectites rich in octahedral Mg. This correlation is therefore considered to only reflect the variable octahedral sheet composition, and the fact that the variable charge in the investigated range is determined by Al. External Mg is also thought to be relevant with respect to some surface reactions, but protonation and deprotonation reactions of Mg may occur at much larger pH values.

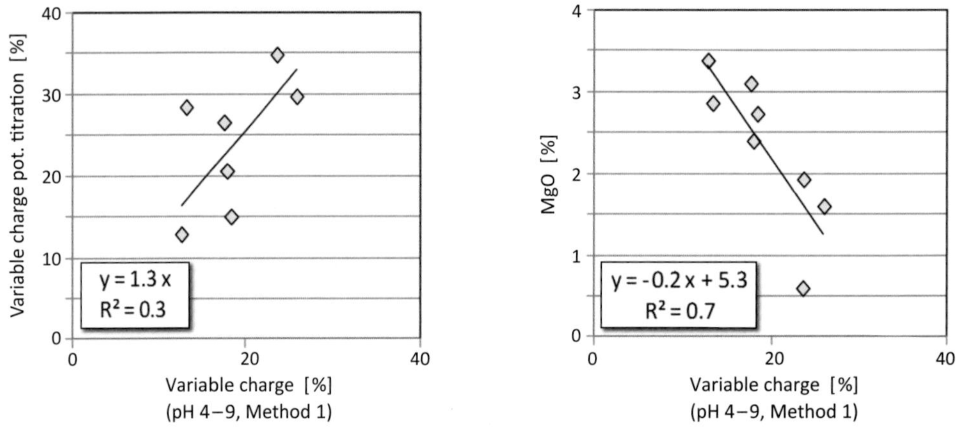


**Fig. 3.46:** Comparison of the variable charge determined from the CEC values at pH 4 and 9 with the variable charge determined by the potentiometric titration (**left**) and with the MgO-content (**right**).

Protonation and deprotonation reactions of MgO surface groups are not discussed further, although they may at least partly explain the fact that the CEC further increases despite the aluminol groups are neutral at pH > 6. On the other hand the increase of the CEC above pH 6 was also observed for the Mg poor samples. Therefore, the explanation proposed by KAUFHOLD & DOHRMANN (2013), that the neutral aluminol groups may be relevant for Cu-trien adsorption, is more likely.

The reaction mechanism could be described as cation exchange, with the following reaction proposing that neutral aluminol groups are involved:

$$\text{Al–O–H} + Cu_{trien}^{++} \leftrightarrow \text{Al–O–}Cu_{trien}^{+} + H^{+}$$

According to this model only positively charged surface groups can repel the Cu-trien. In the case of neutral aluminol groups some Cu-trien may have been adsorbed to the surface by the above reaction. The maximum Cu-trien adsorption, corresponding to a totally Cu-trien saturated edge surface, is attained only at high pH values (Fig. 3.47).

Differences in the octahedral sheet composition are, as explained above, one of the reasons for the variations in the variable charge. The particle size distribution, particularly the submicron size distribution, is also believed to be relevant, as demonstrated by KAUFHOLD & DOHRMANN (2013). Their study of the variable charge of two

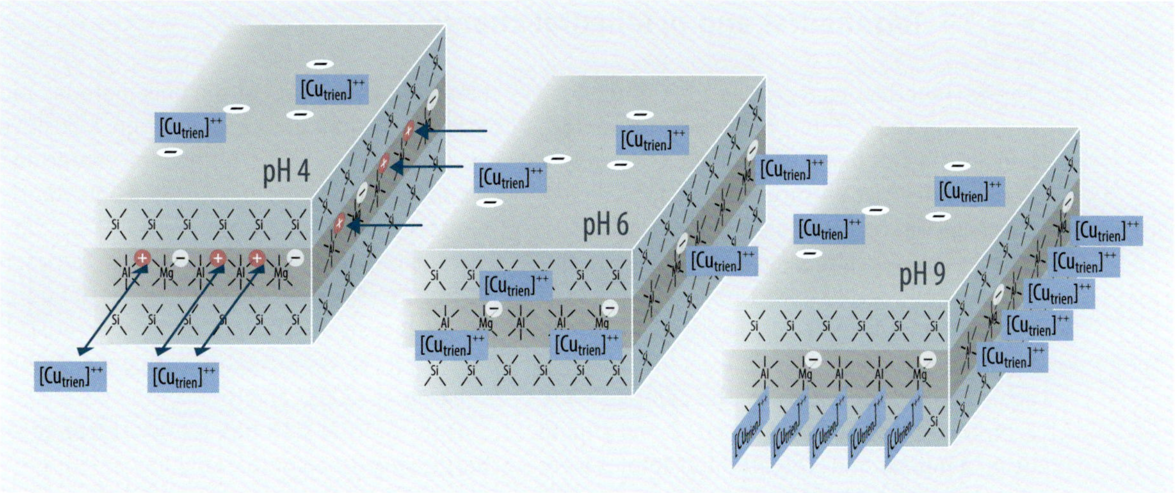


Fig. 3.47: Schematic representation of edge adsorption of Cu-trien at different pH values (modeling of the measured data).

different submicron particle size fractions in two samples confirmed the expected higher variable charge in the finer fraction (< 0.06 µm compared to 0.2– 0.06 µm), although the observed differences were lower than expected. Furthermore, the calculated variable charge was much lower than that determined experimentally. This may reflect the fact that the real smectites are smaller or, most probably, by assumption of regular edge surfaces that were assumed for the calculation. In addition fractionation by centrifuge may not always be perfect because of the settling behavior of non-regular shaped flakes, which is difficult to estimate.

The possible effect of the protonation of the Cu-trien complex at low pH on the data was not taken into consideration in this study. The charge of the Cu-trien complex is a little higher than +2.0 at pH 4 (Doyle & Liu 2003).

A closer look at the role of Cu-trien speciation was recently published by Stanjek & Künkel (2016). They confirmed the pH-CEC relation shown above (Fig. 3.45) but they explain this relation by Cu-trien speciation only and not by the variable charge. The basis of this explanation is the fact that the charge of the Cu-trien complex changes with pH. At higher pH the complex has a lower positive charge and, therefore, more molecules can be adsorbed to the charges. As a result no pH-depending interaction of Cu-trien with the edge surface would exist. This discrepancy has to be investigated further.

- The variable charge theoretically depends on the diameter of the smectite particle and can be calculated based on a few assumptions that do not take surface irregularities into account.
- Two different CEC-based methods provided comparable variable charges that confirm their significance.
- Despite some scatter both the potentiometric titration method as well as Method 1 provided comparable results, and, therefore, both methods can be used to distinguish materials with higher variable charge from those with lower variable charge.
- Differences in the value of variable charge of different bentonites can be at least partly explained by the different composition of the octahedral sheet (Mg-content) as well as different submicron particle size proportions in the sample.

## ▸ 3.15 Tetrahedral and octahedral charge

The tetrahedral charge was determined by measuring the CEC (Cu-trien method) before and after Li-treatment according to HOFMANN & KLEMEN (1950). A Na-saturated sample of each bentonite was first saturated with Li. Half a gram of the sample was subjected to a 2 M LiCl solution (500 mL) resulting in a 1000-fold excess of $Li^+$ over $Na^+$. After 24 hours shaking and centrifugation, 500 mL 2 M LiCl were again added and again shaken for 24 hours. The samples were centrifuged, dialyzed, dried at 60 °C, and ground using a mortar mill. The ground samples were then heated at 250 °C for four hours. The CEC of these samples was determined, and the difference in the CEC before and after Li-treatment is considered to reflect the ratio of octahedral and tetrahedral charge, because $Li^+$ may migrate into the lattice to compensate for the charge deficiency of the octahedral sheet. The remaining charge, which is measured by the CEC, results from tetrahedral charge that was determined by the difference of the CEC before and after treatment according to HOFMANN & KLEMEN (1950) and GREENE-KELLY (1952).

The resulting values, which were assumed to represent the tetrahedral charge in percent with respect to the CEC, were compared with other properties of the bentonite, including the chemical composition of the bulk material and of the Na-saturated < 0.2 µm fraction. A positive correlation between the tetrahedral charge and Fe-content was found (Fig. 3.48), as previously reported by WEAVER & POLLARD (1973), who identified a good positive correlation between $^{VI}Fe$ and $^{IV}Al$. The relation of Fe and tetrahedral charge is also mentioned by PAQUET (1970), BRIGATTI (1983), BADRAOUI & BLOOM (1990), BUJDÁK et al. (2001), and RYAN & HUERTAS (2009).

Only sample B39 has a high tetrahedral charge despite a comparably low Fe-content. This sample is from a deposit in which natural acidic waters probably altered the octahedral sheet of the smectites, and it contains a significant amount (about 30 mass%) of silica with a low degree of structural order that is assumed to be the result of the acid attack. The initial Fe-content of this sample, therefore, may have been higher. Sample B39 represents an exception to the Fe-content/tetrahedral charge relation.

The possibility that Figure 3.48 represents an analytical artifact cannot be fully discounted. However, other authors also report on the correlation between Fe-content and tetrahedral charge. JAYNES & BIGHAM (1987) report that the structural formula derived octahedral charges fit with the octahedral charge determined by

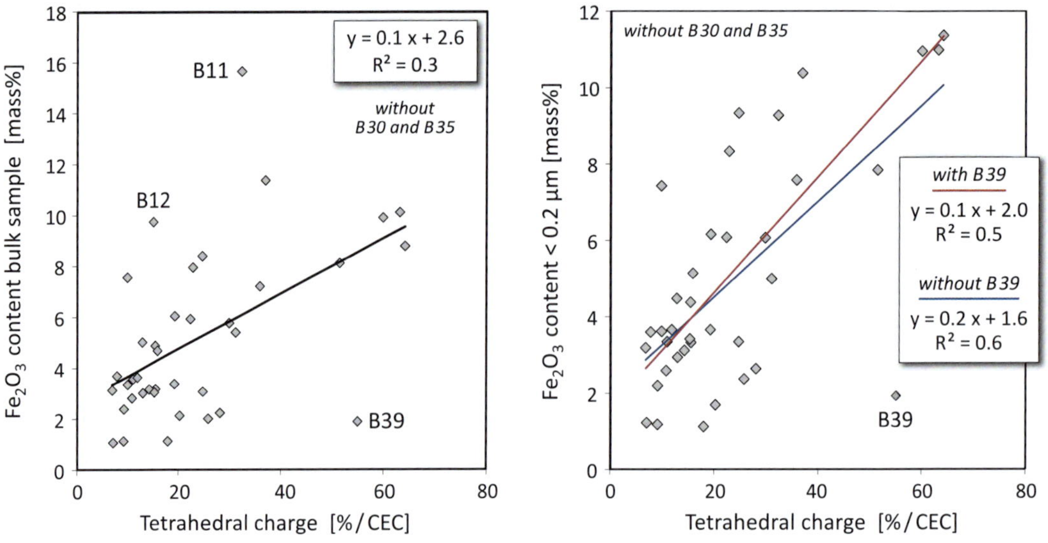


**Fig. 3.48:** Correlation of the tetrahedral charge with total (**left**) and < 0.2 µm $Fe_2O_3$ (**right**); the illite-smectites, samples B30 and B35, were not considered (KAUFHOLD et al. 2017d).

CEC measurements after Li-treatment. This observation strongly supports PAQUET (1970) statement that a higher Fe-content leads to increased isomorphic substitution of Si by Al (as if the Al is expelled from the octahedral sheet by Fe, and the Al found occupancy in the tetrahedral sheet).

The tetrahedral sheet of phyllosilicates may contain Al, Si, as well as $Fe^{3+}$ (BRIGATTI et al. 2006). Fe in the tetrahedral sheet of smectites is commonly reported to be restricted to nontronites (GATES et al. 2002). "Ideal nontronites" should be free of tetrahedral Fe ($^{IV}Fe$), although it can be found in several nontronite samples (KÖSTER & SCHWERTMANN 1993). In dioctahedral smectites, however, tetrahedral Fe is usually assumed to be absent. The good correlation between the Fe-content (of the < 0.2 µm fraction) and the tetrahedral charge could indicate that tetrahedral Fe and total Fe are related. The correlation in Figure 3.48 could, therefore, be explained by assuming that the proportion of tetrahedral Fe increases with the total Fe-content. An alternative explanation has been proposed by PAQUET (1970): "... higher the $^{VI}Fe$ content in octahedral position, higher the tetrahedral substitution of Si by $^{IV}Al$ ... ". CARDILE (1989) discussed the possibility of Fe occupying tetrahedral positions, and found no arguments for Fe to be excluded by the tetrahedral sheet. This is relevant because, in clay science, Fe is rarely considered to be in the tetrahedral sheet. CARDILE (1989) also concludes that, from theoretical considerations, Fe should preferably be located in the tetrahedral sheet and Al in the octahedral sheet. CARDILE & JOHNSTON (1985) critically assessed the $^{57}Fe$-Mössbauer technique for the determination of tetrahedral Fe, and, therefore, results based on $^{57}Fe$-Mössbauer investigations have to be treated with care.

BISHOP et al. (1999) investigated three smectite samples, two ferruginous smectites together with one nontronite. The presence of Fe in the tetrahedral sheet is accepted for nontronites. GATES et al. (2002) compared a set of smectites with different Fe-contents and only identified tetrahedral Fe in the nontronites. MANCEAU et al. (2000) found up to 20 % of the Fe in tetrahedral coordination in a nontronite. BISHOP et al (1999) used various spectroscopical methods and found tetrahedral Fe even in the ferruginous smectites.

- The Fe-content of the smectite is correlated with the tetrahedral charge such that beidellitic materials are commonly enriched in Fe. Montmorillonites are otherwise always poor in Fe.
- Natural acid attack can probably cause Fe-depletion without affecting the tetrahedral charge.

In conclusion, several authors have considered the possibility of the occurrence of Fe in the tetrahedral sheet. Moreover, KAUFHOLD et al. (2017d) suspected the existence of a correlation between the Fe-content and tetrahedral Fe. Therefore, nine samples with a range of Fe-contents and tetrahedral charge were selected for study (KAUFHOLD et al. 2017d).

Dry samples were analyzed by ultraviolet-visible (UV-VIS) spectroscopy, Mössbauer spectroscopy, X-ray absorption near-edge structure (XANES) and X-ray absorption fine structure (XAFS) spectroscopy (KAUFHOLD et al. 2017d). XANES and XAFS were used at their detection limits. Some of the deconvoluted parameters correlated with Mössbauer and UV-VIS results, but could not be interpreted independently. UV-VIS and Mössbauer results, on the other hand, demonstrated a good correlation, which indicates that both these methods can provide acceptable information about tetrahedral Fe (Fig. 3.49 left side; Table 3.14).

The Mössbauer relative area was calibrated against a known nontronite and converted to an absolute value (given in % of the < 0.2 µm Fe in tetrahedral coordination). Up to 12 % of the Fe was found in tetrahedral coordination, which according to MANCEAU et al. (2000) is below the XANES/XAFS detection limit of tetrahedral Fe.

In the studies to investigate a possible relation of total Fe-content and tetrahedral Fe, Figure 3.49 (right side) shows that no such correlation exists which points towards the statement of PAQUET (1970) that increasing octahedral Fe ($^{VI}Fe$) leads to increasing substitution of Si by Al. This observation may be based on their crystallography. MESTDAGH et al. (1982) report that the

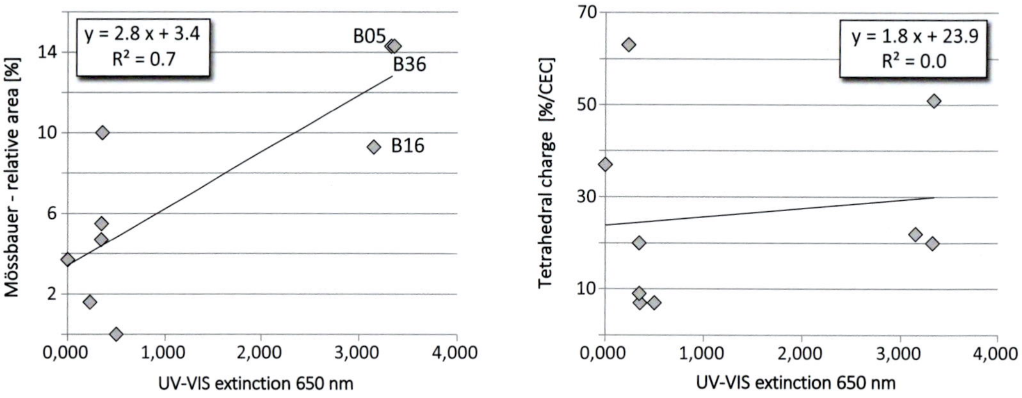


Fig. 3.49: Correlation of Mössbauer and UV-VIS spectroscopy that provided acceptable data on tetrahedral Fe (KAUFHOLD et al. 2017b) (**left**), and UV-VIS signal with tetrahedral charge (**right**).

introduction of Fe into the octahedral sheet leads to displacement of the octahedral vacancy. The vacancy in turn had to affect tetrahedral charge. KAUFHOLD et al. (2017b) provide a model for the Fe-content–tetrahedral charge relation. Most of the Fe-rich bentonites formed from alkaline rocks, and the water required for smectitization may have been alkaline. In these solutions more Al would be in tetrahedral coordination, resulting in larger amounts of tetrahedral Al.

KAUFHOLD et al. (2017c) found that a higher Fe content in the octahedral sheet favors Al substitution in the tetrahedral sheet from an energetical point of view which finally provides the most simple explanation for the existence of the above discussed relations.

**Table 3.14: Mössbauer and UV-VIS data of selected samples.**

| Sample No. | $Fe_2O_3$ total | Fe < 0.2 µm | Tetrahedral charge | $^{IV}Fe$ Mössbauer relative area | $^{IV}Fe$ Mössbauer calibration | UV-VIS 650 nm |
|---|---|---|---|---|---|---|
| | [mass%] | [mmol/g] | [%/CEC] | [%] | [%/total Fe] | [extinction] |
| B05 | 6.0 | 0.8 | 20 | 14 | 12 | 3.3 |
| B08 | 3.1 | 0.4 | 7 | 10 | 9 | 0.4 |
| B10 | 11.4 | 1.3 | 37 | 4 | 3 | 0.0 |
| B13 | 10.1 | 1.4 | 63 | 2 | 1 | 0.2 |
| B16 | 5.9 | 0.8 | 22 | 9 | 8 | 3.1 |
| B22 | 1.1 | 0.2 | 7 | 0 | 0 | 0.5 |
| B28 | 2.1 | 0.2 | 20 | 5 | 4 | 0.3 |
| B36 | 8.1 | 1.0 | 51 | 14 | 12 | 3.3 |
| B37 | 2.4 | 0.3 | 9 | 6 | 5 | 0.3 |

0 = below detection limit

## ▸ 3.16 Microstructure based on scanning electron microscopy (SEM)

The microstructure of clays is the relative arrangement of the components to each other. Principally, the morphology of smectites is also part of the microstructure but the present section focuses on the relevant arrangement of the bentonite components (the way the particles in the bentonite are oriented to each other). The morphology of the smectites is discussed in Section 3.17.

Klinkenberg (2008) investigated the microstructure of all bentonites by SEM, and established a classification for bentonite microstructure that is based on the appreciation that bentonites undergo similar genetic histories. Bentonites are considered to form during the weathering of volcanic ashes that were deposited in small basins, or near the volcanic eruption center. Further weathering results in an increased smectite/glass ratio. Erosion and sedimentation may occur during any state of the smectitization, which is considered a hydrous devitrification, as was reported for the Bavarian bentonites (Unger et al. 1990; Ulbig 1994). Volcanic ash-rich material can still be found in the Bavarian bentonite mining district.

The SEM image of the volcanic "egg" (see: www.minersoc.org/images-of-clay.html) is derived from a volcanic glass-rich layer found in the center of a particularly thick Bavarian bentonite layer.

The different paths for the genesis of bentonite, which directly affect the microstructure, were summarized by Klinkenberg (2008); (Fig. 3.50). **Klinkenberg's classification** is based on the model shown in Figure 3.50, and is explained by the SEM studies (Figs. 3.51–3.55).

### ▹ CLASS 1

Materials that are dominated by volcanic ash particles were assigned to class 1. Several volcanic glass particles show even surfaces with no evidence for smectite development (Fig. 3.51).

### ▹ CLASS 2

The smectites of class 2 bentonites still display the shape of the primary volcanic glass particles. A closer look, however, proves that the particles are almost entirely composed of smectite rather than volcanic glass (Fig. 3.52). Several more examples of material that would classify as class 2 can be found in the "Images of Clay" Archive (www.minersoc.org/images-of-clay.html).

### ▹ CLASS 3

In the third class the microstructure is more dense than in class 2, and smectites are tightly distributed over comparably large areas. Larger particles, sometimes similar to broken pieces of glass, occur within the dense matrix that does not show any preferred orientation (Fig. 3.53).

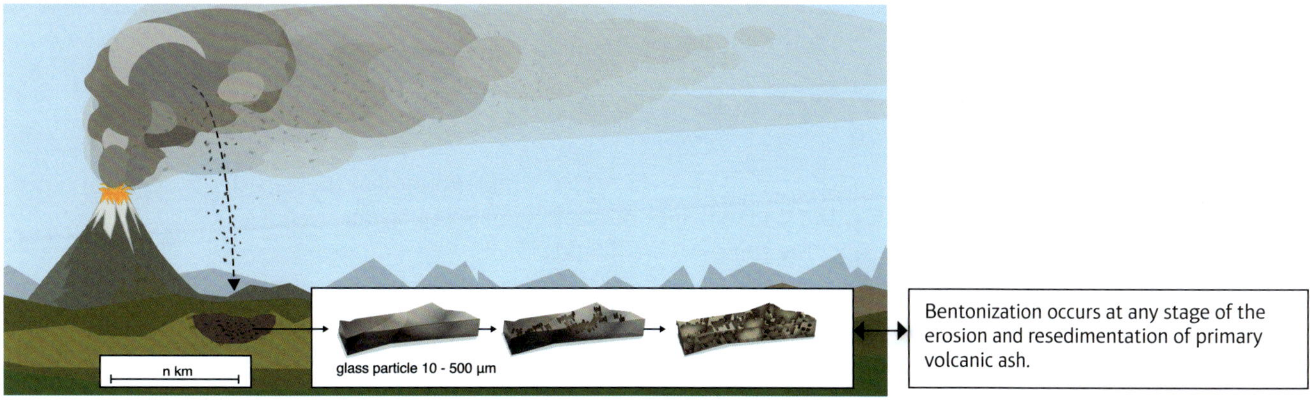


Fig. 3.50: Schematic representation of the genetic model for bentonites (modified after Klinkenberg 2008). Particles of volcanic glass are formed during an eruption. Smectites develop on the surface and in cavities of these particles, until the glass is completely transformed into smectites, usually in the typical rosette habit.

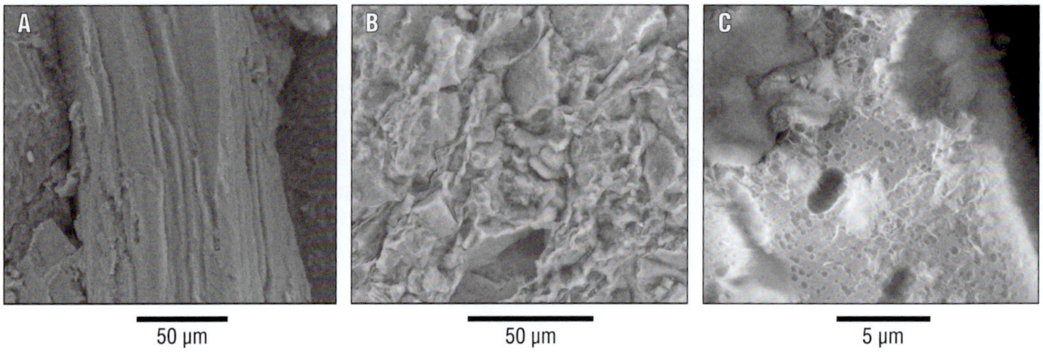


Fig. 3.51: SEM images of samples which were assigned to **class 1** (glass-rich). (**A**) Sample B17; (**B**) sample B28; (**C**) bentonite tuff Holohaza to demonstrate a possible bentonite precursor (after Klinkenberg 2008).

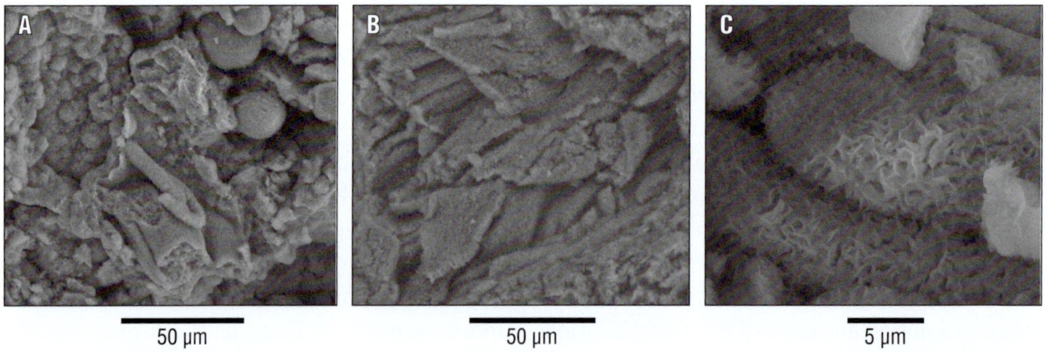


Fig. 3.52: SEM images of selected samples that were assigned to **class 2** (smectites with relict volcanic glass particle shape). (**A**) Sample B01; (**B**) sample B04; (**C**) sample B02.

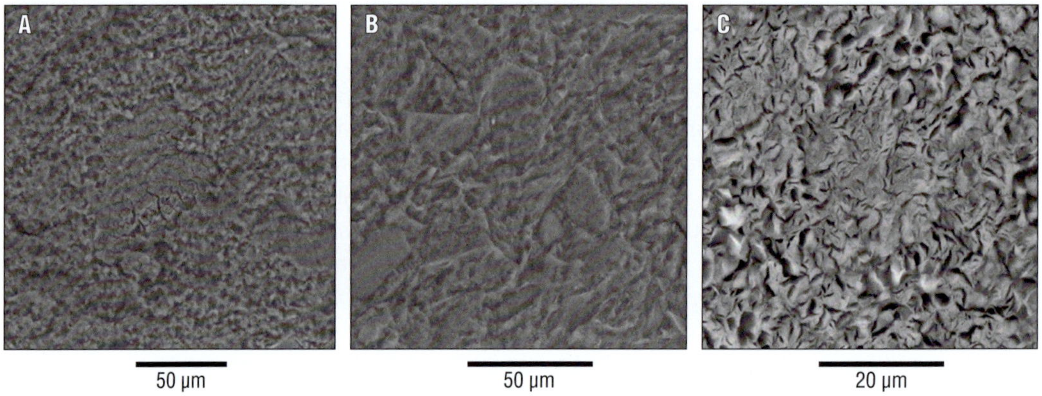


Fig. 3.53: SEM images of selected samples that were assigned to **class 3**. (**A**) Sample B08; (**B**) sample B22; (**C**) sample B09.

### ▷ CLASS 4

In the fourth class the "broken piece of glass" particles are missing. The smectites are densely distributed, and no preferred orientation can be observed (Fig. 3.54).

### ▷ CLASS 5

Samples assigned to the fifth class show features indicative of sedimentation, such as preferred orientation of micas or even clay minerals. The distribution of the particles is dense, and bedding can be observed (Fig. 3.55).

The final classification is shown in Figure 3.56. Powdered materials and the granulated sample B20 could not be classified because a microstructural investigation requires mechanically unaltered material. In addition, Klinkenberg (2008) discussed some cases to illustrate the problems of unambiguous classification. For example, the

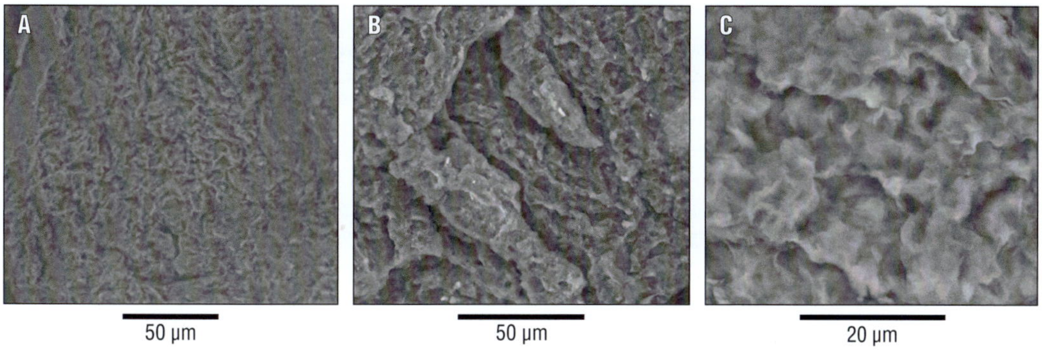


Fig. 3.54: SEM images of selected samples that were assigned to **class 4**.
(**A**) Sample B13;
(**B**) sample B34;
(**C**) sample B14.

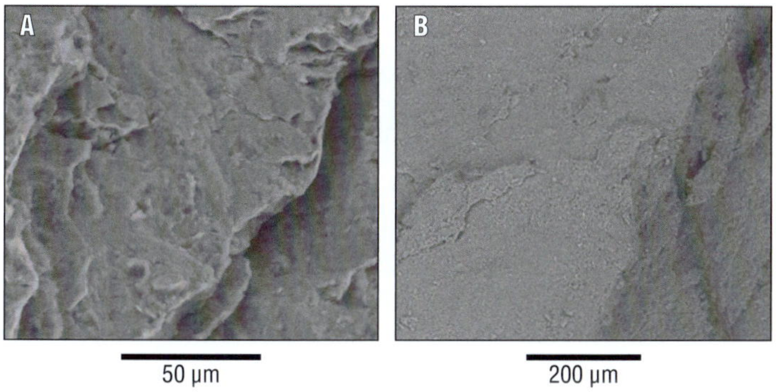


Fig. 3.55: SEM images of selected samples that were assigned to **class 5**.
(**A**) Sample B23;
(**B**) sample B35.

smectites in sample B12 displays two different appearances that suggest two different stages of smectite formation. Furthermore, the assignment to class 5 was problematic because volcanic glass particles were present.

Most of the samples were assigned to microstructure class 3, which means that a few particles considered to be relicts of volcanic glass were found in most of the bentonites.

One sample with an exceptional microstructure was found (Fig. 3.57). This material contains fibrous smectites that form aggregates with appreciable mesoporosity, which in turn results in the largest water-uptake capacity, swelling pressure, and extraordinary electrical conductivity (Chapter 4).

The microstructure was compared with other bentonite properties. Klinkenberg et al. (2009) demonstrated that glass-rich samples are more

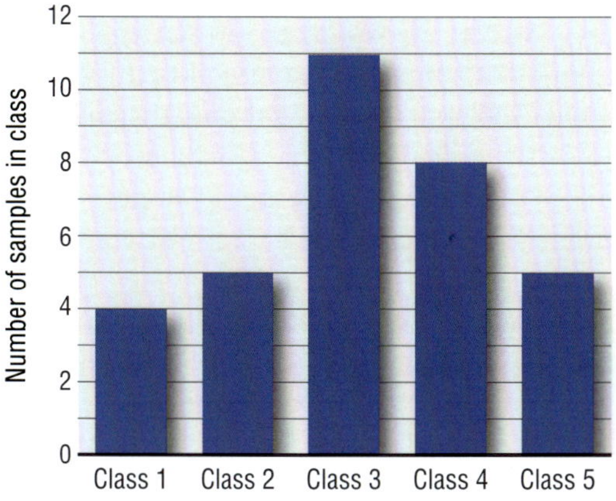


| Sample No. | Class No. | Sample No. | Class No. | Sample No. | Class No. |
|---|---|---|---|---|---|
| B01 | 2 | B12 | 3 | B28 | 1 |
| B02 | 2 | B13 | 4 | B29 | 4 |
| B03 | 3 | B14 | 4 | B30 | 5 |
| B04 | 2 | B15 | 4 | B31 | 3 |
| B05 | 3 | B16 | 4 | B32 | 1 |
| B06 | 3 | B17 | 1 | B33 | 3 |
| B07 | 3 | B18 | 4 | B34 | 5 |
| B08 | 3 | B19 | 4 | B35 | 5 |
| B09 | 3 | B21 | 2 | B36 | 2 |
| B10 | 4 | B22 | 3 | B37 | 1 |
| B11 | 3 | B23 | 5 | B38 | 5 |

Fig. 3.56: Classification of all samples studied (except for the powdered and granulated materials, B39 and B40), and frequency distribution of the classes.

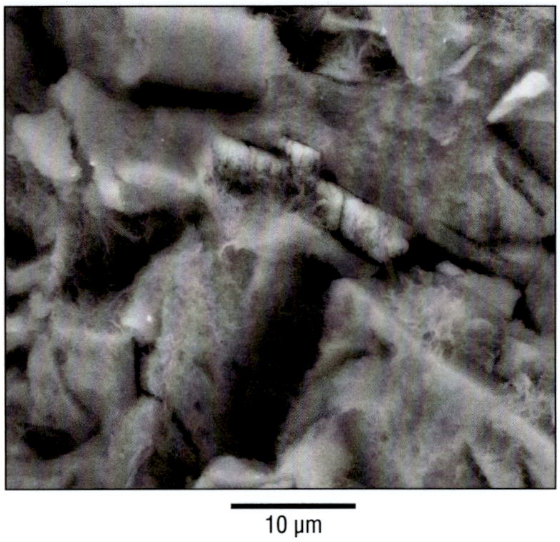


Fig. 3.57: SEM image of sample B32 showing voluminous aggregates with fibrous smectite particles.

- Based on a simplified genetic model the bentonites can be classified into five classes with different microstructure.
- The different microstructure, particularly the extraordinary microstructure of sample B32, can explain some bentonite properties.

abrasive after grinding and prior to dispersion. Kaufhold et al. (2013d) showed that the macroporosity of bentonites is determined by the microstructure, and Klinkenberg (2008) observed a weak but significant correlation of the total porosity (1 Å – 50 µm) with the classes: Class 1 bentonites show the largest total porosity, on average class 2 bentonites have a slightly lower porosity, and the denser class 3 to class 5 bentonites are less porous.

A new and interesting technology to study bentonite microstructure is focused ion beam nanotomography (FIB-nt) (Holzer et al. 2010). Combining this technique with the cryo-technique, these authors published fascinating 3D images of smectites dispersed in the water matrix.

## ▸ 3.17 Smectite morphology

The morphology of smectites or smectite aggregates is usually investigated by electron microscopy (EM). In the dry state, hundreds of TOT layers overlie each other to form the smectite aggregates that can be observed by SEM (Section 3.16). The honeycomb walls or rose-like structures (Fig. 3.52) consist of hundreds of TOT layers with turbostratical disorder.

Depending on the type of interlayer cation, the TOT layers may become unattached and disintegrate when dispersed in water, which is often termed as *delamination* or *exfoliation*. The extent to which this happens (if the smectites completely delaminate and disintegrate into single TOT layers, or if they consist of more than one TOT layer) also depends on the mechanical forces such as shearing during stirring, the solid/liquid ratio, and the salinity. The LCD and/or tetrahedral charge may also be significant.

Smectite particles can be best observed by TEM. In conventional TEM (CTEM) investigations, the particles must be separated for single *(quasi)*crystal analysis, which cannot be performed if different smectites overlay each other.

In order to obtain a sample that consists as much as possible of single clay *(quasi)*crystals for TEM investigation, a relatively small aliquot of smectite dispersion is diluted to 100 or 500 ppm (solid/liquid), and then allowed to settle or disperse. Only a small drop of this dilute dispersion, which looks like pure water because a few particles do not cause any turbidity, is pipetted onto a carbon-coated Cu-grid and allowed to evaporate. This repeated dilution does not necessarily lead to a representative sample, but does provide the possibility to study nearly fully dispersed smectite particles with little aggregation.

Not only the morphology can be observed by various imaging techniques with an analytical TEM, but the chemical composition can also be determined by energy-dispersive X-ray spectroscopy (EDX) and/or electron energy-loss spectroscopy (EELS). The type of clay mineral can sometimes be determined from this data, but analyses and interpretation have to be performed with care. Information obtained from electron diffraction not only provides the crystallographic structure of clay particles, but also helps in the interpretation of the general microstructure (including morphology) of clay aggregates (Fig. 3.58). The partially rolled sheet like morphology of smectite is evident in Figure 3.58. Two selected area electron diffraction (SAD) patterns, as indicated in Figure 3.58, were taken from areas near the edge of smectite particles (circled area).

The upper SAD pattern shows partially linked diffraction spots that form rings with an elongated shape. This pattern suggests that it consisted of very, or even extremely, fine-grained polycrystalline clay particles that may be turbostractically disordered TOT layers. The bright spots in the ring, however, indicate the presence of some ordering along the a- and b-axes. The lower electron diffraction pattern reveals distinct diffraction spots or points indicating the near absence of turbostractical disorder. The pattern also suggests a slightly larger (clay) grain size, which is typical for a single crystal pattern.

Representativity is one of the (major) drawbacks of TEM analysis, and comprehensive TEM studies are rare. However, Grim & Güven (1978) investigated the morphology of a significant number of smectite samples and distinguished three different morphologies. Their classification was compared with own observations and based on both different types of smectite morphology were distinguished (sketched in Fig. 3.59):

- Smectites of the **first type** show actual crystal-like edges with either rhombical or hexagonal shape.
- The **second type** is characterized by thin layers (10–200 Å) with irregular shape that often aggregate by face-to-face contact.
- The **third type** is mostly found in smectites with larger tetrahedral charge, and banded aggregates were found in these clays. Lath-shaped smectites are rarely reported in literature.

However, Güven (1974) collected a set of electron microscope images showing different types of lath-shaped particles in bentonites.

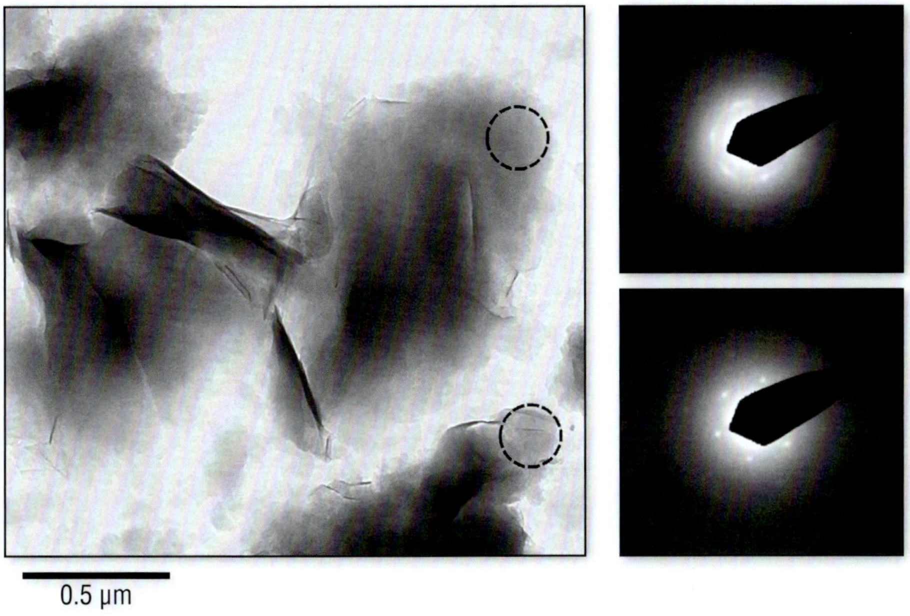


Fig. 3.58: Example for the investigation of the morphology and electron diffraction pattern at two sites of a Bavarian bentonite.

Fig. 3.59: Schematic representation of three types of smectite morphology (based on GRIM & GÜVEN 1978; modified according to own observations).

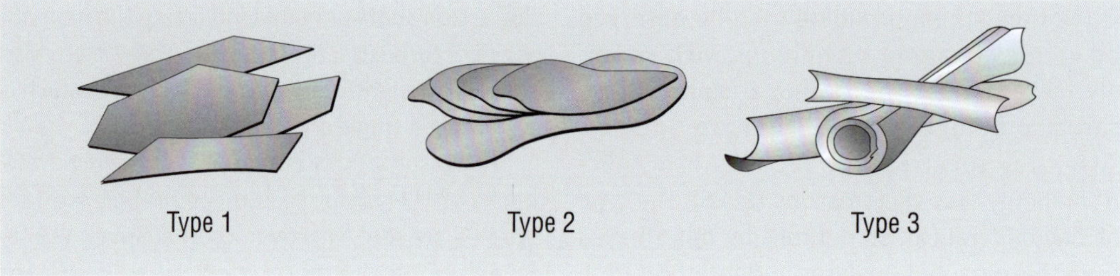


- Smectite morphologies may differ with respect to
  (a) presence or absence of (hexagonal) crystal edges;
  (b) extent of delamination, and
  (c) presence or absence of fibres or lath-shaped particles.

The characterization of clay mineral morphology, especially the size and shape, is still an analytical challenge due to the nature of the small particle size, and because indirect methods such as gas adsorption techniques are commonly applied. Transmission electron microscopy (TEM) is a high-resolution technique that allows the investigation of individual clay platelets at high resolution (atomic resolution). However, the sample must be dehydrated before placing into a high-vacuum transmission electron microscope. The dehydration of clays might result in changes to the characteristics of clays that can confuse our understanding of these phyllosilicates because, in all relevant geotechnical applications, clays are either surrounded by water or associated with water.

To overcome this problem, the wet environmental-cell TEM (WETEM) technique has been devised to investigate materials, including clay particles, in a fully hydrated environment (FUKAMI et al. 1987, 1991; CHIOU et al. 1991a, b, 1999). This technique has also been used to study the particle size distribution, as shown and explained in Section 3.5. The methodological details behind the results discussed in this section are also explained in Section 3.5.

The quality of WETEM images, such as the contrast at particle edges, strongly depends on the solid/liquid ratio and the water content between the carbon films inside the special wet environmental cell. The same samples as discussed in Section 3.5 (B06, B08, B14, B15, B32) were used to study their morphology. The results are summarized in Figures 3.60 and 3.61.

Sample B06 displayed minute particles of various sizes, shapes, and orientations "floating" in the dispersion (Fig. 3.60 A). Thin flakes with lath-, elongate- or polygon-shapes occur most commonly in this sample. Triangular, rounded and oval shape particles were also not uncommon. In addition, some rather dark (electron dense) particles were observed that most probably are not layered clay minerals, and could be quartz or other minerals associated in bentonite. Compared with the other samples, clay particles in B06 appear to have a diffuse morphology. However, TEM images proved that these diffuse particles were aggregates of much finer, but relatively well defined, primary particles. The primary particles of all other samples were larger than those in B06.

The WETEM micrographs of sample B08 (Fig. 3.60 B) were relatively dark, which does not represent a material property, but reflects the higher solid/liquid ratio and the thicker water layer that the beam must penetrate. Higher resolution images could be obtained with lower quantites of water and solids between the carbon films in the environmental cell. Figure 3.60 B shows particles with a more regular shape, with well-defined angles and edges (white arrows). This was also observed in the conventional TEM image (insert).

The WETEM image of sample B14 (Fig. 3.60 C) displays well-dispersed clay particles in the environmental cell, but with quite different morphology as compared with other bentonite samples (for example, B06 and B08). Clay particles in this sample are very fine-grained but are less euhedral and without defined shape outline. Instead they appeared to be more or less rounded in shape in a two-dimensional projection. Many particles of other shapes and sizes can be observed and measured if examined carefully on an enlarged image with correctly adjusted contrast. Although granular (spherical) particles appear at the first glance to be dominant in WETEM images, in detail other particle shapes including triangular, square, rectangular, oval, fiber or needle-like, hexagon and polygon are also observed. The predominant rounded shape of the particles in this sample may be explained by the aggregation of primary particles, which resemble rounded aggregates that are produced by rapid drying of diluted dispersions (spray-drying). This was clearly proved by CTEM analysis (inserted image).

Particles in sample B15 (Fig. 3.60 D) were very well-sorted and very fine-grained (based on FOLK's classification). Many shapes, such as rounded, granular, triangular, almost square, pentagonal, hexagonal, polygonal, elongate, fibrous and needle-like, have been observed. Many large (relative to the small clay platelets) dark particles and aggregates were also observed in this sample. While many of these dark particles were clay aggregates, some might be non-clay minerals. The resemblance of particle analysis between sample B15 and B14 is not surprising because both samples were collected from the same deposit. Sample B14 consisted dominantly

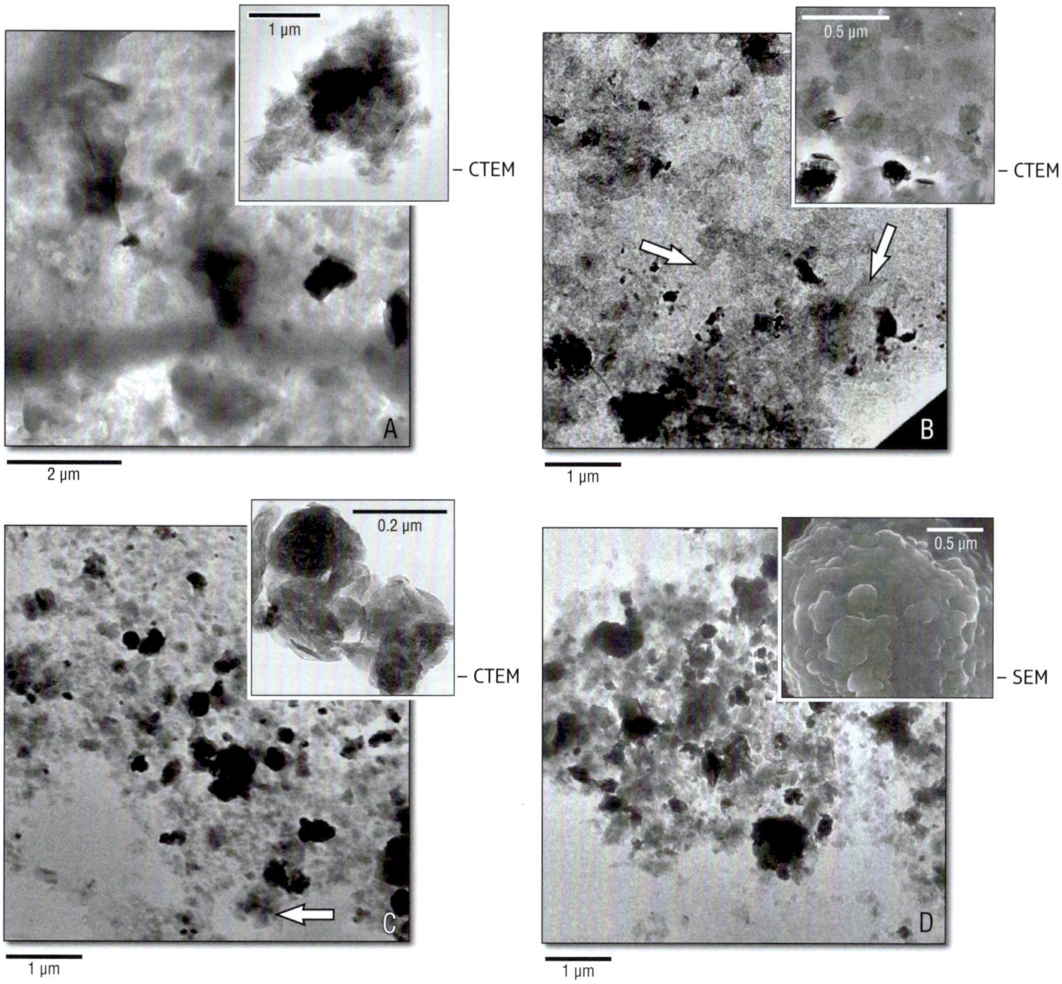


**Fig. 3.60:** Electron micrograph images of four selected bentonite samples used to study the morphology: (A) Sample B06; (B) sample B08; (C) sample B14; (D) sample B15.

The large images are WETEM micrographs that were recorded as explained in Section 3.5. In order to better interpret the WETEM micrographs, conventional TEM (CTEM) and SEM studies were also conducted (small inserted micrographs).

of rounded aggregates and is quite similar to the TEM images of B15. A high-resolution SEM image of one of the rounded aggregates is shown in the insert image.

Sample B32 displays an extraordinary water-uptake capacity along with large mesoporosity that was explained by a mesoporous network of smectite fibres (detected by SEM; KAUFHOLD et al. 2010 b, c; see also Section 3.16). The WETEM investigation of this material was particularly interesting to support the previous interpretation (Fig. 3.61).

WETEM micrographs revealed a variety of clay particle shapes although, as with the conventional TEM, particles with an elongated shape were predominant (Fig. 3.61 A). Laths were often not perfect in shape, for example, some display an elongated triangular shape while others have rounded ends. Some clay particles were so thin and fine, or may have had a- or b-axis facing to the electron beam, that they appeared like needles or fiber, especially if viewed at low magnification. Granular particles with different sizes, different degrees of sharpness at their edges, and different contrasts were very common. A few very dark (electron dense) particles are most likely aggregates, but they could also be other very fine-grained silicate or oxide minerals rather than clay minerals or a mixture of clay and non-clay particles.

Although the particles in sample B32 were not fully dispersed, the conventional TEM images revealed a rather different particle morphology (Fig. 3.61 B). Most of the particles tend to be elongate in shape and aggregates were also common. The elongate rectangular or lath-like clay particles predominate in this sample. Many laths coalesced into bundles irrespective of their size, although some aggregates were formed by randomly stacked laths. The length of the laths ranged from around 100 nm to approximately 500 nm. CTEM micrographs also revealed a few diluted and loosely packed aggregates scattered on the carbon film (of the CTEM grid), and some aggregates were nearly 10 µm in diameter. Particles in aggregates are randomly distributed, and appear dispersed in low magnification images. However, under higher magnification, they are seen to contain a number of micro-aggregates that may only consist of a few clay particles. Many very fine-grained particles are so fine that they appeared like needles if they are short and straight, or fibrous if they are long and curved. The so-called *fluffy* or *cloudy* morphology in the old literature is, therefore, most likely a reflection of different sizes of an aggregate or aggregates that consisted of randomly-oriented and very fine-grained needles and fibers as well as other fine particles under low magnification. Furthermore, these needles, fibers and particles are so fine-grained that they appeared *fluffy* or *cloudy* in old electron microscopes due to the lower resolution as compared with the modern high-resolution TEM.

SEM micrographs of the B32 bulk sample (Fig. 3.61 C) show little difference as compared to the other four samples discussed in this section. Morphological forms such as long lath or tubular, worm-like or columnar, and granular or spherical structures are seen in a few SEM micrographs. The long worm-like or columnar structure was probably formed by linking several granular particles, such as a string of granular particles. Nevertheless, these granular "particles" could themselves well be a microaggregate, but with a granular shape. Alternatively, the worm-like structures could also be related to living organisms, possibly silicified fossil worms or fecal pellets. These "inconsistent" observations of "worm-like aggregates" may be attributed to the following:

- they could have been dispersed while preparing WETEM and CTEM samples, and thus cannot be found in any TEM images;
- they could also be formed by twisting of sheets during SEM sample preparation due to dehydration of clay dispersion, as indicated in Figure 3.61 D.

Overall, the electron microscopy investigations shown in Figure 3.61 supported the previous observation (KAUFHOLD et al. 2010 b, c) that sample B32 contains more fibrous smectite than other samples. The origin and geological meaning of this special morphology is unknown, but of scientific interest for further research. Notably these particles occur frequently and hence cannot be attributed to the minor amount of zeolites present in the sample.

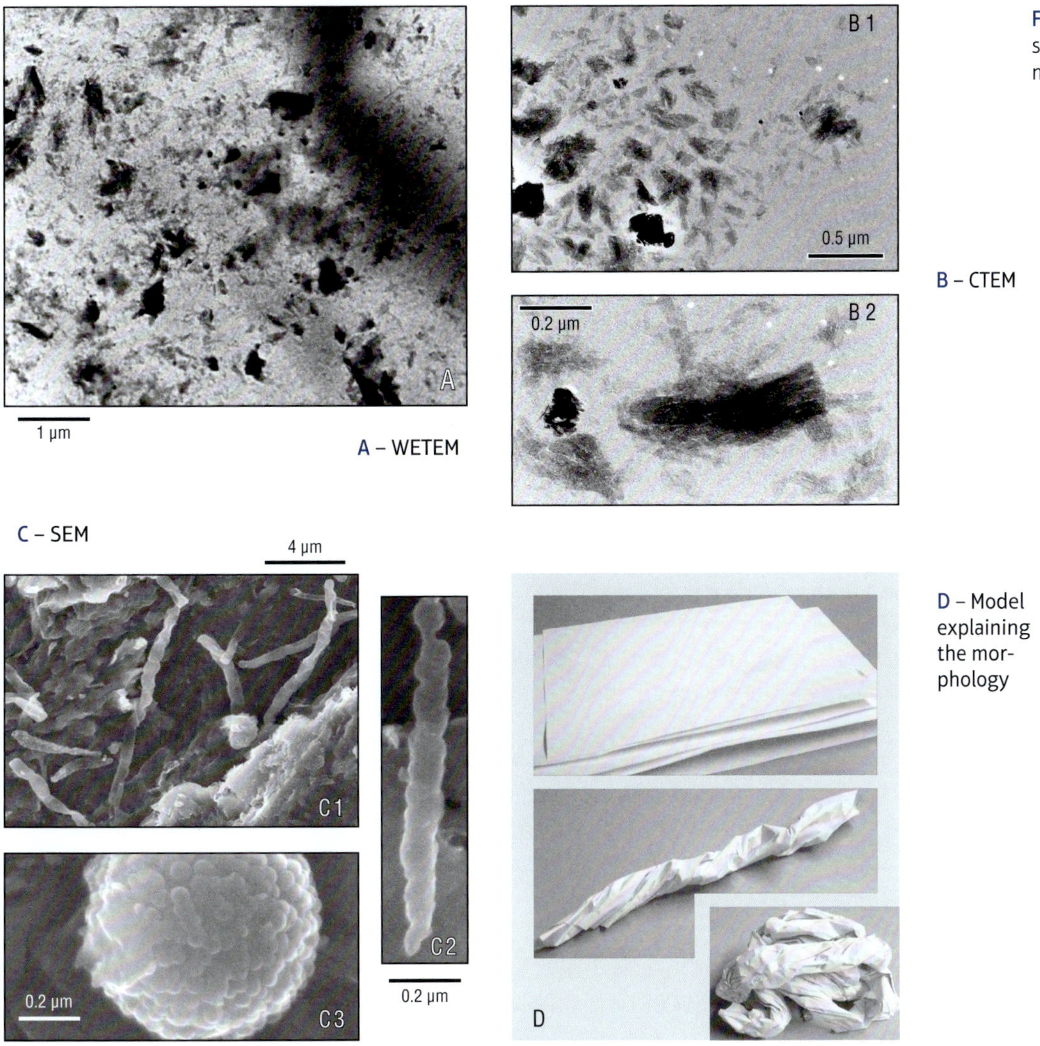


Fig. 3.61: Electron microscopical investigation of the morphology in sample B32.

In summary, although WETEM micrographs may not be as clear and have the contrast as compared to CTEM images, they better depicted the dispersed particle morphology, which in turn revealed the original particle shape and size in the wet environment. The dark background to WETEM micrographs was partially due to the double-layer of carbon films that is necessary for constructing an environmental cell. A few very dark particles observed in WETEM are most likely not aluminum layer silicates, but may be non-clay minerals, and the very dark particles may probably be minerals such as silicates (quartz and feldspars) and/or iron oxide (magnetite). Since the clay particles were in dispersion, an overlapping of the projected clay particle image was unavoidable, and this may also explain the cloudy appearance. The clay aggregates observed in conventional TEM are most likely formed when these patches of clay particles dried during sample preparation, although they could also result from insufficient dispersion of clay particles. Nevertheless, particle morphologies can be distinguished and characterized by electronic image enhancement and trained eyes, especially when the concentration of suspended particles is low. Dilution of the clay dispersion of the sample improves the resolution, and particles observed in the WETEM have a larger range of particle sizes and morphologies as compared to conventional TEM micrographs.

The WETEM images appear to display more fibrous or needle-like morphology than in conventional TEM images. The high contents of fibrous or needle-like particles observed in WETEM are probably due to the dispersion of platy or flaky particles in a particular orientation (c-axis parallel to the carbon film) due to the very low water content in the dispersion, and further research is required.

- Generally, more fine-grained and large-grained particles were found in WETEM images as compared to conventional TEM (CTEM).

The comparison of five samples using SEM, CTEM, and WETEM techniques demonstrated that most particles are aggregates. The study also demonstrated that the microaggregates in the five samples were slightly different. The diffuse particles in sample B06 consist of much finer primary particles that could scarcely be resolved by WETEM, but are visible under CTEM. As already presented in Section 3.5, this sample is characterized by smaller primary particles as compared to the other samples. Sample B08, from Wyoming, contains a number of particles with a crystalline appearance at the edges. The primary particles were extremely thin, but most of them showed well-defined edges with almost rectangular angles. Such particles were only occasionally found in the other samples. Samples B14 and B15, both from the same deposit, consist of rounded aggregates, as if they were produced by ultrafine spray-drying. Smectites with fibrous morphology were observed in sample B32.

The morphological study of these five different bentonites revealed that:

- the morphology of smectites is highly variable, and
- the use of different electron microscopy methods is recommended, or even required, in order to distinguish primary particles from aggregates, and to elucidate the particle morphology in sufficient detail regarding a possible mechanism of formation.

Some of the bentonite properties are affected by their different morphologies. A good example is the extraordinary water-uptake capacity of sample B32, which resulted from the mesoporous network of fine fibres. The massive and more crystalline Wyoming smectites have less micropores as compared to others, probably because of the well-developed edges pointing towards the absence of a quasicrystalline overlap region (Section 3.18).

## ▸ 3.18 External surface area

The external surface area of smectites or bentonites is commonly determined by nitrogen adsorption in combination with the BET equation (Brunauer et al. 1938), and is often used for their characterization. This value is referred to as $SSA_{N2BET}$. Bentonites with high $SSA_{N2BET}$ values are known to have greater activity in adsorption processes, such as in the bleaching process.

The $SSA_{N2BET}$ is frequently considered to be a physically "correct" description of the external surface area, and hence is measured to calculate adsorption site densities by dividing the adsorption capacity by the external surface area. Adsorption commonly occurs either in the interlayer, at the edge surface, or at the external basal planes. Therefore, dividing a specific adsorption capacity by the overall external surface area results in confusing adsorption site densities. The external surface area, at least when determined by gas adsorption methods, is affected by microporosity and this is a very important consideration. Hence, the subtraction of the BET surface area from the total surface area determined by, for example, adsorption of polar liquids, results in values for the inner surface area incompatible with the actual surface area in the investigated system, which is potentially relevant for an adsorption process.

The basis of the discussion is summarized by SCHOONHEYDT (1995), who states that "the majority of the $SSA_{N2BET}$ originates from basal planes and from micro- and mesopores formed by the irregular stacking of the elementary particles and of the aggregates", which suggests that the $SSA_{N2BET}$ is determined by the degree of delamination and hence the overlapping of basal planes. The inner surface of smectites amounts to approximately 800 $m^2/g$. A fully delaminated smectite should, therefore, theoretically yield approximately the same value for the external surface area. Practically this value cannot be measured because a delaminated state may only exist in a diluted suspension but not in the dry state. The $SSA_{N2BET}$ values, however, range from 10 to 130 $m^2/g$, at least for the bentonites in this study. The external surface area could be explained by the presence of smectite quasicrystals (or smectite primary particles), with approximately 10 TOT layers per stack (per quasicrystal), which would result in an 80 $m^2/g$ external surface area. With respect to Na- and Ca/Mg-bentonites, the Na-smectites/bentonites would be expected to have larger surface areas, because the Na-smectites delaminate more readily than Ca/Mg-smectites. This observation, of course, refers to the water dispersed system and is different in the solid state. KAUFHOLD et al. (2010c) observed that Ca/Mg-bentonites have larger $SSA_{N2BET}$ values than Na-bentonites (Fig. 3.62). The $SSA_{N2BET}$ of Ca/Mg-bentonites ranges from 20 to 130 $m^2/g$, and that of Na-bentonites is significantly lower, from 5 to 65 $m^2/g$ (Fig. 3.62).

KAUFHOLD et al. (2010c) addressed this observation in various experiments. First, the drying conditions of Ca- and Na-bentonites were varied, and the $d_{001}$ reflection as well as $SSA_{N2BET}$ were measured. At 30 °C the $SSA_{N2BET}$ of both types of bentonite was low, and the d-value showed the characteristic values (Ca ≈ 15 Å, Na ≈ 13 Å). The $SSA_{N2BET}$ did not change significantly at 60 °C, some dehydrated layers were observed in the XRD of the Na-smectite (shoulder at 10 Å). At 105 °C the same shoulder appeared for the Ca-smectite, and a significant increase of the $SSA_{N2BET}$ was observed only in the Ca-bentonite (from 20 – 90 $m^2/g$). This experiment indicated that the differences between the d-value in Na- and Ca-smectites in the dried state, which is the state in which the $SSA_{N2BET}$ is commonly determined, do not explain the higher value for the $SSA_{N2BET}$ of Ca-bentonites. In a second experiment, a Morrocan bentonite was saturated with $Ca^{2+}$ and $Na^{+}$, respectively, and analyzed with respect to microstructure and $SSA_{N2BET}$. A different microstructure developed and affected the mesoporosity, and is possibly due to different pH values throughout evaporation (KAUFHOLD et al. 2008). However, an approximately two-fold increase in the microporosity could not be explained. In a further experiment all bentonites were saturated with the CEC index cation Cu-trien, which resulted in an interlayer distance of about 13 Å, regardless of the drying conditions. The $SSA_{N2BET}$ of all Cu-trien bentonites was significantly higher and correlated well with the layer charge density (Fig. 3.63).

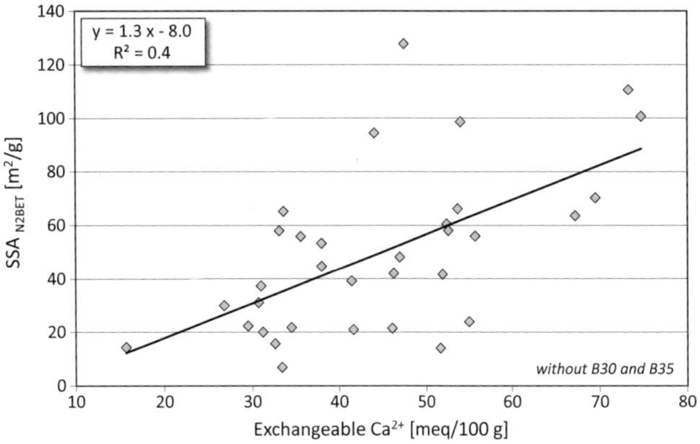


Fig. 3.62: $SSA_{N2BET}$ of all bentonites sampled with their natural content of exchangeable $Ca^{2+}$ (excluding samples B30 and B35).

The $SSA_{N2BET}$ of the Cu-trien bentonites increased particularly in the case of low charged smectites. Only small $SSA_{N2BET}$ increases were found for high charged smectites. The fact that the LCD is significant provided some information about the accessibility of the interlayer. There is considerably more open space in the interlayer of bivalent cations and this is one of the most important differences between Na- and Ca/Mg-smectites. In the case of $Na^{+}$, double the number of cations with similar diameter

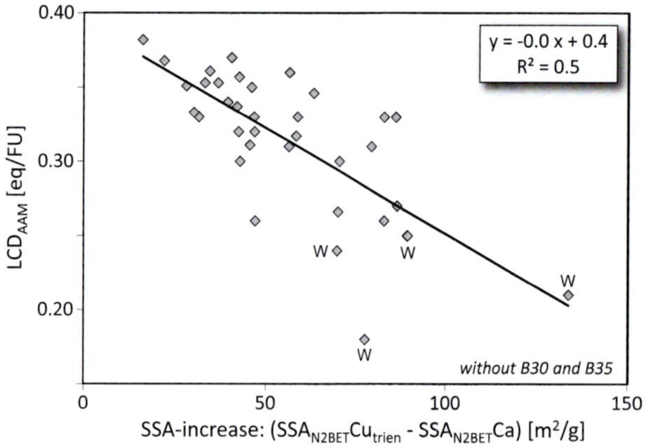


**Fig. 3.63:** Comparison of the increase of the specific surface area upon Cu-trien exchange with the LCD (excluding samples B30 and B35).

W = Wyoming bentonite

occupy the interlayer, and, therefore, there is less space for $N_2$, at least at the outer parts of the quasicrystals. The $SSA_{N2BET}$ of $Ca^{2+}$ saturated bentonites should also correlate with the LCD but this could not be demonstrated. The reason for the lack correlation might relate to the bivalent cations that provide more space for $N_2$ in the outer parts of the interlayer, but a non-collapsed interlayer state must be present (as with the Cu-trien). The collapse of the smectite interlayer, however, is a special field and particularly complicated because low charged domains similar to pyrophyllite also tend to collapse

- The $SSA_{N2BET}$ of Ca/Mg-bentonites is higher as compared to Na-bentonites.
- The partial interlayer access of $N_2$ in the case of a $d_{001}$ reflection ≥ 13 Å possibly explains the larger $SSA_{N2BET}$ values of Ca/Mg-bentonites, which leave more space between the charges than the two-fold content of $Na^+$ that would be required to compensate the charges.
- The $SSA_{N2BET}$ of bentonites is assumed to result both from the quasicrystalline overlap region (nitrogen and water adsorption), and some interlayer access at the edges ($N_2$ but minor water adsorption).

similar to high charged domains. The Cu-trien molecule is big enough to provide stable pillars, and to prevent the interlayer from the collapse (at least throughout $SSA_{N2BET}$ measurements). Normal cations ($Ca^{2+}$, $Na^+$, $Mg^{2+}$), on the other hand, are unable to prevent the partial collapse and, as a result, low charged domains with normal cation population might collapse and can not accommodate $N_2$ molecules.

The generally accepted view is that the $N_2$ accessible micropores of the smectites result from the imperfect stacking of the single TOT layers, which results in "slit shaped micropores at particle edges" (MICHOT & VILLIÉRAS 2006). This micropore region was termed *overlap region* (AYLMORE & QUIRK 1967) or *quasicrystalline overlap region* (RUTHERFORD et al. 1997). Accordingly the low $SSA_{N2BET}$ of the Wyoming bentonites would indicate a well-ordered structure of the Wyoming smectites, at least at their edges, and this could be confirmed by WETEM (Section 3.17). However, water-uptake capacity measurements indicate that the edge micropores can also play an important role. The water-uptake capacity (50 % relative humidity) of all $Ca^{2+}$ saturated bentonites was measured and divided by the CEC, which resulted in a value proportional to the number of water molecules per charge (Fig. 3.64; KAUFHOLD et al. 2010b). This value is independent of the amount of water-bound to the charges, or to the $Ca^{2+}$ saturating the charges. The correlation of the water-uptake capacity that is independent of the CEC with the $SSA_{N2BET}$, indicates that the same pores are relevant for both $N_2$ and $H_2O$ adsorption. Mesopores are also believed to determine water adsorption in sample B32.

The Wyoming bentonites possess low $SSA_{N2BET}$ values, and hence a low water-uptake capacity/CEC (Fig. 3.64). The number of water molecules per charge at 50 % relative humidity is 2 to 3, and hence 4 to 6 per $Ca^{2+}$ cation. The number of water molecules per charge or cation in the other bentonites is considered to be no larger, and, therefore, the low values of the Wyoming bentonites demonstrate that there are about 2 water molecules/charge at 50 % relative humidity. Most of the bentonites display values of about 6 water molecules/charge, and values of about 9 water mole-

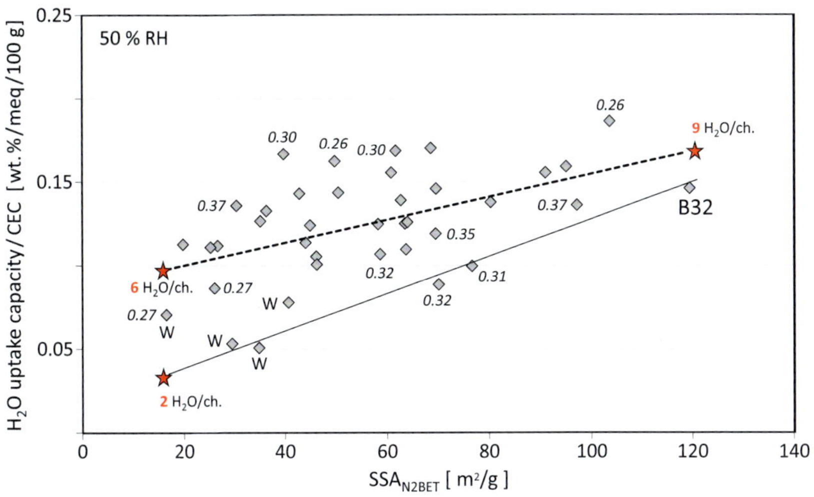


**Fig. 3.64:** Water-uptake capacity at 50 % relative humidity divided by the CEC of all $Ca^{2+}$ saturated bentonites compared with the $SSA_{N2BET}$ (also $Ca^{2+}$ saturated); excluding samples B30 and B35. The numbers indicate the LCD of the samples (in eq/FU).

W = Wyoming bentonite

cules/charge were found for the microporous bentonites. Hence, the higher water uptake of bentonites with larger $SSA_{N2BET}$ values is probably related to their (micro-)porosity. The scatter evident in Figure 3.64 remains to be evaluated. The microporosity can possibly be divided into an internal microporosity (partial access of space between the charges) and an external microporosity, which is the famous quasicrystalline overlap region.

Water in the interlayer is considered to be concentrated around the exchangeable cations. The uncharged area is relatively hydrophobic. Therefore, $N_2$ might be expected to enter these pores, whereas water cannot. However, the external microporosity should be accessible for both water and nitrogen, which explains the trend shown in Figure 3.64. Samples above the trend are those with especially high contents of $N_2$ in the interlayer micropores.

## ▸ 3.19 Internal and total surface area

The total surface area of smectites can be subdivided into the *internal surface area* (in the interlayer space, red in Fig. 3.65) and the *external surface area* (grey in Fig. 3.65). The latter consists of the edge surface area, which is dominated by aluminol groups (in the case of dioctahedral smectites), and variable microporosity and the basal planes. The internal surface area is commonly determined to describe or model reactions taking place in the interlayer. The importance of the inner surface area is discussed by Pennell (2002) for soils.

The total surface area is commonly measured by adsorption of polar molecules such as water (Keeling et al. 1980), 2-Methoxyethanol = ethylene glycol monomethyl ether (EGME) (Kellomäki et al. 1987; Quirk & Murray 1999), ethylene glycol (EG) (Dyal & Hendricks 1950), glycerol (Madsen 1977), or similar. There are numerous other publications on this topic (e.g. Yukselen & Kaya 2006).

The inner surface area can be obtained by subtracting the BET surface area from the total surface area, or by rendering the interlayer hydrophobic (Kinter & Diamond 1958), but both methods must be critically assessed. The surface methods based on polar molecule adsorption assume that a homogeneous monolayer of the adsorbate forms, as in the work of Keeling et al. (1980) that presumes a monomolecular layer that was published for kaolinite in the first issue of the Clay Minerals Bulletin (Vassiliou &

Fig. 3.65: Schematic representation of the internal surface area (red), external surface area (grey), and total surface area (red + grey).

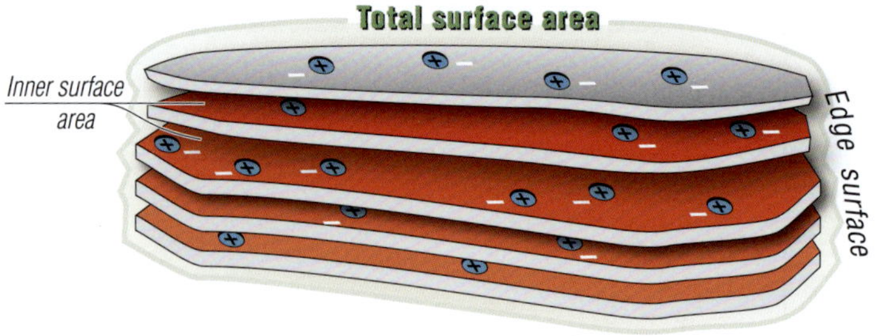


WHITE 1949). However, there were frequent subsequent publications on the heterogeneity of the surface and implications for specific surface area (SSA) determinations. PROST (1975) stated that "the structure of water in contact with the clay surface is induced by the exchangeable cations" and that "the coverage of the surface by water is not complete even at a water content for which the interlayer spacing corresponds to the clay hydrated to two layers". SPOSITO & PROST (1982) state that "at a given water content, the water adsorbed by smectites can be found in two different states: the water solvating the exchangeable cations in the interlamellar space and the water in external regions" and "it is not necessarily accompanied by the formation of complete monolayer of water". Consequently, the "water in the interlayer space can not be treated as a bulk continuum" (YARIV 1992). The reason is that "the hydrophilicity of smectites and vermiculites arises from the negative charge of the clay layers and from the presence of exchangeable cations in the interlayer space" (YARIV & CROSS 2002).

In conclusion, the "use of EG or EGME to determine the total surface area of clay minerals is complicated by the fact that polar molecules tend to form multilayers at cation exchange sites before complete monolayer coverage" (PENNELL 2002). KAUFHOLD (2005) compared the CEC of more than 50 bentonites with the water adsorption capacity at 53 % relative humidity, and confirmed the earlier observations.

According to Figure 3.66, the CEC and the water-uptake capacity at 53 % relative humidity are very well correlated, which could also reflect the fact that the CEC and the inner surface area are also well correlated. However, if water adsorption is related to the surface area, rather than to the charges, then high charged montmorillonites should plot in the upper-left field and low charged montmorillonites should plot in the lower-right field. Since no systematic effect of the layer charge density was observed, this demonstrates that water adsorption is related to the permanent charge sites and not to the geometric surface area.

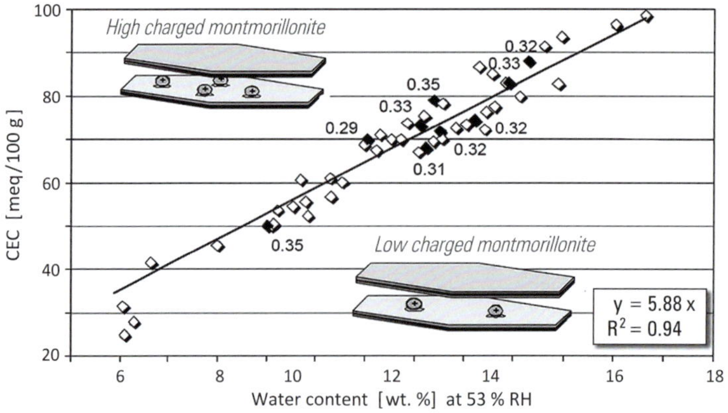


Fig. 3.66: Comparison of the water-uptake capacity of more than 50 Ca-saturated Bavarian bentonites with the CEC and the layer charge density (values (AAM method) given next to the black diamonds; KAUFHOLD 2005).

Results presented in Figure 3.66 can be explained by the lower hydrophilicity of the uncharged domains of the basal surfaces (similar to pyrophyllite). The most widely accepted model is that the space between the permanent charges is relatively hydrophobic, and water surface interaction is restricted mainly to the permanent charges.

This discussion demonstrates that the application of the adsorption of water or other solvating polar molecules to determine the internal SSA (same adsorption mechanism) suffers from systematic errors. As an alternative, KAUFHOLD (2005) suggested calculating the internal surface area from CEC and LCD measurements (Fig. 3.67) by taking the mass and dimensions of a unit cell into consideration.

The calculation of the internal surface area, based on the dimensions and mass of a formula unit (which equals half an elementary cell), is shown in Figure 3.67. The a- and b-dimensions of an elementary cell typically are 5.2 Å and 9.02 Å that, taking both sides of the TOT layer into consideration, recalculates to $9.5 \times 10^{-19}$ m$^2$ for one elementary cell. This value has to be divided by 2 again in order to obtain the surface area of one formula unit (FU) (1 FU = 0.5 × EC). The mass of one elementary cell can be derived from the molar mass of the formula, which is simply divided by Avogadros' constant. The molar mass of a formula unit (or elementary cell) is commonly determined from the chemical composition of a pure smectite fraction. The SSA is obtained by dividing the area and mass of one formula unit. Accordingly, a pure smectite has an internal SSA of 772 m$^2$/g. However, both the parameters determining the SSA, $M_{FU}$ and a + b dimensions, are variable. The $M_{FU}$ largely depends on the Fe-content. Without taking any water into consideration, but only the exchangeable cations (the fraction of them actually present according to $LCD_{AAM}$), an Fe-free montmorillonite has an $M_{FU}$ of 350 g/mol, and 0.5 Fe-atoms per formula unit (half unit cell) correspond to 370 to 375 g/mol. All bentonites in the present study lie within this range.

The SSA varies from almost 800 to 760 m$^2$/g within the usual range of $M_{FUs}$ for montmorillonites. The typical variability of the a- and b-axis results in a variation of SSA of almost 20 m$^2$/g.

The a-axis of smectites ranges from 5.17 to 5.26 Å (BRINDLEY & BROWN 1980), and the b-axis ranges from 8.93 to 9.16 Å (KÖSTER et al. 1999), but typically from 8.97 to 9.06 Å. Both these variables,

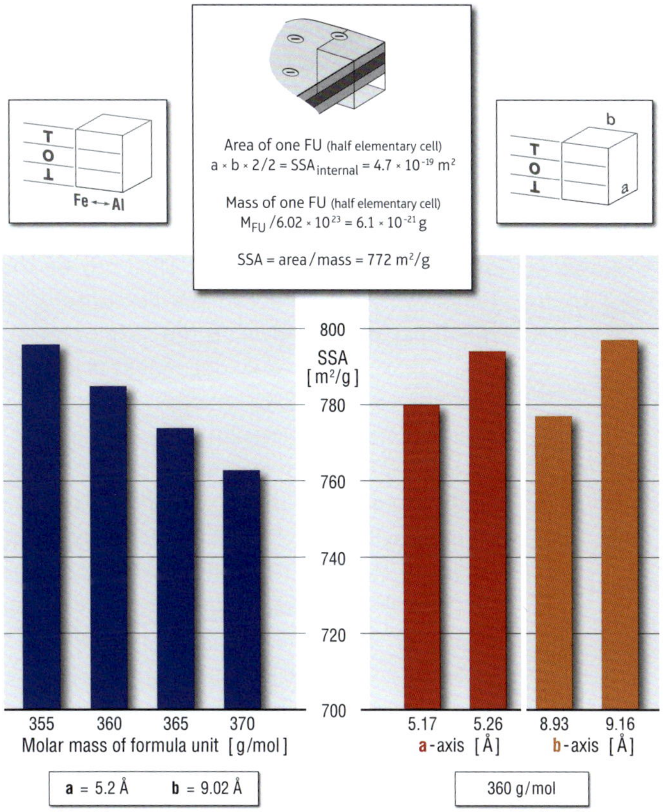


Fig. 3.67: Dependences of the internal surface area on Fe-content affecting the $M_{FU}$ and on the variability of the axis.

- Water, and other small polar molecules, adsorb as solvating molecules and hence occur around the exchangeable cations rather than homogenously distributed over the heterogenous surface.
- Adsorbed water (or other polar molecules) depends on the CEC, but additional water is adsorbed to the edges and micropores (SPOSITO & PROST 1982; Section 3.18, 4.4).
- The ratio of external and internal water at 53 % relative humidity may attain 1 (50 : 50) for bentonites with high $SSA_{N2BET}$ values.

$M_{FU}$ and dimensions, are not independent because the b-axis also depends on the Fe-content (EGGLETON 1977; BRINDLEY & BROWN 1980; BRIGATTY 1983; HEUSER et al. 2013). Based on the work of BRINDLEY & MACEWAN (1953) and RADOSLOVICH (1962), RUSSEL & CLARK (1978) report on corrected empirical formulae for the calculation of the EC-dimensions from the chemical composition. According to KÖSTER et al. (1999), these formulae did not fit the measured data and, therefore, should be considered critically. The b-axis can be deduced from the position of the $d_{060}$ reflection, but the a-axis cannot be determined directly by XRD. This may be the reason why the effect of the Fe-content on the a-axis is not known. In the case of micas, a- and b-axis are linearily dependent ($a = b/\sqrt{3}$; BRINDLEY & BROWN 1980), but does not necessarily apply to smectites (UFER 2011, pers. commun.).

The following discussion is, therefore, based on the premise that the effect of the Fe-content on the a-axis is either small, or according to the mica law. The effect of the Fe-content on the theoretical SSA is low, particularly if the "mica-a-axis-law" is true, mass and the dimension of a unit cell compensate each other. The $M_{FU}$, therefore, increases with increasing Fe-content, and correspondingly decreasing SSA (Table 3.15). The increasing Fe-content increases the dimensions of the unit cell and hence almost completely compensates for the effect of the increasing mass.

The consequence of the above discussion is that the inner surface area of a bentonite can be best determined from the smectite content. Accordingly, a sample with 70 mass% smectite would have 540 $m^2/g$ inner surface area. However, the determination of the smectite content is another challenging task, and is discussed in Section 3.22.

KAUFHOLD (2005) suggested that the $SSA_{internal}$ be determined from CEC data, and discussed the effect of the layer charge density on the SSA. The variable charge does not contribute to the SSA, and hence the CEC has to be corrected for the variable charge (Section 3.14). A suitable estimate is 10 % variable charge, or 20 % in the case of Na-bentonites with larger pH value and, therefore, a greater proportion of the variable charge (Section 3.12, 3.14). Therefore, by subtracting 10 % variable charge from the CEC and taking the LCD into account, improved estimated values for the inner surface area values can be calculated as compared to the polar liquid adsorption methods. However, the LCD is rarely measured and, therefore, the effect of assuming different LCD values is discussed.

**Table 3.15: Variability of a- and b-axis, $M_{FU}$, and the effect of both on the theoretical internal surface area.**

*a- and b-axis are either assumed to be related via $a = b/\sqrt{3}$ ("calculated from b"), or a was varied independently (from 5.16–5.23 Å).*

| Fe/FU | b-axis [Å] | a-axis [Å] | $M_{FU}$ [g/mol] | SSA [$m^2/g$] | *Remark* |
|---|---|---|---|---|---|
| 0 | 8.94 | 5.16 | 355 | 783 | *a-axis calculated from b* |
| 0.5 | 9.06 | 5.23 | 370 | 771 | |
| 0 | 8.94 | 5.16 | 355 | 783 | *a-axis varied independently* |
| 0 | 8.94 | 5.23 | 355 | 793 | |
| 0.5 | 9.06 | 5.16 | 370 | 761 | |
| 0.5 | 9.06 | 5.23 | 370 | 771 | |

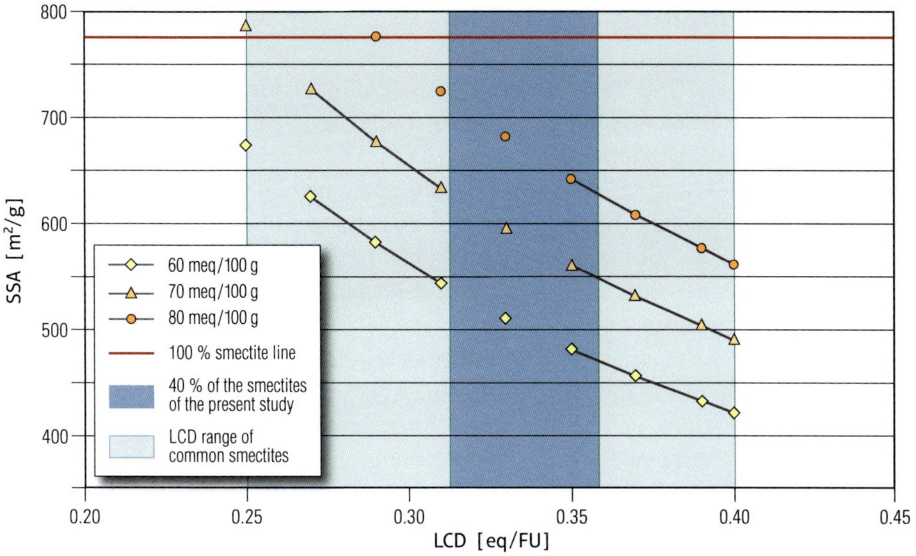


Fig. 3.68: Effect of the LCD (AAM) on the calculation of the $SSA_{internal}$ for three hypothetical bentonites (CEC values corrected for variable charge).

*The red line represents the smectite content maximum, values above this line can only be attained with smectite contents above 100 mass% (only theoretically).*

In Figure 3.68 the effect of assuming different LCDs in the case of three different CEC values (corrected for variable charge) is explained. At low LCD, for example, 0.25 eq/FU, 80 meq/100 g exceeds the smectite content, which means that a pure smectite with a LCD of 0.25 eq/FU or less has a CEC < 80 meq/100 g.

A pure smectite with LCD 0.25 eq/FU has a CEC of approximately 70 meq/100 g, which corresponds to 775 $m^2/g$ internal surface area. The same CEC, 70 meq/100 g, but a LCD of 0.40 eq/FU would result in a much lower smectite content and hence an internal surface area of only 500 $m^2/g$.

It could be argued that a LCD range from 0.25 to 0.40 eq/FU is not realistic, but the opposite was demonstrated in Section 3.13: 40 % of the smectites of the present study show LCD values ranging from 0.32 to 0.36 eq/FU. A corrected CEC of 70 meq/100 g corresponds to either to 630 $m^2/g$ (0.32 eq/FU) or 550 $m^2/g$ (0.36 eq/FU). This example illustrates the importance of considering the LCD when calculating $SSA_{internal}$ from CEC data.

It is important to note that the CEC measures the external basal surfaces. Therefore, the internal surface area determined by the CEC actually is a total surface area without the edges or the basal surface area. For the determination of the total SSA the edge surface area has to be added to the inner SSA. The BET method, as explained in Section 3.18, is not suitable in this respect because this value is determined by the microporosity (except for some Wyoming bentonites). The actual edge surface area largely depends on the submicron particle size (diameter). Additionally, the roughness of the edge SSA would have to be considered quantitatively, which is practically impossible.

- The theoretical inner surface area of pure smectites is almost independent of the Fe-content, amounting to 775 ± 10 $m^2/g$. This range would expand in the case of smectites with an uncommon a-/b-axes ratio.
- A suitable alternative for the determination of the inner surface area is to either determine the smectite content using 775 $m^2/g$ for pure smectite or to consider the CEC (corrected for variable charge) and the LCD. The polar liquid methods are systematically incorrect because the polar molecules are adsorbed to the charges and do not form a monolayer.
- SSA calculations are based on assuming an even surface rather not taking into account the roughness caused by the hexagonal rings.

## ▸ 3.20 Porosity of bentonites

For the calculation of the porosity of bentonites and other materials, a specific density of the smectite particles usually must be determined or calculated. Klinkenberg (2008) and Kaufhold et al. (2013d) compared a calculation of the density with values obtained by a He-pycnometer. The He-derived porosity values were somewhat higher because of micropore adsorption. Kaufhold et al. (2010c) demonstrated that even $N_2$ could enter parts of the interlayer (see also Section 3.18). Therefore, He is also presumed to enter at least the same micropore volume, which increases the specific density and falsifies the porosity value. The calculation of the specific density is, therefore, recommended. Klinkenberg (2008) and Kaufhold et al. (2013d) showed that the Fe-content of the smectite, the interlayer cation, and the layer charge density also have to be taken into consideration in order to calculate density values that in turn represent real differences between smectites. The values are listed by Kaufhold et al. (2013d).

The porosity is subdivided into *micro-*, *meso-*, and *macroporosity*, although the term *microporosity* is often used for simply describing small pores. However, all three terms are reasonably defined by Iupac (1994) and Thommes et al. (2015) and are based on different gas adsorption mechanisms.

The IUPAC classification of the pores of clays according to this definition is presented in Figure 3.69.

Macropores have diameters above 50 nm, and in clays and bentonites they result from the arrangement of the larger particles that can be quartz, feldspar, carbonates, or the clay mineral aggregates, which in turn are formed from several smectite crystals (to avoid the discussion about smectite crystals and disorder here, the term *quasicrystal* is used). A smectite quasicrystal, representing several TOT layers overlying each other, accommodate the micropores and several quasicrystals form aggregegates that in turn accommodate the mesopores.

The actual location of the **microporosity** is under discussion (Section 3.18). The currently accepted view is that the imperfect or irregular stacking of the smectites results in the so-called *quasicrystalline overlap region* (Fig. 3.69 right side; Section 3.18; Rutherford et al. 1997; Michot & Villiéras 2006). In their investigations on the specific surface area of bentonites ($SSA_{N2BET}$), which is known to represent the microporosity rather than the actual external surface area, Kaufhold et al. (2010c) concluded that some $N_2$ can enter at least external zones of the voids. However, the boundary between the quasicrystalline overlap region and the external part of the interlayer is

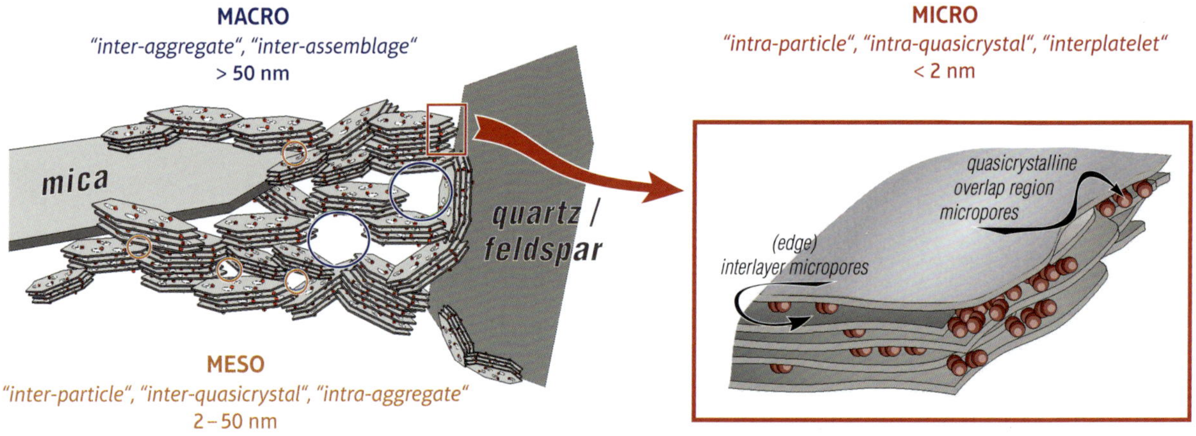


**Fig. 3.69:** Classification of the porosity of clays / bentonites according to Iupac (1994) / Thommes et al. (2015).

difficult or even impossible to define. KAUFHOLD et al. (2010c) observed that Ca-bentonites have higher $SSA_{N2BET}$ values than $Na^+$ occupied bentonites. They finally concluded that this difference may be explained by the fact that only 50 % of the interlayer volume, compared to the Na-bentonites, is occupied in $Ca^{2+}$ smectites. Hence, $Ca^{2+}$ smectites may leave more space for gas molecules to enter the external part of the interlayer.

In order to unambiguously demonstrate this difference, KAUFHOLD et al. (2013d) attempted to collapse the entire interlayer, which would reduce the microporosity and the $SSA_{N2BET}$ by micropore volume resulting from the the external part of the interlayer. Heating and cations were varied in the experiments undertaken by KAUFHOLD et al. (2013d), but these variables were unsuitable to quantify the changes in microporosity because the response of some samples is inconsistent and cannot be explained by micropore adsorption alone. These observations are currently explained by the realization that heating up to 400 °C with the original cations is insufficient to close the interlayer access, and that the carefully conducted cation exchange prior to heating ($K^+$ or $Li^+$) resulted in partial delamination (samples had to be dispersed) throughout the cation-exchange process and in turn increased the "real" external surface area. The facts that have to be explained are:

- $Ca^{2+}$ smectites have higher microporosity and $SSA_{N2BET}$ than $Na^+$ smectites (Section 3.18);
- the $SSA_{N2BET}$ of bentonites is very variable (in this sample set from 7 to 130 $m^2/g$).

KAUFHOLD et al. (2013d) attempted to quantify the different porosities by comparing the $N_2$-adsorption derived microporosity with the total porosity up to 50 µm (using the envelope density determined with Dryflow® powder; KAUFHOLD et al. 2013d). The large variability of the microporosity ranging from 5 to 65 % micropores as compared with the total pore volume was demonstrated.

Both microporosity and **mesoporosity** can be characterized by gas adsorption. The Hg-intrusion method was found to be less suitable to resolve the variability in bentonite mesoporosity (KAUFHOLD et al. 2013d). Different models may

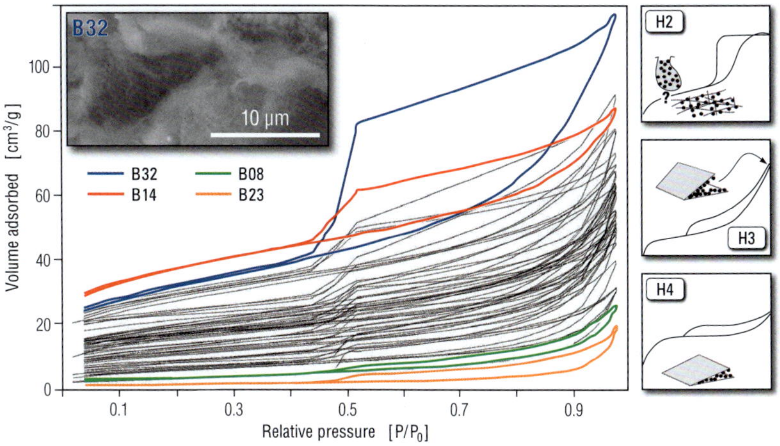


Fig. 3.70: $N_2$-adsorption and desorption isotherms of selected representative bentonites.

be applied to the calculation of the pore-size distribtuion from gas adsorption data, as discussed by GREGG & SING (1982).

However, a careful consideration of the adsorption and desorption isotherms permits differences between the bentonites to be identified (Fig. 3.70). Samples B14 and B32 have high microporosity and, therefore, $SSA_{N2BET}$ values > 100 $m^2/g$. Sample B32 also has an extraordinary mesoporosity, which can be explained by network of smectite fibres in this sample (Figs. 3.57, 3.70). The shape of the hysteresis is similar to type H2 (SING et al. 1985), which can be explained by ink-bottle shaped pores as well as a network of adsorption sites with equivalent adsorption energy. Electron microscopy and $N_2$-adsorption and desorption data provide a consistent picture of the pore structure in sample B32. Samples B08 and B23 have a low microporosity, and B08 also has a particularly low mesopore volume. All other bentonite samples lie between these extremes, as indicated by the thin grey adsorption and desorption isotherms.

- Bentonites differ significantly with respect to microporosity, which is believed to result from the quasicrystalline overlap region and possibly some edge interlayer excess of gas molecules.

The typical hysteresis of bentonites is between H3 and H4 which could result from different angles between the quasicrystals.

KAUFHOLD et al. (2013c) demonstrated that the mesoporosity of sample B32 can be reduced by strong compaction. A specific characteristic of **macropores**, in contrast to mesopores, is that this volume depends more on the sample pretreatment as compared to the other porosities. For example, compaction is supposed to reduce macroprosity but not meso- or microporosity (DELAGE et al. 2006; HOFFMANN et al. 2007; LLORET & VILLAR 2007). The common macropore diameter is in the range of 1 to 10 µm (ANDERSON & REYNOLDS 1966; MONTES-H et al. 2005; DELAGE et al. 2006). Larger pore diameters may result from the orientation of grains after grinding.

KAUFHOLD et al. (2013d) identified three different types of macropores (Fig. 3.71):
**Type 1** with a diameter of about 1 µm can be observed in typical smectite rosettes that were observed in samples with relict structures of the volcanic glass. However, the volcanic relict structures themselves also resulted in the development of typical macropores (**Type 2**). Interparticle macroporosity was also identified in addition to the volcanic glass relict structures (**Type 3**). The diameters of types 2 and 3 ranged from 10 to 20 µm. KAUFHOLD et al. (2013d) provide additional examples and data.

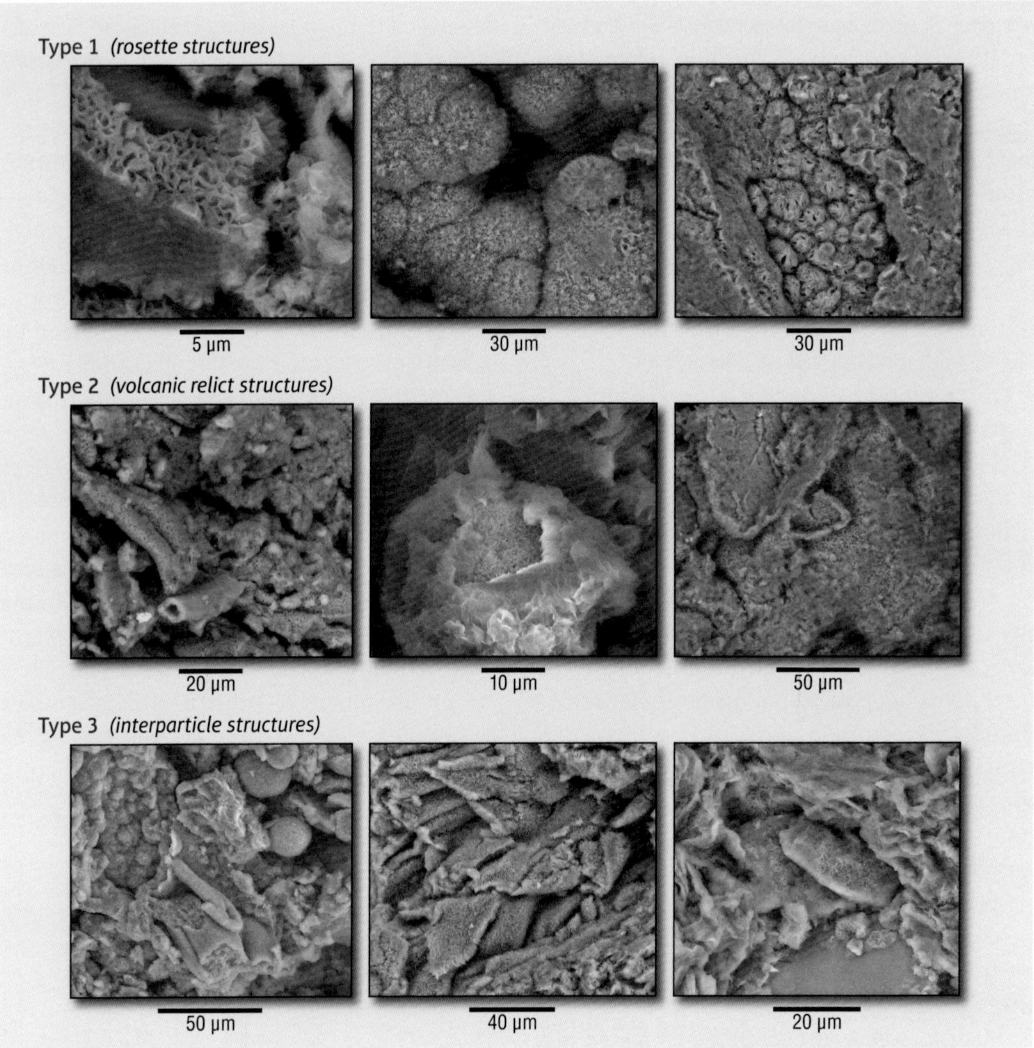


Fig. 3.71: Different types of macropores according to KAUFHOLD et al. (2013d) based on KLINKENBERG (2008).

# ▸ 3.21 Acidity of bentonites/smectites

Bentonites can be used as a catalyst for several reactions, but the reaction mechanisms are still controversial. A special issue of *Applied Clay Science* (Vol. 53) is devoted to this field of research (ZHOU 2011).

The catalytic activity of the clay minerals, particularly of smectites, is usually believed to be related to the surface acidity. BENESI (1956, 1957) and BENESI & WINQUIST (1978) describe fundamental work on the acidity of solid oxide surfaces and of clay minerals.

It is generally accepted that smectites have two different sources of acidity:

(1) The exchangeable cation in the interlayer has a polarizing effect on the hydration water, which results in Brønsted acidity and is strongly dependent on the polarizing power of the type of interlayer cation (MORTLAND & RAMAN 1968). Accordingly exchangeable $Al^{3+}$ results in much stronger acidity than exchangeable $Na^+$. The acid strength increases further with decreasing water content (PINNAVAIA & MORTLAND 1986).

(2) Under-coordinated atoms (or "unsaturated", or "broken bonds") at the edges can act as electron acceptors and hence as Lewis acid sites. Edge Al is a common example. In the presence of water, the broken bonds may be compensated by OH-groups (LAMBERT & PONCELET 1997; KOMADEL & MADEJOVÁ 2006). Lewis site availability, therefore, requires water removal (PINNAVAIA & MORTLAND 1986). Broken Si–O bonds will result in acidic silanol groups, the aluminol and magnesol groups are considered to be less acidic (LAMBERT & PONCELET 1997).

In addition, Lewis acid sites may be generated by interlayer exchange of transition metals, particularly those with unfilled d-orbitals (PINNAVAIA & MORTLAND 1986).

### Titration

There are various methods for measuring the surface acidity, and most of them were critically discussed by BENESI & WINQUIST (1978). Potentiometric titration is one of the frequently used methods. At first, a dispersion is acidified (all acid sites are "loaded with protons"), and then small increments of a base are added (e.g. NaOH). With increasing pH the protons are increasingly forced to leave the acid site, into the dispersion. Such a titration curve may be regarded as proton desorption isotherm. The stronger the acid site, the lower the pH at which the proton leaves its site and goes into solution where it is indirectly recorded by pH increase.

The advantage of potentiometric titration is that both acid strength and quantity can be measured. The drawbacks are that the results are restricted to the "experimentally accessible window" (JANEK & KOMADEL 1999), which means that $H_3O^+$ masks possible stronger acid sites: "... water has a leveling effect; that is, it will form $H_3O^+$ with all stronger Brønsted acid sites." (BENESI & WINQUIST 1978). Hence $H_3O^+$ is the strongest acid that can be titrated with potentiometric titration in aqueous solution. BENESI & WINQUIST (1978) state that particularly strong Brønsted acidity is important for many catalytic reactions, and therefore potentiometric titration may not be useful for the characterization of potential catalysts.

A further problem results from the fact that the titration curves are difficult to interpret. The simplest interpretation would be to distinguish *strong* and *weak* acid sites (BAHRANOWSKI 1985). However, the titration curves may represent overlapping results from several different acid sites. For example, different solvating water molecules may have dissimilar acid strengths, and different coordinations of the octahedral cations exist at the edges.

Commonly edge protonation/deprotonation is written as:

$$\equiv M{-}OH_2^+ \leftrightarrow \equiv M{-}OH + H^+$$

With respect to the atomic arrangement, the protonation/deprotonation reaction of a singly coordinated aluminol group can be written as:

$-M{-}OH^{+½} \leftrightarrow -M{-}O^{-½} + H^+$

(Bolt & van Riemsdijk 1982).

For the interpretation of potentiometric titration curves, different surface sites are assumed and used for fitting using available codes such as MUSIC (multi-site complexation model of Hiemstra et al. 1989). MUSIC also includes the doubly-coordinated aluminol groups that were suspected to be more reactive than was previously thought (Rosenqvist et al. 2002). Bourg et al. (2007) recently discussed modeling the acid–base surface chemistry of montmorillonites, and concluded that the understanding of the relevant fitting parameters is still insufficient to obtain reasonable fits and acidities. Therefore, Kaufhold et al. (2011c) applied the condensation approximation (CA) method (Contescu et al. 1993), which is based on calculating the proton balance equation (Ward & Brady 1998; Janek & Komadel 1999). The advantage of this method is that no assumptions are required to obtain a distribution of the acid sites, the so-called *proton affinity distribution* (PAD). The disadvantage is that the peaks are poorly resolved.

Nevertheless, Kaufhold et al. (2011c) could clearly assign the two main peaks, and also identified a possible effect of minor constituents in bentonites on the PAD (Fig. 3.72). The assignment of the peak between 4 and 5 was based on

- considering the content of these sites, which corresponds to approximately 10 meq/100 g, and hence the estimated total amount of edge aluminol groups, and
- taking into consideration the PAD and the zeta potential of allophane that, because of the absence or low permanent charge, can serve as a model substance for the point of zero charge (PZC) determination using electrophoresis.

- It is possible to clearly assign the pK-peak between 4 and 5 to aluminol groups and that around pH 11 to exchangeable $Mg^{2+}$ by using the condensation approximation applied to potentiometric titration data.
- Potentiometric titration is a powerful tool to determine the acidity within the experimentally accessible window (in the case of water approx. pH 2.5–11.5), but care has to be taken with respect to peak assignment.

However, it is still not possible to determine if the singly coordinated aluminol groups are included in the pK 4–5 peak or not. In conclusion, the PAD can be used to determine relative differences (before and after a reaction), and to characterize most of the edge aluminol groups. Kaufhold & Dohrmann (2013) showed that the content of aluminol groups depends on the diameter of the smectites, which was expected because the edge surface area strongly depends on the diameter of the TOT layers. The MgO content is also important, as discussed in Section 3.14.

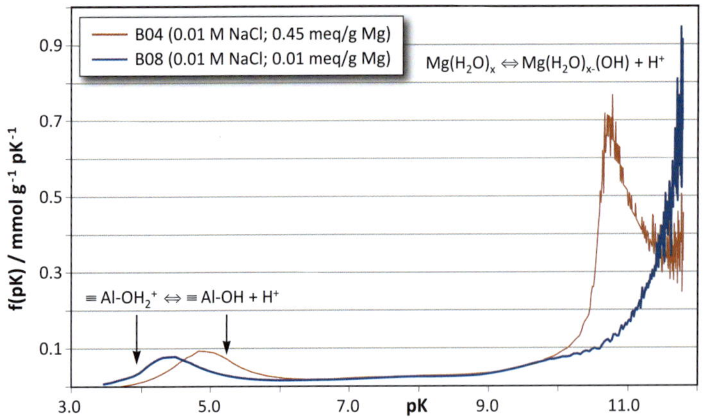


Fig. 3.72: Example for the PAD of two bentonites (samples B04 and B08) differing with respect to the content of exchangeable $Mg^{2+}$ (Kaufhold et al. 2011c).

## Hammett

The so-called *Hammett indicators* were suggested by HAMMETT & DEYRUP (1932) as another method for characterizing the acidity of smectites. The method is almost as simple as using pH indicator paper. A set of indicators, which are substances showing a color change upon protonation, are mixed with a solid sample and the color changes are observed.

FRENKEL (1974) remarked that the color changes do not necessarily reflect the high acidity that is frequently published because physisorption of at least some indicators could result in a similar color change.

These values must, therefore, be treated with care, and the presence of water must also be taken into consideration.

## Amine adsorption and desorption

There are also several methods that are based on the adsorption of basic molecules and the detection with IR (preferably diffuse reflectance infrared fourier transform spectroscopy (DRIFT); LIU et al. 2011) after exposure at different temperatures.

The most frequently used molecule is pyridine, which adsorbs both to Lewis and Brønsted acid sites. The different bonds can be distinguished by IR spectroscopy (BUSCA 1999; TYAGI et al. 2006):

- Lewis acid sites can be identified by a band at about 1450 $cm^{-1}$, and
- Brønsted acidity produces a band at 1540 $cm^{-1}$.

The 1490 $cm^{-1}$ band reflects the total amount of pyridine. Commonly a sample is first heated and/or evacuated to clean the surface, and then exposed to a pyridine atmosphere, for example in a desiccator. Vacuum is applied again after equilibrium to remove the excess physisorbed pyridine. After recording the IR spectrum, the sample is heated stepwise and an infrared spectrum is recorded after each step. The determination of pyridine retention permits a qualitative evaluation of the strength of the acid site.

Similar methods using other molecules (mostly amines) have been reported, such as:

- cyclohexamine (BONILLA et al. 1981; KOMADEL et al. 1997);
- aniline (YARIV et al. 1969);
- n-butylamine (BREEN et al. 1987), or
- ammonium (LIU et al. 2011).

> - For some catalytic reactions acidity < 2.5 may be important.
>   Such acid sites have to be characterized by suitable Hammett indicators or other well-known pH-dependent reactions.
> - Bentonites (smectites) are supposed to possess some "superacidity" in the $pK_a$ range between -3 and 1.

A number of recent studies apply one of the amine ad- and desorption methods, although they only provide relative information about the acid sites.

For example, the comparison of a set of samples provides information about the relative strength or weakness of the acid sites. As explained above, the Hammett indicator values also have to be assessed critically. It is currently impossible to establish a comparative table of acidities (strength and quantitiy as values). Only the titration method provides direct information.

However, in addition to the acidities shown by Hammett indicator tests, some catalytic reactions indicate that smectite possess acidity with a $pK_a$ below the experimentally accessible window of potentiometric titrations in aqueous solutions. FRENKEL (1974) found a few acid sites at $pK_a = -1.5$, but none at -3.7, and the same range (-3 to 1.5) was reported by VAN BEKKUM et al. (2001).

## ▸ 3.22 Quantitative mineralogical composition

The determination of the quantitative mineralogical composition of clays and bentonites remains a challenge. Clay scientists have been aware for several years that there is no simple and reliable quantitative mineralogical method, such as XRF for the determination of the chemical composition. As a result Chevron Texaco invented the Reynolds Cup (RC), which can be considered the unofficial World Cup of clay mineral quantification (www.clays.org/Reynolds.html). Every two years, since 2000, clay scientists from all over the world analyze three well-defined samples consisting of a mixture of pure phases in order to test their quantification method(s). The objective is to identify the quantitative mineralogical composition of the samples. The compositions of these samples vary, but they are all challenging with respect to the quantification of clay minerals. The RC samples of course are not representative of different bentonites, but the challenges in clay mineral quantification are similar and many lessons can be learned from the RC about the mineral quantification of bentonites. The outcome of the Reynolds Cup helps to improve the individual quantification strategies and discloses the weaknesses of the different methods (Omotoso et al. 2006). It also clearly demonstrates that only a close to perfect qualitative mineral analysis will result in a reasonable quantitative result. Qualitative and quantitative analysis are, therefore, closely connected.

In principal there are various methods that can be used for mineral quantification of rocks and clays, but the most suitable needs to be chosen to achieve the required accuracy. Kaufhold et al. (2012) reported, for example, on the possibility of applying infrared spectroscopy to quantify clays. This method alone, however, may be suitable to obtain quantitative estimates but it is certainly not suitable to claim one of the first RC positions. The quantitative RC results of each participant are compared by the bias representing the sum of all mineral differences of a sample (real mineral content – analyzed and stated mineral content) plus the sum of the undetected minerals and of minerals reported but not actually present. A quantitative composition of a typical clay is considered "world-class" if the bias is approximately 10 mass% per sample. However, the bias for the fifth Reynolds Cup (RC 5 in 2010) was higher because the samples were more complicated. Table 3.16 presents an example of an excellent bias from the seventh Reynolds Cup (RC 7 in 2014).

A bias of 20 mass% still represents a good analysis. Of course a better bias can be obtained for less complicated materials such as sandstone. The values discussed here are valid for clays. Because smectites are generally more difficult to quantify than the crystalline bentonite components, such as quartz for example, the bias

**Table 3.16: Example for the currently achievable accuracy of the analysis for a quantitative mineral composition of the bentonitic RC-sample #2 (seventh Reynolds Cup).** Values were selected to represent a bias of 10 %.

| Sample #2 (2014 RC 7) | Gypsum | Calcite | Nahcolite | Rutile | Anatase | Quartz | Cristobalite | Pyrite | K-feldspar | Plagioclase feldspar | Heulandite/ Clinoptite | 'amorphous' | Smectite, di | Chlorite, tri | Illite/Mica, di | Illite/smt-ML | SUM |
|---|---|---|---|---|---|---|---|---|---|---|---|---|---|---|---|---|---|
| | [mass%] | | | | | | | | | | | | | | | | |
| **Actual content** | 1.3 | 2.5 | 2.5 | 1.2 | 1.2 | 7.3 | 3.9 | 0.8 | 5.8 | 7.7 | 2.2 | 9.2 | 40.2 | 1.9 | 7.7 | 4.6 | 100 |
| **Analyzed** | 1.6 | 2.4 | 2.0 | 1.0 | 1.5 | 8.5 | 5.0 | 0.9 | 5.8 | 7.5 | 3.5 | 5.9 | 39.7 | 2.0 | 8.7 | 4.0 | 100 |
| | | | | | | | | | | | | | | | | | **BIAS** |
| **Difference** | 0.3 | 0.1 | 0.5 | 0.2 | 0.3 | 1.2 | 1.1 | 0.1 | 0 | 0.2 | 1.3 | 3.3 | 0.5 | 0.1 | 1 | 0.6 | **10.8** |

in bentonites depends mainly on the accuracy of smectite content determination. The quantification of the amorphous material is the second key parameter to a successful quantification of bentonite.

Although most participants use a number of different methods, two quantitative methods actually dominate the RC. The best working groups use either XRD pattern addition or the XRD–Rietveld technique as main quantification tool.

The advantage of the pattern addition method is that it is not necessary to understand the structure of the individual minerals. For XRD–Rietveld refinement, on the other hand, a suitable structural model must be available, and the description of the different degrees and types of structural disorder is a particular challenge. For example, Ufer et al. (2004) developed a structural model for turbostratic disorder that can be used for smectites in bentonites and other types of rocks (Ufer et al. 2008). Interstratified illite-smectites could not be determined, and, therefore, Ufer et al. (2012) integrated pattern modeling of interstratified minerals into a Rietveld code, and later on models for the other disordered layer silicates (e.g. kaolinite and pyrophyllite; Ufer et al. 2015). However, some effort will still be required to test the robustness of the fits and make the necessary modifications to the structural models. Nevertheless, the Rietveld technique may someday be able to routinely provide quantitative clay analysis.

The qualitative mineral composition of the bentonites discussed in this publication was determined by XRD, IR, DTA-MS, and SEM-EDX (scanning electron microscopy – energy-dispersive X-ray spectroscopy). For quantification the XRD–Rietveld program *BGMN* (Bergmann et al. 1998) and its commercial version *Autoquan* (including graphical user interface; Kleeberg & Bergmann 1998) were used. The final results were compared with the chemical composition (XRF main elements plus carbon and sulphur from LECO analysis) and CEC values.

Internal quantification tests proved that, by using standard mineralogical formulas results in a sum of errors of all compontents (bias) between 15 and 25 mass%.

This problem is particularly serious in the case of bentonite because one of the most chemically variable minerals (smectite) dominates the sample. In other words, bentonites contain 60 to 95 mass% of a mineral with poorly known chemical composition and this leads to significant difficulties when comparing a quantitative mineral composition with the chemical data.

For a real improvement over the Rietveld data, the chemical composition should be calculated from the actual structural formula, which ideally can be derived from the separation of the < 0.2 µm fraction. As explained in Section 3.4, only some of the < 0.2 µm fractions were almost pure, so that this error (presence of admixtures in the fine fraction) must be taken into consideration. However, based on an accurate chemical composition of all mineral components (which can be either from EDX analysis using an electron microscope or producing a pure fine fraction), a bias of 10 % is attainable.

In the present study the structural formula of the smectites determined by XRF of the < 0.2 µm fraction was used to calculate a chemical composition, which then was used for comparison with the measured composition.

The smectite content was calculated according to the method described by Kaufhold et al. (2002), and, therefore, the cation-exchange capacity ($CEC_{Cutrien}$), molar mass of a formula unit derived from structural formula ($M_{FU}$), and the layer charge density determined by the alkylammonium method ($LCD_{AAM}$) were used to calculate accurate smectite contents. This smectite content, together with the theoretical and measured chemical compositions, were applied to validation and even enhancement of the values determined by Ufer et al. (2008). Both values are given in Table 3.17. It should be noted that the corrected values were obtained on the second charge of the sample set, which differed with respect to the carbonate content of samples B09 and B15. These differences cannot be attributed to systematic problems of the quantification but simply to the fact that the first 200 g powder, which were produced from each raw bentonite, were finished and a second charge of powder had to be produced.

**Table 3.17: Quantitative mineralogical composition of the bentonite samples based on UFER et al. (2008), and corrected based on LECO, XRF, CEC and LCD.** The smectite content was calculated according to KAUFHOLD et al. (2002).

| Sample No. | Analcime | | Barite | | Calcite | | Chlorite | | Clinoptilolite / Heulandite | | Cristobalite | | Dolomite | | Feldspar | | Fluorapatite | | Goethite | |
|---|---|---|---|---|---|---|---|---|---|---|---|---|---|---|---|---|---|---|---|---|
| | UFER et al. (2008) | mod. | UFER et al. (2008) | mod. | UFER et al. (2008) | mod. | UFER et al. (2008) | mod. | UFER et al. (2008) | mod. | UFER et al. (2008) | mod. | UFER et al. (2008) | mod. | UFER et al. (2008) | mod. | UFER et al. (2008) | mod. | UFER et al. (2008) | mod. |
| B01 | | | | | 1 | 1 | | | | | 0 | 0 | | | 18 | 18 | | | | |
| B02 | | | | | | 0 | | | | | | | | | 19 | 19 | | | | |
| B03 | | | | | | 0 | | | | | 2 | 2 | | | 8 | 7 | | | | |
| B04 | | | 1 | 1 | | | | | | | | | | | 5 | 5 | | | | |
| B05 | | | | | 5 | 5 | | | | | | | | | 2 | 2 | | | | |
| B06 | | | | | | 0 | | | | | | | | | 7 | 8 | | | | |
| B07 | | | | | 1 | 1 | | | | | | | 1 | 1 | 4 | 4 | | | | |
| B08 | 1 | 1 | | | 1 | 2 | | | 1 | 1 | 1 | 1 | | | 7 | 8 | | | | |
| B09 | 1 | 1 | | | 8 | 2 | | | 1 | 1 | 11 | 6 | | | 8 | 9 | | | | |
| B10 | | | | | 3 | 1 | | | | | | | | | 0 | | | | | |
| B11 | | | | | 1 | 1 | | | | | | | | | 0 | 0 | | | 6 | 6 |
| B12 | | | | | 1 | 1 | | | | | | | | | 0 | 0 | 4 | 4 | | |
| B13 | | | | | 3 | 4 | | | | | | | | | 1 | 1 | | 1 | | |
| B14 | | | | | 1 | 1 | | | | | | | | | 3 | 3 | | | | |
| B15 | | | 0 | 1 | 16 | 4 | | | | | | | | | 2 | 2 | | 1 | | |
| B16 | | | | | | | | | | | | | | | 0 | | | | | |
| B17 | | | | | 2 | 2 | | | | | | | 1 | 1 | 2 | 2 | | | | |
| B18 | | | | | 1 | 1 | | | | | | | | | 5 | 5 | | | | |
| B19 | | | | | 2 | 3 | | | | | | | | | 13 | 8 | | | | |
| B20 | | | | | 0 | 2 | | | | | 2 | 2 | | | 5 | 5 | | | | |
| B21 | | | | | | | | | | | 1 | 1 | | | 18 | 18 | | | | |
| B22 | | | | | 0 | 0 | | | | | 12 | 12 | | | 8 | 8 | | | | |
| B23 | | | | | | | | | | | | | | | 10 | 10 | | | | |
| B24 | | | 0 | 0 | | | | | | | 2 | 3 | | | 13 | 12 | | | | |
| B25 | | | | | | 0 | | | | | | | | | 5 | 5 | | | | |
| B26 | | | | | 0 | 1 | | | | | 12 | 8 | | | 3 | 4 | | | | |
| B27 | | | | | 1 | 1 | | | | | 12 | 5 | | | 8 | 5 | | | | |
| B28 | | | | | | | | | 17 | 17 | 8 | 8 | | | 4 | 4 | | | | |
| B29 | | | | | | | | | | | | | | | 0 | 0 | | | | |
| B30 | | | | | | | n. d. | 2 | | | | | | | n. d. | 2 | | | | 3 |
| B31 | | | | | 1 | 1 | | | 1 | 1 | 9 | 9 | | | 1 | 1 | | | | |
| B32 | | | | | | 0 | | | 5 | 5 | 0 | 0 | 1 | 1 | 2 | 2 | | | | |
| B33 | | | | | | 1 | | | | | | 1 | | | 7 | 7 | | | | |
| B34 | | | | | | | | | | | | | | | 1 | 2 | | | | |
| B35 | | | | | 1 | | | | | | | | 1 | 1 | 6 | 6 | | | | |
| B36 | | | | | | | | | | | 3 | 3 | | | 8 | 8 | | | | |
| B37 | | | | | 0 | 1 | | | | | | | | | 8 | 8 | | | | |
| B38 | | | | | 7 | 7 | 0 | 0 | | | | | 1 | 1 | 8 | 8 | | | | |
| B39 | | | | | | | | | | | 26 | n. d. | | | | | | | | |
| B40 | | | | | | | | | | | | | | | | | | | | |

"mod." = modified according to Kaufhold et al. (2012) "0" = 0.1–0.49 n. d. = not determined

**Table 3.17 (continued)**

Note that two different charges of the same sample stock were used and, according to chemical analysis, this proved to be particularly important for samples B09 and B15 (different carbonate content due to different charge).

| Sample No. | Gypsum | | Hematite | | Illite / Muscovite | | Ilmenite | | Kaolinite | | Opal-CT | | Pyrite | | Quartz | | Rutile / Anatase | | Smectite | |
|---|---|---|---|---|---|---|---|---|---|---|---|---|---|---|---|---|---|---|---|---|
| | Ufer et al. (2008) | mod. | Ufer et al. (2008) | mod. | Ufer et al. (2008) | mod. | Ufer et al. (2008) | mod. | Ufer et al. (2008) | mod. | Ufer et al. (2008) | mod. | Ufer et al. (2008) | mod. | Ufer et al. (2008) | mod. | Ufer et al. (2008) | mod. | Ufer et al. (2008) | mod. |
| B01 | | | | | | | | | | | | | | | 3 | 3 | 0 | 0 | 78 | 78 |
| B02 | | | | | 3 | 3 | | | | | | | | | 1 | 1 | | | 77 | 77 |
| B03 | | | | | | | | | | | | | | | 1 | 1 | | 1 | 90 | 89 |
| B04 | | | | | | | | | | | | | | | 2 | 2 | | 1 | 92 | 91 |
| B05 | 1 | 1 | | | | | | | | | | | 1 | 1 | 1 | 1 | | 1 | 89 | 88 |
| B06 | | | | | | | | | | | | | | | | | | 1 | 93 | 91 |
| B07 | | | | | | | | | | | | | | | 2 | 2 | | | 92 | 91 |
| B08 | 0 | 1 | | | 2 | 2 | | | | | | | | | 24 | 17 | | | 63 | 67 |
| B09 | 0 | 1 | | | 3 | 2 | | | | | | | | | 9 | 5 | | | 59 | 74 |
| B10 | | | 1 | 1 | | | 1 | 1 | | | | | | | 6 | 6 | 3 | 2 | 87 | 89 |
| B11 | | | 0 | 0 | | | 0 | 0 | | | | | | | 1 | 1 | 3 | 3 | 89 | 89 |
| B12 | | 0 | 2 | 2 | | | | | | | | | | | 1 | 1 | | | 91 | 91 |
| B13 | | | | | | | | | 3 | 3 | | | | | 6 | 6 | 2 | 2 | 87 | 84 |
| B14 | | | | | | | | | 3 | 3 | | | | | 3 | 3 | 3 | 2 | 88 | 88 |
| B15 | | | | | | | | | 3 | 4 | | | | | 7 | 7 | 2 | 3 | 70 | 79 |
| B16 | 0 | 1 | | | 34 | 19 | | | 3 | 3 | | | | | 5 | 7 | | | 58 | 70 |
| B17 | | | | | | 5 | | | | | | | | | 2 | 1 | | | 92 | 88 |
| B18 | | | | | | | | | | | | | | | 2 | 2 | | | 92 | 92 |
| B19 | | | | | 4 | 4 | | | | | | | | | 4 | 10 | | | 76 | 75 |
| B20 | 1 | 1 | | | 2 | 3 | | | | | | | | | 4 | 2 | | | 86 | 86 |
| B21 | | | | | | | | | | | | | | | 1 | 1 | | | 80 | 80 |
| B22 | | | | | | | | | | | | | | | 4 | 4 | | | 76 | 76 |
| B23 | | | | | | | | | | | | | | | 10 | 10 | | | 80 | 80 |
| B24 | | | | | 4 | 4 | | | | | | | | | 1 | 1 | | | 81 | 80 |
| B25 | | | | | 17 | 17 | | | 22 | 4 | | | | | 13 | 13 | | | 43 | 61 |
| B26 | | | | | | | | | | | | | | | 1 | 1 | | | 83 | 86 |
| B27 | | 1 | | | | | | | | | | | | | 6 | 4 | | | 73 | 84 |
| B28 | | | | | | | | | | | | | | | 2 | 2 | | | 69 | 69 |
| B29 | | | | | | | | | 5 | 5 | | | | | 6 | 6 | 1 | 1 | 87 | 88 |
| B30 | | | | | n. d. | 30 | | | n. d. | 10 | | | n. d. | 1 | n. d. | 16 | | 1 | n. d. | 35 |
| B31 | | | | | | | | | | | | | | | 7 | 7 | 0 | 1 | 81 | 81 |
| B32 | | | | | | | | | | | | | | | 0 | 0 | | | 92 | 92 |
| B33 | 0 | 0 | | | | | | | | | | | | | 3 | 3 | | | 89 | 88 |
| B34 | | | | | | | | | | 4 | | | | | 21 | 16 | 1 | 1 | 78 | 77 |
| B35 | | | | | 31 | 31 | | | | | | | | | 22 | 22 | 1 | 1 | 39 | 41 |
| B36 | | | | | | | | | 2 | 2 | | | | | 11 | 11 | 0 | 0 | 75 | 75 |
| B37 | | | | | 6 | 6 | | | | | | | | | 6 | 6 | | | 80 | 80 |
| B38 | | | | | 9 | 9 | | | | | | | | | 11 | 11 | 0 | 0 | 63 | 63 |
| B39 | | | | | | | | | | | 18 | n. d. | | | | | | | 57 | n. d. |
| B40 | | | | | | | | | 28 | n. d. | | | | | 1 | n. d. | | | 71 | n. d. |

samples B30 and B35: smectite + illite in mixed-layer minerals (smectite content estimated using CEC)

Almost all geological disciplines dealing with mineralogical analysis need quantitative values. The Reynolds Cup clearly proves the difficulty of attaining an acceptable level of quantitative analysis. The most important outcome of the RC is that high-quality quantitative mineral analysis requires appreciable experience.

It is, therefore, not possible to recommend any particular method for quality control or even scientific studies other than to base results on chemical analysis (as is done routinely in the ceramic industry) or CEC data (as routinely done in the bentonite industry). This statement is valid until a highly sophisticated set of real structure models for Rietveld calculations becomes available.

Bentonites may contain amorphous materials, primarily primary volcanic glass or silica gel formed by postformational (acid) alteration but others, such as amorphous Fe-oxyhydroxides, may also be present. The quantification of amorphous components in bentonites is particularly challenging and hence discussed in a separate section (Section 3.23).

- The currently attainable accuracy of quantitative mineralogical methods can be best estimated from the outcomes of the Reynolds Cup competitions.
- The Reynolds Cup proved that
  - the determination of the qualitative composition (finding all mineral components actually present) is essential;
  - appreciable mineral quantification experience is required in order to obtain a bias of 10 mass%, regardless of the method used.
- Quantification of amorphous phases in bentonites is difficult.

## 3.23 Amorphous components

Bentonites may contain some amorphous components that were not considered in the preceding section. In fact, there is little information available about amorphous components in bentonites, probably because of the analytical challenge in measuring it. It is noted that for this discussion *amorphous* is defined as *XRD amorphous*, which means that this substance does not show Bragg-peaks, but at best broad humps that are often referred to as *XRD bands*. The suitable term for phases showing XRD bands is *short-range-order minerals* such as allophane and ferrihydrite, which both consist of nano-scale primary particles.

However, the different degrees of low crystalline ordering are not discussed in this section, which addresses all phases that are difficult to analyse by XRD. Amorphous phases cannot be detected by XRD because of the small number of coherent scattering domains (which are required to produce diffraction peaks). The range between entirely amorphous and *long-range-order minerals* is significant and would need a broader explanation.

To avoid this discussion, all of the phases which do not produce sharp XRD reflections are addressed using the term *amorphous phases*. These can be unweathered volcanic glass (primary amorphous component) or weathering products such as isolated or detached parts of the octahedral or tetrahedral sheet (secondary amorphous component). For example, postformational acid alteration results in the development of amorphous silica, and amorphous Al- and Fe-phases may form by weathering of soils. Illitization also results in formation of $SiO_2$ that, depending on the temperature, may be amorphous and hence a further source for a secondary amorphous component.

In soil science the amorphous components are measured by extraction methods (Schwertmann 1964; Blakemore et al. 1981, 1987; Parfitt & Wilson 1985). The accuracy of chemical methods, such as ICP, to investigate the respective extract is high, but the extractant may also dissolve phases other than the target phase. The extraction may also not be complete because of unusually high contents of the amorphous phase (DOHRMANN et al. 2002; KAUFHOLD et al. 2010d).

KAUFHOLD et al. (2010d) used the Rietveld refinement with an internal standard in order to indirectly determine the content of amorphous phases. With a standard (well-known crystal structure and content of the sample), the XRD methods can determine the quantity of phases that could not properly be described by the selected crystal structures. This method worked well for allophane (a significant correlation of the "amorphous content" with the specific surface area, which is an allophane specific property, was found) and hence could work for bentonites as well. However, no reasonable values were obtained for the 38 bentonite samples in this study. The problem is clearly related to the smectite structural model, which needs large degrees of freedom and apparently explains some of the intensity of the XRD bands of the amorphous phases. As a result, positive and negative values for the amorphous components were obtained (Table 3.18), which is not acceptable, and, therefore, this method is not currently applicable for bentonites yet.

Bentonite sample B39, which contains more than 30 mass% amorphous silica (soluble in sodium carbonate solution), is particularly suitable to study the characterization of amorphous components. The XRD–Rietveld technique, as suggested by KAUFHOLD et al. (2010d) and discussed above, only yielded 2 mass% amorphous phases. Because the XRD method did not provide reasonable results and the secondary amorphous components are mostly $SiO_2$ phases, a Si-extraction method was applied to the entire sample set (samples in their natural state, only dried and ground). For silica extraction either a NaOH or a $Na_2CO_3$ solution is used. A set of different protocols for $SiO_2$ extraction is available, including ethylenediaminetetraacetic acid (EDTA) (BODINE & FERNALD 1973), and a more recent $Na_2CO_3$ based method was published by HILLIER & LUMSDON (2008). The role of the solid/liquid ratio is often underestimated, and to optimize the extraction conditions for bentonites a set of different materials was investigated before establishing the solid/liquid ratio. Temperature, concentration of $Na_2CO_3$ (2 %), and time were

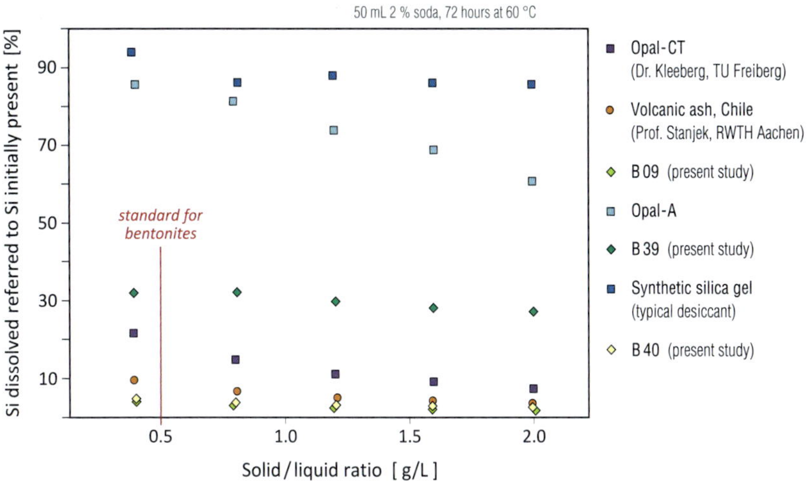


Fig. 3.73: Percentages of silica dissolved upon soda extraction depending on the solid/liquid ratio. The standard concentration to study the samples of this book was 0.5 g/L.

predetermined. Results are shown in Figure 3.73, and as expected opal-A and the synthetic silica gel (mineralogically also opal-A) dissolve almost completely. However, the dissolution of the natural opal-A clearly dependent on the solid/liquid ratio. The opposite was found for the synthetic material, which indicates its even lower crystallinity (degree of structural order) or higher surface area. The results also demonstrate that one opal-A differs from another opal-A, at least with respect to the extractability/solubility in $Na_2CO_3$. About 20 % opal-CT could be dissolved, showing the same trend of lower solubility at larger solid/liquid ratios as the natural opal-A. The volcanic ash, which is also mainly amorphous, showed a maximum 10 mass% solubility and typical bentonites were < 5 mass% dissolution. Bentonite sample B39, however, showed 30 mass% $SiO_2$ dissolution, and only a slight dependence on the solid/liquid ratio. This sample, therefore, is assumed to contain a large amount of amorphous silica of comparably low degree of structural order. Interestingly, the soda soluble silica (SSS) of sample B40 is low despite the fact that this sample occurs in an acid environment, which is further supported by the cation population (H–Al). The acid alteration of this material has just commenced as otherwise amorphous silica would have been produced that would have been detectable.

**Table 3.18: Contents of soda soluble silica (SSS in mass%) with other basic bentonite properties possibly influencing the SSS.** The microstructure class was explained in Section 3.16.

| Sample No. | Soluble $SiO_2$ | Quartz | Cristobalite + opal-CT | Exchange-able $Na^+$ | Exchange-able $Ca^{2+}$ | "amorphous" | Micro-structure class |
|---|---|---|---|---|---|---|---|
| | 0.5 g/50 mL | XRD | XRD | | | XRD test | |
| | [mass %] | [mass %] | | [%] | [%] | [mass %] | |
| B01 | 0.6 | 2.5 | 0.3 | 17 | 54 | 17 | 2 |
| B02 | 0.6 | 1.4 | | 13 | 40 | 16 | 2 |
| B03 | 2.6 | 0.9 | 1.9 | 11 | 50 | 20 | 3 |
| B04 | 0.4 | 1.7 | | 17 | 35 | 9 | 2 |
| B05 | 0.5 | 1.1 | | 14 | 68 | 14 | 3 |
| B06 | 0.6 | | | 16 | 49 | 15 | 3 |
| B07 | 0.8 | 1.8 | | 67 | 34 | 13 | 3 |
| B08 | 3.9 | 23.6 | 1.1 | 100 | 23 | -4 | 3 |
| B09 | 9.8 | 8.5 | 11.4 | 91 | 45 | -3 | 3 |
| B10 | 0.5 | 6.3 | | 29 | 56 | 12 | 4 |
| B11 | 0.7 | 1.3 | | 65 | 35 | 12 | 3 |
| B12 | 0.6 | 1.4 | | 51 | 38 | 9 | 3 |
| B13 | 0.5 | 5.5 | | 1 | 89 | 12 | 4 |
| B14 | 0.8 | 3.3 | | 1 | 57 | 20 | 4 |
| B15 | 0.6 | 6.7 | | 2 | 82 | 22 | 4 |
| B16 | 0.7 | 4.6 | | 0 | 79 | 25 | 4 |
| B17 | 0.7 | 1.6 | | 68 | 38 | -1 | 1 |
| B18 | 1.9 | 1.8 | | 27 | 44 | 5 | 4 |
| B19 | 1.1 | 4.0 | | 24 | 57 | 7 | 4 |
| B20 | 4.2 | 4.5 | 1.7 | 71 | 42 | -5 | powder |
| B21 | 0.6 | 0.9 | 1.3 | 47 | 32 | -3 | 2 |
| B22 | 4.3 | 4.0 | 11.7 | 71 | 29 | 6 | 3 |
| B23 | 0.6 | 9.8 | | 68 | 33 | 10 | 5 |
| B24 | 0.6 | 0.7 | 2.2 | 47 | 36 | 16 | powder |
| B25 | 0.5 | 13.2 | 0.0 | 0 | 64 | -5 | powder |
| B26 | 8.0 | 1.0 | 12.4 | 22 | 53 | -10 | powder |
| B27 | 3.1 | 5.7 | 12.3 | 68 | 34 | 1 | powder |
| B28 | 4.8 | 2.0 | 8.0 | 1 | 85 | -11 | 1 |
| B29 | 0.5 | 5.9 | | 0 | 58 | -12 | 4 |
| B30 | 0.6 | 23.4 | | 72 | 20 | 15 | 5 |
| B31 | 3.8 | 7.2 | 8.7 | 62 | 38 | 4 | 3 |
| B32 | 1.7 | 0.2 | 0.1 | 1 | 84 | 1 | 1 |
| B33 | 2.4 | 3.3 | | 69 | 40 | 10 | 3 |
| B34 | 0.5 | 20.9 | | 6 | 65 | 18 | 5 |
| B35 | 0.5 | 21.5 | | 0 | 80 | 20 | 5 |
| B36 | 1.0 | 11.0 | 3.3 | 1 | 64 | -5 | 2 |
| B37 | 0.9 | 6.3 | | 1 | 66 | -11 | 1 |
| B38 | 0.8 | 11.1 | | 21 | 69 | 0 | 5 |
| B39 | 32.0 | | 43.0 | 3 | 77 | 2 | n. d. |
| B40 | 0.4 | 1.2 | | 2 | 6 | 1 | n. d. |

from Ufer et al. (2008): Table 18

n. d. = not determined

The standard protocol for investigating all bentonites was set to 0.5 g/L, which means that the values measured were supposed to mainly reflect opal-A followed by opal-CT. The results of the one-point SSS method, and some basic bentonite parameters considered to be relevant, are summarized in Table 3.18.

An example for the successful application of this method is provided by Ohrdorf et al. (2011), who explained the unusual behavior of a Milos bentonite by an extraordinarily high content of amorphous silica that was detected by $Na_2CO_3$ extraction.

To further investigate the meaning and value of the extraction method, SSS values are compared with other basic bentonite properties (Fig. 3.74). As expected, no correlation of the SSS amount with the quartz content was observed (Fig. 3.74 A). However, the type of exchangeable cation could be significant because $Na^+$ smectites exhibit a larger surface area in the dispersion and these surfaces could be partly dissolved, but a comparison of the SSS and $Na^+$ data does not reveal any trend (Fig. 3.74 B), as is the case for both the content of amorphous material determined by XRD and the microstructure class (Fig. 3.74 E, F; microstructure classes are introduced in Section 3.16). A strong correlation of the SSS with the microstructure class was not expected, primarily because the optical method describes primary amorphous material that is supposed to be much less soluble than silica gel or opal-A. There is, however, a good correlation of the XRD-derived cristobalite + opal-CT content with SSS (Fig. 3.74 C, D). This is surprising because cristobalite and opal-CT were found to be much less soluble than opal-A. The structural models of cristobalite and opal-CT have some "freedom" and include some of the amorphous XRD information (mainly from short-range-order scattering) that results in an overestimation of the cristobalite content. The XRD–Rietveld method (depending on the selected crystal structures) can include XRD-amorphous phases in the quantitative results.

Both the XRD–Rietveld results and SSS values are required for the quantification of the amorphous constituents in benonite. For sample B39 the content of extractable $SiO_2$ could be subtracted from the sum of cristobalite + opal-CT and, based on the low dependency of the SSS value on the solid/liquid ratio, could be assigned to opal-A. It is noted that XRD pattern addition methods may currently be advantageous over the Rietveld technique for the characterization of amorphous material, although there is no specific data available to discuss this issue further.

Bentonites may also contain organic material and amorphous Fe-oxyhydroxides, but their content is commonly lower than that of amorphous silicates such as volcanic glass or opal-CT.

- In soil science amorphous components are often quantified by extraction methods that are methodologically accurate, but may suffer from selectivity (either a phase is not completely or not soley extracted / dissolved).
- Amorphous components can in principle be determined by the XRD–Rietveld technique with an internal standard, but the currently available Rietveld smectite model explains some of the XRD intensity derived from the amorphous materials and does not yet provide acceptable results in the percentage range. This conclusion is valid for bentonites only.
- Using a one-point Si-extraction method (alkaline extraction) allows identification of bentonites with large contents of amorphous silica (>> 5 %).
- Sample B39 contains a high content of a low crystalline $SiO_2$ phase (almost no solid/liquid dependence -> opal-A?), but XRD–Rietveld with internal standard was able to describe the missing intensity (probably "hidden" in the background) by the opal-CT crystal structure model.
- The soda soluble silica (SSS) correlates well with the cristobalite + opal-CT content determined by XRD, which can be explained by the fact that the structural models of cristobalite and opal-CT can explain most of the XRD contribution of the opals, which are generally hidden in the background of the XRD pattern.

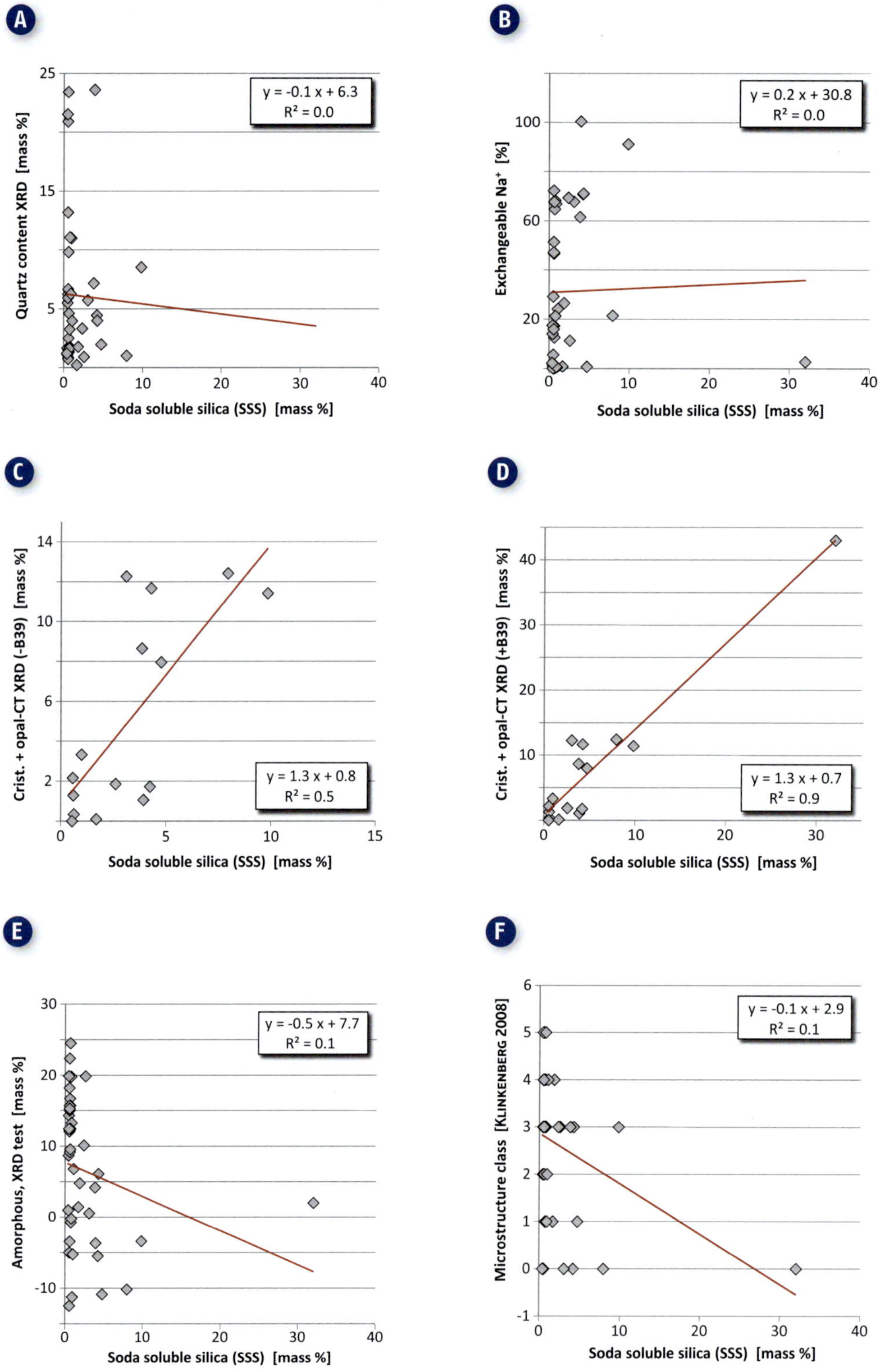


Fig. 3.74: Comparison of the amount of soda soluble silica (SSS) with the quartz content (**A**), exchangeable $Na^+$ (**B**), cristobalite + opal-CT content determined by XRD (**C**, **D**), amount of amorphous components (**E**), and microstructure class (**F**), (Section 3.16).

## ▸ 3.24 Iron in smectites and bentonite admixtures

In order to characterize the Fe-oxides (including both oxyhydroxides and oxides) extraction methods, as is common in soil science, were not used. Instead Mössbauer spectroscopy was applied, the usefulness of which in clay science has been demonstrated (Murad et al. 2002; Murad & Cashion 2004). In 2010 Murad (2010) reviewed Mössbauer spectroscopy for clay characterization.

Variable-temperature Mössbauer spectroscopy was used to identify and quantify Fe in either oxides or silicates, and to determine the ferrous/ferric iron ratio. Spectra were collected both at liquid-helium temperature (LHe) (nominally 4.2 K) and room temperature (RT) (nominally 298 K). The instrument was a custom-built device from Web Research Inc. (Edina, Minnesota), consisting of a constant acceleration drive system operating in the triangular waveform mode in conjunction with a *Janis Model SHI-850-5 closed-cycle cryostat* capable of cooling the sample from ambient temperature to LHe temperature. The gamma-ray source was $^{57}$Co dispersed as 10 % in a thin rhodium foil and spectra were calibrated relative to a 7 µm thick foil of $\alpha$-Fe at room temperature. Mössbauer hyperfine parameters, including isomer shift ($\delta$), quadrupole splitting ($\Delta$), and magnetic hyperfine field ($B_{hf}$), were calculated by a least squares fitting program, assuming Lorentzian line shapes. These parameters generally reflect, respectively, the oxidation state, symmetry of the surrounding electrostatic field, and extent of magnetic exchange interaction among the Fe-ions in the clay.

The method described by Amonette et al. (1994, 1999) was used to estimate the relative abundance ($F_i/\Sigma F_i$) of each phase, which was calculated from the relative peak areas ($A_i/\Sigma A_i$) according to the relationship

$$\frac{F_i}{\Sigma_i F_i} = \frac{f_i A_i}{\Sigma_i f_i A_i} \frac{F_i}{\Sigma_i F_i} = \frac{f_i A_i}{\Sigma_i f_i A_i} \qquad \text{[Eq. 4]}$$

where $f_i$ is the recoil-free fraction of the respective absorber phase(s). These results are only semi-quantitative, however, because the values for $f_i$ for the Fe in the various phases and oxidation states are unknown (comparing areas assumes the recoil-free fractions are all equal), and the detection limit and resolution are approximately ± 5 percent.

To support the interpretation of the Mössbauer data and to quantify the ferrous/ferric ratio obtained by Mössbauer spectroscopy, the oxidation state of Fe in the samples was measured according to Komadel & Stucki (1988). 1,10-Phenanthroline was used as the colorimetric indicator of Fe(II) in completely dissolved samples. The photosensitivity of the 1,10-phenanthroline-Fe(III) complex was exploited to determine the total Fe in the sample. Ferric iron was then calculated as the difference between Fe(II) and total Fe.

Selected Mössbauer spectra at room temperature (left) and liquid-helium temperature (right) are given in Figure 3.75. All data including total Fe-content (as $Fe_2O_3$) determined by XRF are summarized in Table 3.19.

The Fe in bentonites occurs in different minerals. $Fe^{3+}$ is considered to be mainly in oxyhydroxides and oxides, $Fe^{2+}$ dominates in sulfides and carbonates, and magnetite contains both. Fe also occurs in alumosilicates as smectite, illite, and chlorite. A comprehensive characterization of bentonites includes the determination of the ratio of ferrous and ferric iron of the smectites, which is of particular interest because it affects the calculation of the structural formula from chemical data. Ferric iron is generally assumed to dominate in the smectite, and the actual ratio is rarely measured. The possible effect of variable ferrous/ferric iron ratios was discussed, for example, by Laird (1994) and Kaufhold et al. (2011a).

Two methods for the determination of the ferrous/ferric ratio are compared in this section. Firstly Mössbauer spectroscopic data were fitted to obtain a ratio of peak areas, and secondly the chemical method of Komadel & Stucki (1988) was applied (Fig. 3.76). The good correlation of the results from both methods demonstrates that both methods are, in principle, applicable. It is noted that the Mössbauer-derived values represent relative peak areas that were not calibrated by Equation 4. The chemical method does not

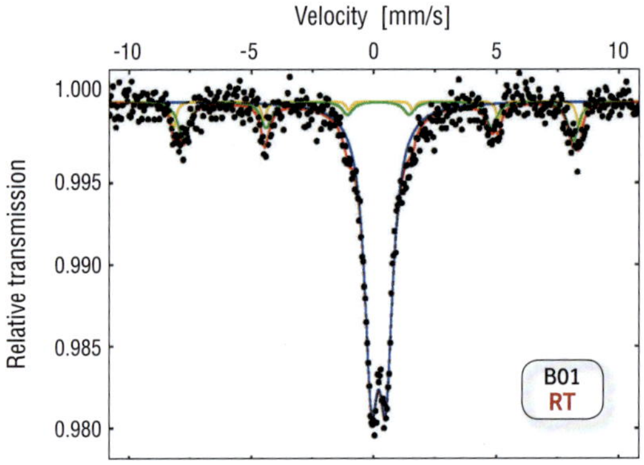


| Site | δ [mm/s] | Δ [mm/s] | Γ [mm/s] | $B_{hf}$ [T] | RA [%] |
|---|---|---|---|---|---|
| Fe(III) | 0.359 (5) | 0.587 (8) | 0.69 (1) | — | 75.5 (3) |
| Maghemite | 0.32 (2) | −0.02 (4) | 0.52 (8) | 49.3 (2) | 18 (3) |
| Hematite | 0.34 (2) | −0.20* | 0.25 (8) | 51.3 (1) | 6 (2) |

*poorly ordered

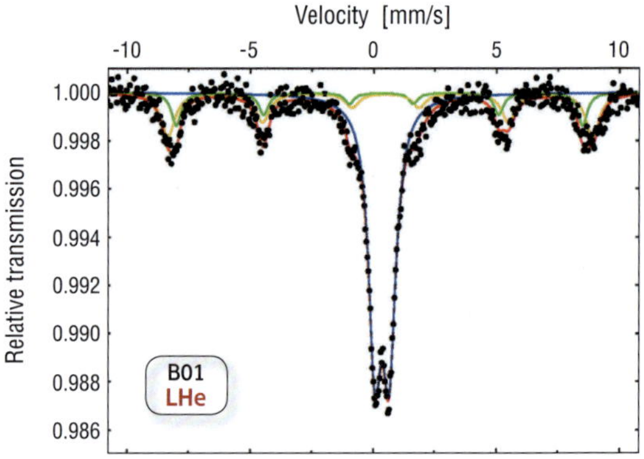


| Site | δ [mm/s] | Δ [mm/s] | Γ [mm/s] | $B_{hf}$ [T] | RA [%] |
|---|---|---|---|---|---|
| Fe(III) | 0.481 (3) | 0.582 (5) | 0.64 (1) | — | 63.4 (6) |
| Maghemite | 0.41 (2) | −0.06 (3) | 0.47 (7) | 51.2 (1) | 12 (2) |
| Hematite | 0.52 (2) | −0.20* | 0.67 (6) | 53.5* | 24 (3) |

*poorly ordered

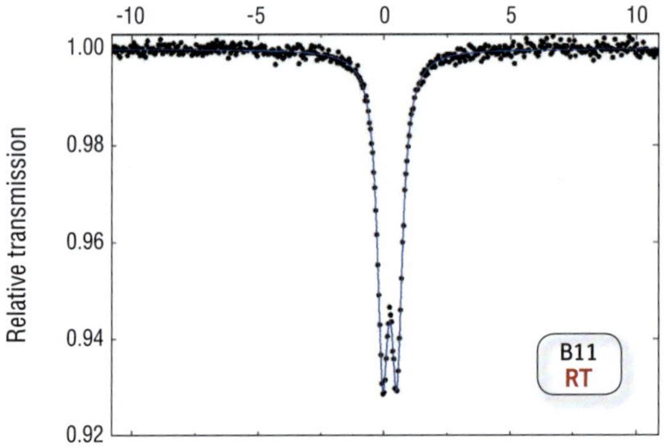


| Site | δ [mm/s] | Δ [mm/s] | Γ [mm/s] | RA [%] |
|---|---|---|---|---|
| Fe(III) | 0.353 (1) | 0.558 (2) | 0.523 (3) | 86.8 (8) |

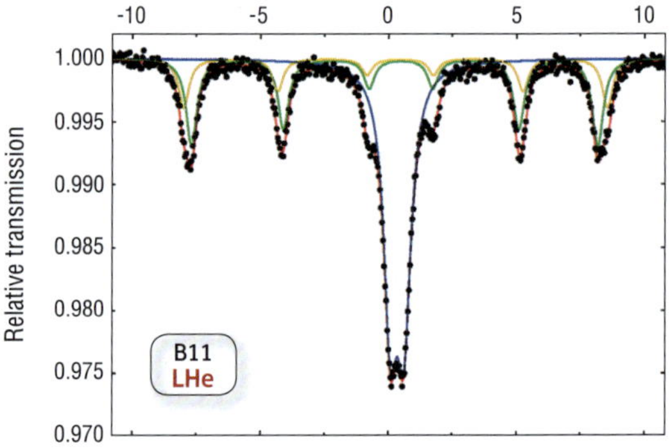


| Site | δ [mm/s] | Δ [mm/s] | Γ [mm/s] | $B_{hf}$ [T] | RA [%] |
|---|---|---|---|---|---|
| Fe(III) | 0.474 (1) | 0.529 (2) | 0.658 (5) | — | 53.1 (2) |
| Maghemite | 0.487 (3) | −0.244 (5) | 0.51 (3) | 49.22 (6) | 31 (2) |
| Hematite* | 0.494 (7) | −0.18 | 0.49 (4) | 51.31 (8) | 16 (2) |

*poorly ordered

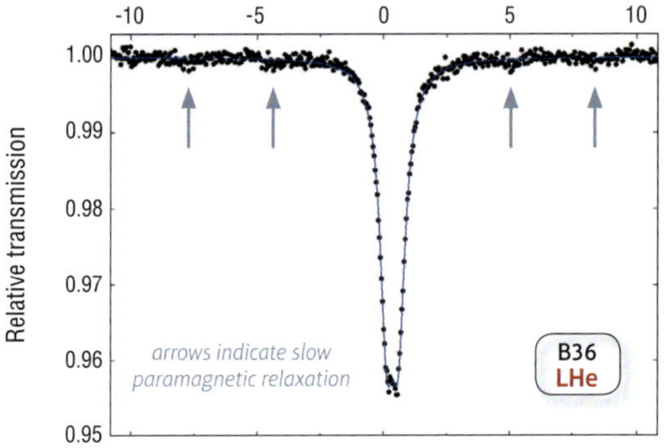


| Site | δ [mm/s] | Δ [mm/s] | Γ [mm/s] | RA [%] |
|---|---|---|---|---|
| Fe(III) | 0.486 (1) | 0.458 (3) | 0.665 (5) | 100 |

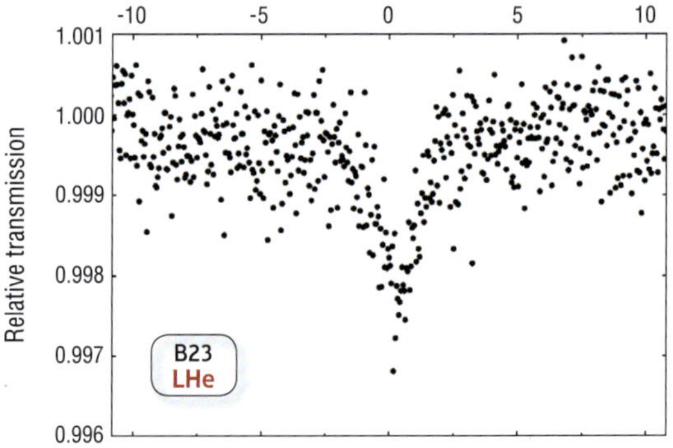


*Mössbauer signal too low for reasonable fitting*

Fig. 3.75: Selected Mössbauer spectra of four samples (B01, B11, B23, B36). The hyperfine parameters used for the fittings are given below the spectra (RT = room temperature, LHe = temperature of liquid helium).

require further calibration and, hence, the values plotted in Figure 3.76 may be used to calibrate the Mössbauer data. Deviations from a slope of 1.0 can be attributed to differences in the recoil free fractions for ferrous and ferric Fe (AMONETTE et al. 1994, 1999). The appreciable scatter observed, however, particularly above 10 % $Fe^{2+}$, indicates that the samples may have contained minor amounts of other ferrous Fe-minerals, such as pyrite and siderite. According to XRD, 1 mass% pyrite occurs in sample B30, although no pyrite was detected in sample B16 (neither by XRD nor by Mössbauer spectroscopy), or even with DTA-MS (Section 3.11). Pyrite is, therefore, not the only source of scatter, and the inaccuracy of using only the peak areas, uncorrected for recoil-free fraction, to determine mass% of Fe in different phases and states probably accounts for most of the scatter.

A second region of scatter below 5 % was observed in the crossplot (Fig. 3.76). This scatter can be easily attributed to the detection limit of Mössbauer spectroscopy. For some samples the chemical method yielded Fe(II) contents up to 5 %, but the Mössbauer data could not be reasonably fitted because of low total Fe-contents resulting in a low signal-to-noise ratio.

The $Fe^{2+}/Fe^{3+}$ ratio is generally low (≈ 8 % on average), with few exceptions (40 % samples B07 and B27) and three samples with 20 % $Fe^{2+}$ (B17, B20, B30). These data support the assumption that ferric iron dominates in the smectites, and the corresponding error in structural formula calculations is supposed to be low.

It is important to compare methods with different detection limits for the qualitative mineral analysis of bentonites (and of clays in general). In this section XRD and Mössbauer data are compared but, with respect to the pyrite content, DTA-MS with a detection limit below 0.1 % is sometimes useful. Mössbauer spectra revealed three primary features, namely, structural $Fe^{3+}$ in the silicate (smectite) phase, structural $Fe^{2+}$ in the silicate phase, and $Fe^{3+}$ in Fe-oxides. These features were delineated from the hyperfine parameters calculated from the least-squares curve-fitting program. The most common Fe-oxides were goethite and hematite. In some samples a broad sextet with high magnetic hyperfine field was observed at LHe temperature, and this feature was assigned to slow paramagnetic relaxation of $Fe^{3+}$ in the sample, a phenomenon documented by MURAD et al. (2002) and MURAD & CASHION (2004), rather than to an Fe-oxide phase. This phenomenon is characterized by broad-line width and an apparent magnetic hyperfine field in the range of 54 T or greater at LHe temperature, but is absent from the RT spectrum. Samples B21 through B24, B26, B28, and B37 contained such a low content of total Fe that curve-fitting was impractical.

The data presented in Table 3.19 demonstrates that Fe-oxide contents between 1 to 2 mass% were rarely detected by XRD. It is noted that the XRD detection limit for these minerals could be reduced by using a Co-tube, but since Cu-tubes are mostly used for XRD it was intended to show typical results. For samples B01 and B02 approximately 1 mass% maghemite and hematite were

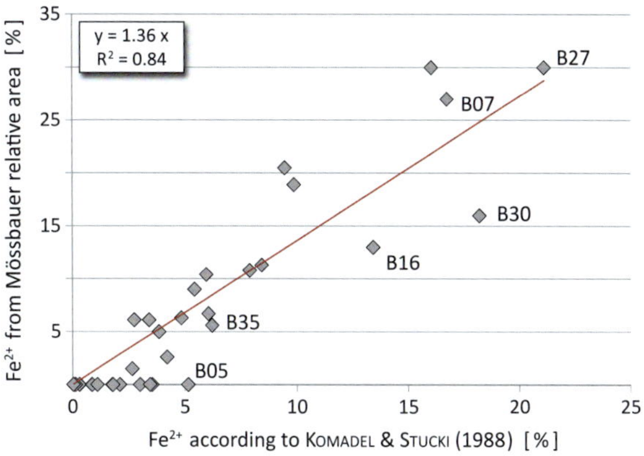


Fig. 3.76: Comparison of the percentage of ferrous iron (referred to total $Fe_2O_3$) determined with the chemical method described by KOMADEL & STUCKI (1988) and the uncalibrated data derived from the relative Mössbauer peak areas.

▶ For the characterization of the $Fe^{2+}/Fe^{3+}$ ratio of the bentonites both Mössbauer spectroscopy and the chemical method suggested by KOMADEL & STUCKI (1988) are applicable (see AMONETTE et al. 1994, 1999), the latter providing absolute values without previous calibration.

**Table 3.19: Summary of all data relevant for the characterization of the Fe-distribution in the bentonite samples (XRD, XRF, DTA-MS).** Details explained in the preceding sections.

| Sample No. | Chlorite | Goethite | Hematite | Ilmenite | Pyrite | Siderite | Pyrite | $Fe_2O_3$ | Fe(II) referred to Fe (without oxide) | Qualitative phases | Fe(III) in oxides | |
|---|---|---|---|---|---|---|---|---|---|---|---|---|
| | X-ray diffraction (XRD) – quantified and modified – | | | | | | DTA-MS (450 and 500 °C) | XRF without LOI | Komadel & Stucki (1988) | Mössbauer | Mössbauer relative area | calculated with r. a. from total Fe |
| | [mass/%] | | | | | | [mass/%] | [mass/%] | [%] | | [%] | [mass/%] |
| B01 | | | | | | | | 3.5 | 1.1 | Mgh, Ht | 37 | 1.1 |
| B02 | | | | | | | | 6.2 | 1.8 | Mgh, Ht | 27 | 1.4 |
| B03 | | | | | | | | 6.1 | 0.1 | Gt, Ht | 21 | 1.0 |
| B04 | | | | | | | | 10.1 | 0.3 | — | | |
| B05 | | | | | 1 | | + + | 7.7 | 4.2 | Pyrite? | | |
| B06 | | | | | | | | 4.1 | 4.8 | — | | |
| B07 | | | | | | | | 3.7 | 16.7 | SPR | | |
| B08 | | | | | | | + – | 3.4 | 7.9 | — | | |
| B09 | | | | | | | | 3.5 | 5.4 | — | | |
| B10 | | | 1 | 1 | | | | 13.8 | 3.0 | Gt, Ht | 21 | 2.4 |
| B11 | | 6 | 0 | 0 | | | | 18.6 | 0.3 | Gt, Ht | 47 | 7.1 |
| B12 | | | 2 | | | | | 11.9 | 0.9 | Ht | 36 | 3.3 |
| B13 | | | | | | | | 12.8 | 0.1 | — | | |
| B14 | | | | | | | | 12.5 | 0.9 | — | | |
| B15 | | | | | | | | 11.6 | 0.0 | — | | |
| B16 | | | | | | | | 7.1 | 13.4 | — | | |
| B17 | | | | | | | – | 3.7 | 9.9 | SPR | | |
| B18 | | | | | | | | 3.7 | 3.4 | SPR | | |
| B19 | | | | | | | | 4.1 | 5.9 | — | | |
| B20 | | | | | | | + | 4.0 | 9.5 | SPR | | |
| B21 | | | | | | | | 2.7 | 2.8 | SPR | | |
| B22 | | | | | | | | 1.2 | 3.5 | SPR | | |
| B23 | | | | | | | | 1.3 | 0.8 | — | ** | ** |
| B24 | | | | | | | | 2.4 | 1.8 | — | | |
| B25 | | | | | | | | 6.8 | 6.0 | — | | |
| B26 | | | | | | | | 1.3 | 1.7 | — | ** | ** |
| B27 | | | | | | | + | 4.2 | 21.1 | SPR | 15 | 0.6 |
| B28 | | | | | | | | 2.6 | 3.8 | — | | |
| B29 | | | | | | | | 6.7 | 3.5 | Ht, Gt | 32 | 1.5 |
| B30 | 2 | 3 | | | 1 | | + + | 7.0 | 18.2 | Pyrite? | 1 | |
| B31 | | | | | | | | 5.4 | 2.7 | — | | |
| B32 | | | | | | 0 | | 10.6 | 2.1 | — | | |
| B33 | | | | | | | + | 4.1 | 8.4 | SPR | | |
| B34 | | | | | | | | 8.4 | 1.1 | Ht, Gt | 29 | 2.0 |
| B35 | | | | | | | | 6.5 | 6.2 | Ht, Gt | 28 | 1.8 |
| B36 | | | | | | | | 8.7 | 1.8 | SPR | | |
| B37 | | | | | | | | 2.6 | 5.1 | SPR | | |
| B38 | 0 | | | | | | | 3.6 | 16.0 | — | | |
| B39 | | | | | | | | 2.1 | | n. d. | | |
| B40 | | | | | | | | 9.1 | | n. d. | | |

Table 3.19 (continued)

| Fe(III) in silicates | | Fe(II) in silicates | | Fe(II) ratio in silicates / Fe(III) oxides + Fe(III) silicates |
|---|---|---|---|---|
| Mössbauer relative area | calculated with r. a. from total Fe | Mössbauer relative area | calculated with r. a. from total Fe | ratio of the relative areas |
| [%] | [mass/%] | [%] | [mass/%] | [%] |
| 63 | 2.2 | 0 | 0.0 | 0 |
| 73 | 4.5 | 0 | 0.0 | 0 |
| 80 | 4.8 | 0 | 0.0 | 0 |
| 100 | 10.1 | 0 | 0.0 | 0 |
| 97 | 7.5 | 3 | 0.2 | 3 |
| 94 | 3.9 | 6 | 0.3 | 7 |
| 73 | 2.7 | 27 | 1.0 | 37 |
| 89 | 3.1 | 11 | 0.4 | 12 |
| 91 | 3.2 | 9 | 0.3 | 10 |
| 79 | 10.9 | 0 | 0.0 | 0 |
| 53 | 9.9 | 0 | 0.0 | 0 |
| 64 | 7.6 | 0 | 0.0 | 0 |
| 100 | 12.8 | 0 | 0.0 | 0 |
| 100 | 12.5 | 0 | 0.0 | 0 |
| 100 | 11.6 | 0 | 0.0 | 0 |
| 87 | 6.1 | 13 | 0.9 | 15 |
| 81 | 3.0 | 19 | 0.7 | 23 |
| 94 | 3.5 | 6 | 0.2 | 6 |
| 90 | 3.7 | 10 | 0.4 | 12 |
| 80 | 3.2 | 21 | 0.8 | 26 |
| 94 | 2.5 | 6 | 0.2 | 6 |
| 100 | 1.2 | 0 | 0.0 | 0 |
| ** | ** | ** | ** | |
| 100 | 2.4 | 0 | 0.0 | 0 |
| 93 | 6.3 | 7 | 0.5 | 7 |
| ** | ** | ** | ** | |
| 55 | 2.3 | 30 | 1.2 | 44 |
| 95 | 2.5 | 5 | 0.1 | 5 |
| 68 | 4.6 | 0 | 0.0 | 0 |
| 83 | 5.8 | 16 | 1.1 | 19 |
| 99 | 5.3 | 2 | 0.1 | 2 |
| 100 | 10.6 | 0 | 0.0 | 0 |
| 89 | 3.7 | 11 | 0.5 | 13 |
| 71 | 6.0 | 0 | 0.0 | 0 |
| 67 | 4.3 | 6 | 0.4 | 6 |
| 100 | 8.7 | 0 | 0.0 | 0 |
| 100 | 2.6 | 0 | 0.0 | 0 |
| 70 | 2.5 | 30 | 1.1 | 43 |
| | | | | |
| | | | | |

r. a. = relative peak area
Mgh = maghemite
Ht = hematite
Gt = goethite
SPR = slow paramagnetic relaxation (no mineral assignment possible)
** = Mössbauer signal too low for reasonable fitting
n. d. = not determined

Samples B39 and B40 were not investigated by Mössbauer spectroscopy.

identified by Mössbauer spectroscopy but not by XRD. A similar observation was made for samples B03 and B29, where goethite and hematite (sum about 1 mass%) could be detected by Mössbauer spectroscopy but not by XRD. The only Fe-oxides detected by XRD were in the bentonites rich in iron from India (B10–B12), where both methods provided comparable results except for the ilmenite in sample B10 identified by XRD and goethite identified by Mössbauer spectroscopy.

However, the contents of these phases are < 1 mass% and hence close to detection limit, which results in a lack of accuracy.

Two samples contained some pyrite (B05 and B30) that could be clearly identified by XRD, but were only suspected based on Mössbauer spectroscopy. The problem of detecting pyrite by Mössbauer spectroscopy is that the Fe is low spin, and thus with a small quadrupole splitting and an isomer shift that places it under high-spin octahedral Fe(III) in the smectite. For samples containing pyrite, the value corresponding to $Fe^{2+}$ in silicates is subject to some error as discussed above.

**Wen-An Chiou**
University of Maryland;
Maryland NanoCenter – AIM Lab;
College Park (MD), USA

**Reiner Dohrmann**
Federal Institute for Geosciences
and Natural Resources (BGR) /
State Authority for Mining, Energy
and Geology (LBEG);
Hannover, Germany

**Stephan Kaufhold**
Federal Institute for Geosciences
and Natural Resources (BGR);
Hannover, Germany

**Michael Plötze**
ETH Zurich;
Institute for Geotechnical Engineering – ClayLab;
Zurich, Switzerland

**Joseph W. Stucki**
University of Illinois;
Department of Natural Resources and
Environmental Sciences;
Urbana (IL), USA

**Kristian Ufer**
Federal Institute for Geosciences
and Natural Resources (BGR);
Hannover, Germany

Chapter 4

# Properties and Performance

REINER DOHRMANN, NILS RICKERTSEN & STEPHAN KAUFHOLD

## ▶ 4.1 Cation-exchange capacity (CEC)

The cation-exchange capacity (CEC) is one of the outstanding characteristics of bentonites. It is used to characterize a bentonite, but is also an important property and is thus discussed in this chapter.

The CEC is a measure of the ability of a soil or sediment to adsorb cations that can be readily desorbed by competing ions (BACHE 1976).

The principle of cation exchange is shown in Figure 4.1. The index cation used in this example is $Ba^{2+}$. A significant excess of the index cations compared to the exchangeable cations is required to replace the original exchangeable cations (most commonly $Na^{+}$, $K^{+}$, $Mg^{2+}$, and $Ca^{2+}$). Because the cation exchange is a dynamic equilibrium, the exchange process is rarely complete after a single step. The standard process requires three saturations of a bentonite sample with the index cation solution, and then washed twice with deionized water. All of the collected filtrates (after centrifugation) are then analyzed for the exchangeable cation composition using ICP or comparable methods. The $Ba^{2+}$ saturated clay is then again exchanged for $Mg^{2+}$ cations (large excess required), a process which has to be repeated four times to guarantee that all $Ba^{2+}$ is washed out of the interlayer. The collected solutions are again analyzed and the $Ba^{2+}$ concentration is used to calculate the total CEC. Metal organic complexes, such as index cations cobalt hexamine (CoHex) or copper triethylenetetramine (Cu-trien), have much higher selectivities and the cation-exchange procedure can be performed in one step.

CECs and exchangeable cations of soils and clays have been determined since 1852. Since then the measurement of the CEC has become one of the most sensitive parameters for detecting smectite alteration reactions. For example, in high-level radioactive waste (HLRW) research a bentonite is exposed to the expected conditions for a period of time, and the "product" is then compared with the precursor material in order to identify the reactions that may have taken place. In these systems the identification of the loss of swelling capacity (e.g. by illitization; KAUFHOLD & DOHRMANN 2010a, b) is important, although not all methods provide the same accuracy. Therefore, small changes of the CEC, for example after a certain reaction, are often a matter for discussion.

DOHRMANN et al. (2012a, b) discussed the processes occurring during cation-exchange experiments that must be understood in order to interpret the measured CEC values. Of particular

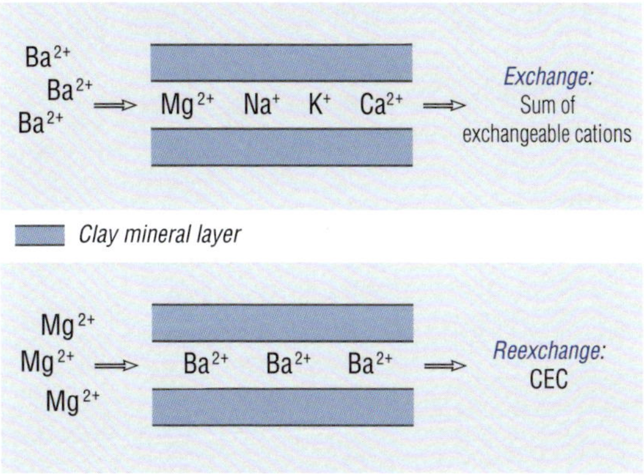


Fig. 4.1: Principle of a cation-exchange experiment.

**Table 4.1: Cation-exchange capacities (CECs) and exchangeable cations of the bentonites discussed in this book.**

| Sample No. | Calcite* | Dolomite* | Gypsum* | Na | K | Mg | Ca | SUM | CEC | SUM-CEC | $Cl^-$ | $SO_4$ | Cl | $SO_4$ | $Cl + SO_4$ |
|---|---|---|---|---|---|---|---|---|---|---|---|---|---|---|---|
| | [mass %] | | | [meq/100 g] | | | | | | | [mg/L] | | [$mmol_c$/L] | | |
| B01 | 1 | | | 14.9 | 1.7 | 42.4 | 34.4 | 93.3 | 91.3 | 2.0 | 13.7 | 4.3 | 0.39 | 0.09 | 0.5 |
| B02 | 0 | | | 11.3 | 1.9 | 43.7 | 34.8 | 91.8 | 93.2 | -1.3 | 11.6 | 4.7 | 0.33 | 0.10 | 0.4 |
| B03 | 0 | | | 10.9 | 1.4 | 34.0 | 47.0 | 93.4 | 98.6 | -5.2 | 1.7 | 1.1 | 0.05 | 0.02 | 0.1 |
| B04 | | | | 18.1 | 1.5 | 44.4 | 34.8 | 99.0 | 101.8 | -2.8 | 19.5 | 30.6 | 0.55 | 0.64 | 1.2 |
| B05 | 5 | | 1 | 12.9 | 2.2 | 33.8 | 50.6 | 99.5 | 88.2 | 11.3 | 3.4 | 141.0 | 0.10 | 2.94 | 3.0 |
| B05 | DOHRMANN & KAUFHOLD (2010) | | | | | | 41 | | | 1 | | | | | |
| B06 | 0 | | | 15.4 | 1.6 | 32.8 | 46.1 | 96.0 | 99.8 | -3.8 | 0.8 | 3.3 | | 0.07 | 0.1 |
| B07 | 1 | 1 | | 61.5 | 4.2 | 2.9 | 21.7 | 90.3 | 88.5 | 1.8 | 5.0 | 33.3 | | 0.69 | 0.8 |
| B08 | 1 | | 1 | 66.2 | 0.3 | 0.4 | 4.1 | 70.9 | 64.8 | 6.1 | 0.3 | 66.5 | | 1.38 | 1.4 |
| B08 | DOHRMANN & KAUFHOLD (2010) | | | | | | 1 | | | 1 | | | | | |
| B09 | 2 | | 1 | 60.2 | 0.3 | 1.2 | 11.2 | 72.9 | 65.8 | 7.1 | 0.3 | 105.0 | 0.01 | 2.19 | 2.2 |
| B09 | DOHRMANN & KAUFHOLD (2010) | | | | | | 8 | | | 2 | | | | | |
| B10 | 1 | | | 26.7 | 1.6 | 20.1 | 42.1 | 90.4 | 89.9 | 0.5 | 31.7 | 8.0 | 0.89 | 0.17 | 1.1 |
| B11 | 1 | | | 59.4 | 0.7 | 15.5 | 21.6 | 97.3 | 90.0 | 7.2 | 51.7 | 28.8 | 1.46 | 0.60 | 2.1 |
| B12 | 1 | | 0 | 52.1 | 0.9 | 23.7 | 34.2 | 111.0 | 101.4 | 9.6 | 47.2 | 77.2 | 1.33 | 1.61 | 2.9 |
| B12 | DOHRMANN & KAUFHOLD (2010) | | | | | | 31 | | | 8 | | | | | |
| B13 | 4 | | | 0.9 | 1.6 | 35.8 | 36.3 | 74.6 | 77.5 | -2.9 | 1.2 | 3.2 | 0.03 | 0.07 | 0.1 |
| B14 | 1 | | | 1.0 | 2.3 | 38.8 | 36.8 | 78.9 | 82.0 | -3.1 | 1.0 | 2.6 | 0.03 | 0.05 | 0.1 |
| B15 | 4 | | | 1.2 | 1.5 | 34.3 | 33.8 | 70.8 | 75.5 | -4.7 | 1.3 | 4.6 | 0.04 | 0.10 | 0.1 |
| B16 | | | 1 | 0.3 | 2.4 | 19.8 | 47.3 | 69.8 | 66.5 | 3.3 | 0.2 | 77.4 | 0.01 | 1.61 | 1.6 |
| B16 | DOHRMANN & KAUFHOLD (2010) | | | | | | 43 | | | 4 | | | | | |
| B17 | 2 | 1 | | 65.5 | 4.8 | 2.7 | 23.6 | 96.6 | 96.1 | 0.5 | 4.7 | 35.8 | | 0.75 | 0.9 |
| B18 | 1 | | | 27.0 | 2.5 | 35.1 | 34.1 | 98.6 | 98.9 | -0.3 | 11.8 | 18.2 | | 0.38 | 0.7 |
| B19 | 3 | | | 19.8 | 2.4 | 31.6 | 27.7 | 81.5 | 82.1 | -0.6 | 7.9 | 8.3 | | 0.17 | 0.4 |
| B20 | 2 | | 1 | 54.8 | 1.5 | 5.5 | 24.5 | 86.3 | 76.2 | 10.1 | 1.2 | 88.5 | | 1.84 | 1.9 |
| B20 | DOHRMANN & KAUFHOLD (2010) | | | | | | 18 | | | 2 | | | | | |
| B21 | | | | 39.4 | 2.6 | 28.0 | 26.5 | 96.6 | 88.9 | 7.7 | 59.3 | 25.9 | 1.67 | 0.54 | 2.2 |
| B22 | 0 | | | 61.5 | 1.0 | 1.9 | 25.4 | 89.8 | 86.0 | 3.8 | 20.0 | 21.8 | 0.56 | 0.45 | 1.0 |
| B23 | | | | 62.6 | 1.2 | 1.1 | 29.3 | 94.5 | 96.0 | -1.5 | 9.6 | 8.4 | 0.27 | 0.18 | 0.4 |
| B24 | | | | 46.9 | 2.1 | 26.5 | 29.7 | 105.2 | 91.6 | 13.6 | 64.3 | 31.1 | 1.81 | 0.65 | 2.5 |
| B25 | 0 | | | 0.2 | 1.3 | 14.6 | 38.8 | 58.0 | 61.3 | -3.4 | 2.5 | 1.1 | 0.07 | 0.02 | 0.1 |
| B26 | 1 | | | 21.1 | 2.4 | 16.4 | 41.6 | 81.6 | 82.7 | -1.1 | 2.2 | 4.1 | 0.06 | 0.08 | 0.1 |
| B27 | 1 | | 1 | 64.4 | 1.6 | 4.1 | 20.1 | 90.2 | 83.3 | 6.8 | 2.7 | 68.7 | 0.08 | 1.43 | 1.5 |
| B27 | DOHRMANN & KAUFHOLD (2010) | | | | | | 18 | | | 3 | | | | | |
| B28 | | | | 0.7 | 1.5 | 2.8 | 62.0 | 67.4 | 72.4 | -5.0 | 0.4 | 2.6 | 0.01 | 0.05 | 0.1 |
| B29 | | | | 0.4 | 0.8 | 23.1 | 42.1 | 66.6 | 66.0 | 0.6 | 0.3 | 0.2 | 0.01 | 0.00 | 0.0 |
| B30 | | | n. d. | 31.5 | 3.4 | 4.7 | 6.9 | 46.8 | 26.7 | 20.2 | 19.8 | 121.0 | 0.56 | 2.52 | 3.1 |
| B31 | 1 | | | 52.4 | 1.5 | 12.5 | 19.4 | 85.8 | 82.4 | 3.4 | 25.3 | 29.4 | 0.71 | 0.61 | 1.3 |
| B32 | 0 | 1 | | 1.1 | 1.9 | 10.1 | 66.9 | 80.2 | 86.6 | -6.4 | 3.3 | 7.6 | 0.09 | 0.16 | 0.3 |
| B33 | 1 | | 0 | 54.1 | 1.8 | 5.0 | 26.5 | 87.2 | 80.6 | 6.6 | 1.1 | 87.2 | 0.03 | 1.82 | 1.8 |
| B34 | | | | 6.0 | 1.0 | 26.5 | 50.2 | 84.1 | 87.5 | -3.4 | 4.2 | 25.7 | 0.12 | 0.54 | 0.7 |
| B35 | | 1 | | 0.1 | 2.7 | 8.5 | 27.0 | 38.4 | 40.7 | -2.3 | 0.6 | 1.8 | 0.02 | 0.04 | 0.1 |
| B36 | | | | 0.7 | 1.9 | 15.1 | 33.5 | 51.3 | 57.9 | -6.6 | 0.4 | 0.7 | 0.01 | 0.01 | 0.0 |
| B37 | 1 | | | 0.9 | 0.8 | 24.9 | 55.5 | 82.3 | 80.4 | 1.9 | 0.1 | 6.1 | 0.00 | 0.13 | 0.1 |
| B38 | 7 | 1 | | 15.1 | 2.7 | 18.5 | 28.0 | 64.3 | 62.5 | 1.8 | 4.0 | 18.2 | 0.11 | 0.38 | 0.5 |
| B39 | | | | 0.8 | 1.4 | 12.4 | 52.3 | 67.0 | 61.2 | 5.8 | n. a. | n. a. | | | |
| B40 | | | | 1.9 | 0.0 | 36.7 | 4.6 | 55.2 | 71.3 | -16.1 | n. a. | n. a.** | | | |

"0" = 0.1 < 0.5 * values may differ from Table 3.17 (data modified after DOHRMANN & KAUFHOLD 2010) $Cl^-$ values marked orange = gypsiferous bentonites
n. d. = not determined (LECO indicates the presence of some S and DTA demonstrated the presence of some pyrite and gypsum, but no quantitative values are available)
n. a. = not applicable ** acidic pH value, mostly Al

importance for bentonites is the adsorption of organic substances in CEC exchange solutions, such as co-adsorption of triethanolamine on expandable clay minerals during CEC experiments using triethanolamine-buffered barium chloride solutions (Mehlich 1948; Stanjek & Künkel 2016). Excess adsorption of the index cation can result in inflated CEC values, and has been described for methylene blue (Breen & Rock 1991), which is very popular in bentonite quality control. Silver-thiourea CEC values are also affected by this error (Dohrmann 2006b), whereas Cu-trien and CoHex are not associated with excess adsorption (Dohrmann & Kaufhold 2009). CEC values of calcareous clays or soils were shown to be erroneous when barium chloride (Dohrmann 2006a) and ammonium acetate were used as index cations (Dohrmann 2006d).

In addition to these systematic errors of index cation adsorption, further sources of error may be relevant for the exchangeable cations (mostly determined by ICP or AAS after an exchange experiment using a suitable index cation). The exchangeable cation values may be affected by the presence of soluble (or at least partly soluble) minerals such as gypsum, calcite, and dolomite, as well as by excess electrolyte (Dohrmann 2006a, b, c; Dohrmann & Kaufhold 2010; Fernández et al. 2018; Frederickx et al. 2018), which greatly inflates exchangeable $Ca^{2+}$ values. In a round robin test (RRT), Dohrmann et al. (2012b) demonstrated that two approaches were successful to minimize errors in calcareous bentonites: a presaturation of the exchange solution with calcite (which then minimizes further calcite dissolution of the bentonite sample during the exchange experiment), and the use of ethanolic ammonium chloride that also minimizes carbonate dissolution (Renger 1964; Belyayeva 1967).

Some bentonites are free of calcite or gypsum, in which case different methods provide acceptable CEC and exchangeable cation values. Carbonates, however, are a rather common but minor component of bentonites. For these calcareous bentonites the problems described above can be solved using the methods proposed by Dohrmann & Kaufhold (2009) with $CoHex_{calcite}$ or $Cu\text{-}trien_{5xcalcite}$. The suffix "calcite" indicates the saturation of the exchange solution with calcite. The "5x" method uses five times higher solid/liquid ratio compared to the standard technique, which also reduces dissolution of soluble admixtures.

CECs and exchangeable cations of the bentonites discussed in this book are given in Table 4.1 and discussed in the following. Values for the calcareous and gypsiferous bentonites represent averages of the calcite-saturated $Cu\text{-}trien_{5xcalcite}$ and $CoHex_{calcite}$ method (n = 4). Values for the non-calcareous and non-gypsiferous bentonites represent averages of the $Cu\text{-}trien_{5x}$ method (n = 2). The concentrations of calcite, dolomite, and gypsum as well as soluble $Cl^-$ and $SO_4^{2-}$ are reported in order to better understand the differences between the sum of exchangeable cations and the CEC (sum-CEC). Corrected exchangeable $Ca^{2+}$ values and sum-CEC values are also reported for gypsiferous samples (data from Dohrmann & Kaufhold 2010). Sample B40 is acidic and contains exchangeable $Al^{3+}$, which explains the negative sum-CEC value.

Although care was taken to use the most reliable methods with respect to reproducibility and accuracy (calcite-saturated exchange solutions for calcareous bentonites), significant deviations were still present in many of the bentonites. These differences between the sum of exchangeable cations and the CEC (expressed as sum-CEC) can be explained when correlated with equimolar concentrations of soluble $Cl^-$ and $SO_4^{2-}$ (Fig. 4.2).

- The degree to which the cation exchange takes place depends on (a) the selectivity (affinity of the index cation towards the surface as compared to the naturally present cations), and (b) the excess of the index cation.
- CEC measurements using metal-organic complexes can be performed in one exchange step only (because of the large selectivity).
- The sum of exchangeable cations often exceeds the CEC, even if calcite-saturated exchange solutions are used. This can be explained by the presence of chlorides and/or sulfates (Fig. 4.2).

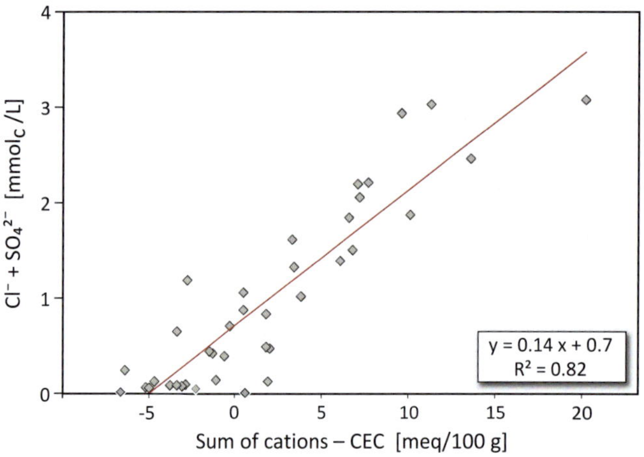


**Fig. 4.2:** Correlation of the differences between the sum of exchangeable cations and the CEC (sum-CEC) with the sum of the equimolar concentrations of soluble $Cl^-$ and $SO_4^{2-}$ (data from KAUFHOLD & DOHRMANN 2008a).

Error calculation (3 sigma) for sum – CEC: ± 8.3 meq/100 g resulting from exchangeable cations: ± 4.5 meq/100 g (Ca + Mg + K + Na) and CECs: ± 3.8 meq/100 g; compare DOHRMANN & KAUFHOLD (2010).

Many bentonites contain either chloride (mainly affecting exchangeable $Na^+$ and $Mg^{2+}$) or sulfate (mainly affecting exchangeable $Ca^{2+}$). DOHRMANN & KAUFHOLD (2010) corrected the contribution of dissolved gypsum in gypsiferous bentonites from the exchangeable $Ca^{2+}$ values. All but one of these samples had an ideal "sum-CEC" difference close to zero, however one sample contained large $Cl^-$ concentrations and the resulting sum-CEC was above zero ($Cl^-$ concentrations of these gypsiferous bentonites are marked in orange in Table 4.1). The exchangeable cation and CEC values reported in Table 4.1 represent the most reasonable values for this set of bentonites.

## ▸ 4.2 Rheological properties

Dispersions of bentonite in pure water usually exhibit Newtonian flow behavior at low solid contents below 1 mass%. Accordingly the shear rate is directly proportional to the shear stress. At higher solid contents, bentonite dispersions often can no more be described as Newtonian fluid, and they usually demonstrate so-called *pseudoplastic* ("shear-thinning") and *thixotropic* flow behavior. Pseudoplastic flow behavior means that the viscosity of the dispersion decreases with increasing shear stress, thixotropy means that the viscosity of the dispersion decreases over a period of time at constant shear stress.

The flow behavior of bentonite dispersions, which are applied at higher solid contents such as drilling muds, is usually described by the Bingham model. The model is based on the assumption that shear strain and stress are directly proportional at values above 0 (blue line in Fig. 4.3 A).

In other words, the shear rate is supposed to be a straight-line function of the shear strain. The y-offset of this curve is the yield point (YP) and the slope of the function (> 0) is the plastic viscosity (PV). The unit of the plastic viscosity is usually given in centipoises (cp) or mPa × s. The yield point represents the stress needed to initiate flowing and it may be abbreviated with τ0 or YP.

**Newtonian fluids** are described by Equation 5 and **Bingham fluids** by Equation 6.

$$\tau = \eta \times \dot{\gamma} \qquad \text{[Eq. 5]}$$

with $\tau$ = shear stress,
$\eta$ = viscosity and $\dot{\gamma}$ = shear rate

$$\tau = \tau_B + \eta_P \times \dot{\gamma} \qquad \text{[Eq. 6]}$$

with $\tau$ = shear stress,
$\tau_B$ = Bingham liquid limit (YP),
$\eta_P$ = plastic viscosity (PV) and $\dot{\gamma}$ = shear rate

Both these parameters are very important for drilling fluids used in oil drilling or tunneling. Drilling fluids with larger YP are more effective in transporting cuttings than fluids with lower YP. On the other hand the PV of a drilling fluid should not be too high in order to allow a fast drilling process.

The Bingham model, of course, represents an ideal case. Actually measured curves show a continous change from being resistant against the shear rate (stiff consistency) until plastic viscosity is reached (Fig. 4.3 B). Lagaly (1993a) provides a graphic explanation of the flow behavior of bentonite dispersions. The existence of a yield point, such as the resistance against shearing at low shear strains, is commonly explained by the formation of a microframework in the dispersion. Without mechanical stress the particles start to arrange as a network, by edge face or other interactions that results in the mechanical stability of the dispersion in the absence of mechanical stress. As the shear strain increases the framework is destroyed and flow is possible again. This property is commonly referred to as thixotropy. The prerequisite of measurable thixotropy is that the formation of the internal framework takes some time (in the case of clay dispersions ranging from seconds to minutes).

A parameter used to characterize the thixotropy of a bentonite dispersion is the so-called *gel strength*. It is commonly determined after the dispersion has been standing for various time periods (typically 10 seconds, 10 minutes, 30 minutes). After the respective time the shear stress required to liquefy the dispersion again is determined.

The overall rheological properties of a bentonite dispersion are known to depend on:

- solid content of the dispersion;
- cation population in the interlayer of the smectite (particularly Na or Ca/Mg);
- pH-value;
- total content of electrolytes in the solution;
- presence of chemical substances that may have additional effects on the interaction between the smectite particles, such as phosphates (dispersing agent), iron or aluminium salts (coagulants), or water-soluble polymers (flocculants).

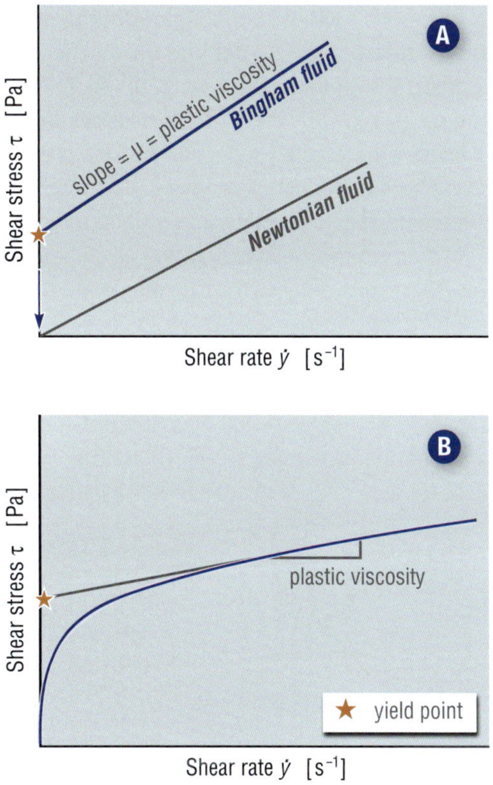


**Fig. 4.3:** Schematic representation of the flow behavior of Newtonian and Bingham fluids.

The effect produced by the particular type of interlayer cation is explained by the degree to which the TOT layers delaminate (separate or fall apart) in solution. Surfactants can also be used to tailor the rheological properties of bentonite dispersions, and detailed studies were conducted by Permien & Lagaly (1994a–d; 1995) and summarized by Lagaly et al. (1997).

The simplest method to characterize the rheological properties (viscosity) of bentonite slurries is to determine the time a specific volume of the dispersion needs to pass a funnel (e.g. the Marsh funnel). The Marsh funnel is explained in more detail in Section 5.5.3.

In addition to the simple Marsh funnel method, highly sophisticated rheometers can measure complete shear strain vs. shear stress curves. As explained in Figure 4.3, these curves can be used to extract parameters that describe the rheological properties of all types of dispersions.

Most Na-bentonite/water mixtures start forming a gel if the solid content exceeds about 3 mass% (Abend & Lagaly 2000). The rheological parameters of these gels, which are important for applications such as tunneling or drilling muds, are therefore strongly dependant on the solid content. A Wyoming bentonite (B20) was selected and measured with the FANN® viscosimeter (explained in more detail in Section 5.5.3) in order to investigate the effect of varying solid content on the rheological properties, and to fix a reference solid content for the investigation of all bentonites. The results of these measurements are shown in Figure 4.4.

Acceptable shear strain/stress curves were obtained for solid/liquid ratios ranging from 5 to 8 mass%. The gel with 8.6 mass% solid content could not be investigated over the entire FANN® viscosimeter range because the shear strength was too high. Below 8 mass%, however, a more or less linear dependence of the rheological parameters PV, YP, and gel strength on the solid content was observed (Fig. 4.4). This result suggests that any solid content of bentonite dispersions between 5 and 8 may be suitable as a reference value for comparing the rheological properties of all bentonites, and thus investigate the relation between properties and rheological performance. A solid content of 4.5 mass% was finally selected as the reference because of the lower amount of sample mass required. The bentonites must be Na-saturated in order to measure the rheological properties, and therefore the carbonates – if present – have to be removed before the samples can be saturated with Na using NaCl solutions (Section 3.3 and Appendix). The bentonites must have the same cation population in order to compare their rheological properties (because of the pronounced effect of the type of exchangeable cation on the rheological properties). The viscosity of most Ca/Mg-bentonite dispersions is too low to obtain reasonable results, and therefore Na was selected for the comparison of all bentonites. The Na-saturation can be achieved by adding sodium carbonate, as in industrial activation, but this raises the pH and may cause some artefacts in the rheological measurements (at least add another parameter to the system). Since the objective was to correlate bentonite properties, such as the layer charge density (LCD) with rheological parameters, repeated washing with NaCl was preferred. However, a relatively large sample volume was required, for example, about 330 mL of a gel or dispersion are required for measurements with a FANN® viscosimeter. A 15 g sample was required for the reference solid content of 4.5 mass%. Therefore, 25 g of each bentonite were weighed and chemically treated to remove carbonates, using sodium acetate – acetic acid as described by Tributh & Lagaly (1986). The surfaces are now loaded with acetate molecules, which may have a significant effect on the rheological parameters (Penner & Lagaly 2001). Therefore, 10 % $H_2O_2$ was used to dissolve the organic molecules, and the product of organic matter dissolution was controlled both by visual inspection (bubble formation) and, because the bubble formation was not always clear, by LECO analysis. The samples

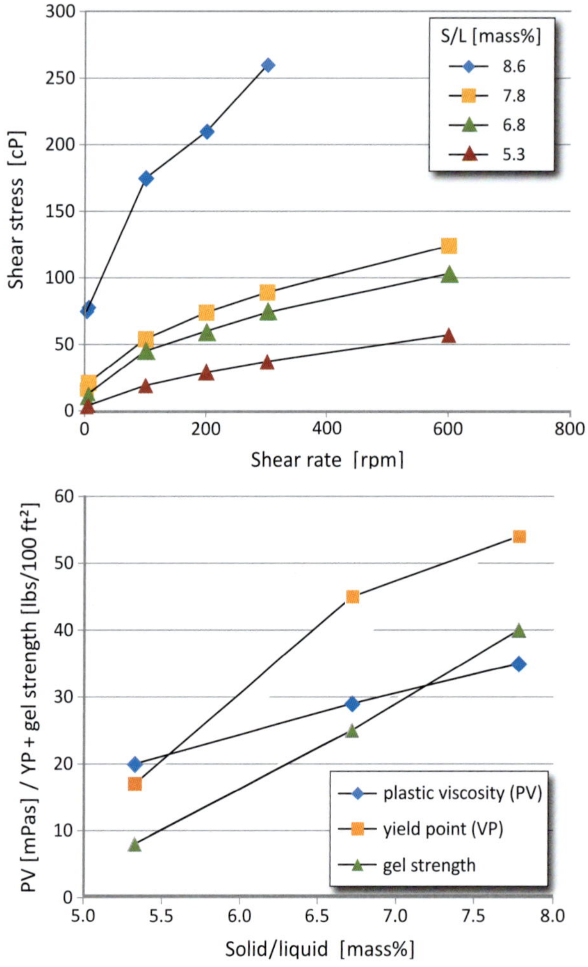


Fig. 4.4: Rheological properties as determined with the FANN® viscosimeter depending on the solid/liquid ratio of the dispersion/gel (g solid/g solid + liquid × 100) of sample B20 (Wyoming bentonite).

were washed with NaCl, as suggested by TRIBUTH & LAGALY (1986), between the different chemical treatments. Centrifugation is probably the most suitable method to carry out the washing, and all reactions were conducted in 750 mL centrifuge beakers. Finally, when no more bubbles formed (even after shaking or applying ultrasonic treatment) and LECO analysis proved a C-content of < 0.1 mass%, the samples were dialyzed to remove all soluble components that may have interacted with the samples. Details of this procedure are given in the Appendix. The solid content was adjusted to 4.5 mass% either by adding water or by evaporation of excess water. The accepted range was 4.5 ± 0.1 mass%. The solid content was determined gravimetrically by drying a 5 mL aliquot at 105 °C for three days.

Because they are well correlated, both the yield point and the plastic viscosity could be used to compare the rheological properties of all bentonites sampled (Fig. 4.5). Recording the gel strength, however, was not helpful because most of the values were insignificant. To measure reasonable gel strengths the solid content must be greater, and the gel strength was not considered further. The scatter of the data in Figure 4.5 may result from the different shape of the curves.

As indicated in Figure 4.6, most of the curves have a similar shape and, with few exceptions, slope of the curves. As an example, the curve for sample B16 is characterized by a marked increase of the shear stress at low shear strains, and strongly decreasing slope at higher shear strains. Other samples, for example B02 and B04, show curves that are almost linear, and in these samples the solid content was insufficient to start gel formation.

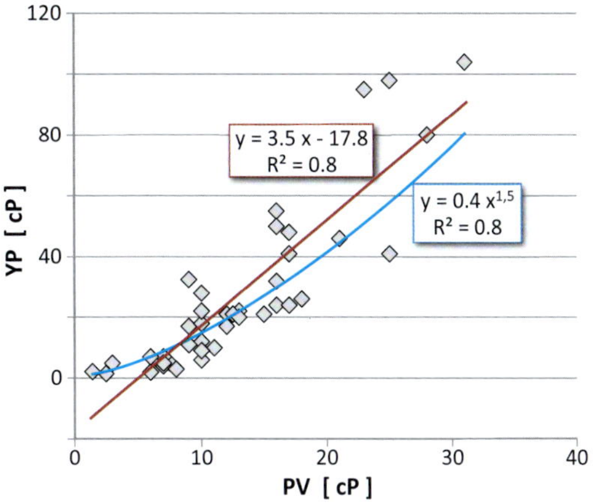


Fig. 4.5: Comparison of plastic viscosity (PV) and yield point (YP) of the 40 different materials after Na-saturation.

One objective was an attempt to identify systematic variations of the rheological properties in different bentonites. Samples from several deposits were compared with each other (Fig. 4.7), and both samples from Sardinia, and also Hungaria, showed low values, but the results from Milos and Wyoming bentonite samples demonstrate that materials from one deposit can be significantly different with respect to their rheological properties (Fig. 4.7 A). Significant variation was again observed for both samples from Argentina as well as the samples from India (Fig. 4.7 B).

It is useful to study the differences in samples from the same deposit but with contrasting rheological properties. In particular, the two

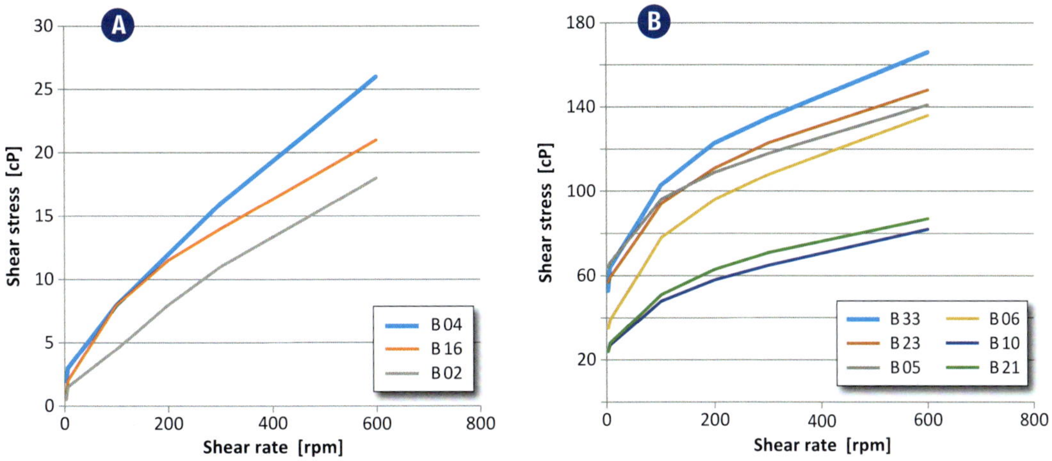


Fig. 4.6: Typical shear strain/stress curves recorded with the FANN® viscosimeter.
(A): Different shapes.
(B): The six most viscous samples.

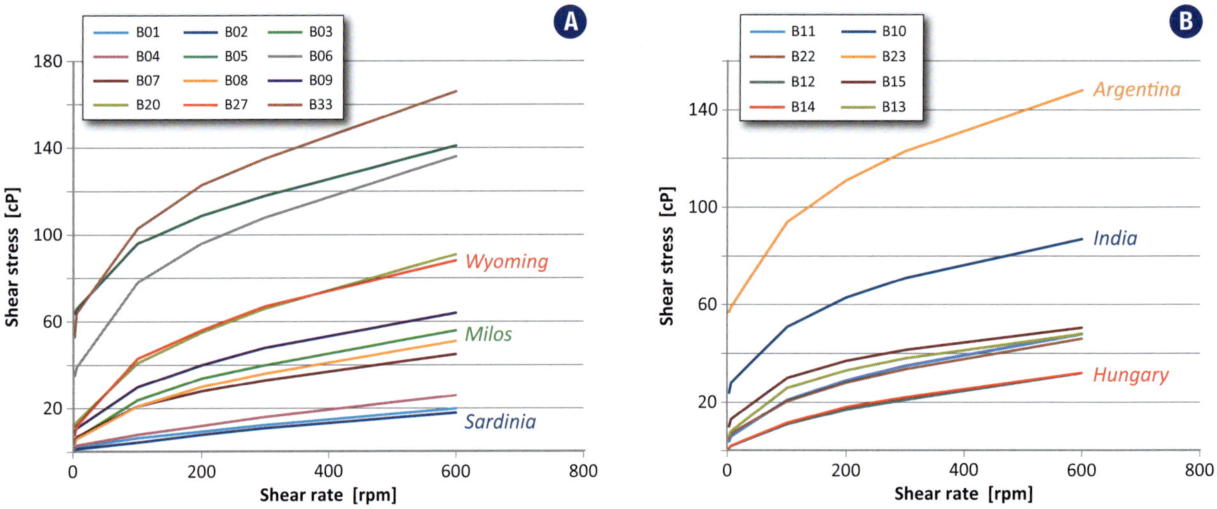


Fig. 4.7: Shear strain/stress curves recorded with the FANN® viscosimeter of different deposits. (**A**): Sardinia, blue (samples B01, B02); Milos, green (samples B03, B04, B05, B06, B07) and Wyoming, red (samples B08, B09, B20, B27, B33). (**B**): Argentina, orange (samples B22, B23); India, blue (samples B10, B11, B12); and Hungary, red (samples B 13, B14, B15).

samples from Argentina (B22, B23) are interesting because they have a similar mineralogical and chemical composition except for the higher cristobalite content, and hence content of soda soluble silica, in sample B23, which has a much larger yield point. This suggests that the content of soluble silica (low crystalline silica) could be important. Both samples also differ with respect to their dehydroxylation temperature in the DTA, but it is not clear how this could affect rheology. Other samples, such as B08 from Wyoming or B39 from Romania (YP = 20 cP; B39 not shown in Fig. 4.7) contain even greater amounts of soda soluble silica but their rheological parameters are much lower than that of B23. The reactive silica may play a role, but it surely does not represent the key parameter determining the rheological properties of bentonite dispersions.

The yield point (and the plastic viscosity) were compared with the basic parameters in an attempt to identify the key parameter controlling the rheological behavior of bentonites. No significant difference of the basic bentonite parameters with either PV or YP was expected because of the relation between plastic viscosity (PV) and yield point (YP) shown in Figure 4.5. No correlation was observed of either PV or YP with the soluble silica content, layer charge density (LCD determined with AAM), Fe-content (determined after Na-saturation), pH of a 0.5 mass%-dispersion of the same samples (7.1–8.7), and inorganic carbon content according to LECO analysis (0–0.05 mass%). Some trends were observed for the CEC, $Na^+$ content after Na-saturation, and tetrahedral charge (Fig. 4.8). An increase of the PV and YP, respectively, was observed with increasing CEC. Note that the trends shown in Figure 4.8 A and B were even weaker if the illite-smectite samples (B30 and B35) were not considered, although such a trend was expected because the CEC is related to the smectite content, and the smectites are controlling the rheological properties. The trends observed in Figure 4.8 C and D result only from the illite-smectite clays (with some exchangeable $K^+$ and hence $Na^+ < 100$ %), and sample B12 did not reach higher Na-saturation values, probably because of the high apatite content in this sample. No trend would have been observed if these three samples were excluded. The best correlations were observed of PV and YP with the tetrahedral charge (Fig. 4.8 E and F), and even without taking the illite-smectite clays and sample B12 into consideration would not change the trend. Despite the fact that Fe-content and tetrahedral charge are related (Section 3.15), no correlation was observed between Fe-content and

PV/YP. The results presented in Figure 4.8 E and F suggest that the tetrahedral charge affects the rheological parameters. To be more precise, samples with lower tetrahedral charge show higher plastic viscosity.

ABEND & LAGALY (2000) discussed the different rheological parameters of four different montmorillonites. They suspect the particle size plays a crucial role because "a network of smaller particles better resists to mechanical forces". They also discussed the possible effect of edge charge and layer charge density. The results discussed in the present section, however, suggest that the tetrahedral charge is more important with respect to rheological parameters of Na-bentonites than layer charge density. But the trend (Fig. 4.8 E/F) observed is weak, and suggests that other parameters are relevant. Particle size and shape should play a role. However, sample B32, with its extraordinary fibrous smectites forming a mesoporous network in the solid state, did not show unusual rheological parameters.

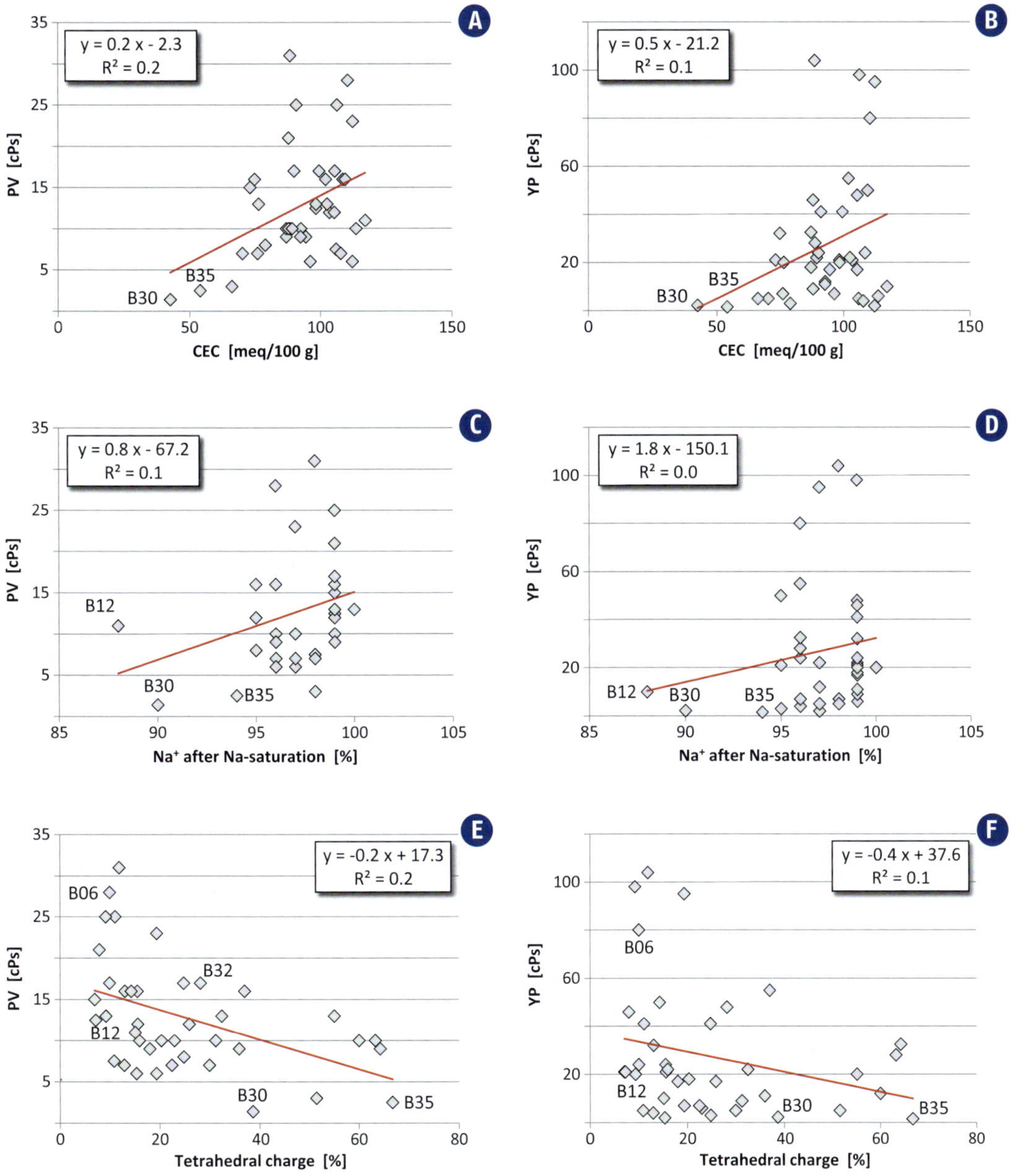


Fig. 4.8: Correlations of plastic viscosity (PV) and yield point (YP) with basic bentonite properties (samples B30 and B35: illite-smectite clays).

- The rheological properties of the different bentonites differ significantly, even within one deposit.
- The rheological properties (plastic viscosity and yield point) are apparently affected by the tetrahedral charge, but particle size and morphology most likely also play an important role.

On the other hand, sample B06, which according to wet TEM analysis contains particularly small smectites (about 50 nm compared to 150 nm of the others which were investigated, Section 3.5), is among the most viscous samples, which correlates with the assumption of ABEND & LAGALY (2000). Unfortunately, wet TEM data on the submicron particle size distribution (of the primary particles) are not available for all samples (mainly because the technique is expensive and time-consuming).

## ▸ 4.3 Critical coagulation concentration (CCC)

The critical coagulation concentration (CCC; or sometimes cK: LAGALY & DÉKÁNY 2013; or c.c.c.: VAN OLPHEN 1977) represents the ionic strength at which a dispersion (stable suspension) is destabilized, and the particles coagulate and settle. The main forces determining the stability of dispersions are VAN DER WAALS attraction, electrostatic repulsion, and the repulsion due to the interaction of adsorbed large molecules (OVERBEEK 1977).

The mechanism behind the CCC is explained by the DLVO (DERJAGUIN, LANDAU, VERVEY, and OVERBEEK) theory. At low ionic strength an extended diffuse double layer exists that, because of electrostatic repulsion, keeps the particles apart. The extension of the diffuse double layer decreases as the ionic strength increases because the increasing ionic strength in solution results in a compression of the diffuse double layer. As a result the particles can approach each other more closely and coagulate, either forming a card-house structure (face – edge contacts; SPOSITO & GRASSO 1999) or banded structures (face – face contacts). The CCC represents the concentration at which these structures start to form from the formerly dispersed state of the smectites. Because of the role of the edges, the CCC is sometimes determined in the presence of phosphate that is adsorbed to the edges and hence prevents heterocoagulation, and it is important to know if a CCC was determined with or without phosphate. A typical CCC of Na-smectites determined without phosphate is at about 5 mmol/L NaCl (LAGALY 1993a), but much higher in the presence of phosphate (300–400 mmol/L; LAGALY 1993a). The effect of the valency was also found to be important, and according to LAGALY (1993a) coagulation of Na-smectite dispersions occurs with 25–150 mmol/L monovalent, 0.5–3 mmol/L bivalent, or 0.01–0.1 mmol/L trivalent ions. A comprehensive compilation of published values is provided by LAGALY & DÉKÁNY (2013) and, for example, the CCC is important with respect to erosion of smectites in geotechnical barriers (NERETNIEKS et al. 2009). The term *erosion* may be misleading here because it also covers the detachment of colloidal particles that can occur even without flowing water.

The CCC is known to depend on many different parameters including the pH (GOLDBERG et al. 1991) and the solid/liquid ratio (NERETNIEKS et al. 2009). With respect to clay particles, the CCC was found to depend on the proportion of tetrahedral charge (FREY & LAGALY 1979; HETZEL & DONER 1993). The role of layer charge and concentration is mentioned by SELLIN & LEUPIN (2013).

The different states of a bentonite dispersion are explained in Figure 4.9. A dispersion can be generated at low or moderate solid/liquid ratios (< 3 mass%). A gel is formed with a higher solid content (around 3 mass%). The sol/flocculation process and variability of the sol/gel – floc transition are investigated (yellow arrows in Fig 4.9) in this chapter, and, therefore, the solid content was low (0.5 mass%). At a specific ionic strength (CCC), first a gel and then flocs are generated that result in a destabilization of the dispersion and can be observed as sediment.

According to VAN OLPHEN (1977), the CCC "in its most simple form can be determined using a set of different test tubes". A dispersion is filled into a series of tubes with increasing electrolyte content. After a certain period of time the dispersions are visually inspected and it is determined if they were stable or not. VAN OLPHEN (1977) also stated that the parameters are arbitrarily selected, which only allows for a relative assessment of the samples and, for the same reason, actual CCC values are not comparable.

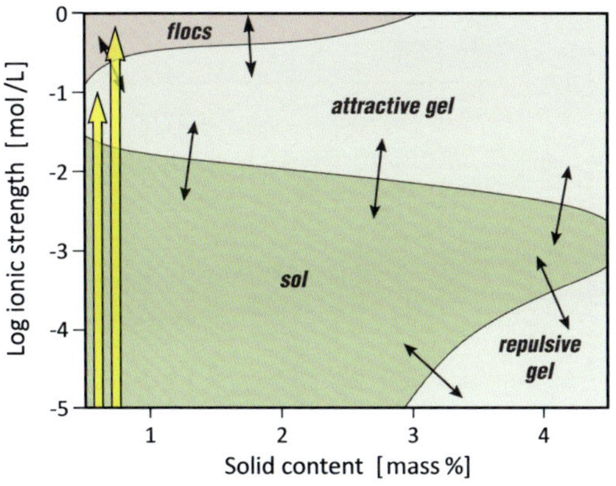


Fig. 4.9: Schematic representation of the different states of bentonite/smectite in water (based on ABEND & LAGALY 2000).

The CCC can be determined with other parameters that, for a comprehensive characterization of the CCC, would have to be varied. However, the aim of this book is to compare different bentonites, and it was therefore more important to select experimental parameters that allow for the comparison of different bentonites. The carbonates and organics in all bentonites were first chemically removed and after washing with NaCl, the samples were dialyzed to minimize the content of free soluble salts (for details see Appendix). A dispersion with 0.5 mass% solid content was produced after dialysis, and 6 mL from this dispersion was poured into 8 mL glass bottles and investigated with respect to the CCC. The first photograph was taken after 24 h standing, and the first increment of the salt solution was then added (100 µL 4 M NaCl). After vigorous shaking the dispersions were allowed to stand for 24 h and the next photograph was taken. This was repeated until the ionic strength of the water in the dispersions reached approximately 1 mol/L NaCl. Ca-bentonites are not suitable for measuring the CCC because no stable dispersions can be produced. Furthermore, neither sulfates nor carbonates should be present because small amounts of bivalent cations can affect the results. Finally, the interlayer population of the Na-saturated samples has to be characterized by CEC methods in order to avoid misinterpretations.

In a first attempt the solid/liquid ratio of selected samples was varied, and the effect on the CCC was measured (Fig. 4.10).

A gradual increase of the sediment volume with the solid/liquid ratio was generally observed (marked by the white dashed lines in Fig. 4.10),

| **Samples** | |
|---|---|
| B 04, B 13, B 16, B 22, B 28, B 33, B 34, B 36 | |
| **Solid/liquid ratio** | |
| [mg/6 mL] | [mass %] |
| 10 | 0.17 |
| 20 | 0.33 |
| 30 | 0.50 |
| 40 | 0.67 |
| 50 | 0.83 |

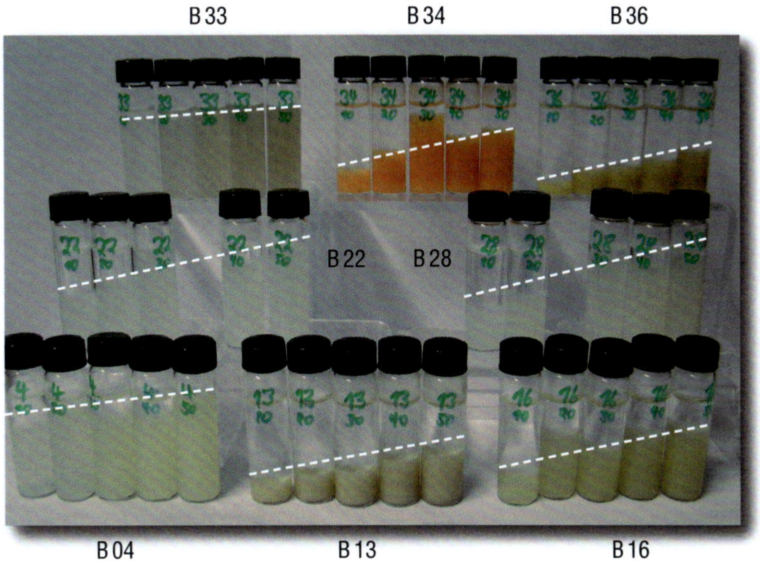


Fig. 4.10: CCC measurements of eight selected Na-saturated samples (verified by CEC measurements) with varying solid/liquid ratios (no phosphate added). The photograph represents the state after 24 h after the 8th addition of 100 µL 4 M NaCl. The solid/liquid ratio was varied from 10 mg/6 mL (0.17 mass%) up to 50 mg/6 mL (0.83 mass%).

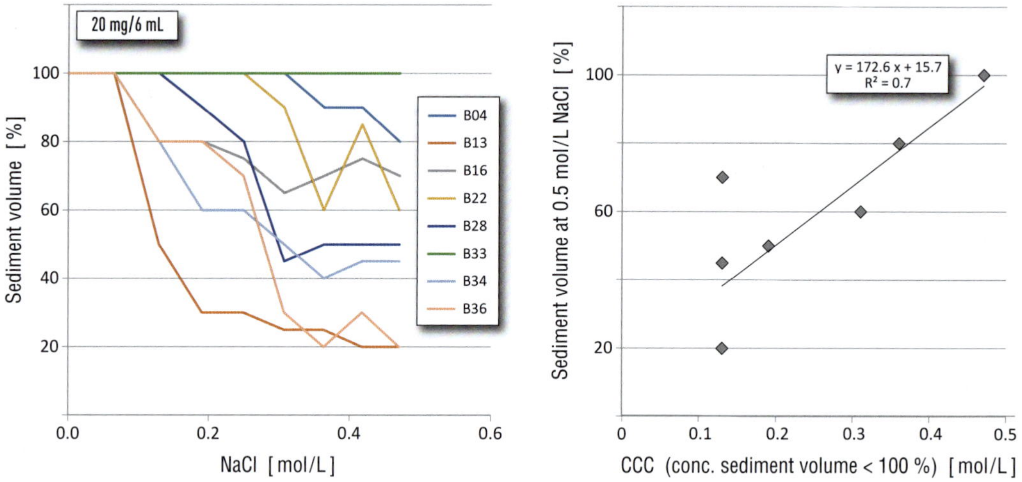


Fig. 4.11: Sediment volume curves of the 20 mg/6 mL samples of eight selected Na-saturated samples and correlation of the CCC (concentration at which the sediment volume became < 100 %).

with only a few exceptions (e.g. B16, 20 mg/6 mL sample and B34, 30 mg/6 mL sample).

The results were evaluated, based on the sediment volume expressed in percent. Accordingly 100 % corresponded to a fully dispersed state without any visible sediment formation, and 10 % corresponded to a relatively tight sediment. The sediment volume of the 20 mg/6 mL samples depending on the NaCl addition is shown in Figure 4.11. The samples differ significantly with respect to the CCC, the first observable coagulation (volume of the sediment < 100 %), and the sediment volume. Both parameters are closely related, and generally (with some exceptions) the lower CCC corresponds to the smaller sediment volume (Fig. 4.11, right).

The CCC values (in mol/L) measured in the present study are somewhat higher as compared to most of the published values (0.01–0.2 mol/L, without phosphate). This can be due to the slightly higher solid content of the dispersions (0.5 mass%) as compared to ≤ 0.1 mass% for most of the published values (Lagaly & Dékány 2013). Furthermore

- The CCC was determined by optical inspection of the sediment volume after addition of different amounts of NaCl.
- Either the first concentration of destabilization of the dispersion, or the sediment volume observed after further NaCl addition, was found to be suitable to compare the coagulation of bentonites.

the pH values in this study varied from 7.1–8.7 (average 7.8), and were slightly higher compared to most of the published values (6–7). The objective of this study, however, was to compare the bentonites and to identify the reasons behind the differences for various bentonites/smectites. As is evident in Figure 4.10, the differences between the bentonites can be observed at various solid/liquid contents. However, the optical inspection (assessment of turbidity) is difficult at low solid content, particularly in the case of white bentonites, and therefore, it was decided to use slightly higher solid contents (0.5 mass%). Most of the values compiled by Lagaly & Dékány (2013) were measured on fine fractions of the bentonites, but in this study the bulk sample was used, and the dispersions contain some "grit" (some sedimenting particles). This was not thought to seriously affect the values because the content of these minerals is comparably low (< 10 mass%).

The concentration at which first coagulation was observed (CCC), as well as the sediment volume after the 8th step, was compared with the tetrahedral charge (Fig. 4.12). A good correlation of the tetrahedral charge with the sediment volume was observed, but the correlation between tetrahedral charge and CCC was worse ($R^2 = 0.4$, not shown). No correlation was observed between the layer charge density and the sediment volume or with the CCC. The correlation coefficient of tetrahedral charge and the sediment volumes at the different concentrations (both solid content and ionic strength) were different. The best correlations of the 0.17 and 0.5 mass% dispersions are shown in Figure 4.12.

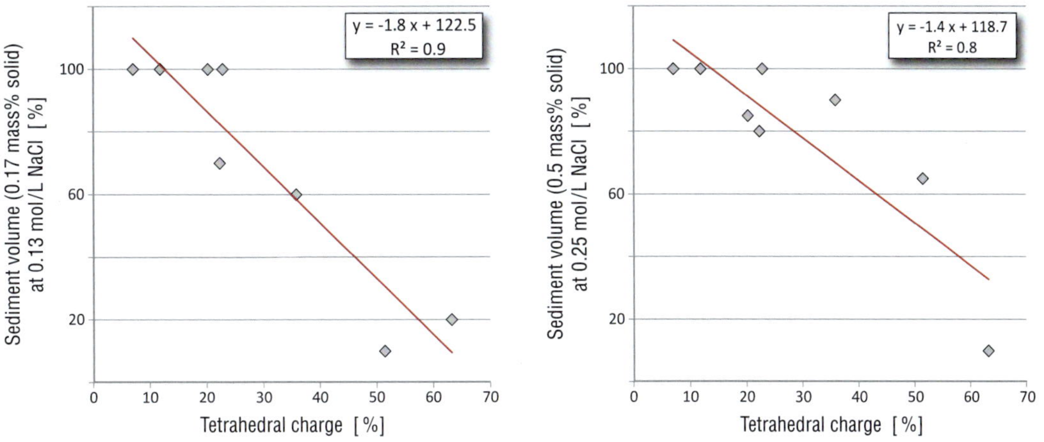


**Fig. 4.12:** Comparison of the sediment/gel volume with the tetrahedral charge.
(**Left**): 0.17 mass% solid at 0.13 M NaCl.
(**Right**): 0.5 mass% solid at 0.25 M NaCl.

The correlation of tetrahedral charge and CCC has been previously recognized by Lagaly (1993a), who demonstrated a CCC of 0.37–0.44 mol/L for Wyoming montmorillonite and 0.25–0.29 mol/L NaCl for beidellite (both tests conducted with phosphate). This difference is explained by a stronger adsorption of cations in the Stern layer in the case of tetrahedral (focused) charge (Lagaly 1993a). As a result, the particles can approach each other more closely (at a given ionic strength).

Results shown in Figures 4.11 and 4.12 were obtained on some of the samples. The correlations, however, were thought to be better if all the bentonite samples were investigated. Therefore, the solid/liquid ratio was fixed at 30 mg/6 mL (0.5 %), and the CCC was measured for all samples purified according to the procedure given in the Appendix.

It was expected that the correlation coefficient between any parameter describing the CCC (either the NaCl concentration at which the sediment volume was less than 100 % or the sediment volume at a given NaCl concentration) and the tetrahedral charge of all purified Na-bentonites would improve as compared to the figure for the selected samples (Fig. 4.12). However, the correlation was found to be much worse (Fig. 4.13), and this can not be explained. The reason could be that the chemical treatment affected the surfaces. For example, the edges could be occupied by different contents of acetic acid. All other parameters (type of water, NaCl solution, solid/liquid ratio, bulk fraction) were selected as before, and the test was repeated again using 0.1 mass% solid/liquid and pyrophosphate (50 µL 0.1 M in 5 mL). The correlation, however, resembled that shown in Figure 4.13.

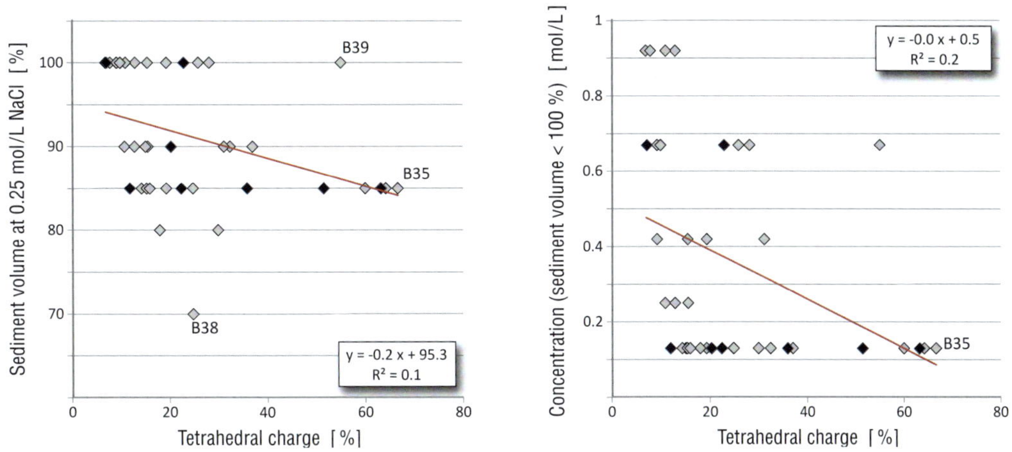


**Fig. 4.13:** Tetrahedral charge compared with sediment volume at 0.25 M NaCl (**left**) and tetrahedral charge compared with concentration at which the sediment volume was less than 100 % (**right**). Selected samples discussed above are marked in black, sample B30 was not considered.

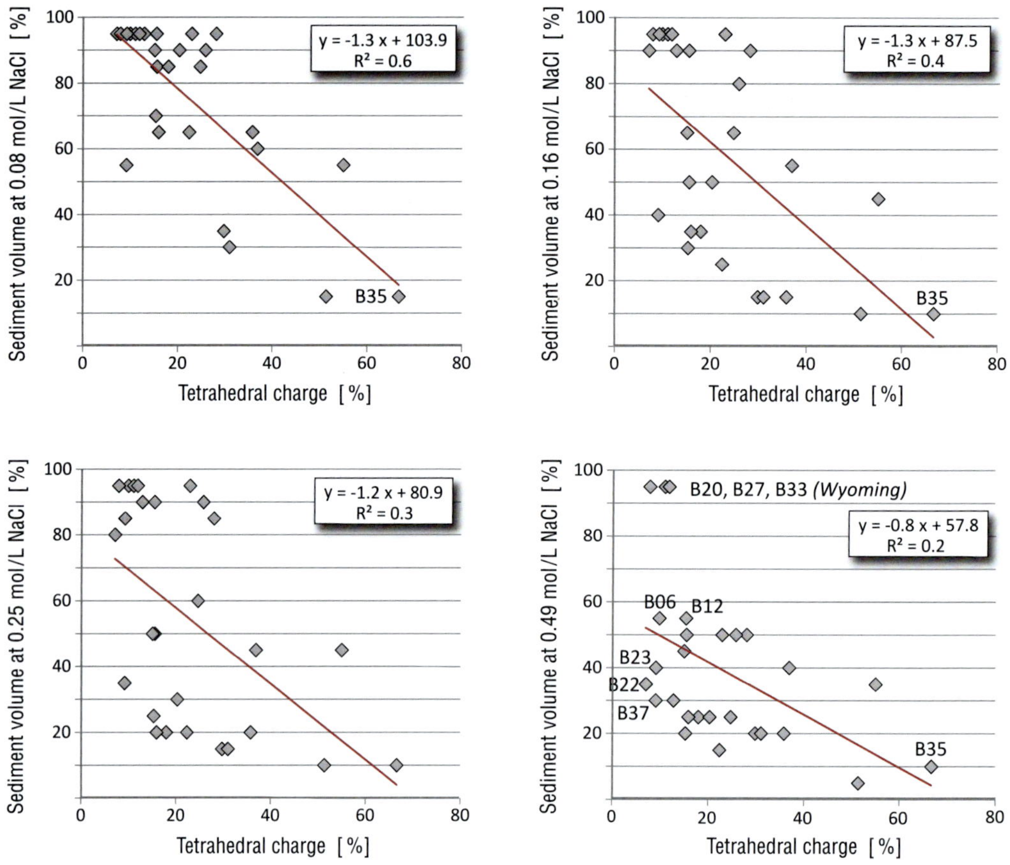


Fig. 4.14: Comparison of the sediment volume (0.2 mass% solid at four different NaCl concentrations). Without sample B30.

In a final test, samples were selected that were not treated with either carboxylic acid or with $H_2O_2$ (as those shown in Figs. 4.10 to 4.12), and the sediment volume at different NaCl concentrations was recorded after 24 h for settling (Fig. 4.14).

- The CCC is affected by the tetrahedral charge.
- The CCC of Wyoming bentonites is significantly larger compared with other bentonites with low tetrahedral charged smectites. The reason is not yet understood.
- Chemical treatment is suspected to affect the surface properties and hence the CCC.

By using Na-saturated samples that were not treated with additional chemicals (to remove organics and carbonates), the trend observed with the eight samples (Figs. 4.10–4.12) was reproduced. The trend, however, is a little weaker but much clearer than the results obtained with the chemically treated samples (Fig. 4.13). The best correlation was found for the lowest NaCl concentration used (0.08 mol/L), and this correlation worsens as the NaCl concentration increases. Finally, at almost 0.5 mol/L, all Wyoming bentonites were still well dispersed whereas all others sedimented at least down to 50 %. This difference cannot be explained by the tetrahedral charge only. Other samples with comparably low tetrahedral charge (B06, B12, B22, B23, B37; Fig. 4.14 bottom right) were not dispersed. The rather large CCC of Wyoming bentonites (smectites), therefore, is supposed to be a special feature of this type of clay and also was observed by Missana et al. (2018).

## ▸ 4.4 Water uptake

Bentonites can adsorb appreciable amounts of water. The most important mechanism determining water uptake is the hydration of the exchangeable cations. The exchangeable cations balance the permanent charges on the smectite surface as outer sphere complex. Inner sphere complexes may exist only in special cases, such as $K^+$. KAUFHOLD & DOHRMANN (2010b) showed that hydratibility and cation exchange of K-bentonites are unrelated, but K-smectites represent a special case. The typical exchangeable cations $Ca^{2+}$, $Na^+$, $Mg^{2+}$ are loosely bound, which allows formation of a hydration shell around the exchangeable cations. The extent of this hydration shell is variable and results in swellability. One important, and hence often studied, question concerns the structure of the water in the interlayer. In a simple, but well-accepted model the structure of the water is described as layers. This simplified view explains the different basal spacings but it must be taken into consideration that the reality is more complex. SPOSITO & PROST (1982), and subsequently CASES et al. (1997), VAN DER GAAST et al. (1997), and FERRAGE et al. (2005), studied the arrangement of water molecules in the interlayer. Several authors also mention the relatively hydrophobic surface of the smectite between the permanent charges (PROST 1975; SPOSITO & PROST 1982; YARIV 1992; YARIV & MICHAELIAN 2002). As discussed in Section 3.19, the smectite basal plane is heterogeneous, with respect to its hydrophobicity, and hence a perfect monolayer does not form.

In addition to the crystallography of the structure of the interlayer, the hydration state of a bentonite or smectite can also be described by the gravimetrical water content as well as the $d_{001}$ reflection of the smectite. A number of publications discuss the gravimetrical or crystallographical water uptake, and the results of these studies are summarized in Figure 4.15.

In the dried state ("oven drying" in Fig. 4.15) Ca-bentonites contain more water than the Na-bentonites because of their higher hydration energy. The $d_{001}$ reflection of both is about 10 Å and, depending on the remaining water, a shoulder at approximately 11 Å may be observed (KAUFHOLD et al. 2010c). At ambient conditions, in contact with air of low humidity ("relative humidity" in Fig. 4.15), Ca-bentonites also adsorb more water, as they soon reach the typical 14.5 Å d-value that in the simplified model is a bilayer or trilayer and hence sometimes termed *pseudobilayer* (BIRD 1984). Ca- and Na-smectites contain equal amounts of water and show the same

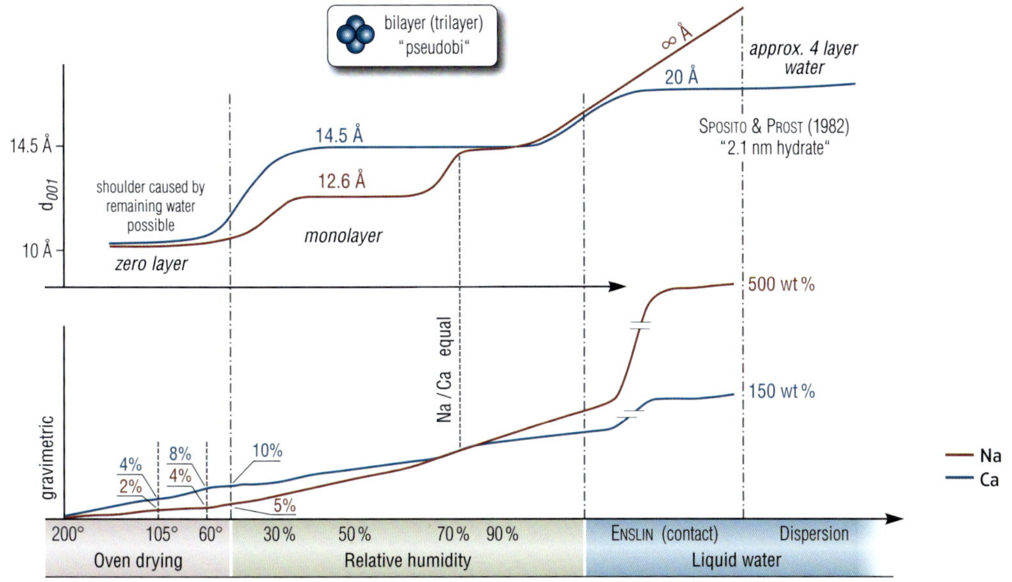


Fig. 4.15: Schematic representation of the gravimetrical and structural water-uptake capacity of bentonites based on MOONEY et al. (1952), SPOSITO & PROST (1982), BIRD (1984), KRAEHENBUEHL et al. (1987), MOORE & HOWER (1986), VAN DER GAAST et al. (1997), LAGALY (1993a), and KAUFHOLD et al. (2010b).

d-value between 70 % (Mooney et al. 1952) and 80 % relative humidity (Kaufhold et al. 2010b). However, at higher humidities Na-bentonites contain more water and display greater d-values, particularly above 100 % relative humidity where water is present as liquid. It is noted that the hydration state of the smectites close to the transition between gaseous and liquid water is still under discussion. For example, van der Gaast et al. (1997) report a 17 Å phase at 97 % relative humidity and a 19 Å phase at 100 % relative humidity. Using the Enslin water-uptake test (Fig. 4.16), the bentonite is in contact with liquid water (but not yet enough to become dispersed; "Enslin (contact)" in Fig. 4.15) but the powder only adsorbs the amount of water it can suck through a ceramic filter (similar to the *plate test*). In the case of a dispersion ("dispersion" in Fig. 4.15), however, water is the matrix and Na-smectites tend to delaminate and the marked difference of Na- and Ca-bentonites becomes evident in the Enslin experiment. Na-smectites in contact with water form a gel and hence can take up enormous amounts of water, whereas Ca-smectites form a 20–21 Å phase. Sposito & Prost (1982) termed this phase the *2.1 nm hydrate*. The 2.1 nm hydrates are also considered to dominate Ca-bentonite dispersions. In the Na-smectite gel the smectite TOT layer does not show a defined state that could be measured by XRD, hence the d-value of the TOT layers in the gel is infinite. Of course their real distance is not infinite but beyond the distance of interaction.

In addition to the interlayer water uptake, bentonites may also adsorb water in micro-, meso- or even macropores at higher relative humidity. This water was termed *external water* (Prost 1975). Kaufhold et al. (2010b) investigated the sample set in this study for their water-uptake capacity at 50, 70, and 90 % relative humidity with the objective to define and explain the range of variation. In order to eliminate the effect of variable smectite contents in the different bentonites, the water-uptake capacity was divided by the CEC (without correction for variable charge), and one result (Kaufhold et al. 2010b) was shown in Section 3.18 (Fig. 3.64). In principle the same results are shown in Figure 4.17, whereby the water-uptake capacity determined at 70 % relative humidity is divided by the CEC (in number of water molecules per charge) and compared with the specific surface area as determined by nitrogen adsorption. Additional tests were performed at 50 and 90 % relative humidity. These results all show the same trend ($R^2 \approx 0.6$), and are not shown. Despite the apparent scatter, larger water-uptake capacities were generally observed for bentonites with large specific surface area that in turn commonly corresponds to microporosity (Section 3.18). The amount of excess external water (in the micropores) varies from bentonite to bentonite.

At 70 % relative humidity, where the effect of the type of exchangeable cation is comparably low, the lowest number of water molecules per charge was about six, which would correspond to ideal octahedral coordination without any external water. The low microporosity (deduced from SSA) would not allow for the adsorption of significant external water. In conclusion, the actual number of water molecules per charge at 70 % relative humidity ranges from six to eight. This means

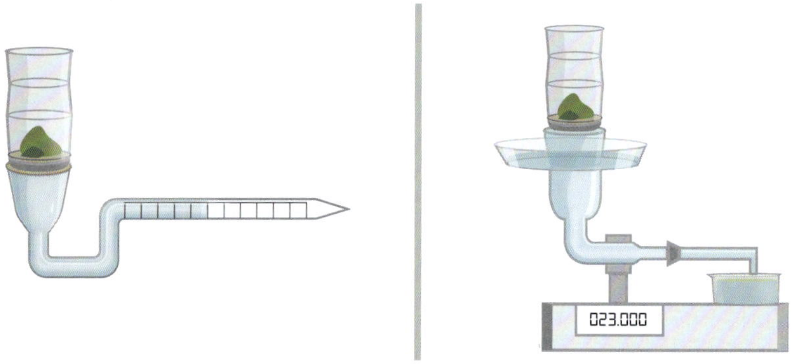


Fig. 4.16: Schematic representation of the Enslin-Neff water-uptake measurement arrangement.
(**Left**): According to Enslin (1933) and Neff (1959).
(**Right**): Modified by Dieng (2005, 2006).

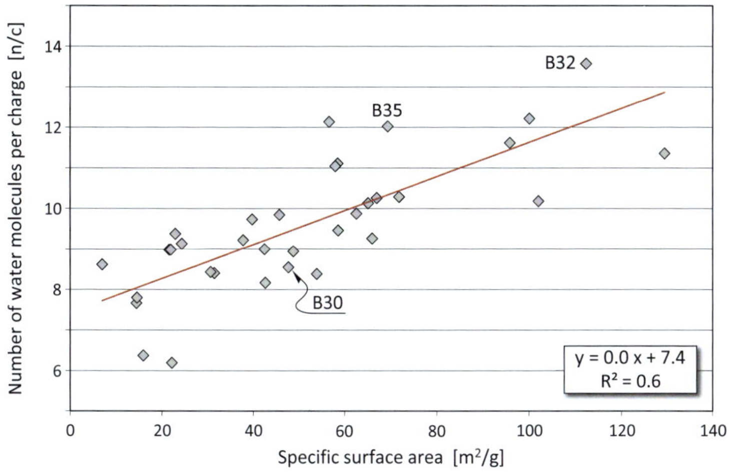


Fig. 4.17: Water-uptake capacity determined at 70 % relative humidity divided by the CEC (to eliminate the effect of different smectite contents) depending on the specific surface area determined by $N_2$ adsorption (samples with natural cation population).

that $Ca^{2+}$ is surrounded by the twofold number of water molecules at 70 % relative humidity. The high values observed for the microporous materials result from the large microporosity. The values obtained are suitable to calculate a range for external to internal water. Some bentonites are low in external water, supposedly close to zero. Other bentonites have as many as twelve water molecules per charge (including micropore water), and this demonstrates that the ratio of external to internal water at 70 % relative humidity can be one, or even slightly higher, as for the special bentonite B32.

As was expected from Figure 4.15, the water-uptake capacities determined by water vapor adsorption and Enslin-Neff (using the modified device as explained by KAUFHOLD & DOHRMANN 2008b) are not related (Fig. 4.18 A) because the Enslin-Neff values depend mainly on the quantity of exchangeable $Na^+$ (Fig. 4.18 B). Despite a lack of data in the 30–60 % region it could be speculated that the trend shown in Figure 4.18 is linear. KAUFHOLD et al. (2010b) discussed the possibility to explain this dependency by the percolation theory (KESTEN 2006). According to this theory a critical amount of $Na^+$ must be attained in the interlayer before splitting of TOT layers could occur. However, as explained above, this remains speculative because of the lack of data in the intermediate range.

Many studies have been published about the properties of interlayer water but further research is required to improve the understanding of hydration, dehydration, and properties of interlayer water. New or alternative methods such as quasielastic neutron scattering (QENS) (GATES et al. 2017) may be of particular value.

- Different amounts of water in the interlayer are often described as water layers, which may be useful and probably derived from the different $d_{001}$ reflection, but actually it is a simplified view.
- Most water is adsorbed to the exchangeable cations but some is additionally adsorbed to edge-micropores and not in the interlayer.
- The space between the permanent charges is considered to be relatively hydrophobic.
- The Enslin-Neff method (measuring the capillary uptake of liquid water) is particularly successful for quality control of bentonites because it reflects the content of exchangeable $Na^+$ and the tendency towards delamination, respectively (important for rheological applications).

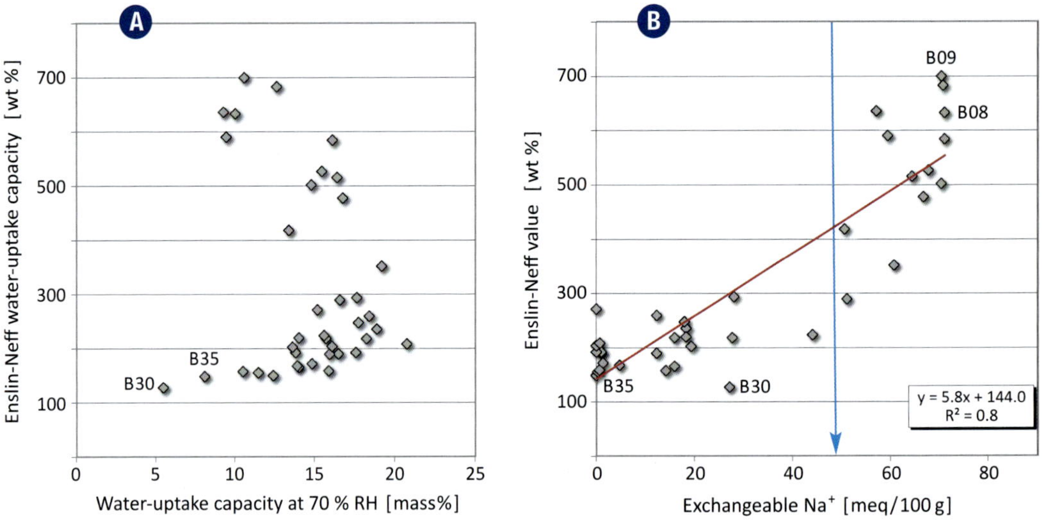


Fig. 4.18: Comparison of the Enslin-Neff water-uptake capacity (y-axis) with the water-uptake capacity at 70 % relative humidity (**A**) and the content of exchangeable $Na^+$ (**B**).

## ▸ 4.5 Free swelling

The increase of the volume of smectite is termed *swelling* and results from water uptake (more specifically from the hydration of exchangeable cations). There are various methods to compare the swelling capacity of different bentonites. Among the most simple but actually quite successful methods is the so-called *swelling volume* (in German "Quellvolumen"; Fig. 4.19). The method is widespread and internationally regulated, for example by ASTM D 5890-01.

Paul (1986) describes measurements of the swelling capacity of rocks, but these are not applicable to clays. The microstructure of rocks may affect the swelling properties and hence has to be preserved. If this is not possible, as in the case of most clays, powders can be investigated with a modified apparatus (Thuro 1993). The volume of "sediment" is usually considered for bentonites with a significant swelling volume. Although the protocols may differ in detail, the measurement is simple: 2 g of the bentonite powder is slowly added to 100 mL water in a cylinder and allowed to settle and swell. Finally (2 h after the last addition of powder) the volume of the sediment is recorded as swelling volume. The powder is slowly added to the water, and should not contact the glass of the cyclinder. The key to measure reproducible values is the slow addition of the powder.

All bentonites were investigated for their swelling volume in water and aqueous solutions of different NaCl concentration (with their natural cation population). The reproducibility is around ± 1 mL. The lowest swelling volume, which in fact is more a sediment than swollen clay, was 5 mL. The largest swelling volumes were more than 30 mL. In these cases the solid was a gel rather than sediment. The highest swelling volumes were found for the Na-rich Wyoming

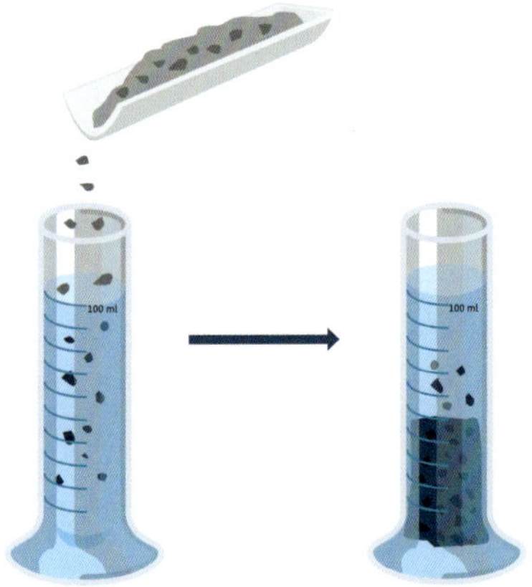

Fig. 4.19: Determination of the swelling volume.

bentonites (B08, B09, B20, B27, B33). For all bentonites the difference between the swelling volumes determined at 0 and 0.001 mol/L NaCl was low. At 0.01 mol/L most of the materials showed a slight increase, which can be explained for the Ca/Mg-bentonites by ion exchange, but the increase was also observed for the Na-bentonites. It is of interest that only bentonites B08 and B09 showed a significant further increase between 0.01 and 0.1 mol/L (Fig. 4.20).

As expected, the content of exchangeable $Na^+$ was the main parameter determining the swelling volume (Fig. 4.21). Only sample B30 displayed a low swelling volume even though more than 70 % of the exchange sites are saturated by $Na^+$. This sample, however, is not a bentonite but a marine clay (Friedland Clay). Nevertheless, the swelling capacity of the smectitic layers in this material is low, possibly because they are mainly in illite-smectite interstratified clay minerals. Due to the effect of the smectite content, the swelling volume is best compared with the absolute content of exchangeable $Na^+$ rather than the percentual amount (Fig. 4.21, left). Alternatively the swelling volume can be divided by the smectite content (Fig. 4.21, right).

Figure 4.21 (right) suggests that the relation of exchangeable $Na^+$ and swelling volume may be non-linear, and in fact the curve resembles that which was found in the Enslin-tests (Fig. 4.18, right). Both curves may possibly be explained by the percolation theory, but this would have to be investigated in more detail. However, the critical Na-content could be determined to be around 50 % in both experiments, Enslin-Neff and swelling volume.

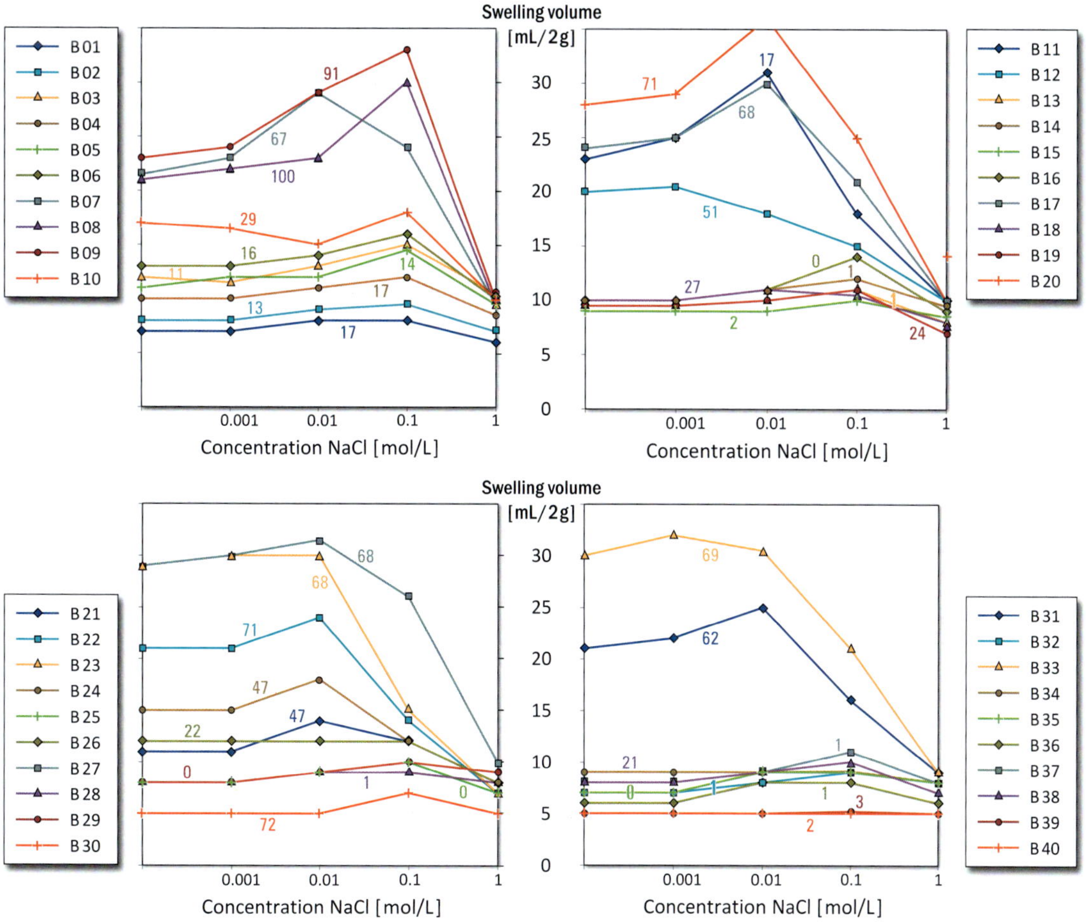


Fig. 4.20: Swelling volume of all bentonites studied depending on the ionic strength (NaCl concentration). Inserted numbers correspond to the amount of exchangeable $Na^+$ (in %/CEC).

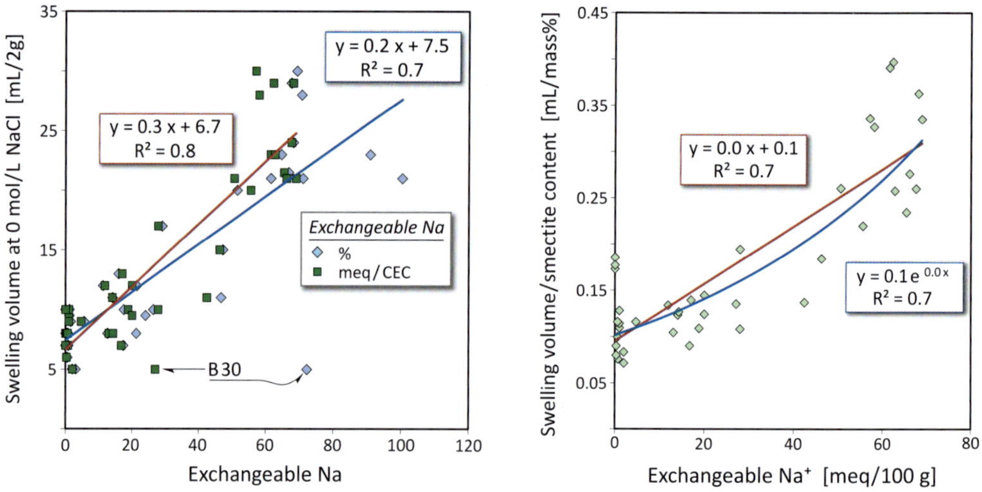


**Fig. 4.21:** Comparison of the swelling volume depending on the amount of exchangeable $Na^+$ (**left**: exchangeable Na as % (blue) and meq (green); **right**: y-axis swelling volume divided by smectite content).

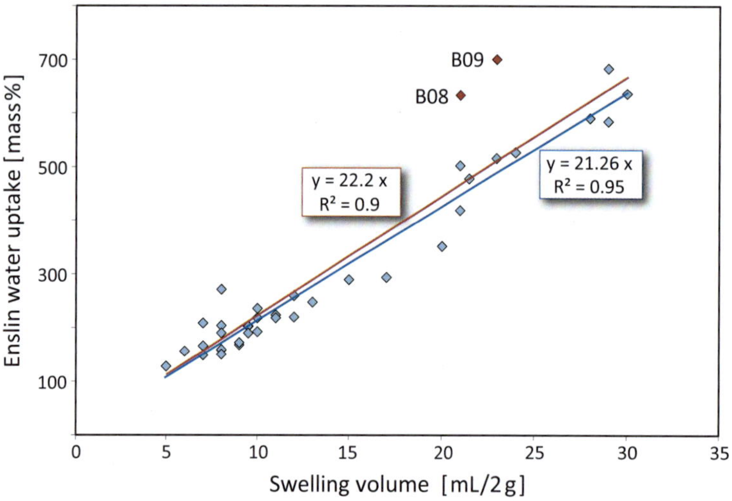


**Fig. 4.22:** Swelling volume and Enslin value, regression function with and without samples B08 and B09.

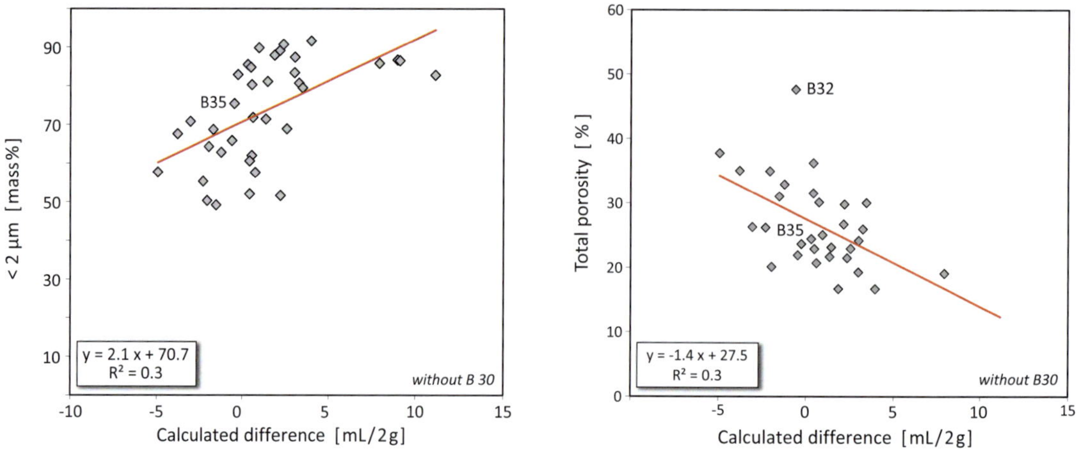


**Fig. 4.23:** Comparison of the difference of measured swelling volumes and those calculated from the empirical relation with the amount of < 2 µm (**left**) and total porosity (**right**).

The Enslin-Neff and swelling volume – exchangeable $Na^+$ relations were found to be similar, and this suggests that both may be related.

Therefore, Figure 4.22 compares the Enslin water uptake with the swelling volume. Swelling volume and Enslin-Neff values are closely related (Fig. 4.22), and taking all the values for the bentonites into consideration leads to a regression coefficient of 0.9. As evident from Figure 4.22, two samples deviated from the trend. Their Enslin-Neff value is much higher than the swelling volume as compared to the other samples. These results cannot be considered outliers because both are from the same deposit (Wyoming) and the same company. Interestingly, the other Wyoming bentonites are within the trend. Therefore, samples B08 and B09 must be exceptional (in this respect).

Both Enslin-Neff values and swelling volume depend on the content of exchangeable $Na^+$. However, the $Na^+$/swelling volume or $Na^+$/Enslin relation is much worse than the correlation of Enslin-Neff and swelling volume, which means that additional parameters affect to the same extent both the swelling volume and Enslin-Neff values. Enslin-Neff measures water uptake and the swelling volume procedure demonstrates the volume of an arrangement of the solid particles in a sediment. Therefore, if a bentonite would contain large aggregates persisting in water they could form a porous sediment without real gel formation. The swelling volume would be affected by porosity. In order to investigate the influence of additional parameters on the swelling volume the differences with the values from using this function the regression function of Figure 4.21 (left) based on $Na^+$ only were calculated and compared with the material properties. Very poor correlations were identified for both the < 2µm fraction and the porosity, which indicates that microstructure may have played a role. The special bentonite B32, with its enormous mesoporosity, does not follow the trend (Fig. 4.23). However, if at all, macroporosity rather than mesoporosity may additionally affect the swelling volume. Accordingly sample B32 is unremarkable because the macroporosity is more important than the mesoporosity.

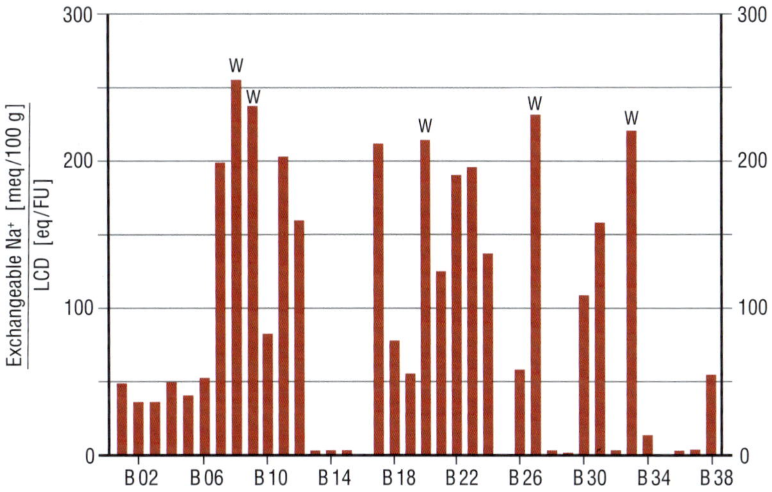


Fig. 4.24: Comparison of the ratio of exchangeable $Na^+$ to LCD of all bentonites sampled.

W = Wyoming bentonites

In the difference-plots, samples B08 and B09 with differences of 0 and 3, are unremarkable. Hence the reason for the difference could also be the Enslin-Neff value but in this plot both samples were also unremarkable, and both are among the bentonites with the lowest layer charge density of the smectites, although other bentonites were also low in charge. Therefore, the LCD cannot be the only reason, and in addition they have the largest $Na^+$ contents.

Both properties are considered important for gel formation. The lower the LCD and the higher the content of exchangeable $Na^+$, the better the delamination that should result in improved gel formation. The ratio of the exchangeable $Na^+$ to LCD was calculated (Fig. 4.24) in order to investigate if both parameters could cause the extraordinary behavior. Samples B08 and B09 display the highest ratios of exchangeable $Na^+$ to LCD, but the other Wyoming bentonites and two or three others are closely behind. Therefore, the difference of swelling volume and Enslin-Neff value in these two samples cannot yet be explained because they do not differ significantly with respect to any other sample from Wyoming.

## ▸ 4.6 Swelling pressure

During hydration of the interlayer cations, the smectite quasicrystals expand in the c-direction so that these particles, if they are in close contact with each other, exert a pressure (swelling pressure). If the particles are widely distributed (as in a dispersion), the swelling pressure is close to zero. However, for example in a very compacted clay in which the particles are close together, the swelling pressure will be much higher because all particles attempt to increase their volume. Therefore, the swelling pressure is very dependent on the density of the bentonite (dry density is usually considered), which is mostly varied by compaction.

The swelling pressure of loose bentonite is relatively low. Different bentonites are compared by dry density – swelling pressure curves (Fig. 4.25). As evident from Figure 4.25, a wide range of dry density – swelling pressure curves have been published. For example, the swelling pressure at a dry density of 1.7 g/cm³ may be 1 or 20 MPa. The reasons for these differences are discussed below (based on Kaufhold et al. 2015a).

The Wyoming bentonite may be one of the most intensely studied with respect to its swelling pressure related to compaction due to the HLRW research. Pusch et al. (1995) determined a higher swelling pressure of Na-bentonites at low dry densities, but equal swelling pressures of Na- and Ca-bentonites at higher dry densities. Bucher & Spiegel (1984) compared a natural Na- and a natural Ca-bentonite and found slightly higher swelling pressures of the Ca-bentonite with densities greater than 1.6 g/cm³. Baille et al. (2010a) considered five bentonites, and the highest swelling pressure was found in a Ca-bentonite. SKB (1999) compared MX80 with two Bavarian Ca(Mg)-bentonites, and demonstrated that below 1.7 g/cm³ a lower swelling pressure of the Ca-bentonites was found but there are no differences above this value. Komine (2004) found the smectite content to be more important for explaining swelling pressure differences between bentonites. Villar & Lloret (2008) found the water content to be less important, but Baille et al. (2010b) reported a decreasing swelling pressure with increasing water content (constant dry density). There is, however, no doubt about the effect of the composition on the swelling pressure. The swelling pressure decreases with increasing ionic strength (Karnland 1997; Xie et al. 2007; Karnland et al. 2007; Herbert et al. 2008). However, ambiguous results were published concerning the effect of the temperature on the swelling pressure.

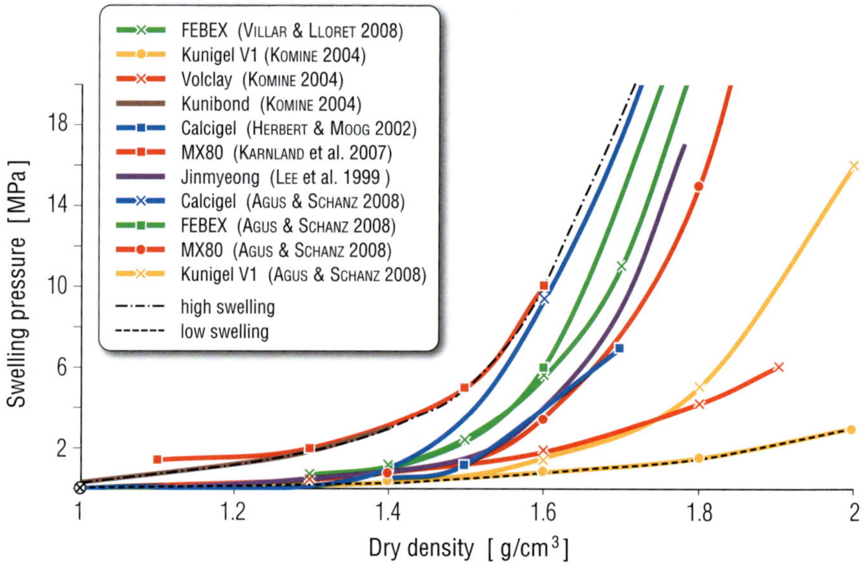


Fig. 4.25: Schematic representation of high and low swelling bentonites. Range based on the data compilation published by Kaufhold et al. (2015a).

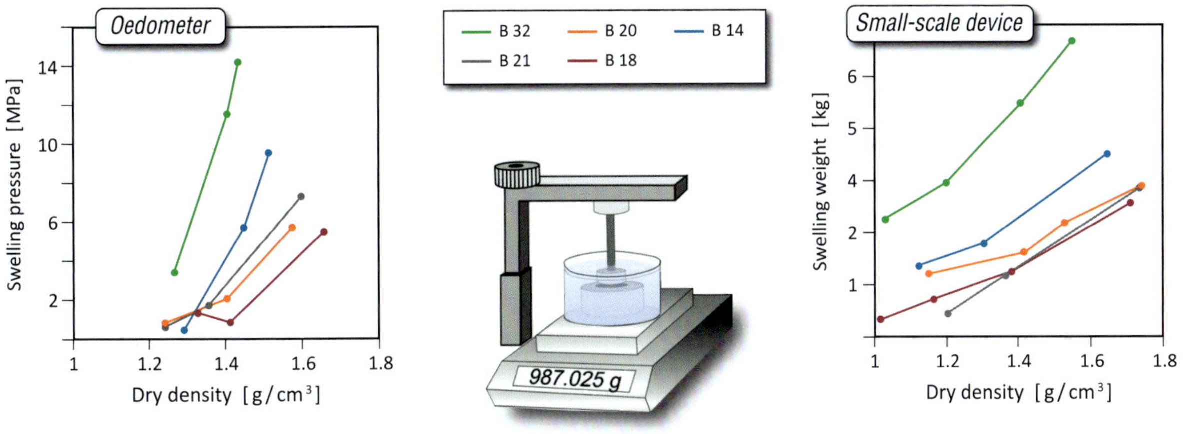


Fig. 4.26: Results for swelling weight measured by the small-scale device (**right**) compared to results for swelling pressure measured by oedometer (**left**). Details provided by KAUFHOLD et al. (2015a).

VILLAR & LLORET (2004, 2008) and LEE et al. (2010) reported decreasing swelling pressure with increasing temperature while SHIRAZI et al. (2010) and YE et al. (2013) reported increasing swelling pressure with increasing temperature. This discrepancy is explained by THURESSON et al. (2016), who used the Poisson-Boltzmann equation to explain why Na- and Ca-bentonites behave differently with respect to the swelling pressure – temperature relation, and why this difference also depends on the dry density.

The swelling pressure of bentonites can be modeled (TRIPATHY et al. 2004; XIE et al. 2007; HERBERT et al. 2008; SCHANZ & TRIPATHY 2009) based on surface properties, but the microstructural aspects (SÁNCHEZ et al. 2011) were not considered in these models.

Based on the sample set in this study, KAUFHOLD et al. (2015a) attempted to identify the reason for the variation of the dry density – swelling pressure relationships in different bentonites. Because it takes a long time to measure a single value with the usual oedometer, a small-scale swelling pressure device, which can be operated with 200 – 500 mg and reaches a maximum value after about one week, was used. The disadvantage of this small-scale device is that the volume was not kept constant and this, together with the small quantity of material, probably resulted in much lower swelling pressure values. The swelling pressure values obtained with this device, therefore, were termed "swelling weight" (because the values were recorded with a balance). Parallel measurements were performed on five bentonites in order to determine if reasonable values can be measured. Both the small-scale device and the oedometer results are shown in Figure 4.26.

The small-scale device is not suitable to record real swelling pressure values that are directly compared with oedometer-derived results. The values are referred to as swelling weight (rather than swelling pressure). However, this device is suitable to distinguish bentonites with high swelling pressure at a given dry density from those with lower swelling pressure (e.g. B18 vs. B32 in Fig. 4.26). Prior to analysis, the samples were equilibrated at a defined, but variable, relative humidity. The dry density was determined from the dry mass and dimensions of the pellets (before drying). For measuring the swelling pressure, a second pellet was produced that was directly introduced into the measurement device. After 24 h of equilibration in the small-scale

- The swelling pressure of bentonites depends on compaction (measured as dry density), initial water content (also affecting the dry density), salinity, and temperature.

device, water was added to the bath and the resulting increase of the mass (automatically recorded by a balance connected to a PC) was recorded as a function of time. Equilibrium was attained if no further change of the swelling curve was observed within 24 h. Further analytical details are provided by KAUFHOLD et al. (2015a).

All samples show a maximum dry density after compaction of the material with different water contents (Fig. 4.27 A), and it is noted that compaction was kept constant in these tests. At low water contents not all pores were closed using the selected compaction pressure. The higher dry density at greater water contents can be explained by a lubricating effect of the water. At water contents above maximum, the smectite particles are separated by the water and this then results in a lower dry density. A maximum was also observed in the water content – swelling weight curve for sample B20, but the other two samples did not show a maximum (Fig. 4.27 B). For all materials a marked decrease of the swelling weight was observed at water contents greater than the maximum dry density. This probably reflects the fact that higher water contents result in larger distances between the particles (as explained above). The most interesting results were derived from the dry density – swelling weight plot (Fig. 4.27 C). As already evident from Figure 4.27 A, two samples were produced (at constant load) with equal dry density but different swelling weight. This clearly shows that the dry density – swelling pressure relationships do not reflect a mathematical function, but are an indication of the method by which the dry density was achieved. The water content has also to be taken into consideration in order to obtain a mathematical function, and this relativizes the different dry density – swelling pressure relationship shown above (Fig. 4.25).

In an attempt to demonstrate the effect of the different methods for achieving dry densities, sample B32 was selected and the swelling weight was determined after different pretreatments (Fig. 4.28). The green curve was obtained by varying the compaction load while keeping the water content at 10 mass%. The blue curve was obtained by varying the initial water content (by equilibration at different relative humidities) and keeping the compaction load constant. The results prove that the swelling weight (related to the swelling pressure) is not directly correlated to the dry density. For example, at a dry density of 1.2 g/cm³ the swelling weight can be either 1 or 4 kg.

Despite the fact that the dry density – swelling pressure/weight relationships also depend on the initial water content, differences between the bentonites may also affect the dry density – swelling pressure/weight relationships. All the

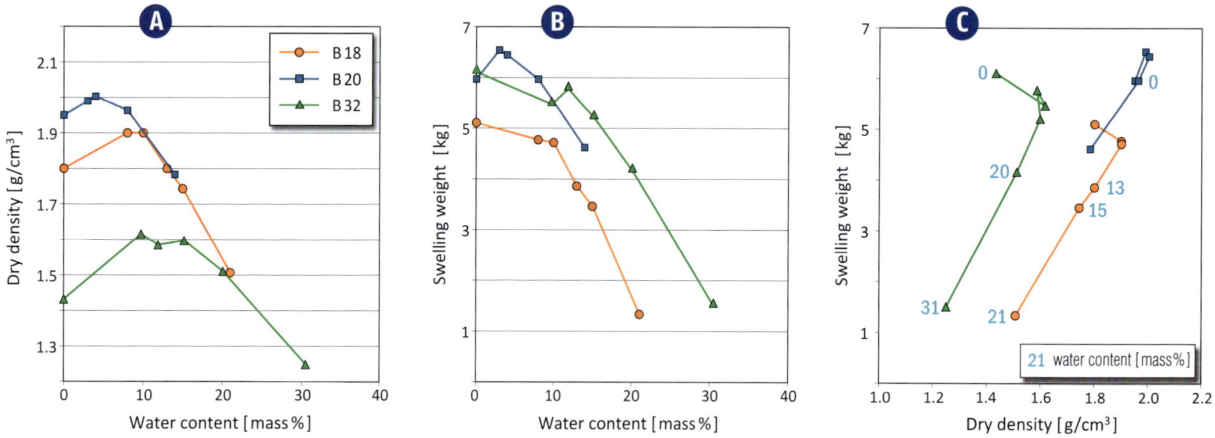


Fig. 4.27: Results of systematic investigations of three different bentonites (KAUFHOLD et al. 2015a). (**A**): Dry density as function of water content which was attained by equilibrating the samples at different relative humidity prior to analysis. (**B**): Swelling weight depending on water content. (**C**): Dry density – swelling weight relations.

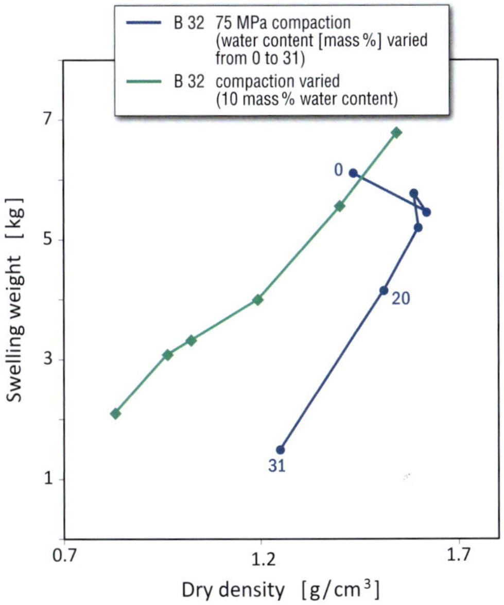


Fig. 4.28: Comparison of the dry density – swelling pressure relations recorded by either varying the water content or the compaction load (KAUFHOLD et al. 2015a).

bentonites were powdered and equilibrated at 40 % relative humidity in order to systematically investigate the effect of different bentonite properties on the swelling pressure/weight. The compaction was constant (75 MPa), and the swelling weight was measured using the small-scale device. The resulting values were compared with basic bentonite properties (Fig. 4.29).

The resulting dry density after compaction with constant load varied from 1.5 to 2.0 g/cm$^3$ (Fig. 4.29 A). The reasons for the variation of the dry densities in different bentonites at constant load relate to the variations in Fe-contents (affecting the density of the smectites) as well as the variation in volume of uncompactable pores. The mesoporosity of sample B32, for example, is largely preserved after compaction leading to a lower dry density as compared with other bentonites (KAUFHOLD et al. 2013c). The same holds true, of course, for microporosity which is also non-compactable and results in a lower density of a pellet after compaction at a given load. In conclusion, the dry density after compaction significantly depends on the uncompactable porosity. These parameters affecting the dry density are probably the reason for the fact that no general correlation between dry density and swelling weight has been detected. In contrast, a clear correlation of the smectite content with the swelling weight was determined (Fig. 4.29 B), but the remaining scatter in this plot could not be explained by the dry density. No correlation of the swelling weight with the $Na^+$ content was identified, and this can be explained by the fact that the differences in the swelling pressure become small at larger dry densities (as explained at the beginning of this section).

Based on the publications mentioned above, a significant correlation of the swelling weight with the amount of exchangeable $Na^+$ is assumed at a lower compaction load. However, all values were obtained after compaction with 75 MPa.

Figure 4.29 D indicates that the swelling weight and the water-uptake capacity at 90 % relative humidity may be related, but it is noted that no such trend was observed with the water-uptake capacity at lower relative humidities. The reasons for this trend cannot yet be explained as well as the extraordinary performance of sample B33. Four independent measurements conducted on sample B33 from Wyoming confirmed the extraordinarily high swelling weight, and this cannot yet be explained, particularly since the other Wyoming bentonites yielded much lower results. It is possible that this material (MX80 granulate) was precompacted before sieving, although the dry density of this sample is no higher than the others (e.g. B20, also MX80). There are no marked mineralogical differences between these samples. The extraordinary swelling weight of sample B33, therefore, cannot be explained. The dry densities of B32 and B28 are lower than the other samples because of the

- The dry density of bentonites can be varied either by changing the water content (with constant load) or by changing the load (at a given water content).
- Some variation of the dry density – swelling pressure relationships shown in Figure 4.25 may be explained by different initial water contents (Fig. 4.28).

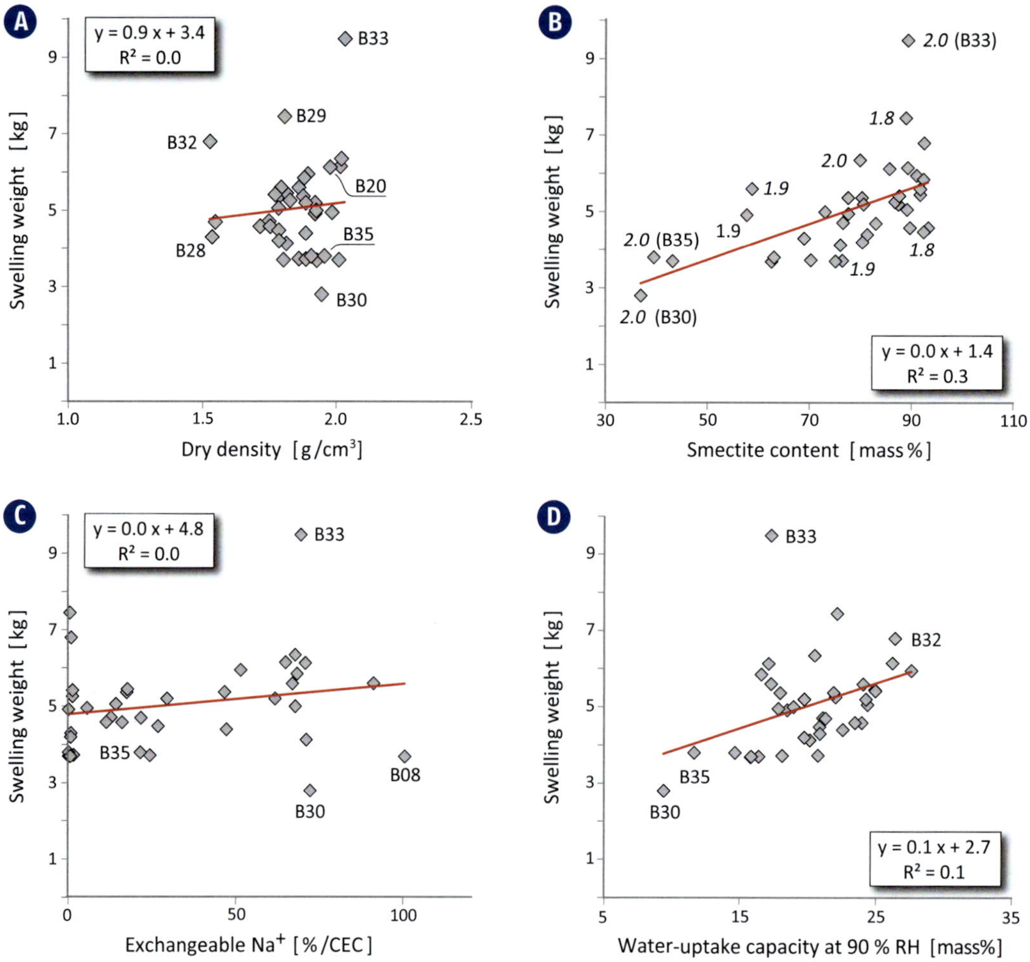


Fig. 4.29: Comparison of the swelling weights obtained with constant load and water contents after equilibration at 40 % relative humidity with basic bentonite parameters (KAUFHOLD et al. 2015a).

(**A**): Dry density after compaction.
(**B**): Smectite content.
(**C**): Exchangeable $Na^+$.
(**D**): Water-uptake capacity at 90 % relative humidity.

uncompactable porosity (B32) and the presence of lightweight accessories (B28); (KAUFHOLD et al. 2013c).

The swelling pressure is known to depend on the compaction load. However, because the reasons for variations of bentonite swelling pressures/weights were not all understood (such as the high swelling weight of B33), the effects on the swelling pressure/weight of different processing methods for the bentonite were investigated. Sample B20 (the lower swelling MX80) was intensively dispersed (one week swelling, ultrasonic treatment interspersed with end-over-end shaking) and split into three equal samples. The first sample was freeze-dried (blue curve in Fig. 4.30), the second sample was simply evaporated at 60 °C and the sediment was gently homogenized (ground by hand to about < 1 mm); (orange curve in Fig. 4.30), and the third sample was dried and ground using an oscillating disc mill for 5 min (which is known to cause some amorphization of quartz); (green curve in Fig. 4.30). Five subsamples were produced from each of the three samples by drying at 60 °C (lowest water content) and equilibration at 30, 50, 70, and 90 % relative humidity. The water uptake by these samples was similar (Fig. 4.30 left). The water content – dry density relationship corresponded to that shown in Figure 4.27 and hence is not discussed further.

- The swelling pressure of bentonites equilibrated at similar relative humidity and precompacted with the same load depends primarily on the smectite content.

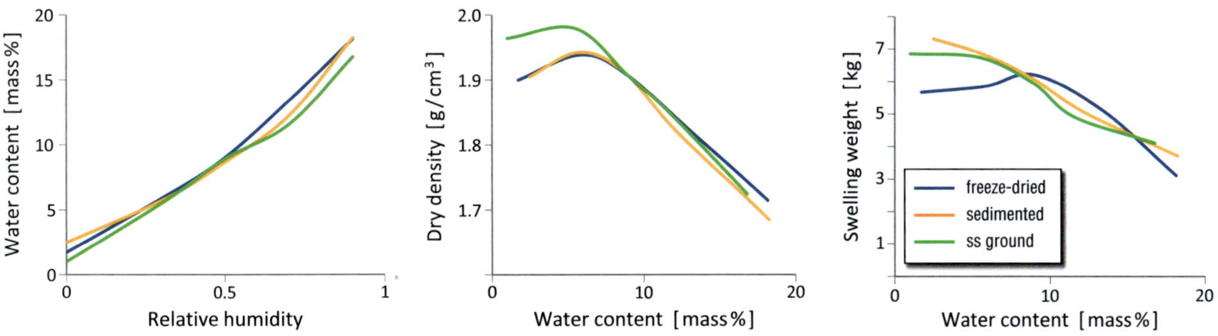


Fig. 4.30: Effect of different bentonite production methods on the dry density and swelling weight (pressure). Sample B20 (MX80) was dispersed and freeze-dried (blue), dried and gently crushed, more or less only sedimented (orange), dried and intensively ground using an oscillating disc mill (green); (Kaufhold et al. 2015a).

Interestingly, the intensively ground material was found to have a slightly higher dry density, and it is possible that some of the uncompactable porosity of this sample was reduced by grinding. The particles usually cluster closer together after compaction, and theoretically this should affect the swelling pressure/weight. Both ground materials displayed higher swelling weights as compared to the freeze-dried sample. The intensively ground material had a higher dry density but comparable swelling weight. It may, therefore, be possible that some of the smectites were destroyed during milling, which resulted in material that could be better compacted (explaining the larger dry density) but can no longer contribute to swelling pressure (explaining why the swelling weight is not higher). A lower swelling weight was found for the freeze-dried sample at lower water contents, and this result cannot be explained because the dry density was identical with that of the gently ground material.

The dependency of the swelling pressure/weight with the various production methods of the bentonites was low. The swelling pressure can be tailored by the compaction load.

The variability of the dry density – swelling pressure relations can be explained by:

- different sample pretreatments to obtain a range of dry densities (either constant load or constant water content),
- different initial water contents,
- different uncompactable porosity of the bentonites (a material property),
- varying amounts of smectite in the bentonite.

## ▸ 4.7 Specific electrical resistivity

Smectites are amongst those natural materials with the lowest electrical resistivity (highest electrical conductivity = "EC"; in the present chapter "EC" is not the elementary cell but the electrical conductivity to avoid confusion with data published by Kaufhold et al. 2014a and Kaufhold et al. 2015b). Their electrical properties were frequently investigated but are still not fully understood. The resistivity rather than the conductivity is usually reported and, depending on the water content and other parameters, ranges from 10 to 1 Ωm. Because of the strong dependence of the electrical properties on the water content, some authors (e.g. Fukue et al. 1999; Tabbagh & Cosenza 2007; Mojid & Cho 2006) published water content (WC) – electrical conductivity (EC) curves, some of which are shown in Figure 4.31. In order to maintain consistency within this publication, it is noted that the water content from some of the published data was converted to

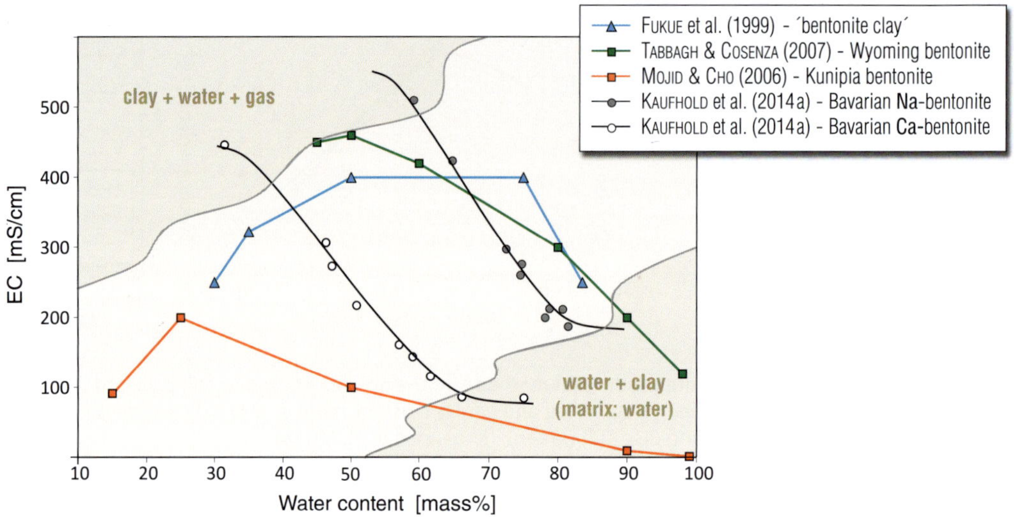


Fig. 4.31: Water content – electrical conductivity (WC – EC) curves of bentonites reported by different authors.

refer to the dry mass, so that 100 % water corresponds to pure water. Values greater than 100 % indicate that the water content referred to the total mass, and these values were recalculated for Figure 4.31. All curves agree in that they show increasing EC with decreasing WC, up to a turning point.

The bentonite behavior (increase of the EC with decreasing WC) differs from that of normal sediments or soils. The reason for this difference is the larger EC of the solid particles compared to the water in the bentonites. Hence, the key to understanding the EC of bentonites is to consider

- The electrical conductivity of bentonites increases with decreasing water content (over the entire range of water saturation, and in the case of the presence of normal pore water).
- At water contents below saturation, the electrical conductivity decreases with decreasing water content because the increasing proportions of air-filled fissures and voids act as insulation.
- The EC of bentonites is determined by the number of electrical shortcuts between the conducting smectite particles or aggregates.

the number of electrical shortcuts between the conducting solid particles or their diffuse double layers, respectively. Weiler & Chaussidon (1968), for example, emphasize the importance of smectite – smectite contacts and Mojid & Cho (2006) describe the role of the diffuse double layer with respect to the electrical shortcuts between smectites.

The higher water content keeps the particles apart (low number of electrical shortcuts between the conducting smectites), and the EC is determined mainly by the water composition (ionic strength and dissolved species). Therefore, at higher water contents the water forms the matrix, and the matrix determines the EC (and other physical properties). At lower water contents, approaching the gel state, the EC increases with decreasing water content because of the increasing number of smectite – smectite contacts. Even in the gel state, the EC further increases with decreasing WC because of the decreasing average distance between the smectite particles. The turning point, at which the EC decreases with even lower water contents (Fig. 4.31), can be explained by the introduction of a third phase to the system. The EC maximum can, therefore, be considered as the minimum water content with water saturation (below this water content air is present in at least some pores).

The most interesting question concerns the explanation of the reason for the different curves shown in Figure 4.31. The black curves reported by KAUFHOLD et al. (2014a) were obtained from a Bavarian bentonite that was saturated with $Ca^{2+}$ and with $Na^{+}$, respectively, and dialyzed to remove excess salts. As expected, a higher EC was found in the Na-dominated material. However, the comparison of two bentonites, or one bentonite with two different types of counter ion, rarely leads to an improved understanding. Therefore, KAUFHOLD et al. (2015b) systematically investigated the EC of all bentonites discussed in this publication.

Measurements were performed both in-situ and in the laboratory. All measurements were performed with the "4-point-light" device that was developed and is distributed by Lippmann Geophysical Instruments (LGM) in Schaufling. Three different small-scale EC arrangements of the electrodes were tested and compared mainly with respect to their applicability in the laboratory and in-situ (SSM 1, SSM 2, SSM 3: Fig. 4.32; KAUFHOLD et al. 2014a). For in-situ measurements SSM 2 is supposed to be best because it results in fewer measurement artefacts caused by near surface gradients (temperature, water content) as compared to SSM 1. However, SSM 1 is also applicable when preparing fresh surfaces and avoiding exposure to the sun. SSM 3 was developed for laboratory investigations and consists of a small trough accommodating 4.5 mL gel and four electrodes at the base of the trough (KAUFHOLD et al. 2014a). All three arrangements were calibrated against well-defined solutions with known EC. For calibration of SSM 1/2, a volume of 50 L was necessary, and 5 L were insufficient. Hence measurements cannot be conducted on small volumes, and a nearly complete half space with at least 0.5 x 0.5 m is required to avoid artefacts. For the study of the systematic variation of bentonite properties, which would be necessary to improve the understanding of the electrical properties, using such a large volume is not applicable. Hence SSM 3 is better suited for laboratory investigations, and was used to compare the EC of all bentonites.

As can be deduced from Figure 4.31, the measurement of one value is insufficient to compare the EC in different bentonites. It is suggested to record at least four values on the WC – EC curve, from which the slope of the linear part of the curves can be calculated.

The slope of the WC – EC curves corresponds to the increase of the EC upon loss of 1 mass% water (as the smectite – smectite contacts increase). Alternatively, either the maximum EC determined or the y-intercept could be used for comparison. However, WC – EC curves must be recorded for a detailed comparison of the electrical properties of different bentonites. Values below water saturation were ignored because these values strongly depend on compaction. Furthermore, below water saturation the system is composed of three phases (water, solid, air), instead of two, which complicates the interpretation. KAUFHOLD et al. (2015b) first compared the WC – EC curves of all bentonites with the natural cation population. From Figure 4.31 it could be concluded that

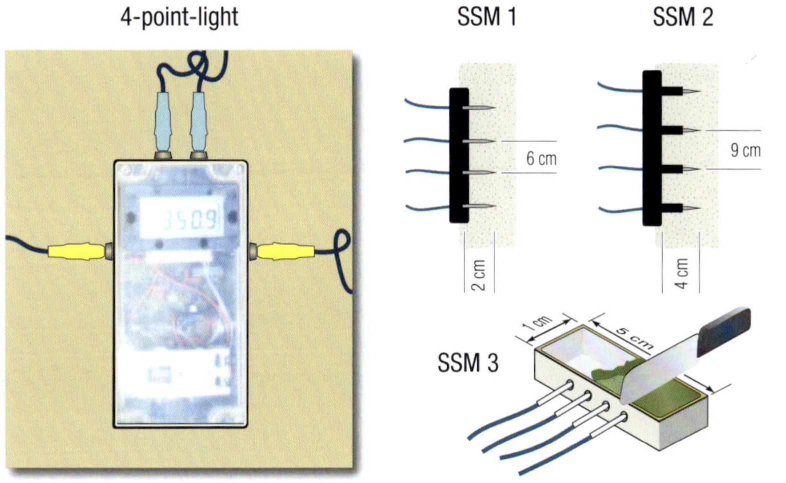


Fig. 4.32: Schematic representation of the three different small-scale EC measurement arrangements, all connected to the "4-point-light" (KAUFHOLD et al. 2014a).

the slope and the maximum EC of Na-bentonites is generally higher compared to Ca-bentonites. However, the variability of bentonite properties rarely allows universally valid conclusions based on comparing only two samples. More information was obtained by comparing all the bentonites.

Different types of WC–EC slopes for the bentonites were observed (Fig. 4.33), and the type of exchangeable cation could explain most of the differences. The slope of most of the Na-bentonites starts at higher water contents compared to the Ca/Mg-bentonites (Na-poor), which first show a flat slope followed by a steeper one. Interestingly, the slope of both types of bentonites was similar, and no significant difference could be found when comparing the slopes of all materials. The most important difference concerned the start of the slope (the water content at which the increase begins).

Despite the fact that most of the bentonites follow this trend, some exceptions and interesting cases were observed:

- Sample B31 with approximately 60 % $Na^{+}$ shows the typical Ca/Mg-behavior (Fig. 4.33 A). The reason could not be explained based on the data available for this sample.

- Ca/Mg-sample B32 displays a typical Na-bentonite WC–EC curve (Fig. 4.33 B). This bentonite is discussed extensively in this book because of the extraordinary fibrous morphology of the smectites, and one possible explanation for the Na-like WC–EC curve is based on the unusual mesoporosity of this sample that accommodates more water in the pores without losing the particle–particle contacts. Hence, this material resembles a Na-bentonite (which was already observed for the water uptake). *The unusual sample B32 with fibrous smectites and high mesoporosity indicates, that the microstructure affects the WC–EC curves. At high water contents, large quantities of water are present in the mesopores that, in contrast to other bentonites, does not affect the particle–particle contacts.*

- Sample B40 was the least conductive material that contains $Al^{3+}$ and $H^{+}$ in the interlayer. The reason for the lower EC may be the lower mobility of $Al^{3+}$ but this also needs further investigation. Sample B39 also displayed relatively low conductivity over the entire water content range. This sample contains abundant low-crystalline silica that formed during acid alteration of the smectites, and hence may have accumulated around the smectites. This edge silica could possibly act as an insulator.

- Samples B35 and B30 contain illite-smectite with a CEC of approximately 30 meq/100 g. Despite this similarity a different EC was

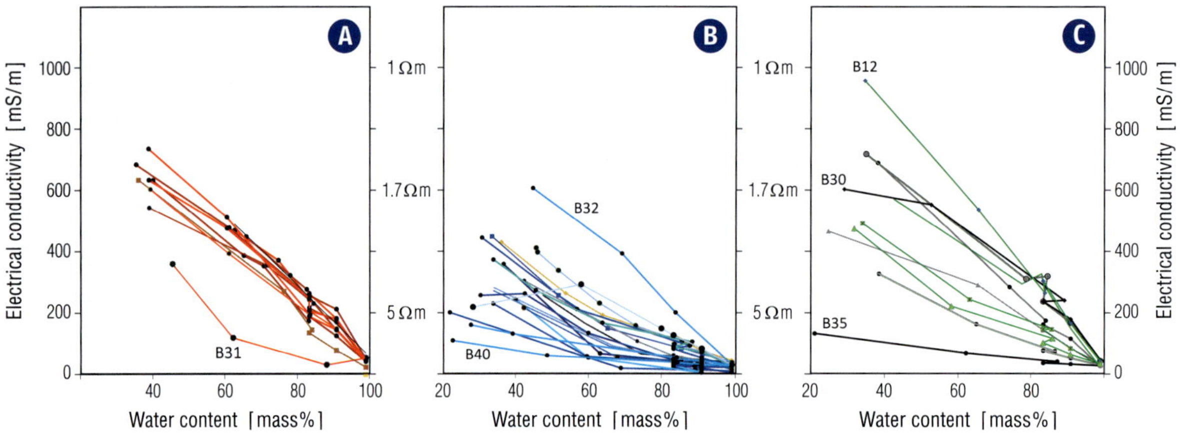


Fig. 4.33: Comparison of the WC–EC curves (based on KAUFHOLD et al. 2015b). (**A**): Na (red: > 60 % Na). (**B**): Ca/Mg (< 20 % Na). (**C**): Na/Ca/Mg-bentonites (Na: 20–60 %), and illite-smectite clays (black).

recorded (Fig. 4.33 C). The Friedland clay (B30), in contrast to B35, is dominated by $Na^+$, may contain some soluble salts, and has a higher content of < 2 µm material (illite-smectite and kaolinite as additional clay minerals).

Both these samples demonstrate that the extension of Archie's Law by the CEC (Waxman & Smits 1968) is not sufficient to explain the differences in the EC of clays. The highest EC was found in sample B12, which is a Fe- and smectite-rich bentonite from India (Fig. 4.33 C). This sample contains 50 % $Na^+$, and that is supposed to be important with respect to the EC. In addition, it contains some soluble salts (as indicated in Table 4.1). The concentration of soluble salts in sample B12, however, is no greater than some others (such as B05 and B30).

- Different bentonites show different WC–EC curves.
- For the comparison of the electrical properties of different bentonites, it is suggested to record WC–EC curves.
- The linear branch of the WC–EC curves of Na-bentonites starts at a water content of about 100 mass% (the entire WC–EC curve is linear). The linear branch of Ca-bentonites, in contrast, starts between 60–70 mass% water.
- Some differences of the WC–EC curves can be explained (for example, B32 including water uptake, morphology, mesoporosity) and some cannot be yet explained (B12).

The different shape of the WC – EC curves of Ca/Mg- and Na-bentonites may be explained by the different microstructure of the gels. Na-smectites are known to delaminate, at least partially. Therefore, because of the resulting increase in surface area, the Na-smectites are in contact and accommodate much more water in the (connected) interparticle space. In the case of Ca/Mg-bentonites, a specific water content has to be attained at which the number of smectite–smectite contacts increase upon decreasing water content. The abnormal curves for samples B12, B31, and B32 can possibly be explained by using this model and assuming that samples B12 and B31, both in the intermediate $Na^+$ content range, delaminate differently according to parameters that are not yet understood.

The unusual shape of the WC – EC curve of sample B32 can be explained by a fibrous network of smectites resulting in mesoporosity that accommodates more water and does not obstruct the smectite–smectite contacts.

In order to further investigate the reasons for the different electrical properties of the bentonites, the slopes (of the linear branch) were compared with all other material properties (layer charge density, water-uptake capacity, specific surface area, smectite content, etc). A weak correlation of the slopes with the Na-content and with the smectite content was observed. Despite the feeble correlation with the Na-content, the slopes of both Ca/Mg- and Na-bentonite types are more or less similar, and the weak trend, therefore, is not considered to be significant. The shapes of the Na- and Ca/Mg-bentonite WC – EC curves are sketched in Figure 4.34.

To further investigate the different electrical properties excluding the effect of exchangeable cations, all the bentonite samples were saturated with respect to $Ca^{2+}$ (washing and subsequent dialysis) and their WC – EC curves were measured (Fig. 4.34).

After Ca-saturation all curves showed the typical Ca/Mg-bentonite shape (start of the slope at a critical water content – not around 100 % as in the case of Na-bentonites). The x-axis is purposefully marked up to 100 mass% water in order to demonstrate the difference with the Na-bentonites in Figure 4.33. The slopes were also evaluated to compare the bentonites before and after Ca-saturation (Fig. 4.35), and this demonstrates that both illite-smectite clays are similar because of the significant decrease of the EC in the Friedland clay (sample B30) after Ca-saturation. While this might suggest the pronounced effect of the type of interlayer cation on the EC, the slope for sample B12, which displays the highest EC values with natural cation

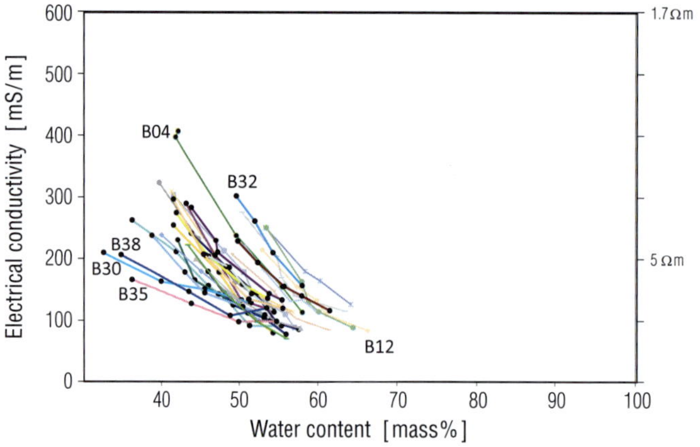


Fig. 4.34: WC–EC curves of the bentonites after $Ca^{2+}$ saturation. Some of the typical curves are not shown.

The sample number of special or particularly interesting bentonites is given (based on KAUFHOLD et al. 2015b).

population, did not change significantly although the shape of the curve changed and resulted in much lower EC values. Sample B32 also showed no change of the slope before and after Ca-saturation, because the sample was previously dominated by $Ca^{2+}$. However, the maximum EC after Ca-saturation was only half of that before Ca-saturation, and it must be concluded that the Ca-saturation did not only affect the interlayer composition but also other parameters related to the EC (e.g. soluble salts). The best correlation of the slope was found with the water-uptake capacity at 70 % relative humidity, which in turn depends on the smectite content, the CEC, and the porosity. It is noted that the correlation of the slope with the smectite content did not improve after Ca-saturation (KAUFHOLD et al. 2015b).

All Na-bentonites show WC–EC curves typical of Ca/Mg-bentonites (start of the linear branch at approximately 50–70 mass%) after Ca-saturation. The shape of the WC–EC curve of sample B32 is different, although the sample was in Ca-form before. Hence the Ca-saturation procedure is assumed to affect the microstructure.

The microstructure is affected by the Ca-saturation procedure, and soluble or at least partly soluble components such as carbonates could also be significant because their content was reduced by the repeated washing and dialysis of the Ca-saturation procedure. Both these parameters were investigated systematically with sample B32, from which a subsample was selected (400 g slowly dried after collection at the mine) and split, in order to evaluate the effect of microstructure

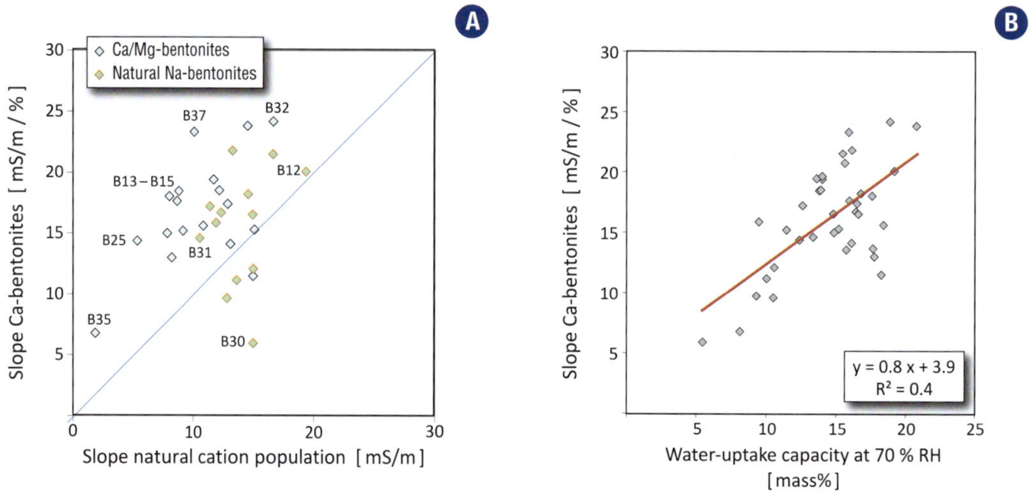


Fig. 4.35: Comparison of the slope before and after $Ca^{2+}$ saturation (**A**) and comparison of the slope after $Ca^{2+}$ saturation with the water-uptake capacity (**B**), based on KAUFHOLD et al. (2015b).

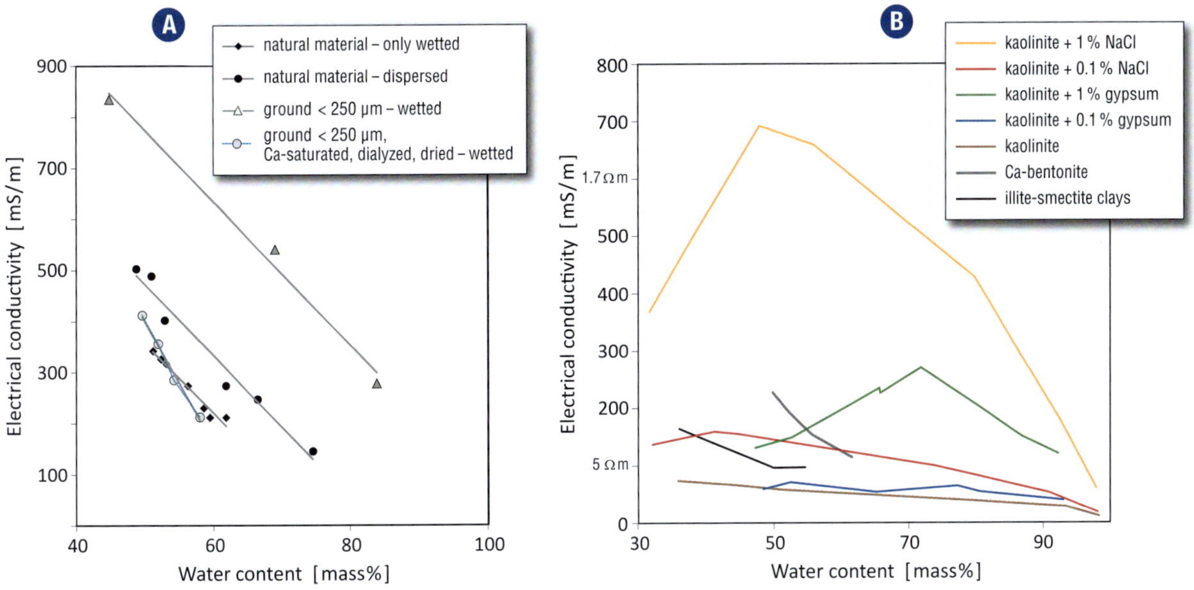


Fig. 4.36: WC–EC curves of differently pretreated sample B32 (**A**) and WC–EC curves of kaolinite mixed with different amounts of at least partly soluble components (**B**), based on Kaufhold et al. (2014a).

affected by sample pretreatment. One subsample was moistened in order to preserve the naturally present microstructure and another subsample was intensively dispersed before slowly drying to the starting gel with 50–70 mass% water. These subsamples were compared with the results of sample B32 already presented above. The measurements were conducted before Ca-saturation (sample was dried at 60 °C and ground using a hammer mill with 250 µm sieve) and after Ca-saturation of the same material. Results are shown in Figure 4.36 A. The observed slopes were similar, although that of the dialysed sample was greater. The effect of soluble components can be excluded because in that case the slope should have been lower (Fig. 4.36 A). The results prove that dispersion did not significantly affect the WC–EC curve but that grinding does. Moreover, the Ca-saturation procedure had the opposite effect on the WC–EC curves compared to grinding. The reasons for the differences are not fully understood, but are considered to be related to microstructural differences. The problem, however, is that the characterization of the microstructure at a sufficiently high resolution to identify smectite–smectite particle contacts is an analytical challenge and was not attempted in this study.

Some interesting insights into the parameters controlling the EC were gained from the investigation of the WC–EC curves of a kaolinite that, without any soluble components, varies from 30–80 mS/cm over the entire water content range. The addition of small amounts of NaCl (0.1 mass%, solid/solid) doubles the conductivity and 1 mass% NaCl together with the kaolinite resulted in EC values typical of bentonites, although with a different shape of the curve.

WC–EC curves can usually be recorded by adding different solutions to the clay or by adding one solution and changing the water content by drying. The second method, as done here, automatically results in a variable pore water composition that in turn depends on the solubility of the soluble or partly soluble components. Gypsum was added to the kaolinite and mixed with deionized water in order to investigate this effect. At higher water contents more gypsum dissolved and a comparably large EC was measured. However, upon drying some gypsum precipitated and a maximum of the EC was measured that is far from the water saturation maximum of the clay. This could explain the different shapes of the WC–EC curves (Fig. 4.31).

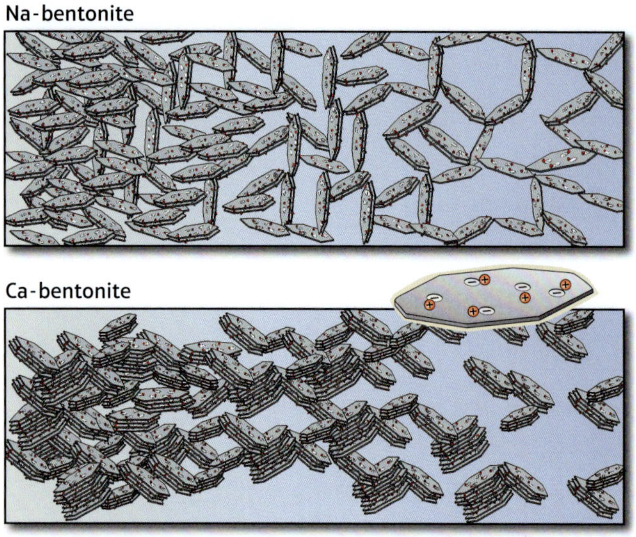


Fig. 4.37: Schematic representation of the gel structure of Na- and Ca/Mg-smectites.

It is noted that carbonates are expected to show the same or at least a related effect.

A model for the qualitative explanation of the different WC – EC curves was established based on the observations discussed above. Accordingly, the critical water content at which the increase of the EC with decreasing water content starts is very dependent on the type of interlayer cation. In the case of Na-bentonites – with at least partly delaminated smectites – the slope starts at higher water contents because the large surface area of the delaminated smectites accommodates more water in a smectite–smectite framework (with particle contacts; Fig. 4.37).

A similar situation can also be obtained with special microstructures such as a network of smectite fibers. Most of the Ca-bentonites, however, demonstrate increasing EC with decreasing WC at much lower WCs. In addition, the y-offset may be affected by soluble salts that, in the case of high contents of soluble salts, may also determine the shape of the curve at high water contents. Finally, the slope is supposed to depend on the microstructure, smectite content (and hence the CEC), and soluble salts (Fig. 4.38).

Kaufhold (1998; Kaufhold et al. 2003) suggested a method based on WC – EC for the quality control of Bavarian bentonites. The advantage of the Kaufhold method is that it can be applied in-situ in the open pit. It is based on measuring the electrical resistivity (ER) of the bentonite in its natural state. The temperature is measured in order to recalculate the ERs to a reference temperature, and the water content is also measured.

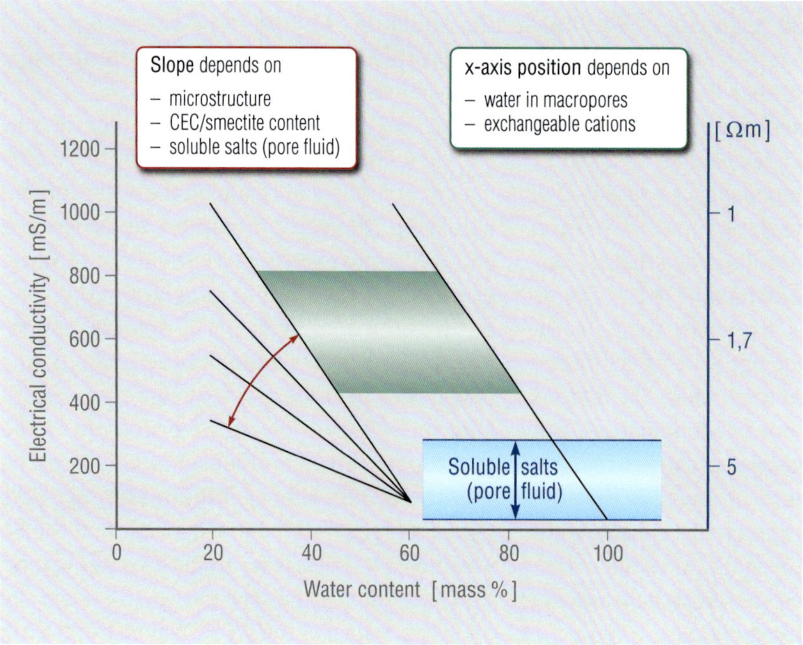


Fig. 4.38: Model explaining the differences of the WC–EC curves of the different bentonites.

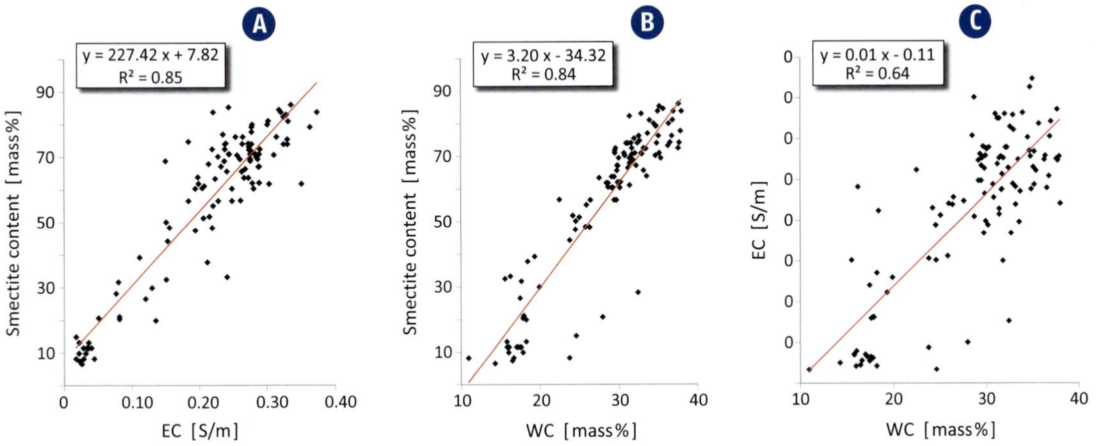


Fig. 4.39: Correlation of the EC and smectite content (**A**), WC and smectite content (**B**), and WC with EC (**C**) of 110 different Bavarian bentonites.

The temperature-corrected ER and the water content were correlated with the smectite contents estimated from CEC measurements (Kaufhold 1998; Kaufhold et al. 2003). Because the cation population does not vary, the smectite content is the quality-determining parameter of Bavarian bentonites. All correlations are given in Figure 4.39.

Good correlations ($R^2$ = 0.84 and 0.85) were obtained between EC and WC, respectively, and the smectite content (Fig. 4.39 A/B). The regression coefficient between WC and EC, however, was lower (Fig. 4.39 C).

An improved correlation coefficient of 0.95 was obtained between the product of WC and EC and the smectite content (Fig. 4.40). This empirical relation is useful for the determination of the smectite content from WC and EC measurements but, based on the measured differences of the WC–EC curves, it is considered to be physically meaningless because it neither describes the slope nor the y-intercept. "Physically meaningless" means that both parameters, WC and EC, depend on the smectite content, but the empirical relation that was used does not correctly reflect how both parameters are related. To demonstrate this, two WC–EC curves were plotted together with the empirical relation and this resulted in a range of values (a linear at a given smectite content) rather than one defined value (Fig. 4.40).

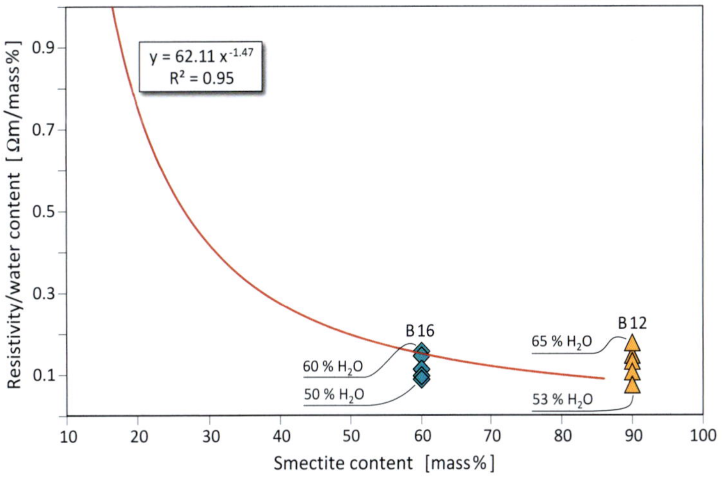


Fig. 4.40: Regression function of the empirical relation of WC and EC with the smectite content of Bavarian bentonites and comparison with the values of two different bentonites of the present study at different water contents (Kaufhold et al. 2015b).

A new function must be established to develop a similar method for other bentonite mining districts. No correlation of the WC–EC with the smectite content will be obtained for variable microstructure.

In addition, the variation of the interlayer composition is a further parameter that has to be systematically studied. It is suggested that such a systematic study takes the entire WC–EC curve rather than single values into consideration because this may allow the effect of different parameters to be identified.

Reiner Dohrmann
Federal Institute for Geosciences and Natural Resources (BGR) / State Authority for Mining, Energy and Geology (LBEG); Hannover, Germany

Nils Rickertsen
Gustav Grolman GmbH & Co. KG; Neuss, Germany

Stephan Kaufhold
Federal Institute for Geosciences and Natural Resources (BGR); Hannover, Germany

# Chapter 5

# Sources of Bentonite

Michael Dörschug & Stephan Kaufhold

According to the United States Geological Survey (USGS) the world production of bentonite in 2010 was slightly in excess of 10 Mt (excluding data from China). Harvey & Lagaly (2006) estimate a global production of 13 Mt bentonite, probably including an estimated 2 Mt of Chinese production (Eisenhour & Brown 2009).

The best freely available data is provided by the USGS and published in their *Mineral Commodity Summaries* (www.usgs.gov/centers/nmic/mineral-commodity-summaries) for clays (Fig. 5.1). Accordingly, the global production (excluding China) in 2001 was 10.5 Mt bentonite, increased to almost 12 Mt in 2007/2008, dropped due to the financial crisis in 2009 and has been recovering since then. For 2014 and 2015 a world production of about 16 Mt was published in the clay commodity summaries (USGS), including China with a production of 3.5 Mt. Overall the bentonite production over the last decade has been slightly increasing.

The USA used to be the world's biggest producer until 2016 with about 4 Mt per year. According to the USGS China increased its bentonite production from less than 4 Mt (before 2016) up to 5.6 Mt in 2017 and 2018.

The largest bentonite producers in Europe (based on the data provided by the USGS) are Greece and Turkey. From 2006 until 2015 production in Turkey and Greece varied around 1 Mt per year. According to the USGS, Turkey has since then increased its production to 3 Mt per year while Greece remained around 1 Mt. Since 2016 Turkey, therefore, is the main bentonite producer in Europe.

Other major European producers are Germany (0.4 Mt, quite constant over the last decade) and Czech Republic which in 2014 increased its production from 0.2 to 0.4 Mt remaining constant since then (until 2018). Until 2009 Italy produced about 0.5 Mt but production went down to about 0.1 Mt. Since 2014 Italy is not listed anymore in the USGS *Mineral Commodity Summaries*.

The largest bentonite mining districts of the world are currently in:

- Liaoning (China);
- Wyoming (USA);
- Turkey;
- Milos (Greece); and
- Gujarat (near Bhuj, India).

Bentonite prospection, exploration, and mining is commonly done by the bentonite producers, and they are usually not interested in publishing details about their strategies and activities. Basic information can be found on the websites of the bentonite producers, but there is insufficient literature on these three topics (e.g. Murray 2007).

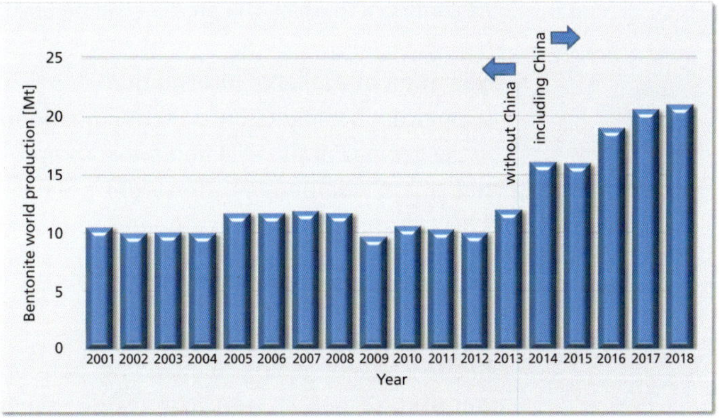


Fig. 5.1: World bentonite production from 2001 to 2018. Data from China included since 2014 (based on data from *Mineral Commodity Summaries* provided by the USGS).

## ▸ 5.1 Exploration for new deposits

### Prospecting

Prospecting is the process for discovering new raw material deposits and a basic understanding of their quality and resources. Bentonite prospection is typically based on a few fundamental parameters such as smectite content, grit (amount of coarse constituents), and color. Mostly the bentonite-producing companies know exactly which type of bentonite (for a given application) is required to optimize their product range. They also know about the reserves of the various raw materials required for their products. If the reserves of the raw materials for a specific application (e.g. clumping cat litter) are expected to decrease, then the options will include either purchasing a suitable operating mine or prospecting for a new deposit.

Prospection can be subdivided into the following work packages:

- **Defining the desired quality parameters** (e.g. smectite content, grit content, occurrence of quartz/cristobalite or calcite) including the color.

- **Regional aspects**
The freight costs are a crucial parameter determining the possible profit per ton. Therefore, prospection will be close to production plants that in turn are commonly close to seaports or rail lines. Prospection is usually performed on the continent in which the product will be used.

- **Evaluation of available information**
Geological documents (information provided by the geological surveys) and previous activities of any company in the target area are collected and assessed. Bentonite commonly occurs in areas with young (Cenozoic or even Quaternary) volcanism.

- **On-site visits for geological mapping, outcrop sampling** (Fig. 5.2), **and discussions with local people**
The first samples collected are sent to the laboratory to determine both the basic quality parameters and to perform application tests (e.g. clumping for cat litter application tests). The basic parameters provide a first indication about quality and are used to plan further activities.

Fig. 5.2: Prospection for bentonite in Indonesia: Mapping and outcrop sampling.

- **Systematic sampling** (either drilling or pitting at selected sites)
If the basic parameters determined in the laboratory were satisfactory or promising, a systematic sampling campaign is conducted either by drilling or pitting (Fig. 5.3). The pits extend to 10 m depth, and are excavated either mechanically (fast, expensive, maximum 10 m deep) or sometimes, in low-wage countries, manually (slowly, cheap; maximum 3–5 m). The advantage of pitting by hand is a more detailed look at the layering of the bentonite, but the disadvantage is that they need to be refilled after evaluation in order to avoid accidents and contaminating parts of the mine. The ownership of the bentonite deposit must be determined at this stage, and this will depend on the local jurisdiction. This differs from country to country. If it is state-owned

then it is necessary to apply for an exploration license at the local mining department, which may be time-consuming. The license is usually of limited duration and requires geological reporting to the department. If it is a privately-owned area, then an agreement with the land-owner should be sufficient.

- **Additional methods to support geological interpretations can be used such as geo-electrical screening** (Figs. 5.4, 5.5)
  This type of investigation is applicable for primary bentonite deposits, which occur as irregular lenses following the paleo-topography. The advantage of this method is that it gives the prospector a quick overview about possible clay lenses for a relatively low cost. The disadvantage is that sampling and quality evaluation still needs to be done in order to confirm the geoelectrical information. In addition, the geoelectrical properties of bentonites are not yet fully understood (Section 4.7).

Fig. 5.3: Pitting by hand in Indonesia.

The prospecting phase concludes with a careful evaluation of the results of all the work packages. It is noted that most prospection projects are terminated at this stage because of time and cost reasons.

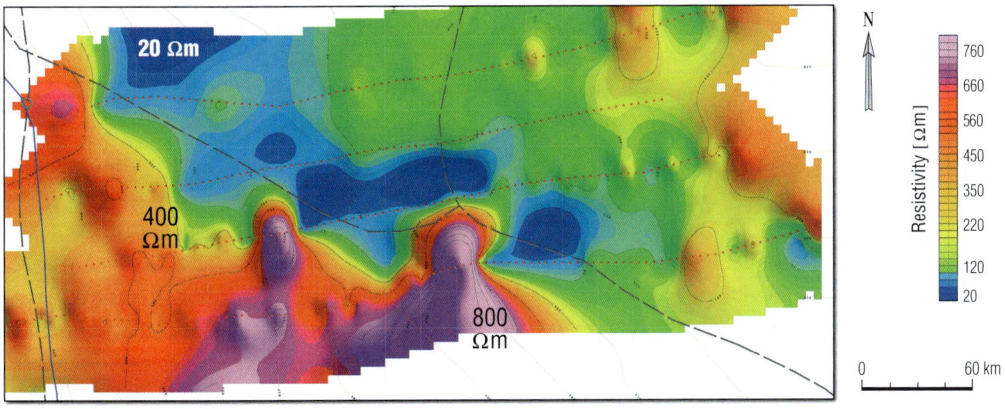


Fig. 5.4: Geoelectrical map (colors represent different resistivities in Ωm).

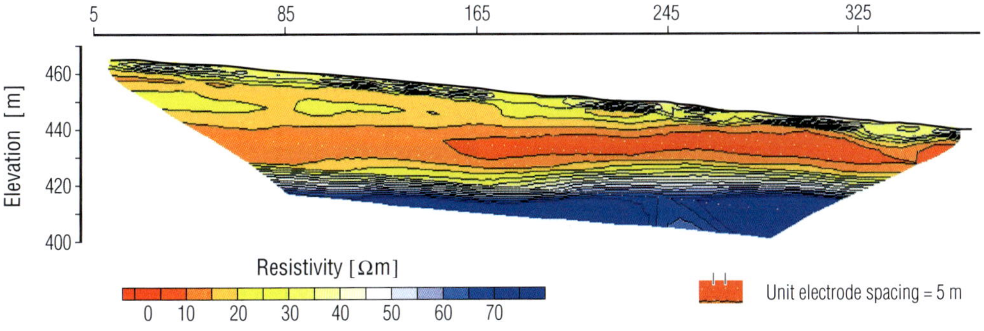


Fig. 5.5: Geoelectrical section of a Bavarian bentonite deposit. The red layer with less than 10 Ωm represents the bentonite layer.

## Exploration

The objective of exploration is to obtain detailed knowledge about the deposit and the expected costs. The horizontal and vertical distribution of the bentonite and of possible quality differences within the bentonite layer must be determined. In the case of heterogenous quality, a cut-off grade (based on a minimum smectite content) is defined, and then the reserves both in total and according to quality (e.g. 1 Mt A-grade bentonite and 2 Mt B-grade bentonite) and the expected operation time ("lifetime") of the mine can be calculated. The overburden must be characterized and the quantity that needs to be stripped can be estimated, and the equipment required to remove the overburden can be selected.

All the regulatory requirements of the local jurisdiction need to be fulfilled. A special characterization of the deposit will be required for some products (e.g. pharmaceuticals) in the exploration phase. For example, the heterogeneity/homogeneity of the deposit must be determined, including the occurrence of faults. The heterogeneity of parameters, such as the degree of whiteness, or distribution of trace elements, other than the main quality parameter (smectite content) will also be important.

This information is required to effectively manage the mining operation, including definition of working areas (for official authorization), planning of roads, negotiations with landowners, and for the application of the mining license at the local mining department.

Fig. 5.6: Horizontal tunneling in Argentina.

The investigation of the ore body, including the characterization of the geometry of the bentonite of acceptable quality, is critical to successful exploration. In the case of a thin overburden cover, pitting is applicable which is cheaper than drilling and can be performed either by hand or with shovel excavators. Alternatively, and most commonly if the bentonite layer is greater than 10 m below the surface, sufficient samples for the characterization of the entire bentonite ore body are obtained by drilling. In a few regions (e.g. Latin America) horizontal tunneling is also used for exploration (Fig. 5.6).

Exploration is generally performed with drilling rigs (Fig. 5.7), either auger or core drills. It is noted that bentonite samples collected by auger drilling undergo a "physical activation" caused by the shearing strength of the auger. This increases the viscosity of a test slurry, and, therefore, auger drill samples may not be representative of the normal bentonite and this must be taken into account in quality assessment. Another disadvantage of auger drilling is that it does not provide an undisturbed view through the clay layer. Also auger drilling is not suitable to penetrate hard overburden. For these reasons core drilling is nowadays favored in most cases, in spite of being slightly more expensive than auger drilling. The core diameter needs to be large enough (generally at least 60 mm) to obtain sufficient material for subsequent laboratory evaluation.

A drilling grid is commonly used to systematically investigate the bentonite ore body. The size of the drilling grid depends on the previously obtained results (including hetero-geneity, occurrence of faults, etc.). A grid is normally 50 x 50 m, but may be as much as 200 m or even as low as 20 m. Small distances between the drilling sites are required if the quality of the material is heterogeneous and/or if faults with significant displacements occur. The drill cores are always cut lengthwise. One half is sent to laboratory for quality determination, and the other put to the internal sample archive (Fig. 5.8).

**Fig. 5.7:** Core drilling rig in India (**left**) and Bavaria (**right**).

**Fig. 5.8:** Drill cores prepared for description, Slovakia (**left**), and white bentonite sample in the core, Turkey (**right**).

The systematic evaluation of all exploration drillings represents the basis for successful mining, and hence should be performed with care. Many companies attempt to save time and costs by not evaluating the drill core samples in the laboratory. Especially developed mining software is used for final deposit evaluation. The volume of the ore body, underground reliefs, geological profiles, block modeling, and costs can be calculated with the appropriate software. Logistics and stock management can also be planned using appropriate software.

## ▸ 5.2 Mining

The precondition for mining is the application for and approval of the mining license by the regional mining authorities. The license usually has a limited duration, but can be renewed whenever needed. Environmental issues and reclamation will be addressed in the mining license. The protection of the environment during mining and the requirements for reclamation are becoming increasingly important through-out world.

When operating a mine, annual activity reports must be submitted to the mining department. Also communication with local landowners must be maintained through the mining process. After the planning and the construction of access roads for heavy-duty traffic (Fig. 5.9), the overburden has to be removed. Topsoil and overlying rock need to be separated and stockpiled separately, preferably close to the mine.

**Fig. 5.9:** Road construction in Turkey.

Fig. 5.10: Bentonite ore sterilized by dumps of overburden material, Turkey.

Detailed exploration is required to avoid stockpiling on areas that may be mined later (Fig. 5.10). Various parameters, including geology, homogeneity of quality, and the possible different applications of the bentonite, determine the necessity for selective mining so that different qualities can be produced from one open pit.

Parameters such as color and impurities (i.e. tuffs or other solid rocks, volcanic detritus, veins of gypsum or calcite; Fig. 5.11) can often be observed and the different qualities can be distinguished by visual inspection. However, the observed color can sometimes be misleading. For example, a change from blue to green color is often observed in the Bavarian bentonite mines and is considered to reflect the former Fe(II)/Fe(III) redox boundary rather than different smectite contents (Fig. 5.12).

Depending on the mining equipment it may be possible to detect the contaminations on site. In some mines, large impurities, such as carbonate concretions that can be up to 1 m in diameter, are removed either by hand or by the digger. Furthermore, depending on the mechanical properties of the bentonite, experienced machine operators are able to trace impurities by the operating behavior of their equipment. For example, a fully bentonitized tuff will be more sticky and plastic as compared to a layer with some relic volcanic material.

Thin bentonite layers present a particular challenge for mining operations. Most bentonite layers are well over 1 m thick, but occasionally much thinner layers are mined. In Argentina exploitation of an extremely thin (20–30 cm) layer was observed (Fig. 5.13), and special mining equipment and technique are required to exploit such thin layers. The famous Wyoming bentonite layers vary in thickness from a few centimeters up to 8 m (Smellie 2001).

Unfortunately, however, it is not always possible to visually detect quality changes and, therefore, bench samples must be collected and analyzed before mining. Sometimes handpicking or sieving helps to improve the final quality (Fig. 5.14).

The required bentonite qualities are stockpiled in order to avoid overexploitation, and they can be blended to the desired specification, according to the market demand. However, this intermediate stockpiling may result in deleterious effects.

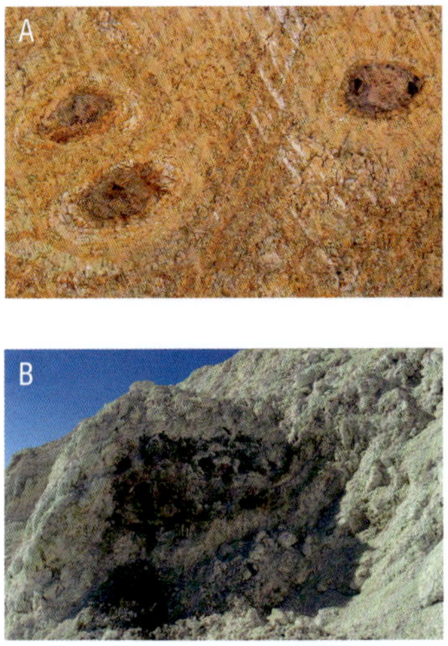


Fig. 5.11: Volcanic bombs as impurities in India (**A**); volcanic detritus as impurities in Turkey (**B**).

Fig. 5.12: The quality of the Bavarian bentonite does not change with the color (image width 50 cm).

For example, as a result of oxidation ($Fe^{2+} \rightarrow Fe^{3+}$), white clays can become yellowish, which is a negative side effect for white clay production. Otherwise maturation may improve the quality (Murray 2007) due to formation of organic molecules by bacteria that in turn affect the rheological properties. This effect is well-known in brick-clay production and has been investigated scientifically (Kaden et al. 2014).

The final phase, as explained above, is usually the reclamation of the mined area. Strip-mining provides the ideal scenario for backfilling of exploited areas whereby the mined out areas are filled with the overburden from the next mining area. Short transport distances, brief duration of intermediate storage, and swift reuse of reclaimed areas reduce the total mining costs. This, however, is not possible in mines exploiting very thick layers of clay (e.g. Milos).

Fig. 5.13: Bentonite layer of less than 30 cm in Argentina.

Fig. 5.14: Handpicking in India (**A**), sieving in Argentina (**B**).

## ▸ 5.3 Mining technology

### Exploitation

The type of machinery being used for exploitation, either wheel- or tracked-loader, bulldozer or shovel excavator depends on the deposit. The choice of equipment will also depend on whether a mine is operated daily throughout the year (e.g. Wyoming, Bavaria, Milos, Slovakia; Fig. 5.15), or in short-term campaigns due to occasional demand or the local climate.

Bulldozers or tracked loaders are used to exploit flat-lying deposits with homogeneous quality, and is quite common in many Asian or Latin American countries. More efficient shovel excavators are used for bentonite mining, and bulldozers and scrapers are used for overburden removal.

In some low-wage countries mining is still performed by hand (Fig. 5.16), and previously underground mining was quite common (e.g. in Bavaria). Nowadays this quite dangerous and ineffective mining method is undertaken only very rarely in Asia (Fig. 5.16) and Latin America.

Fig. 5.15: Mining during winter in Slovakia (**left**); mining with bulldozer and shovel excavator in Turkey (**right**).

Fig. 5.16: Manual mining in India.

### Transport

Dumper trucks transport the bentonite from the mine to the production facility or the intermediary stock area, although rarely tractors or even less efficient methods, such as donkeys or by hand, are used (Fig. 5.17). The bentonite is weighed, mostly by electronic truck scales, but sometimes in a more primitive way (Fig 5.18, left), during transport to the intermediary stock area.

If the bentonite is transported further by sea, then the vessels are loaded with the bulk material with its own loading equipment or by cranes at the loading pier (Fig. 5.18, right).

Fig. 5.17: Transport by donkey in India (**left**), and by foot in Indonesia (**right**).

Fig. 5.18: Hand scale in Indonesia (**left**); loading of vessel in Turkey (**right**).

## Field treatment

In order to reduce costs, the bentonite is sometimes treated at the mine site before transport to the processing plant by, for example, reducing the water content. When mined the moisture of bentonite is between 30 and 35 mass% (sometimes even up to 40 mass%).

For sun-drying the bentonite needs to be spread out on a flat area in layers up to 50 cm thick. Sun and wind can dry this layer within days (or few weeks) and reduce the moisture content to approximately 20 mass% moisture (or even less). Plowing the layer can speed up the process (Fig. 5.19, right). Ca-bentonite can be activated in the field with soda-ash (powder or liquid form) (Fig. 5.19, left; Section 6.2.1), which can improve the quality as there is more time for bentonite maturation. A homogenous product is obtained after grinding the apparently inhomogenous mixture.

Figure 5.20 provides an overview of two white bentonite mines.

Fig. 5.19: Field activation in Greece (**left**) and sun-drying in India (**right**).

Fig. 5.20: White clay mine in Turkey (**left**), white clay mine in Milos (**right**).

## ▸ 5.4 Quality management in the mine

The bentonite mining process, from the calculation of reserves to quality control, differs from one deposit to another, depending on
- the bentonite type;
- the applications for which the material will be used, and
- the variability of the bentonite within the mine.

In particular the predicted application(s) and the variability of the bentonite determine the quality parameter(s), which can be the smectite content or ratio of exchangeable Ca + Mg/Na. Several other parameters such as Fe-content (degree of whiteness), quartz content, S-content, carbonate content, etc., can also affect the quality of the bentonite product.

In the most simple case, which practically does not exist and hence is cited just as example, a bentonite is mined for one application only, for example cat litter. The quality determining parameters (QDP) of cat litter include the clumping properties and/or water-uptake capacity. These properties can be measured either directly by adding a predefined quantity of water to a sample and weighing the clump, or indirectly by measuring the water-adsorption capacity. The indirect measurement might not describe the quality as accurately as the direct measurement. However, the quality of this bentonite can be measured and commonly a cut-off value is defined by the customer to distinguish valuable from waste material. The reserves of the deposit are, therefore, calculated for this predefined cut-off value.

The QDP is measured on samples collected from the mine, particularly from drilling. In an operating mine the samples are collected daily during mining operations in order to control the actual material. An in-situ measurement method to determine the QDP at the mine site would be a big advantage. Some methods do exist that enable the in-situ determination of the quality, and the experience of the responsible mining operator should also not be disregarded.

For ceramic clays (kaolinite-containing clays) the $Al_2O_3$ content is the most important QDP and nowadays can be measured by hand-held XRF devices. The chemical composition, however, often does not provide sufficient information about the QDP of bentonites. But this may vary from one deposit to another (depending on the variability of the mineralogical composition). Usually there are several different QDPs that depend both on the raw material, the variability of the bentonite in the mine, and the final applications of the products.

Probably the most elegant way to achieve homogeneous quality control is to run blending beds (Fig. 5.21), if enough space is available. Bentonite from the different areas of the mine are brought to the blending bed and distributed as layers. If the desired amount of bentonite (for the next production sequence) is attained, bentonite is taken perpendicular to the layering in order to ensure a constant average of all layers.

Fig. 5.21: Schematic representation of a traditional blending bed (**left**) and a circular stacker/reclaimer blending bed (**right**).

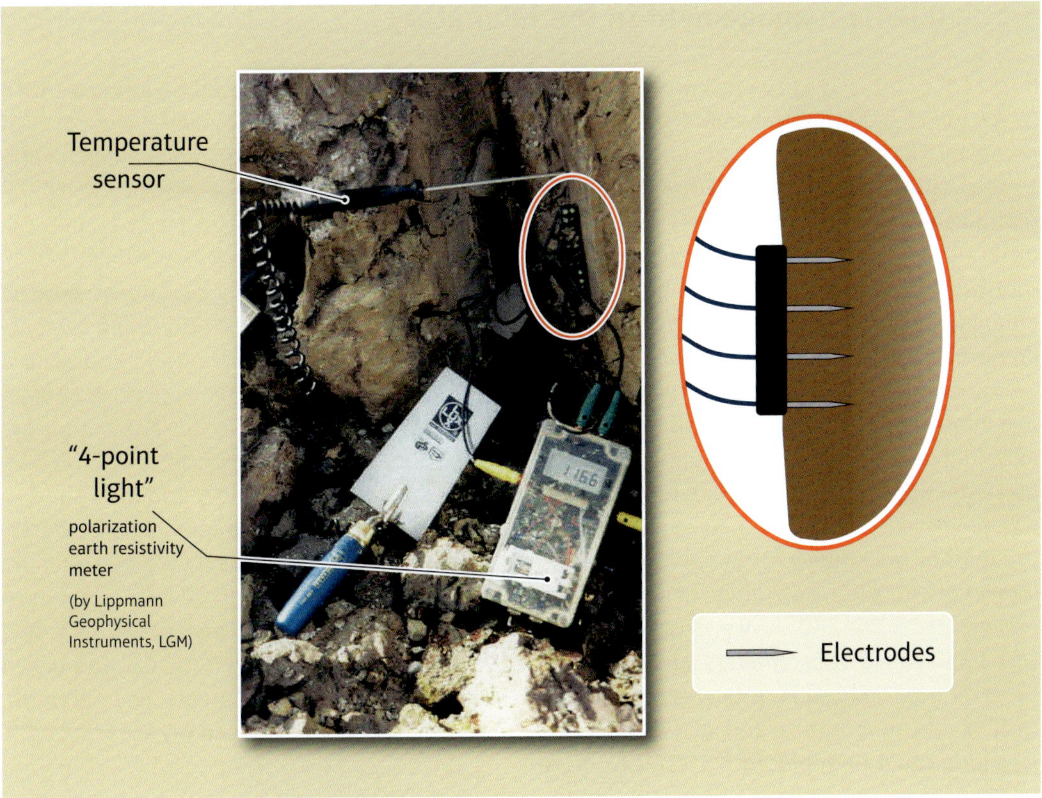


**Fig. 5.22:** In-situ small-scale determination of the electrical resistivity and temperature. The water content has to be measured separately to calculate the smectite content.

Quality is commonly ensured by a multi-component sampling process. The first samples are collected in the exploration phase, during drilling, and investigated with respect to the QDPs. Ideally, these values can be used to establish an ore body model in which zones of different quality can be distinguished. In fact, this is often more complex. Therefore, samples are also collected (and investigated with respect to the QDPs) during mining and the qualities of the products are determined.

Kaufhold (1998), Kaufhold et al. (2000), and Kaufhold & Decher (2003) described in-situ measurement of electrical resistivity. An empirical relationship has been established for the Bavarian bentonites between smectite content and temperature, corrected electrical resistivity, and water content. The smectite content can be calculated from this relationship. This bentonite is plastic and measurements can be conducted with electrodes that should be inserted into the bentonite without causing any voids and or cracks (Fig. 5.22). Details are explained in Section 4.7.

Test measurements in Milos, however, demonstrated that the electrical conductivity could not be measured at every location of the deposit because the material was either too dry or there were fractures filled with, for example, gypsum.

Zenner (1999) used the Cu-trien complex for the determination of the in-situ CEC that then can be recalculated to a smectite content. In principal the method as described by Meier & Kahr (1999) and Kaufhold & Dohrmann (2003) could be conducted at the mine site or at least in a laboratory close to the mine although each generalization, such as omitting the correct water content, results in additional error. The advantage of this method is that it can be applied in all bentonite mines.

However, in other production sites the smectite content is not always the prescribed parameter, for example in those locations where the Na-content varies significantly.

Therefore, in-situ methods have to be adapted to the requirements of the quality management (QM) of each deposit.

## ▸ 5.5 Quality management in the laboratory

In practice, the scientifically correct characterization of bentonite raw materials is rarely necessary. The bentonite industry has developed a set of different, commonly rather simple but reproducible and meaningful tests to compare different raw materials or to perform quality control measurements. These tests must provide reproducible results because both customers and producers of bentonite need comparable values.

Although the determination of the quantitative mineralogical composition, for example by XRD–Rietveld, would also be an option, it is not presently used and is not considered to be applicable because of the experience required for the method and the large number of possible sources of errors (e.g. description of fundamental parameters of the XRD device, or specific crystallographic data or parameters such as strain). However, new applications often result in further quality control methods, and well-established methods could be replaced by faster or more reliable ones.

In the following some established quality control methods that describe basic parameters of the bentonite are compared:

- The industrial quality of a bentonite is determined by its usefulness for a given application. The mineralogical quality, such as the abundance of minor constituents and smectite content, do not primarily determine the industrial quality. The industrial quality of a given bentonite is commonly determined by general QM methods, some of which are specific for a given application. For example, a bentonite powder for beverage clarification should not liberate toxic substances into the wine or juice. Accordingly, standard extraction tests with specific liquids are performed, and the extract is investigated for possible toxic components.

- Bentonites are also used as mixtures with cements for sealing walls, and the viscosity of the mixture is a crucial parameter and is commonly determined with a reference cement in the laboratory by using the Marsh Funnel.

- The quality of a clumping pet litter can also be determined by standard clumping tests, in which a well-defined liquid is added to a sample of litter and the dimensions and weight of the clumps are used for quality control.

- The quality of bentonites added to sand to produce molding sand must also be determined, whereby the stability of a pressed form is important. Accordingly several methods to determine the strength are applied, including green compression strength, dry and baked compressive strength, green shear strength, green tensile strength, and dry shear strength.

From these examples, it can be demonstrated that a set of different quality determining methods must be applied for each of the applications, particularly if rheology and stability are required qualities. There are regulations, mostly national, for the QM methods for certain applications. Murray (2007) provides these for drilling fluid products (regulation API RP 13B-1 : 1997) and foundry products (regulation of AFS 1983).

In the following sections common QM methods are presented and briefly discussed. However, because of the variety of existing methods and regional differences, not all methods could be presented.

## 5.5.1 Bentonite composition

### Smectite content – methylene blue (MB) method

The content of swellable clay minerals (smectites) is one of the most important quality determining parameters of all bentonites. A material with less than 50 mass% smectite content would hardly be mined as bentonite although it surely could be used for some applications. The smectite content must be determined in order to distinguish the low smectite materials from real bentonites, as well as from almost pure ones.

As discussed above, XRD-based methods are recommended for accurate quantification. However, the variation of the quality of XRD pattern, and even the way that the patterns are refined, affect the results (which may be different in future). Although this method may lead to the most accurate results (Section 3.22), it cannot be used for quality control since the results depend on the experience of the user.

Therefore, the methylene blue (MB) method (Fig. 5.23), which is related to CEC methods, is still used to determine the smectite content, at least in Europe. In Germany the MB method is described, for example, by the VDG P 69 (1999). A protocol in English is provided by Kaufhold & Dohrmann (2003). Kahr & Madsen (1994) also used this method to determine the inner surface area.

The MB molecule can be considered an index cation because it adsorbs to the negative charges. However, the MB tends to form di- and trimers that cause some excess adsorption and, compared to the real CEC, to higher molar adsorption ratios. Breen & Rock (1991) found di- and trimers in MB solutions > $10^{-5}$ mol/L. Bujdák & Komadel (1997) found them in even more diluted solutions. The adsorption of dimers (or trimers) on one negative charge of the smectite feigns two (or three) charges instead of the one that is actually present. Furthermore, the formation of di- and trimers appears to be facilitated by the clay mineral surface. Bujdák & Komadel (1997) used the determination of the ratio monomere/dimere for the estimation of the layer charge density (LCD). They found that a high LCD facilitates the formation of di- or trimeres, respectively. The systematic errors when calculating the smectite content from CEC or MB data also have to be taken into account (see following section).

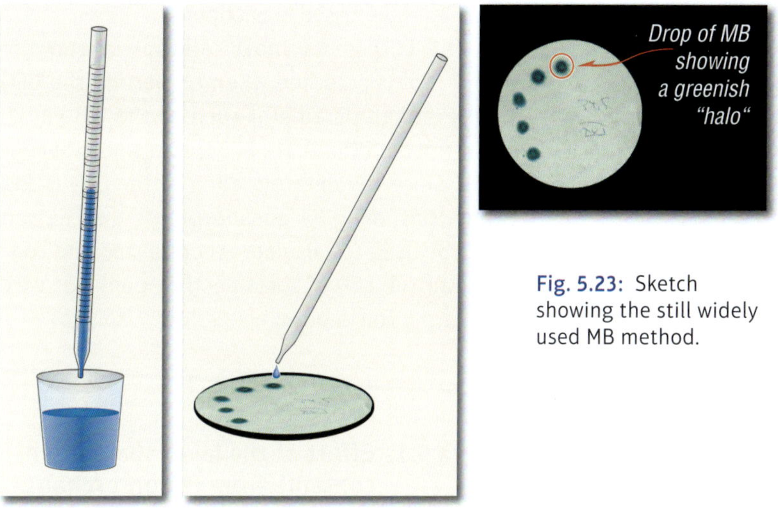


Fig. 5.23: Sketch showing the still widely used MB method.

The most common and traditional way for determining the MB value is based on a titration experiment. A weighed sample aliquot is dispersed in water with a few drops of sulfuric acid. Then the dispersion is titrated with a MB solution. Excess MB adsorption is detected by putting droplets of the dispersion on a filter paper. Free MB, which is not adsorbed to the clay, creates a very weak "halo" around a droplet on the paper. The amount of MB used until this point is recorded in milliliter (mL), and compared with a standard material with known MB value (in mL) and known (or defined) smectite content. The reference has to be measured together with each new titration series, and at least once with each new solution.

## Smectite content – Cu-trien, or other suitable CEC methods

The determination of the smectite content is probably the most frequently applied quality control method. The determination of the correct smectite content, within a tolerance of approximately 5 mass%, is difficult (Kaufhold et al. 2002; Ufer et al. 2008) and hence not applicable for quality control. Commonly dye adsorption methods are used that are related to the CEC. Details about the conversion of the CEC to a smectite content are explained by Kaufhold et al. (2002), the CEC is discussed in Section 4.1.

The LCD is the most relevant systematic error that is accepted when converting the CEC (or a related parameter such as the MB value; Kaufhold & Dohrmann 2003) to a smectite content. Since the determination of the LCD is too time-consuming for quality control, the CEC can only be used to calculate accurate smectite contents if the LCD of the smectites does not vary within a given deposit.

The comparison of a set of different Bavarian bentonites, however, demonstrated that the LCD ranged from 0.25 to 0.35 eq/FU (determined by AAM, Section 3.13). Assuming that a CEC of 70 meq/100 g was measured and that the LCD of the smectites varies from 0.25 to 0.35 eq/FU, this results in a difference of the smectite content of almost 30 mass% (Table 5.1). Variable charge must also be taken into consideration since it is the origin of 5 to 20 % of the CEC. Increasing the variable charge from 5 to 20 % results in a systematic error of about 10 mass%. The molar mass of a formula unit, which is additionally required for the calculation, has a less pronounced effect on the calculated smectite content.

In conclusion, the variability of the LCD within a given deposit can significantly affect the accuracy of the smectite contents that were calculated from CEC.

Table 5.1: Effect of the layer charge density (LCD) on the calculation of smectite contents from cation-exchange capacity (CEC).

| Sample | LCD | CEC | Variable charge | $M_{FU}$ | Smectite content |
|---|---|---|---|---|---|
| | [eq/FU] | [meq/100 g] | [%] | [g/mol] | [mass %] |
| **Influence of LCD** | | | | | |
| $Bent_{theo}$ | 0.25 | 70 | 10 | 370 | 93 |
| $Bent_{theo}$ | 0.30 | 70 | 10 | 370 | 78 |
| $Bent_{theo}$ | 0.35 | 70 | 10 | 370 | 67 |
| | | | | | 27 |
| **Influence of variable charge** | | | | | |
| $Bent_{theo}$ | 0.30 | 70 | 5 | 370 | 82 |
| $Bent_{theo}$ | 0.30 | 70 | 20 | 370 | 69 |
| | | | | | 13 |
| **Influence of molar mass** | | | | | |
| $Bent_{theo}$ | 0.30 | 70 | 10 | 360 | 76 |
| $Bent_{theo}$ | 0.30 | 70 | 10 | 380 | 80 |
| | | | | | 4 |

## 5.5.2 Water uptake and swelling

Bentonites are known to take up significant amounts of water, and the swelling capacity is one of their most important properties. There are several methods to characterize the water-uptake and/or swelling capacity.

The principles of water uptake, both from air and from liquid water, are discussed in Sections 4.4 and 4.5 and the measurement methods presented there, Enslin-Neff water uptake (DIN 18132) and free-swelling volume, are explained in detail. Both parameters are strongly correlated and provide a measure of the content of exchangeable $Na^+$. However, the scatter evident from the "$Na^+$/swelling" and "$Na^+$/Enslin-Neff plots" (Figs. 4.18, 4.21) suggests that additional parameters affect both QM values. The low scatter of the swelling volume – Enslin-Neff value plot (Fig. 4.22) on the other hand indicates that these additional parameters affect both these QM values in the same way. The studies discussed in Chapter 4 indicate that, in addition to the content of exchangeable $Na^+$, the porosity could be a parameter that is measured indirectly by both QM methods. The indirect measurement of the exchangeable $Na^+$ content is most relevant for the quality control of bentonites.

As an alternative to the Enslin test the so-called *plate test* is often performed. This test is similar to the Enslin test. Bentonite powder is spread on filter paper lying on a damp ceramic plate. The water uptake is measured after a given time.

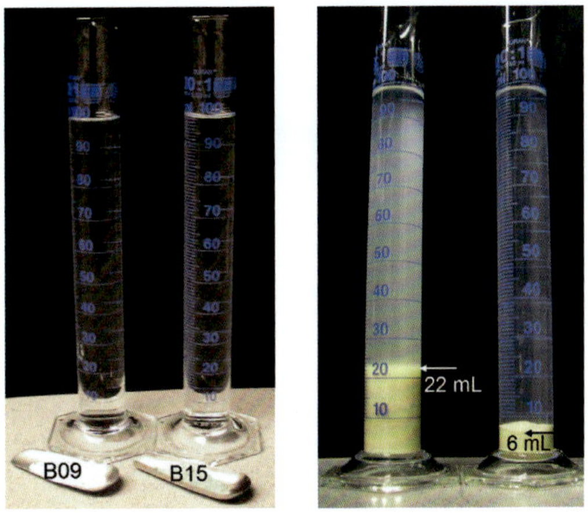


Fig. 5.24: Photographs of the determination of the free-swelling volume of B09 (Na-bentonite) and B15 (Ca/Mg-bentonite).

The free swelling volume is measured by slowly (some hours) adding 2.0 g powdered bentonite to 100 mL deionized water, and the volume of the sediment or gel is read from the scale. The marked differences between pure Ca/Mg-bentonites and Na-bentonites are shown in Figure 5.24.

The Enslin-Neff water-uptake capacity is usually determined in specially designed burettes (Fig. 5.25), but because of the significant effect of the ambient conditions, particularly evaporation, Dieng (2005, 2006; Fig. 5.26) invented a gravimetrical device. Kaufhold & Dohrmann (2008b) demonstrated a slightly increased reproducibility with the Dieng device, but the main advantage is that the values and the entire water uptake are recorded digitally.

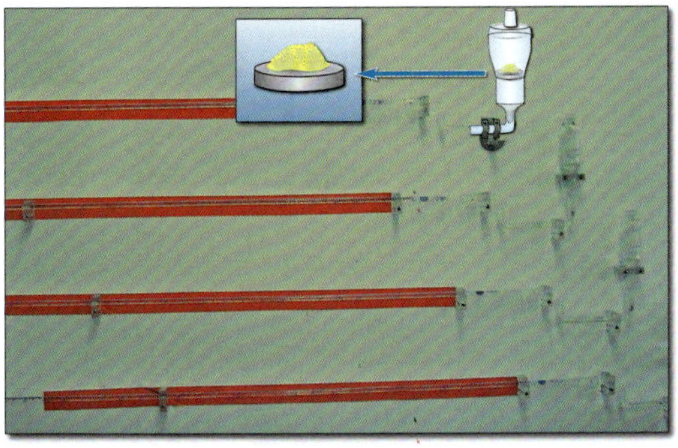

Fig. 5.25: Photograph and sketch of the traditional Enslin-Neff apparatus for water-uptake determination.

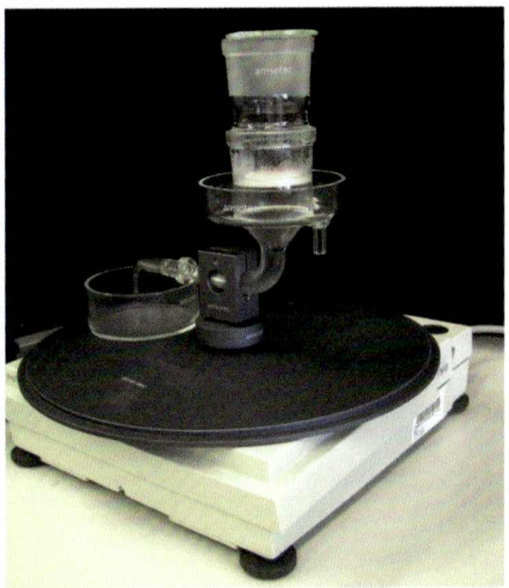

Fig. 5.26: Photograph of the Enslin-Neff apparatus modified by Dieng (2005, 2006).

### 5.5.3 Rheological parameters

#### Ball harp ("Kugelharfe")

The so-called *ball harp* (German: *Kugelharfe*) can be used to determine the static yield point (Fig. 5.27). Details are given in DIN 4126.

The rheological properties of bentonites were discussed in Section 4.2. Results can be used to assess the carrying capacity of rheological slurries, such as the capacity to transport rock cuttings in drilling fluids. To measure the yield point, a translucent cup is filled with a sample of the slurry, commonly about one liter. The slurry should be stirred immediately before the measurement in order to avoid thixotropic consolidation. The slurry is placed below the ball harp and after waiting one minute the balls are lowered and allowed to sink into the slurry. Notably, all balls have a defined number. Depending on their weight some balls sink into the slurry whereas others do not. The largest number of those balls which sank into the slurry is recorded and used to calculate the yield point by an empirical equation according to a standard table.

The bentonites in this publication were not investigated with the ball harp because of the excessive work to produce the required one liter slurry with about 75 g scientifically pure bentonite. Many other parameters have to be excluded before it can be concluded that the LCD affects the ball harp results (as an example). Furthermore, a homogeneous Na-saturation must be prepared, which requires carbonate dissolution (explained in Section 3.3). The comparison of the rheological parameters of bentonites with a different portion of exchangeable $Na^+$ is not reasonable because it is well-known that it determines the rheological parameters and results would hence be related to the amount of exchangeable $Na^+$.

Organic matter and soluble salts should also be absent. In order to study the rheological properties, 30 g purified clay were produced in 700 mL centrifuge beakers (one for each sample).

Fig. 5.27: Photograph and sketch of the principle for measuring the yield point by the ball harp.

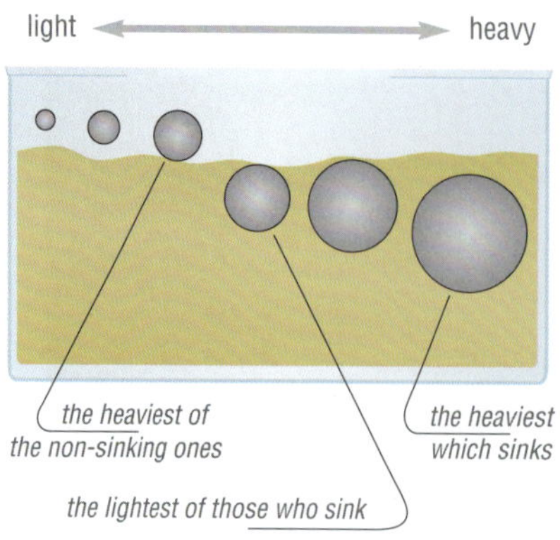

## FANN® viscosimeter

The FANN® viscosimeter (Fig. 5.28: left) which is often used in the bentonite industry is not suitable to continuously record a shear stress – shear strain curve, although it can be used to record six points on the curve and directly shows the viscosity related to the shear stress. The device consists of two cylinders; the inner one is fixed while the outer one rotates at an adjustable speed. The shear stress can be directly read on the viscosimeter as centipoises, and based on six measurement points the main parameters such as the plastic viscosity or the yield point can be calculated (Fig. 5.28: right). Other parameters such as the gel strength can also be determined directly.

A bentonite dispersion must first be prepared, and the optimum solid/liquid ratio depends on the actual dispersion and the application for which the product is being tested. High viscosities are required for some applications and hence high solid/liquid ratios are used. A more dilute dispersion is used for scientific purposes. The effect of different solid/liquid ratios on the rheological properties is explained in Section 4.2.

All measurement points must be recorded for a complete characterization of the rheological properties. The metal beaker is filled with the dispersion up to the approximately 330-mL mark. The rotation speed can be changed manually with the red button at the top and the trigger switch at the side. The resulting shear stresses can be read off the scale at the top.

In order to determine the 10-second gel or 10-minute gel strength, the viscosimeter is run at 600 rpm for approximately one minute, and then suddenly switched off. After the desired time (for example, 10 minutes) the device is turned on again at lowest speed, and the maximum value provides the so-called *10-minutes gel strength*.

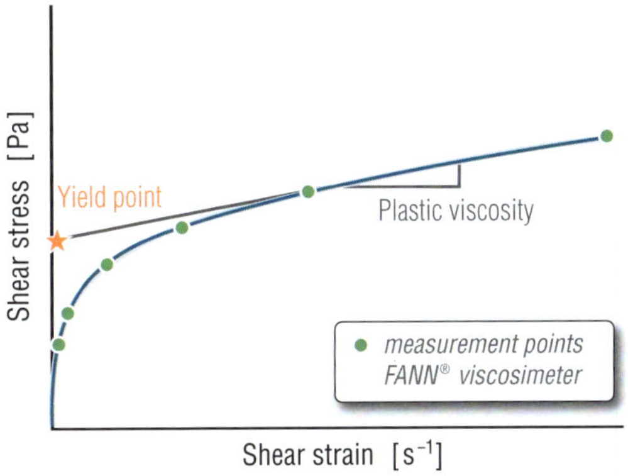


Fig. 5.28: Photograph of a FANN® viscosimeter for assessing the rheological properties of clay dispersions according to the Bingham model.

## Marsh Funnel viscosity

The Marsh Funnel viscosity measurement (Fig. 5.29) is a simple but generally reliable method to assess the viscosity of a bentonite slurry (Marsh 1931; API RP 13B-1 : 1990). It can be used both in the laboratory and in the field, and hence is frequently used to monitor the viscosity of drilling muds or sealing walls (DIN EN 1538).

A standard Marsh Funnel, 1.5 liters of the slurry to be tested, and a stopwatch are required for the measurement of the Marsh viscosity. The slurry is filled into the Marsh Funnel (through the sieve) while one finger seals the nozzle of the funnel. The Marsh Cup is placed below the funnel. Then, at the same time, the stopwatch is started and the finger is removed from the nozzle. The time is measured until the 1-liter check mark on the cup is reached (or a little less according to API regulations). This method was not applied to the bentonites in this study because it requires an even greater quantity as compared to the ball harp (which is difficult to produce as explained above).

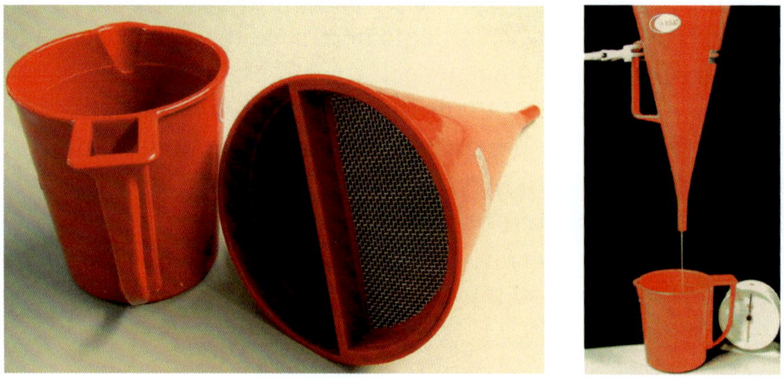

Fig. 5.29: Photograph of the Marsh Funnel.

## Filter press

In cases where bentonite slurries are used in drilling operations, a membrane-like filter cake forms at the borehole wall that affects the stability of the slurries. Therefore, the tendency for formation of such filter cakes is quality-determining, and tested during bentonite quality control. The tests are regulated by, for example, DIN EN 1538 and ISO 13500. The basis of these tests is to measure the amount of water that can be pressed out of a bentonite slurry. Defined pressure and filter paper are required to ensure reproducibility.

Michael Dörschug
EMDICO
Mineral Development & Consulting;
Emmering, Germany

Stephan Kaufhold
Federal Institute for Geosciences
and Natural Resources (BGR);
Hannover, Germany

# Chapter 6

# Processing

Helmut Coutelle, Kisnaduth Kesore, Dietrich Koch,
Stephan Kaufhold & Nils Rickertsen

## ▸ 6.1 Historical development of bentonite processing

Most of the European bentonite deposits, which are usually exploited by open-pit mining, contain dioctahedral Ca-smectite as the main component, such that the interlamellar cations are predominantly $Ca^{2+}$ ions, as well as $Mg^{2+}$ ions and, depending on the mine, some alkali ions. The characteristic bentonite properties can be manipulated and altered by different processing technologies.

The Tonwerk Moosburg A. & M. Ostenrieder GmbH company, later known as Süd-Chemie AG, introduced one of the earliest technical treatments of bentonites in 1925 with the acid-cooking of Bavarian bentonite in order to produce bleaching earth in Moosburg.

In 1934, Professor Kurt Endell developed and patented a process for the ion exchange of Bavarian bentonite by alkali salts, mainly soda ash (Reichspatentamt Patentschrift Nr. 613037). This activation patent generated the possibility to transform the Bavarian Ca-bentonite into "activated" Na-bentonite, and opened the European foundry market to Bavarian bentonites. Endell sold the patent rights to the German mining company Geisenheimer Kaolinwerke Erbslöh & Co.

In the technical trials for realization of the Endell invention, the owner of the company Siegfried Erbslöh discovered the benefits of "dry activation" by the intimate mixing of dry soda with bentonite. This invention was described in the additional patent No. 644315 in 1937, but it took about 15 years for Erbslöh to construct an activation plant for Bavarian bentonites in Landshut in 1952.

In 1941, the Baroid Division of NL Industries Inc., sponsored a Fellowship entitled "New Uses for Bentonites" with the Mellon Institute of Industrial Research. Dr. John W. Jordan headed this project, who was considered as the father of organoclay technology. The focus of the research was on developing new uses for the hydrophilic, expanding lattice structure smectite clays, in particular bentonite (montmorillonite). This clay, known to be an efficient gellant for water systems, was not effective in gelling organic liquids.

Jordan applied the known ion-exchange process to exchange the Na-ions of a Wyoming bentonite by organic cations. This exchange process converted the sodium bentonite into an organophilic compound, known generically as an organoclay, which was found to be an effective gellant for organic fluids.

Subsequent research included development of hectorite-based organoclays that provided stronger gel strength in higher polarity systems.

"Bentonite activation" is referred to as a technical ion-exchange process, where the interlamellar cations of the basic bentonite are replaced either by $Na^{+}$ (giving an "activated bentonite" or Na-bentonite) or organic cations ("quats"), giving an organoclay. In contrast to ion-exchange activation techniques, where the smectite structure is retained, the so-called *acid activation* alters the smectite structure by strong mineral acids in order to produce a reactive surface and increased porosity. The activation techniques described in the following sections are mainly used by European bentonite producers.

## ▸ 6.2 Alkaline (soda ash) activation

In order to replace the interlayer $Ca^{2+}$ ions by $Na^+$ ions, a minimum water content of 28–30 mass% is required in the raw bentonite. Soda ash is commonly added as dry powder or fine granules. To be transferred to the reactive ion-form $[Na(H_2O)_4]^+$, sodium has to take up four water molecules before it can move as hydrated ion into the montmorillonite interlayer (Equation 7).

**Hydration of soda ash:**

$$Na_2CO_3 + 8\ H_2O \rightarrow 2\ Na(H_2O)_4^{\ +} + CO_3^{\ 2-} \quad \text{[Eq. 7]}$$

The carbonate anion in soda ash is also indispensable for completion of the ion-exchange reaction. By forming the insoluble $CaCO_3$ (solubility product: $4.7 \times 10^{-9}$), the $Ca^{2+}$ ions are no longer available as a positive counter charge to the negative charge of the smectite surface, which is assumed by the $Na^+$ ions. However, since they possess only one positive charge, 2 $Na^+$ ions are required to replace 1 $Ca^{2+}$ ion, which means that 2 $Na^+$ ions are equivalent to 1 $Ca^{2+}$ ion.

Therefore, at least the equivalent volume of soda ash has to be added to the Ca-bentonite in order to ensure that the $Ca^{2+}$ ions can completely be replaced by $Na^+$ ions (Equation 8).

$$Ca^{2+}\ \text{montmorillonite} + Na_2CO_3 \rightarrow Na_2^{\ +}\ \text{montmorillonite} + CaCO_3 \quad \text{[Eq. 8]}$$

The volume of soda ash required for this reaction can be calculated from the ion-exchange capacity of the relevant bentonite. $Na_2CO_3$ (water-free) has a molecular weight of 105.988 g/mol and an equivalent weight of 52.994 g/mol.

If a bentonite with a cation-exchange capacity of, for example, 80 meq/100 g (dry) is to be soda-activated, the theoretical amount of soda ash is calculated by:

$$80 \times 52.994 = 4.239.52\ \text{mg/100 g dry bentonite}$$

If the raw bentonite has a water content of 30 mass%, 100 g dry bentonite correspond to 142.86 g raw bentonite.

**4.240 g soda/100 g dry bentonite**
correspond to
**2.967 g soda/100 g raw bentonite**

Therefore, the amount of soda ash that is theorectically required for activation of a Ca-bentonite with a moisture of 30 mass% and a CEC of 80 meq/100 g is 2.97 %. In practice, a slight surplus of soda is favorable in order to shift the reaction equilibrium completely to the right side of Equation 8.

This reaction (Equation 8) can also be reversed if a Na-bentonite comes into contact with a surplus of $Ca^{2+}$ ions (or other multicharged ions such as $Al^{3+}$ or $Fe^{3+}$), for example when drilling with a Na-bentonite slurry through a limestone layer.

These theoretical considerations had already been demonstrated by practical tests in the 1930's by Professor ENDELL and his team. Their results were described in the first patent letter (1934) for soda activation of Bavarian Ca-bentonite.

Based on ENDELL's patent, the soda activation by an exchange of the $Ca^{2+}$ ions with $Na^+$ ions improves most of the properties of the basic Ca-bentonites. The so-called *activated bentonites* have a five to seven times higher adsorption of water (swelling volume), higher viscosity and better stability in water-based slurries (drilling and civil engineering applications), and higher binding forces (e.g. for foundry, pelletizing, animal feed and cat litter applications).

The success of soda activation cannot be attained only by providing the stoichiometrically correct amount of soda ash, because a mechanical problem has to be addressed. The hydrated Na-ions must find the sites in the smectite lattice where the negative charges are distributed (Fig. 6.1).

Two different alternatives for the soda-activation process had been developed, *field activation* and *mechanical activation* (discussed in the following sections), depending on geographical location, the climatic conditions and technical experience.

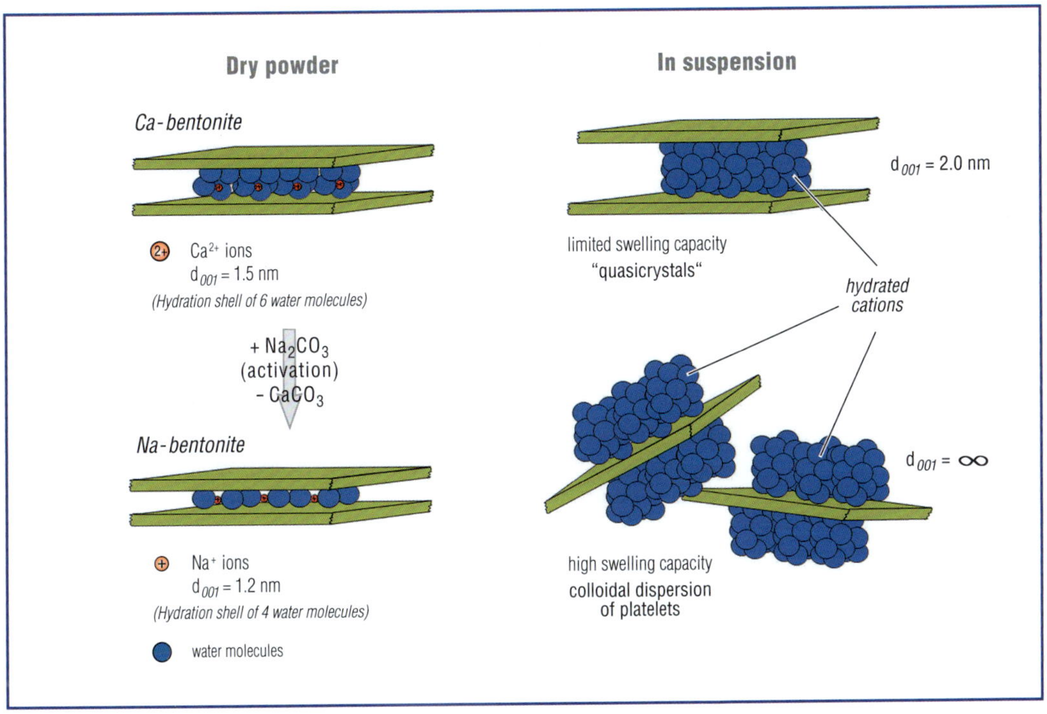


Fig. 6.1: Cation-exchange by soda-ash activation and changes in bentonite swelling behavior.

## 6.2.1 Field activation

In areas with a warm climate and wind (e.g. Mediterranean area) the ion-exchange process is executed by the so-called *field activation* (Fig. 6.2; also mentioned with photographs in Section 5.3).

The run-of-mine bentonite with a moisture content of about 30 mass% is crushed and mixed with soda ash without any mechanical energy input, and then spread on large drying fields for maturing. After the soda dosage, the bentonite is still present in form of non-delaminated platelet stacks. The $Na^+$ ions first must become hydrated by adsorbing water from the bentonite in order to become mobile and migrate into the interlamellar space to replace the $Ca^{2+}$ ions.

With increasing loss of water during the sun-drying process, the mobility and reactivity of the $Na^+$ ions decreases. The Ca-ions are replaced by Na-ions after a few weeks, and the water content of the raw bentonite is reduced by sun drying to 20–23 mass%. The moisture of the bentonite in the drying fields is permanently controlled, and the bentonite beds are occasionally turned (e.g. by plowing) to ensure even drying.

Fig. 6.2: Field-activation processing on Milos.

Drying by sun and wind is a gentle, quality-conserving procedure but takes a relatively long time and is possible only in climatically favorable areas. Before shipping to the customer, the sun-dried bentonite is passed through a technical dryer in order to reduce the water content to approximately 13 mass%. The granular crushed and dried ("c+d") bentonites are supplied as a semi-finished product for further processing to the manufacturers of bentonite products for various industrial applications.

### 6.2.2 Mechanical activation

In climatically less favored areas such as Central Europe, where field activation is impossible, the soda-activation process can be improved and accelerated under high mechanical shearing power by passing the mixture of raw bentonite and soda ash through an "extruder". The technical equipment is identical to that used in the ceramic industry, but the objective is not the production of specific forms such as bricks or tiles, but to apply the effect of high shearing forces on the mixture of plastic raw clay and soda ash.

The high mechanical forces in the extruding process can shear the layer packages of the Ca-montmorillonite particles, so that the Na-ions can penetrate the interlayer area faster and displace the Ca-ions, which are reacting with the $CO_3$ anions to form insoluble $CaCO_3$.

The processing time required for the mechanical activation is significantly shorter compared with the field activation. The ion exchange during extrusion happens within some minutes. After drying and milling the final bentonite products are ready within a few hours.

European bentonite producers use different types of extruding equipment (all with a similar principle):

- circular screen feeder;
- screening and mixing crusher;
- kneading mixer;
- extruder;
- pan mills.

The moisture content of the raw bentonite for mechanical activation should range between 28 and 35 mass%. Lower water contents lead to incomplete ion exchange. A portion of the added soda ash could remain unaffected. If the moisture is too high, the raw bentonite will be too soft for sufficient shearing effect, the mechanical separation of the Ca-montmorillonite stacks will be incomplete, and the degree of activation will be below the optimum. Therefore, the water content of the activation mixture must be controlled and, if needed, corrected by addition of water or pre-dried bentonite granules.

So-called *wet activation*, where Ca-montmorillonite is in contact with excess aqueous Na-compounds ($Na_2CO_3$, NaCl or others), takes place in nature over periods of thousands of years and is the reason for the occurrence of natural Na-bentonites. It is nearly impossible to reduce the water content of a Na-activation slurry without addition of flocculants on a technical scale prior the drying process, primarily because of the energy requirement. The production of organoclays is a special case, where an aqueous Na-montmorillonite slurry is treated with quaternary ammonium compounds that act as flocculants. The result is a hydrophobic organoclay that can easily be separated from the aqeous phase by filtering.

The bulky raw bentonite is pre-crushed to centimeter-sized pieces, the soda ash is added as required into a mixing plant by computer-controlled dosing and, after homogenization, the activation mixture is transported to the extrusion plant.

Figure 6.3 shows a combination of a screening and mixing crusher (type SBM 1900) with a circular screen feeder that proved to be effective and reliable. A combination of two SBMs or two circular screen feeders is also possible, depending on the characteristics of the raw bentonite (hardness, content of stones or limestone).

A screening and mixing crusher is a mechanically reinforced circular screen feeder with thicker walls and sieve plates. This stronger construction of the screening and mixing crusher reduces or

**Fig. 6.3:** Combination of circular feeder, screening, and mixing crusher (**left**), sieve plates with extruded bentonite (**right**).

avoids deformation of the chambers by stones or other hard components in the bentonite. The distance between the internal parts and the surrounding sieve plates stays constant as do the shearing forces that force the bentonite through the sieve plates.

The first SBM acts as pre-crusher with oval 30 x 15 mm orifices in the sieve plates, the second SBM then acts as shearing aggregate with round 8 mm holes on the inner side. Due to the bending of the side plates, all the holes are conical with an opening diameter on the outer side of 10–11 mm. Level indicators automatically control the first SBM that feeds the second one. The second SBM is regulated according to the capacity of the subsequent dryer, mill and/or the sieving plant.

The kneading mixer (e.g type Bedeschi kneader) is an alternative and well-established equipment for mechanical bentonite activation. The main tool of the Bedeschi kneader is a screw that transports, kneads, and presses the bentonite/ soda ash mixture in a cylindrical housing over a distance of 60–100 cm (according to the machine type). The bentonite is exposed to high shearing stresses in the narrow space between screw and housing, and can even warm up. The material is forced laterally out through filter plates (Fig. 6.4) that are equipped either with holes or slits, and this is the main difference compared to a standard extruder with a front outlet.

During kneading of particularly hard or dry raw clays, the screw can move out of the bore axis because it is mounted only on one side. This can lead to direct contact between the screw and surrounding housing mantle, and metal running on metal with a correspondingly high wear effect.

This problem does not exist with auger extruders, for which HÄNDLE is market leader (Fig. 6.5). Modern auger extruders possess a self-centering coupling that ensures the optimal positioning of the front-end with respect to the rear-end auger. This arrangement allows a symmetrical power flow into the shaft until to the front-end (www.haendle.com/haendle/produkte/formgeben-extrudieren/vakuumaggregate).

High shearing power results in a clear quality improvement in the final product, especially for civil engineering and foundry bentonites. However, this type of extruder requires careful control and monitoring to ensure a smooth production process. The resulting extrudates are very compact, and, therefore, subsequent drying may not work with each type of dryer.

**Fig. 6.4:** Lateral filter plates in a Bedeschi mixer.

Fig. 6.5: Open mouth of HÄNDLE extruder (**left**), extruded bentonite (**right**).

Pan mills, partly modified to local demand (Fig. 6.6), are used for producing activated bentonite in a few production sites. The mixture of raw bentonite and soda ash enters the pan mill via a central, co-rotating chute. The heavy inner running wheel spreads it continuously out over the inner, unperforated grinding track. The scrapers than spiral the uniformly crushed stock out onto the outer perforated track, where it is pressed down through the perforated grid plates.

The system control of a pan mill is less sensitive compared to the other "extruding plants" described above. The extruding effect is also less intensive because of a lower input of shearing power and the shorter pressing time.

Fig. 6.6: Pan mill used for bentonite production.

## 6.2.3 Summary of alkaline activation of bentonites

With the invention of soda activation of Ca-bentonites by Professor ENDELL in 1934, the foundation was laid for future industrial application of European raw bentonites for foundry moulding sand binder, pelletizing of iron ore, drilling and civil engineering and many other applications. The practical realization of ENDELL's invention developed differently in the various European bentonite production plants.

Different methods for alkaline (soda ash) activation have been developed, depending on climatic conditions, the qualities of raw material, the technological possibilities, and market requirements. There is a market for all the methods described, and no ranking is intended.

There is no unique solution for a general improvement of all product qualities with one activation technology for all the basic raw materials. The practice of soda-ash activation has demonstrated differences in processing time, completeness of ion exchange, performance of activated extrudates/granulates for further processing steps (drying, sieving, or milling), or even in the final application.

## ▸ 6.3 Acid activation

Acid activation ranges from the simple addition of acid to extensive leaching of smectites. Traditionally acid-activated bentonites are used as bleaching clay for vegetable oil refinement but also as catalyst or adsorber in other applications. Acid activation increases acidity and mesoporosity of the bentonite, and both are required for the production of bleaching earth.

Naturally porous clays such as attapulgite can be acid-activated simply by spraying some acid on the powder in a process known as *surface activation* (Taylor & Ungermann 1990). Surface activation is commonly insufficient for the acid activation of bentonites because of the lack of pores. Sample B32 could be a candidate bentonite for surface activation, but such naturally mesoporous bentonites are rare. Acid activation is, therefore, performed to produce a reactive surface in combination with appreciable micro- and mesoporosity.

The reaction of clay minerals with acid was extensively studied (Novák & Číčel 1978; Komadel et al. 1990; Tkáč et al. 1994; Komadel & Madejová 2013; Komadel 2016) but some aspects are still under discussion. Kaufhold (2001) compared the reaction of strong mineral acids (HCl, $H_2SO_4$) with oxalic acid, and investigated the reaction mechanism. The excess of protons first leads to a cation exchange (Banin & Ravikovitch 1966) that induces autotransformation to an H-Al smectite (Low 1955; Davis et al. 1962; Sawhney & Frink 1966; Barshad 1969; Janek & Komadel 1993, 1999; Janek et al. 1997). The diffusion of protons to the octahedral sheet neutralizes the structural OH-groups that may result in the detachment of octahedral cations. It is still not known if the detachment of the octahedral cations preferentially occurs at the smectite edges or along the entire quasicrystal, and this may actually depend on the degree of delamination achieved before activation and hence the conditions throughout activation (solid/liquid ratio, shearing strength, acid/clay ratio). A few milligrams of smectite in one liter of acid will disperse and the acid attack will differ from that in a thicker suspension or in a mud (e.g. 300 g/L). The key for acid activation is that the tetrahedral sheet dominated by Si–O bonds is comparably insoluble (Fahn 1973). The octahedral sheet, regardless if dominated by Mg, Al, or Fe, is generally more soluble in acids than the tetrahedral sheet. Therefore, and based on the analytical results published by Kaufhold (2001) that were summarized in Figure 6.7, it is likely that the acid predominantely dissolves octahedral cations from the edges and leaves a relict structure of the tetrahedral sheet at the edges. Miller (1965) compared kaolinite and smectite and concluded that acid attack occurs on the whole surface. In contrast, Fahn (1973) using electron microscopy, Mills et al. (1950), and Kaviratna & Pinnavaia (1994) concluded that a preferential acid attack occurs on the edges, but this may depend on the degree of delamination achieved before and throughout acid attack.

It is recommended to determine the degree of decomposition in order to monitor the changes of acid activation on the bentonite. Kaufhold (2001) measured the CEC before and after the activation and calculated the decrease in CEC (taking the pH into account). The quantity of dissolved elements or the relative change of the elemental composition can also be used. Fahn (1973) used the $Me_2O_3$ value, which is the sum of dissolved $Al_2O_3$ + $Fe_2O_3$, as a measure for the degree of activation.

The changes of bentonite properties are summarized in Figure 6.7. All protonable surface sites are protonated upon acid activation due to the acid excess, as are the Al–O groups that decrease with increasing degree of activation (Fig. 6.7A). Acidity within the pH buffer range of water can be measured by the potentiometric titration based PAD (Kaufhold 2001; Kaufhold et al. 2011c). Hammett indicator measurements indicate that acidity outside this range may also be significant. As mentioned above, the specific surface area and the porosity increase (Fig. 6.7B). Approximately 50 % decomposition is required to generate mesopores, and before micro- and mesoporosity are increased, as demonstrated in Figure 6.7F where the micro- to mesopore volume ratio is constant up to 50 % decomposition, beyond which the micropore volume does not increase but the mesopore volume shows a distinct increase.

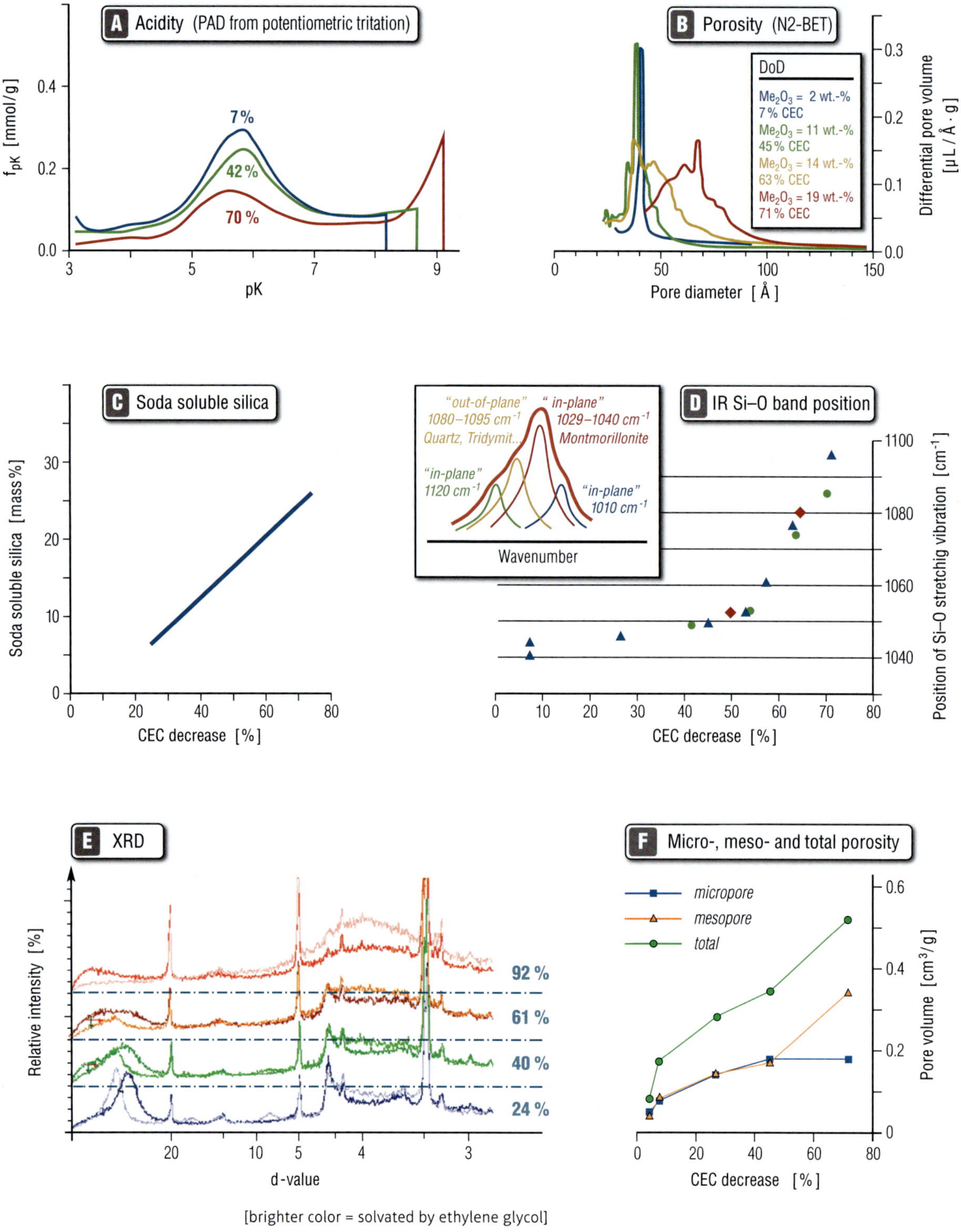


[brighter color = solvated by ethylene glycol]

Fig. 6.7: The effect of acid activation on several bentonite parameters.
The degree of decomposition is reflected by the CEC decrease (KAUFHOLD 2001).

The smectite structure is degraded by the acid attack, as can be seen in Figure 6.7E (numbers indicate the degree of decomposition). The $d_{001}$ reflection both of air-dried and ethylene-glycole (EG) solvated mounts (brighter color) becomes broader and, at the same time, the "glass hump" near 4 Å indicating amorphous (short-range order) material increases. The amorphous material is the relict tetrahedral sheet with low crystalline order and hence can be dissolved by a warm soda solution (Kaufhold 2001). Therefore, with increasing degree of decomposition (= "CEC decrease") the quantity of soluble silica increases linearily (Fig. 6.7C). The structural change can also be monitored by infrared spectroscopy (Fijał et al. 1975; Komadel et al. 1990, 1997; Breen et al. 1995). The change of the band position of the Si–O stretching vibration, which is a complex band with four single vibrations (Farmer & Russell 1964; Karakassides et al. 1999; Fig. 6.7D), is particularly significant. This band shift is tentatively explained by the formation of Si–O bonds. The in-plane vibration, Si–O bonds vibrating parallel to the TOT layer, initially dominates the complex band.

However, during dissolution of the edge octahedral sheet, the relicts of the tetrahedral sheet are exposed and can theoretically rearrange to form a mesoporous gel with an increased number of out-of-plane vibrations (i.e. three-dimensionally linked Si). The band shifts much faster at 50 % CEC decrease, and the porosity evolution and IR band shift may be linked. If true, the acid activation could be split into two different reactions. Below 50 % degree of decomposition the octahedral sheet is dissolved at the edges, which results in slit-shaped pores with greater depths and width. Above 50 % the concentration of amorphous silica at the edges of the smectite particle or aggregate reaches a critical value and starts to rearrange into a mesoporous silica gel at the expense of the outer micropores. The activation may proceed until a more or less pure silica gel is produced. The evolution of the above-discussed parameters may depend on the degree of delamination throughout the acid reaction, and hence the solid/liquid ratio. Acid activation is commonly performed with slurries of high solid/liquid ratios.

An equivalent morphology was observed in the scanning electron microscope (Fig. 6.8). However, the electro-optical observation of the morphology of acid-activated particles may be confusing because smectites commonly occur as rose-like aggregates and are not well laminated such as chlorites or kaolinites. Therefore, the chemical zonation (more Si at the outer parts) can not be observed (Fig. 6.8B). Chemical zonation was demonstrated, however, for a smectite aggregate with a more platy structure (Fig. 6.8A). Griffiths (1990) und Falaras & Lezou (1998) graphically compare this structure with a "bundle of used banknotes" that is schematically shown in Figure 6.8C.

The optimal degree of activation depends on the product. For the production of bleaching earths, which is the principal application of acid-activated bentonites, the ideal degree of decomposition is between 40 to 60 % (Kaufhold 2001). The quality of a bleaching earth, however, has to be determined by bleaching tests. It is not yet possible to determine the bleaching performance from material properties such as porosity and acidity. However, bentonites with lower porosity can be more effective bleaching agents.

The successful production of bleaching earths requires extensive experience, and the degree to which the required research is empirical can be deduced from the following two statements:

(1) **Why one bentonite can be successfully activated but not another:**
" ... even though they are often quite similar in chemistry. The reasons for this sensitivity to bentonite source are complex, subtle, and at present only partly understood." (Taylor & Jenkins 1988).

(2) **With respect to different bleaching results from different materials:**
" ... resulting effects on color often are so contradictory that bleaching has been termed an art of witchcraft." (Rich 1964).

The production of bleaching earths is explained and elucidated by BURGHARDT (1931) and SIDDIQUI (1968). A slurry is first prepared for the production of acid-activated bentonites. The raw material must be dried, crushed, and if necessary ground to produce a homogeneous slurry. Other pretreatments, such as enrichment of the fine fraction prior to activation, are also possible. The slurry, which should have the same composition (e.g. smectite content) in all the batches, is then mixed with a strong mineral acid – both HCl and $H_2SO_4$ are used. The batch is maintained at elevated temperature for some hours, and the excess acid after the reaction must be removed, normally after settling. Excess acid is usually removed by washing with, for example, counter flow thickeners (SIDDIQUI 1968) or other appropriate methods. The washed slurry is dried with filters, such as a filter press (BURGHARDT 1931), with subsequent drying and grinding (Fig. 6.9).

The grain size directly affects the filtration properties of the bleaching earth, and is, therefore, extremely important in the production process. Larger grain diameters in the sub-millimeter

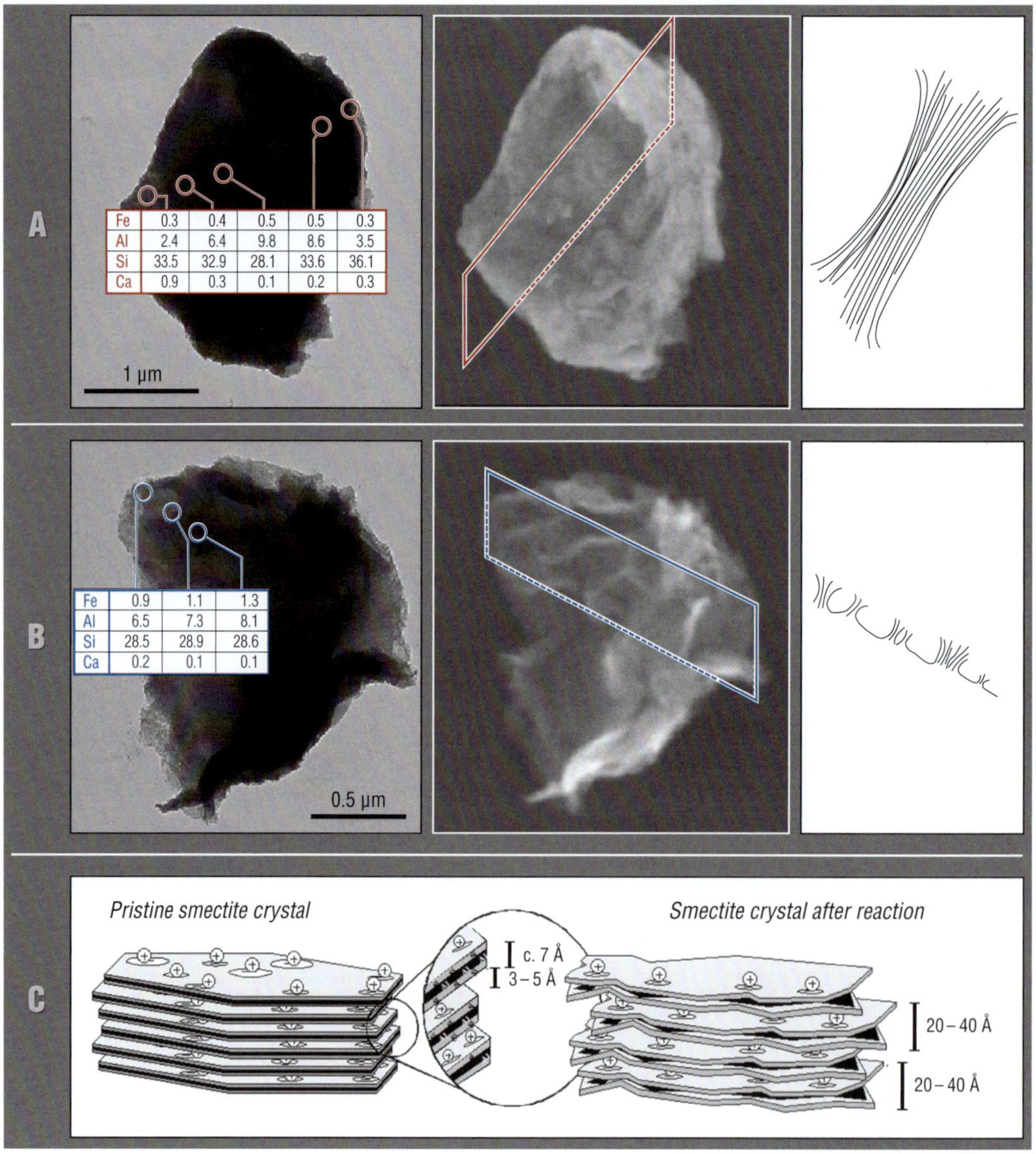


Fig. 6.8: SEM images and EDX data of two acid-activated particles of Bavarian bentonites. Particle *a* appears as a partially laminated aggregate (A) whereas particle *b* shows the typical rose-like structure of smectites (B). (C) is a model for changes to morphology during acid activation, after KAUFHOLD (2001).

range are required to reach acceptable filtration times of the oil in the final bleaching process. Finely ground acid-activated bleaching earth is much more effective with respect to the bleaching performance but the filtration time is crucial in the technical bleaching process. The grain size and/or filtration times always have to be taken into consideration during the investigation of the bleaching capacity of different materials. The variations in filtration times are probably the most important reason why the performances of different bleaching earths are difficult to compare.

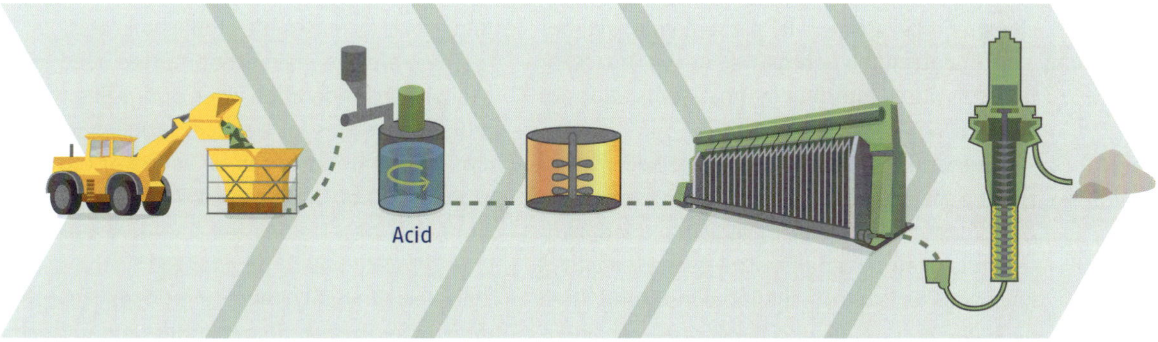


Fig. 6.9: Production process for acid-activated bentonites: Bentonite pretreatment > reaction of bentonite and acid ($H_2SO_4$ or HCl) > excess acid removal and washing > drying and grinding.

## ▸ 6.4 Organic activation

Bentonites (smectites) are considered to be hydrophilic, and the hydrophilicity of the smectite surface results from the exchangeable cation. As explained before (Sections 3.18, 3.19, 4.4), the surface between the charges is somewhat hydrophobic. Because of the hydrophilicity induced by the exchangeable cations, bentonites cannot be dispersed in organic solvents unless their entire surface is rendered hydrophobic, which can be achieved by cation exchange.

The so-called *organophilic bentonites* (or *organoclays*) can be produced by exchanging the naturally present cations by cationic tensides consisting of a hydrophilic head with appreciable selectivity towards the exchange sites and at least one hydrophobic tail, commonly a saturated hydrocarbon chain. Because of these requirements, and due to economic aspects, the alkylammonium cations are the most commonly used tensides for organic activation. JORDAN (1949a, b), who introduced the term *organophilic bentonite*, investigated the cation exchange of smectites with alkylammonium cations, and subsequently WEISS (1961) and WEISS & LAGALY (1967) used simple (non-branched) alkylammonium chains to characterize the layer charge density (Section 3.13). Nowadays alkylammonium cations are used for technical organic activation. The quaternary alkylammonium ions, often simply termed *quats*, were found to be particularly suitable, probably because their hydrophobicity acts in all directions. RUIZ-HITZKY & VAN MEERBEEK (2006) list some of the more commonly used quats (Fig. 6.10).

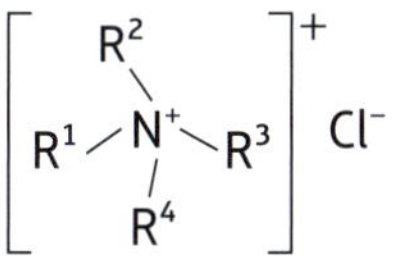

$R^1 = R^2 = R^3 = R^4 = 1$ TMA
$R^1 = C_6$, $R^2 = R^3 = R^4 = 1$ TMPA
$R^1 = C_6$, $R^2 = C_{14}$, $R^3 = R^4 = 1$ BDTDA

Fig. 6.10: Structural formulae of some typical quats (RUIZ-HITZKY & VAN MEERBEEK 2006).

The principle of organoclay production is cation exchange in an aqueous medium, separation of the water, drying, and grinding. The selection of suitable precursor materials depends on different parameters and on the application. Natural Na-bentonites are often used because they at least partly delaminate (or exfoliate) prior to the exchange, and the $Na^+$ is bound less strongly to the surface thus facilitating the exchange process. Naturally present coarse minor constituents in the bentonites, such as quartz or feldspar, would interfere in most applications of organoclays (e.g. paints).

The natural Na-bentonite is dispersed in water and the coarse fraction is removed by cyclones or centrifuges. In some cases even simple sedimentation is used to separate the coarse constituents, but this is of course time-consuming. Then an aqueous solution with the cationic tenside is added and the bentonite dispersion is flocculating immediately because the ion-exchange reaction is fast. After the reaction the aqueous solution is commonly removed via filter presses and washed to remove excess solution. The product is dried and ground. A typical water content of organoclay products is about 3 mass% and it should not be zero because this remaining water is known to affect the rheological properties even in purely organic systems. Therefore, and because of the limited thermal stability of the quats, drying conditions should be moderate. The final production step is grinding. The drying and grinding naturally affects the aggregate size and microstructure of the particles that in turn affects the time and/or shearing force required for dispersing the product for use (customers will often redisperse the product for their own purposes, commonly preparing a "pre-gel" in a suitable solvent). All known standard processes for drying can and are used, often followed by a milling step so that the final product is a free flowing powder. For example, spray-drying for the final manufacture of organoclay yields a product that can be easily redispersed even though this increases the production costs.

There are two main variables that need to be taken into consideration when optimizing the required properties for a specific application. The quat/bentonite ratio can be varied or different types of quats can be used. The type of quat commonly determines the final hydrophobicity and hence has to be adapted to the usage. Changing the quat/smectite ratio, on the other hand, affects both dispersibility and viscosity in the final product. A stoichiometric quat exchange results in smectites with a $d_{001}$ value of about 25 Å. Increasing this ratio results in excess adsorption, probably governed by hydrophobic interactions, and hence in a much larger $d_{001}$ value, which can ideally be described by a bilayer structure (35 Å). The molecules are commonly arranged parallel to the interlayer ("flat as mono- or bilayers"; Ruiz-Hitzky & van Meerbeek 2006), which explains the often sharp basal XRD reflections from organoclays.

The quat/smectite ratio also determines if monolayers or bilayers develop, and, therefore, determines the charge. Excess quat adsorption results in positively charged interlayers and

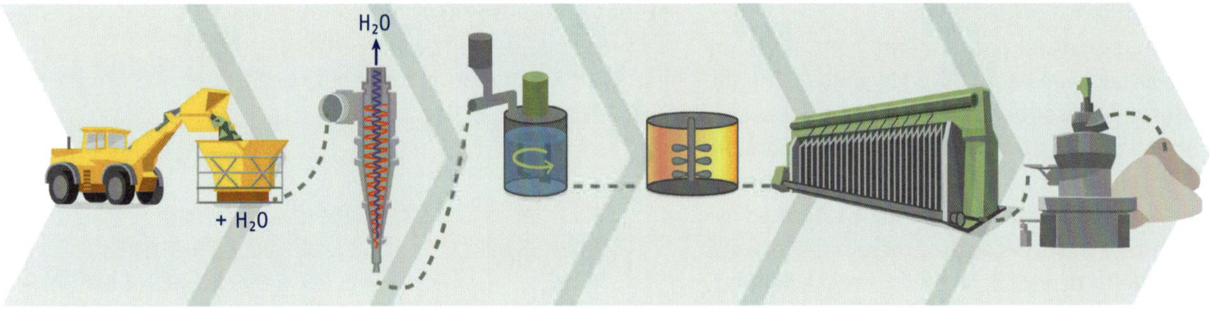


Fig. 6.11: Schematic flow sheet for the production of organoclay: Crushing, sieving, dispersing in water > separation of the coarse fraction > reaction with the quat > solid/liquid separation > drying and grinding.

external surfaces that may adsorb anions (DULTZ & BORS 2000; RIEBE et al. 2005a, b; KAUFHOLD et al. 2007). The entire production process is summarized in Figure 6.11. It is noted that some of the solution separated by the filter presses can be reused, but a proportion must be discarded.

The uses for organoclays are diverse. The rheological properties are important, just as is the case for the major purposes of "normal" hydrophilic bentonites.

The organophilization, however, permits dispersion of bentonite in non-aqueous systems that are based on organic solvents. Hence they can be used in organic systems, such as paints and varnishes, and perform similar to drilling fluid bentonites in water.

## ▸ 6.5 Pillared clays

A fourth type of activation of bentonites, known as *pillaring*, is additional to alkaline activation (Section 6.2), acid activation (Section 6.3) and organic activation (Section 6.4). The principle of pillaring is derived from the word *pillar*, or *column*. The cations are exchanged by pillar-like cations, commonly inorganic macromolecules, resulting in a marked increase of the interlayer spacing. In turn the microporosity increases to pore diameters similar to zeolites. In fact zeolites and pillared clays (PILCs) are quite similar. However, the properties of PILCs can be mainly tailored by selecting the type of macromolecule, but also by varying production parameters such as stirring, reaction time, and drying/calcinations.

The history and a comprehensive summary of studies about pillared clay production and properties is provided by BERGAYA et al. (2006a). PILCs were described in the 1970s (VAUGHAN et al. 1979). Nevertheless, no industrially produced PILCs are available. BERGAYA et al. (2006a) reported on the production of a few kilograms (KALOIDAS et al. 1995) of PILCs. The author of this section, Dr. KESORE, managed the production of a 50 kg batch of pillared clays at Tricat's (now Clariant) zeolite production facility. The world production of PILCs may still be less than one tonne. However, the number of studies devoted to PILCs is greater than those on bleaching earths or alkaline-activated bentonites, which are economically much more relevant. This large number of publications probably can be explained by the high potential of PILCs, and a PILC appropriate for an economically important chemical reaction could at anytime result in their breakthrough. There is a high potential value if a specific PILC turns out to be important for an economically important reaction, or even a new reaction that would not be possible without this specific PILC as a catalyst. Most of the studies on PILCs describe pillaring processes that are hardly feasible on industrial scale. As an example, most of them are based on rather dilute systems (e.g. 2 g/L) that, on industrial scale, would result in enormous amounts of wastewater requiring disposal.

As compared to all other types of bentonite activation, effective pillaring seems to be a more sophisticated process because it can not be achieved by simply mixing bentonite with a solution. In most of the laboratory studies the pillaring solution is slowly added to a bentonite dispersion, sometimes drop-by-drop over many hours or even days. Furthermore, the quantity of the pillaring agent is important because an excess of the pillars with respect to the CEC results in pore blocking and the loss of porosity, and the presence of too few pillars leads to an unstable structure.

**Fig. 6.12:** Schematic representation of the Keggin ion.

The most common pillaring agents are Al-species that, if a solution of $AlCl_3$ is aged for some days, forms inorganic macromolecules. The most famous is probably the Keggin cation (Keggin 1934; Fig. 6.12).

A solution with a suitable concentration of Keggin cations is produced by adding aqueous $AlCl_3$ to water, increasing the pH, and aging it. Because the Keggin cation carries much less charges and is less mobile than individual $Al^{3+}$ ions, the suitability of the solution for pillaring can be determined by measuring its electrical conductivity. The solution is usually added slowly and drop-by-drop in order to avoid agglomeration of Keggin ions (Fig. 6.13).

Koch et al. (2004) demonstrated that pillaring can be achieved with higher concentrations (up to 50 g/L) and faster with ultrasound. Only Na-bentonites may be used as the precursor bentonite because both delamination and less selectivity facilitate the exchange of the interlayer cation for the Keggin ion. The conclusion of the pillaring process can be monitored by electrical conductivity measurements of the dispersion. The pillaring causes coagulation and sedimentation, and, therefore, the solid and the liquid can be separated by sedimentation and/or filtration. The freshly prepared PILCs are dried at 105 °C and then calcined at 350 °C in order to stabilize the interlayer (with the pillars). At this temperature the OH-groups of the pillars are removed leading to more stable Al–O–Al bondings and hence a comparably stable structure. The OH-groups of the smectite remain intact as they usually dissociate at temperatures above 500 °C.

After filtration, but before drying and calcination, the fresh "PILC-gel" or "PILC-mud" can be used directly to produce sophisticated forms, such as tubes with internal honeycomb structure. A relatively stable form, which resists the flow-through of gases or liquids and withstands temporary combustion (as common in the case of car (DeNOx) catalysts) is obtained by calcination. Their mechanical stability is, however, limited but new challenges and also opportunities for researchers exist in the exploration for pillared clays with higher thermal stabilities.

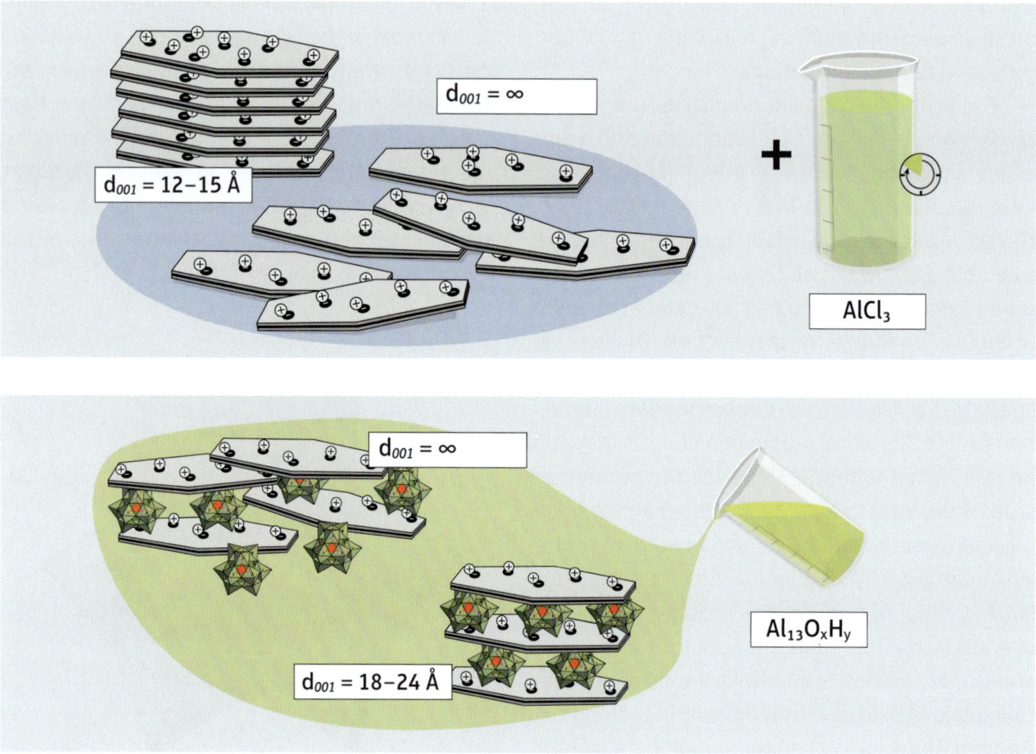


Fig. 6.13: Schematic representation of the production of pillared clays at a molecular level.

In addition to $Al^{3+}$, other cations (or a matrix of cations) such as Ti, Cr, Fe, Cu, and V can be used. Bergaya et al. (2006a) provide a summary of the various types of available PILCs. Not a single type of PILC is commercially available (at least this is not reported).

However, any PILC may someday enter the world market because of their variety of parameters and the possibility to produce a zeolite-like material with tailor-made properties.

## ▸ 6.6 Industrial drying

All naturally occurring non-metallic minerals and especially clays contain some free moisture. The natural water content of raw bentonites usually ranges from 30–35 mass%, depending on local, climatic, and mining conditions. During all-season mining and after longer periods of rain, the water content may even increase to > 40 mass%. The wet clay is excavated from the pit and transported to the processing and drying facilities. Wet raw bentonite is difficult to handle because of its slippery and sticky properties. To reduce sticking and to facilitate unloading, the truck loading areas can be sprinkled with dry bentonite powder. Depending on the further processing steps and the specifications of the final products the water content has to be reduced, and the bentonite must be dried. The different techniques and strategies used for drying are explained in the following. In the case of fine grind material the last drying step is usually carried out in the mill.

### 6.6.1 Natural (sun) drying

In natural Na-bentonite mines the reduction of the water content commences with the removal of the overburden, as described in the US patent "Method for the segmented mining and drying of bentonite" (US-4254565-A). This patent describes "an exposed bentonite clay deposit, having a moisture content of 25–32 mass%, has been tilled to a uniform depth of not more than about eight inches, drying and curing the tilled bentonite in-situ by exposure to sun and air until the tilled bentonite reaches a uniform moisture level of not more than about 18 mass%, removing only the dried and cured tilled bentonite". Depending on the thickness of the bentonite clay beds the steps tilling and drying can be repeated several times "to obtain a bentonite clay having a uniform particle size and uniform moisture level not more than about 18 mass%".

This method of in-situ drying of natural Na-bentonite can be used also in other areas with similar climatic conditions, such as in India, South Africa, or South America. It could also be used for Ca-bentonites but, since most of the Ca-bentonites are activated using $Na_2CO_3$ and because a certain water content is required for this activation, sun drying should be performed after activation. The importance of the water content for the mobility of the Na-ions has been explained in Section 6.2.1. The crushed run-of-mine Ca-bentonite with a moisture content of 30 mass% or higher is homogeneously mixed with the required quantity of soda ash and spread over large drying fields with a layer thickness of about 30 cm. The moisture contents of sun-dried bentonites usually range between 18 and 23 mass%, and a sun-dried bentonite, therefore, usually requires further drying and processing steps before it can be used for industrial applications. However, a water content of about 18 mass% can be favorable in the production of compacted bentonites in order to avoid additional water dosage and mixing steps before the compaction process.

## 6.6.2 Technical drying

In most cases it is necessary to reduce the water content of the run-of-mine and sun-dried bentonite from about 20 mass% to about 13 mass%. The dried bentonite can be handled much easier without sticking. Depending on the local conditions the bentonite is either dried in a plant near the mines or sometimes transported to central processing plants. Fluidized bed dryers and/or rotary kilns can be used to dry large quantities of sun-dried bentonite. If the conditions are not amenable to natural drying, which is the case in most of the bentonite mining areas, reduction of water content must be performed by technical drying. Of course the strategies and equipment used for processing depends on the surrounding conditions. In the following the processing of a typical bentonite processing is explained.

For example, Ca-bentonite is mined, activated with $Na_2CO_3$, dried, ground, and packed as powder. The raw bentonite is excavated, loaded on trucks, and transported from the mine to the processing plants where the run-of-mine raw bentonite is stored. Different raw clay types, according to a fixed production formula, are transported to a feeder through a roller crusher. In order to produce an activated Na-bentonite, the crushed bentonite is mixed with soda ash and afterwards mechanically forced through the sieve plates of an extruder (see Section 6.2.2). The moisture content of 30–35 mass% is maintained until the extrusion and then reduced to 15–18 mass% by a technical dryer. Convection dryers, which dry solid materials in particle form, are usually used for the technical drying of bentonites. The moisture of the bentonite is removed in a stream of hot air. Typical convection dryers are:

- chamber dryer (e.g. oven, used for bricks as well);
- belt dryer (material is transported on a belt through a heated zone);
- floor dryer;
- rotary dryer (material is passed through a heated turning tube);
- fluidized bed dryer;
- spray dryer (for suspensions).

A floor dryer is used in the described example. The wet bentonite is introduced at the top level of the dryer and is dried by a reverse current hot gas stream (400 °C), while moving down to the lower levels by rotating scrapers. The temperature of the bentonite remains well below 100 °C. The reduction of the moisture content of 10 metric tons from 30 mass% down to 15 mass% takes about 90 minutes. Other dryer types such as belt dryer, rotary dryer, or fluidized bed dryer can be used for faster drying and/or higher material flow. Important bentonite properties such as swelling, rheology, adsorption, and binding depend on the water content. Therefore, a bentonite should never be fully dehydrated but maintain a minimum water content of $10 \pm 2$ mass%. Dehydration and dehydroxylation are explained in Section 3.11. The dehydroxylation, and hence the irreversible destruction of the smectite lattice, starts at about 500 °C, in the case of bentonites rich in octahedral Fe. Bentonites low in octahedral Fe commonly dehydroxylate at higher temperatures (Section 3.11). Accordingly, most bentonites rich in octahedral Fe are less stable when heated. The thermal stability is essential for e.g. foundry applications (Section 7.1.5). In some plants drying temperatures as high as 500 °C are used and this results in the loss of a few percent of the swelling capacity, but the drying is fast and the throughput is high.

Table 6.1 gives an overview of the different levels of moisture content for the different bentonite states.

The drying process is relatively expensive, and, therefore, natural drying should be performed if possible. However, it is slow and time-consuming and only some of the water can be removed. Technical drying should then be used to reduce the moisture content to a level where the bentonite can be introduced to the next processing steps (sieving or milling) without blocking or clogging the conveyor belts.

The selection of the optimal drying process depends on several factors. First the desired or required throughput has to be taken into consideration. Secondly the amount of moisture to be removed is important, and the maximum permissible temperature for the bentonite has to be considered. The type of energy used for heating (heavy oil, oil, gas, coal) is important due to the different exhaust gases that might contact the bentonites (e.g. $SO_x$). Finally a possible color-change has to be taken into account, which in turn depends on the maximum temperature, and may be important for some applications.

The final drying step is commonly achieved in a milling or sieving plant.

**Table 6.1: Levels of moisture content for different drying processes.**

| Drying process | Bentonite state | Levels | of | moisture content |
|---|---|---|---|---|
| | | [mass %] | | [mass %] |
| Sun drying | raw bentonite | 30–35 | ⟶ | 18–23 |
| Technical drying | raw bentonite | 30–35 | ⟶ | 15–18 |
| Technical drying | sun-dried | 18–23 | ⟶ | 12–13 |
| Mill drying | dryer granules | 15–18 | ⟶ | 8–12 |

## ▸ 6.7 Industrial grinding

Bentonite milling systems are used to grind and further dry the pre-dried bentonite until it reaches the desired moisture and grain size for the product. The following milling systems are commonly used in the bentonite industry, including some used for special grinding effects. Other milling systems are used in related industries (such as the ceramic industry), but they do not offer any special advantages for milling of bentonites. One of the keys of successful bentonite grinding is a combined classification so that only particles below a certain level are released.

For most technical applications (Chapter 7) bentonite products are used as powder with a few exceptions such as pet litter. Sodium carbonate activation was introduced in the 1950's and since then a so-called *pendulum roller mill* is used. This type of mill, such as that produced by Neuman & Esser (NEA), is widely used in the bentonite and clay industry, where more than 50 bentonite grinding systems are in successful operation (pers. comm.). Pendulum roller mills can be used for grinding to fine particle sizes of soft to moderately hard materials that are temperature-sensitive. Throughputs range from 0.1 to 80 t/h depending on the type and size of the mill, and on the desired particle size. The roller mills used in the European bentonite industry usually have a throughput between 5 and 10 t/h. The pendulum roller mill as decribed by NEA (www.neuman-esser.de): "The material is fed to the mill by a feeding device and drops onto the bottom of the lower mill housing. In front of each pendulum a rotary shovel is installed which picks up the material from the bottom and feeds it between the rolls and the grinding ring. Here the grinding of the material takes place. An airstream lifts the ground product from the lower mill housing, into a static or dynamic classifier mounted on top of the mill. This classifier can be adjusted to the required particle size. The separated coarse product flows back to the mill for regrinding. Fine material is drawn through the classifier and is sucked into a dust collector".

A roller mill and a flow sheet of the operation system are provided in Figure 6.14. The typical feed is a material with a moisture content of 12–18 mass%, and a moisture of 8 to 10 is attainable with 200 °C temperature of the airstream. Different qualities (e.g. 20 % > 63 µm or even 1 % > 45 µm) can be produced by using this device. For products with even lower grain size limits (e.g. 0.1 % > 45 µm) additional air classifier or alternative milling technology is required.

The so-called *Raymond mills* are used, in particular outside Europe, but they also have some similarities to the pendulum mills. The rollers are arranged vertically (Fig. 6.14 B), and, therefore, a Raymond mill is also referred to as vertical roller mill. It is suitable for material with a hardness of less than 5 (Mohs scale), a feed size range between 10 and 40 mm, and different product particle size distributions ranging from 90 % < 10 mesh (2 mm) to 99.998 % < 325 mesh (44 µm). Raymond mills often have an integral classification system, and can also be used to prepare feed for systems producing ultrafine materials, such as ball mills.

A typical operation system of roller mills is shown in Figure 6.14 C. Hot air or gas is introduced into the grinding zone causing turbulence and hence effective drying. The typical moisture content of the product ranges from 8–10 mass%. Bentonites are usually milled in these roller mill systems, but other types of mill are used for special requirements (e.g. superfine powder form).

Ball mills are commonly used to produce extremely fine powders, such as grinding metal ores prior to flotation, but they are also used for bentonites. The ball mill consists of a rotating tube arranged either horizontally or with a small angle, and is partly filled with balls, commonly made out of iron or steel. Ceramic balls or flint pebbles are also used, depending on a possible contamination of the product. By rotation of the tube the balls effectively grind the material. Industrial ball mills can operate continously, fed at one end and discharged at the other end (Fig. 6.15).

Compared to the other types of mills a fast product change in ball mills is difficult. Therefore, they should preferably be used for continuous

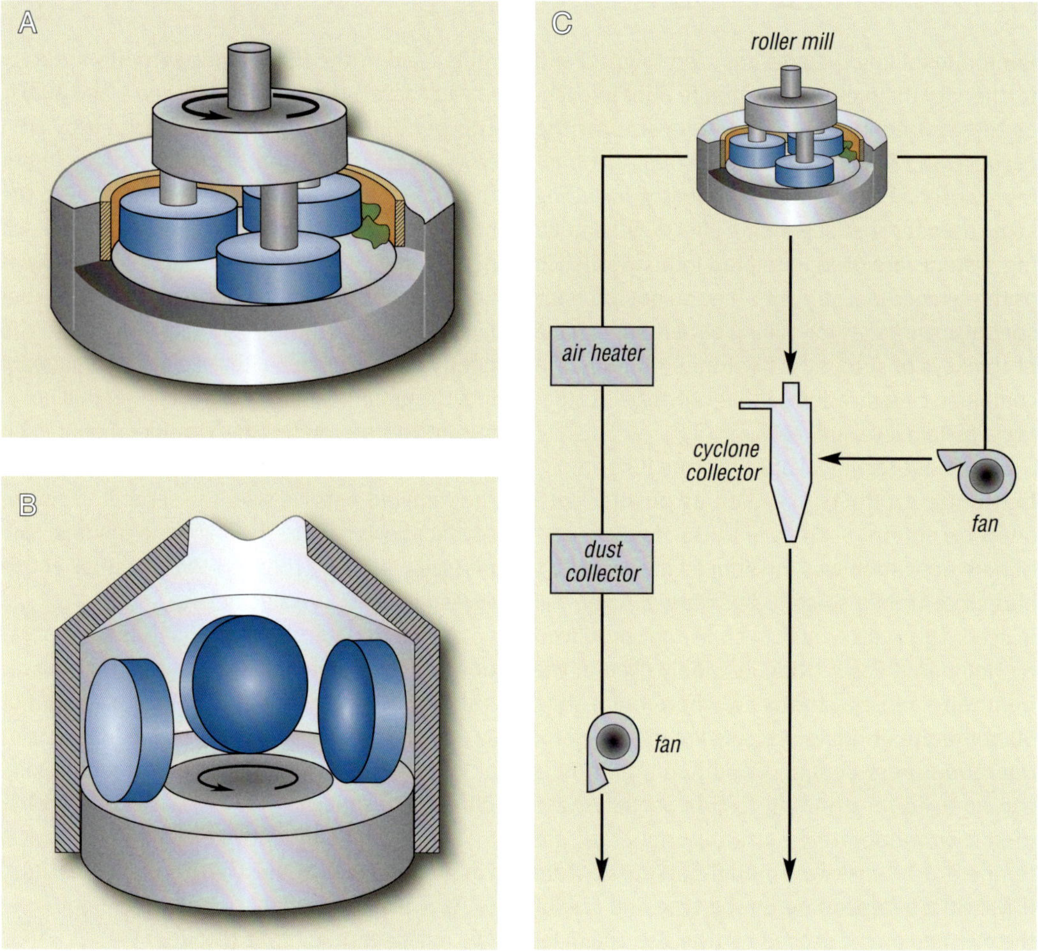


Fig. 6.14: Schematic representation of a pendulum roller mill (**A**), a vertical roller mill (**B**), and a flow sheet of an operation system (**C**).

grinding of the same bentonite grade, fineness, and color. Using ball mills a particle size of the product of < 20 µm can be achieved.

Ultra rotor mills are an alternative to roller and ball mills (Fig. 6.16). They are used to grind wheat, but have been used in the bentonite industry as an alternative grinding technique for special product properties. The basis of the ultra rotor mill is a fast rotating set of chambers. The turbulence generated inside the mill does not only cause grinding but also drying. The raw material is introduced at the base of the rotor. Larger particles fall back into the rotor while the finer ones are released via a sifting zone, and the product is separated in a filter cyclone.

As explained above, most of the mills provide some additional drying effects, and hot air can be used in the classification systems to increase this effect. For example, the ultra rotor can be heated up to 400 °C, but for bentonites 200 °C was found to be sufficient. Of course other types of mills could be used but those presented above were largely established in the (European) bentonite industry.

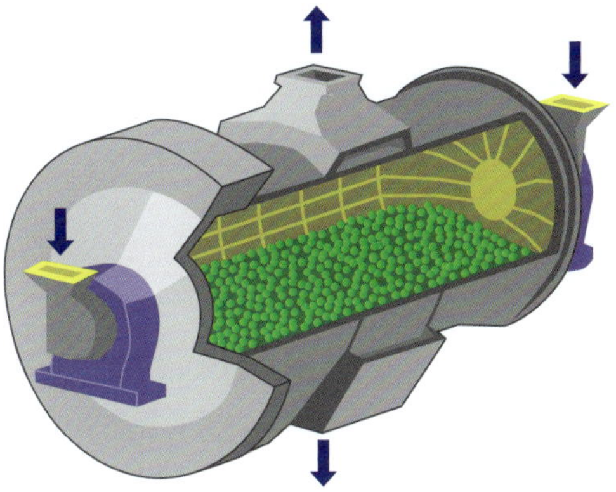

**Fig. 6.15:** Sketch of a ball mill.

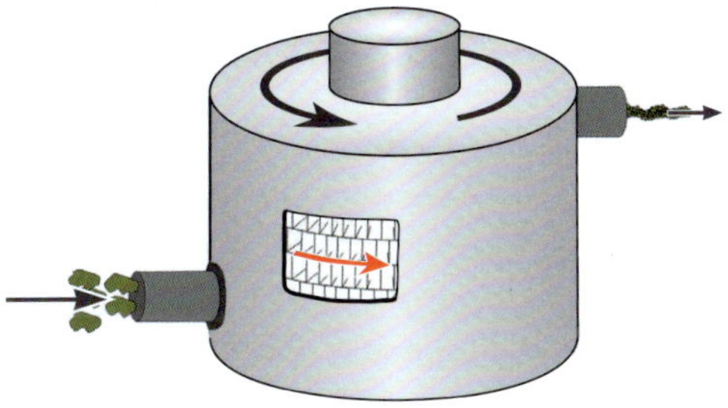

**Fig. 6.16:** Sketch showing the principle of an ultra rotor mill.

## ▸ 6.8 Purification

Smectites are the dominant mineral in bentonites, but bentonites also contain other accessory minerals. The bentonite properties (such as rheology) are improved by removing these accessories. However, the improvement of the bentonite properties must be sufficient to justifiy the costs for their purification that are passed on to the customer. For example, increasing the smectite content from 80 to 95 % only marginally improves the properties of the bentonite but the production costs increase significantly. Pure smectite products are requested for medical and cosmetic applications. The Brenntag company provides an overview about different medical and cosmetic bentonite products, such as "acne lotions, medicinal skin creams, ointments, skin creams, salves, tablet binding, powder preparations, pigment binders and suspending agents. They are also used as thickeners in lotions, creams, liquid facial cleansers, antidandruff shampoos, body powders, deodorant sprays, deodorant sticks. High purity bentonites are used as thickeners and binders in household applications such as aerosol products, oven cleaners, detergents, liquid abrasive cleaners, waterless hand cleansing gels, pumpable hand soaps, etc." (https://products.brenntagspecialties.com/plisting.html?t=cl&grp=5).

Bentonites can be purified by **particle size fractionation**. It is assumed that the accessory minerals are larger than the smectites and hence can be separated by sedimentation or, more quickly, by hydrocyclones and centrifuges. The larger and, therefore, heavier particles settle, and a dispersion containing the fine material is collected. Hydrocyclone batteries have been used for decades in the kaolin industry (Fig. 6.17). The feed slurry is pumped under high pressure tangentially into the hydrocyclone, which consists of a cylindrical and a conical part. The slurry is forced onto the wall and flows as spirals. The centrifugal force leads to particle size fractionation. An internal upwards moving mass stream containing the fine and light particles is induced in the cone. The coarse particles leave the underflow or reject. The overflow of hydrocyclones contains only the fine bentonite particles. The actual separating cut, or particle diameter split in the separation, depends on the type of hydrocyclone, particularly the inner diameter. A hydrocyclone with a 5 µm cut can be used for bentonite purification. The overflow then contains only particles < 5 µm, and the underflow is a mixture. In order to increase the recovery, the underflow is either remixed with the feed or transported to at least one additional hydrocyclone in order to increase the recovery of the < 5 µm fraction. Centrifuges can also be used, in which the rotation is achieved by external motors and is not induced by pumps, as in hydrocyclones. The advantage of centrifuges is the lower separation cut, and depending on the type of centrifuge it is even possible to separate in the submicron range. However, these wet separation techniques require that the water is removed from the dispersion containing the purified solid, and this is the challenge of the purification of bentonites with hydrocyclones/centrifuges. The sedimentation of this fine fraction is limited, since smectites settle to form a voluminous sediment or gel containing a large quantity of water. Evaporating the water requires significant energy and is expensive. An alternative is to flocculate the dispersion in order to obtain a dense sediment that can be dried, but the flocculation agent, such as NaCl or a polymer, remains in the product that can no longer be considered as pure smectite. The dispersion could be spray-dried but this is also expensive and the costs must be passed on to the customer. Ideally the smectites should be flocculated with a substance that is required in the product. For example, organophilized bentonites (Section 6.4) are produced by exchanging the natural cations by organocations that hydrophobize the smectite, and which then can be used as nanocomposite or in other applications for purified organophilized clay. Organophilisation at the same time can cause flocculation. Hence activation and purification can be combined.

**Flotation** is one of the most successful classification techniques and can even be used in the kaolin industry to separate K-feldspar from plagioclase. Flotation is based on differences of the surfaces that can be modified to be either hydrophobic or hydrophilic. Smectites can be easily rendered hydrophobic, but the authors are not aware of any smectite flotation plant. The US patent 3865240 from 1975 proposes a flotation-related method for a bentonite slurry, which is subjected to a dilute solution of sodium hexametaphosphate and allowed to stand for a few minutes. It is claimed that all the minor constituents settle and the enriched smectite fraction can be recovered by centrifuging or similar methods. This method would require a large quantity of solution that must be recycled and the water also must be separated from the solid.

The problem of water in solid separation is discounted if bentonites are purified by **air classification**. Domínguez et al. (2003) report that size classifications of minus 44, 20, 10, and even 5 µm can be obtained by air classification, although the purity of the smectite is not known because this depends on the raw material for methods based on size fractionation. The particle size distribution of the minor constituents in bentonites can be significantly variable. Many bentonites contain quartz and cristobalite, even in the < 0.2 µm fraction, and such materials are of course difficult to purify by particle-size based methods. Methods that use the different surface properties could, however, be applicable.

In conclusion, the key to produce pure smectite fractions from bentonite raw material is the selection of a raw material in which the accessory minor constituents are coarse-grained. The suitability of a raw material for a particle-size based purification can be determined in the laboratory by producing and analyzing different particle size fractions with a centrifuge or similar.

The methods described above focus on the production of a pure smectitic material. Other purification techniques are used to **upgrade bentonite raw materials**. White bentonites are of special value as well as natural $Na^+$ bentonites. Wet high-intensity magnetic separation of iron and titanium oxides is now a standard process in the kaolin industry, and this significantly improves the brightness. Domínguez et al. (2003) report that this process is also applicable to the bentonite industry. However, because iron and titanium oxides are not the only constituents responsible for colorization, the success of this process depends on the composition of the bentonite. The intergrowth of both minerals with the smectite may also determine if magnetic separation can result in an improvement of brightness. The magnetic separation may, therefore, be interesting for bentonites from deposit A, but worthless for bentonites from deposit B.

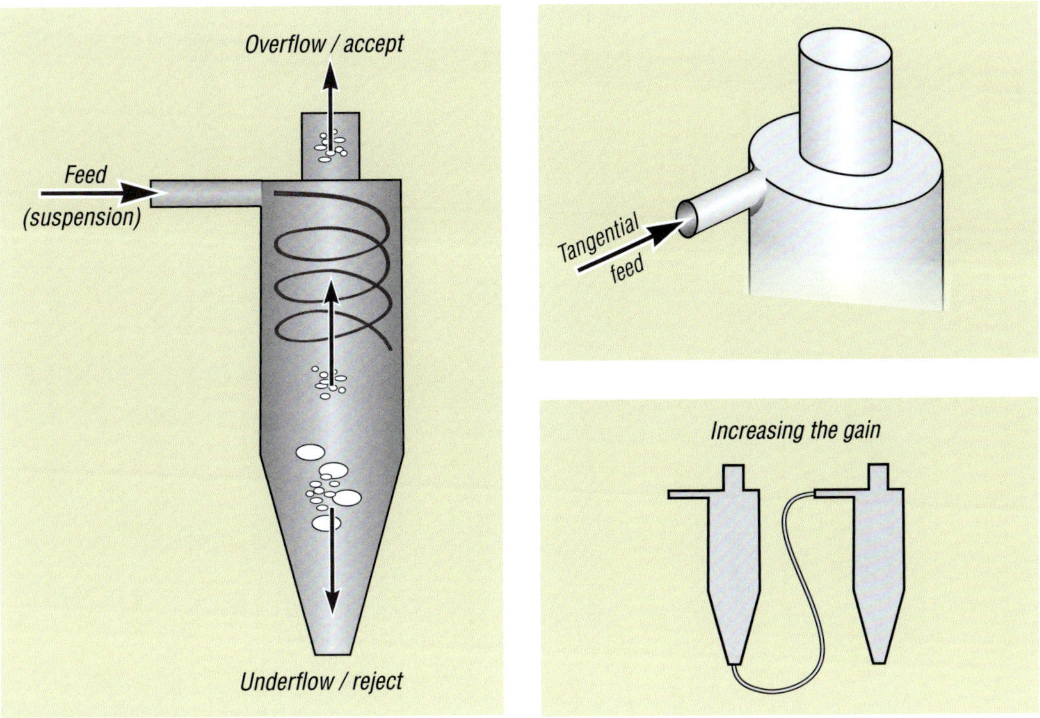


Fig. 6.17: Schematic representation of a hydrocyclone.

## ▸ 6.9 Blending

The mixing (blending) of different bentonites in order to meet product specifications is becoming increasingly important. Most of the bentonite products have to fulfill more than one specification. For example, a bentonite should have a smectite content of more than 70 mass% (methylene blue method), Fe-content less than 2 mass%, Enslin water-uptake capacity of more than 500 mass%, and a free swelling volume of 20 mL. These specifications were mostly derived from the properties of bentonites from a given deposit. The reserves of these deposits, however, are limited and, as soon as the reserves are exhausted, new deposits or new mining areas with different bentonites must be established, and the new product will probably not fulfill all specifications. In such cases it may be necessary to mix (blend) different materials to provide a material that again fulfills all product specifications. Blending of two different qualities, each of which could not fulfill the specifications, can lead to a suitable product.

Blends are also an important part of sustainable resource management. Some bentonite-producing companies possess several deposits with different bentonites, each of which can be blended to provide the properties of different products.

**Helmut Coutelle**
*Formerly BYK Additives GmbH (Moosburg);*
Freising, Germany

**Kisnaduth Kesore**
BASF Catalysts Germany GmbH;
Hannover, Germany

**Dietrich Koch**
*Formerly S & B Industrial Minerals GmbH (Oberhausen);*
Geisenheim, Germany

**Stephan Kaufhold**
Federal Institute for Geosciences and Natural Resources (BGR);
Hannover, Germany

**Nils Rickertsen**
Gustav Grolman GmbH & Co. KG;
Neuss, Germany

Chapter 7

# Applications

HELMUT COUTELLE, ANDREAS DECHER, STEPHAN KAUFHOLD,
THEODORE KARIDAKIS, KISNADUTH KESORE, DIETRICH KOCH, ANNETTE KRAUSE,
NILS RICKERTSEN & ALBERT STÜTZER

The four main applications of bentonite worldwide are:

- drilling fluid,
- iron ore pelletizing,
- foundry, and
- pet litter.

EISENHOUR & BROWN (2009) discussed the 2006 USGS data (USGS Minerals Yearbook 2008): In the US, the main applications of bentonite were for pet litter and drilling fluid (each 25 %), followed by pelletizing and foundry sand each with 16 %, civil engineering at 8 %, and waterproofing at 4 %. The 1993 data for worldwide bentonite applications provided by Süd-Chemie AG (HARVEY & LAGALY 2006) does not significantly differ since pet litter is included in "adsorbents". Waterproofing was not worth mentioning in Europe.

In addition to the few main applications, which of course determine the bentonite mining and market, there are a large number of further uses for bentonite, which demonstrates why it is one of the most fascinating natural raw materials.

Table 7.1 attempts to summarize some of these minor applications (but is not complete as there are many more niche applications and other unrecognized uses for bentonite):

- For example, bentonite can be used to reduce the $PO_4$- and Ca-concentrations in fish tanks, although zeolites or synthetic adsorber materials are dominant in this field;
- bentonite is used for "connecting" lightning arresters with low conductivity soils, or
- using bentonite slurries to remove harmful soluble salts from walls, which is achieved by applying an electrical potential and forcing (chloride) ions to diffuse into the bentonite slurry that is later quickly removed from the wall.

Many more niche applications exist and new ones are developed. Therefore, not all of them are listed here.

It would be desirable to compile a table with the quality-determining parameters (QDP) of the bentonites for various applications. For some applications it would be possible to identify generally valid QDPs, for others it is more difficult and the QDPs vary even from one customer to another. For example, color can be important for one customer of civil engineering bentonites and less important for others. Also the QDP differs between different mines because in some areas the type of exchangeable cation (particularly $Na^+$) varies and in other mining districts the cation population is constant and only smectite content determines the quality.

The different QDPs are discussed in the following sections. Finally it should be mentioned (again), that the applicability of a bentonite cannot always be described using a set of simple parameters. Application tests are, therefore, indispensable.

Table 7.1: Summary of bentonite applications based on DECHER (1997) and HARVEY & LAGALY (2006).

| Industry | Application | Requirement of bentonite | Desired bentonite property |
|---|---|---|---|
| Oil industry | *drilling mud | stabilize the borehole, lubricate and cool the bit | thixotropy, viscosity, high density |
| | catalyst | cracking of mineral oil during processing | catalytic activity |
| | grease thickener | grease thickening | clumping/binding |
| Agriculture | *pet litter | absorb urine and odours, produce "easy to remove clumps" | water(liquid)-uptake capacity, odour adsorption, clumping |
| | animal feed | reduce $NH_4$ component, increase nutritional benefit | adsorption capacity |
| | composting | formation of clay-humus complexes | adsorption capacity |
| | soil additive | improve water adsorption, nutrient budget and workability | water-uptake capacity, adsorption capacity |
| Metal industry | *pelletizer | pelletize iron ore powder | binding properties |
| | *foundry sand | stabilize the sand-coal mixture | binding properties |
| Food industry | bleaching earth | decolorisation and stabilization | adsorption |
| | beverage (wine, beer) | clarification | adsorption, flocculation |
| Chemical industry | catalyst | directly catalyze chemical reactions | active surface sites |
| | catalyst support | accomodate a catalyst for chemical reactions | large surface area |
| | sulfur production | decolorization and removal of bitumen | adsorption |
| | filler | extend the mass or volume | being inert in the system |
| | desiccant | adsorb water | adsorption |
| | adsorber | removal of toxic substances (heavy metals, organics, etc.) | adsorption |
| | detergent | additive for detergents, also for soap production | adsorption |
| | nanocomposite | additive for plastics | sealing, inert, fire-proof |
| Civil engineering | drilling fluid for tunnels | stabilze the boreholes and/or diaphragm walls and transport the cuttings | thixotropy, viscosity, high density |
| | cut off-/slurry trench walls | stabilze the walls, optinally directly mixed with cement | thixotropy, low permeability |
| Ceramic industry | plastifier | plastify ceramic masses | viscosity |
| | flux material | | |
| Pharmaceutical industry | drug carrier | carry drugs in powders, pills, and lotions | adsorption, large surface area |
| | emulsifier | stabilize emulsions (e.g. cosmetics) | colloidal properties |
| Paints | rheological additive | stabilize the paint (e.g. dispersion) and provide thixotropy | thixotropy |
| Paper industry | carbonless copying paper | induce dye reaction upon mechanical force | acidity |
| | process water treatment | remove contaminants from process water | adsorption |
| | recovered paper production | binding of pigments and adhesives | adsorption |
| Evironmental applications | sealing of landfills | technical barriers for encapsulation of waste deposits | low permeability, high adsorption capacity |
| | water treatment | remove contaminants from water | adsorption |
| Tar exploitation | emulsifier | emulsify tar - water systems | colloidal properties |

* main applications worldwide (with respect to tonnage)

# ▸ 7.1 Dry form applications

## 7.1.1 Adsorber

The most important property of smectite is probably the permanent charge that results in the famous cation exchange capacity of bentonites. Together with a heterogeneous surface (different edge and face surfaces) and a microstructure related porosity, bentonite may be used as an adsorber in various systems. Different adsorption sites and adsorption mechanisms can be distinguished: smectites adsorb cations or cationic molecules via cation exchange, small polar molecules solvating the cations in the interlayer, relatively hydrophobic substances between the permanent charges (hydrophobic interactions), complex anions such as phosphate or oxalate at the edges of the smectites (± ligand exchange), and in the dry state gas or water molecules can be adsorbed in micro- or mesopores.

These different adsorption sites are schematically shown in Figure 7.1. Also appreciable water or other substances may be in the macropores but, however, cannot be considered as adsorbed water. Smectites or other adsorbents can concentrate contaminants on the surface in a way that precipitates form even if their concentration in the surrounding solution is below saturation. This process, however, is not specific and hence not considered as characteristic adsorption mechanism in Figure 7.1.

The adsorption capacity of bentonites is important for various well-known applications. A recent overview focusing on contaminant removal from water was provided by Zhu et al. (2016). In the following some examples are discussed which were of particular economical relevance or at least interest. For example, bentonite is used as an additive for animal feed because it adsorbs amines and, therefore, reduces the odor of the excrements and also adsorbs radionuclides (Cs-135) and toxic mycotoxins (Section 7.1.2). As pet litter bentonite adsorbs the "pet derived solutions" (Section 7.1.4), in beverage production bentonite adsorbs proteins (Section 7.2.1), as bleaching earths in vegetable oil refining bentonite adsorbs heavy metals such as nickel and pigments (Section 7.3.1), and in the paper industry the bentonite adsorption capacity is used for pitch control, sticky fighting and wastewater treatment (Section 7.2.4).

These well-established adsorption-related applications of bentonite are discussed in this chapter. A few other adsorption related uses of differently activated bentonites are much lower than the number of studies published about the adsorption capacity of bentonite, soils, or oxides with respect to heavy metals (García-Miragaya & Page 1978; Anderson & Rubin 1981; Kinniburgh & Jackson 1981; Bourg 1983; Cavallaro & Mc-

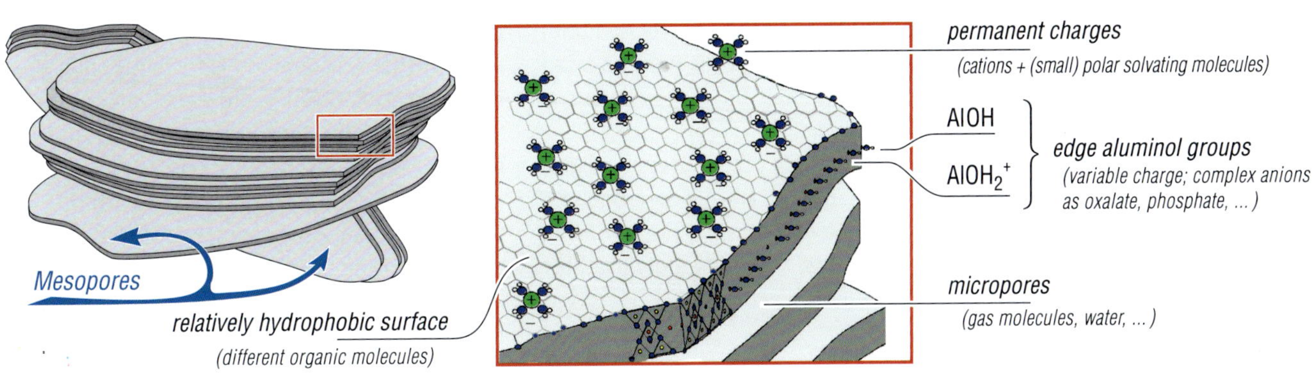


Fig. 7.1: Sketch of the different adsorption sites/mechanisms at the surface of a smectite particle.

Bride 1984; Elliott et al. 1986; Kapoor & Virara-ghavan 1998; Matthes et al. 1999; Li & Li 2003; Faghihian & Nejati-Yazdinejad 2009; Al-Jlil 2010, Hefne et al. 2010; Talaat et al. 2011).

Bentonite has not yet succeeded as a heavy metal adsorber but may be used occasionally. One of the main reasons is that bentonite cannot be produced as water stable granules, and hence bentonite is only rarely used as fixed bed adsorber. For water treatment, such as treatment of water contaminated by heavy metals, the bentonite must be dispersed and then separated from the liquid, which is a costly process. Therefore, other materials that can be used in water as fixed bed adsorber are preferred.

In addition to heavy metals other fields of adsorber applications can be identified:

- Bentonite can be used for the adsorption of glycerine, glyceride, and sterylglycoside, which is useful in the production of biodiesel (Sohling et al. 2012). For this process, however, certain special clays (Sohling et al. 2009b) or even acid-activated bentonites are more effective than normal bentonites.

- Acid-activated bentonites are suitable to produce a high quality white sugar from sugar cane. In this process the acid-activated bentonite replaces the traditional sulfidation process (Zschau et al. 2007).

- Bentonite is used for the adsorption of dioxins and/or furanes during cleaning exhaust gas from municipal waste combustors (Schiffers 2001). Bentonite is more heat resistant than active carbon, which may start to burn at elevated temperature, and is thus more suitable as an adsorber material.

- Organophilic bentonite can be used to adsorb and hence separate oil from water, but, the maximum uptake of oil on the organoclay is low. This product is, therefore, only used for special applications.

- Organophilized bentonite can improve the iodide retention in the geotechnical barrier of HLRW repositories (Bors et al. 2000; Dultz & Bors 2000; Riebe et al. 2005a, b; Kaufhold et al. 2007). Oscarson et al. (1986) noted that the iodide isotope $^{129}I$ is the "greatest hazard to man and environment of the different radionuclides generated throughout the storage of HLRW". However, it remains questionable if organophilized bentonite will be ever used for this application, and the decision will be taken by the relevant HLRW disposal authorities.

Although there are a number of different uses of bentonite as an adsorber, much less bentonite is sold as adsorber material as compared with its other major applications. However, adsorber materials are more expensive than other more common bentonite products and hence can be considered as premium bentonite products. Their price is higher compared to drilling muds or pet litter, and the quantities needed are lower and, therefore, almost imperceptible in charts (in t) showing the common applications but would be more visible if economical aspects were taken into consideration. The use of bentonite in the applications for adsorbers could significantly increase in the future. Biodiesel production is expected to increase over the next decades and, according to the European legislation, glycerine, glyceride, and sterylglycoside must be reduced (e.g. by adsorption), which implies a growing market for bentonite-based adsorber materials. However, there are other alternative materials for most of the bentonite adsorber applications, and the applicability of bentonite-based adsorber materials in a given process may vary locally and hence it is not possible to generalize on the market acceptance. Because of the global increase in ecological awareness, the general demand for effective adsorber materials is expected to grow and bentonite with its different adsorption sites is expected to play a role in at least some applications.

The quality of bentonite as adsorber is determined by the performance in the adsorption process and can only be monitored by simulating the actual parameters of a given system. The performance of an adsorber material in a specific use is evaluated by the adsorption capacity as well as the potential regeneration. The most successful adsorber materials can be easily regenerated (by heating or contact with regenerating solutions), and re-used in many adsorption – regeneration cycles.

The micro- and meso-porosity of the bentonite is important in several applications, and acid-activated materials or naturally occurring special clays are often more suitable than normal bentonites. Kaufhold & Decher (2003) investigated those bentonites, the so-called *natural acid clays*, that reacted with a natural acid (in hydrothermal systems) and demonstrated that they can be similar to technically activated bleaching clays. Emmerich et al. (2010) also described a mesoporous material consisting of sepiolite and silica.

There is no general production scheme for adsorber bentonites since differently activated materials are used, and the production depends on the parameters that define the requirements for the different adsorption processes. For example, the required grain size of the product may vary from micrometer to millimeter.

The performance of the existing and successful adsorber materials and the regeneration of the loaded adsorber materials must be considered when developing a new product. These are ignored in many scientific studies, but in their investigation of allophane for fluoride adsorption, Kaufhold et al. (2010a) compared allophane with the existing and successful apatite-based fluoride adsorber Fluorolit® and demonstrated their equivalent adsorption capacity but higher regeneration capacity of Fluorolit® as compared to allophane. The experimental conditions in many studies are often not representative of the real system, and it is important to compare the adsorption capacity of bentonite with the performance of the existing products under the same conditions.

Potential new adsorber materials can only be identified by performing realistic tests (actual ionic strength, realistic kinetics), taking other successful materials into full consideration, and investigating possible regeneration.

In addition to specific adsorption tests that are already prominent in bentonite research, the improvement of current techniques for producing water-stable bentonite aggregates could be a promising field of research.

### 7.1.2 Animal feed

Bentonite used for producing animal feed pellets has four functions:

- improve the mechanical strength of the animal feed pellets, which are commonly produced by compaction and reduce the dust (pelletizing aid);
- act as free flowing agent (anticaking);
- adsorb radioactive substances such as Cs-137, which was omnipresent in the environment after the Tschernobyl disaster (radionuclide adsorber);
- reduce mycotoxins in the pellets (mycotoxin binder).

Animal feeds (Fig. 7.2) consist of different components (e.g. starch, protein, sugar, fat, and vegetable fiber) with variable physical and chemical properties, depending on the animal species and regional availability of raw materials. Pellets of animal feed have been the standard product for many years since they provide homogeneous products with high nutritional value, optimized transport and storage behavior, and good acceptance by the animals. The purpose of pelleting is to transform a finely divided, sometimes dusty and difficult-to-handle feed material into larger particles by using heat, moisture, and pressure. Agglomerated feed is produced by extruding individual ingredients or mixtures by compacting and forcing them through die openings in specialized processing plants. These pellets are easier to handle, more palatable and usually result in improved feeding results as compared to non-pelleted feed. Bentonite has been used as binder and flow aid for animal feed in Europe since the 1960s to 1970s. The benefits of pelleted animal feeds are: less wastage, easy storage and transport, and no risk of ingredient separation.

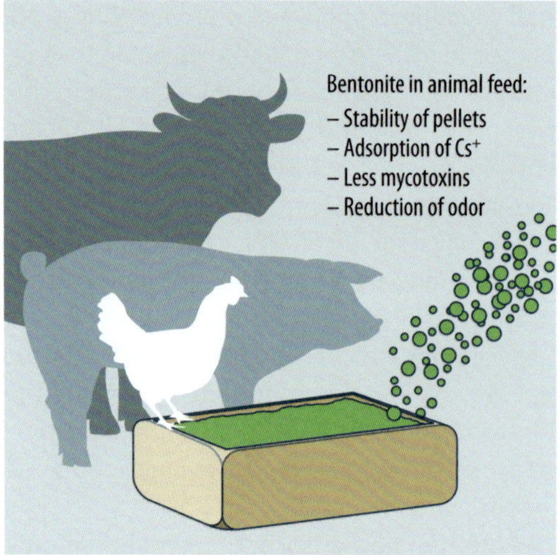


Fig. 7.2: Bentonite is used to improve animal feed.

Bentonite is one of the most effective pellet binders and used together with lignin, molasses, starch, steam and combinations of them. Due to its small particle size, electrical charges and large specific surface, bentonite can coat the individual feed particles in a feedstuff. Because of its high water adsorption capacity bentonite adsorbs the moisture in the feedstuff mixture stronger and faster than the other components. It starts swelling and fills out the gaps between the animal feed particles. During compaction strong mechanical forces lead to an enlargement of the contact surfaces, which are bound intensively by the bentonite. Therefore, by addition of bentonite, the mechanical strength and durability of the pellets are improved.

Both natural Na-bentonites and soda ash activated bentonites are processed as special agrar-bentonites, and used for the production of animal feed. Ca-bentonite is less suitable because of its lower water adsorption and reduced swelling capacity. The use and the effect of bentonite as pellet binder for the production of feed pellets were examined in detail and described, partially also in combination with other binders, in numerous of publications (Thomas & van der Poel 1996; Thomas et al. 1997, 1998).

Floury compound feed, for which there is increasing market demand particularly as pig feed, can present a problem due to inadequate flowability or mixing stability. Both parameters show an inverse correlation with the intensity of the adhesion forces between the feed particles. These adhesion forces are influenced by the feed structure and the intensity of the raw material crushing as well as liquid additives (molasses, grease). As a result of variations in temperature, the flowability of the molassed or greased mixtures is significantly reduced. The flow behavior and homogeneity of powdery feed mixtures containing molasses or grease are improved substantially by the addition of anticaking agents (e.g. bentonite; Neumann 2007). The flow properties and mixture stability of bulk feed mixtures has been the subject of several scientific investigations (Ganesan et al. 2008), but not to the same extent as for binders.

The cation exchange capacity of bentonite has been used for a wide range of applications, for example for cleaning of flue gas, wastewater, for odor control, landfill sealing (amongst others). The adsorption of radionuclides in animal feed by addition of bentonite to animal feed has been studied for several decades (Mirna 1970 and references there). In 1986, after the Tschernobyl reactor disaster, the control of radionuclides by adding bentonite to animal feed became very important, in particular for dairy cattle. Since then it has been demonstrated by numerous studies that the addition of bentonite to the animal fodder can significantly reduce the uptake of radionuclides by farm animals as well as their transfer to animal products (Unsworth et al. 1989; Voigt et al. 1989; Hove 1993; Voigt 1993).

In addition to improving the technical characteristics of feed, positive effects on animal health and the environment through using bentonite have also been reported. There is an abundance of scientific results from throughout the world relating to the use of bentonite in animal feeds (Laughland & Phillips 1956; Kurnick & Reed 1960; Day et al. 1970; Halmala & Pichihöfer 1990; Weiss 1990; Santurio et al. 1999; Gilani et al. 2013). Performance-enhancing effects are described for pigs, ruminants, and poultry. These include stimulating the growth by intensification of digestive process, in particular an increase of vitality and health status of the animals. For piglets and calves the prophylactic effect with respect to diarrhea is important.

Bentonite also reduces contamination of feed by mycotoxins, acting as an entrails protectant (enterosorbent) in animal diet, rapidly and preferentially binding aflatoxins from the digestive tract and reducing their absorption into the organism (Thieu et al. 2008; Yi et al. 2012; Fowler et al. 2015). The aflatoxin $B_1$-binding capacity (BC AfB1) should be above 90 %. In that manner, any adverse effects of aflatoxins on liver function are minimized without marked defects in mineral metabolism of the animals. Wongtangtintan et al. (2014) demonstrated that the efficacy for adsorption of aflatoxin $B_1$ can be improved by heat treatment at 600 °C. Deng et al. (2014) reported that the interlayer spacing of smectites increased upon aflatoxin adsorption and that interlayer Ca facilitates adsorption. Aflatoxin is obviously bound to the smectite as a solvating molecule replacing the water around the exchangeable cations.

Bentonite is authorized for use in animal nutrition to a maximum of 20 g/kg by EC Regulation No. 1831/2003 and EU Regulation No. 1060/2013 under the category of technological additive (functional groups: binders, anticaking agents, coagulants and substances to control radionuclide contamination with identification number 1m558i). Bentonite is also authorized for reduction of the contamination of feed by mycotoxins (aflatoxin $B_1$) by EU Regulation No. 1060/2013, identification number: 1m558.

In addition to the physical effects on the animals, the use of bentonite-containing feed brings a marked reduction in the emissions of harmful gases (e.g. $NH_3$) from livestock farms and the distribution of liquid manure, which has a positive result for both the atmosphere and the soil.

### 7.1.3 Landfill sealing

#### Clay improved mineral liners

Bentonites and bentonite-containing sealing materials have been used for many years for sealing purposes in foundation, dike construction, hydraulic engineering, and landfill construction, especially for encapsulation of old waste deposits.

Because of their exceptional physical, structural, and chemical properties, bentonites offer manifold possibilities to protect the environment against the negative effects of dumping grounds.

Often the compliance with the legal regulations for waste dumping (in Germany former "TA Abfall", "TA Siedlungsabfall", now "Deponieverordnung (DepV)" from 27. April 2009; in the EU "Landfill Directive" (Directive 1999/31/EC) — Council Decision 2003/33/EC promulgates additional criteria and procedures for waste acceptance at landfills) or for the encapsulation of contaminated areas is possible only by using bentonite containing sealing systems. In the USA, bentonites have been applied for clay cores of dams, lining of ponds and lakes since the 1940s. In Germany the construction of selected landfill sites with 60 cm thick mineral barriers commenced in the late 1970s. The so-called *multilayer or multi-barrier concept* became standard practice for landfill construction in the 1980s (Stief 1986). For Germany, the regulations for landfill liners had been descripted in the "TA Abfall", respectively "TA Siedlungsabfall". According to these regulations landfill construction had to follow the multilayer concept (Fig. 7.3). The multilayer concept comprises a natural geological barrier together with technical barriers and a drainage system.

For the technical barrier (base liner) the main requirements have been:

- low permeability, and
- high adsorption capacity.

Especially the second requirement could only be fulfilled by using minerals with high specific surface and a high cation exchange capacity such as Na-montmorillonites. The above requirements could be fulfilled also by using a non-activated Ca-bentonite, but as compared to Na-bentonite higher quantities are required. Ca-bentonite has the advantage of being less sensitive towards at-

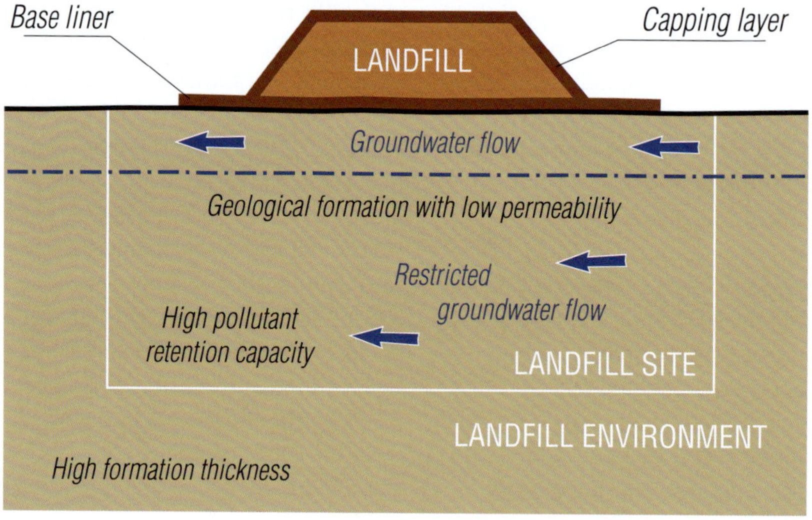


Fig. 7.3: Sketch showing the multilayer concept.

tacks by polyvalent inorganic cations or organic cations. Hence the danger of "deactivation" with the effects of loss of swelling capacity, reduction of layer distance, shrinkage and increase of permeability is minimised. Therefore, in Switzerland, Ca-bentonite is preferred for mineral liners (Müller-Vonmoos et al. 1986; Madsen & Nüesch 1990). Other clay minerals, such as kaolinite, could be used as a less sensitive component for layers with low permeability. However, kaolinite has a poor adsorption capacity. Soils are also mixed with clays to produce barrier systems (Schick & Gartung 2007).

The multilayer concept protects the environment (including groundwater) against any harmful or toxic substances from leaching of the landfill body. Therefore, several protection layers are now included in the multilayer concept:

- the capping layer;
- the compacted waste body;
- the base liner, and
- the geological formation (barrier).

The geological barrier should isolate the deposit from the rocks below. Clays are of course particularly effective in this respect. To improve the properties of the rocks (e.g. sands or gravel), mineral barriers for base and/or cap seals of landfills can be produced by adding dry bentonite by very powerful soil-milling machines (mixed-in-place-method).

For sealing of large landfill areas so-called *mixed-in-plant-systems* were used. These were large computer-controlled mixing systems in which a mixture of one or two soils is enriched with a clay (bentonite or kaolinite) to obtain homogenous products. These mixtures were installed in three layers, each with 25 cm thickness. The standard requirements were:

- optimal proctor density* (proctor test: ASTM D 698 / AASHTO T 99);
- permeability coefficient kf $\leq 5 \times 10^{-10}$ m/s.

*optimal proctor density = water content at which soil/clay reaches maximum dry density determined by the proctor test

In view of the increasing practice to use recycled materials and excavated soils from other landfill sealing sites, the mixed-in-plant-method is very flexible and economical.

In the 1980s some geoscientists, specialized on landfill technology, proposed combining various clay minerals with different properties into so-called *multimineral liners* (Czurda 1990; Stief 1986), which would benefit from the synergies deriving from the combination of the properties of swelling and non-swelling clay minerals. Bentonite-enriched layers and kaolinite-enriched layers are built up on-site to multimineral barriers with good adsorption properties, low permeability and low sensitivity to chemical attack.

Landfill sites with highly toxic (organic or inorganic) contamination require special sealings. Such multimineral barrier sealings were established at several landfill sites in Germany, but only in special cases, as the practical building design was relatively complicated and expensive.

Two more competitive technologies entered the sealing market, polymer-based systems and geosynthetic clay liners (GCLs), as alternatives to this standard technology, especially for cap-sealing of old landfills.

### Polymer-based systems

Different mixtures are used, in which a clay (kaolinite or bentonitic clays) are mixed with polymer and possibly a filler (Trisoplast®).

Technical benefits of these alternative sealing material are:

- constant quality by industrial scale mixing process;
- simple construction process using conventional site machines;
- reduced layer thickness;
- good mouldability and low tendency for fissure development due to the distinct plasticity and cohesion.

Using polymer-based systems can be of specific economic interest in areas where sand is vailable for low prices. Therefore, mixing of polymer-modified bentonite with used foundry moulding sands or other appropriate secondary raw materials seems possible.

### Geosynthetic clay liners (GCLs)

The geosynthetic clay liners (GCLs) are industrially manufactured thin-layered geocomposites of synthetic materials and bentonites (IBECO 1998). They usually consist of bentonite (Na- or Ca-form, in powder or granular form) sandwiched between an underlying geotextile carrier and a final textile cover. The geotextiles are usually made from polypropylene (PP) or polyethylene (PE or PEHD).

Joining of these three layers is effected in different ways by individual manufacturers:

- adhesive bonding;
- stitch bonding;
- needle bonding;
- welding of the cover layer.

GCL production started in 1987/88 both in the US (Claymax) and in Germany (Bentofix). The main applications were initially for hydraulic constructions and roadbuilding, such as retention basins, secondary enclosures of fluid reservoirs, sealing of canals, for groundwater protection in roads (Schmidt & Heyer 1993) and airports (Heerten 1994). The first application in landfill construction was as a backup to a geomembrane, but later GCLs were used to seal the cap of old and ancient waste dumps in order to minimize the threat of meteoric water percolating through the waste.

Meanwhile GCLs are also used as base liners. The geotextile in the GCL provides shape and strength. The main role of the bentonite is the sealing effect.

Important bentonite properties for the use in GCLs are:

- swelling behavior;
- particle size;
- adsorption capacity;
- cation exchange capacity.

Mainly Na-bentonites are used as sealing components in GCLs. During the early phase of GCL applications in pond construction and hydraulic works, little attention was paid to parameters affecting the sealing properties of the bentonite, such as changes in water content, ion exchange reactions, weathering, and the construction of the coverage. Therefore, the leakages of some pond constructions which occurred after introduction of $Ca^{2+}$ were surprising. $Ca^{2+}$ from the calcareous coverage was exchanged for the $Na^{+}$ of the Na-bentonite (Biegert 1996). Also in the initial phase of the use of GCLs in landfill sealing, a controversial issue was whether a natural sodium bentonite (type Wyoming) would be less sensitive to an undesirable ion exchange than a technically-activated sodium bentonite. This was addressed by a real scale long-term test at the Georgswerder landfill (Hamburg) from 1994 to 1997. In this test, all the available GCLs were tested with natural sodium bentonite and with technically-activated sodium bentonite. In retrospect, the test conditions were extremely unfavourable, with only 45 cm coverage with a Ca-containing soil, to speed up the reactions. It was expected that the GCLs after drying and shrinking would swell again after rewetting and retrieve their original sealing effect. However, this was not the case. After the testing period all Na-bentonites (both natural and activated) had been converted to Ca-bentonites by cation exchange ($Ca^{2+}$ from the soil). Accordingly, swelling and sealing properties of Na-bentonite were reduced to those of Ca-bentonite. Both factors, cation exchange and insufficient overburden, counteracted a complete sealing of cracks after drying through rewetting and prevented the restoration of the initial state (Herold 1998).

In conclusion GCLs should be positioned so as to be protected against drying and cation exchange. A practical solution would be a double-layer installation of two GCLs. This was part of the so far license for use as a sealing element in class 1 landfills. The upper GCL layer should be combined with an at least 1 m thick recultivation layer to prevent damaging by drying of the lower GCL during dry summer periods (Herold 1998). Less sensitive bentonites were required to avoid the critical factors (drying and cation exchange).

In this respect Ca-bentonites were revisited, e.g. by Wenzel (2000). A Na-bentonite and a Ca-bentonite with water contents in the range of the Atterberg liquid limit were investigated by computed tomography (CT). Then the samples were stored for about three weeks at room temperature until the water content was reduced to Atterberg shrinkage limit and investigated again. As expected, the Na-bentonite with the higher water-binding capacity showed a higher weight loss of 71 % as compared to only 48 % for the Ca-bentonite, and the loss of water was associated with a significant volume reduction. The resulting void volume appeared dark in the CT images. After re-wetting with deionized water, both Na- and Ca-bentonites regained their previous texture. After re-wetting with 0.1 M $CaCl_2$ solution, the Na-bentonite in particular showed limited swelling capacity. The cracks that appeared during drying were not completely sealed (dark grey areas in the CT). In contrast, Ca-bentonite displayed a significantly better sealing of existing cracks under these test conditions.

The results of these CT studies provided an explanation for the observed "Georgswerder effects". If the bentonite in a GCL is not protected against drying, then the volume will be drastically reduced. After re-wetting with soft water the bentonite shows a "self-curing effect", regaining its previous volume. But after contact with hard water (containing Ca and Mg) a partial to complete ion exchange can occur in Na-bentonite. This reduced swelling capacity of a deactivated Na-bentonite was not sufficiently high to close the primary drying cracks, so that a constant flow through the sample occurred. In case of Ca-bentonite, no ion exchange occurred with hard water, and restructuring of previous texture was possible. Accordingly, Ca-bentonite was introduced as an alternative GCL bentonite type for sealing projects, in which a reaction of the bentonite with leachates containing polyvalent cations can not be excluded. For a comparable sealing effect, the required quantity of Ca-bentonite is approximately 10 $kg/m^2$ GCL, which is twice as much as the required amount of Na-bentonite.

Compared to Na- or Ca-bentonites, polymer-modified bentonites have a higher plasticity and reduced sensitivity towards drying (as described for Trisoplast®). For special sealing projects, where contact of GCL bentonite with organic chemicals or solvents is possible, polymer-modified bentonites or organoclays may be used.

### Requirements, design rules and installation rules

In the GDA Recommendation E 2-36 (2010) "Surface sealing systems with geosynthetic clay liners", the operation, design principles, design rules, and installation rules are described. The minimum requirements for GCLs are shown in Table 7.2.

The swelling capacity of bentonite is the most important property in clay liners, since this reduces the permeability of the liner. This property is monitored in laboratory tests by Enslin-Neff testing, free-swelling, and montmorillonite content (Section 5.5.2). Compacted sealing materials are also tested in hydraulic cells for their permeability to groundwater and effluent flow. The capability to adsorb contaminants and reduce the diffusion velocity from the waste into the environment is another important property of bentonite. The permittivity $\Psi$ (1/s) is determined in the laboratory (permeability test) in order to evaluate the sealing effect of GCLs. The permittivity is defined as the volume of water which passes through the GCL in a second, depending on the applied load, height difference, and unit area.

The sealing market for bentonite, including GCLs, depends on the specific situation in the different countries. Market volume changes from year to year, depending on the number of "sealing projects". In the last 30 years the amount of landfilled waste decreased from 150 Mt to less than 100 Mt mainly because of increasing recycling and composting.

The volume reduction of municipal wastes for landfills also reduces the demand for new landfills, and so most of the sealing market pertains to surface sealing of old landfill sites. In Europe the demand for sealing in 2015 may be between 80,000 to 100,000 t bentonite, including 60,000 to 80,000 t bentonite for the GCL market, but this market is expected to stagnate in the future. Some clay liners are also used for other applications such as channel construction, but the total market is more or less determined by the sealing of landfills. Generally, the demand for new disposal sites is much greater in developing countries.

Table 7.2: Minimum requirements for geosynthetic clay liners according to EAG-GTD (2002).

| Parameter | Symbol | Norms and standards | Requirements |
|---|---|---|---|
| Amount of bentonite | $M_{clay}$ | | ≥ 4500 g/m² Na-bentonite<br>≥ 8000 g/m² Ca-bentonite |
| Water content (bentonite) | W | DIN 18121-1 | ≤ 12 % |
| Swelling volume (bentonite) | | ASTM D 5890 | ≥ 20 ml Na-bentonite<br>≥ 8 ml Ca-bentonite |
| Water adsorption capacity (bentonite) | $W_A$ | DIN 18132 | ≥ 450 % Na-bentonite<br>≥ 150 % Ca-bentonite |
| Montmorillonite content (bentonite) | MB | | ≥ 300 mg/g Na-bentonite<br>≥ 300 mg/g Ca-bentonite |
| Grammage (geotextile) | $M_A$ | DIN EN 965 | ≥ 100 /m² fabric<br>≥ 200 g/m² non-woven fabric |
| Tensile strength (fabric) | $T_{max}$ | DIN EN ISO 10319 | ≥ 7.0 kN/m<br>(along-side/transvers) |
| Stamp pressure power (non-woven fabric) | $F_P$ | DIN EN ISO 12236 | ≥ 1.0 kN |

Some bentonites are not applicable for needle punch GCL production, because the needles used to fix the geotextile-bentonite-geotextile-structure stick to this bentonite and make it impossible to produce the clay liner. The reason for this needle clogging is not yet understood, although it is assumed that the iron content, position and charge of iron in the montmorillonite may be important. This should be systematically investigated, and other long-term tests under different conditions could be performed to investigate the actual performance of the clay liners in contact with different solutions under different conditions — particularly in environments with high electrolyte concentration (seawater, brackish water).

Surface-modified bentonites with stable swelling volume or reduced shrinkage behavior may also be used in further GCL development.

### 7.1.4 Cat litter

Cats are the most popular pet in Germany, with 11.5 million (41 % of the total 28 million pets; source: Industrieverband Haustierverband e. V. (IVH); www.ivh-online.de) in 19 % of the German households, followed by dogs (25 %). Even if they are allowed outside, most households have a cat toilet that is filled with so-called *cat litter* (Fig. 7.4).

The cat-owner's decisions when purchasing in the retail market are influenced by many attributes, including pricing, marketing (e.g. color, packaging type and size), technical parameters (e.g. dust content, odor control), distribution channel and, last but not least, acceptance by the cat. Jasmund & Lagaly (1993) state that the "cat litter specifications are low from the viewpoint of the cat" (which means that the cat-owner primarily determines the quality parameters, and not the cat).

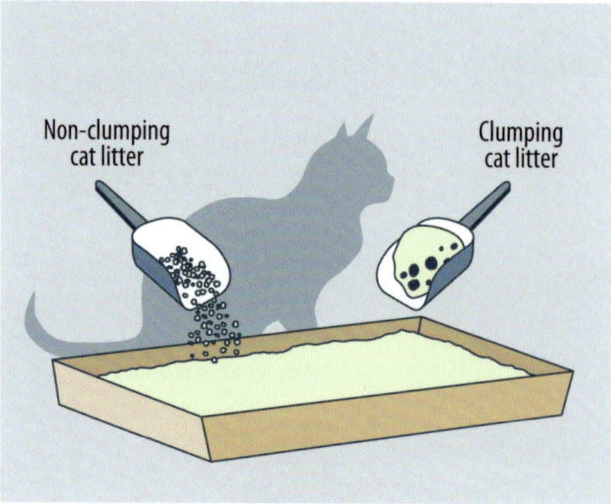


Fig. 7.4: Bentonite is used as cat litter. Diverse materials are available on the market (clumping and non-clumping products).

There are two types of cat litter: clumping and non-clumping. Non-clumping litters can be produced from a huge variety of natural minerals and artificial products (e.g. attapulgite, sepiolite, Ca-silicate-hydrate, wood pellets, silica gel), while clumping litter consists exclusively of bentonite.

The main difference between these two types of litter is the property of bentonite to bind cat urine into clumps. The resulting clumps can be easily removed from commonly used cat toilets while non-clumping litters adsorb the liquids completely. As a result, the clumping litter is more economical since only the used components (the clumps) must be disposed of, whereas the complete contents of non-clumping litter in the cat toilet need to be regularly changed. Clumping and non-clumping litters are also characterized by significantly different specific weights. The bentonite-based litter has a bulk density of about 950 g/L, whereas non-clumping materials have a bulk density of about 600 g/L.

Cat litter is sold in bags between 5 to 20 L, and both types of litters have a "solid fan base" that finally depends on personal preferences of the consumer. Ultimately, both litter types have their stand-alone property, either clumping or light-weight, and both products have their market share.

In 2015 the volume of the European market for cat litter (clumping and non-clumping) was estimated to be approximately 1.8 million t/a, and non-clumping products comprise about 60 % of the market volume. Considering the market

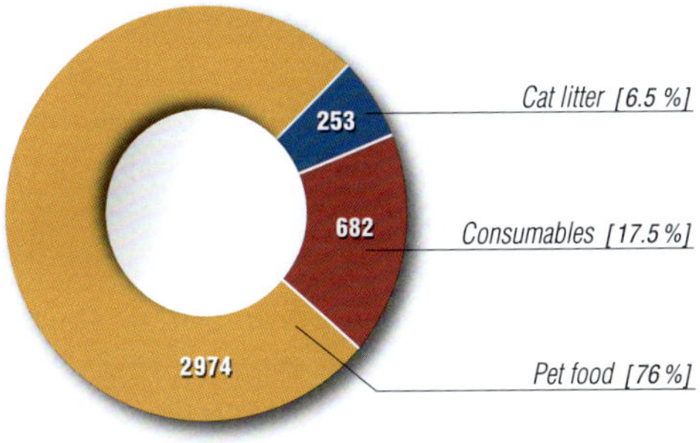


**Fig. 7.5:** Pet market shares 2013 (in million €) (based on IVH/ZZF, Pet 05/2014).

shares for both types of cat litter based on sold quantities as well as the specific weights of the non-clumping litter compared with clumping litter, the resulting ratio of non-clumping/clumping was higher in 2016 but overall the European market is actually tending towards clumping products.

The German market (approx. 500,000 t/a) differs in that the market share of clumping products comprises nearly 70 % by weight of the sold quantity, having risen from 60 % since 2005.

The 2013 turnover for German cat litter market was € 253 million (source: IVH/ZZF, Pet 05/2014; Fig. 7.5), which is a 4 % increase compared to 2012. Cat litter is included in the consumables/accessories segment with a total turnover of € 935 million, and turnover for the entire pet market, including pet food, was € 3.909 million in 2013. More detailed information about cat litter market development is provided by chargeable reports (not used as reference here).

Approximately 60 % of the sales of cat litter in Germany are retail and the remaining 40 % are sold in the specialized trade. Approximately 50 different cat litter products (clumping and non-clumping) in various packaging sizes and types are available on the German market shelf. Some of the shelf products are perfumed, commonly with baby powder, lavender, etc., and other products have additives (colored pearls) for enhanced odor control.

25 % of all German cats (source: IVH; online) permanently live indoors and frequently use the cat toilet, which is usually in the bathroom, the kitchen, or the entrance. Cat owners living in a house with garden access usually locate the cat toilet in the basement or the garage. The quality requirements of the consumer are quite different, depending on the type of litter (clumping vs non-clumping) and the local situation.

Apart from price, the following attributes are important for determining the quality of a litter and the buying behavior of the consumer:

- **Clumping and non-clumping products**
  The consumer prefers "dust-free" products — especially if the cat lives indoors. "Dust" is a material with a particle size up to 0.5 mm, and is easily moved in air currents.

- **Non-clumping products**
  These are commonly based on sepiolite or calcium-silicate-hydrate with a hollow fiber mineral structure, and have a bulk density that is approximately 33 % less than clumping products and therefore less heavy for the consumer to carry. Odor control is also an important attribute of non-clumping products because liquids/urine remain for a few days in the toilet.

- **Calcium-silicate-hydrate products**
  These are available in the market and are usually characterized by a high degree of whiteness and good water-uptake capacity. In combination with the lower bulk density, these raw materials are favorable for non-clumping products. Silica gel litters are available on the market as a niche product since they can adsorb very large quantities of aqueous solutions and have good odor-control properties, but they are not very successful in the market because of their synthetic (unnatural) appearance, the tendency for the cat to spread particles around the toilet, and the slightly higher price.

- **Clumping products**
  Bentonite litter is normally available in different granulometric grades, very commonly in the range 0.5 to 2.5 mm (often called the *ultra-grade*) and 0.5 to 5.0 mm (the *coarse* or *lower-grade* quality). The clumping behavior

can be very variable and is influenced by the granulometry and bentonite properties. The dimension of the clump (length and height) at a given volume of liquid increases with increasing grain size. The "clump weight" of a litter is the amount of litter that needs to be removed with one clump, and is directly related to the clump dimensions. If the "clump weight" is high, the litter box needs to be refilled more often because more material will be scooped out with the clump. In principal, clumping cat litters can be produced from both Na- and Ca(Mg)-dominated bentonites, but either natural Ca/Mg-bentonite or alkaline activated bentonite is usually used because natural Na-bentonites are rare and expensive in Europe.

- **Color of the product**
  The color of the product plays an important role in cat litter business. There is a clear tendency to use bentonites with a light beige-green, light grey or white color, and it is nearly impossible to place a brown or dark colored product in the market, reflecting the psychological aspect of the consumers' behavior when deciding for or against a cat litter product.

The applicability of a bentonite for clumping cat litter depends on its performance as determined by different properties, and to a lesser degree on the type of exchangeable cation. Some bentonites, regardless of the cation, can be used to produce a non-dusty clumping cat litter while other bentonites are not so suitable. Hence, raw material sourcing for clumping cat litter is nowadays mainly an empirical process.

An understanding for the reason for the different clumping properties would be a significant step towards an improved understanding of bentonite cat litter, including understanding why one bentonite forms only a gel-like accumulation of particles and another forms stable and large clumps.

### 7.1.5 Foundry bentonites

Since mankind discovered the use of metals, casting has been a key production technology for the manufacturing of materials such as weapons, tools, coins, fine arts, spiritual artefacts, and much more. The development of molding technology commenced more than 5,000 years ago to address the requirement for complex shapes and geometries. Permanent and lost molds were already used in prehistoric times, and the use of sand and wet clay to shape a mold for castings is also known from the very beginning of foundry operations. Even in the 20$^{th}$ century, natural sandy materials with high contents of clay minerals were used for such applications.

The discovery of bentonite addressed some of the major disadvantages of natural molding sands, including the low thermal durability, the high content of fines in the molding sand system, and the poor green strength properties. The use of bentonite as binder for quartz sand as a base molding material facilitated the development of highly efficient modern foundry processes (Fig. 7.6). Castings for high volumes of iron, and to a lesser extent of non-ferrous metals, from a few hundred grams up to several 100 kilograms in weight, are usually manufactured in so-called *greensand systems* consisting of bentonite, quartz, and carbon additives such as a lustrous carbon former for optimized surface finishing. Castings for the automotive industry, such as brake discs, brake calipers, as well as engine blocks, suspension parts, etc., are required in high volumes and are normally produced in bentonite-bound sand molds. Iron castings produced in greensand are commonly used for manufacturing heavy and mid-size trucks as well as agricultural, mining, and construction equipment. Alumina castings are also produced in greensand, although chemically bonded sand or permanent molds are more frequently used.

Greensand technology has a big cost advantage compared to chemically bonded systems since procurement is less expensive, the material is largely recycled, and the cycle time for mold preparation is much faster, allowing high molding capacities. The constraints of greensand molding systems include castings with very complex structures and strict dimensional stability specifications, as well as very thin parts for reduced casting weights.

In a greensand foundry, quartz sand is mixed with 5 to 15 mass% of bentonite and 1 to 4 mass% of carbon by intensive milling and mixing and the addition of water. The moisture content of this blend usually ranges from 3 to 5 mass% because it is desirable to keep the moisture level low in order to prevent any metal–water interaction.

The molding sand can be used in automatic molding lines where the sand is filled and compacted in a flask. In horizontal molding machines the mold is divided into an upper and a lower flask. Before the metal is poured, the upper flask is placed on the lower flask so that the mold is complete. It is also possible to place a core into the mold if a hollow space is required in the casting. Cores are usually prepared from silica sand bound with a chemical binder (such as polyurethane cold box binders).

Vertical molding machines do not require any flask and the metal is subsequently poured between two vertical standing, continuously formed molds. Such machines require bentonite with strong green binding properties to prevent cracks in the mold and leaks of liquid metal. The use of cores in vertical molding machines is also possible.

The sand-bentonite mix is mechanically compacted by mechanical pressure, vibration, air flow, air impulse, or other methods onto a pattern in the molding machines. The mold must provide sufficient strength to prevent erosion by the flowing liquid metal during pouring and must sustain the dynamic and isostatic pressure of the metal, including in very fine and complex parts of the mold, and this requires bentonite with good strength properties as well as good flow and compaction behavior. The mold should provide sufficient gas permeability in order to allow water or gas emanating from carbon and organic core binder resins to exit the mold during and after pouring the metal.

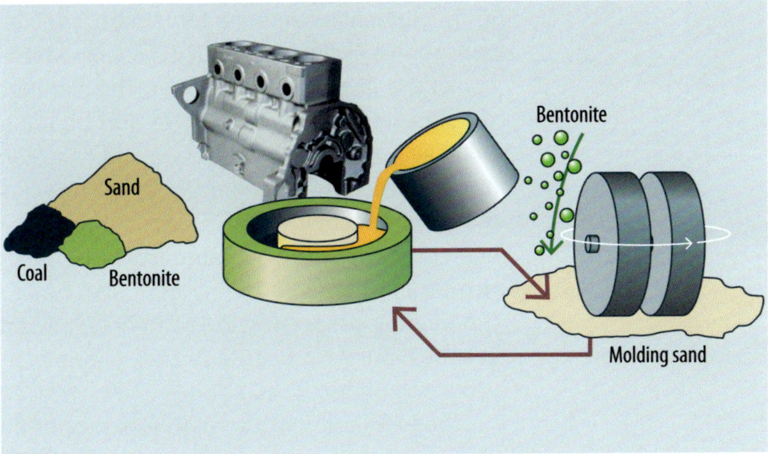


Fig. 7.6: Schematic representation of bentonite in foundry sands (mixed with carbon and sand).

As soon as the casting and the molding sand have cooled, the mold is no longer required and is removed from the casting. During this part of the process, it is preferable to use bentonite with reduced dry strength properties to allow proper cleaning of the casting. If the molding sand agglomerates then too much material will be removed in the subsequent sand cleaning steps.

Modern greensand foundry operations recycle the molding sand. After removing the dry molding sand from the casting, it is cooled and remoisturised. At the same time it is cleaned from remaining metal and excessive fines. The sand will be subsequently stored in silos from where it is returned into a Mix-Muller batch mixer. As soon as the optimum exfoliation of the smectite particles and the required moisture content is established it is reused in the molding machine. However, since the sand may be diluted by fresh sand or core sand without any additional bentonite binder, the bentonite level required for optimum strength properties has to be readjusted in the mixer as well. Therefore, an amount of greensand corresponding to the addition of new sand has to be removed from the system. The removal of this overflow sand keeps the level of dead-burned bentonite (chamotte) at constant levels.

The optimum bentonite for foundry applications should allow a very high degree of exfoliation of the smectite clay particles. The platelets should cover the sand particles and bonding will take place through adhesion and cohesion based on the surface properties of the wet clay platelets attached to the quartz surface. The higher the surfaces originated from the smectite clay minerals in the system, the better the binding properties. This can be achieved best by natural Na-bentonite and sodium activated bentonite.

The exfoliation of the platelets should be undertaken with a minimum moisture requirement. Excessive moisture in the molding sand can lead to casting defects such as explosion penetrations. Other casting defects related to the composition of bentonite including accessory minerals and additives releasing fluorine and nitrogen. Smectite minerals should have a low content of fluorine in octahedral position. The sulfur content should be controlled in particular for the production of nodular iron.

The higher the thermal durability of the bentonite, the lower is the rate of dead burned bentonite formation in the system. Smectite clays in close proximity to the hot liquid metal transform to chamotte-type phases that occur as ooidal shells around the quartz particles. The use of thermally stable bentonite requires less replenishment, which is also an economic factor. Molds produced with a bentonite of very low thermal durability may lose strength during pouring, and sand particles may be able to penetrate the metal. Scabbing defects may be observed if the mold is too hard.

Thermal durability is not only a function of the dehydroxilation temperature of the smectite clay minerals. Bentonite with a low degree of dispersity, such as Ca-bentonites, also tend to have reduced binding properties after heat exposure.

After metal pouring, excessive thermal durability may be counteractive in the decoring step. If possible, the characteristics of the bentonite should be adapted to the size and complexity of the casting while the sand metal ratio should be monitored. Additives such as processed carbon and the lustrous carbon formers will also have a positive impact on the shake-out properties of the molding sand.

In summary, the bentonite needs to have specific properties for greensand foundry molding sand systems in order to fulfill the various constraints (explained below). This can be addressed by the utilization of additives or by blending different bentonite grades. For example, some US foundries use a mix of Ca-bentonite with the thermally stable natural sodium bentonite from Wyoming in order to improve shake-out behavior. Tilch et al. (2015) and Brümmer & Brümmer (2021) provided a detailed overview about the application of bentonite-based molding sand systems.

Specific tests are carried out for the evaluation of a foundry bentonite by preparing a bentonite sand mixture and subsequent physical testing. These include methylene blue adsorption, which is used to calculate the so-called *active* clay content of the molding sand. The active clay content helps to identify variations in the smectite content of the molding sand so that corrective actions for the dosing rate can be initiated.

The behavior of a bentonite for foundry applications is characterized when a mix of bentonite and sand is prepared, compacted, and tested for different physical strength properties. Test procedures and equipment are defined by several national foundry associations such as Verein Deutscher Giessereifachleute (VDG) in Germany, American Foundry Society (AFS) in the US, GB in China, etc. These test procedures also define the type of silica sand that needs to be used for comparable results. Granulometry, grain shape, and purity of the silica sand will influence the results of the molding sand tests. Some of the main tests are described in the German VDG procedure P69.

Sample preparation starts with the mix of 95 mass% silica sand (e.g. type F32) and 5 mass% of bentonite in a Mix-Muller batch mixer for five minutes. Sufficient water is added until optimum compactibility is achieved. After mixing, the sand is compacted in a cylinder using a ram-device providing a specific load. The objective is 45 % compactibility.

The compacted, cyclindrical shaped molding sand sample is subsequently tested for:

- **Green compression strength**
  The force at which the sample is destroyed by compressive movement in a unidirectional press.

- **Wet tensile strength**
  The sample is heated to 300 °C and the force required to pull the sample apart is determined when a condensation zone with elevated moisture develops.

- **Permeability**
  An airflow is passed through the sample and the resistance against the flow is noted.

There are several other parameters that can be obtained from the sample specimen. Testing procedures may vary significantly between countries, such as tests in the US where abrasive strength of the specimen (friability test) or resistance against impact (cone jolt test) is used to characterize molding sand properties.

For foundries operating a cyclical molding sand system, where the majority of the sand is reused, characterization of the thermal behavior of the bentonite is a key property. Information obtained from thermal analysis cannot alone provide sufficient information, because changes in the swelling and water adsorption behavior cannot be characterized. Tests have also been designed for temperatures ranging between 500 and 600 °C. A specimen of the baked material is prepared for physical molding sand testing, and the results are compared to those from unheated samples.

The dehydroxilation of smectite clay minerals during heating causes a loss in properties that can be observed by decreasing methylene blue adsorption. But swelling or rehydration, respectively, of structurally intact smectite minerals may be restricted after complete dehydration, most probably due to layer-charge effects and interlayer cation composition, and that may prevent timely rehydration in the mixing process.

The use of bentonite for foundry applications is one of the most important bentonite markets. The majority of bentonite is consumed in foundries that produce castings for automotive (light and heavy vehicles) as well as agricultural and construction equipment. There is also a market for municipal castings (mainly dewatering), machinery, and construction (e.g. ovens).

China is the major consumer of global foundry bentonite with approximately one million ton per year (1 mtpy) that is sourced primarily from domestic resources. European foundry bentonite demand is approximately 650,000 tpy with Germany, France, and Italy being the main consumers. Approximately 400,000 tpy of foundry bentonite is used in the USA, most of which is produced from natural sodium bentonite.

In order to provide the foundry with sufficient process security for their casting production, the bentonite must be produced as a homogenous product in high volumes over an extended period of time. This will give the foundry sufficient process security in their casting production, but requires extensive and well investigated reserves as well as forward-looking production planning for several years ahead.

Foundries add bentonite as a dry powder to their molding sand system. The material should have sufficient free flowing properties for pneumatic transportation. There are no specific requirements regarding ultra-fine milling.

Foundries are continuously attempting to reduce the environmental impact of their operations, and carbon additives in greensand foundries contribute to the overall emissions. The molding sand suppliers attempt to select additives with reduced emissions or remove the organic component completely. Surface finishing and decoring properties will be maintained by bentonite modification and the use of inorganic additives.

Most of the bentonite and silica sand is retained in the spent foundry overflow sand and can be reused. It has been demonstrated that smectite clay minerals can be separated from silica fines in a wet separation process, and future work may demonstrate that the separation of bentonite is closely linked to quartz surfaces with the possibility to recycle both materials in an industrial process.

### 7.1.6 Disposal of high-level radioactive waste (HLRW)

The safe disposal of high-level radioactive waste (HLRW) remains a major challenge, and generally the deep disposal of HLRW in geological formations is favored. There are various concepts being investigated for isolating the HLRW for up to 1 Ma, and in most of them bentonite is proposed as a geotechnical barrier between the metal canister containing the waste and the host rock as well as backfill material to seal shafts and tunnels.

Sweden and Finland, for example, are planning to locate their repositories in granites, and the canisters will be enclosed in highly compacted bentonite (Fig. 7.7). The swelling capacity of bentonite results in a low hydraulic conductivity and the possibility to seal cracks even in contact with the partially fractured granitic host rock. Switzerland is planning to build the repository in the weakly permeable Opalinus Clay. Despite the low permeability of this potential host rock, an additional bentonite barrier between the canister containing the HLRW and the host rock will increase the security. The canisters are loaded onto a support of highly-compacted bentonite blocks, and the tunnel is continuously backfilled with compacted bentonite granulates. In France no additional bentonite barrier between the Callovo-Oxfordian clay and the canister is planned (Sellin & Leupin 2013).

Bentonite has never before been used in HLRW engineering. A few large-scale tests as the alternative buffer material test (ABM) of Svensk Kärnbränslehantering (SKB) were performed in order to compare the performance of different bentonites under the expected conditions (Kaufhold et al. 2017a). Since there have been only a very few investigations, the specifications for HLRW bentonites have not yet been prepared.

Most countries are planning to use a bentonite barrier produced from the well-known Wyoming bentonite or other locally available bentonites. Koch (2008) discussed the possibility of using "European bentonites as alternatives to MX-80".

The identification of consistent quality-determining parameters for HLRW bentonites is complicated due to the number of different aspects that have to be considered. In other uses of bentonite there is usually one main quality-determining parameter (e.g. viscosity for drilling fluids).

According to Sellin & Leupin (2013) the key parameters of HLRW bentonites are:

- low hydraulic conductivity,
- self-sealing ability, and
- durability (stability).

**The "ideal HLRW bentonite" project** conducted by the German Geological Survey (BGR) **identified ten issues that are sketched in Figure 7.7 and discussed in the following** (as a summary of the more detailed discussion reported by Kaufhold & Dohrmann 2016). Although the studies focus on bentonite in the geotechnical barrier, it is also important as backfill. However, the backfill bentonite is less stressed (lower temperature, fewer interfaces, etc.) and hence the specifications are not so rigorous as for the geotechnical barrier.

The key issues include both immediate performance (e.g. issues 1 and 7) and durability (affecting long-term performance = "stability").

(1) One of the most important and required properties of the bentonite is the **sealing** of fractures that can appear anywhere in a multicomponent system. The sealing property is closely related to the swelling pressure (Pusch et al. 1995), which in turn depends on the compaction that is monitored by the dry density. At low dry densities (moderate compaction), Na-bentonites show a higher swelling pressure and lower hydraulic conductivity as compared to Ca-bentonites. This difference becomes less important with increasing degree of compaction (= increasing dry density). The changes in swelling pressure/hydraulic conductivity were observed in various bentonites. However, the swelling pressure and hence the sealing properties of a given bentonite can be controlled by the compaction and, therefore, the type of bentonite is less important with respect to the sealing issue. Moreover, in some concepts the swelling pressure should not exceed a critical value (e.g. 15 MPa; Sellin & Leupin 2013). There is, therefore, no generally valid specification for the swelling pressure. The

gas permeability also has to be taken into consideration, and it is possible to reduce the swelling pressure and thereby increase the hydraulic conductivity (to some extent) in order to provide sufficient gas permeability. These parameters may vary from concept to concept. Using a bentonite with a broad range of swelling pressures depending on the dry density/compaction would be preferable. Such a bentonite would have sufficient swelling pressure and a flat dry density/swelling pressure curve as compared to others. However, additional systematic investigations are required to identifiy better materials.

(2) The quantity of water in the system is one of the most important variables for the long-term assessment of the multibarrier system. High water contents lead to the desired swelling pressure and sealing capacity and with low water contents (**dry conditions**) the swelling clay minerals (smectites) may lose some of their swelling and/or exchange capacity. Kaufhold et al. (2010a) investigated a set of different bentonites before and after extensive drying and confirmed the loss of some exchange capacity. They also concluded that this process is limited so that the loss of the exchange capacity reaches a maximum at a specific time. Within the first years of extensive drying the quantity of fixed (non-exchangeable) divalent cations increased in contrast to the monovalent cations. The model explaining this behavior still has to be validated. Bentonites that lose more of their exchange capacity than others were also identified. The reasons for these differences, however, are not yet understood.

(3) The bentonite should be stable in the alkaline **cement pore water**, but the extreme alkaline conditions (pH ≥ 13) present for a limited period of time (Nagra 1995) will cause congruent smectite dissolution and precipitation of secondary minerals such as zeolites. A summary of the results of different experiments is provided by Kaufhold & Dohrmann (2011), who also showed that the type and amount of secondary minerals along with the concentration of dissolved elements strongly depends on the experimental conditions including the continuous or occasional shaking as well as on the type and chemical composition of the different bentonites. It is, therefore, difficult to compare the reactivity of different bentonites that were in contact

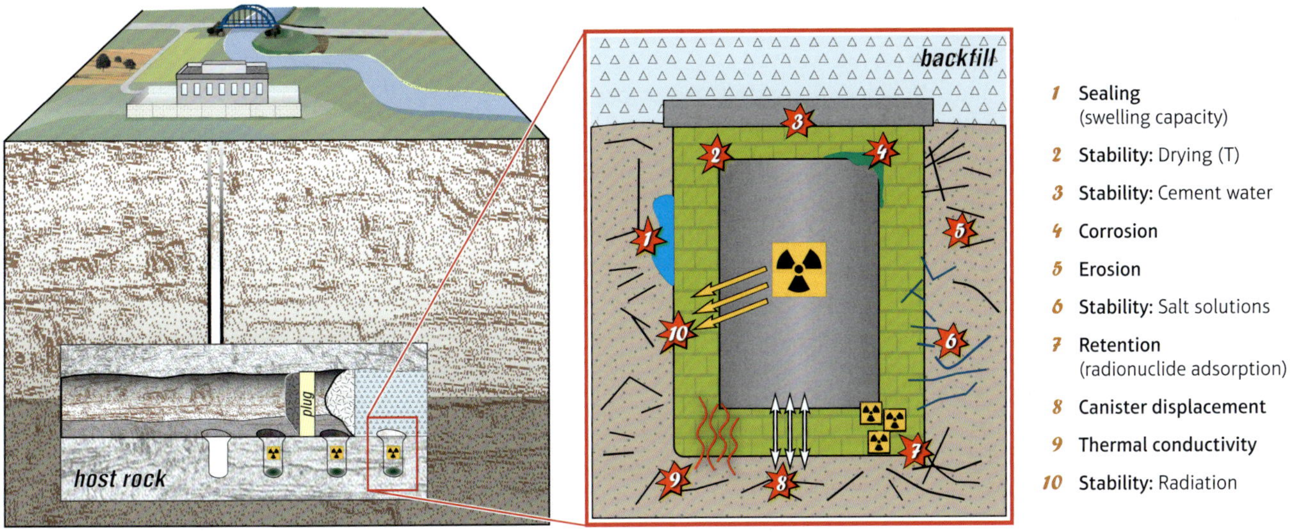


Fig. 7.7: Schematic representation of the planned application of bentonite as HLRW barrier material, as backfill material and as compacted blocks directly around the canister.

with highly alkaline solutions. At the pH 12.5 value that is expected (Berner 1992), all of the structural elements of smectites are quite soluble and hence the progression of a dissolution/precipitation reaction front will probably be determined by the pH buffering capacity towards more acidic pH values. In this respect Ca-bentonites, which are generally more acidic (Kaufhold et al. 2008), may be advantageous as compared to Na-bentonites. Kaufhold et al. (2020a) recently demonstrated that bentonites containing reactive silica (soda soluble silica – SSS) are more stable when mixed with cement as compared to bentonites that do not contain SSS. In the case of SSS-rich materials, the reason is probably the formation of Ca-silicates that consume $Ca(OH)_2$, as was already modelled by Arthur & Savage (2016). Notably, if low-pH cements are used, then the relative importance of the stability of bentonite in alkaline solutions decreases.

(4) Bentonites are known to be a factor in **corrosion** at the metal-bentonite interface, which will occur under anaerobic conditions in a HLRW repository. Typical corrosion products are magnetite, Fe-silicate, and Fe-carbonate (if $CO_2$ is present). A 1:1 Fe-layered silicate forms at lower temperatures and is often referred to as berthierine, and at elevated temperatures above 100 °C, 2:1:1 Fe-layered silicates prevail (Wilson et al. 2006a, b). An in-depth description of the low-temperature silicate corrosion products is provided by Lanson et al. (2012). The role of the bentonite with respect to the corrosion mechanism is not yet fully understood. Kaufhold et al. (2015d) compared 38 different bentonites in five different exposition tests. The corrosion rates ranged from 2 to 20 µm/a. Much lower rates are expected for different solid/liquid ratios and longer time durations. Na-bentonites were found to be slightly less corrosive. In two separate corrosion tests, each conducted anaerobically at 60 °C for five months, a clear correlation of the layer charge density with the corrosion rate was found. One test was conducted with homoionic Na-bentonites and the other with Ca-bentonites (Kaufhold et al. 2015d). Low charged smectites were more corrosive than medium to high charged smectites. With respect to corrosion of Fe-canisters, bentonites containing high charged smectites would, therefore, be preferable. The reason for this observation and the corrosion mechanism were investigated by Kaufhold et al. (2020b). It was found that anaerobic Fe-corrosion starts with the formation of ferrous hydroxide, and later transforms to magnetite (Schikorr 1933). If reactive silica (SSS) is present in the bentonite, Fe-silicates form from the start of corrosive activity (Kaufhold et al. 2020c). After some time, Fe-silicates also form with low-SSS bentonites, and this indicates that smectites are destabilized and yield Si into solution. The step that determines the rate of corrosion is probably the reduction of structural $Fe^{3+}$ by $H_2$, which is supposed to depend on the layer charge density. The role of reactive silica with respect to the corrosion rate should be investigated in future. In some concepts, metals other than iron are considered, such as copper. Specific reactions of copper and bentonite were only observed if the bentonite contained sulphide/pyrite (Kaufhold et al. 2017b). Sulphide-free bentonites are, therefore, preferable in combination with Cu-canisters.

(5) If bentonite is used in pervasively fractured granites, flowing water cannot be discounted and this could lead to **erosion** (detachment of particles from the bentonite followed by transport along the fractures). The diameter of the particles may vary and even colloidal particles could detach from the bentonite. Among others Svoboda (2013) studied the swelling of the clay into fissures with various openings, and Birgersson et al. (2009) investigated the erosion depending on the water flow. Kaufhold & Dohrmann (2008a) compared different bentonites with respect to their tendency to release colloids and demonstrated that Na-smectites released many more colloidal particles than Ca-bentonites, probably because of the tendency towards delamination (separation of

TOT layers, also known as infinite swelling). Therefore, the danger of losing substantial amounts of the bentonite barrier is greater with Na-bentonites as compared to Ca-bentonites. Increased salinity and/or exchange of $Na^+$ for $Ca^{2+}$/$Mg^{2+}$ from solution generally reduces the probability of detachment of colloidal particles and, because of the expected rapid equilibration of the smectite interlayer with the surrounding solution (ABM-I; Kaufhold et al. 2013a), the type of initially present exchangeable cation ($Na^+$, $Ca^{2+}$, $Mg^{2+}$) may not be important.

(6) The stability of bentonites in contact with different **salt solutions** has been investigated by several studies. In two different studies Kaufhold & Dohrmann (2009, 2010b) investigated the reaction of both NaCl and KCl with a set of different bentonites and did not find significant structural damage in the case of the reaction with NaCl, but irreversible changes in the case of the reaction with KCl. They concluded that a multi-method approach is required for the characterization of the KCl reaction products, because the common method to distinguish smectite from illite is XRD after EG solvation. However, in the case of these products various *d*-spacings between 10 and 17 Å were found that complicate the interpretation of this data. Furthermore, the CEC data, water uptake measurements, and the determination of soda soluble silica distinguished real illite, non-exchangeable K-smectite, exchangeable but non-swelling K-smectite, and exchangeable + swellable K-smectite. The results clearly indicate that some illitization will occur if $K^+$ is available in the system simply because smectite becomes unstable in the presence of $K^+$, and illite can form probably by dissolution and precipitation. As in the case of the drying experiment and corrosion tests, the repetition of the experiments proved that some (always the same) bentonites tend to lose more CEC, and hence are more reactive than others.

In their comparative studies Kaufhold and co-workers found that the bentonites differ with respect to the tendency to lose some of their CEC. After two separate drying tests, three different KCl-tests, and even after two different NaCl-tests some bentonites were identified that lost more of their CEC than others in all tests. To be more precise, a bentonite that lost much of its CEC in the drying experiment also belonged to the group of bentonites that lost much of their CEC in one of the other experiments. There is no explanation of this common trend. It could be that the solubility of the smectite depends on the chemical composition or the crystallinity, probably related to the particle size. However, these explanations remain speculative.

(7) The **retention** of radionuclides is an additional issue. In a worst-case scenario different species of radionuclides exit the canister and enter the bentonite. Bentonites may differ with respect to their adsorption selectivity, which depends on their layer charge densities and/or chemical composition. They also differ with respect to accessories which may provide relevant adsorption sites (e.g. Fe-minerals immobilizing Np; Fröhlich 2011). A ranking of the danger of the different radionuclides would have to be established in order to compare the efficiency of various bentonites. It is impossible to determine if bentonite with larger selectivity for a specific uranium species or for cesium is more suitable as an HLRW bentonite. Several studies demonstrate that some bentonites can be improved with respect to retention of specific radionuclides, such as $^{129}I$ (Riebe et al. 2005a, b; Dultz & Bors 2000; Kaufhold et al. 2007).

(8) The integrity of the multibarrier system depends on the components remaining in place. For example, an earthquake could cause severe damage to the multicomponent system and change the structure of the barrier components, but details of such a scenario are difficult to predict. If **displacement** occurs, the high swelling capacity (swelling pressure) will facilitate the

sealing of the voids generated. In addition to the seismic problem, the **canister** could sink into the bentonite, which reflects on the plasticity of the bentonite. According to SELLIN & LEUPIN (2013), a minimum swelling pressure of 0.1 MPa is sufficient to keep the canister in place and, therefore, this problem is not considered to be serious because the specified swelling pressure should be much higher than 0.1 MPa. In some concepts an upper limit of the swelling pressure is based on the stability of the canister (for example 15 MPa; SELLIN & LEUPIN 2013).

(9) **Thermal conductivity** is another key issue and it should be as high as possible because the heat emitted by the canister should be conducted away from the system as otherwise the temperature would increase. The thermal conductivity of bentonite depends mainly on the porosity and degree of saturation rather than the mineralogical composition. Porosity is a thermal insulator, with air (0.03 W/m/K) although water has a higher thermal conductivity (0.6 W/m/K). By varying both parameters in a bentonite, HÖKMARK (2002) demonstrated a linear relation of the thermal conductivity depending on the degree of saturation with a thermal conductivity of 1 W/m/K at 60 % saturation. Values of about 1 W/m/K were typically reported for bentonites and reasons for the observed variability included water content and orientation of bedding (≈ 0.95–1.3 W/m/K; SCHÄRLI et al. 2004), water content and ambient pressure (≈ 0.8–1.5 W/m/K; KNUTSSON 1983), degree of saturation (≈ 0.6–1.3 W/m/K; VILLAR 2002), and grain-grain contacts (1.1–1.3 W/m/K; PLÖTZE et al. 2007).

Of all the typical bentonite constituents, quartz has the highest thermal conductivity (about 8 W/m/K, depending on the crystallographic orientation, as compared to muscovite with approx. 2.3 W/m/K; CLAUSER & HUENGES 1995), and the variation of the thermal conductivity in different bentonites also depends on the quartz content. At a given degree of water saturation the thermal conductivity of a quartz-rich bentonite is higher than those with less quartz. Quartz can be added to the bentonite in order to improve the thermal conductivity (JOBMANN & BUNTEBARTH 2009). An alternative could be quartz-rich bentonites, which are currently not considered as economic by the bentonite industry. The industrial mixing of quartz and bentonite is possible, but low quality bentonite deposits with about 50 % smectite and close to 50 % quartz including a few accessories, could be mined. A high content of quartz is desirable for a bentonite with good thermal conductivity properties. However, a high quartz content has negative effects on other properties such as swelling pressure, since the non-swelling increases with the relatively inert quartz. The thermal conductivity of normal bentonites with quartz contents less than 20 mass% depends mainly on their compaction, and hence more on the production than on the type of material. A further alternative would be to select a smectite-rich material and add graphite, as suggested by PACOVSKÝ et al. (2007) and VAŠÍÈEK (2007), but this may result in production of gas, initiate mineral alteration reactions, or even result in corrosion in the system.

(10) Radioactivity may affect the structure of the bentonite (smectite). With 1.1 MGy **$\gamma$-radiation** PLÖTZE & KAHR (2002) and PLÖTZE et al. (2003) induced an increasing number of point defects, but no changes in the geotechnical properties. SORIEUL et al. (2002) confirmed these results with 100 MGy $\beta$-radiation. Elevated temperature may also be important in combination with radiation. SORIEUL et al. (2008) demonstrated that elevated temperature in combination with radioactive radiation can lead to partial amorphization. Temperature and dose, however, were high (> 250 °C). PUSCH et al. (1993) and SELLIN & LEUPIN (2013) reported the expected dose to be too low for serious structural damage. Serious structural damage could be caused by $\alpha$-radiation but the $\alpha$-nucleus must be in direct contact with the bentonite because of its limited penetration

depth. Accordingly, FOURDRIN et al. (2010) applied 73 MGy to a bentonite with direct contact and demonstrated serious structural damage, although the dose rate was significantly greater than that expected in the repository. Because iron can at least be reduced (e.g. ferric to ferrous iron), PLÖTZE et al. (2003) and SORIEUL et al. (2008) identified the special role of structural Fe with respect to radiation effects. The published data suggests that the effect of radioactivity on the bentonite may be relevant only in a worst case scenario (FOURDRIN et al. 2010), and that structural Fe may be more prone to radioactivity-induced changes than other structural cations.

In conclusion, the content of soluble or partly soluble components is a quality-determining specification, and should be low because their dissolution may locally change the dry density and their presence can cause other reactions. For example, in the SKB long-term test (LOT), the redistribution of gypsum (dissolution at the inner and outer rims and precipitation in the central core) was observed. Furthermore, sulfur, from the surrounding water or from gypsum or pyrite dissolution, participated in the corrosion of Cu (KARNLAND et al. 2009). The content of gypsum and pyrite should, therefore, be as low as possible, as should organic matter that may produce gas upon decomposition and could support microbiological activity. DTA-MS measurements are suitable to detect even low contents of gypsum, pyrite, and organic matter. Carbonates are also partly soluble but they are considered less relevant. Their presence, however, may lead to siderite formation at the Fe/bentonite interface.

The hydraulic conductivity should be as low as possible. The hydraulic conductivity of different bentonites can be changed by the compaction, which in turn increases the swelling pressure, and thus the hydraulic conductivity/swelling pressure of a given bentonite can be adjusted to the required values. A bentonite with only minor variation in the swelling pressure at different dry densities would be particularly useful, although it is too early to recommend a specific bentonite. At low dry densities the swelling pressure of Na-bentonites is higher, but this can be compensated by compaction (PUSCH et al. 1995). $Ca^{2+}$ as the dominant exchangeable cation has some advantages over $Na^{+}$ because it buffers alkaline pH values more effectively than Na-bentonite, which is relevant for the cement plug interface. Ca-bentonites do not tend to liberate colloidal particles to the same degree as Na-bentonites. The higher selectivity of $Ca^{2+}$ towards the smectite interlayer, and presence of some $Ca^{2+}$ in most host rock waters, will lead to a fast cation exchange in Na-bentonites that are in contact with such solutions (DOHRMANN et al. 2013). Ca/Mg-bentonites should be preferred over Na-bentonites because of the lower tendency to liberate colloids. A general recommendation for the initial type of exchangeable cation may be redundant because of the fast equilibration of the bentonite with the surrounding water.

Structural Fe can be considered as a weak point in the smectite structure because it can be reduced and rendered much more soluble either by microbial activity or even by radioactive radiation. It can also contribute to corrosion since it is the only reasonable electron acceptor in the structure. A clear correlation of the corrosion rate at the bentonite iron interface with the layer charge density of homoionic bentonites was found. This trend was less obvious in the case of samples with natural cation population, probably because of the different water contents of Na- and Ca-gels.

Reactive silica (SSS) also affects the bentonite performance at the cement/bentonite and Fe/bentonite interfaces. Ca-silicates form at the contact with cement, which results in decreased dissolution of smectite. At the Fe/bentonite interface reactive silica leads to the rapid formation of Fe-silicates. The effect of SSS on the corrosion rate, however, remains to be studied in future.

In summary, although not all mechanisms are yet fully understood, the ideal HLRW bentonite directly surrounding the canister (geotechnical barrier) should:

- not contain soluble or reactive components such as carbonates, gypsum, pyrite, and organic matter (carbonates are considered less relevant);
- be low in structural Fe;
- contain medium to high charged smectites if iron canisters are used.

These HLRW specifications will be complemented by additional specifications depending on the results of ongoing research. As an example, the portion of tetrahedral charge can be important with respect to detachment of colloidal particles (ALONSO et al. 2016). Of particular interest would be the identification of the reason for the different reactivities. The importance of the preliminary specifications (above) in a specific repository has to be assessed individually dependent on concept and special requirements (KAUFHOLD & DOHRMANN 2016).

European countries with nuclear power plants are searching for a solution for the safe disposal of radioactive waste. Different grades and different shapes of bentonites will be needed to seal and backfill the entire HLRW repository. As the volume for backfill will be a multiple of the volume for compacted bentonite, alternative disposal concepts are under discussion in order to reduce the needed backfill volume. SKB has for many years been studying different alternatives of repository design and layout within the general concept of KBS-3 (Swedish reference concept). At present an in-depth evaluation is being made of the conventional vertical KBS-3 concept and a variant where the canisters are being placed horizontally in deposition tunnels. Depending on the depth of the deposition cavity and the length of the canister, the demand for compacted bentonite buffer blocks will be 20 to 25 mt/deposition cavity for the repositories in Sweden and Finland.

The following estimates have been previously discussed and may have changed in the meantime, but are provided in order to show the orders of magnitude of required material. The possibility to use low-grade bentonite as buffer material is occasionally discussed.

- **Finland** (40 canisters annually)
  *Compacted bentonite blocks:* 900–1,000 tpy
  *Backfill for depository tunnels:* 4,500 tpy
  (for 400 meters of tunnel)
- **Sweden** (300–400 canisters annually)
  *Compacted bentonite blocks:* 7,000–10,000 tpy
  *Backfill for depository tunnels:* 35,000–40,000 tpy
- **Switzerland** (approximate estimate)
  *Compacted bentonite blocks:* 500–600 tpy
  *Bentonite granulate for backfill:* 5,000–6,000 tpy

The total market demand for HLRW bentonite currently can not be assessed because the final concepts in the different countries are still under investigation.

The actual annual demand for HLRW bentonite will strongly depend on the final concepts of HLRW disposal in the different countries as well as the time of starting the operation. The first HLRW repositories to commence operation in Europe may be the Swedish and Finish repositories around 2030.

## Production

The complete production chain of HLRW bentonites may be carried out in stages by various stakeholders at different locations:

- mining of selected raw bentonites
  (bentonite producers);
- production of fine-grained intermediate bentonite products
  (bentonite producers);
- compaction of bentonite in highly compacted forms (Fig. 7.8),
  (probably national agencies for HLRW disposal);
- installation of the highly compacted bentonite material as buffer and backfill
  (probably national agencies for HLRW disposal).

The particle size distribution of the basic bentonite is important for the preparation of the bentonite buffer blocks by compaction. As the compaction process using bentonite powder can be very fast, the trapped air cannot completely escape. As a result cracks may be formed, and this can be avoided using a granular bentonite with a grain size range from 0 to 2 mm.

Different compaction techniques can be used and different forms can be produced. Depending on the size and form of blocks "isostatic" compression or "uniaxial" compression can be applied, but there is still a demand for further technological development for compaction of big cylindrical

Fig. 7.8: Two examples of compacted bentonite products. Cylindrical bentonite blocks (**left**) and compacted bentonite pellets (**right**) produced by NAGRA (Swiss agency for the disposal of radioactive waste).

blocks with diameters of 1700 mm for final repositories. The form of compacted bentonite blocks will be depending on handling and safety issues.

In the advanced concepts of Sweden or Switzerland highly compacted bentonite blocks are produced by pressing bentonite powder or granules or even a mixture of both in large presses. Technically a pressure of 100 to 200 MPa can be realized. The parameters determining the result of bentonite compaction are explained by Müller-Vonmoos & Kahr (1985); Johannesson et al. (1995), and Kaufhold et al. (2013c, 2015a).

Currently many questions concerning the performance of bentonite, particularly the long-term performance, still have to be answered. The research demand, therefore, is large and rather different aspects have to be investigated.

### 7.1.7 Pelletizing

After foundries, iron ore pellet plants are the second largest consumers of bentonite worldwide. The total bentonite production for pelletizing is approximately three million tons (Bergaya & Lagaly 2013b), or about 20 % of global production.

Bentonite acts as a binder in the iron concentrate in the production of pellets, and it is essential to the performance of the pelletizing process as well as the quality of the final product.

Pellets are balls produced from iron ore or concentrates that are used as feed material for iron production (Fig. 7.9). Originally, the pelletizing process was developed in the United States during the 1950's to treat the very fine concentrate products, derived from iron ore beneficiation that could not be used in the blast furnaces. Historically, the feedstock for the blast furnaces was naturally occurring lump ores. The depletion of deposits of higher quality lump ores in the 1950's led to the development of low-grade ores that required fine grinding for concentration. These iron ore concentrates had to be pelletized, as they could not be treated economically by other methods such as sintering or briquetting. Furthermore, pellets had some advantages over other feed materials (lump ore and sinter) including their spherical shape and constrained size range (usually within the range of 9–15 mm), chemical homogeneity, high mechanical strength, and porosity that allowed better productivity in the blast furnaces.

The stages of the pelletizing process are:

- **Agglomeration of wet iron concentrate** (8–10 mass% moisture) that has been beneficiated at the desired chemical composition and milled to a suitable particle size.

Prior to agglomeration, the feed material is mixed with additives, such as fluxing agents (dolomite, calcite), coke, and bentonite. The amount of added bentonite depends on its quality and on the physical characteristics of the concentrate (moisture, specific surface, grain size distribution, mineralogy), and is usually in the range of 4–10 kg/t. Agglomeration takes place in rotating discs or drums in a closed circuit, with a screen to remove and recycle the off-size material.

- **Induration of wet (green) pellets.**
Green pellets cannot be used directly in the metallurgical process and, therefore, need to be indurated by heating under oxidizing conditions, at temperatures up to 1250–1350 °C below the softening point of the ore. During induration, a stationary pellet layer (bed) is transported on a moving grate through three zones: the drying, heating and cooling zone.

Bentonite plays a crucial role in the pelletizing process as it affects significantly pellet properties and process productivity. During wet agglomeration, bentonite imparts plasticity and strength to pellets, as reflected by properties such as green drop number and green strength. The drop number is an important property indicating how many times a green pellet can be dropped from a specific height (46 cm) before it shows perceptible cracks. Pellets with a high green drop number can withstand transportation from drums or discs to the induration machine without any damage. Equally important is green strength and rigidity, as pellets need to withstand the compression load in the pellet bed during induration with the minimum deformation. A low green drop number and weak compression strength results in production of pellet fragments (chips) and thus a loss of productivity.

Bentonite affects compression strength and plasticity of pellets by adsorbing water, allowing an even distribution of moisture in the balls, increasing capillary forces and forming solid bridges between its platelets and the ore surface. Bentonite affects also the sizing and the growth kinetics of pellets, which is a very important parameter for the production of recycling loads and plant productivity.

During the drying stage, strong pellets with high dry strength can withstand the load of the overlying pellet layers and the pressure of gases flowing through the furnace charge. Any loss of dry strength has a severe effect on dust generation and on pellet bed permeability. Bentonite increases considerably dry strength allowing additionally gradual and smooth migration of water to the surface of the pellet.

The bentonite addition rate is one of the most critical process control parameters, and it is adjusted according to moisture of the concentrate, the targeted pellet properties (green drop, green and dry strength), and the recycling load of the agglomeration circuit.

During firing, bentonite maintains some of its binding properties up to the dehydroxilation temperature at which bentonite loses all its binding capacity. The dehydroxylation temperature, which varies between approximately 450 and 700 °C, depends on the type of smectite and it is one of the parameters that may affect fired pellet strength. At high temperatures, above 800 °C, the presence of alkalis in bentonite results in the formation of eutectic compounds that promote slag bonding between iron oxide particles and may increase the compression strength and abrasion resistance of the fired pellets. In addition to the physical properties of pellets, bentonite also has an effect on metallurgical properties such as the reducibility index, which controls the performance of pellets in oxide-reduction furnaces.

Although bentonite improves pellet properties and process efficiency, it has a negative effect on the chemical composition of fired pellets by increasing the contents of silica, alumina, and alkalis, which are undesirable impurities for the yield and operation of the blast furnace process. Depending on the chemical characteristics of the feed material, the contribution of $SiO_2$ and $Na_2O$ in bentonite can be as high as 35 % and 70 %, respectively, in low silica pellets. The negative effect of bentonite on the chemical composition of pellets influences the efforts of pellet plants to reduce bentonite consumption without sacrificing the physical properties of pellets and process performance.

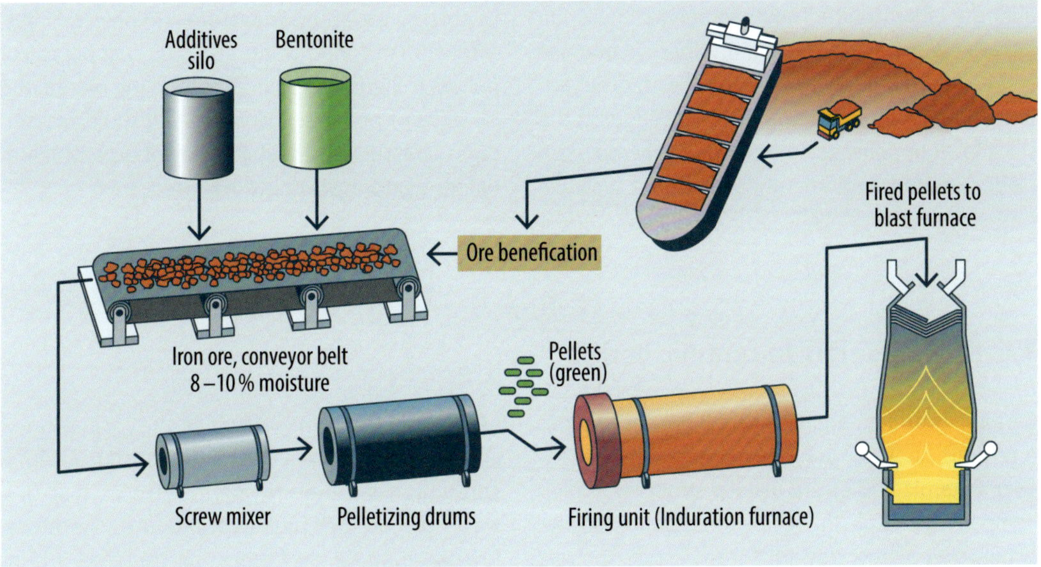


Fig. 7.9: Schematic representation of iron ore pelletizing and flow sheet of a pellet plant.

Only Na-bentonite can be used for pelletizing. Bentonite is often supplied in bulk form and is then milled on site, usually to a particle size of 80 to 90 % less than 200 mesh. It is important to use high-quality bentonite because of the implications for the pelletizing process yield and product quality. The selection of the appropriate bentonite can improve the process performance and pellet quality in the plant, as well as reduce the consumption of bentonite.

The quality of bentonite can be assessed by a variety of laboratory methods, such as methylene blue adsorption, cation exchange capacity, swelling index, Enslin test, plate water adsorption, thermogravimetric analysis, IR analysis, etc. The water adsorption capacity usually provides a reasonably good prediction of the binding performance for pelletizing, on condition that the pellet feed has stable characteristics. However, as there are a number of interactions between bentonite properties and the physicochemical characteristics of the iron concentrate, all these methods are not fully adequate on their own for fully evaluating the performance of bentonite as a binder. The agglomeration performance in special laboratory tests, and ultimately the performance in real plant conditions, provides the best estimate of the suitability of the bentonite as a binder. The testwork includes agglomeration in laboratory-scale drums or discs. Another very common laboratory method is the tyre balling, where pellets are produced in a tyre of a certain diameter at different moisture levels. The pellets are then measured for green drop, green strength, and dry strength. A qualitative estimate of pellets, such as roughness, sphericity, and condition of the surface can be made by this method. A complete laboratory evaluation of bentonite also includes pellet firing in a furnace that can simulate real firing conditions and then measurement of all critical properties of the fired pellets, such as reducibility, abrasion resistance, compression strength, etc. The introduction of a new bentonite quality is usually preceded by a plant trial where the benefits of bentonite are systematically assessed, based on a certain protocol, on various critical parameters, such as consumption, percentage of green pellet recycle, pellet growth rate, physical and metallurgical properties of pellets.

Since early 1970's there has been intensive research on the development of organic binders as substitutes to bentonite in iron ore pelletizing. The polymers were introduced because of the requirement for low-silica pellets in the direct reduced iron technology. Organic binders are considered to have an advantage over bentonite since they do not increase the silica content of the iron ore. Organic binders burn off during the firing stage, thereby increasing pellet porosity, and they can be added in doses as low as one fifth to one tenth of the usual quantity of bentonite. The main polymers used in pelletizing are synthetic sodium methylcellulose and polyacrylamides, usually mixed with other additives. Although polymers offer advantages in the silica level of pellets, they cannot easily maintain stability during agglomeration, are more sensitive to process variations (moisture and physical characteristics of concentrate), and their cost per ton of pellets is significantly higher. In many plants, the benefits of polymers cannot offset the disadvantages and, therefore, substitution of organic material for bentonite is not widely used.

### 7.1.8 Bentonites in ceramic bodies

Ceramic products are commonly produced from a ceramic body containing clay, quartz, and feldspar. Ceramic bodies are usually similar but each company uses specific recipes depending on the properties of the clay (different clays, such as local clays, lead to distinctive properties of the ceramic bodies). Other types of clay and additional additives are commonly used to modify the properties of the ceramic bodies.

Bentonite may be added to the ceramic body in order to enhance

- the stability before and after firing;
- the green strength;
- the breaking strength together with the flexural resistance;
- the flexural strength;
- and reduction of the eutectic temperature, especially in electro-ceramics or insulators, by up to 140 °C (CLARIANT 2012; Fig. 7.10).

The optimal bentonite concentration may significantly improve the properties of ceramic bodies. Large smectite contents, however, affect the drying properties. Ceramics may be produced without any additional bentonite in several countries, especially when three-layered silicates are present as accessories in the main constituents.

Bentonite improves the properties of the ceramic bodies as well as the products, which enhances the production yield and provides a superior product, although the use of bentonite in ceramic bodies varies according to the final use. In the production of insulators, for example, plastifying and stabilizing is essential in addition to reducing the eutectic temperature. Some bentonite is used in fine ceramics and/or tableware although it may result in the formation of cracks and fractures after firing and, therefore, some high-swelling Na-bentonites with strong water uptake are best avoided and, therefore, low-swelling Ca-bentonites are favored if bentonites are required for the products.

Bentonites are used extensively in the production of ceramic tiles. For this application the stability of the products is more important than other beneficial properties, in particular for large-sized floor and wall tiles that are currently in demand, with ever-increasing dimensions. The variety of these large-sized tiles, which are virtually impossible to be produced without bentonite, is steadily increasing.

Bentonite could also improve the ceramic bodies used for brick or roof tile production, but these products are relatively inexpensive to allow for the production step in which the ceramic body and the bentonite could be intimately mixed. The homogenization process, which would be necessary to disperse the bentonite in the ceramic body, would increase the costs of the product and probably render it unaffordable for the customers. Bentonite is also used as an additive for refractory masses, and results in enhanced stability, lower eutectic temperature, plastifying, and viscosifying, all of which are important properties of the product. Depending on the required properties of the ceramics, 0.15 to 8.5 mass% bentonite are added to the ceramic body, most commonly ranging between 1.2 and 1.8 mass% depending on the specific ceramic product group. Bentonite is not only used in ceramic bodies but also in glazes and engobes where it acts as an anti-settling agent for pigments and extenders.

A significant percentage of the ceramic bentonite is used for tile production, although the other applications are also important. It is difficult to evaluate the market for bentonites in the ceramic industry because the ceramic bodies can be produced without bentonite. However, as ceramic technology advances, the use of bentonites is expected to increase. Also the steadily increasing quality requirement is expected to affect the market for ceramic bentonites. The demand for bentonite in the production of relatively large dimensioned floor- and roof tiles, which is a growing market, is increasing because of its importance to the stability of these special tiles. Overall, most applications are expected to be stable and a slight increase in the tiles and refractory ceramics market is expected for ceramic bentonites.

The quality of ceramic bentonites is determined by their color after firing. Quality management, therefore, includes monitoring some key elements affecting the color of a clay after firing. Hence, the concentrations of Fe, Ti, and Mn, for example, are measured by XRF in order that the concentrations of coloring minerals (as $Fe_2O_3$-, $TiO_2$-, $MnO_2$-containing minerals) are not exceeded. The rheological properties, such as viscosity values and yield point, as well as the exchangeable cations and CEC are also measured, and the smectite content is monitored.

Because of the unique properties of bentonite together with the current very interesting price-performation-ratio, there are no known inorganic materials that could someday substitute for ceramic bentonites. Organic additives may be used but are more expensive. The ceramics industry as a whole is divided as to the use of special additives such as inorganic layered silicates or organic additives. There is support for "fire and flame" of completely inorganic systems using layered silicates that will stay "within" the ceramics after firing with no significant effect on shrinkage, and there is support for using organic additives that will be "burnt out" by firing, with certain effects on the shrinkage while burning.

Na-bentonites, either natural Na-bentonites or activated Na-bentonites, and to a lesser extent Ca-bentonites are used in the ceramic production. The type of grinding that determines the aggregate size distribution of the product varies according to the homogenization procedure used in the final application. Even fine granulates can be used if a company that produces ceramics with added bentonite applies effective homogenization procedures. Finely ground powder, even classified products, must be used with less effective homogenization procedures.

Most of the uses of bentonite in the ceramic industry require experience based on empirical testing. There is a requirement to improve the understanding of the processes, for example, how stabilization is achieved and why is one bentonite more effective in stabilizing than another. Bentonite meets the challenge to stabilize comparably labile structures such as honeycomb-like structures that may be used as a carrier for catalysts. There are no systematic studies in the field of inks for tile printing such as digital technologies, where bentonite could act as stabilizing agent in the inks and prevent settling of pigments.

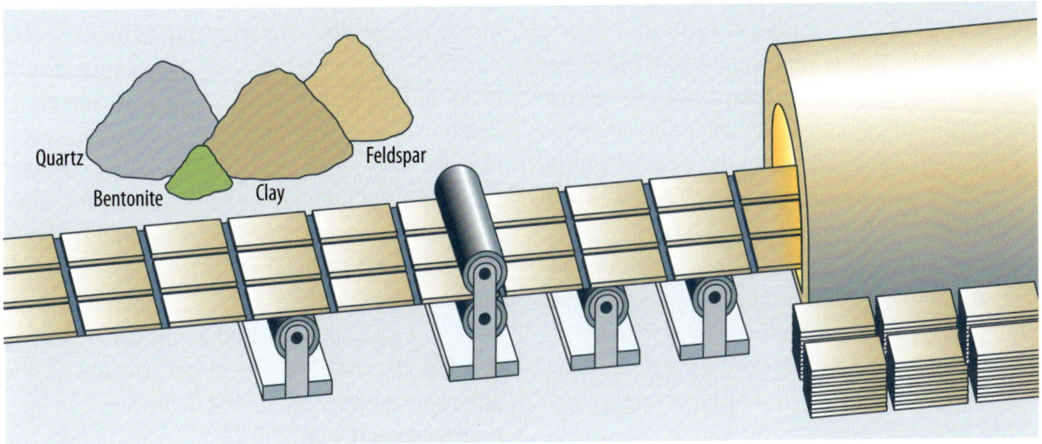


Fig. 7.10: Bentonite improves the properties of ceramic bodies. Bentonite imparts stability to both the ceramic body and the product, particularly for modern large-size floor and wall tiles.

# ▸ 7.2 Wet form applications

## 7.2.1 Beverage treatment

The adsorption capacity of bentonite is used in purification and separation processes for various liquids such as water, processing water (e.g. paper industry), sewage, oils or beverages (Fig. 7.11). Although the nature, the application and the value of the various liquids can be very different, the physical/chemical reaction processes are comparable. They include adsorption-, flocculation-, and precipitation-reactions followed by a solid/liquid separation by sedimentation, filtration or flotation. Clarification procedures are often used in the production of alcoholic (e.g. wine, beer, spirit) and non-alcoholic beverages (e.g. fruit juices) to obtain a clear, haze-free and thus marketable product. Bentonite is used in the beverage industry for clarification and for protein stabilisation to prevent subsequent turbidities.

The quality requirements for beverage bentonites, among other additives, are defined in national regulations (e.g. Weingesetz 1985: "Verordnung des Bundesministers für Land- und Forstwirtschaft zur Durchführung des Weingesetzes 1985 (Weinverordnung)", StF: BGBl. Nr. 630/1992; Austria). The content of substances that are soluble in 10 % acetic acid must not exceed 3.0 %, including a maximum of 500 mg sodium, 100 mg iron, 2 mg lead, and 0.2 mg arsenic, each referred to 100 grams. In the German beverage industry Ca- and/or Ca/Na-bentonites are used, mostly in the form of fine-granulates (less dust). In other countries, such as France and Italy, Na-bentonites are also used for beverage clarification.

The production of wine begins with the pressing of the grapes. The concentration of natural proteins in the resultant grape ranges from 15 to 230 mg/L, depending on the type of grape, ripeness, harvesting, processing, and weather conditions. These proteins can be thermolabile, and temperature changes can cause agglomeration and turbidity, even in the final wine. Protein stability is a basic requirement for a marketable wine. Yeast is added to the grape must to induce fermentation, the transformation of sugar to alcohol. After fermentation, the young wine is very carefully clarified, using a combination of adsorbing and flocculating agents such as bentonites and special gelatins.

Bentonite can be added either as solid granulate or, with better efficacy, as water-based slurry. In the latter case the swollen bentonite has already delaminated (partly) so that the positively charged proteins and other colloidal particles can be quickly adsorbed on the negative-charged montmorillonite platelets. This adsorption causes a micro-flocculation that can be enhanced to bigger and heavier flocs by a second flocculation component such as gelatin. In addition to the stabilizing effect by the protein adsorption and the clarification by flocculation and sedimentation of yeast particles and other disturbing substances, biogenic amines and pesticide residues can also be reduced. Details about the adsorption of proteins by bentonite are provided by Ralla et al. (2010). The separation of the flocs and clear wine can be achieved by careful pumping, filtration, or flotation.

New beverage bentonite qualities had been developed over the past few years based on iron-poor bentonites. This allows the addition of bentonite to the grape must before fermentation without increasing the iron content in the wine during the long contact time of the bentonite with the fermenting medium. The early addition of the bentonite results in a better removal of fermentation-inhibiting grape must ingredients. The large montmorillonite surface causes a uniform $CO_2$-degassing during fermentation, and thus results in an optimized fermentation process. The direct addition of iron-poor bentonite to the grape must reduces working time during the vintage season. During fermentation the bentonite remains in the must, after fermentation it is separated together with the yeast sediment. Bentonite treatment is mainly used for the clarification of white wines, but is also possible for red wines if pre-testing results are positive. The exact dosage of the different components is best determined by specialized laboratories.

The content of extractable Na, Ca, Fe, and heavy metals is the most important quality determining parameter of beverage bentonites. Excessive Na- and Ca-cations are undesirable because of the formation of oxalates in the wine. High contents of extractable Fe and/or heavy metals can form other precipitates such as phosphates or destabilize the shelf life of the wine. Bentonite extraction tests using wine or wine acid solutions are undertaken to determine these properties. The extracted material is analyzed for Na, Ca, Fe, heavy metals, and other possible toxic constituents. Flocculation tests on wine-yeast mixtures are undertaken in the laboratory, and the turbidity values after flocculation are compared to measure the efficacy of different bentonites. The properties pertaining to bouquet and taste of the bentonite in contact with wine are also important for the treatment of beverages. Microfiltration may be used as an alternative to bentonite flocculation but is more expensive in spite of the benefit of not using any additives.

For further research into uses of bentonite in the wine industry, it could be interesting to systematically compare the effect of different smectites, including saponite and nontronite, or montmorillonites with different layer charge density. Additionally, the effect of different edge surface areas that are supposed to affect protein adsorption can be studied.

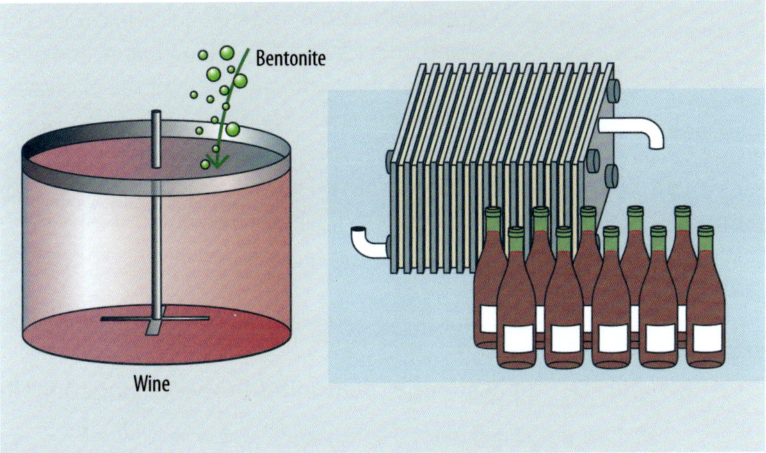


Fig. 7.11: Sketch of bentonite used for beverage production.

Most research, however, is conducted on techniques that could potentially replace the bentonite, such as special filtration. New techniques for clarification and stabilization of wine such as microfiltration could be combined with specially developed bentonite types.

## 7.2.2 Civil engineering

Bentonite is used for a variety of purposes in civil engineering (Table 7.3), ranging from sealing (Koch 1989, 2002) to stabilization of drilling operations.

Besides the horizontal liner systems (Section 7.1.3), bentonites are also used for:

- the containment of old hazardous landfills by vertical barriers (so-called *sealing walls*);
- diaphragm walls;
- hydroshield-tunneling;
- grouting, pipe-jacking and other civil engineering techniques.

Depending on the type of application, bentonite is used either in a dry state or as slurry. Bentonite is used in dry form as powder or granulate for horizontal liner systems and as water-based slurry for vertical slurry walls, if necessary in combination with cement, fillers or additives (Table 7.3).

Environmental protection around contaminated sites (e.g. old landfills containing toxic waste, contaminated old industrial sites) is required in many European countries. Provided that there is an impermeable soil layer with sufficient thickness at a technically achievable depth below the contaminated surface, a vertical barrier can be constructed to encapsulate the hazardous area.

The first sealing walls were constructed in the USA in 1945 (Hajnal 1984). A slurry trench

(12 m depth, 1.20 m thickness) was excavated by a standard back hoe with a long boom, and after excavation filled with a mixture of the excavated soil with the spent bentonite slurry (so-called *soil/bentonite backfill* (SB)) as a sealing material for watertight sealing walls.

Clamshells have been used for deeper excavations. In the USA, slurry trenches backfilled with SB were usually used for vertical cutoff trenches for waste containment applications.

In Europe, based on the experience from the drilling sector, bentonites were introduced in various foundation engineering works like grouting, cut-off walls, and diaphragm walls. The development of sealing (diaphragm) wall technology and the required materials was thus somewhat different.

**Table 7.3: Applications of bentonites in civil engineering (Koch 2002).**

| Works description | Bentonites used as | Typical bentonite dosage | Application |
|---|---|---|---|
| Piling works and bored pile walls | slurry | 30–60 kg bentonite/$m^3$ | Excavation pits, shoring works |
| Diaphragm walling | slurry | 30–60 kg bentonite/$m^3$ | Excavation pits, shoring works, retaining walls |
| Cu-off-walls (one- and two-phase method) | slurry | i.e. 40 kg bentonite/$m^3$ + 200 kg cement | Landfill containment, vertical barriers |
| Vib-wall (with H-beam) | slurry | i.e. 40 kg bentonite/$m^3$ + 300 kg cement + filler | Ground water control, seepage barriers |
| Hydroshield-tunneling, tunnelboring machines | slurry | 30–60 kg bentonite/$m^3$ | Tunnel boring works in loose soil and below groundwater table |
| Grouting works | slurry | i.e. 200 kg bentonite/$m^3$ + 150 kg cement | Sealing and strengthening of substrata |
| Pipe jacking, caisson sinking | slurry resp. paste | 70–120 kg bentonite/$m^3$ | Lubrication to minimise friction |
| Dams, dykes, river barrages, mineral liners | powder | 1–3 % bentonite in filler sand–gravel–water mixture | Plastic clay core with low permeability |
| Basal and cap liners for landfills/retention bassins | powder or granules | 10 – 40 kg bentonite/$m^3$, to be mixed with soil | Seepage control, ground water protection |
| Generation of lateral pressure | powder or granules | dry mixture with sand and gravel | Swelling pressure for displacement of construction members |

## ICOS / VEDER process

In the beginning 1950s the Austrian Christian Veder studied the possibility of using the special rheological properties of bentonite slurries as support fluid for geotechnical excavations. As technical director of the Italian company Impresa Costruzioni Opere Spezializzate (ICOS) he developed in 1953 the construction of drilled pile walls with bentonite suspension as the support fluid, in the construction industry well-known as the "ICOS/VEDER process" (Veder 1975; Fig. 7.12).

At first individual holes were drilled at a specific spacing, and the holes were stabilized by a bentonite slurry. After reaching an impermeable soil layer (e.g. clay), the bentonite slurry was replaced by concrete. After hardening of the first borehole piles, the space between them was excavated with bentonite slurry support and filled with concrete. The result was a continuous underground concrete wall.

By changing the excavation tools from drilling to grabbing (e.g. clamshell), the geometrical form and the length of the excavated soil element could be improved and a faster construction progress attained. This was the beginning of the diaphragm wall method, which has now become the worldwide standard for construction of underground concrete walls.

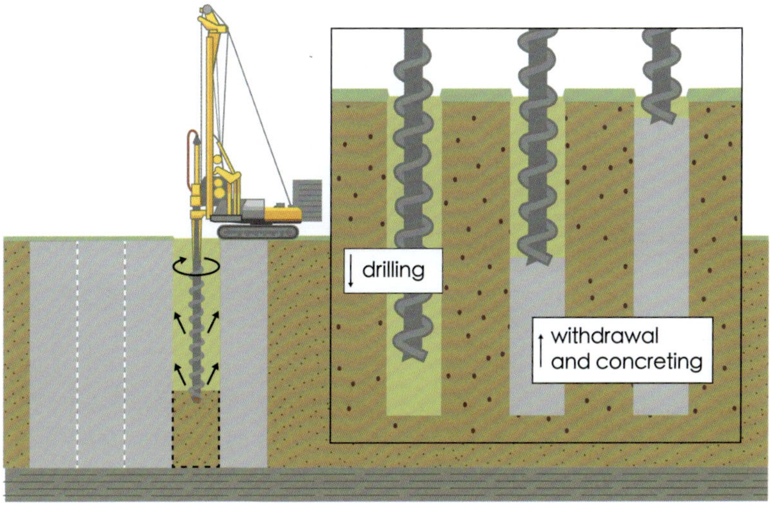

Fig. 7.12: Schematic representation of the "ICOS/Veder process".

## Diaphragm walls

The very first diaphragm wall was constructed under the direction of Veder in Italy (the retention basin for a water reservoir at Volturno near Naples). In 1964 Veder became professor and director of the newly created Institute of Soil Mechanics, Rock Mechanics and Foundation Engineering at the Technical University in Graz, and became famous as the inventor of the so-called *diaphragm walls technique*. The Christian Veder Colloquium is held in his honor every year in Graz as an international meeting of experts in the field of civil engineering.

Diaphragm walls were used particularly in the construction of metro underground tunnels, and resulted in a significant growth in bentonite used for civil engineering in the European construction market (Fig. 7.13).

In Germany, the design, planning, and construction of diaphragm walls with a support function and of sealing walls as well as the required material properties are regulated by DIN industry standards:

- **DIN 4126** regulates "the stability analysis of the open slots and contains supplementary rules for stability analysis of the hardened in-situ barrettes".
- **DIN 4127** regulates "test methods for supporting fluids used in the construction of diaphragm walls and their constituent products" as a pure test standard, which no longer contains requirements for supporting liquids and diaphragm-walls clay.
- These are regulated in **DIN EN 1538** "Execution of special geotechnical work – Diaphragm walls", including self-hardening fluids and polymer fluids.

Because of their special rheological properties (thixotropy, yield point; see Section 4.2), Na-bentonites (both natural and activated) are used for the preparation of support fluids. The bentonite content in the slurry varies between 35 to 60 kg/m$^3$ depending, for example, on the grain size of the rock and level of groundwater. After excavation the spent slurry may be recycled and reused. If required, some fresh slurry is added until the specifications (DIN EN 1538) are attained. After reaching the desired depth, the bentonite slurry is replaced by concrete.

Fig. 7.13: Photograph of the excavation of a diaphragm wall.

During construction of diaphragm walls, the earth walls are temporarily supported by a bentonite slurry (suspension). Tests were carried out on different types of soil by Möbius & Günther (1973) to explain this support effect, and two cases were distinguished:

- CASE 1:
  Membrane effect (fine-grained soils)
  The pressure difference between the dispersion and the pore space of the soil causes a partial separation of the solid and liquid components of the slurry phase (filtration) at the interface of soil/suspension. The solid smectite particles form a few millimeter thick filter cake (also called *primary filter cake*), which transmits the hydrostatic pressure of the supporting fluid to the soil.

- CASE 2:
  Stagnation of the supporting fluid in the soil framework (coarse-grained soils)
  In coarse-grained soils (e.g. gravel) with larger pores the suspension penetrates into the soil pore spaces. Once the suspension pressure is transferred to the granular structure, the flow process slows to stagnation. Because of its thixotropic character, the bentonite suspension changes from sol to gel state. The depths of bentonite penetration depend on the pore size of the soil and the liquid limit (yield point) of the bentonite slurry. The shear stress of a supporting liquid, at which flow starts, is referred to as the liquid limit (yield point).

Both cases are illustrated in Figure 7.14. In practice, a combination of both models is representative for many types of soil. The supporting effect results from both filter cake formation and by thixotropic stagnation in the soil capillaries.

The geomechanical basics and calculations of the stability of a diaphragm trench filled with supporting liquid are described by Weiss (1967), Karstedt & Ruppert (1980), Walz & Pulsfort (1983), and in DIN 4126.

During excavation of a diaphragm (slurry) wall, the supporting fluid has to

- support the excavation state against caving of individual grains of soil and against sliding and slipping of soil layers;
- built up a counter-pressure to the hydrostatic pressure of the groundwater by forming a filter cake;
- carry rock cuttings, and
- provide pumping ability and favorable cleaning properties for separation of the spend slurry.

Different equipment is used to excavate single slots (lamella). Either heavy diaphragm wall grabs, hanging on cables or telescopic rods (so-called *Kelly rods*), with dimensions of the grab shell openings between 2.80 and 4.20 m, or trench cutters with rotating blades. The selection of the excavating equipment affects the slurry management and the achievable depths. During excavation with diaphragm wall grabs, the bentonite slurry is filled batch-wise into the slot, while with trench cutters it is circulating continuously. The bentonite slurry, loaded with cuttings, is recycled by regeneration plants, usually combinations of sieves with hydrocyclones. After reaching the final depth of the slot, the support slurry is pumped off and replaced either by concrete or reinforced concrete, or by precast concrete products (precast diaphragm wall).

The constructed diaphragm wall can be either temporary or included in the final construction as a structural element. The construction of a diaphragm wall can be executed either by a continuous excavation process or discontinuously by the so-called *pilgrim step method*.

In the pilgrim step method, the so-called *primary lamellae* are first excavated with the support of a bentonite slurry and then filled with concrete. After hardening of the concrete, the intervening slots (secondary lamellae) are excavated and concreted. As two different materials are used, a bentonite slurry as supporting fluid and afterwards concrete as permanent wall element, this technique is called a *two-phase method*.

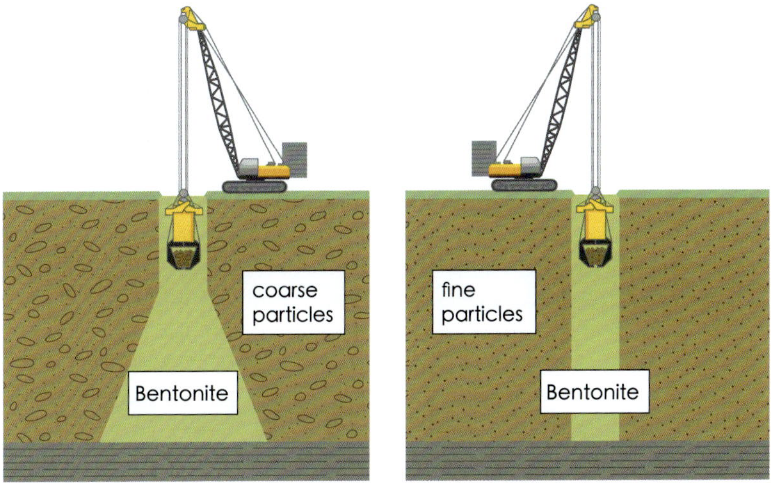


Fig. 7.14: Schematic representation of two cases of bentonite slurry distribution in soils.

## Sealing walls

With the increasing ecological awareness in Europe during the 1970s, the above-described civil engineering technology was used for the construction of sealing walls for environmental protection.

Sealing walls are vertical barriers (low permeability) to minimize water flow. Different fields of applications can be distinguished:

- First they are used to encapsulate old landfills and contaminated sites in order to protect the surrounding environment.
- Sealing walls are also used in water engineering, e.g. for constructions of canals, barrages, and locks.
- Thirdly impervious cores (sealing wall) are used to prevent the undercurrent of dams by flowing water in areas with permeable bedrock, and also for groundwater control in lignite open-cast mining (Fahle et al. 1998).
- As a temporary construction element, the sealing walls are used to improve dewatering in construction pits.
- From the ecological point of view, rehabilitation of contaminated sites by sealing walls is most important.

In contrast to the waste containment applications with soil/bentonite as the sealing material in the USA, most of the sealing wall systems today in Europe use bentonite/cement mixtures with/without fillers and, if necessary, rheological additives. For special sealing requirements, additional sealing elements such as foils of PE-HD (high-density polyethylene), glass elements, or sheet piles can be combined with the bentonite/cement slurry. Different construction techniques and specially developed building materials offer a range of possibilities for containment (Meseck 1987).

Vertical barriers in general extend to depths between 20 to 30 m (standard with diaphragm wall grabs) and up to > 100 m (with trench cutter), and vary in thickness between 0.6 and 1.20 m. The two-phase process for diaphragm wall construction could easily be adapted for sealing wall construction only by changing the second phase from (reinforced) concrete to a proper sealing material such as plastic concrete. According to DIN EN 1538 "plastic concrete usually has a low cement content and is mixed with a high water–cement ratio. It can contain bentonite and other clay minerals and additional materials such as fly ash and additives".

Compared with ordinary concrete, plastic concrete has a lower strength and a low modulus of elasticity. Therefore, it can withstand greater deformation than a normal concrete. A great advantage of the two-phase method is the range of possible sealing wall materials. Plastic concretes with a high content of solids and densities of about 2 g/cm$^3$ as well as different compositions are mostly used. Due to the high solid content, these sealing materials are highly resistant to chemical attack by aggressive leachates. However, the two-phase methods have some disadvantages. On the one hand, during the concreting process the lamellae are limited by stop end, and resultant gaps could lead to possible defects with increased permeability between the individual lamellae. In addition, incomplete displacement may occur if the density differences between bentonite slurry and plastic concrete were too small, and this may result in incomplete walls. Finally, the two-phase procedure is relatively time-consuming and expensive. Therefore, the construction industry tried to simplify and accelerate the two steps by merging the excavation of the trenches and refill with the final sealing material.

A bentonite slurry was mixed with cement and used as bentonite-cement slurry both for stabilization of the trench and as wall material. After excavation, the bentonite-cement slurry remained in the trench and after hardening it served as a permanent sealing element. As bentonite and cement react with each other, some problems were noted in the first trials. Hydrated cement releases $Ca^{2+}$ that in turn replaces the $Na^{+}$ of the bentonite, and hence affects the rheological properties (BSW 1992). As a result, the first bentonite-cement slurries had a poor technical performance because they were not homogenous and were unstable, and separation of solid and liquid phase occurred by flocculation and sedimentation. Therefore, the so-called *cement-stable* bentonites were developed. These bentonites can be mixed with an excess of cement and remain stable and homogenous. The cement-stable characteristic of bentonite can be achieved either by complexing organic additives that bind excess $Ca^{2+}$ or by selection of suitable raw materials that were found to be applicable. In addition, blast furnace cements were preferred because they have a lower content of clinker and thus less soluble $Ca^{2+}$ as compared to Portland cements. In addition, cut-off wall mixtures with blast furnace cements have a higher compressive strength. The "one-phase process" for the construction of sealing walls was developed based on these cement-stable bentonites. Both methods are compared in Figure 7.15.

A one-phase bentonite-cement slurry is produced by firstly dispersing the bentonite and allowing it to swell for several hours before the cement is added. The properties of these slurries change in the liquid state with continuous processing time until the workability limit. Therefore, the achievable excavation depths are lower compared to the two-phase procedure. The supporting properties of a bentonite-cement slurry must comply with the requirements compiled in DIN EN 1538. The viscosity must be low so that the suspension remains flowable during excavation. The slurry must have a sufficient stability to avoid separation of individual components and the cement component should not start hardening before the end of the excavation.

The main function of a sealing wall is to prevent the inflow or outflow of (usually aqueous) liquids in a defined area. Therefore, the properties of the hardened mass are particularly important. The hardened sealing-wall mass must have a

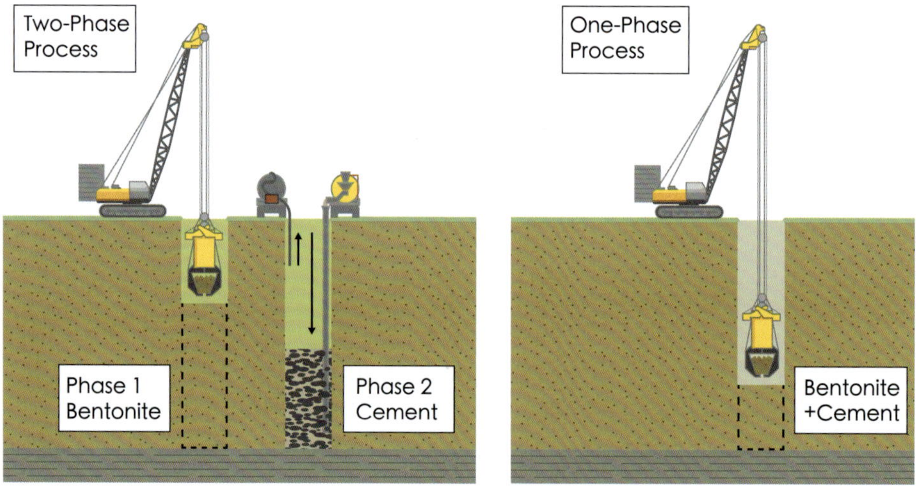


Fig. 7.15: Sealing wall construction with the two-phase and one-phase process with diaphragm wall grab.

minimum compressive strength, a low permeability (which is not affected by the existing soil conditions and the inflowing groundwater), must be able to deform plastically under load, and must be resistant against erosion. These properties are provided by the intimate intergrowth of smectite and cement phases (as shown in Fig. 7.16).

The next challenge was to provide a dry mixture of bentonite/cement (ready-to-use mixture) as one homogenous product instead of two different components, which allows a simplified slurry preparation and longer processing times. Possible problems related to undesired cation exchange could be avoided by developing special binders, and careful selection and processing of suitable bentonite and cement qualities. The ready-mixed dry products were launched in the second half of 1980s by the German cement industry as an improved, pre-tested building material with easy handling.

With appropriate concentrations and raw materials, a permeability of $10^{-9}$ to $10^{-10}$ m/s as tested in the triaxial Darcy-cell can be optained. The uniaxial compressive strength ranges from 0.1 to 2 N/mm$^2$ (cylindrical samples, d/h ratio approx. 1/1.2). Both Na- and Ca-bentonite could be used in sealing wall mixtures. The main differences in the composition of mixtures for the two-phase and the one-phase process are the water/solid ratio and the density. Characteristic of the two-phase mixtures is a high solid content of about 75 mass% and a density of about 2 g/cm$^3$. The two-phase process with high solid contents is primarily used for the encapsulation of highly contaminated areas.

**Fig. 7.16:** Electron-optical investigation of the smectite/cement intergrowth of a hardened sealing wall mass.

In contrast, the one-phase mixtures (both conventional and ready-to-use mixtures) usually have only about 25 mass% solids and 75 mass% water content. As they have a two-fold task, as rheological active support fluid and as a final sealing material, they have to meet more specifications. Because of the lower solid content, the one-phase process should be used for sealing of sites with lower levels of contamination.

## Slim diaphragm walls

The so-called *slim diaphragm wall* is an additional economical sealing method in hydraulic and earthworks. Following the principle of soil replacement and insertion of a sealing material, heavy steel planks are vibrated into the ground and pulled again. The space remaining under the plank shoe is filled, during pulling and under pressure, with a sealing mixture slurry containing cement, bentonite, filler, and water. The vibrator unit shakes the steel plank stitch by stitch into the subsurface like a sewing machine. By ensuring the exact vertical position of the plank during the insertion by vibration as well as an overlap between stitches, a continuous wall can be constructed.

The slim diaphragm wall typically has a thickness between 5 to 10 cm, depending on the pore volume of the soil, and a permeability of < $10^{-9}$ m/s. It should have a high solid content and a density not less than 1.5 g/cm$^3$ in order to increase the erosion resistance and to minimize the rebound of the displaced bottom.

This sealing method was developed in France and is very popular, especially in Austria, for hydraulic engineering, construction pits, retention dams, and occasionally used for landfill sealing (ÖBV Directive „Schmalwände" 2002).

The so-called *Vienna Chamber System* involves the construction of two parallel slim diaphragm walls, divided by transverse walls into individual chambers, so that it is possible to check the impermeability of each chamber. It was used in 1986 for the Vienna landfill Rautenweg, which is enclosed by double slim diaphragm walls. For the first time a high solid containing mixture of Ca-bentonite, cement, and mineral filler was used as a slim-wall sealing mass (Radl & Kiefer 1987).

### Rammed cut-off walls

Rammed cut-off walls (Ruppert et al. 1988) are another soil replacement technique. The main difference as compared to the slim diaphragm wall is a hollow box profile made from steel sheet pilings, which is locked downwards with a detachable plate. The hollow box is rammed into the subsoil with a similar vibrator unit as used for slim-walls. After reaching the desired depth, the hollow box profile is filled with a sealing mass (e.g. plastic concrete) that remains in the soil when pulling up the open box.

The advantages, as compared to the slim walls, are a wall thickness of 30 to 40 cm and the possibility to use high solid content sealing materials as used for the two-phase process for cut-off walls. Because of the large cavity of displaced soil, this technique can be used only in soft soils.

### Jet grouting

The permeability of the subsoil can also be reduced by jet grouting (DIN 18321, DIN EN 12716, ÖNORM EN 12716). Other common terms for jet grouting are *high-pressure soil stabilization* or *high-pressure injection method*.

To produce a sealing element by jet grouting, an injection lance is first drilled into the ground, usually by means of a slurry-supported wet drilling. After reaching the final depth, a mineral binder suspension is injected under high pressure from the tip of the lance into the subsoil (pressures up to 600 bar, exit speed > 100 m/s). The injected beam interacts with the surrounding soil material. The soil is washed out and mixed with the binding agent suspension, which together with the natural soil then forms a concrete-like body. After hardening, columnar or disc-shaped solidification bodies are developed that can form overlapping sealing wall elements or a continuous sealing wall. This method is often used in combination with one of the previously mentioned techniques.

The market for diaphragm and sealing walls depends on the civil engineering and environmental precaution plannings and activities in a country.

As mentioned in Section 7.1.3, the bentonite market for sealing applications is expected to stagnate during the coming years. In Germany, for example, most of the sites were sealed during the past years. Although there are still some contaminated sites in Europe, the European sealing market is not expanding.

The bentonite consumption in the EU-27 plus Norway, Switzerland and Turkey in 2011 (EUBA figures) was 311,000 t for civil engineering, including construction, landfill sealants, horizontal directional drilling, tunneling but excluding drilling fluids for oil and gas (source: internal EUBA report, October 31, 2012).

The development and application of bentonite containing sealing wall mixtures was different in the USA and in the different European countries. As mentioned above, in the USA the most popular sealing materials for waste containment are bentonite/soil mixtures, while bentonite/cement mixtures are less popular. In contrast, in some countries in central Europe, the prefabricated and pre-tested, dry ready-to-use blends are mainly used because they allow easy handling. The construction industry in France and Benelux prefers their own mixed sealing wall mixtures.

Future research and development (R & D) activities could pursue the following objectives:

- reuse of spent bentonite slurries;
- development of local raw bentonites to the state of art in ecological applications (particularly for developing countries);
- improve performance of sealing-wall mixes against high toxic wastes (e.g. by adding adsorptive components);
- increase long-term stability (although there are some historical investigations on the long-term performance of sealing walls, a comprehensive study would be interesting because of the diversity between construction sites).

### 7.2.3 Drilling fluids

One of the main uses of bentonite worldwide is in drilling fluids. In geotechnical engineering, drilling fluids are used to support the drilling of boreholes such as drilling oil and natural gas wells and exploration drilling rigs. Bentonites are also used for tunneling, but the focus in this section is on deep drilling.

Early in 1844, the Briton Robert Beart filed a patent for a drilling method, which largely corresponds to the modern rotary deep drilling (Springer 2009). The first famous application of the rotary deep drilling was the Spindletop Hill site in Beaumont (Texas). On January 10, 1901 at a depth of 347 m, the drilling encountered an over-pressurized oil field. There was a violent eruption, and as a consequence about 100,000 barrels of crude oil were uncontrollably ejected daily from the well. This event, commonly known as the "Spindletop Gusher" or the "Lucas Gusher" (leading geologists), was the breakthrough for an oil boom in Texas with a sustainable impact on the economy of the USA. The first rotary drillings used water and mud, delivered from the soil cuttings, as drilling fluids. Since 1929 bentonite is used for stabilizing the rheological properties of water-based drilling fluids. For drilling in swelling rocks (shales) or saline water containing rocks, Na-silicate- or oil-based fluids are preferred over water-based fluids since the 1930s.

The development of the present-day drilling fluid test equipment commenced in 1931 by H. N. Marsh (Marsh funnel, see also Section 5.5.3). The testing equipment for drilling fluids has not changed significantly since the simultaneous introduction in 1937 of the Stormer viscometer and the filter press. The American Petroleum Institute (API) sets the specifications for bentonite used for drilling oil wells in the USA (API SPEC 13A/ISO 13500).

ISO 13500 : 2008 covers physical properties and test procedures for materials manufactured for use in oil- and gas-well drilling fluids. According to the composition of the major types of drilling fluids, a distinction is made between water-based fluids and nonaqueous-based fluids (Table 7.4).

Oil-based and synthetic-based fluids are used for very deep drilling, where temperature is elevated, or for drilling water sensitive shales. In the presence of contaminants, the corrosion of pipes is controlled since oil is the external

Table 7.4: Components of the two types of drilling fluids.

| Water-based fluids (WBFs) | Non-aqueous based fluids (NABFs) | |
|---|---|---|
| | oil-based (OBFs) | synthetic-based (SBFs) |
| Freshwater or saltwater fluids<br>▸ salt free fluids<br>▸ bentonite slurries<br>▸ oil-in-water emulsions | diesel<br>petroleum | linear α-olefins<br>poly α-olefins<br>linear alkylbenzenes<br>linear alkyl esters<br>linear alkyl ethers<br>linear alkyl acetates |
| Saltwater fluids<br>▸ water-starch fluids with high pH<br>▸ water-gum fluids with high pH<br>▸ saltwater-starch or saltwater-gum fluids<br>▸ Na-silicate (waterglass) fluids | | |

phase and coats the pipe. However, because of the toxicity of diesel oil, some regulators did not accept the use of any petroleum oil in offshore drilling (e.g. in the North Sea Regions). Since 1993 various synthetic materials were developed to replace diesel and mineral oils. The selection of appropriate drilling fluids must meet various criteria, among which the costs play an important role. Synthetic-based fluids are significantly more expensive than either diesel oil, mineral oils or water-based fluids. The cost of drilling muds increases from water-based muds < oil-based muds < synthetic-based muds. This section focusses on water-based muds, in which bentonite is predominantly used even though some organoclays may be used in certain drilling muds.

Analog to the application of support fluids in civil engineering (Section 7.2.2), Na-bentonites (both natural and Na-activated) are also used for drilling fluids because of their rheological properties (thixotropy, yield point, see also Sections 4.2, 5.5.3). The main functions of drilling fluids are:

- to provide sufficient hydrostatic pressure to prevent formation fluids from entering into the borehole by formation of a filter cake;
- keep the drill bit cool and clean during drilling;
- carry drill cuttings out of the hole, and
- suspend the drill cuttings during pauses in drilling and when the drilling equipment is entered and extracted into and out of the hole.

The fresh drilling fluid is sucked by mud pumps from the slurry tank and conveyed by these at high pressure through the drill string. If a subsurface motor is mounted within the boom, this is partly driven by the slurry. At the drill bit the slurry is moving fast and hence carries the cuttings through the annulus to the surface. On the surface, the drilling fluid is passed through various cleaning systems such as desander, desilter, degasser, vibrating screen, and decanter before it re-enters the slurry tanks. The principle is depicted in Figure 7.17.

If the hydrostatic pressure of the drilling column (fluid pressure, depending on the density of the drilling fluid) is less than the formation pressure of the drilled rock at increasing depth, then gas or liquid may enter the drill hole and can possibly cause a "blow-out". If the flushing pressure is too large, the surrounding rock can be opened and drilling fluid can be forced into the rock. Such unexpected fluid losses are also to be avoided as this can lead to drill hole instability (Hatzsch 1991).

With respect to colloid chemistry, drilling muds are highly complex dispersions (van Olphen 1977; Lagaly 1993b). The density of the fluid must be sufficiently high to carry the cuttings, and ideally the viscosity of the dispersion decreases with increasing shear rate because the viscosity should be low at the bit. Viscosity is defined as the resistance offered by a fluid (liquid or gas) to flow. The shear stress of a supporting liquid, at which flow starts, is referred to as liquid limit (yield point).

However, not all the important parameters such as degree of dispersion, viscosity, liquid limit, thixotropy, and sealing can be optimized at the same time. For example, the viscosity should not exceed the critical value at which pumping becomes difficult.

In order to produce a dispersion with the required rheological properties, the smectites must delaminate as this leads to a significant increase of the smectite surface area in the dispersion and to an increased number of particle–particle contacts responsible for the extraordinary properties of a bentonite dispersion.

Recommendations for slurry preparation:

- **Mixing process**
  Use of high speed mixer is recommended for API grades; peripheral speed 10–22 m/s (for an optimum dispersion effect).
- **Swelling time**
  For API grades several hours (max. 16 h), depending on mixing equipment; in case of insufficient dispersion or too short swelling time, the bentonite consumption can increase up to 50 % of the normal demand.

According to Murray (1991, 2007), Wyoming bentonites are excellent raw materials for the production of high-quality drilling muds, which probably results from their relatively low layer charge density (LCD) that is understood to facilitate delamination. Delamination is also important for understanding the support function of a bentonite slurry.

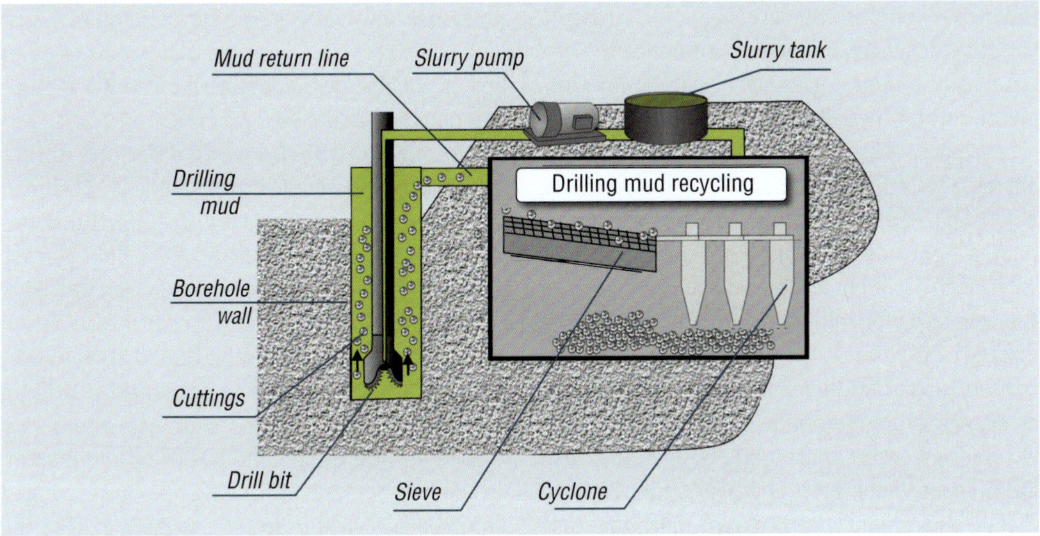


Fig 7.17: Schematic illustration of the bentonite drilling and drilling mud cycle.

During the entire drilling process, the borehole wall is temporarily supported by a bentonite slurry to avoid caving of individual grains of soil and sliding and slipping of soil layers into the borehole. Depending on the particle size distribution of the surrounding soil and the rheological properties of the slurry, the penetration behavior of the slurry is quite different and varies from the membrane effect to stagnation of supporting fluid in the soil framework (explained in the previous Section 7.2.2 and in Fig. 7.14). The filtration property of a drilling fluid is tested by the so-called *filter press*, which provides information about the filter stability (filtrate loss) and thickness of the filter cake (Section 5.5.3). This filtration behavior is also important for other support fluid applications, such as in diaphragm wall or tunnel construction.

The gel development is closely associated with the flow properties of most water-based slurries. When the slurry stops moving it tends to thicken or forms a gel (thixotropy). The force necessary to break the gel is called *the gel strength*. High gel strength may require such high pump pressure to break the thixotropically solidified circulation fluid after a period of shutdown that the slurry can be lost to a weak formation. Fast gel development retards settling of cuttings and the gel strength holds loose sand and gravel in place when drilling stops. High viscosities and gel strength result in increased circulating pressures that can result in loss of circulation and increased pumping costs.

The properties of drilling fluids can be influenced by different external factors such as:

- temperature (low temperatures decrease liquid limit and viscosity);
- electrolytes (ionic strength) either from the water used for producing the slurry or groundwater (particularly Ca and Mg from gypsum, limestone, or dolomite bearing rocks are crucial);
- dissolved Fe (can be expected in peat and bog layers);
- humic acids (from lignite, peat, and bog layers);
- saltwater (from drilling near a marine environment).

The influence of different impurities on the characteristics of a bentonite slurry were tested systematically by IBECO (2000). The rheological parameters were studied according to various electrolytes. Compared with the reference slurry, all added electrolytes showed a negative influence on rheological properties (the negative effect increases with increasing electrolyte concentration). An increased salt concentration can lead to a breakdown of the gel structure of the drilling mud, and hence to a serious loss of viscosity. However, the addition of organic polymers or other additives can reduce the negative influence of impurities. Polymers in particular help to stabilize the dispersion despite increased ionic strength. Various thickeners are used to influence the viscosity of the fluid, e.g. xanthan gum, guar gum, glycol, carboxymethyl cellulose (CMC), polyanionic cellulose (PAC), or starch. In turn, deflocculants are used to reduce viscosity of clay-based muds; anionic polyelectrolytes (e.g. acrylates, polyphosphates, lignosulfonates (Lig) or tannic acid derivates such as Quebracho) are frequently used. In the case of minor amounts of impurities, a higher dosage of bentonite can be sufficient. At higher concentrations additives have to be used. Soda or even sodium hydroxide can be added if Ca/Mg-bearing water, dissolved Fe, or humic acid are present. If seawater is present special polymers are commonly used. In each individual case laboratory tests are necessary to confirm the effectiveness of the stabilization measures.

Attapulgite-based drilling muds or pure polymer drilling muds may be used as an alternative in seawater. Organoclays were also used as drilling mud additives, particularly together with polymers.

When drilling at great depths and in high-pressure formations, slurry weighting agents such as barium sulfate (barite), calcium carbonate (lime), iron oxide (hematite) are added to the drilling slurries. The weighting agent has an important function, due to its high specific density it increases the hydrostatic pressure of the mud in the well and thus seals any cracks in the surrounding rock, just as a liquid cork. This prevents that liquids or gases may enter in larger quantities in the well and cause a serious blow-out.

About 80 % of the world's barium sulfate production, mostly purified mineral, is consumed as a component of oil well drilling fluids because it increases the density of the fluid (Kresse et al. 2007).

Drilling fluid, together with pet litter, was the main use of bentonite in the USA in 2009 (Eisenhour & Brown 2009). The demand for drilling fluids varies from country to country and is very dependent on the oil and gas price and market. In USA the demand for drilling bentonites ranged from 482 to 790 kt from 1991 to 2003. In 2011 the consumption of drilling bentonite in the EU-27 plus Norway, Switzerland and Turkey was 51 kt.

The variations between the viscosity of bentonite dispersions using different bentonites cannot always be explained (Section 4.2), and the morphology and/or microstructure must be taken into consideration. LCD is also thought to be important, but this has been difficult to prove. The development or improvement of salt-water stable bentonite dispersions would be of considerable practical value. Because the drilling fluids are generally mixed and adjusted at the drill site, any research is difficult and there are no general conclusions.

### 7.2.4 Paper production

Although bentonite is not an essential raw material for paper itself, bentonite products are often applied in the papermaking process. The different production steps of the paper manufacturing process are dependent on the final paper product.

Different groups of paper products include
- graphical paper (printing/writing; e.g. newsprint, magazine, and office paper);
- packaging paper and paper board;
- tissue, and
- special grades (e.g. cigarette, decor, banknote, tea-bag paper, etc.).

Even though bentonite could be applied in the production of every paper product, it is more often used for production of graphical and packaging paper, and less often for tissue and special paper grades.

The papermaking process can be subdivided into four main production stages:
(1) the preparation of a suspension of cellulose fibers in water;
(2) dewatering of this fiber suspension on a wire;
(3) pressing and drying of the paper sheet;
(4) pretreatments of the paper sheet (e.g. coating, calendaring, and cutting to the designed final form of the paper sheets).

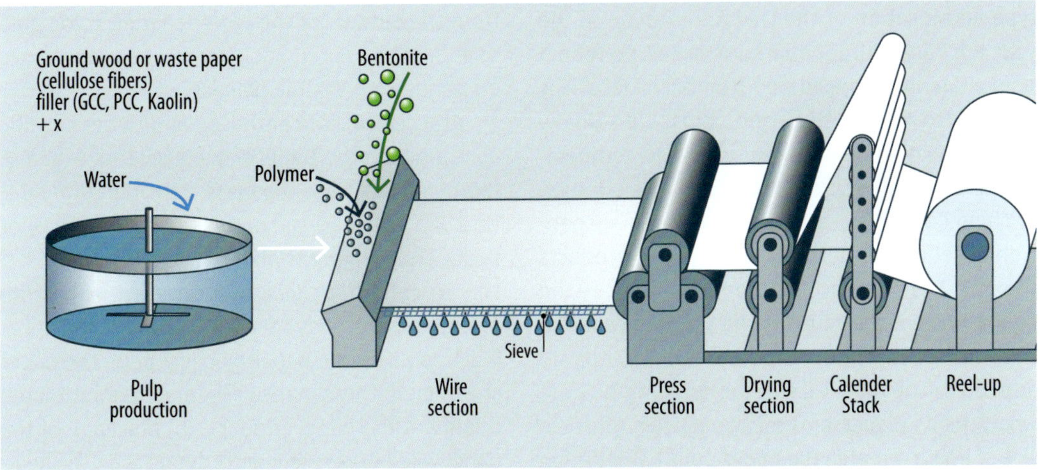


Fig. 7.18: Schematic illustation of a paper mill (wire, press and drying section are relevant for bentonite).

First of all a suspension of cellulose fibers is prepared in various pretreatment and production steps. The fiber suspension, mixed with mineral fillers and chemical additives, typically contains about 99 mass% of water and only 1 mass% of solids, when it reaches the "wet end" of the paper machine (Fig. 7.18). There it is filtered, pressed and dried, and ends up at the "dry end" of the paper machine with a paper sheet containing less than 5 mass% of water. Paper production, therefore, requires abundant water and energy.

100 years ago nearly all paper mills were located at a river or next to the sea, in order to have access to fresh water and to dispose of the used water. Nowadays most of the paper mills have closed water loops, which require numerous measures for treatment of the loop water.

Bentonite products contribute to the concept of modern paper mills with closed water loops and effective energy management. Bentonite is a very good additive for cost-effective loop water treatment in paper production and can also be successfully applied for treatment of effluents (wastewater, rejects, sludge).

In order to increase the productivity of the entire paper production process, bentonite products are also added to the paper pulp (cellulose fiber suspension) in order to:

- adsorb impurities;
- increase the retention of mineral fillers and wood fines, and
- reduce the drainage time of the paper sheet.

The bentonite products are, therefore, used as a type of "chemical additive" rather than "mineral filler". In fact bentonite hardly affects the properties of the final paper sheet.

## Bentonite for "pitch control" and "sticky fighting"

In most cases either wood or waste paper is used as raw material for the preparation of the cellulose fiber suspension, the so-called *paper pulp*. Due to closed water loops, organic substances of tacky nature accumulate in the pulp. They are derived from wood, called *pitch* or *wood pitch* (derived from wood resins), or waste paper called *stickies* (derived from glue or adhesives), or *white pitch* (derived from binders of paper coating). At critical concentrations and under certain conditions these unfavorable substances agglomerate, which increases deposition tendency, and they can have a very negative impact on the productivity of the paper mill and the quality of the finished paper. There are different strategies, mechanical or chemical, to deal with this problem, including the addition of dispersants, fixatives, coagulants, flocculants, adsorbants or enzymes, or other chemicals.

Wood consists mainly of cellulose, hemicellulose, and lignin, but also small amounts of wood resins. Most of these resins, which occur in different concentrations in the wood depending on the type and location of the tree and season of the year, are very hydrophobic substances. For paper production the chopped wood/timber is debarked, sawed into pieces (e.g. wood chips), and finally milled in water, usually under increased temperature and high pressure but also with the addition of chemicals. This procedure produces a suspension of cellulose fibers. For some paper products the pulp is also bleached in order to remove the lignin, which is the cause of the yellowish color of paper under UV-light, and other refining steps are applied to the pulp. During the grinding process wood resins disperse as microparticles (particle size of about 1 µm) in the paper pulp. Later during the process line, these hydrophobic microparticles often agglomerate and may form deposits of black spots on certain parts of the paper machine. Bentonite can adsorb wood pitch when it forms microparticles in the pulp, and, therefore, bentonite products are successfully used to avoid deposits of wood pitch in the paper mill.

Most of the paper is recycled. In Germany more than 65 % of the raw material for paper production are recycled fibers derived from waste paper. The produced paper pulp usually contains numerous impurities such as plastic pieces, metals, sand and other dirt from waste paper, and most of these impurities can be removed mechanically by screens and hydrocyclones. Even then, the paper pulp still contains numerous impurities in form of dissolved, colloidal-dispersed, or microscopic particles of polymeric substances derived from the binders of the paper-coating color, glue or adhesives used in books, envelopes, magazines etc., and other soluble plastics.

At a certain concentration and under specific conditions in the papermaking process (e.g. at a temperature above the glass transition temperature of a polymer) the particles become sticky or tacky. These hydrophobic polymeric substances, the so-called *stickies*, agglomerate to visible macroparticles. They then are usually deposited as black spots on the paper machine or on the paper sheet itself. This can result in (a) deterioration the quality of the paper product, (b) blockage of the paper wire or press felt, or (c) deposits on the heated rolls in the paper drying section or the calendar. If the amount of dirt becomes too high, the production process is stopped and the necessary parts of the paper mill must be mechanically cleaned. The stoppage time significantly affects the production volume of the paper mill, the so-called *runnability* of the paper mill, which is an important economic factor for every paper producer.

Bentonite products can also adsorb stickies and colloidal impurities derived from recycled paper. The stickies then become harmless, even if they end up in the final paper, because they cannot form agglomerates that cause visible spots on the paper sheet or deposits on press felts, blades or the rolls in the drying section. Most of the stickies can be removed from the paper production process by the addition of bentonite, which improves the operation of the paper mill.

### Bentonite for retention and dewatering

Papermaking is basically a filtration process, and the sieve has relatively large apertures in order to maintain a reasonable rate of filtration and dewatering. Cellulose fibers are retained mechanically on the wire, but the gaps are larger than the wood fines and filler particles, and, therefore, these particles must be flocculated in order to be retained on the wire of the sieve.

A typical paper pulp consists of about 99 mass% water and only 1 mass% solids. After filtration, the solid content of the paper sheet is about 20 %, after the press section increases to about 50 %, and the final paper consists of more than 95 % of solids after the drying section. The more water that can be removed during the drying and press section, the less energy is necessary for drying the paper sheet.

Inexpensive mineral fillers such as ground calcium carbonate (GCC), precipitated calcium carbonate (PCC) or kaolin are usually added during paper production. These paper filler products are very fine particles with a size of 2 µm (d50) or less. Moreover the cellulose pulp often contains a lot of wood fines, which are cellulose particles ranging in size from 75 to 1 µm. Both the fillers and the fines are too small to be retained mechanically on the wire (sieve) of the paper mill.

Flocculation can be achieved by coagulants or flocculants. Historically aluminum-sulfate has been extensively used in the papermaking process, but nowadays flocculants for retention aids are usually based on polyacrylamides, which are long-chain water-soluble polymers that are usually cationic. Bentonite products are used in combination with flocculants, in so-called *microparticle retention systems*, in which the smectite platelets act as anionic microparticles. The bentonite improves the speed of dewatering and the retention of fines and fillers on the wire as compared to using a single polymeric flocculant, without affecting the optical appearance (formation) of the paper sheet.

The bentonite used for this process must be applied in combination with polymeric flocculants. Retention aids based on flocculants can also be used on their own or in combination with other coagulants (aluminium salts), fixatives (highly-charged short-chain polymers) or microparticles (anionic branched polymers), but high-quality bentonite products often perform better and are much more cost-effective. Bentonite additionally improves the dewatering and, therefore, reduces the drainage time of the cellulose fiber mat on the wire and in the press section of the paper machine and simultaneously facilitates improved flocculation, which increases the retention of wood fines and mineral fillers.

### Bentonite for treatment of the water circuit

If waste paper is used as raw material for paper production, the fiber suspension usually contains printing ink (from newsprint and magazine papers). In order to remove the ink, a so-called *de-inking process* is applied. In this process detergents are added and the ink is removed by air flotation from the cellulose fibers. This de-inking flotation process is often applied twice, before chemical bleaching increases the whiteness of the recycled fibers. Significant quantities of water from the closed-circuit system is required for the de-inking processing step, and this water needs to be treated before it can be recycled into the circuit. Bentonite products are often used together with flocculants based on polyacrylamides in the purification of the water, which is then used for the de-inking of waste paper. The bentonite is usually first added to the water, adsorbing residual ink, colloidal material and suspended solids. The flocculant is added separately afterwards and bridges the bentonite particles to big voluminous flocs, which can be easily separated from the water, for example in a dissolved air flotation unit. The resultant turbidity, caused by suspended solids and colloidal material, is reduced dramatically, the chemical oxygen demand (COD) is simultaneously decreased, and the treated water can be recycled (Fig. 7.19).

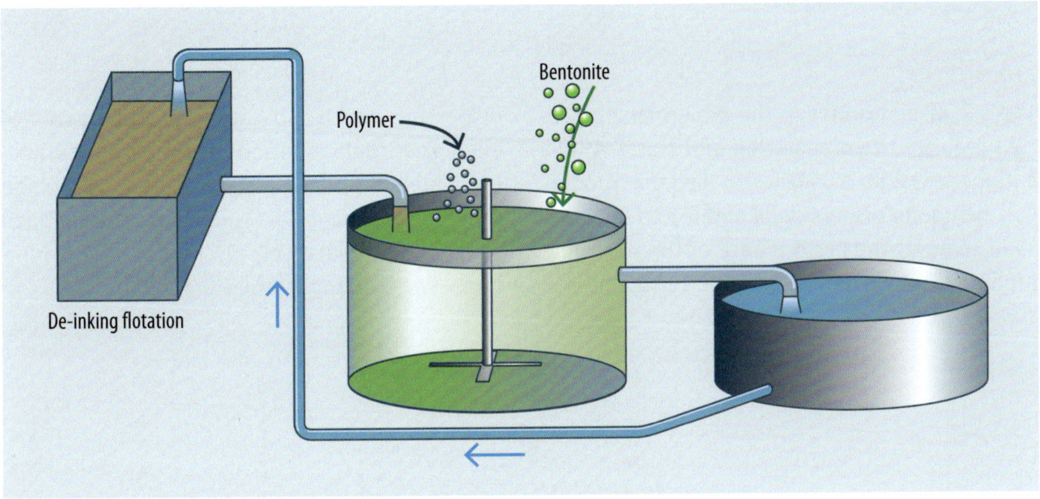


Fig. 7.19: Schematic illustration of the de-inking treatment by wastewater.

The smectite platelets are the active ingredient in this application, but the addition of bentonite alone would not result in voluminous flocs, which can be easily floated. A flocculant is also necessary in this application, but a water-soluble polymer such as polyacrylamide is unable to adsorb residual ink or colloidal impurities, even at high concentrations.

Bentonite can also be used in a similar way to treat water elsewhere in the paper production process, or to treat effluents. Bentonite could improve the performance of the flocculant, improve the drainage, and reduce the turbidity of the filtrate water during the dewatering of the sludge that is derived from the rejects of the various screening and flotation processes.

## Market

The production of paper products is generally increasing worldwide, although there is a shift of paper production from western countries to Asia. In North America, paper production is decreasing slightly, in Europe it is nearly stable, and production in China has grown enormously over the last ten years. Countries such as India have a huge potential for increased demand of paper products.

There is also a change in the demand for different paper products, because in western countries the consumption of tissue paper is about stable, packaging paper is steadily increasing (due to e-commerce), and graphical paper is decreasing slightly (due to digital media).

The world market for bentonite in paper products is expected to be about 150,000 to 200,000 tpy.

Europe, with about 50 % of the world market, is the biggest market for bentonite in paper. Bentonite is less popular for the production of paper in North America, where "chemical solutions" are preferred.

Even if the paper market decreases slightly over the next years, the demand for bentonite in paper production is not expected to be affected. This expectation is based on the increasing problems that modern paper mills need to address:

- water requirements for paper production need to be recycled in a closed circuit;
- using increased proportion of low quality waste paper will be used as raw material for paper production, and
- increasing pressure for highly cost-effective production due to worldwide competition and decreasing demand.

There are several other alternative products, in most cases based on water-soluble polymers that are technically competitive with bentonite. However, the performance of a high-quality bentonite product for adsorption of colloidal materials, pitch and sticky microparticles and other impurities is outstanding, and much more cost-effective than any other adsorbent, coagulant, fixative, flocculant or polymer-based product.

## Application

The use of bentonites in the papermaking process requires the preparation of a slurry. A fully automatic system is usually installed that produces a bentonite dispersion of about 3 to 5 mass% solid content. The performance of the bentonite product depends on the available surface area in dispersion, which correlates with the degree of exfoliation/delamination of the primary smectite platelets, and this is best achieved with high shear forces during slurry preparation, using fresh water of a comparatively low hardness, and additional swelling time of the slurry before use.

## Quality

Almost all applications of bentonite in the papermaking process are related to adsorption properties of the bentonite product. Adsorption performance depends on (a) the properties of the smectite surface (LCD and distribution of charges), and (b) the available surface area. The high-swelling of bentonite is essential for the surface area requirement, and, therefore, only sodium bentonites (natural sodium or soda-activated bentonites) are used in paper production.

The grain size of the bentonite product is crucial for some paper applications. In most retention purposes, the bentonite is introduced immediately before the headbox of the paper mill. The bentonite must fulfill fineness specifications, which are usually less than 0.1 % wet sieve residue on 45 µm (325 mesh), in order to avoid damages or blockages. For sticky-fighting and pitch-control purposes, the bentonite product is added to the pulp, passes the paper mill, and finishes in the paper sheet, and, therefore, the bentonite products should not contain any coarse particles.

Furthermore, soft products are required, which necessitates the use of high-quality bentonites with low contents of accompanying hard minerals, such as quartz and feldspars, in order to avoid abrasive wear of the installations and the sieve wire in the paper mill. The grain size of the product is less crucial for use in treatment of closed circuit water systems, where the bentonite passes to the rejects that are usually dewatered and eventually dumped or incinerated.

The color (whiteness) of the bentonite is important for production of graphical paper grades. Although most of the bentonite ends in the paper sheet, the impact of the bentonite on the color of the final paper sheet is minimal, if it is added to the pulp (e.g. for retention applications). However, white bentonite products are preferred for high whiteness paper.

The performance of a bentonite product is usually tested in the dedicated paper mill. Laboratory tests (e.g. flocculation, adsorption, retention, or dewatering tests) are first performed with special equipment. A pilot trial on the paper machine or in the water treatment unit is then performed, and closely monitored over several hours to days (Figs. 7.20, 7.21).

In general, there are no bentonite parameters that are easy to measure and, at the same time, predict the performance of the bentonite in the paper production process. It is still an empirical approach, based on experience with bentonite combined with trial and error.

Fig. 7.20: Laboratory tests for water treatment (dissolved air flotation unit at a newsprint paper mill for loop water treatment of process water from production of thermo-mechanical pulp from wood chips). Reduction of turbidity of the supernatant is visible by the red line in the back at increasing bentonite dosage from beaker No. 1 to beaker No. 4 (same dosage of polyacrylamide in all beakers).

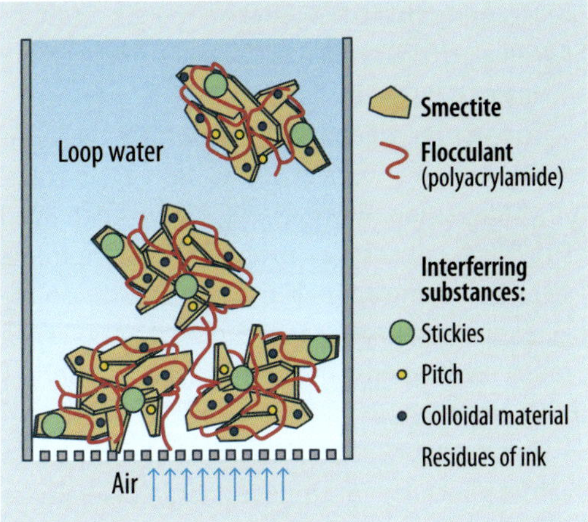


Fig. 7.21: Schematic illustration of flocculation of stickies with smectite and polyacrylamide.

### Research

Several studies (summarized in Section 7.1.1) focus on the interaction of certain pollutants with the smectite surface and provide insight into possible relevant adsorption mechanisms. However, most of these studies were conducted with ideal solutions and the results may not be representative for real systems.

The scientific investigation of the processes taking place in a paper pulp is difficult because of the large number of different constituents with a vast number of possible interactions and, therefore, research is commonly carried out on simplified systems in which the number of parameters is reduced. The results, however, definitely help to further understand the relevant processes.

In spite of various advances in understanding, it is not expected that prediction of the performance of a modified combination of different pulp constituents will be possible. No approach other than empirically optimizing the process has been successful.

Further studies on adsorption using real solutions would be interesting, in order to obtain a deeper understanding of the colloidal chemistry of bentonite in the papermaking process.

## 7.2.5 Healing clay

Bentonite is sold as a medical application for skin treatment or for treating the digestive system (gut or colon). In both cases bentonite acts as a detoxifier and is thought to adsorb toxic substances either on the skin or in the digestive system and, to a certain extent, it can be efficient as a disinfectant (Unuabonah et al. 2018). The antibacterial properties can be improved (Roy et al. 2017). Additional information has been published by Perry (2006), Knishinsky (1998), Abehsera (2001), and Musafir & Chazot (2006). Cervini-Silva et al. (2015) report on the anti-inflammatory activity of bentonites.

The actual mechanisms by which the bentonite acts as a medical application are not yet fully understood. However, clays have been used as medical substances probably since humans exist. Even some animals use the adsorption capacity of clays, and a specific parrot eats clay to protect itself against the poison of certain berries (Diamond 1999).

The market situation is particularly difficult to evaluate because (a) there is a large diversity of medical clay-based products, and (b) marketing is organized in different ways. Some companies trade their bentonite products via internet while others try to sell their medical bentonite products on a regional basis by providing shops and drugstores with their products.

The tonnage of bentonite annually used for medical purposes worldwide may be low, but the total turnover is considerable. The basis for a product may be an industrially produced bentonite that costs about 200 € per ton. Marketing is thus the key to successful sale of medical bentonite products in the range of n €/g.

The application of bentonite for medicinal purposes is supported by numerous data. However, the customer and/or patient require more detailed systematic studies on the potential of bentonite.

Bentonite could sometime theoretically be approved as a medicine. However, the beneficial properties may be also achieved with synthetic smectites that could lead to a widely accepted medicine, and these would not contain the vast number of constituents, including naturally occurring microbes.

# ▸ 7.3 Use of special activated bentonites

## 7.3.1 Bleaching earths

Bleaching earths are used for the refining of vegetable fats and oils (Fig. 7.22). Some of the fats and oils are produced without further refining, but most of them require a technical refining to improve their properties, particularly the color and the durability. Because bleaching is only one aspect of the refining, ZSCHAU (1985) proposed to use the term "adsorption earth" rather than "bleaching earth". For example, "bleaching earth" is often used to adsorb nickel, which may have been introduced in previous oil production steps, and this is obviously not related to a change of the color ("bleaching") but is achieved by "adsorption".

The common bleaching earths are acid-activated bentonites, although there are alternatives such as palygorskite or silica-rich clays that may be mixed with additional acid. The traditional bleaching earth production started around 1905 in Bavaria, Germany (TAYLOR & JENKINS 1988).

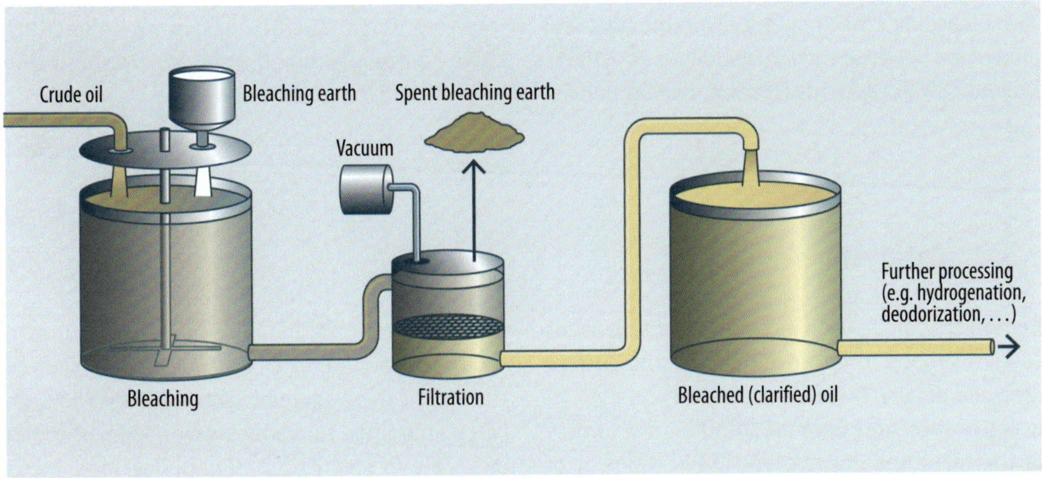


**Fig. 7.22:** Schematic illustration of bleaching in vegetable oil refining.

According to EISENHOUR & BROWN (2009), based on data from the USGS (2008), only 1 % of the bentonite produced in the US was used for bleaching (oil) and clarifying (beverages). Nevertheless, the world production is expected to exceed several hundred thousand tons per year because it is closely related to the increasing demand for food. The bleaching earth market, hence, is supposed to be growing.

Bleaching capacity is the quality determining parameter and, although some relationships between material properties and performance have been established, it is still difficult to determine the bleaching capacity of a given material from the typical parameters for bleaching earths that include: specific surface area, mesoporosity, free acid, and surface acidity.

The mesoporosity is important, and acidity is essential. Reactions probably occur that require both properties. In some experiments the maximum bleaching capacity can be correlated with the maximum specific surface area, but comparing different materials reveals that the value of the specific surface area cannot generally be related to the bleaching capacity, and a bleaching clay with 200 $m^2/g$ can perform better than another clay with 300 $m^2/g$ ($SSA_{N2BET}$). The bleaching capacity, including the removal of pigments as carotinoides and chlorophyll, is part of the refining process. Peroxides, metals (such as Ni), and oil soluble soaps must be reduced, and the adsorption mechanisms differ. For example, the CEC is thought to be important for removing the metals but not the soaps.

The traditional bleaching earths are produced by adding strong mineral acids to a bentonite slurry that is heated for several hours followed by cooling and washing. The solution is separated by filter presses and subjected to drying and crushing (Section 6.3). The optimal degree of activation and washing should be attained (optimal acid/clay ratio, time, and temperature, amount of water used for washing), and particle size after crushing or grinding is particularly important because it determines both bleaching activity and filtration time. Intense grinding results in fine particles and increased bleaching capacity. In oil refining, however, the filtration must be fast and this requires coarser particles. The art of producing suitable bleaching clays, therefore, is to find a grain size distribution for the final product that results in high bleaching efficiency and favorable filtration properties. Details are given by Burghardt (1931), Siddiqui (1968), Griffiths (1990), and in Section 6.3.

A very large volume of spent acid is derived from bleaching earth production and this has to be disposed or recycled. For example, spent acid rich in $Al^{3+}/Fe^{3+}$ can be used for removing $PO_4$ in sewage plants. Conceivably the material that precipitates upon neutralizing the spent acid, depending on the type of neutralizing agent, can also be recycled or at least safely disposed.

Kaufhold (2001), as part of an EU project, investigated the acid-activation with organic acids that could be degraded by bacteria. Although a sufficient bleaching capacity was attained, the product costs were too high. As an alternative, naturally mesoporous materials, such as attapulgite and palygorskite, are mixed with an amount of acid that need not be removed by washing. Such "surface-activated" bleaching clays can be produced in an environmentally friendly and inexpensive process.

### 7.3.2 Catalysts

Bentonites can be used as catalyst, or at least as catalyst support, because of their reactive surface area and acidity. As catalyst support, catalytically active substances are mounted on the surface of the smectites. For catalytic applications acid-activated bentonites are used rather than natural bentonites. Pillared clays (PILCs) could also be used but as explained in Section 6.5 they are not yet commercially available.

Acid-activated bentonites are used without any modification, using their own catalytic activity, for most of the catalyst requirements. The main uses are in vegetable and mineral oil refining. Acid-activated bentonites used for vegetable oil refining are known as bleaching earths (described in Section 7.3.1), but their catalytic activity is also relevant as well as specific adsorption capacity.

The porosity including the pore diameters of acid-activated bentonites can be adjusted to some extent by the degree of activation (Section 6.3), which in turn is determined by the acid/solid ratio and reaction time at elevated temperature. Not only the pore diameters but also the chemical properties of some surface sites of the PILCs can be adapted. Consequently, catalysts can be modified for various uses – from pharmaceuticals to electro-optical applications. PILCs could also be used as Denox-catalysts, gasoline/diesel particle filters (GPF or DPF), or generally to promote oxidation reactions.

Bearing in mind that PILCs are not yet marketed and bleaching earths were discussed in Section 7.3.1, the market for acid-activated bentonites as catalysts is determined by two factors – mineral oil production, because desulfuring of mineral oils is the main use, and availability and use of zeolites that can be used to substitute for acid-activated bentonites.

The quality of material used as a catalyst is determined by specific test reactions. This may be the actual reaction that the material shall be used for, or more simple reactions that can be used to investigate catalytic activity (e.g. the 2-propanol reaction that is suitable to quantifiy both Brønstedt acidity as well as redox active sites; Farneth

& GORTE 1995). Quality control parameters such as swelling volume or similar tests do not provide information relevant for catalytic uses. The degree of acid-activation, which is relevant for most uses, can be monitored through the content of dissolved octahedral elements (mainly $Al_2O_3$; FAHN 1973).

Pillared clays are not yet produced on an industrial scale. The production procedure would require preparation of pillaring solutions, dispersion of a Na-bentonite, cautious addition of the solution with careful stirring up to a certain level, solid/liquid separation, shaping, drying, and calcinations (Section 6.5).

Both PILCs and acid-activated bentonites could probably be used in more applications. Particularly PILCs are worth investigating with respect to new applications. The investigation of new PILCs with different surface properties was and remains an interesting and probably relevant field of applied clay research.

The layer charge density (LCD) should theoretically affect the properties of PILCs. The selection of different precursor materials with different LCDs to obtain different properties has not yet been investigated systematically. Pillaring a low charged smectite should result in larger micropore volumes compared with high charged smectites. Also high charged smectites should consume more of the pillaring solution than low charged smectites. On the other hand, a low charged pillared clay may be less mechanically stable than a material with more pillars. Of particular interest could be to pillar moderately charged smectites with less pillars compared to the CEC. For example, if a 0.5 eq/FU- smectite is pillared with a pillar concentration corresponding to 0.3 eq/FU, the mechanical stability of the product should be equal to a pillared clay produced from a 0.3 eq/FU-smectite, but this material would retain appreciable CEC that could be used to introduce a further catalytically active species by cation exchange.

In summary, a number of open questions concerning PILCs remain.

## 7.3.3 Organoclays as rheological additives

The thixotropy of normal bentonites is used in many applications such as drilling fluids or civil engineering. Normal bentonites cannot be dispersed in organic systems with or without solvents or in fats, but organophilized clays (also known as *organoclay*, *organophilized bentonite*, *hydrophobized bentonite*) can be dispersed in these materials. Organoclays are, therefore, used in a wide variety of applications.

Probably one of the most important and well-known applications of organoclays is as an additive to improve the rheological properties, such as in paints and coatings. The thixotropy provided by the organoclays imparts storage stability (prevents pigments from settling, controls dispersion, and prevents syneresis). Additionally the wet-film thickness (anti-sagging without affecting flow and leveling) to the freshly applied paints can be controlled and hence guarantees their effectiveness (Fig. 7.23). Traditionally, good paintwork required many different layers of paint and that takes time.

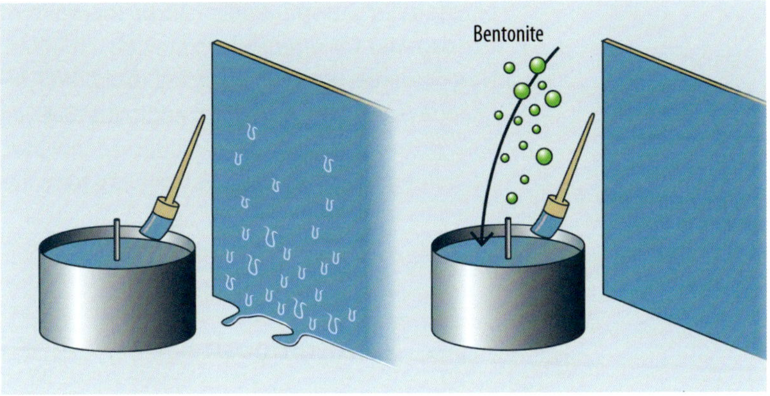


Fig. 7.23: Sketch showing the effect of organobentonites on the rheological properties of paints.

The option to apply a thick "wet film" of the coating in one step is particularly important if it has a protective function, such as marine paint. The desired properties of such special paints can be achieved by addition of organoclays.

Organobentonites can also be used to improve the rheological properties of lubricating greases. A special lubricant is obtained with the addition of a few percent of organoclay to common oil based lubricants, and this does not drip upon heating and hence tends not to smear.

Organoclays are also used as additives in paint removers as they guarantee that when sprayed on a painted surface remains in place, and that the active component acts where it was applied. They also are used in bituminous coatings to improve the workability.

The market for organoclays is difficult to evaluate, because of the diversity of possible applications and their related markets. The main market for organoclays is as rheological additives in paints and varnishes. In recent years it was expected that the market for solvent-based paints (and varnishes) would decrease because water-based products were considered to be favored by customers, most probably because of environmental issues. However, the demand for solvent-based products has remained relatively constant due to the development of high-solid content systems up to solvent-free coatings. The market, therefore, is expected to remain stable.

The worldwide demand for coatings and greases is still increasing, although it remains constant in Europe, and a slight increase of the demand for organoclays may be expected. Na-bentonites are generally used to produce organoclays used as rheological additives (Section 6.4). Since these have to be dispersed in water, parameters such as the swelling capacity are measured for quality control of the precursor materials. The quality of the products, however, can rarely be determined by standard tests because of the diversity of the uses, such as the composition of different paints. Therefore, to monitor the quality of the products, near reality application tests have to be performed.

The bentonite color is important for some uses, and is, therefore, an additional important parameter for quality management for these uses.

Organoclays offer a balanced thixotropy and rheology that facilitates application and allows thicker wet films while still maintaining a good flow and leveling (smooth surface). In addition to the requirement to disperse these organoclays in the system (normally high shear required), not much care has to be taken because organoclays are not temperature sensitive and handling of the powders is simple.

Because of the diversity of the various uses (e.g. type of application and composition of paint), research is and can be carried out with a specific focus, depending on the use. In addition, research has to be carried out into changing the components in a given system, for example the solvents in paints. The hydrophobicity of the organoclay is a particularly crucial parameter in this respect, and has to be optimized for each new system.

The surfaces are mainly modified by quaternary alkylammonium molecules (quats), and this may not be necessary in future depending on new organic cations becoming available in the market. These trends have to be monitored.

## 7.3.4 Nanocomposites

Organophilized bentonites can be dispersed in plastics and/or rubbers to improve some of their properties such as flame retardance, mechanical strength, and barrier performance (e.g. of foils). These systems may be termed *inorganic-organic hybrid materials* (e.g. Ruiz-Hitzky & van Meerbeek 2006) but are mostly referred to as "nanocomposites". This field has been researched for about 20 years, focusing either on the dispersion of organoclays in a polymer (including in-situ polymerization) or on the improvement of critical properties of the polymers (gums, plastics, etc.).

The efficiency of the organoclays and the performance of the nanocomposites depends on the exfoliation in the polymer, ideally as isolated TOT layers. Hence the organoclays need to be delaminated (or exfoliated) before dispersion in the polymer, which is difficult to achieve. For barrier performance the ideally delaminated smectite platelets should be arranged parallel to each other to impede diffusion through the polymer, at least in the direction perpendicular to the alignment. For the improvement of the two parameters flame retardancy and mechanical resistance, the shape of the silicate particle is less important. Nevertheless, the advantage of smectites over other silicate particles is that delamination (or exfoliation) yields large surface areas that permit a close and intimate intergrowth with the polymer. Hence smectite is regarded as a particularly valuable nanocomposite. However, despite the diversity, and numerous studies and scientific publications on clay-based nanocomposites, only few nanocomposite polymers actually reached the market. This may be explained by the difficulty of dispersing organophilized clays in the polymer matrix. Most producers use extruders with a heating zone for polymer production. Such devices do not allow an effective dispersion of the organoclay before shaping, which is before the polymer cools after temperature treatment.

The development of a simple and cost-effective device that does not significantly affect the existing production lines could be the breakthrough for organoclays as nanocomposites. Nanocomposites are only currently used for advanced polymers with specific requirements.

Yamaha, for example, developed a nanocomposite containing plastic that was used for the production of a new jet ski, the waverunner®. The properties of this nanocomposite plastic were found to be superior to the normal plastics, particularly because of the lower weight coupled with high stability and an exceptionally even surface (PLUEDDEMAN 2007; Fig. 7.24). While organoclays are only occasionally used in large scale as nanocomposites, the development of a new key technology could change this situation. A scientifically comprehensive summary of the advances in this field is given by RUIZ-HITZKY & VAN MEERBEEK (2006).

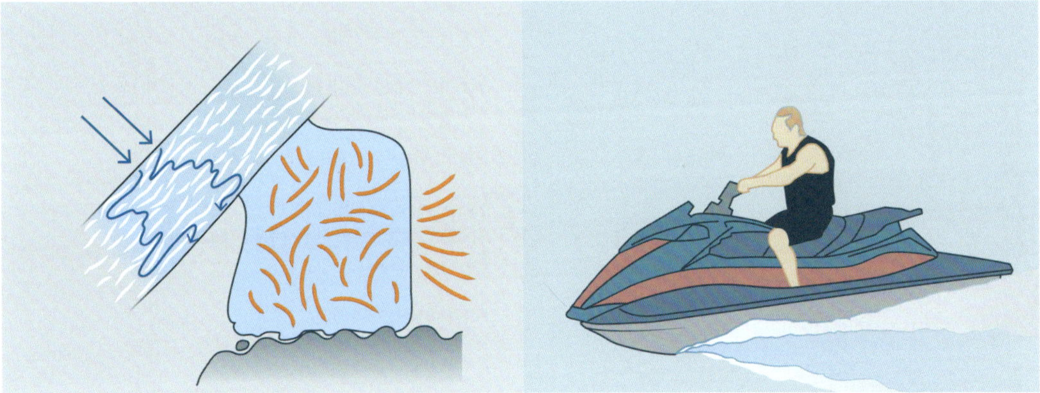

Fig. 7.24: Schematic illustration of smectite being dispersed in a polymer (gum, plastic, etc.), and the three parameters that are addressed (tightness, heat resistance, mechanical stability) as well as the schematic illustration of using a nanocomposite-based polmer for the Yamaha Waverunner® (PLUEDDEMAN 2007).

**Helmut Coutelle**
*Formerly BYK Additives GmbH (Moosburg);*
Freising, Germany

**Andreas Decher**
Minerals.Services
Industrial Minerals Consulting Services;
Wenden, Germany

**Stephan Kaufhold**
Federal Institute for Geosciences and Natural Resources (BGR);
Hannover, Germany

**Theodore Karidakis**
Imerys Industrial Minerals Greece S.A.;
Kifissia, Greece

**Kisnaduth Kesore**
BASF Catalysts Germany GmbH;
Hannover, Germany

**Dietrich Koch**
*Formerly S & B Industrial Minerals GmbH (Oberhausen);*
Geisenheim, Germany

**Annette Krause**
Calderys Metalcasting Germany GmbH;
Oberhausen, Germany

**Nils Rickertsen**
Gustav Grolman GmbH & Co. KG;
Neuss, Germany

**Albert Stützer**
C. H. Erbslöh GmbH & Co. KG;
Krefeld, Germany

# Chapter 8

# References

Aagaard, P. & Helgeson, H. C. (1983): Activity/composition relations among silicates and aqueous solutions: II. Chemical and thermodynamic consequences of ideal mixing of atoms on homological sites in montmorillonites, illites, and mixed-layer clays.– Clays Clay Miner., **31**: 207–217.

Abdul Aziz, H., Böhme, M., Rocholl, A., Prieto, J., Wijbrans, J. R., Bachtadse, V. & Ulbig, A. (2010): Integrated stratigraphy and $^{40}Ar/^{39}Ar$ chronology of the early to middle Miocene Upper Freshwater Molasse in western Bavaria (Germany).– Int. J. Earth Sci. (Geol. Rundsch.), **99**: 1859–1886. DOI: 10.1007/s00531-009-0475-8

Abehsera, M. (2001): The healing power of clay: The natural remedy for dozens of common ailments.– 176 pp.; New York (Citadel).

Abend, S. & Lagaly, G. (2000): Sol–gel transitions of sodium montmorillonite dispersions.– Appl. Clay Sci., **16**: 201–227. DOI: 10.1016/S0169-1317(99)00040-X

Abeysinghe, P. B. (2002): Bentonite, attapulgite and common clays in Western Australia.– GSWA Min. Res. Bull., **20**: 202 pp; Perth, WA.

Adams, J. M. (1987): Synthetic organic chemistry using pillared, cation-exchanged and acid-treated montmorillonite catalysts — A review.– Appl. Clay Sci., **2**: 309–342. DOI: 10.1016/0169-1317(87)90039-1

AFS – American Foundry Society (1983): Mold and core test handbook.– 2nd ed.: 457 pp.; Des Plaines, IL.

Agus, S. S. & Schanz, T. (2008): A method for predicting swelling pressure of compacted bentonites.– Acta Geotech., **3**: 125–137. DOI: 10.1007/s11440-008-0057-0

Albrecht, T. (2011): Geological mapping and investigation of bentonite deposits in the area of the Gavião-Block, South-Bahia, Brazil.– Diploma thesis, Technical University of Munich (TUM): 165 pp.; Munich.– [unpubl.]

Al-Jlil, S. A. (2010): Removal of heavy metals from industrial wastewater by adsorption using local bentonite clay and roasted date pits in Saudi Arabia.– Trends Applied Sci. Res., **5**: 138–145. DOI: 10.3923/tasr.2010.138.145

Alonso, U., Missana, T., Fernández, A. M. & García-Gutiérrez, M. (2016): Comparison of erosion behavior of different clays.– Final conference of the BELBaR project: Clay Colloids in Aqueous Systems (Berlin, Germany, Feb. 3–4, 2016), Proceedings from second workshop, D 6.14: 65–68.

Altaner, S. P., Ylagan, R. F., Savin, S. M., Aronson, J. L., Belkin, H. E. & Pozzuoli, A. (2003): Geothermometry, geochronology, and mass transfer associated with hydrothermal alteration of a rhyolitic hyaloclastite from Ponza Island, Italy.– Geochim. Cosmochim. Acta, **67**: 275–288. DOI: 10.1016/S0016-7037(02)01077-3

Ames, L. L., Sand, L. B. & Goldich, S. S. (1958): A contribution on the Hector, California bentonite deposit.– Econ. Geol., **53**: 22–37.

Ammann, L., Bergya, F. & Lagaly, G. (2005): Determination of the cation exchange capacity of clays with copper complexes revisited.– Clay Miner., **40**: 441–453. DOI: 10.1180/0009855054040182

Amonette, J. E., Khan, F. A., Gan, H., Stucki, J. W. & Scott, A. D. (1994): Quantitative oxidation-state analysis of soils.– In: Amonette, J. E. & Zelazny, J. W. (eds): Quantitative methods in soil mineralogy.– SSSA Misc. Publ.: pp. 83–113; Madison, WI.

—, Khan, F. A., Gan, H., Stucki, J. W. & Scott, A. D. (1999): Comparison of oxidimetric, spectrophotometric, and Mössbauer-spectroscopic methods for determination of Fe(II) in nonrefractory minerals.– In: Kodama, H., Mermut, A. R. & Torrance, J. K. (eds): Clays for our future: Proceedings of the 11th International Clay Conference (Ottawa, Canada, June 15–21, 1997): pp. 277–286.

Anderson, D. M. & Reynolds, R. C. (1966): Umiat bentonite: An unusual montmorillonite from Umiat, Alaska.– Am. Mineral., **51**: 1443–1456.

Anderson, M. A. & Rubin, A. J. (eds) (1981): Adsorption of inorganics at solid-liquid interfaces.– 358 pp.; Ann Arbor, MI (Ann Arbor Science).

Andreev, Yu. G. & Lunström, T. (1994): In-plane lattice-parameter and crystallite-size determination in a turbostratic graphite-like structure.– J. Appl. Cryst., **27**: 767–771.

Andries, R. R. & Zalba, P. E. (2003): Na-bentonites and K-benonites from Argentina: Composition, origin and age.– In: Domínguez, E. A., Mas, G. R. & Cravero, F. (eds): 2001. A Clay Odyssey: Proceedings of the 12th International Clay Conference (Bahía Blanca, Argentina, July 22–28, 2001): pp. 41–48; Amsterdam (Elsevier).

APLIN, A. C. (1993): The composition of authigenic clay minerals in recent sediments: Links to the supply of unstable reactants.– In: MANNING, D. A. C., HALL, P. L. & HUGHES, C. R. (eds): Geochemistry of clay-pore fluid interactions: pp. 81–106; London (Chapman and Hall).

ARTHUR, R. & SAVAGE, D. (2016): Long-term stability of clay minerals in the buffer and backfill.– STUK report, TR **22**: 30 pp.

AYLMORE, L. A. G. & QUIRK, J. P. (1960): Domain or turbostratic structure of clays.– Nature, **187**: 1046–1048.

— & QUIRK, J. P. (1967): The micropore size distribution of clay mineral systems.– J. Soil Sci., **18**: 1–17.

—, SILLS, I. D. & QUIRK, J. P. (1970): Surface area of homoionic illite and montmorillonite clay minerals as measured by the sorption of nitrogen and carbon dioxide.– Clays Clay Miner., **18**: 91–96.

BACHE, B. W. (1976): The measurement of cation exchange capacity of soils.– J. Sci. Food Agric., **27**: 273–280. DOI: 10.1002/jsfa.2740270313

BADRAOUI, M. & BLOOM, P. R. (1990): Iron-rich high-charge beidellite in Vertisols and Mollisols of the High Chaouia region of Morocco.– Soil Sci. Soc. Am. J., **54**: 267–274.

BAHRANOWSKI, K. (1985): Titration of some clay minerals activated with sulfuric acid.– Mineral. Polonica, **16**: 61–67.

BAILLE, W., SCHANZ, T., KAUFHOLD, S. & DOHRMANN, R. (2010a): Swelling pressures of selected bentonites.– In: ANDRA: Clays in natural & engineered barriers for radioactive waste confinement — Book of abstracts (4th International Meeting, Nantes, France, Mar. 29 – Apr. 1, 2010): pp. 731–732.

—, TRIPATHY, S. & SCHANZ, T. (2010b): Swelling pressures and one-dimensional compressibility behaviour of bentonite at large pressures.– Appl. Clay Sci., **48**: 324–333. DOI: 10.1016/j.clay.2010.01.002

BAIN, D. C. (ed) (2009): Bentonites — Versatile Clays.– Elements, **5**: 83–116.

BALLANTI, D. D. (1997): Origin of the bentonite and barite deposits on Milos Island (Central Aegean, Greece).– Doctoral thesis, ETH Zurich: 237 pp.; Zurich.

BANFIELD, J. F., JONES, B. F. & VEBLEN, D. R. (1991): An aem-tem study of weathering and diagenesis, Abert Lake, Oregon: I. Weathering reactions in the volcanics.– Geochim. Cosmochim. Acta, **55**: 2781–2793.

BANIN, A. & RAVIKOVITCH, S. (1966): Kinetics of reactions in the conversion of Na- or Ca-saturated clay to H–Al clay.– Clays Clay Miner., **14**: 193–204.

— & LAHAV, N. (1968): Particle size and optical properties of montmorillonite in suspension.– Israel J. Chem., **6**: 235–250.

BAR-ON, P. & SHAINBERG, I. (1970): Hydrolysis and decomposition of Na-montmorillonite in distilled water.– Soil Sci., **109**: 241–246.

BARSHAD, I. (1969): Preparation of H saturated montmorillonites.– Soil Sci., **108**: 38–42.

BAUER, K. K. (2014): Stable O and H isotopic composition of hydrous minerals as proxies for paleoclimate and -topography: Application to the European Alps.– PhD thesis, UNIL: 322 pp.; Lausanne.

—, VENNEMANN, T. W. & GILG, H. A. (2016): Stable isotope composition of bentonites from the Swiss and Bavarian Freshwater Molasse as a proxy for paleoprecipitation.– Palaeogeogr., Palaeoclimatol., Palaeoecol., **455**: 53–64.

BELYAYEVA, N. I. (1967): Rapid method for the simultaneous determination of the exchange capacity and content of exchangeable cations in solonetzic soils.– Soviet Soil Sci.: pp. 1409–1413.

BENESI, H. A. (1956): Acidity of catalyst surfaces: I. Acid strength from colors of adsorbed indicators.– J. Am. Chem. Soc., **78**: 5490–5494.

— (1957): Acidity of catalyst surfaces: II. Amine titration using Hammett indicators.– J. Phys. Chem., **61**: 970–973.

— & WINQUIST, B. H. C. (1978): Surface acidity of solid catalysts.– Adv. Catal., **27**: 97–182; New York (Academic Press).

BERGAYA, F. & LAGALY, G. (eds) (2013a): Handbook of clay science (2nd ed.) — Part A: Fundamentals.– Dev. Clay Sci., **5**: 874 pp.; Amsterdam (Elsevier).

— & LAGALY, G. (eds) (2013b): Handbook of clay science (2nd ed.) — Part B: Techniques and applications.– Dev. Clay Sci., **5**: 813 pp.; Amsterdam (Elsevier).

—, AOUAD, A. & MANDALIA, T. (2006a): Pillared clays and clay minerals.– In: BERGAYA, F., THENG, B. K. G. & LAGALY, G. (eds): Handbook of clay science (1st ed.).– Dev. Clay Sci., **1**: 393–421; Amsterdam (Elsevier).

—, THENG, B. K. G. & LAGALY, G. (eds) (2006b): Handbook of clay science (1st ed.).– Dev. Clay Sci., **1**: 1224 pp.; Amsterdam (Elsevier).

BERGMANN, J., FRIEDEL, P. & KLEEBERG, R. (1998): BGMN – a new fundamental parameter based Rietveld program for laboratory X-ray sources, its use in quantitative analysis and structure investigations.– IUCr CPD Newsletter, **20**: 5–8.

BERNER, U. R. (1992): Evolution of pore water chemistry during degradation of cement in a radioactive waste repository environment.– Waste Management, **12**: 201–219.

BERRY, R. W. (1999): Eocene and Oligocene Otay-type waxy bentonites of San Diego County and Baja California: Chemistry, mineralogy, petrology and plate tectonic implications.– Clays Clay Miner., **47**: 70–83.

BIEGERT, U. (1996): Ziegeleiparkgelände Heilbronn.– Neue Landschaft, **8**/1996: 1–3.

BIRD, P. (1984): Hydration-phase diagrams and friction of montmorillonite under laboratory and geologic conditions, with implications for shale compaction, slope stability, and strength of fault gouge.– Tectonophysics, **107**: 235–260.

BIRGERSSON, M., BÖRGESSON, L., HEDSTRÖM, M., KARNLAND, O. & NILSSON, U. (2009): Bentonite erosion. Final report.– SKB Technical Report, TR-09-34: 171 pp.; Stockholm.
URL: https://www.skb.com/publication/1975568 (last access 25 November 2024)

BISCOE, J. & WARREN, B. E. (1942): An X-ray study of carbon black.– J. Appl. Phys., **13**: 364–371.

BISHOP, J. L., MURAD, E., MADEJOVÁ, J., KOMADEL, P., WAGNER, U. & SCHEINOST, A. (1999): Visible, Mössbauer and infrared spectroscopy of dioctahedral smectites: Structural analyses of the Fe-bearing smectites Sampor, SWy-1 and SWa-1.– In: KODAMA, H., MERMUT, A. R. & TORRANCE, J. K. (eds): Clays for our future: Proceedings of the 11th International Clay Conference (Ottawa, Canada, June 15–21, 1997): pp. 413–419.

BIZOVSKÁ, V., PÁLKOVÁ, H. & MADEJOVÁ, J. (2016): Near-infrared study of water adsorption on homo-ionic forms of montmorillonite.– Clays Clay Miner., **64**: 571–585.

BLAKEMORE, L. C., SEARLE, P. L. & DALY, B. K. (1981): Methods for chemical analysis of soils.– NZ Soil Bureau Scientific Report, **10 A**: 102 pp; Lower Hutt.

—, SEARLE, P. L. & DALY, B. K. (1987): Methods for chemical analysis of soils.– NZ Soil Bureau Scientific Report, **80**: 103 pp; Lower Hutt.

BLUM, J. D., KLAUE, A., NEZAT, C. A., DRISCOLL, C. T., JOHNSON, C. E., SICCAMA, T. G., EAGAR, C., FAHEY, T. J. & LIKENS, G. E. (2002): Mycorrhizal weathering of apatite as an important calcium source in base-poor forest ecosystems.– Nature, **417**: 729–731. DOI: 10.1038/nature00793

BODINE, M. W. & FERNALD, T. H. (1973): EDTA dissolution of gypsum, anhydrite, and Ca-Mg carbonates.– J. Sediment. Petrol., **43**: 1152–1156.

BOLT, G. H. & VAN RIEMSDIJK, W. H. (1982): Ion adsorption on inorganic variable charge constituents.– In: BOLT, G. H. (ed): Soil chemistry — B: Physico-chemical models.– Dev. Soil Sci., **5 B**: 459–504; Amsterdam (Elsevier).

BONILLA, J. L., LÓPEZ-GONZÁLEZ, J. DE. D., RAMIREZ-SÁENZ, A., RODRIGUEZ-REINOSO, F. & VALENZUELA-CALAHORRO, C. (1981): Activation of a sepiolite with dilute solutions of $HNO_3$ and subsequent heat treatments: II. Determination of surface acid centres.– Clay Miner., **16**: 173–179.

BORS, J., DULTZ, S. & RIEBE, B. (2000): Retention of radionuclides by organophilic bentonite.– Eng. Geol., **54**: 195–206.
DOI: 10.1016/S0013-7952(99)00074-5

BORSELLA, E., BOTTI, S., CESILE, M. C., MARTELLI, S. & NESTERENKO, A. (1998): X-ray diffraction investigation on $MoS_2$ nanoparticles produced by $CO_2$ laser assisted synthesis.– Mater. Sci. Forum, **278–281**: 636–641.

BOURG, A. C. M. (1983): Modélisation du comportement des métaux traces à l'interface solide-liquide dans les systèmes aquatiques.– Documents BRGM, **62**: 1–34; Orléans, France.

BOURG, I. C., SPOSITO, G. & BOURG, A. C. M. (2007): Modeling the acid–base surface chemistry of montmorillonite.– J. Colloid Interface Sci., **312**: 297–310.

BRADLEY, W. F. (1945): Diagnostic criteria for clay minerals.– Am. Min., **30**: 704–713.

BREEN, C. & ROCK, B. J. (1991): The competitive adsorption of dyes on clays.– In: STÖRR, M., HENNING, K.-H. & ADOLPHI, P. (eds): Proceedings of the 7th Euroclay Conference: Dresden '91 (Dresden, Germany, Aug. 26–30, 1991), vol. **1**: pp. 147–152.

— & WATSON, R. (1998): Acid-activated organoclays: Preparation, characterisation and catalytic activity of polycation-treated bentonites.– Appl. Clay Sci., **12**: 479–494.

—, DEANE, A. T. & FLYNN, J. J. (1987): The acidity of trivalent cation-exchanged montmorillonite. Temperature-programmed desorption and infrared studies of pyridine and n-butylamine.– Clay Miner., **22**: 169–178.

—, MADEJOVÁ, J. & KOMADEL, P. (1995): Characterisation of moderately acid-treated, size-fractionated montmorillonites using IR and MAS NMR spectroscopy and thermal analysis.– J. Mater. Chem., **5**: 469–474.

BREU, J., SEIDL, W. & SENKER, J. (2004): Synthese von dreidimensional geordneten Einlagerungsverbindungen des Hectorits.– Z. Anorg. Allg. Chem., **630**: 80–90. DOI: 10.1002/zaac.200300318

BRIGATTI, M. F. (1983): Relationships between composition and structure in Fe-rich smectites.– Clay Miner., **18**: 177–186.

— & POPPI, L. (1981): A mathematical model to distinguish the members of the dioctahedral smectite series.– Clay Miner., **16**: 81–89.

—, GALÁN, E. & THENG, B. K. G. (2006): Structures and mineralogy of clay minerals.– In: BERGAYA, F., THENG, B. K. G. & LAGALY, G. (eds): Handbook of clay science (1st ed.).– Dev. Clay Sci., **1**: 19–87; Amsterdam (Elsevier).

BRINDLEY, G. W. (1966): Ethylene glycol and glycerol complexes of smectites and vermiculites.– Clay Miner., **6**: 237–259.

— & MACEWAN, D. M. C. (1953): Structural aspects of the mineralogy of clays and related silicates.– In: GREEN, A. T. & STEWART, G. H. (eds): Ceramics: A symposium.– British Ceramic Society: pp. 15–59; Stoke-on-Trent.

— & BROWN, G. (eds) (1980): Crystal structures of clay minerals and their X-ray identification.– Mineral. Soc., Monograph, **5**: 495 pp.; London.

Brown, G. (1955): Report of the clay minerals group sub-committee on nomenclature of clay minerals.– Clay Miner. Bull., **2**: 294–302.

Brümmer, E. & Brümmer, G. (2021): Der tongebundene Formstoff – Primärer Werkstoff des Gießereiwesens.– 900 pp.; Hart a. d. Alz (Montsanssaisier).

Brunauer, S., Emmett, P. H. & Teller, E. (1938): Adsorption of gases in multimolecular layers.– J. Am. Chem. Soc., **60**: 309–319. DOI: 10.1021/ja01269a023

BSW (1992): Afdichtingswanden van cement-bentoniet.– Bouwdienst Rijkswaterstaat, Bouwspeurwerk, BSW-rapport, **91-13**: 52 pp.; Utrecht.

Bucher, F. & Spiegel, U. (1984): Quelldruck von hochverdichteten Bentoniten.– Nagra, Technical Report NTB–84–18: 61 pp.; Baden, CH.

Bujdák, J. & Komadel, P. (1997): Interaction of methylene blue with reduced charge montmorillonite.– J. Phys. Chem., B, **101**: 9065–9068.

— , Janek, M., Madejová, J. & Komadel, P. (2001): Methylene blue interactions with reduced-charge smectites.– Clays Clay Miner., **49**: 244–254. DOI: 10.1346/CCMN.2001.0490307

Burghardt, O. (1931): Activated bleaching clays.– Ind. Eng. Chem., **23**: 800–802.

Busca, G. (1999): The surface acidity of solid oxides and its characterization by IR spectroscopic methods. An attempt at systematization.– Phys. Chem. Chem. Phys., **1**: 723–736.

Caballero, E., Reyes, E., Delgado, A., Huertas, F. & Linares, J. (1992): The formation of bentonite: Mass balance effects.– Appl. Clay Sci., **6**: 265–276.

— , de Cisneros, C. J., Huertas, F. J., Huertas, F., Pozzuoli, A. & Linares, J. (2005): Bentonites from Cabo de Gata, Almería, Spain: A mineralogical and geochemical overview.– Clay Miner., **40**: 463–480. DOI: 10.1180/0009855054040184

Cadrin, A. A. J., Kyser, T. K., Caldwell, W. G. E. & Longstaffe, F. J. (1996): Isotopic and chemical compositions of bentonites as paleoenvironmental indicators of the Cretaceous Western Interior Seaway.– Palaeogeogr., Palaeoclimatol., Palaeoecol., **119**: 301–320.

Calvo, J. P., Blanc-Valleron, M.–M., Rodríguez-Arandía, J. P., Rouchy, J. M. & Sanz, M. E. (1999): Authigenic clay minerals in continental evaporitic environments.– In: Thiry, M. & Simon-Coincon, R.: Palaeoweathering, palaeosurfaces and related continental deposits.– IAS Spec. Publ., **27**: 129–151.

Cardile, C. M. (1989): Tetrahedral iron in smectite: A critical comment.– Clays Clay Miner., **37**: 185–188.

— & Johnston, J. H. (1985): Structural studies of nontronites with different iron contents by $^{57}$Fe Mössbauer spectroscopy.– Clays Clay Miner., **33**: 295–300.

Carlson, L. (2004): Bentonite mineralogy — Part 1: Methods of investigation – a literature review; Part 2: Mineralogical research of selected bentonites.– POSIVA Working Report, **2004–2**: 105 pp; Olkiluoto.

Cases, J. M., Bérend, I., François, M., Uriot, J. P., Michot, L. J. & Thomas, F. (1997): Mechanism of adsorption and desorption of water vapor by homoionic montmorillonite: 3. The $Mg^{2+}$, $Ca^{2+}$, $Sr^{2+}$ and $Ba^{2+}$ exchanged forms.– Clays Clay Miner., **45**: 8–22.

Cavallaro, N. & McBride, M. B. (1984): Zinc and copper sorption and fixation by an acid soil clay: Effect of selective dissolutions.– Soil Sci. Soc. Am. J., **48**: 1050–1054.

Cervini-Silva, J., Nieto-Camacho, A., Kaufhold, S., Ufer, K. & Ronquillo de Jesús, E. (2015): The anti-inflammatory activity of bentonites.– Appl. Clay Sci., **118**: 56–60. DOI: 10.1016/j.clay.2015.08.039

Chahi, A., Duringer, P., Ais, M., Bouabdelli, M., Gauthier-Lafaye, F. & Fritz, B. (1999): Diagenetic transformation of dolomite into stevensite in lacustrine sediments from Jbel Rhassoul, Morocco.– J. Sediment. Research, **69**: 1123–1135.

Chiou, W. A., Bryant, W. R. & Bennett, R. H. (1991a): Clay fabric of gassy submarine sediments.– In: Bennett, R. H., Bryant, W. R. & Hulbert, M. H. (eds): Microstructure of fine-grained sediments: From mud to shale.– Frontiers in Sedimentary Geology: pp. 333–352; New York (Springer).

— , Bryant, W. R. & Bennett, R. H. (1991b): Quantification of clay fabric: A simple technique.– In: Bennett, R. H., Bryant, W. R. & Hulbert, M. H. (eds): Microstructure of fine-grained sediments: From mud to shale.– Frontiers in Sedimentary Geology: pp. 379–387; New York (Springer).

— , Mucic, R. C., Ishikawa, A., Konishi, H., Fukushima, K. & Mirkin, C. A. (1999): In situ TEM study of DNA/gold nanoparticles in liquid environment.– Microsc. Microanal., **5**: 340–341.

Christidis, G. E. (1995): Mechanism of illitization of bentonites in the geothermal field of Milos Island Greece: Evidence based on mineralogy, chemistry, particle thickness and morphology.– Clays Clay Miner., **43**: 569–585.

— (1998): Comparative study of the mobility of major and trace elements during alteration of an andesite and a rhyolite to bentonite, in the islands of Milos and Kimolos, Aegean, Greece.– Clays Clay Miner., **46**: 379–399.

— (2001): Geochemical correlation of bentonites from Milos Island, Aegean, Greece.– Clay Miner., **36:** 295–306. DOI: 10.1180/000985501750539409

— (2006): Genesis and compositional heterogeneity of smectites. Part III: Alteration of basic pyroclastic rocks – A case study from the Troodos Ophiolite Complex, Cyprus.– Am. Mineral., **91**: 685–701. DOI: 10.2138/am.2006.2001

— (2008): Do bentonites have contradictory characteristics? An attempt to answer unanswered questions.– Clay Miner., **43**: 515–529. DOI: 10.1180/claymin.2008.043.4.01

— & Dunham, A. C. (1993): Compositional variation in smectites. Part I: Alteration of intermediate volcanic rocks. A case study from Milos Island, Greece.– Clay Miner., **28**: 255–273.

— & Dunham, A. C. (1997): Compositional variations in smectites. Part II: Alteration of acidic precursors. A case study from Milos Island, Greece.– Clay Miner., **32**: 253–270.

— & Huff, W. D. (2009): Geological aspects and genesis of bentonites.– Elements, **5**: 93–98.

— & Koutsopoulou, E. (2013): A simple approach to the identification of trioctahedral smectites by X-ray diffraction.– Clay Miner., **48**: 687–696. DOI: 10.1180/claymin.2013.048.5.22

—, Scott, P. W. & Marcopoulos, T. (1995): Origin of the bentonite deposits of Easitern Milos, Aegean, Greece: Geological, mineralogical and geochemical evidence.– Clays Clay Miner., **43**: 63–77.

CLARIANT [Clariant International Ltd.] (2012): Ceramics are life – additives for the ceramic industry – shaping the future.– Clariant Int. Ltd., Ceratosil product information: SC–0904–165 BD; Muttenz, Switzerland.

Clark, R. N., King, T. V. V., Klejwa, M., Swayze, G. A. & Vergo, N. (1990): High spectral resolution reflectance spectroscopy of minerals.– J. Geophys. Res., **95**: 12653–12680.

Clauer, N., Fallick, A. E., Galán, E., Pozo, M. & Taylor, C. (2012): Varied crystallization conditions for Neogene sepiolite and associated Mg-clays from Madrid Basin (Spain) traced by oxygen and hydrogen isotope geochemistry.– Geochim. Cosmochim. Acta, **94**: 181–198. DOI: 10.1016/j.gca.2012.07.016

Clauser, C. & Huenges, E. (1995): Thermal conductivity of rocks and minerals.– In: Ahrens, T. J. (ed): Rock physics & phase relations: A handbook of physical constants.– AGU Reference Shelf, **3**: 105–126; Washington, DC.

Cleveland, G. B. (1960): Geology of the Otay bentonite deposit, San Diego County, California.– Calif. Dep. Nat. Resour., Div. Mines, Spec. Rep., **64**: 18 pp.

Cole, T. G. (1983): Oxygen isotope geothermometry and origin of smectites in the Atlantis II Deep, Red Sea.– Earth Planet. Sci. Lett., **66**: 166–176.

Contescu, C., Jagiello, J. & Schwarz, J. A. (1993): Heterogeneity of proton binding sites at the oxide/solution interface.– Langmuir, **9**: 1754–1765.

Coombs, D. S., Alberti, A., Armbruster, T., Artioli, G., Colella, C., Galli, E., Grice, J. D., Liebau, F., Mandarino, J. A., Minato, H., Nickel, E. H., Passaglia, E., Peacor, D. R., Quartier, S., Rinaldi, R., Ross, M., Sheppard, R. A., Tillmanns, E. & Vezzalini, G. (1997): Recommended nomenclature for zeolite minerals: Report of the subcommittee on zeolites of the International Mineralogical Association, Commission on New Minerals and Mineral Names.– Can. Mineral., **35**: 1571–1606.

Czurda, K. A. (1990): Funktion geologischer und mineralischer Barrieren im Deponiebau.– Tagungsband Deponie-Seminar "Multi-mineralische Deponie-Basisabdichtungen" (Nov. 27, 1990).– GLA Rheinland-Pfalz; Bingen/Rhein.

Dallegge, T. A. (1999): Correlation and chronology of the Miocene–Pliocene Bidahochi Formation, Navajo and Hopi Nations, northeastern Arizona.– Master's thesis, Northern Arizona Univ.: 304 pp.; Flagstaff, AZ.– [unpubl.]

Damour, A. A. & Salvétat, D. (1847): Notice et analyses sur un hydrosilicate d'alumine trouvé à Montmorillon (Vienne).– Ann. Chim. Phys., Série 3, **21**: 376–383.

Davis, J. C. (1965): Bentonite deposits of the Clay Spur district, Crook and Weston counties, Wyoming.– Wyoming Geol. Survey, Preliminary Report, **4**: 17 pp.; Laramie, WY.

Davis, L. E., Turner, R. & Whittig, L. D. (1962): Some studies of the autotransformation of H-bentonite to Al-bentonite.– Soil Sci. Soc. Am. J., **26**: 441–443.

Day, E. J., Bushong, R. D. & Dilworth, B. C. (1970): Silicates in broiler diets.– Poult. Sci., **49**: 198–202.

Ddani, M., Meunier, A., Zahraoui, M., Beaufort, D., el Wartiti, M., Fontaine, C., Boukili, B. & el Mahi, B. (2005): Clay mineralogy and chemical composition of bentonites from the Gourougou volcanic massif (northeast Morocco).– Clays Clay Miner., **53**: 250–267. DOI: 10.1346/CCMN.2005.0530305

de la Fuente, S., Cuadros, J., Fiore, S. & Linares, J. (2000): Electron microscopy study of volcanic tuff alteration to illite–smectite under hydrothermal conditions.– Clays Clay Miner., **48:** 339–350.

Decher, A. (1997): Bentonite der Insel Milos, Griechenland: Mineralogie, Geochemie und Entstehung sowie ihre geotechnische Verwendung.– PhD thesis, RWTH Aachen Univ. (Germany): 210 pp.; Aachen.

—, Bechtel, A., Echle, W., Friedrich, G. & Hoernes, S. (1996): Stable isotope geochemistry of bentonites from the island of Milos (Greece).– Chem. Geol., **129**: 101–113.

Dekov, V. M., Cuadros, J., Shanks, W. C. & Koski, R. A. (2008): Deposition of talc – kerolite-smectite – smectite at seafloor hydrothermal vent fields: Evidence from mineralogical, geochemical and oxygen isotope studies.– Chem. Geol., **247**: 171–194. DOI: 10.1016/j.chemgeo.2007.10.022

Delage, P., Marcial, D., Cui, Y. J. & Ruiz, X. (2006): Ageing effects in a compacted bentonite: A microstructure approach.– Géotechnique, **56**: 291–304. DOI: 10.1680/geot.2006.56.5.291

Delgado, A. (1993): Estudio isotópico de los procesos diageneticos e hidrotermales relacionados con la génesis de bentonitas (Cabo de Gata, Almería).– PhD thesis, UGR: 414 pp; Granada.– [unpubl.]

— & Reyes, E. (1993): Isotopic study of the diagenetic and hydrothermal origins of the bentonite deposits at Los Escullos (Almería, Spain).– In: Fenoll Hach-Ali, P., Torres-Ruíz, J. & Gervilla, F. (eds): Current research in geology applied to ore deposits. Proceedings of the Second Biennial SGA Meeting (Granada, Spain, Sept. 9–11, 1993): pp. 675–678.

— & Reyes, E. (1996): Oxygen and hydrogen isotope compositions in clay minerals: A potential single-mineral geothermometer.– Geochim. Cosmochim. Acta, **60**: 4285–4289.

Dellisanti, F., Calafato, A., Pini, G. A., Moro, D., Ulian, G. & Valdrè, G. (2018): Effects of dehydration and grinding on the mechanical shear behaviour of Ca-rich montmorillonite.– Appl. Clay Sci., **152**: 239–248. DOI: 10.1016/j.clay.2017.11.019

Deng, Y., Liu, L., Barrientos Velázquez, A. L., Szczerba, M. & Dixon, J. B. (2014): Interactions of aflatoxin $B_1$ with smectites: Interlayer accessibility, bonding mechanisms, and size matching.– In: Dixon, J. B., Barrientos Velázquez, A. L. & Deng, Y. (eds): Aflatoxin control: Safeguarding animal feed with calcium smectite.– ASA and SSSA: pp. 27–43; Madison, WI.

Diamond, J. M. (1999): Dirty eating for healthy living.– Nature, **400**: 120–121.

Dieng, M. A. (2005): Der Wasseraufnahmeversuch nach DIN 18132 in einem neu entwickelten Gerät.– Bautechnik, **82**: 28–32.

— (2006): Bestimmungsmethode der Konsistenzgrenzen mittels Wasseraufnahmeversuchen.– Bautechnik, **83**: 492–496.

Dill, H. G., Dohrmann, R. & Kaufhold, S. (2011): Disseminated and faultbound autohydrothermal ferroan saponite in Late Paleozoic andesites of the Saar–Nahe Basin, SW Germany: Implications for the economic geology of intermediate (sub) volcanic rocks.– Appl. Clay Sci., **51**: 226–240. DOI: 10.1016/j.clay.2010.11.024

Dohrmann, R. (2006 a): Cation exchange capacity methodology I: An efficient model for the detection of incorrect cation exchange capacity and exchangeable cation results.– Appl. Clay Sci., **34**: 31–37. DOI: 10.1016/j.clay.2005.12.006

— (2006 b): Cation exchange capacity methodology II: A modified silver-thiourea method.– Appl. Clay Sci., **34**: 38–46. DOI: 10.1016/j.clay.2006.02.009

— (2006 c): Cation exchange capacity methodology III: Correct exchangeable calcium determination of calcareous clays using a new silver-thiourea method.– Appl. Clay Sci., **34**: 47–57. DOI: 10.1016/j.clay.2006.02.010

— (2006 d): Problems in CEC determination of calcareous clayey sediments using the ammonium acetate method.– J. Plant Nutr. Soil Sci., **169**: 330–334. DOI: 10.1002/jpln.200621975

— & Kaufhold, S. (2009): Three new, quick CEC methods for determining the amounts of exchangeable calcium cations in calcareous clays.– Clays Clay Miner., **57**: 338–352. DOI: 10.1346/CCMN.2009.0570306

— & Kaufhold, S. (2010): Determination of exchangeable calcium of calcareous and gypsiferous bentonites.– Clays Clay Miner., **58**: 79–88. DOI: 10.1346/CCMN.2010.0580108

—, Meyer, I., Kaufhold, S., Jahn, R., Kleber, M. & Kasbohm, J. (2002): Rietveld based-quantification of allophane.– Mainzer naturwiss. Archiv, **40**: 28–30.

—, Rüping, K. B., Kleber, M., Ufer, K. & Jahn, R. (2009): Variation of preferred orientation in oriented clay mounts as a result of sample preparation and composition.– Clays Clay Miner., **57**: 686–694. DOI: 10.1346/CCMN.2009.0570602

—, Genske, D., Karnland, O., Kaufhold, S., Kiviranta, L., Olsson, S., Plötze, M., Sandén, T., Sellin, P., Svensson, D. & Valter, M. (2012 a): Interlaboratory CEC and exchangeable cation study of bentonite buffer materials: I. Cu(II)-triethylenetetramine method.– Clays Clay Miner., **60**: 162–175. DOI: 10.1346/CCMN.2012.0600206

—, Genske, D., Karnland, O., Kaufhold, S., Kiviranta, L., Olsson, S., Plötze, M., Sandén, T., Sellin, P., Svensson, D. & Valter, M. (2012 b): Interlaboratory CEC and exchangeable cation study of bentonite buffer materials: II. Alternative methods.– Clays Clay Miner., **60**: 176–185. DOI: 10.1346/CCMN.2012.0600207

—, Olsson, S., Kaufhold, S. & Sellin, P. (2013): Mineralogical investigations of the first package of the alternative buffer material test — II. Exchangeable cation population rearrangement.– Clay Miner., **48**: 215–233. DOI: 10.1180/claymin.2013.048.2.05

Domínguez, E. A., Mas, G. R. & Cravero, F. (eds) (2003): 2001. A Clay Odyssey: Proceedings of the 12th International Clay Conference (Bahía Blanca, Argentina, July 22–28, 2001): 659 pp.; Amsterdam (Elsevier).

Doyle, F. M. & Liu, Z. (2003): The effect of triethylenetetraamine (Trien) on the ion flotation of $Cu^{2+}$ and $Ni^{2+}$.– J. Colloid Interface Sci., **258**: 396–403. DOI: 10.1016/S0021-9797(02)00092-9

Drits, V. A. & Sakharov, B. A. (1976): X-ray structural analysis of mixed-layer minerals.– 256 pp.; Moscow (Nauka).– [in Russian]

—, Besson, G. & Muller, F. (1995): An improved model for structural transformations of heat-treated aluminous dioctahedral 2:1 layer silicates.– Clays Clay Miner., **43**: 718–731.

Dultz, S. & Bors, J. (2000): Organophilic bentonites as adsorbents for radionuclides: II. Chemical and mineralogical properties of HDPy-montmorillonite.– Appl. Clay Sci., **16**: 15–29. DOI: 10.1016/S0169-1317(99)00042-3

Dyal, R. S. & Hendricks, S. B. (1950): Total surface of clays in polar liquids as a characteristic index.– Soil Sci., **69**: 421–432.

Eag–GTD (2002): Empfehlungen zur Anwendung geosynthetischer Tondichtungsbahnen EAG-GTD.– DGGT, Empfehlungen AK 5.1 "Kunststoffe in der Geotechnik und im Wasserbau".– 112 pp.; Berlin (Ernst & Sohn).

Eisenhour, D. D. & Reisch, F. J. (2006): Bentonite.– In: Kogel, J. E., Trivedi, N. C., Barker, J. M. & Krukowski, S. T. (eds): Industrial minerals & rocks: Commodities, markets, and uses, 7th ed.– Soc. Mining, Metallurgy, and Exploration: pp. 357-368; Littleton, CO.

— & Brown, R. K. (2009): Bentonite and its impact on modern life.– Elements, **5**: 83–88. DOI: 10.2113/gselements.5.2.83

Eggleton, R. A. (1977): Nontronite: Chemistry and X-ray diffraction.– Clay Miner., **12**: 181–194.

Elder, W. P. (1988): Geometry of Upper Cretaceous bentonite beds: Implications about volcanic source areas and paleowind patterns, western interior, United States.– Geology, **16**: 835–838.

Elliott, H. A., Liberati, M. R. & Huang, C. P. (1986): Competitive adsorption of heavy metals by soils.– J. Environ. Qual., **15**: 214–219.

Elzea, J. M. & Murray, H. H. (1990): Variation in the mineralogical, chemical and physical properties of the Cretaceous Clay Spur bentonite in Wyoming and Montana (USA).– Appl. Clay Sci., **5**: 229–248.

Elzea Kogel, J. & Lewis, S. A. (2001): Baseline studies of the clay minerals society source clays: Chemical analysis by inductively coupled plasma-mass spectroscopy (ICP-MS).– Clays Clay Miner., **49**: 387–392. DOI: 10.1346/CCMN.2001.0490505

Emmerich, K. (2000): Die geotechnische Bedeutung des Dehydroxylierungsverhaltens quellfähiger Tonminerale.– Doctoral thesis, ETH Zurich, Institute for Geotechnical Engineering: 143 pp.; Zurich.

— (2011): Thermal analysis in the characterization and processing of industrial minerals.– In: Christidis, G. E. (ed): Advances in the characterization of industrial minerals.– EMU Notes in Mineralogy, **9**: 129–170.

— , Wolters, F., Kahr, G. & Lagaly, G. (2009): Clay profiling: The classification of montmorillonites.– Clays Clay Miner., **57**: 104–114. DOI: 10.1346/CCMN.2009.0570110

— , Steudel, A., Schuhmann, R., Weidler, P., Ruf, F. & Sohling, U. (2010): Mineralogical and physicochemical characterization of a natural bleaching earth containing sepiolite suitable for fast filtration and bioseparation.– Clay Miner., **45**: 477–488. DOI: 10.1180/claymin.2010.045.4.477

Enslin, O. (1933): Über einen Apparat zur Messung der Flüssigkeitsaufnahme von quellbaren und porösen Stoffen und zur Charakterisierung der Benetzbarkeit.– D. Chem. Fabrik, **6**: 147–148.

Faghihian, H. & Nejati-Yazdinejad, M. (2009): Sorption performance of cysteine-modified bentonite in heavy metals uptake.– J. Serb. Chem. Soc., **74**: 833–843. DOI: 10.2298/JSC0907833F

Fahle, W., Arnold, I., Schultze, D. & Wulff, K. (1998): Der Einsatz von Dichtwänden im Lausitzer Braunkohlerevier.– BauPortal, **8**: 540–545.

Fahn, R. (1973): Einfluß der Struktur und der Morphologie von Bleicherden auf die Bleichwirkung bei Ölen und Fetten.– Fette Seifen Anstrichmittel, **75**: 77–82.

Falaras, P. & Lezou, F. (1998): Electrochemical behavior of acid activated montmorillonite modified electrodes.– J. Electroanal. Chem., **455**: 169–179.

Farmer, V. C. (ed) (1974): The infrared spectra of minerals.– Mineral. Soc., Monograph, **4**: 539 pp.

— & Russell, J. D. (1964): The infra-red spectra of layer silicates.– Spectrochim. Acta, **20**: 1149–1173.

Farneth, W. E. & Gorte, R. J. (1995): Methods for characterizing zeolite acidity.– Chem. Rev., **95**: 615–635.

Fernández, A. M., Kaufhold, S., Sánchez-Ledesma, D. M., Rey, J. J., Melón, A., Robredo, L. M., Fernández, S., Labajo, M. A. & Clavero, M. A. (2018): Evolution of the THC conditions in the FEBEX in situ test after 18 years of experiment: Smectite crystallochemical modifications after interactions of the bentonite with a C-steel heater at 100 °C.– Appl. Geochem., **98**: 152–171. DOI: 10.1016/j.apgeochem.2018.09.008

Ferrage, E., Lanson, B., Sakharov, B. A. & Drits, V. A. (2005): Investigation of smectite hydration properties by modeling experimental X-ray diffraction patterns: Part I. Montmorillonite hydration properties.– Am. Mineral., **90**: 1358–1374.

Fijał, J., Kłapyta, Z., Ziętkiewicz, J. & Zyła, M. (1975): On the mechanism of the montmorillonite acid activation: I. Degradation of Ca-montmorillonite structure.– Mineral. Polonica, **6**: 29–43.

Fisher, C. A. (1905): The bentonite deposits of Wyoming.– In: Emmons, S. F. & Hayes, C. W.: Contributions to economic geology 1904.– U. S. Geol. Survey Bull., **260**: 559–563.

Foshag, W. F. & Woodford, A. O. (1936): Bentonitic magnesian clay-mineral from California.– Am. Mineral., **21**: 238–244.

Fourdrin, C., Allard, T., Monnet, I., Menguy, N., Benedetti, M. & Calas, G. (2010): Effect of radiation-induced amorphization on smectite dissolution.– Environ. Sci. Technol., **44**: 2509–2514. DOI: 10.1021/es903300r

Fowler, J., Li, W. & Bailey, C. (2015): Effects of a calcium bentonite clay in diets containing aflatoxin when measuring liver residues of aflatoxin $B_1$ in starter broiler chicks.– Toxins, **7**: 3455–3464. DOI: 10.3390/toxins7093455

Frederickx, L., Honty, M., de Craen, M., Dohrmann, R. & Elsen, J. (2018): Relating the cation exchange properties of the Boom Clay (Belgium) to mineralogy and pore-water chemistry.– Clays Clay Miner., **66**: 449–465. DOI: 10.1346/CCMN.2018.064111

Frenkel, M. (1974): Surface acidity of montmorillonites.– Clays Clay Miner., **22**: 435–441.

Frey, E. & Lagaly, G. (1979): Selective coagulation in mixed colloidal suspensions.– J. Colloid Interface Sci., **70**: 46–55.

Friedrich, A., Grunewald, K., Klinnert, S. & Bechmann, W. (1996): Thermogravimetric and differential thermal analytical investigations on sewage farm soils.– J. Therm. Anal. Calorim., **46**: 1589–1597.

Fröhlich, D. (2011): Speziation von Neptunium bei der Migration in Tongestein.– PhD thesis, JGU Mainz, Faculty of Chemistry, Pharmaceutical Sciences, and Geosciences: 147 pp.; Mainz.

Fukami, A., Fukushima, K., Ishikawa, A. & Ohi, K. (1987): New side-entry environmental cell equipment for dynamic observation.– In: Bailey, G. W. (ed): Proceedings. 45th Annual meeting of the Electron Microscopy Society of America (Baltimore, MD, Aug. 2–7, 1987): pp. 142–143; San Francisco (San Francisco Press).

—, Fukushima, K. & Kohyama, N. (1991): Observation technique for wet clay minerals using film-sealed environmental cell equipment attached to high-resolution electron microscope.– In: Bennett, R. H., Bryant, W. R. & Hulbert, M. H. (eds): Microstructure of fine-grained sediments: From mud to shale.– Frontiers in Sedimentary Geology: pp. 321–332; New York (Springer).

Fukue, M., Minato, T., Horibe, H. & Taya, N. (1999): The micro-structures of clay given by resistivity measurements.– Eng. Geol., **54**: 43–53.

Gäbler, H.-E., Melcher, F., Graupner, T., Bahr, A., Sitnikova, M. A., Henjes-Kunst, F., Oberthür, T., Brätz, H. & Gerdes, A. (2011): Speeding up the analytical workflow for coltan fingerprinting by an integrated mineral liberation analysis / LA–ICP–MS approach.– Geostand. Geoanal. Res., **35**: 431–448.

Galán, E. (2006): Genesis of clay minerals.– In: Bergaya, F., Theng, B. K. G. & Lagaly, G. (eds): Handbook of clay science (1st ed.).– Dev. Clay Sci., **1**: 1129–1162; Amsterdam (Elsevier).

— & Pozo, M. (2011): Palygorskite and sepiolite deposits in continental environments. Description, genetic patterns and sedimentary settings.– In: Galán, E. & Singer, A (eds): Developments in palygorskite-sepiolite research.– Dev. Clay Sci., **3**: 125–173; Amsterdam (Elsevier).

Ganesan, V., Rosentrater, K. A. & Muthukumarappan, K. (2008): Flowability and handling characteristics of bulk solids and powders — A review with implications for DDGS.– Biosyst. Eng., **101**: 425–435.

García-Miragaya, J. & Page, A. L. (1978): Sorption of trace quantities of cadmium by soils with different chemical and mineralogical composition.– Water Air Soil Pollut., **9**: 289–299.

Gates, W. P. (2005): Infrared spectroscopy and the chemistry of dioctahedral smectites.– In: Kloprogge, J. T. (ed): The application of vibrational spectroscopy to clay minerals and layered double hydroxides.– Clay Minerals Society, CMS Workshop Lectures, **13**: 125–168; Aurora, CO.

—, Slade, P. G., Manceau, A. & Lanson, B. (2002): Site occupancies by iron in nontronites.– Clays Clay Miner., **50**: 223–239. DOI: 10.1346/000986002760832829

—, Aldridge, L. P., Carnero-Guzman, G. G., Mole, R. A., Yu, D., Iles, G. N., Klapproth, A. & Bordallo, H. N. (2017): Water desorption and absorption isotherms of sodium montmorillonite: A QENS study.– Appl. Clay Sci., **147**: 97–104. DOI: 10.1016/j.clay.2017.07.011

Gibbs, R. J. (1965): Error due to segregation in quantitative clay mineral X-ray diffraction mounting techniques.– Am. Mineral., **50**: 741–751.

Gilani, A., Kermanshahi, H., Golian, A. & Tahmasbi, A. (2013): Impact of sodium bentonite addition to the diets containing cottonseed meal on productive traits of Hy-Line W-36 hens.– J. Anim. Plant Sci., **23**: 411–415.

Gilg, H. A. & Sheppard, S. M. F. (1999): Stability of H and O isotope ratios in natural hydrated silicic glasses: Estimation of diffusion coefficient for water at ambient temperatures.– EUG 10 (Strasbourg, France, Mar. 28 – Apr. 1, 1999), J. Conf. Abstr., **4**: p. 531.

— & Rocholl, A. (2009): The bentonite puzzle: A stable isotope and geochemical perspective.– Abstracts of the 46th Annual Meeting of the Clay Minerals Society (Billings, MT, USA, June 5–11, 2009): p. 87.

Göbel, I., Alheid, H.-J., Jockwer, N., Mayor, J. C., García-Siñeriz, J. L., Alonso, E., Weber, H., Ploetze, M., Klubertanz, G. & Ammon, C. (2006): Heater experiment: Rock and bentonite thermo-hydro-mechanical (THM) processses in the near-field of a thermal source for development of deep underground high level radioactive waste repositories (HE) — Final Report (EC Contract No.: FIKW–CT–2001–00132).– European Commission, Nuclear Science and Technology: 122 pp.; URL: https://cordis.europa.eu/docs/projects/files/FIKW/FIKW-CT-2001-00132/90835151-6_en.pdf (last access 25 November 2024)

GOLDBERG, S., FORSTER, H. S. & HEICK, E. L. (1991): Flocculation of illite / kaolinite and illite / montmorillonite mixtures as affected by sodium adsorption ratio and pH.– Clays Clay Miner., **39**: 375–380.

GOLDRING, R. (1999): Sedimentological aspects and preservation of Lower Cretaceous (Aptian) bentonites (fuller's earth) in southern England.– N. Jb. Geol. Palaeont. Abh., **214**: 3–24.

GOODMAN, B. A., RUSSEL, J. D., FRASER, A. R. & WOODHAMS, F. W. D. (1976): A Mössbauer and I.R. spectroscopic study of the structure of nontronite.– Clays Clay Miner., **24**: 53–59.

GREENE-KELLY, R. (1952): A test for montmorillonite.– Nature, **170**: 1130–1131.

GREGG, S. J. & SING, K. S. W. (1982): Adsorption, surface area and porosity.– 2nd ed.: 303 pp.; London (Academic Press).

GRIFFITHS, J. (1990): Acid activated bleaching clays. What´s cooking in the oil industry?.– Industrial Miner., **276**: 55–67.

GRIM, R. E. (1962): Applied clay mineralogy.– Geologiska Föreningen i Stockholm Förhandlingar, **84**: p. 533.

— & KULBICKI, G. (1961): Montmorillonite: High temperature reactions and classification.– Am. Mineral., **46**: 1329–1369.

— & GÜVEN, N. (1978): Bentonites: Geology, mineralogy, properties and uses.– Dev. Sedimentol., **24**: 256 pp.; Amsterdam (Elsevier).

GRUNER, J. W. (1935): The structural relationship of nontronites and montmorillonite.– Am. Mineral., **20**: 475–483.

GÜVEN, N. (1974): Lath-shaped units in fine-grained micas and smectites.– Clays Clay Miner., **22**: 385–390.

HAJNAL, J., MÁRTON, J. & REGELE, Z. (1984): Construction of diaphragm walls.– Series in Geotechnical Engineering: 399 pp.; Chichester (Wiley).

HALMALA, A. K. & PICHIHÖFER, R. W. (1990): Funktion und Stellenwert mineralischer Ballaststoffe in der Tierernährung.– Mühlen-Markt, **9**.

HAMMETT, L. P. & DEYRUP, A. J. (1932): A series of simple basic indicators. I: The acidity functions of mixtures of sulfuric and perchloric acids with water.– J. Am. Chem. Soc., **54**: 2721–2739.

HARDER, H. (1972): The role of magnesium in the formation of smectite minerals.– Chem. Geol., **10**: 31–39.

HARVEY, C. C. & LAGALY, G. (2006): Conventional applications.– In: BERGAYA, F., THENG, B. K. G. & LAGALY, G. (eds): Handbook of clay science (1st ed.).– Dev. Clay Sci., **1**: 501–540; Amsterdam (Elsevier).

HATZSCH, P. (1991): Tiefbohrtechnik.– 119 pp.; Stuttgart (Enke).

HAY, R. L., PEXTON, R. E., TEAGUE, T. T. & KYSER, T. K. (1986): Spring-related carbonate rocks, Mg clays, and associated minerals in Pliocene deposits of the Amargosa Desert, Nevada and California.– GSA Bulletin, **97**: 1488–1503.

HEERTEN, G. (1994): Grundwasserschutz am Franz-Josef-Strauß-Flughafen München mit Bentofix-Dichtung.– In: ZANZINGER, H. (ed): Geokunststoff-Ton-Dichtungen, GTD.– Veröff. LGA-Grundbauinstitut, **71**: 201–218; Nürnberg (LGA).

HEFNE, J. A., MEKHEMER, W. K., ALANDIS, N. M., ALDAYEL, O. A. & ALAJYAN, T. (2010): Removal of silver (I) from aqueous solutions by natural bentonite.– J. King Saud Univ. Sci., **22**: 155–176.

HERBERT, H.-J. & MOOG, H. C. (2002): Untersuchungen zur Quellung von Bentoniten in hochsalinaren Lösungen.– Abschlussbericht, GRS-**179**: 153 pp.– Ges. f. Anlagen- und Reaktorsicherheit mbH; Köln. URL: https://www.grs.de/sites/default/files/publications/GRS-179.pdf (last access 25 November 2024)

—, KASBOHM, J., SPRENGER, H., FERNÁNDEZ, A. M. & REICHELT, C. (2008): Swelling pressures of MX-80 bentonite in solutions of different ionic strength.– Phys. Chem. Earth, **33**: 327–342. DOI: 10.1016/j.pce.2008.10.005

HEROLD, C. (1998): Die bauaufsichtlichen Zulassungen von Bentonitmatten als Dichtungselement für Oberflächenabdichtungssysteme von Deponien nach Deponieklasse I der TA-Siedlungsabfall.– Müll und Abfall, **5**: 303–315.

HETZEL, F. & DONER, H. E. (1993): Some colloidal properties of beidellite: Comparison with low and high charge montmorillonites.– Clays Clay Miner., **41**: 453–460.

HEUSER, M., ANDRIEUX, P., PETIT, S. & STANJEK, H. (2013): Iron-bearing smectites: A revised relationship between structural Fe, *b* cell edge lengths and refractive indices.– Clay Miner., **48**: 97–103. DOI: 10.1180/claymin.2013.048.4.06

HIEMSTRA, T., VAN RIEMSDIJK, W. H. & BOLT, G. H. (1989): Multisite proton adsorption modeling at the solid/solution interface of (hydr)oxides: A new approach: I. Model description and evaluation of intrinsic reaction constants.– J. Colloid Interface Sci., **133**: 91–104.

HILLIER, S. (1999): Use of an air brush to spray dry samples for X-ray powder diffraction.– Clay Miner., **34**: 127–135.

— (2002): Spray drying for X-ray powder diffraction specimen preparation.– Commission on Powder Diffraction, IUCr, Newsletter, **27**: 7–9.

— & LUMSDON, D. G. (2008): Distinguishing opaline silica from cristobalite in bentonites: A practical procedure and perspective based on NaOH dissolution.– Clay Miner., **43**: 477–486. DOI: 10.1180/claymin.2008.043.3.11

HOFFMANN, C., ALONSO, E. E. & ROMERO, E. (2007): Hydro-mechanical behaviour of bentonite pellet mixtures.– Phys. Chem. Earth, **32**: 832–849. DOI: 10.1016/j.pce.2006.04.037

HOFMANN, F. (1956): Sedimentpetrographische und tonmineralogische Untersuchungen an Bentoniten der Schweiz und Südwestdeutschlands.– Eclogae Geol. Helv., **49**: 113–133.

HOFMANN, U. & ENDELL, JO. (1939): Die Abhängigkeit des Kationenaustausches und der Quellung bei Montmorillonit von der Vorerhitzung.– Angew. Chem., **52**: 708–709.

— & KLEMEN, R. (1950): Verlust der Austauschfähigkeit von Lithiumionen an Bentonit durch Erhitzung.– Z. Anorg. Allg. Chem., **262**: 95–99.

— & ENDELL, K. & WILM, D. (1933): Kristallstruktur und Quellung von Montmorillonit. (Das Tonmineral der Bentonittone).– Z. Kristallogr., **86**: 340–348.

HÖKMARK, H. (2002): Hydration of the bentonite buffer in a KBS-3 repository.– In: ANDRA: Clays in natural and engineered barriers for radioactive waste confinement — Abstracts (International Meeting, Reims, France, Dec. 9–12, 2002): pp. 173–174.

HOLZER, L., MÜNCH, B., RIZZI, M., WEPF, R., MARSCHALL, P. & GRAULE, T. (2010): 3D-microstructure analysis of hydrated bentonite with cryo-stabilized pore water.– Appl. Clay Sci., **47**: 330–342. DOI: 10.1016/j.clay.2009.11.045

HOVE, K. (1993): Chemical methods for reduction of the transfer of radionuclides to farm animals in semi-natural environments.– Sci. Total Environ., **137**: 235–248.

HUBÁČEK, M., UEKI, M. & BROZEK, V. (1996): Hypothetical model of turbostratic layered boron nitride.– J. Ceram. Soci. Jpn., **104**: 695–698.

HUBBE, M. A., ROJAS, O. J. & VENDITTI, R. A. (2006): Control of tacky deposits on paper machines – A review.– Nord. Pulp Pap. Res. J., **21**: 154 – 171.

IBECO [BENTONIT-TECHNOLOGIE GMBH] (1998): Bentonite in underground construction: A manual for the building industry.– Mannheim.

— (2000): Bentonit im Tiefbau: Ein Handbuch für die Baupraxis.– 3rd editon; Mannheim.

INOUE, A. (1995): Formation of clay minerals in hydrothermal environments.– In: VELDE, B. (ed): Origin and mineralogy of clays — Clays and the environment: pp. 268–329; Berlin (Springer).

ITO, M., ISHII, T., NAKASHIMA, H. & HIRATA, Y. (1999): The study of genesis and formation condition of bentonite.– J. Clay Sci. Soc. Jpn., **38**: 181–187. [in Japanese]

IUPAC — INTERNATIONAL UNION OF PURE AND APPLIED CHEMISTRY (1994): ROUQUEROL, J., AVNIR, D., FAIRBRIDGE, C. W., EVERETT, D. H., HAYNES, J. M., PERNICONE, N., RAMSAY, J. D. F., SING, K. S. W. & UNGER, K. K.: Recommendations for the characterisation of porous solids.– Pure Appl. Chem., **66**: 1739–1758.

JANEK, M. & KOMADEL, P. (1993): Autotransformation of H-smectites in aqueous solution: The effect of octahedral iron content.– Geol. Carpath., Ser. Clays, **44**: 59–64.

— & KOMADEL, P. (1999): Acidity of proton saturated and autotransformed smectites characterized with proton affinity distribution.– Geol. Carpath., **50**: 373–378.

—, KOMADEL, P. & LAGALY, G. (1997): Effect of autotransformation on the layer charge of smectites determined by the alkylammonium method.– Clay Miner., **32**: 623–632.

JASMUND, K. & LAGALY, G. (eds) (1993): Tonminerale und Tone: Struktur, Eigenschaften, Anwendungen und Einsatz in Industrie und Umwelt.– 490 pp.; Darmstadt (Steinkopff).

JAYNES, W. F. & BIGHAM, J. M. (1987): Charge reduction, octahedral charge, and lithium retention in heated, Li-saturated smectites.– Clays Clay Miner., **35**: 440–448.

JEANS, C. V., MERRIMAN, R. J. & MITCHELL, J. G. (1977): Origin of Middle Jurassic and Lower Cretaceous fuller's earths in England.– Clay Miner., **12**: 11–44.

—, MERRIMAN, R. J., MITCHELL, J. G. & BLAND, D. J. (1982): Volcanic clays in the Cretaceous of southern England and Northern Ireland.– Clay Miner., **17**: 105–156.

JOBMANN, M. & BUNTEBARTH, G. (2009): Influence of graphite and quartz addition on the thermophysical properties of bentonite for sealing heat-generating radioactive waste.– Appl. Clay Sci., **44**: 206–210. DOI: 10.1016/j.clay.2009.01.016

JOHANNESSON, L.-E., BÖRGESSON, L. & SANDÉN, T. (1995): Compaction of bentonite blocks — Development of technique for industrial production of blocks which are manageable by man.– SKB Technical Report, TR–95–19; Stockholm.

JONES, B. F. & GALÁN, E. (1988): Sepiolite and palygorskite.– In: BAILEY, S. W. (ed): Hydrous phyllosilicates.– Rev. Mineral. Geochem., **19**: 631–674.

JORDAN, J. W. (1949a): Organophilic bentonites. I. Swelling in organic liquids.– J. Phys. Chem., **53**: 294–306.

— (1949b): Alteration of the properties of bentonite by reaction with amines.– Mineral. Mag., **28**: 598–605.

KADEN, R., MENGER-KRUG, E., EMMERICH, K., PETRICK, K. & KROLLA-SIDENSTEIN, P. (2014): Application of the dynamic cultivation system for microorganisms – A new way to culture the unculturables.– Clays Clay Miner., **62**: 203–210. DOI: 10.1346/CCMN.2014.0620304

KAHR, G. & MADSEN, F. T. (1994): Bestimmung des Kationenaustauschvermögens und der Oberfläche von Bentoniten, Illit und Kaolinit durch Methylenblauadsorption.– In: Kohler, E. (ed): Beiträge zur Jahrestagung Regensburg (13.–14.10.1994).– Berichte DTTG, **3**: 154–164.

Kaloidas, V., Koufopanos, C. A., Gangas, N. H. & Papayannakos, N. G. (1995): Scale-up studies for the preparation of pillared layered clays at 1 kg per batch level.– Microporous Materials, **5**: 97–106.

Kapoor, A. & Viraraghavan, T. (1998): Use of immobilized bentonite in removal of heavy metals from wastewater.– J. Environ. Eng., **124**: 1020–1024.

Karakassides, M. A., Gournis, D. & Petridis, D. (1999): An infrared reflectance study of Si–O vibrations in thermally treated alkali-saturated montmorillonites.– Clay Miner., **34**: 429–438.

Karakaya, M. Ç., Karakaya, N. & Küpeli, Ş. (2011): Mineralogical and geochemical properties of the Na- and Ca-bentonites of Ordu (NE Turkey).– Clays Clay Miner., **59**: 75–94.

Karnland, O. (1997): Bentonite swelling pressure in strong NaCl solutions — Correlation between model calculations and experimentally determined data.– SKB Technical Report, TR–97–31: 36 pp.; Stockholm.

—, Olsson, S., Nilsson, U. & Sellin, P. (2007): Experimentally determined swelling pressures and geochemical interactions of compacted Wyoming bentonite with highly alkaline solutions.– Phys. Chem. Earth, **32**, 275–286.

—, Olsson, S., Dueck, A., Birgersson, M., Nilsson, U., Hernan-Håkansson, T., Pedersen, K., Nilsson, S., Eriksen, T. E. & Rosborg, B. (2009): Long term test of buffer material at the Äspö Hard Rock Laboratory, LOT project — Final report on the A2 test parcel.– SKB Technical Report, TR–09–29: 279 pp.; Stockholm.

Karstedt, J. & Ruppert, F.-R. (1980): Standsicherheitsprobleme bei der Schlitzwandbauweise.– Baumaschine und Bautechnik, **5**: 327–334.

Kaufhold, S. (1998): Spezifischer elektrischer Widerstand als Qualitätsmerkmal von Bentoniten — Erprobung einer Schnellmethode an Bentoniten der bayerischen Süßwassermolasse.– Diploma thesis, RWTH Aachen University, IML: 73 pp.; Aachen.– [unpubl.]

— (2001): Untersuchungen zur Eignung von natürlich alterierten sowie mit Oxalsäure aktivierten Bentoniten als Bleicherde für Pflanzenöle.– PhD thesis, RWTH Aachen University, IML: 188 pp; Aachen. URL: https://publications.rwth-aachen.de/record/56815 (last access 25 November 2024)

— (2005): Influence of layer charge density on the determination of the internal surface area of smectites.– In: Dohrmann, R. & Kaufhold, S. (eds): Beiträge zur Jahrestagung Celle (Oct. 10.–12, 2005).– Berichte DTTG, **11**: 20–26.

— (2006): Comparison of methods for the determination of the layer charge density (LCD) of montmorillonites.– Appl. Clay Sci., **34**: 14–21. DOI: 10.1016/j.clay.2006.02.006

— & Decher, A. (2003): Natural acidic bentonites from the island of Milos, Greece.– Z. Angew. Geol., **49**: 7–12.

— & Dohrmann, R. (2003): Beyond the methylene blue method: Determination of the smectite content using the Cu-triene method.– Z. Angew. Geol., **49**: 13–18.

— & Dohrmann, R. (2008a): Detachment of colloidal particles from bentonites in water.– Appl. Clay Sci., **39**: 50–59; DOI: 10.1016/j.clay.2007.04.008

— & Dohrmann, R. (2008b): Comparison of the traditional Enslin-Neff method and the modified Dieng method for measuring water-uptake capacity.– Clays Clay Miner., **56**: 686–692. DOI: 10.1346/CCMN.2008.0560609

— & Dohrmann, R. (2009): Stability of bentonites in salt solutions | sodium chloride.– Appl. Clay Sci., **45**: 171–177. DOI: 10.1016/j.clay.2009.04.011

— & Dohrmann, R. (2010a): Effect of extensive drying on the cation exchange capacity of bentonites.– Clay Miner., **45**: 441–448. DOI: 10.1180/claymin.2010.045.4.441

— & Dohrmann, R. (2010b): Stability of bentonites in salt solutions: II. Potassium chloride solution — Initial step of illitization?.– Appl. Clay Sci., **49**: 98–107. DOI: 10.1016/j.clay.2010.04.009

— & Dohrmann, R. (2011): Stability of bentonites in salt solutions III — Calcium hydroxide.– Appl. Clay Sci., **51**: 300–307. DOI: 10.1016/j.clay.2010.12.004

— & Dohrmann, R. (2013): The variable charge of dioctahedral smectites.– J. Colloid Interface Sci., **390**: 225–233. DOI: 10.1016/j.jcis.2012.09.023

— & Dohrmann, R. (2016): Distinguishing between more and less suitable bentonites for storage of high-level radioactive waste.– Clay Miner., **51**: 289–302. DOI: 10.1180/claymin.2016.051.2.14

—, Decher, A. & Dohrmann, R. (2000): Verfahren zur Bestimmung des Gehaltes an Tonmineralien in einem tonmineralhaltigen Material.– Publication Date 2000-03-09; German Patent DE 19839531 A1.

—, Dohrmann, R., Ufer, K. & Meyer, F. M. (2002): Comparison of methods for the quantification of montmorillonite in bentonites.– Appl. Clay Sci., **22**: 145–151. DOI: 10.1016/S0169-1317(02)00131-X

—, Dohrmann, R. & Decher, A. (2003): The SER method: A new technique for the in-situ estimation of the montmorillonite content of bentonites.– Z. Angew. Geol., **49**: 2–6.

—, Pohlmann-Lortz, M., Dohrmann, R. & Nüesch, R. (2007): About the possible upgrade of bentonite with respect to iodide retention capacity.– Appl. Clay Sci., **35**: 39–46. DOI: 10.1016/j.clay.2006.08.001

—, Dohrmann, R., Koch, D. & Houben, G. (2008): The pH of aqueous bentonite suspensions.– Clays Clay Miner., **56**: 338–343. DOI: 10.1346/CCMN.2008.0560304

—, Dohrmann, R., Abidin, Z., Henmi, T., Matsue, N., Eichinger, L., Kaufhold, A. & Jahn, R. (2010a): Allophane compared with other sorbent minerals for the removal of fluoride from water with particular focus on a mineable Ecuadorian allophane.– Appl. Clay Sci., **50**: 25–33. DOI: 10.1016/j.clay.2010.06.018

—, Dohrmann, R. & Klinkenberg, M. (2010b): Water-uptake capacity of bentonites.– Clays Clay Miner., **58**: 37–43. DOI: 10.1346/CCMN.2010.0580103

—, Dohrmann, R., Klinkenberg, M., Siegesmund, S. & Ufer, K. (2010c): $N_2$-BET specific surface area of bentonites.– J. Colloid Interface Sci., **349**: 275–282. DOI: 10.1016/j.jcis.2010.05.018

—, Ufer, K., Kaufhold, A., Stucki, J. W., Anastácio, A. S., Jahn, R. & Dohrmann, R. (2010d): Quantification of allophane from Ecuador.– Clays Clay Miner., **58**: 707–716. DOI: 10.1346/CCMN.2010.0580509

—, Dohrmann, R., Stucki, J. W. & Anastácio, A. S. (2011a): Layer charge density of smectites — closing the gap between the structural formula method and the alkyl ammonium method.– Clays Clay Miner., **59**: 200–211. DOI: 10.1346/CCMN.2011.0590208

—, Dohrmann, R., Ufer, K., Kleeberg, R. & Stanjek, H. (2011b): Termination of swelling capacity of smectites by $Cu_{trien}$ exchange.– Clay Miner., **46**: 411–420. DOI: 10.1180/claymin.2011.046.3.411

—, Stanjek, H., Penner, D. & Dohrmann, R. (2011c): The acidity of surface groups of dioctahedral smectites.– Clay Miner., **46**: 583–592. DOI: 10.1180/claymin.2011.046.4.583

—, Hein, M., Dohrmann, R. & Ufer, K. (2012): Quantification of the mineralogical composition of clays using FTIR spectroscopy.– Vib. Spectrosc., **59**: 29–39. DOI: 10.1016/j.vibspec.2011.12.012

—, Dohrmann, R., Sandén, T., Sellin, P. & Svensson, D. (2013a): Mineralogical investigations of the first package of the alternative buffer material test: I. Alteration of bentonites.– Clay Miner., **48**: 199–213. DOI: 10.1180/claymin.2013.048.2.04

—, Emmerich, K., Dohrmann, R., Steudel, A. & Ufer, K. (2013b): Comparison of methods for distinguishing sodium carbonate activated from natural sodium bentonites.– Appl. Clay Sci., **86**: 23–37. DOI: 10.1016/j.clay.2013.09.014

—, Klinkenberg, M. & Dohrmann, R. (2013c): Comparison of the dry densities of highly compacted bentonites.– Clay Miner., **48**: 105–115. DOI: 10.1180/claymin.2013.048.4.07

—, Plötze, M., Klinkenberg, M. & Dohrmann, R. (2013d): Density and porosity of bentonites.– J. Porous Mater., **20**: 191–208. DOI: 10.1007/s10934-012-9589-7

—, Grissemann, C., Dohrmann, R., Klinkenberg, M. & Decher, A. (2014a): Comparison of three small-scale devices for the investigation of the electrical conductivity/resistivity of swelling and other clays.– Clays Clay Miner., **62**: 1–12. DOI: 10.1346/CCMN.2014.0620101

—, Reese, A., Schwiebacher, W., Dohrmann, R., Grathoff, G., Warr, L., Halisch, M., Müller, C., Schwarz-Schampera, U. & Ufer, K. (2014b): Porosity and distribution of water in perlite from the island of Milos, Greece– SpringerPlus, **3**: 598–607. DOI: 10.1186/2193-1801-3-598

—, Baille, W., Schanz, T. & Dohrmann, R. (2015a): About differences of swelling pressure — dry density relations of compacted bentonites.– Appl. Clay Sci., **107**: 52–61. DOI: 10.1016/j.clay.2015.02.002

—, Dohrmann, R., Klinkenberg, M. & Noell, U. (2015b): Electrical conductivity of bentonites.– Appl. Clay Sci., **114**: 375–385. DOI: 10.1016/j.clay.2015.05.032

—, Färber, G., Dohrmann, R., Ufer, K. & Grathoff, G. (2015c): Zn-rich smectite from the Silver Coin Mine, Nevada, USA.– Clay Miner., **50**: 417–430. DOI: 10.1180/claymin.2015.050.4.01

—, Hassel, A. W., Sanders, D. & Dohrmann, R. (2015d): Corrosion of high-level radioactive waste iron-canisters in contact with bentonite.– J. Hazard. Mater., **285**: 464–473. DOI: 10.1016/j.jhazmat.2014.10.056

—, Dohrmann, R., Götze, N. & Svensson, D. (2017a): Characterization of the second parcel of the alternative buffer material (ABM) experiment — I Mineralogical reactions.– Clays Clay Miner., **65**: 27–41. DOI: 10.1346/CCMN.2016.064047

—, Dohrmann, R. & Gröger-Trampe, J. (2017b): Reaction of native copper in contact with pyrite and bentonite in anaerobic water at elevated temperature.– Corros. Eng. Sci. Technol., **52**: 349–358. DOI: 10.1080/1478422X.2017.1292201

—, Kremleva, A., Krüger, S., Rösch, N., Emmerich, K. & Dohrmann, R. (2017c): Crystal-chemical composition of dicoctahedral smectites: An energy-based assessment of empirical relations.– ACS Earth and Space Chemistry, **1**: 629–636. DOI: 10.1021/acsearthspacechem.7b00082

—, Stucki, J. W., Finck, N., Steininger, R., Zimina, A., Dohrmann, R., Ufer, K., Pentrák, M. & Pentráková, L. (2017d): Tetrahedral charge and Fe content in dioctahedral smectites.– Clay Miner., **52**: 51–65. DOI: 10.1180/claymin.2017.052.1.03

—, Dohrmann, R. & Ufer, K. (2020a): Determining the extent of bentonite alteration at the bentonite/cement interface.– Appl. Clay Sci., **186**: 105446. DOI: 10.1016/j.clay.2020.105446

—, Klimke, S., Schloemer, S., Alpermann, T., Renz, F. & Dohrmann, R. (2020b): About the corrosion mechanism of metal iron in contact with bentonite.– ACS Earth Space Chem., **4**: 711–721. DOI: 10.1021/acsearthspacechem.0c00005

—, Schippers, A., Marx, A. & Dohrmann, R. (2020c): SEM study of the early stages of Fe-bentonite corrosion — The role of naturally present reactive silica.– Corros. Sci., **171**: 108716. DOI: 10.1016/j.corsci.2020.108716

Kaviratna, H. & Pinnavaia, T. J. (1994): Acid hydrolysis of octahedral Mg (super2+) sites in 2:1 layered silicates; an assessment of edge attack and gallery access mechanisms.– Clays Clay Miner., **42**: 717–723.

Keeling, P. S., Kirby, E. C. & Robertson, R. H. S. (1980): Moisture adsorption and specific surface area.– J. Brit. Ceram. Soc., **79**: 36–40.

Keggin, J. F. (1934): The structure and formula of 12-phosphotungstic acid.– Proc. Royal Soc. Lond., **144**: 75–100.

Kellomäki, A., Nieminen, P. & Ritamäki, L. (1987): Sorption of ethylene glycol monoethyl ether (EGME) on homoionic montmorillonites.– Clay Miner., **22**: 297–303.

Kesten, H. (2006): What is ... percolation?.– Notices Amer. Math. Soc., **53**: 572–573.

Khoury, H. N., Eberl, D. D. & Jones, B. F. (1982): Origin of magnesium clays from the Amargosa Desert, Nevada.– Clays Clay Miner., **30**: 327–336.

Kiersch, G. A. & Keller, W. D. (1955): Bleaching clay deposits, Sanders-Defiance Plateau District, Navajo country, Arizona.– Econ. Geol., **50**: 469–494.

Kinniburgh, D. G. & Jackson, M. L. (1981): Cation adsorption by hydrous metal oxides and clay.– In: Anderson, M. A. & Rubin, A. J. (eds): Adsorption of inorganics at solid-liquid interfaces: pp. 91–160; Ann Arbor, MI (Ann. Arbor Science).

Kinter, E. B. & Diamond, S. (1958): Pretreatment of soils and clays for measurement of external surface area by glycerol retention.– Clays Clay Miner., **7**: 125–134.

Kleeberg, R. & Bergmann, J. (1998): Quantitative Röntgenphasenanalyse mit den Rietveld-Programmen BGMN und AUTOQUANT in der täglichen Laborpraxis.– In: Henning, K.-H. & Kasbohm, J. (eds): Tone in der Geotechnik und Baupraxis — Beiträge zur Jahrestagung Greifswald (03.–05.09.1998).– Berichte DTTG, **6**: 237–250.

Klinkenberg, M. (2008): Einfluss des Mikrogefüges auf ausgewählte petrophysikalische Eigenschaften von Tongesteinen und Bentoniten.– PhD thesis, Georg-August Univ. Göttingen, Faculty of Geoscience and Geography: 144 pp.; Göttingen. URL: https://ediss.uni-goettingen.de/handle/11858/00-1735-0000-0006-B270-9 (last access 25 November 2024)

—, Dohrmann R., Kaufhold, S. & Stanjek, H. (2006): A new method for identifying Wyoming bentonite by ATR-FTIR.– Appl. Clay Sci., **33**: 195–206.

—, Rickertsen, N., Kaufhold, S., Dohrmann, R. & Siegesmund, S. (2009): Abrasivity by bentonite dispersions.– Appl. Clay Sci., **46**: 37–42. DOI: 10.1016/j.clay.2009.07.004

Kloprogge, J. T., Komarneni, S. & Amonette, J. E. (1999): Synthesis of smectite clay minerals; A critical review.– Clays Clay Miner., **47**: 529–554.

Klug, H. P. & Alexander, L. E. (1954): X-ray diffraction procedures for polycrystalline and amorphous materials.– 716 pp.; New York (Wiley).

Knechtel, M. M. & Patterson, S. H. (1956): Bentonite deposits in marine Cretaceous formations of the Hardin district, Montana and Wyoming.– U.S. Geol. Surv. Bull., **1023**: 116 pp.

— & Patterson, S. H. (1962): Bentonite deposits of the northern Black Hills district, Wyoming, Montana, and South Dakota.– U.S. Geol. Surv. Bull., **1082-M**: 893–1030.

Knight, W. C. (1897): Mineral soap.– Eng. Min. J., **63:** 600–601.

— (1898): Bentonite.– Eng. Min. J., **66**: 491.

Knishinsky, R. (1998): The clay cure: Natural healing from the earth.– 112 pp.; Rochester, VT (Healing Arts Press).

Knutsson S. (1983): On the thermal conductivity and thermal diffusivity of highly compacted bentonite.– SKBF-KBS Technical Report, TR–83–72: 48 pp.; Stockholm.

Koch, D. (1989): Einsatzmöglichkeiten bentonithaltiger Systeme zur Deponieabdichtung.– BR Baustoff – Recycling + Deponietechnik, **2**: 6–89.

— (2002): Bentonites as a basic material for technical base liners and site encapsulation cut-off walls.– Appl. Clay Sci., **21**: 1–11.

— (2008): European bentonites as alternatives to MX-80.– ANDRA, Science & Technology Series, **334**: 23–30.

—, Kesore, K. & Tomlinson, A. A. G. (2004): Method for the production of catalytically active layer silicates.– Publication Date 2004-04-15; Patent WO 2004 030817 A2.

Köster, H. M. (1977): Die Berechnung kristallchemischer Strukturformeln von 2 : 1-Schichtsilikaten unter Berücksichtigung der gemessenen Zwischenschichtladungen und Kationenumtauschkapazitäten, sowie die Darstellung der Ladungsverteilung in der Struktur mittels Dreieckskoordinaten.– Clay Miner., **12**: 45–54.

— & Schwertmann, U. (1993): Beschreibung einzelner Tonminerale.– In: Jasmund, K. & Lagaly, G. (eds): Tonminerale und Tone — Struktur, Eigenschaften, Anwendungen und Einsatz in Industrie und Umwelt: pp. 33–58; Darmstadt (Steinkopff).

—, Ehrlicher, U., Gilg, H. A., Jordan, R., Murad, E. & Onnich, K. (1999): Mineralogical and chemical characteristics of five nontronites and Fe-rich smectites.– Clay Miner., **34**: 579–599.

Köster, M. H. & Gilg, H. A. (2015): Pedogenic, palustrine and groundwater dolomite formation in non-marine bentonites (Bavaria, Germany).– Clay Miner., **50**: 163–184.

— Hölzl, S. & Gilg, H. A. (2017): A strontium isotope and trace element geochemical study of dolomite-bearing bentonite deposits in Bavaria (Germany).– Clay Miner., **52**: 161–190.

— Williams, L. B., Kudejova, P. & Gilg, H. A. (2019): The boron isotope geochemistry of smectites from sodium, magnesium and calcium bentonite deposits.– Chemical Geology, **510**: 166–187.

Kogel, J. E. & Lewis, S. A. (2001): Baseline studies of the clay minerals society source clays: Chemical analysis by inductively coupled plasma-mass spectroscopy (ICP-MS).– Clays Clay Miner., **49**: 387–392. DOI: 10.1346/CCMN.2001.0490505

Komadel, P. (2016): Acid activated clays: Materials in continuous demand.– Appl. Clay Sci., **131**: 84–99. DOI: 10.1016/j.clay.2016.05.001

— & Stucki, J. W. (1988): Quantitative assay of minerals for $Fe^{2+}$ and $Fe^{3+}$ using 1,10-phenanthroline: III. A rapid photochemical method.– Clays Clay Miner., **36**: 379–381.

— & Madejová, J. (2006): Acid activation of clay minerals.– In: Bergaya, F., Theng, B. K. G. & Lagaly, G. (eds): Handbook of clay science (1st ed.).– Dev. Clay Sci., **1**: 263–287; Amsterdam (Elsevier). DOI: 10.1016/S1572-4352(05)01008-1

— & Madejová, J. (2013): Acid activation of clay minerals.– In: Bergaya, F. & Lagaly, G. (eds): Handbook of clay science (2nd ed.) — Part A: Fundamentals.– Dev. Clay Sci., **5**: 385–409; Amsterdam (Elsevier). DOI: 10.1016/B978-0-08-098258-8.00013-4

— , Schmidt, D., Madejová, J. & Čίčel, B. (1990): Alteration of smectites by treatments with hydrochloric acid and sodium carbonate solutions.– Appl. Clay Sci., **5**: 113–122.

— , Janek, M., Madejová, J., Weekes, A. & Breen, C. (1997): Acidity and catalytic activity of mildly acid-treated Mg-rich montmorillonite and hectorite.– J. Chem. Soc. Faraday Trans., **93**: 4207–4210.

Komine, H. (2004): Simplified evaluation for swelling characteristics of bentonites.– Eng. Geol., **71**: 265–279. DOI: 10.1016/S0013-7952(03)00140-6

Konta, J. (1986): Textural variation and composition of bentonite derived from basaltic ash.– Clays Clay Miner., **34**: 257–265.

Kraehenbuehl, F., Stoeckli, H. F., Brunner, F., Kahr, G. & Mueller-Vonmoos, M. (1987): Study of the water-bentonite system by vapour adsorption, immersion calorimetry and X-ray techniques: I. Micropore volumes and internal surface areas, following Dubinin's theory.– Clay Miner., **22**: 1–9.

Kresse, R., Baudis, U., Jäger, P., Riechers, H. H., Wagner, H., Winkler, J. & Wolf, H. U. (2007): Barium and barium compounds.– In: Ullmann's Encyclopedia of Industrial Chemistry; Weinheim (Wiley-VCH). DOI: 10.1002/14356007.a03_325.pub2

Kuligiewicz, A., Derkowski, A., Emmerich, K., Christidis, G. E., Tsiantos, C., Gionis, V. & Chryssikos, G. D. (2015): Measuring the layer charge of dioctahedral smectite by O–D vibrational spectroscopy.– Clays Clay Miner., **63**: 443–456. DOI: 10.1346/CCMN.2015.0630603

Kurnick, A. A. & Reed, B. L. (1960): Poultry nutrition studies with bentonite.– Feedstuffs, **32**: p. 18.

Kuwamura, Y., Chiou, W-A., Minoda, H., Dohrmann, R. & Kaufhold, S. (2013): A novel method of investigating wet bentonite clay particles in TEM.– Microsc. Microanal., **19** (S2): 490–491. DOI: 10.1017/S1431927613004443

Kyser, T. K. & Kerrich, R. (1991): Retrograde exchange of hydrogen isotopes between hydrous minerals and water at low temperatures.– In: Taylor, H. P., O'Neil, J. R. & Kaplan, I. R. (eds): Stable isotope geochemistry: A tribute to Samuel Epstein.– Geochem. Soc., Spec. Pub., **3**: 409–422.

Lagaly, G. (1993a): Reaktionen der Tonminerale.– In: Jasmund, K. & Lagaly, G. (eds): Tonminerale und Tone: Struktur, Eigenschaften, Anwendungen und Einsatz in Industrie und Umwelt.– pp. 89–167; Darmstadt (Steinkopff).

— (1993b): Praktische Verwendung und Einsatzmöglichkeiten von Tonen.– In: Jasmund, K. & Lagaly, G. (eds): Tonminerale und Tone: Struktur, Eigenschaften, Anwendungen und Einsatz in Industrie und Umwelt.– pp. 358–427; Darmstadt (Steinkopff).

— (1994): Layer charge determination by alkylammonium ions.– In: Mermut, A. R. (ed): Layer charge characteristics of 2:1 silicate clay minerals.– Clay Minerals Society, CMS Workshop Lectures, **6**: 1–46; Boulder, CO.

— & Weiss, A. (1969): Determination of the layer charge in mica-type layer silicates.– In: Heller, L. (ed): Proceedings of the International Clay Conference 1969 (Tokyo, Japan, September 5–10, 1969), vol. **1**: pp. 61–80; Jerusalem (Israel Univ. Press).

— & Dékány, I. (2013): Colloid clay science.– In: Bergaya, F. & Lagaly, G. (eds): Handbook of clay science (2nd ed.) — Part A: Fundamentals.– Dev. Clay Sci., **5**: 243–345; Amsterdam (Elsevier). DOI: 10.1016/B978-0-08-098258-8.00010-9

— , Schulz, O. & Zimehl, R. (1997): Dispersionen und Emulsionen — Eine Einführung in die Kolloidik feinverteilter Stoffe einschließlich der Tonminerale.– 560 pp.; Darmstadt (Steinkopff).

Laird, D. A. (1994): Evaluation of structural formula and alkylammonium methods of determining layer charge.– In: Mermut, A. R. (ed): Layer charge characteristics of 2:1 silicate clay minerals.– Clay Minerals Society, CMS Workshop Lectures, **6**: 79–104; Boulder, CO.

— , Scott A. D. & Fenton, T. E. (1989): Evaluation of the alkylammonium method of determining layer charge.– Clays Clay Miner., **37**: 41–46.

Lambert, J.-F. & Poncelet, G. (1997): Acidity in pillared clays: Origin and catalytic manifestations.– Top. Catal., **4**: 43–56.

LANSON, B., LANTENOIS, S., VAN AKEN, P. A., BAUER, A. & PLANÇON, A. (2012): Experimental investigation of smectite interaction with metal iron at 80 °C: Structural characterization of newly formed Fe-rich phyllosilicates.– Am. Mineral., **97**: 864–871.

LANTENOIS, S., MULLER, F., BÉNY, J.-M., MAHIAOUI, J. & CHAMPALLIER, R. (2008): Hydrothermal synthesis of beidellites: Characterization and study of the *cis*- and *trans*-vacant character.– Clays Clay Miner., **56**: 39–48. DOI: 10.1346/CCMN.2008.0560104

LAUE, M. VON (1932): Kreuzgitterspektren.– Z. Kristallogr. – Cryst. Mater., **82**: 127–141.

LAUGHLAND, D. H. & PHILLIPS, W. E. J. (1956): The effect of dietary sodium bentonite on the rate of growth of chicks.– Poult. Sci., **35**: 1050–1054.

LEE, J.-H., LEE, M., CHOI, H.-J. & CHOI, J.-W. (2010): Temperature effect on the swelling pressure of a domestic compacted bentonite buffer.– Korean Radioactive Waste Soc., J. Nucl. Fuel Cycle Waste Technol., **8**: 207–213.

LEE, J.-M. & SHACKELFORD, C. D. (2005): Impact of bentonite quality on hydraulic conductivity of geosynthetic clay liners.– J. Geotech. Geoenviron., **131**: 64–77. DOI: 10.1061/(ASCE)1090-0241(2005)131:1(64)

LEE, J. O., CHO, W. J., KANG, C. H. & CHUN, K. S. (1999): Swelling and hydraulic properties of Ca-bentonite for the buffer of a waste repository.– International symposium on technologies for the management of radioactive waste from nuclear power plants and back end nuclear fuel cycle activities (Taejon, Republic of Korea, Aug. 30 – Sep. 3, 1999).– Book of extended synopses, **IAEA-SM-357**: 129–130.– International Atomic Energy Agency (Vienna).

LEONE, G., REYES, E., CORTECCI, G., POCHINI, A. & LINARES, J. (1983): Genesis of bentonites from Cabo de Gata, Almeria, Spain; a stable isotope study.– Clay Miner., **18**: 227–238.

LEROT, L. & LOW, P. F. (1976): Effect of swelling on the infrared absorption spectrum of montmorillonite.– Clays Clay Miner., **24**: 191–199.

LI, F. & LI, L. Y. (2003): An equation characterizing multi-heavy-metal sorption onto bentonite, forest soil and spruce bark.– Environ. Technol., **24**: 1479–1490. DOI: 10.1080/09593330309385693

LIU, D., YUAN, P., LIU, H., CAI, J., QIN, Z., TAN, D., ZHOU, Q., HE, H. & ZHU, J. (2011): Influence of heating on the solid acidity of montmorillonite: A combined study by DRIFT and Hammett indicators.– Appl. Clay Sci., **52**: 358–363. DOI: 10.1016/j.clay.2011.03.016

LLORET, A. & VILLAR, M. V. (2007): Advances on the knowledge of the thermo-hydro-mechanical behaviour of heavily compacted "FEBEX" bentonite.– Phys. Chem. Earth, **32**: 701–715. DOI: 10.1016/j.pce.2006.03.002

LOW, P. F. (1955): The role of aluminum in the titration of bentonite.– Soil Sci. Soc. Am. J., **19**: 135–139.

LUO, W., FUKUMORI, T., GUO, B., OSSEO-ASARE, K., HIRAJIMA, T. & SASAKI, K. (2017): Effects of grinding montmorillonite and illite on their modification by dioctadecyl dimethyl ammonium chloride and adsorption of perchlorate.– Appl. Clay Sci., **146**: 325–333. DOI: 10.1016/j.clay.2017.06.025

MACEWAN, D. M. C. (1944): Identification of the montmorillonite group of minerals by X-rays.– Nature, **154**: 577–578.

— & WILSON, M. J. (1980): Interlayer and intercalation complexes of clay minerals.– In: BRINDLEY, G. W. & BROWN, G. (eds): Crystal structures of clay minerals and their X-ray identification.– Mineral. Soc., Monograph, **5**: 197–248; London.

MADEJOVÁ, J. & KOMADEL, P. (2001): Baseline studies of the clay minerals society source clays: Infrared methods.– Clays Clay Miner., **49**: 410–432. DOI: 10.1346/CCMN.2001.0490508

— & KOMADEL, P. (2005): Information available from infrared spectra of the fine fractions of bentonites.– In: KLOPROGGE, J. T. (ed): The application of vibrational spectroscopy to clay minerals and layered double hydroxides.– Clay Minerals Society, CMS Workshop Lectures, **13**: 65–98; Aurora, CO.

—, PUTYERA, K. & ČIČEL, B. (1992): Proportion of central atoms in octahedra of smectites calculated from infrared spectra.– Geologica Carpathica — Clays, **2**: 117–120.

—, KOMADEL, P. & ČIČEL, B. (1994): Infrared study of octahedral site populations in smectites.– Clay Miner., **29**: 319–326.

—, BUJDÁK, J., PETIT, S. & KOMADEL, P. (2000): Effects of chemical composition and temperature of heating on the infrared spectra of Li-saturated dioctahedral smectites. (II) Near-infrared region.– Clay Miner., **35**: 753–761.

—, KECKES, J., PÁLKOVÁ, H. & KOMADEL, P. (2002): Identification of components in smectite/kaolinite mixtures.– Clay Miner., **37**: 377–388.

—, PÁLKOVÁ, H., PENTRÁK, M. & KOMADEL, P. (2009): Near-infrared spectroscopic analysis of acid-treated organo-clays.– Clays Clay Miner., **57**: 392–403. DOI: 10.1346/CCMN.2009.0570311

MADSEN, F. T. (1977): Surface area measurements of clay minerals by glycerol sorption on a thermobalance.– Thermochim. Acta, **21**: 89–93.

— & NÜESCH, R. (1990): Langzeitquellverhalten von Tongesteinen und tonigen Sulfatgesteinen.– ETH Zürich, Mitt. des Inst. f. Grundbau u. Bodenmechanik, **140**: 1–51.

MAES, A., STUL, M. S. & CREMERS, A. (1979): Layer charge-cation-exchange capacity relationships in montmorillonite.– Clays Clay Miner., **27**: 387–392.

Malla, P. B. & Douglas, L. A. (1987): Identification of expanding layer silicates: Layer charge vs. expansion properties.– In: Schultz, L. G., van Olphen, H. & Mumpton, F. A. (eds): Proceedings of the International Clay Conference — Denver, 1985 (Denver, CO, July 28 – Aug. 2, 1985).– Clay Minerals Society, pp. 277–283; Bloomington, IN.

Mamy, J. & Gaultier, J. P. (1976): Les phénomènes de diffraction des rayonnements X et électroniques par les réseaux atomiques: Application à l'étude de l'ordre cristallin dans les minéraux argileux — II: Evolution structurale de la montmorillonite associée au phénomène de fixation irréversible du potassium.– Ann. Agron., **27**: 1–16.

Manceau, A., Lanson, B., Drits, V. A., Chateigner, D., Gates, W. P., Wu, J., Huo, D. & Stucki, J. W. (2000): Oxidation-reduction mechanism of iron in dioctahedral smectites: I. Crystal chemistry of oxidized reference nontronites.– Am. Mineral., **85**: 133–152; DOI: 10.2138/am-2000-0114

Marchel, C. & Stanjek, H. (2012): Cation ordering in cis- and trans-vacant dioctahedral smectites and its implications for growth mechanisms.– Clay Miner., **47**: 105–115. DOI: 10.1180/claymin.2012.047.1.105

Marsh, H. N. (1931): Properties and treatment of rotary mud.– Trans. AIME, **92**: 234–251; DOI: 10.2118/931234-G

Martín Vivaldi, J. L. (1962): The bentonites of Cabo de Gata (southeast Spain) and of Guelaya Volcanic Province (North Morocco).– Clays Clay Miner., **11**: 327–357. DOI: 10.1346/CCMN.1962.0110133

— & Linares, J. (1968): Las bentonitas de Cabo de Gata: II. Yacimiento de Palma del Muerto.– Bol. Geol. Min., **79**: 605–611.

Marumo, K., Longstaffe, F. J. & Matsubaya, O. (1995): Stable isotope geochemistry of clay minerals from fossil and active hydrothermal systems, southwestern Hokkaido, Japan.– Geochim. Cosmochim. Acta, **59**: 2545–2559. DOI: 10.1016/0016-7037(95)00149-2

Mas, A., Patrier, P., Beaufort, D. & Genter, A. (2003): Clay-mineral signatures of fossil and active hydrothermal circulations in the geothermal system of the Lamentin Plain, Martinique.– J. Volcanology and Geothermal Res., **124**: 195–218. DOI: 10.1016/S0377-0273(03)00044-1

Matthes, W., Madsen, F. W. & Kahr, G. (1999): Sorption of heavy metal cations by Al and Zr-hydroxy-intercalated and pillared bentonite.– Clays Clay Miner., **47**: 617–629.

McPhie, J., Doyle, M. & Allen, R. L. (1993): Volcanic textures: A guide to the interpretation of textures in volcanic rocks.– Univ. of Tasmania, CODES: 198 pp.; Hobart.

Meek, F. B. & Hayden, F. V. (1862): Descriptions of new Lower Silurian, (Primordial), Jurassic, Cretaceous, and Tertiary fossils, collected in Nebraska, by the Exploring Expedition under the command of Capt. Wm. F. Raynolds, U.S. Topographical Engineer; with some remarks on the rocks from which they were obtained.– Proc. Acad. Nat. Sci. Philadelphia, **13**: 415–447.

Mehlich, A. (1948): Determination of cation- and anion-exchange properties of soils.– Soil Sci., **66**: 429–445.

Mehra, O. P. & Jackson, M. L. (1958): Iron oxide removal from soils and clays by a dithionite-citrate system buffered with sodium bicarbonate.– Clays Clay Miner., **7**: 317–327.

Meier, L. P. & Kahr, G. (1999): Determination of the cation exchange capacity (CEC) of clay minerals using the complexes of copper(II) ion with triethylenetetramine and tretraethylenepentamine.– Clays Clay Miner., **47**: 386–388.

Melcher, F., Graupner, T., Henjes-Kunst, F., Oberthür, T., Sitnikova, M., Gäbler, E., Gerdes, A., Brätz, H., Davis, D. & Dewaele, S. (2008): Analytical fingerprint of columbite-tantalite (coltan) mineralisation in pegmatites – Focus on Africa.– Proceedings, Ninth International Congress for Applied Mineralogy, ICAM (Brisbane, QLD, Sep. 8–10, 2008): pp. 615–624.

Mermut, A. R. (1994): Problems associated with layer charge characterization of 2:1 phyllosilicates.– In: Mermut, A. R. (ed): Layer charge characteristics of 2:1 silicate clay minerals.– Clay Minerals Society, CMS Workshop Lectures, **6**: 105–122; Aurora, CO.

— & Cano, A. F. (2001): Baseline studies of the clay minerals society source clays: Chemical analysis of major elements.– Clays Clay Miner., **49**: 381–386. DOI: 10.1346/CCMN.2001.0490504

Meseck, H. (1987): Mechanische Eigenschaften von mineralischen Dichtwandmassen.– TU Braunschweig, Mitt. Inst. Grundbau u. Bodenmechanik, **25**: 176 pp.

Mestdagh, M., Herbillon, A. J., Rodrique, L. & Rouxhet, P. G. (1982): Évaluation du rôle du fer structural sur la cristallinité des kaolinites.– Bull. Minéral., **105**: 457–466.

Meunier, A. (2005): Clays.– 472 pp.; Berlin (Springer). DOI: 10.1007/b138672

Michaelides, M. N. (2011): Depositional and diagenetic processes in the formation of the Eocene Jackson Group bentonites, Gonzales County, Texas.– Master's thesis, Univ. Texas: 173 pp; Austin, TX.– [unpubl.]

Michot, L. J. & Villiéras, F. (2006): Surface area and porosity.– In: Bergaya, F., Theng, B. K. G. & Lagaly, G. (eds): Handbook of clay science (1st ed.).– Dev. Clay Sci., **1**: 965–978; Amsterdam (Elsevier). DOI: 10.1016/S1572-4352(05)01035-4

Miles, N. & de Kimpe, C. R. (1985): Application of glycerol/ethanol solutions for solvation of smectites dried on glass slides.– Can. J. Soil Sci., **65**: 229–232.

MILES, W. J. (2011): Amargosa sepiolite and saponite: Geology, mineralogy, and markets.– In: GALÀN, E. & SINGER, A. (eds): Developments in palygorskite-sepiolite research.– Dev. Clay Sci., **3**: 265–277; Amsterdam (Elsevier).
DOI: 10.1016/B978-0-444-53607-5.00011-6

MILLER, R. J. (1965): Mechanisms for hydrogen to aluminum transformations in clays.– Soil Sci. Soc. Am. J., **29**: 36–39.

MILLS, G. A., HOLMES, J. & CORNELIUS, E. B. (1950): Acid activation of some bentonite clays.– J. Phys. Chem., **54**: 1170–1185.

MIRNA, A. (1970): Beeinflussung der radioaktiven Kontamination von Tieren durch Zufütterung von Tonmineralien.– Z. Tierphysiologie, Tierernährung und Futtermittelkontrolle, **26**: 72–82.

MISSANA, T., ALONSO, U., FERNÁNDEZ, A. M. & GARCÍA-GUTIÉRREZ, M. (2018): Analysis of the stability behaviour of colloids obtained from different smectite clays.– Appl. Geochem., **92**: 180–187.
DOI: 10.1016/j.apgeochem.2018.03.010

MIZOTA, C. & FAURE, K. (1998): Hydrothermal origin of smectite in volcanic ash.– Clays Clay Miner., **46**: 178–182.

MÖBIUS, H. & GÜNTHER, T. H. (1973): Modellversuche zur Standfestigkeit flüssigkeitsgestützer Erdwände.– Bautechnik, **5**: 156–160.

MOJID, M. A. & CHO, H. (2006): Estimating the fully developed diffuse double layer thickness from the bulk electrical conductivity in clay.– Appl. Clay Sci., **33**: 278–286.
DOI: 10.1016/j.clay.2006.06.002

MOMMA, K. & IZUMI, F. (2008): VESTA: A three-dimensional visualization system for electronic and structural analysis.– J. Appl. Crystallogr., **41**: 653–658.
DOI: 10.1107/S0021889808012016

MONTES-H, G., GERAUD, Y., DUPLAY, J. & REUSCHLÉ, T. (2005): ESEM observations of compacted bentonite submitted to hydration/dehydration conditions.– Colloids Surf. A: Physicochem. Eng. Asp., **262**: 14–22.
DOI: 10.1016/j.colsurfa.2005.03.021

MOONEY, R. W., KEENAN, A. G. & WOOD, L. A. (1952): Adsorption of water vapor by montmorillonite: I. Heat of desorption and application of BET theory.– J. Am. Chem. Soc., **74**: 1367–1371.

MOORE, D. M. & HOWER, J. (1986): Ordered interstratification of dehydrated and hydrated Na-smectite.– Clays Clay Miner., **34**: 379–384.

— & REYNOLDS, R. C. JR. (1989): X-ray diffraction and the identification and analysis of clay minerals.– 332 pp.; New York (Oxford Univ. Press).

— & REYNOLDS, R. C. JR. (1997): X-ray diffraction and the identification and analysis of clay Minerals; 2nd ed.– 378 pp.; New York (Oxford Univ. Press).

MOORES, S. (2010): Lithium's clay play.– Industrial Minerals, **511**: 36–39.

MOREIRA, D. M. (1984): Mineralogical and physico-chemical investigation of a montmorillonite clay from Bahia (Brazil).– BSc thesis, Univ. of Hull: 95 pp.; Hull.– [unpubl.]

MORTLAND, M. M. & RAMAN, K. V. (1968): Surface acidity of smectites in relation to hydration, exchangeable cation and structure.– Clays Clay Miner., **16**: 393–398.

MOSSER-RUCK, R., DEVINEAU, K., CHARPENTIER, D. & CATHELINEAU, M. (2005): Effects of ethylene glycol saturation protocols on XRD patterns: A critical review and discussion.– Clays Clay Miner., **53**: 631–638. DOI: 10.1346/CCMN.2005.0530609

MÜLLER-VONMOOS, M. & KAHR, G. (1985): Langzeitstabilität von Bentonit unter Endlagerbedingungen.– Nagra, Technischer Bericht, **NTB 85–25**: 41 pp.

—, BUCHER, F., KAHR, G. & LANG, H.-J. (1986): Einige grundsätzliche Überlegungen zur Abdichtung von Deponien durch Ton.– Mitt. der schweizerischen Gesellschaft für Boden- u. Felsmechanik, **114**: 15–17.

MURAD, E. (2010): Mössbauer spectroscopy of clays, soils and their mineral constituents.– Clay Miner., **45**: 413–430.
DOI: 10.1180/claymin.2010.045.4.413

— & CASHION, J. (2004): Iron oxides.– In: MURAD, E. & CASHION, J.: Mössbauer spectroscopy of environmental materials and their industrial utilization: pp. 159–188; Norwell, MA (Kluwer).
DOI: 10.1007/978-1-4419-9040-2

—, WAGNER, U., WAGNER, F. E. & HAUSLER, W. (2002): Thermal reactions of montmorillonite: A Mössbauer study.– Clay Miner., **37**: 583–590.
DOI: 10.1180/0009855023740061

MURAWSKI, H. (1992): Geologisches Wörterbuch; 9th ed.– 254 pp.; Stuttgart (Enke).

MURRAY, H. H. (1991): Overview — clay mineral applications.– In: MURRAY, H. H. (ed): Some applications of selected clay minerals.– Appl. Clay Sci., **5**: 379–395.

— (2007): Applied Clay Mineralogy: Occurrences, processing and application of kaolins, bentonites, palygorskite-sepiolite, and common clays.– Dev. Clay Sci., **2**: 180 pp.; Amsterdam (Elsevier).

MUSAFIR, A. & CHAZOT, P. (2006): Clay Cures: Nature's Miracle for the New Age.– 96 pp.; India (Mapin Publishing Gp Pty Ltd).

NAGRA — NATIONALE GENOSSENSCHAFT FÜR DIE LAGERUNG RADIOAKTIVER ABFÄLLE (1995): Column experiments: Results of experiments and modelling.– Nagra, Interner Bericht, NIB 95-70.– [unpubl.]

NEFF, K. H. (1959): Über die Messung der Wasseraufnahme ungleichförmiger bindiger anorganischer Bodenarten in einer neuen Ausführung des Enslingerätes.– Die Bautechnik, **39**: 415–421.

NERETNIEKS, I., LIU, L. & MORENO, L. (2009): Mechanisms and models for bentonite erosion.– SKB Technical Report, TR–09–35: 168 pp.; Stockholm.

NEUMANN, K. D. (2007): Optimierung der Zerkleinerung von Schweinemastfutter hinsichtlich der Zielfunktionen Fließfähigkeit und Mischungsstabilität.– AiF report, 14471 N.

NEWMAN, A. C. D. (ed) (1987): Chemistry of clays and clay minerals.– Mineral. Soc., Monograph, **6**: 480 pp.

NGOUANA-WAKOU, B. F. & KALINICHEV, A. G. (2014): Structural arrangements of isomorphic substitutions in smectites: Molecular simulation of the swelling properties, interlayer structure, and dynamics of hydrated Cs-montmorillonite revisited with new clay models.– J. Phys. Chem. **C**, **118** (24): 12758–12773.

NICKEL, E. H. & GRICE, J. D. (1998): The IMA Commission on New Minerals and Mineral Names; procedures and guidelines on mineral nomenclature.– Canadian Mineralogist, **36**: 913–926.

NOBLE, D. C. (1967): Sodium, potassium and ferrous iron contents of some secondarily hydrated natural silicic glasses.– Am. Mineral., **52**: 280–286.

NORTON, J. J. (1965): Lithium-bearing bentonite deposit, Yavapai County, Arizona.– U.S. Geol. Surv. Prof. Paper, 525-D: 163–166.

NOVÁK, I. & ČÍČEL, B. (1978): Dissolution of smectites in hydrochloric acid: II. Dissolution rate as a function of crystallochemical composition.– Clays Clay Miner., **26**: 341–344.

NOVICH, B. E. & MARTIN, R. T. (1983): Solvation methods for expandable layers.– Clays Clay Miner., **31**: 235–238.

O'DRISCOLL, M. (2006): International trade in industrial minerals.– In: KOGEL, J. E., TRIVEDI N. C., BARKER, J. M. & KRUKOWSKI, S. T. (eds): Industrial minerals & rocks: Commodities, markets, and uses.– Soc. Mining, Metallurgy, and Exploration: pp. 49–59; Littleton, CO.

OHRDORF, K.-H., KAUFHOLD, S., RÜSSMANN, F., UFER, K. & FLACHBERGER, H. (2011): The unusual behavior of a Milos bentonite in cement suspensions.– Appl. Clay Sci., **54**: 189–195. DOI: 10.1016/j.clay.2011.08.001

OLIS, A. C., MALLA, P. B. & DOUGLAS, L. A. (1990): The rapid estimation of the layer charges of 2:1 expanding clays from a single alkylammonium ion expansion.– Clay Miner., **25**: 39–50.

OLSSON, S., & KARNLAND, O. (2009): Characterisation of bentonites from Kutch, India and Milos, Greece — some candidate tunnel back-fill materials?– SKB Rapport, R-09-53: 35 pp.; Stockholm.

OMOTOSO, O., MCCARTHY, D. K., HILLIER, S. & KLEEBERG, R. (2006): Some successful approaches to quantitative mineral analysis as revealed by the 3rd Reynolds Cup contest.– Clays Clay Miner., **54**: 748–760. DOI: 10.1346/CCMN.2006.0540609

OSCARSON, D. W., MILLER, H. G. & WATSON, R. L. (1986): An evaluation of potential additives to a clay-based buffer material for the immobilization of I-129.– Atomic Energy of Canada Limited report, AECL-9068: 24 pp.; Pinawa.

OVERBEEK, J. TH. (1977): Recent delopments in the understanding of colloid stability.– J. Colloid Interface Sci., **58**: 408–422.

PACOVSKÝ, J., SVOBODA, J. & ZAPLETAL, L. (2007): Saturation development in the bentonite barrier of the Mock-Up-CZ geotechnical experiment.– Phys. Chem. Earth, Parts A/B/C, **32**: 767–779. DOI: 10.1016/j.pce.2006.03.005.

PAQUET, H. (1970): Evolution géochimique des minéraux argileux dans les altérations et les sols des sédiments méditerranéens et tropicaux à saisons contrastées.– Mém. Serv. Carte Géol. Alsace Lorraine, **30**: 212 pp.

PARFITT, R. L. & WILSON, A. D. (1985): Estimation of allophane and halloysite in three sequences of volcanic soils, New Zealand.– In: CALDAS, E. F. & YAALON, D. H. (eds): Volcanic soils – Weathering and landscape relationships of soils on tephra and basalt.– Catena Suppl., **7**: 1–8; Stuttgart (Schweizerbart).

PATEL, P. K. (1987): Lateritization and bentonitization of basalt in Kutch, Gujarat State, India.– Sediment. Geol., **53**: 327–346.

PAUL, A. (1986): Empfehlung Nr. 11 des Arbeitskreises 19 – Versuchstechnik Fels – der deutschen Gesellschaft für Erd- und Grundbau e. V.: Quellversuche an Gesteinsproben.– Bautechnik, **63**: 100–108.

PAULING, L. (1930): The structure of the micas and related minerals.– Proc. Natl. Acad. Sci. U.S.A., **16**: 123–129.

PENNELL, K. D. (2002): Specific surface area.– In: DANE, J. H. & TOPP, G. C. (eds): Methods of soil analysis: Part 4 – Physical methods.– Soil Sci. Soc. Am. book ser., **5.4**: 295–315; Madison, WI. DOI: 10.2136/sssabookser5.4.c13

PENNER, D. & LAGALY, G. (2001): Influence of anions on the rheological parameters of clay dispersions.– Appl. Clay Sci., **19**: 131–142. DOI: 10.1016/S0169-1317(01)00052-7

PERMIEN, T. & LAGALY, G. (1994a): The rheological and colloidal properties of bentonite dispersions in the presence of organic compounds: I. Flow behaviour of sodium-bentonite in water-alcohol.– Clay Miner., **29**: 751–760.

— & LAGALY, G. (1994b): The rheological and colloidal properties of bentonite dispersions in the presence of organic compounds: II. Flow behaviour of Wyoming bentonite in water-alcohol.– Clay Miner., **29**: 761–766.

— & LAGALY, G. (1994c): The rheological and colloidal properties of bentonite dispersions in the presence of organic compounds: III. The effect of alcohols on the coagulation of sodium montmorillonite.– Colloid Polym. Sci., **272**: 1306–1312.

— & Lagaly, G. (1994d): The rheological and colloidal properties of bentonite dispersions in the presence of organic compounds: IV. Sodium montmorillonite and acids.– Appl. Clay Sci., **9**: 251–263.

— & Lagaly, G. (1995): The rheological and colloidal properties of bentonite dispersions in the presence of organic compounds: V. Bentonite and sodium montmorillonite and surfactants.– Clays Clay Miner., **43**: 229–236.

Perry, A. (2006): Living Clay — Nature's own miracle cure: Calcium bentonite clay.– 181 pp.; Kyle, TX (Perry Productions).

Petit, S., Righi, D., Madejová, J. & Decarreau, A. (1998): Layer charge estimation of smectites using infrared spectroscopy.– Clay Miner., **33**: 579–591.

—, Caillaud, J., Righi, D., Madejová, J., Elsass, F. & Köster, H. M. (2002): Characterization and crystal chemistry of an Fe-rich montmorillonite from Ölberg, Germany.– Clay Miner., **37**: 283–297. DOI: 10.1180/0009855023720034

Pinnavaia, T. J. & Mortland, M. M. (1986): Aspects of clay catalysis.– In: Cairns-Smith, A. G. & Hartmann, H. (eds): Clay minerals and the origin of life: pp. 131–135; Cambridge (CUP).

Plötze, M. & Kahr, G. (2002): Alteration of clay minerals — Irradiation effects on physicochemical properties.– Workshop on clay microstructure and its importance to soil behaviour (Lund, Sweden, October 15–17, 2002), Preprints of contributions: 254–261.

— & Kahr, G. (2005): Diagnostic intercalation in clay minerals.– Reports of the DTTG, **11**: 51–55.

—, Kahr, G. & Stengele, R. H. (2003): Alteration of clay minerals-gamma-irradiation effects on physicochemical properties.– Appl. Clay Sci., **23**: 195–202. DOI: 10.1016/S0169-1317(03)00103-0

—, Schärli, U., Koch, A. & Weber, H. (2007): Thermophysical properties of bentonite.– 3rd International meeting on clays in natural & engineered barriers for radioactive waste confinement (Lille, France, Sept. 17–20, 2007), Book of abstracts: 579–580.

Plueddeman, C. (2007): Lighter, faster, stronger – Boat construction in the molecular age.– Boating, **11**/2007: 84–86; Winter Park, FL (Bonnier Corp.)

Post, J. L. & Noble, P. N. (1993): The near-infrared combination band frequencies of dioctahedral smectites, micas and illites.– Clays Clay Miner., **41**: 639–644.

Pozo, M. & Casas, J. (1999): Origin of kerolite and associated Mg clays in palustrine-lacustrine environments. The Esquivias deposit (Neogene Madrid Basin, Spain).– Clay Miner., **34**: 395–418.

— & Calvo, J. P. (2018): An overview of authigenic magnesian clays.– Minerals, **8**, 520: 22 pp. DOI: 10.3390/min8110520

—, Medina, J. A., Casas, J. & Moreno, A. (1993a): Variabilidad textural, mineralógica y geoquímica de la bentonita de Yuncos (Cuenca de Madrid).– Estudios Geol., **49**: 295–306.

—, Moreno, A., Casas, J. & Martín Rubí, J. A. (1993b): Mineralogy and geochemistry of sedimentary bentonites related to alluvial fan arkosic facies (Neogene Madrid Basin, Spain).– Chem. Geol., **107**: 457–461.

Prost, R. (1975): Étude de l'hydratation des argiles: Interactions eau-minéral et mécanisme de la rétention de l'eau. II. Étude d'une smectite (hectorite).– Ann. Agron., **26**: 463–535.

Pusch, R., Karnland, O., Lajudie, A. & Decarreau, A. (1993): MX 80 clay exposed to high temperatures and gamma radiation.– SKB Technical Report, TR-93-03: 53 pp.; Stockholm.

—, Börgesson, L., Frederiksson, A., Johannesson, L.-E., Hökmark, H., Karnland, O. & Sandén, T. (1995): The buffer and backfill handbook — Part I: Definitions, basic relationships, and laboratory methods.– SKB Arbetsrapport, AR 95-45: 261 pp.; Stockholm.

Quirk, J. P. & Murray, R. S. (1999): Appraisal of the ethylene glycol monoethyl ether method for measuring hydratable surface area of clays and soils.– Soil Sci. Soc. Am. J., **63**: 839–849.

Radl, F. & Kiefer, M. (1987): Umschließung einer Großdeponie in Theorie und Praxis.– TU Wien, Mitteilungen für Grundbau, Bodenmechanik und Felsbau, Heft 4.

Radoslovich, E. W. (1962): The cell dimensions and symmetry of layer lattice silicates: II. Regression relations.– Am. Mineral., **47**: 617–636.

Ralla, K., Sohling, U., Riechers, D., Kasper, C., Ruf, F. & Scheper, T. (2010): Adsorption and separation of proteins by a smectitic clay mineral.– Bioprocess Biosyst. Eng., **33**: 847–861. DOI: 10.1007/s00449-010-0408-8

Renger, M. (1964): Die Bestimmung und Berechnung der Austauschkapazität des Bodens und seiner organischen und anorganischen Anteile.– PhD thesis, Univ. Hannover: 98 pp.

Reynolds, R. C. (1980): Interstratified clay minerals.– In: Brindley, G. W. & Brown, G. (eds): Crystal structures of clay minerals and their X-ray identification.– Mineral. Soc., Monograph, **5**: 249–303; London.

Reynolds, R. C. Jr (1986): The Lorentz-polarization factor and preferred orientation in oriented clay aggregates.– Clays Clay Miner., **34**: 359–367.

Rich, A. D. (1964): Some basic factors in the bleaching of fatty oils.– J. Am. Oil Chem. Soc., **41**: 315–321.

Riebe, B., Bunnenberg, C., Dultz, S. & Gehrt, S. (2005a): Einsatz von Organotonen als Adsorber für problematische Anionen in geotechnischen Barrieren.– Univ. Hannover, ZSR, Final report, BMWA project 02 E 9481 (01.06.2001–31.05.2004): 90 pp.

—, Dultz, S. & Bunnenberg, C. (2005b): Temperature effects on iodine adsorption on organo-clay minerals: I. Influence of pretreatment and adsorption temperature.– Appl. Clay Sci., **28**: 9–16. DOI: 10.1016/j.clay.2004.01.004

Rietveld, H. (1967): Line profiles of neutron powder-diffraction peaks for structure refinement.– Acta Crystallogr., **22**: 151–152.

Robertson, R. H. S. (1986): Fuller's earth: A history of calcium montmorillonite.– Mineral. Soc., Occasional Publication: 421 pp.; Hythe (Volturna Press).

Rocholl, A., Boehme, M., Guenther, D., Höfer, H. & Ulbig, A. (2008): Prevailing stratospheric easterly wind direction in the Paratethys during the Lower Badenian: Ar-Ar- and Nd-isotopic evidence from rhyolitic ash layers in the Upper Freshwater Molasse, S-Germany.– Geophys. Res. Abstr., **10**, EGU2008–A-08747: 2 pp.; Wien.

Rosenqvist, J., Persson, P. & Sjöberg, S. (2002): Protonation and charging of nanosized gibbsite ($\alpha$-$Al(OH)_3$) particles in aqueous suspension.– Langmuir, **18**: 4598–4604.

Ross, C. S. & Hendricks, S. B. (1945): Minerals of the montmorillonite group, their origin and relation to soils and clays.– U.S. Geol. Surv. Prof. Pap., **205-B**: 23–79.

Roy, A., Butola, B. S. & Joshi, M. (2017): Synthesis, characterization and antibacterial properties of novel nano-silver loaded acid activated montmorillonite.– Appl. Clay Sci., **146**: 278–285. DOI: 10.1016/j.clay.2017.05.043

Ruiz-Hitzky, E. & van Meerbeek, A. (2006): Clay mineral- and organoclay-polymer nanocomposite.– In: Bergaya, F., Theng, B. K. G. & Lagaly, G. (eds): Handbook of clay science (1st ed.).– Dev. Clay Sci., **1**: 583–621; Amsterdam (Elsevier). DOI: 10.1016/S1572-4352(05)01018-4

Ruppert, F. R., Rickfels, J. & Knappe, P. (1988): Neuartige Herstellung von Dichtwände mit dem Verdrängungsverfahren.– Baumaschine und Bautechnik, **1**: 34–37.

Russel, J. D. & Clark, D. R. (1978): The effect of Fe-for-Si substitution on the *b*-dimension of nontronite.– Clay Miner., **13**: 133–137.

— & Fraser, A. R. (1994): Infrared methods.– In: Wilson, M. J. (ed): Clay mineralogy: Spectroscopic and chemical determinative methods: pp. 11–67; London (Chapman & Hall).

Rutherford, D. W., Chiou, C. T. & Eberl, D. D. (1997): Effects of exchanged cation on the microporosity of montmorillonite.– Clays Clay Miner., **45**: 534–543.

Ryan, P. C. & Huertas, F. J. (2009): The temporal evolution of pedogenic Fe-smectite to Fe-kaolin via interstratified kaolin–smectite in a moist tropical soil chronosequence.– Geoderma, **151**: 1–15. DOI: 10.1016/j.geoderma.2009.03.010

Sánchez, M., Villar, M. V., Gómez-Espina, R., Lloret, A. & Gens, A. (2011): Swelling pressure evolution in compacted bentonite: Experiments and modelling.– In: Alonso, E. E. & Gens, A. (eds): Unsaturated soils – Proceedings of the 5th International Conference on Unsaturated Soils (Barcelona, Spain, Sept. 6–8, 2010), **1**: 359–364; Boca Raton, FL (CRC Press).

Santurio, M., Mallmann, C. A., Rosa, A. P., Appel, G., Heer, A., Dageförde, S. & Böttcher, M. (1999): Effect of sodium bentonite on the performance and blood variables of broiler chickens intoxicated with aflatoxins.– Br. Poult. Sci., **40**: 115–119.

Sato, T., Watanabe, T. & Otsuka, R. (1992): Effects of layer charge, charge location, and energy change on expansion properties of dioctahedral smectites.– Clays Clay Miner., **40**: 103–113.

Sauzéat, E., Guillaume, D., Villiéras, F., Dubessy, J., Francois, M., Pfeiffert, C., Pelletier, M., Mosser-Ruck, R., Barrès, O., Yvon, J. & Cathelineau, M. (2001): Caractérisation minéralogique, cristallochimique et texturale de l' argile MX-80.– Rapport ANDRA, No. C RP 0ENG 01-001: 82 pp.

Savin, S. M. & Epstein, S. (1970): The oxygen and hydrogen isotope geochemistry of clay minerals.– Geochim. Cosmochim. Acta, **34**: 25–42.

— & Lee, M. L. (1988): Isotopic studies of phyllosilicates.– Rev. Mineral. Geochem., **19**: 189–223.

Sawhney, B. L. & Frink, C. R. (1966): Potentiometric titration of acid montmorillonite.– Soil Sci. Soc. Am. J., **30**: 181–184.

Schanz, T. & Tripathy, S. (2009): Swelling pressure of a divalent-rich bentonite: Diffuse double-layer theory revisited.– Water Resour. Res., **45**: 9 pp. DOI: 10.1029/2007WR006495

Schärli, U., Plötze, M. & Kahr, G. (2004): Thermische Messungen an Bentonit.– In: Nüesch, R. & Emmerich, K. (eds): Beiträge zur Jahrestagung Karlsruhe (Sept. 19–21, 2004).– Berichte DTTG, **10**: 80–84.

Schick, P. (1975): Purification of bentonite.– Publication Date 1975-02-11; United States Patent US3865240A.

— & Gartung, E. (2007): Gemischtkörnige Abdichtungsschichten in Oberflächenabdichtungssystemen.– In: Ramke, H.-G. et al. (ed.): Anforderungen an Deponie-Oberflächenabdichtungssysteme — Tagungsband zum Status-Workshop.– Höxteraner Berichte zu angewandten Umweltwissenschaften, FH Höxter, **6**: 181–204.

SCHIFFERS, A. (2001): Adsorption von Quecksilber und seinen Verbindungen sowie von Dioxinen und Furanen an Zeolithen und Bentoniten.– Diploma thesis, RTWH Aachen University, AVT: 99 pp.; Aachen.

SCHIKORR, G. (1933): Über Eisen(II)-hydroxyd und ein ferromagnetisches Eisen(III)-hydroxyd.– Z. anorg. allg. Chem., **212**: 33–39.

SCHMIDT, R. & HEYER, D. (1993): Grundwassserschutz mit Bentonitdichtungsmatten bei Straßen in Wassergewinnungsgebieten am Beispiel der A 96 in Baden-Württemberg.– In: FLOSS, R. (ed): 3. Informations- und Vortragsveranstaltung über "Kunststoffe in der Geotechnik" (Munich, March, 15–16, 1993).– Geotechnik, Sonderheft 1993: 35–40.

SCHOONHEYDT, R. A. (1995): Clay mineral surfaces.– In: VAUGHAN, D. J. & PATTRICK, R. A. D. (eds): Mineral surfaces.– Mineral. Soc. Ser., **5**: 303–332; London (Chapmann & Hall).

SCHULTZ, L. G. (1969): Lithium and potassium absorption, dehydroxylation temperature and structural water content of aluminous smectites.– Clays Clay Miner., **17**: 115–149.

SCHWERTMANN, U. (1964): Differenzierung der Eisenoxide des Bodens durch Extraktion mit Ammoniumoxalat-Lösung.– Z. Pflanzenernähr. Bodenkd., **105**: 194–202.

SELLIN, P. & LEUPIN, O. X. (2013): The use of clay as an engineered barrier in radioactive-waste management — a review.– Clays Clay Miner. **61**: 477–498. DOI: 10.1346/CCMN.2013.0610601

SENKAYI, A. L., DIXON, J. B., HOSSNER, L. R. & KIPPENBERGER, L. A. (1985): Layer charge evaluation of expandable soil clays by an alkylammonium method.– Soil Sci. Soc. Am. J., **49**: 1054–1060.

SHARMA, K. K. (2007): K-T magmatism and basin tectonism in western Rajasthan, India, results from extensional tectonics and not from Réunion plume activity.– In: FOULGER, G. R. & JURDY, D. M.: Plates, plumes and planetary processes.– Geol. Soc. Am. Spec. Pap., **430**: 775–784. DOI: 10.1130/2007.2430(35)

SHECHTMAN, D. (2011): The Noble prize in chemistry 2011 — "for the discovery of quasicrystals".– Press release, Royal Swedish Academy of Sciences. URL: https://www.nobelprize.org/uploads/2018/06/press-15.pdf (last access 25 November 2024)

SHEPPARD, S. M. F. & GILG, H. A. (1996): Stable isotope geochemistry of clay minerals: "The story of sloppy, sticky, lumpy and tough" Cairns-Smith (1971).– Clay Miner., **31**: 1–24.

SHIRAZI, S. M., KAZAMA, H., KUWANO, J. & RASHID, M. M. (2010): The influence of temperature on swelling characteristics of compacted bentonite for waste disposal.– EnvironmentAsia, **3**: 60–64.

SIDDIQUI, M. K. H. (1968): Bleaching earths.– 86 pp.; Oxford (Pergamon Press).

SIDDIQUIE, H. N. & BAHL, D. P. (1965): Geology of the bentonite deposits of Barmer District, Rajasthan.– Geol. Surv. India, Mem., **96**: 96 pp.

SING, K. S. W., EVERETT, D. H., HAUL, R. A. W., MOSCOU, L., PIEROTTI, R. A., ROUQUÉROL, J. & SIEMIENIEWSKA, T. (1985): Reporting physisorption data for gas/solid systems with special reference to the determination of surface area and porosity (Recommendations 1984).– Pure Appl. Chem., **57**: 603–619.

SKB — SVENSK KÄRNBRÄNSLEHANTERING AB (1999): SR 97 — Processes in the repository evolution.– SKB Technical Report, TR-99-07: 271 pp.; Stockholm.

SLAUGHTER, M. & EARLEY, J. W. (1965): Mineralogy and geological significance of the Mowry bentonites, Wyoming.– Geol. Soc. Am. Spec. Pap., **83**: 96 pp.

— & HAMIL, M. (1970): Model for deposition of volcanic ash and resulting bentonite.– Geol. Soc. Am. Bull., **81**: 961–968.

SLONIMSKAYA, M. V., BESSON, G., DAINYAK, L. G., TCHOUBAR, C. & DRITS, V. A. (1986): Interpretation of the IR spectra of celadonites and glauconites in the region of OH-stretching frequencies.– Clay Miner., **21**: 377–388.

SMELLIE, J. (2001): Wyoming bentonites – Evidence from the geological record to evaluate the suitability of bentonite as a buffer material during the long-term underground containment of radioactive wastes.– SKB Technical Report, TR-01-26: 24 pp.; Stockholm.

SMYKATZ-KLOSS, W. (1974): Differential thermal analysis — Application and results in mineralogy.– Minerals and Rocks, **11**: 185 pp.; Berlin (Springer).

SOHLING, U., RUF, F., SCHURZ, K., EMMERICH, K., STEUDEL, A., SCHUHMANN, R., WEIDLER, P., RALLA, K., RIECHERS, D., KASPAR, C. & SCHEPER, T. (2009a): Natural mixture of silica and smectite as a new clayey material for industrial applications.– Clay Miner., **44**: 525–537. DOI: 10.1180/claymin2009.044.4.525

—, RUF, F., ORTIZ NIEMBRO, J. A., CONDEMARIN VARGAS, R. & BELLO, J. (2009b): Process for removing steryl glycosides from biodiesel.– Publication Date 2009-11-05; Patent WO 2009 132670.

—, RUF, F., GEISSLER, B. & MILLAN, H. (2012): Method for biodiesel and biodiesel precursor production.– Publication Date 2012-05-03; Patent WO 2012 055909.

SORIEUL, S., ALLARD, T., BOIZOT, B., CHAUMONT, J. & CALAS, G. (2002): Ionizing-radioation effects in montmorillonite.– In: ANDRA: Clays in natural and engineered barriers for radioactive waste confinement — Abstracts (International Meeting, Reims, France, December 9–12, 2002): pp. 133–134.

—, ALLARD, T., WANG, L. M., GRAMBIN-LAPEYRE, C., LIAN, J., CALAS, G. & EWING, R. C. (2008): Radiation-stability of smectite.– Environ. Sci. Technol., **42**: 8407–8411. DOI: 10.1021/es800766b

SPOSITO, G. & PROST, R. (1982): Structure of water adsorbed on smectites.– Chem. Rev., **82**: 553–573.

— & GRASSO, D. (1999): Electrical double layer structure, forces, and fields at the clay-water interface.– In: HSU, J.-P. (ed): Interfacial forces and fields: Theory and applications.– Surfactant Sci. Ser., **85**: 207–249; New York (Dekker).

SPRINGER, F. P. (2009): Technikgeschichte: Zur Geschichte der Tiefbohrtechnik aus der Perspektive von Lehr- und Fachbüchern.– Erdöl, Erdgas, Kohle, **125**: 308–314.

ŚRODOŃ, J. (1980): Precise identification of illite/smectite interstratifications by X-ray powder diffraction.– Clays Clay Miner., **28**: 401–411.

STAKES, D. S. & O'NEIL, J. R. (1982): Mineralogy and stable isotope geochemistry of hydrothermally altered oceanic rocks.– Earth Planet. Sci. Lett., **57**: 285–304.

STANJEK, H. & KÜNKEL, D. (2016): CEC determination with Cu-triethylenetetramine: Recommendations for improving reproducibility and accuracy.– Clay Miner., **51**: 1–17. DOI: 10.1180/claymin.2016.051.1.01

STEUDEL, A., WEIDLER, P., SCHUHMANN, R. & EMMERICH, K. (2009): Cation exchange reactions of vermiculite with Cu-triethylenetetramine as affected by mechanical and chemical pretreatment.– Clays Clay Miner., **57**: 486–493. DOI: 10.1346/CCMN.2009.0570409

STEWART, A. L. & MCPHIE, J. (2006): Facies architecture and Late Pliocene - Pleistocene evolution of a felsic volcanic island, Milos, Greece.– Bull. Volcanol., **68**: 703–726. DOI: 10.1007/s00445-005-0045-2

STIEF, K. (1986): Das Multibarrierenkonzept als Grundlage von Planung, Bau, Betrieb und Nachsorge von Deponien.– Müll und Abfall, **1**: 15–20; Berlin (Schmidt).

SÜD-CHEMIE AG (1994): Was ist Bentonit? — Wissenswertes über einen wertvollen und vielseitigen Rohstoff.– Firmenprospekt.

SUN, L. (2016): The effects of structural and environmental factors on the swelling behavior of montmorillonite-beidellite smectites: A molecular dynamics approach.– Doctoral thesis, Univ. of Eastern Finland, Department of Chemistry, **135**: 36 pp.; Finland.

SUTHERLAND, W. M. (2014): Wyoming bentonite — Summary report, September 2014.– Wyoming State Geological Survey (WSGS): 4 pp. URL: https://www.wsgs.wyo.gov/products/wsgs-2014-bentonite-summary.pdf (last access 25 November 2024)

SVOBODA, J. (2013): The experimental study of bentonite swelling into fissures.– Clay Miner., **48**: 383–389. DOI: 10.1180/claymin.2013.048.2.16

SZCZERBA, M., KŁAPYTA, Z. & KALINICHEV, A. (2014): Ethylene glycol intercalation in smectites. Molecular dynamics simulation studies.– Appl. Clay Sci., **91–92**: 87–97. DOI: 10.1016/j.clay.2014.02.014

TABBAGH, A. & COSENZA, PH. (2007): Effect of microstructure on the electrical conductivity of clay-rich systems.– Phys. Chem. Earth, Part A/B/C, **32**: 154–160. DOI: 10.1016/j.pce.2006.02.045

TAÏEB, R. (1990): Les isotopes de l'hydrogène, du carbone et de l'oxygène dans les sédiments argileux et les eaux de formation.– PhD thesis, Univ. of Lorraine, INPL: 141 pp.; Nancy.

TAKAGI, T., KOH, S. M., SONG, M. S., ITOH, M. & MOGI, K. (2005): Geology and properties of the Kawasaki and Dobuyama bentonite deposits of Zao region in northeastern Japan.– Clay Miner., **40**: 333–350. DOI: 10.1180/0009855054030177

TALAAT, H. A., EL DEFRAWY, N. M., ABULNOUR, A. G., HANI, H. A. & TAWFIK, A. (2011): Evaluation of heavy metals removal using some Egyptian clays.– ICEST 2011 (Singapore, Feb. 26–28, 2011), Int. Proc. Chem. Biol. Environ. Eng., **6**: 37–42.

TARDY, Y., DUPLAY, J. & FRITZ, B. (1987): Stability fields of smectites and illites as a function of temperature and chemical composition.– SKB Technical Report, TR–87–20: 41 pp.; Stockholm.

TAYLOR, D. R. & JENKINS, D. B. (1988): Acid activated clays.– Soc. Min. Eng. AIME Trans., **282**: 1901–1910.

— & UNGERMANN, C. B. (1990): A process for making acid activated bleaching earth.– Publication Date 1990-11-22; European Patent EP0398636A1.

TEBBE, S. (1996): Gallium (Ga) und Seltene-Erd-Elemente (SEE) in Tonmineralen und Tonen und das Verhalten von Ga und der SEE bei der Kaolinisierung der Hirschau-Schnaittenbacher Arkose und des Tirschenreuther Granites.– PhD thesis, TUM: 95 pp; Munich.

TEICH-MCGOLDRICK S., GREATHOUSE, J. A., JOVÉ-COLÓN, C. F. & CYGAN, R. T. (2015): Swelling properties of montmorillonite and beidellite clay minerals from molecular simulation: Comparison of temperature, interlayer cation, and charge location effects.– J. Phys. Chem. **C, 119** (36): 20880–20891.

THENG, B. K. G. (1974): The chemistry of clay-organic reactions.– 343 pp.; New York (Wiley).

THIEU, N. Q., OGLE, B. & PETTERSSON, H. (2008): Efficacy of bentonite clay in ameliorating aflatoxicosis in piglets fed aflatoxin contaminated diets.– Trop. Anim. Health Prod., **40**: 649–656.

THOMAS, G. W. (1996): Soil pH and soil acidity.– In: SPARKS, D. L., PAGE, A. L., HELMKE, P. A., LOEPPERT, R. H., SOLTANPOUR, P. N., TABATABAI, M. A., JOHNSTON, C. T. & SUMNER, M. E. (eds): Methods of soil analysis: Part 3 - Chemical methods.– Soil Sci. Soc. Am. book ser., **5.3**: 475–490; Madison, WI.

THOMAS, M. & VAN DER POEL, A. F. B. (1996): Physical quality of pelleted animal feed: 1. Criteria for pellet quality.– Anim. Feed Sci. Technol., **61**: 89–112.

—, VAN ZUILICHEM, D. J. & VAN DER POEL, A. F. B. (1997): Physical quality of pelleted animal feed: 2. Contribution of processes and its conditions.– Anim. Feed Sci. Technol., **64**: 173–192.

—, van Vliet, T. & van der Poel, A. F. B. (1998): Physical quality of pelleted animal feed: 3. Contribution of feedstuff components.– Anim. Feed Sci. Technol., **70**: 59–78.

Thommes, M., Kaneko, K., Neimark, A. V., Olivier, J. P., Rodriguez-Reinoso, F., Rouquerol, J. & Sing, K. S. W. (2015): Physisorption of gases, with special reference to the evaluation of surface area and pore size distribution (IUPAC Technical Report).– Pure Appl. Chem., **87**: 1051–1069. DOI: 10.1515/pac-2014-1117

Thorez, J. (1975): Phyllosilicates and clay minerals: A laboratory handbook for their X-ray diffraction analysis.– 579 pp; Dison (Lelotte).

Thuresson, A., Jönsson, B. & Karnland, O. (2016): Swelling of Ca/Na montmorillonite at different temperatures, physical insights with the primitive model.– Final Conference "Clay colloids in aqueous systems" (Berlin, Feb. 3–4, 2016), BELBar — Proceedings from second workshop, final conference of the BELBaR project: 77–80.

Thuro, K. (1993): Der Pulver-Quellversuch – ein neuer Quellhebungsversuch.– Geotechnik, **16**: 101–106.

Tilch, W., Polzin, H. & Franke, M. (2015): Praxishandbuch bentonitgebundener Formstoff.– 1. Aufl.: 250 pp.; Berlin (Fachverlag Schiele & Schön).

Tkáč, I., Komadel, P. & Müller, D. (1994): Acid-treated montmorillonites – a study by $^{29}Si$ and $^{27}Al$ MAS NMR.– Clay Miner., **29**: 11–19.

Torres-Ruíz, J., López-Galindo, A., González-López, J. M. & Delgado, A. (1994): Geochemistry of Spanish sepiolite-palygorskite deposits: Genetic considerations based on trace elements and isotopes.– Chem. Geol., **112**: 221–245.

Tributh, H. (1991): Qualitative und „quantitative" Bestimmung der Tonminerale in Bodentonen.– In: Tributh, H. & Lagaly, G. (eds): Identifizierung und Charakterisierung von Tonmineralen.– Berichte DTTG, **1**: 37–85; Gießen.

— & Lagaly, G. (1986): Aufbereitung und Identifizierung von Boden- und Lagerstättentonen: I. Aufbereitung der Proben im Labor.– GIT Fachz. Lab., **30**: 524–529.

Tripathy, S., Sridharan, A. & Schanz, T. (2004): Swelling pressures of compacted bentonites from diffuse double layer theory.– Can. Geotech. J., **41**: 437–450. DOI: 10.1139/t03-096

Tsipursky, S. I. & Drits, V. A. (1984): The distribution of octahedral cations in the 2:1 layers of dioctahedral smectites studied by oblique-texture electron diffraction.– Clay Miner., **19**: 177–193.

Tyagi, B., Chudasama, C. D. & Jasra, R. V. (2006): Characterization of surface acidity of an acid montmorillonite activated with hydrothermal, ultrasonic and microwave techniques.– Appl. Clay Sci., **31**: 16–28. DOI: 10.1016/j.clay.2005.07.001

Ufer, K., Roth, G., Kleeberg, R., Stanjek, H., Dohrmann, R. & Bergmann, J. (2004): Description of X-ray powder pattern of turbostratically disordered layer structures with a Rietveld compatible approach.– Z. Kristallogr. Cryst. Mater., **219**: 519–527. DOI: 10.1524/zkri.219.9.519.44039

—, Stanjek, H., Roth, G., Dohrmann, R., Kleeberg, R. & Kaufhold, S. (2008): Quantitative phase analysis of bentonites by the Rietveld method.– Clays Clay Miner., **56**: 272–282. DOI: 10.1346/CCMN.2008.0560210

—, Kleeberg, R., Bergmann, J. & Dohrmann, R. (2012): Rietveld refinement of disordered illite-smectite mixed-layer structures by a recursive algorithm — I: One-Dimensional Patterns.– Clays Clay Miner., **60**: 507–534. DOI: 10.1346/CCMN.2012.0600507

—, Kleeberg, R. & Monecke, T. (2015): Quantification of stacking disordered Si–Al layer silicates by the Rietveld method: Application to exploration for high-sulphidation epithermal gold deposits.– Powder Diffr., **30**: 111–118. DOI: 10.1017/S0885715615000111

Ulbig, A. (1994): Vergleichende Untersuchungen an Bentoniten, Tuffen und sandig-tonigen Einschaltungen in den Bentonitlagerstätten der Oberen Süßwassermolasse Bayerns.– PhD thesis, TUM: 245 pp.; Munich.

— (1999): Untersuchungen zur Entstehung der Bentonite in der bayerischen Oberen Süßwassermolasse.– N. Jb. Geol. Paläont., Abh., **214**: 497–508.

Ulrich, B. (1981): Ökologische Gruppierung von Böden nach ihrem chemischen Bodenzustand.– Z. Pflanzenernähr. Bodenkd., **144**: 289–305.

Unger, H. J. & Niemeyer, A. (1985a): Die Bentonite in Ostniederbayern – Entstehung, Lagerung, Verbreitung.– Geol. Jb., **D 71**: 3–58; Hannover.

— & Niemeyer, A. (1985b): Bentonitlagerstätten zwischen Mainburg und Landshut und ihre zeitliche Einstufung.– Geol. Jb., **D 71**: 59–93; Hannover.

—, Fiest, W. & Niemeyer, A. (1990): Die Bentonite der ostbayerischen Molasse und ihre Beziehungen zu den Vulkaniten des Pannonischen Beckens.– Geol. Jb., **D 96**: 67–112; Hannover.

Unsworth, E. F., Pearce, J., McMurray, C. M., Moss, B. V., Gordon, F. J. & Rice, D. (1989): Investigations of the use of clay minerals and prussian blue in reducing the transfer of dietary radiocaesium to milk.– Sci. Total Environ., **85**: 339–347.

Unuabonah, E. I., Ugwuja, C. G., Omorogie, M. O., Adewuyi, A. & Oladoja, N. A. (2018): Clays for efficient disinfection of bacteria in water.– Appl. Clay Sci., **151**: 211–223. DOI: 10.1016/j.clay.2017.10.005

VALETON, I. (1999): Saprolite-bauxite facies of ferralitic duricrusts on palaeosurfaces of former Pangaea.– In: THIRY, M. & SIMON-COINÇON, R. (eds): Palaeoweathering, palaeosurfaces and related continental deposits.– Int. Assoc. Sedimentol. Spec. Publ., **SP 27**: 153–188; Oxford (Blackwell).

VAN BEKKUM, H., FLANIGEN, E. M., JACOBS, P. A. & JANSEN, J. C. (eds) (2001): Introduction to zeolite science and practice, 2nd ed.– Stud. Surf. Sci. Catal., **137**: 1078 pp.; Amsterdam (Elsevier).

VAN DER GAAST, S. J., KUHNEL, R. A., VASTERINK, J. & FROST, R. L. (1997): A new model for the structure of water in the interlayer of Ca-Wyoming montmorillonite.– In: KODAMA, H., MERMUT, A. R. & TORRANCE, J. K. (eds): Clays for our future: Proceedings of the 11th International Clay Conference (Ottawa, Canada, June 15–21, 1997): pp. 421–427.

VAN DER MAREL, H. W. & BEUTELSPACHER, H. (1976): Atlas of infrared spectroscopy of clay minerals and their admixtures.– 396 pp.; Amsterdam (Elsevier).

VAN OLPHEN, H. (1977): An introduction to clay colloid chemistry.– 2nd ed.: 318 pp.; New York (Wiley).

VAŠÍÈEK, R. (2007): Mock-up-CZ Experiment.– Czech Technical University Prague, Faculty of Civil Engineering, Centre of Experimental Geotechnics.

VASSILIOU, B. & WHITE, J. (1949): Vapour-pressure/capillarity/temperature relationships in clays.– Clay Mineral. Bull., **0** (3): 80–84.

VAUGHAN, D. E. W., LUSSIER, R. J. & MAGEE, S. J. JR. (1979): Pillared interlayered clay materials useful as catalysts and sorbents.– Publication Date 1979-11-27; United States Patent US 4176090 A.

VAUGHAN, D. J. & PATTRICK, R. A. D. (1995): Mineral Surfaces.– 370 pp.; London (Chapman and Hall).

VEDER, C. (1975): Die Schlitzwandbauweise – Entwicklung, Gegenwart und Zukunft.– Österreichische Ingenieur-Zeitschrift, **8**: 247–257.

VDG — VEREIN DEUTSCHER GIESSEREIFACHLEUTE (1999): Bindemittelprüfung. Prüfung von Bindetonen.– VDG-Merkblatt **P 69** (Oktober 1999): 5 pp.

VIANI, A., GUALTIERI, A. F. & ARTIOLI, G. (2002): The nature of disorder in montmorillonite by simulation of X-ray powder patterns.– Am. Mineral., **87**: 966–975. DOI: 10.2138/am-2002-0720

VIDAL, O., BALDEYROU, A., BEAUFORT, D., FRITZ, B., GEOFFROY, N. & LANSON, B. (2012): Experimental study of the stability and phase relations of clays at high temperature in a thermal gradient.– Clays Clay Miner., **60**: 200–225. DOI: 10.1346/CCMN.2012.0600209

VILLAR, M. V. (2002): Thermo-hydro-mechanical characterisation of a bentonite from Cabo de Gata: A study applied to the use of bentonite as sealing material in high level radioactive waste repositories.– PhD thesis, UCM, Facultad de Ciencias Geológicas.– ENRESA, publicación técnica, 04/2002: 258 pp.; Madrid.

— & LLORET, A. (2004): Influence of temperature on the hydro-mechanical behaviour of a compacted bentonite.– Appl. Clay Sci., **26**: 337–350. DOI: 10.1016/j.clay.2003.12.026

— & LLORET, A. (2008): Influence of dry density and water content on the swelling of a compacted bentonite.– Appl. Clay Sci., **39**: 38–49. DOI: 10.1016/j.clay.2007.04.007

VOIGT, G. (1993): Chemical methods to reduce the radioactive contamination of animals and their products in agricultural ecosystems.– Sci. Total Environ., **137**: 205–225.

—, PRÖHL, G., MÜLLER, H., BAUER, T., LINDNER, J. P., PROBSTMEIER, G. & RÖHRMOSER, G. (1989): Determination of the transfer of cesium and iodine from feed into domestic animals.– Sci. Total Environ., **85**: 329–338.

WALKER, G. F. (1957): On the differentiation of vermiculites and smectites in clays.– Clay Miner. Bull., **3** (17): 154–163.

— (1958): Reactions of expanding-lattice clay minerals with glycerol and ethylene glycol.– Clay Miner. Bull., **3** (20): 302–313.

WALZ, B. & PULSFORT, M. (1983): Ermittlung der rechnerischen Standsicherheit suspensionsgestützter Erdwände aus der Grundlage eines prismatischen Bruchkörpermodells.– Tiefbau Ingenieurbau Straßenbau, **25** (1): 4–7 und **25** (2): 82–86.

WALZ, W. (1991): Chemisch-mineralogische und physikalisch-technische Untersuchungen an bayerischen Bentoniten sowie Betrachtungen zur Genese der bayerischen Bentonitlagerstätten.– PhD thesis, FAU: 289 pp.; Erlangen.– [unpubl.]

WARD, D. B. & BRADY, P. V. (1998): Effect of Al and organic acids on the surface chemistry of kaolinite.– Clays Clay Miner., **46**: 453–465.

WARREN, B. E. (1941): X-ray diffraction in random layer lattices.– Phys. Rev., **59**: 693–698.

— & BODENSTEIN, P. (1965): The diffraction pattern of fine particle carbon blacks.– Acta Cryst., **18**: 282–286.

WAXMAN, M. H. & SMITS, L. J. M. (1968): Electrical conductivities in oil-bearing shaly sands.– Soc. Pet. Eng. J., **8:** 107–122.

WEAVER, C. E. (1989): Clays, muds, and shales.– Developments in Sedimentology, **44**: 818 pp.; Amsterdam (Elsevier).

— & POLLARD, L. D. (1973): The chemistry of clay minerals.– Developments in Sedimentology, **15**: 212 pp.; Amsterdam (Elsevier).

WEH, A. (2007): Bericht über Aufbereitungsversuche von Testproben zur Disaggregation von Tonmineralen durch das HV-Impulsverfahren von SELFRAG Lab.– SELFRAG AG: 6 pp.; Langenthal.– [unpubl.]

WEILER, R. A. & CHAUSSIDON, J. (1968): Surface conductivity and dielectrical properties of montmorillonite gels.– Clays Clay Miner., **16**: 147–155.

WEISS, A. (1961): Mica-type layer silicates with alkylammonium ions.– Clays Clay Miner., **10**: 191–224.

— & LAGALY, G. (1967): Ein einfaches Verfahren zur Abschätzung der Schichtladung quellungsfähiger glimmerartiger Schichtsilicate.– Kolloid Z Z Polymere **216/217**: 356–361.

WEISS, F. (1967): Die Standfestigkeit flüssigkeitsgestützer Erdwände.– Bauingenieur-Praxis, **70**: 112 pp.; Berlin (Ernst).

WEISS, J. (1990): Mit Bentonit Schweine besser mästen?.– DGS, **5**/1990.

WENZEL, G. (2000): Röntgencomputertomographische Untersuchungen zum Einfluß von salzreichen Lösungen und Trockenphasen auf die Aggregat- und Makroporenstruktur verschiedener Bentonite.– Diploma thesis, RWTH Aachen University, LIH: 118 pp.; Aachen.

WILKE, H. (1987): Eozäne Bauxit-Lagerstätten in Kutch/Gujarat, Indien.– PhD thesis, University of Hamburg (UHH); Hamburg.– [unpubl.]

WILLIAMS, F. J., ELSLEY, B. C. & WEINTRITT, D. J. (1954): The variations of Wyoming bentonite beds as a function of the overburden.– Clays Clay Miner., **2**: 141–151.

WILSON, J., SAVAGE, D., CUADROS, J., SHIBATA, M. & RAGNARSDOTTIR, K. V. (2006a): The effect of iron on montmorillonite stability: (I) Background and thermodynamic considerations.– Geochim. Cosmochim. Acta, **70**: 306–322. DOI: 10.1016/j.gca.2005.10.003

—, CRESSEY, G., CRESSEY, B., CUADROS, J., RAGNARSDOTTIR, K. V., SAVAGE, D. & SHIBATA, M. (2006b): The effect of iron on montmorillonite stability: (II) Experimental investigation.– Geochim. Cosmochim. Acta, **70**: 323–336. DOI: 10.1016/j.gca.2005.09.023

WILSON, M. J. (ed) (1994): Clay mineralogy: Spectroscopic and chemical determinative methods.– 367 pp.; London (Chapmann & Hall).

— (2013): Rock-Forming Minerals, Vol. 3 C — Sheet silicates: Clay minerals.– Geol. Soc. Lond. , 2nd ed.: 724 pp.; London.

WINCHESTER, J. A. & FLOYD, P. A. (1977): Geochemical discrimination of different magma series and their differentiation products using immobile elements.– Chem. Geol., **20**: 325–343.

WOLTERS, F. & EMMERICH, K. (2007): Thermal reactions of smectites — Relation of dehydroxylation temperature to octahedral structure.– Thermochim.Acta, **462**: 80–88. DOI: 10.1016/j.tca.2007.06.002

—, LAGALY, G., KAHR, G., NÜESCH, R. & EMMERICH, K. (2009): A comprehensive characterization of dioctahedral smectites.– Clays Clay Miner., **57**: 115–133.

WONGTANGTINTAN, S., SAIPAN, P., TENGJAROENKUL, U., SUTHIMUN, S. & TENGJAROENKUL, B. (2014): Effect of heat treatment on efficacy of Thai bentonite for adsorption of aflatoxin B1 *in vitro*.– Livest. Res. Rural Dev., **26** (1): Article #10. URL: https://www.lrrd.org/lrrd26/1/teng26010.htm (last access 24 November 2024)

XIE, M., MOOG, H. C. & KOLDITZ, O. (2007): Geochemical effects on swelling pressure of highly compacted bentonite: Experiments and model analysis.– In: SCHANZ, T. (ed): Theoretical and numerical unsaturated soil mechanics.– Springer Proc. Phys., **113**: 93–100. DOI: 10.1007/3-540-69876-0_10

YAN, L. B., ROTH, C. B. & LOW, P. F. (1996): Changes in the Si–O vibrations of smectite layers accompanying the sorption of interlayer water.– Langmuir, **12**: 4421–4429.

YARIV, S. (1992): The effect of tetrahedral substitution of Si by Al on the surface acidity of the oxygen plane of clay minerals.– Int. Rev. Phys. Chem., **11**: 345–375.

— & CROSS, H. (2002): Organo-clay complexes and interactions.– 688 pp.; New York (Dekker).

— & MICHAELIAN, K. H. (2002): Structure and surface acidity of clay minerals.– In: YARIV, S. & CROSS, H.: Organo-clay complexes and interactions: 1–38; New York (Dekker).

—, HELLER, L. & KAUFHERR, N. (1969): Effect of acidity in montmorillonite interlayers on the sorption of aniline derivatives.– Clays Clay Miner., **17**: 301–308.

YE, W. M., WAN, M., CHEN, B., CHEN, Y. G., CUI, Y. J. & WANG, J. (2013): Temperature effects on the swelling pressure and saturated hydraulic conductivity of the compacted GMZ01 bentonite.– Environ. Earth Sci., **68**: 281–288. DOI: 10.1007/s12665-012-1738-4

YI, Y., LIU, Y. H., YANG, Z. B., WAN, X. L. & CHI, F. (2012): The efficacy of clay enterosorbent to ameliorate the toxicity of aflatoxin $B_1$ from contaminated corn (*Zea mays*) on hematology, serum biochem istry, and oxidative stress in ducklings.– J. Appl. Poult. Res., **21**: 806–815. DOI: 10.3382/japr.2012-00538

YLAGAN, R. F., ALTANER, S. P. & POZZUOLI, A. (1996): Hydrothermal alteration of a rhyolitic hyaloclastite from Ponza Island, Italy.– J. Volcanol. Geotherm. Res., **74**: 215–231.

—, ALTANER, S. P. & POZZUOLI, A. (2000): Reaction mechanisms of smectite illitization associated with hydrothermal alteration from Ponza Island, Italy.– Clays Clay Miner., **48**: 610–631.

YUKSELEN, Y. & KAYA, A. (2006): Comparison of methods for determining specific surface area of soils.– J. Geotech. Geoenviron., **132**: 931–936. DOI: 10.1061/(asce)1090-0241(2006)132:7(931)

ZENNER, B. (1999): Schnellmethoden zur semiquantitativen Bestimmung des Smektitgehaltes von Bentoniten in der Lagerstätte, basierend auf chemischen Kontaktaustauschreaktionen.– Diploma thesis, Ruhr University Bochum (RUB); Bochum.

ZHOU, C. H. (ed) (2011): Clay mineral-based catalysts and catalysis.– Appl. Clay Sci., **53**(2): 85–358.

ZHU, R., CHEN, Q., ZHOU, Q., XI, Y., ZHU, J. & HE, H. (2016): Adsorbents based on montmorillonite for contaminant removal from water: A review.– Appl. Clay Sci., **123**: 239–258.

ZIELINSKI, R. A., LIPMAN, P. W. & MILLARD, H. T. (1977): Minor-element abundances in obsidian, perlite, and felsite of calc-alkalic rhyolites.– Am. Mineral., **62**: 426-437.

ZSCHAU, W. (1985): Was ist Bleicherde?.– Fette Seifen Anstrichmittel, **87**: 506 – 508.

—, CONDEMARIN, R. & ORTIZ NIEMBRO, J. A. (2007): Adsorbent and method for purification of crude sugar juices.– Publication Date 2007-02-15; Patent WO 2007 017102.

# ▸ Norms and Standards

| | | |
|---|---|---|
| AASHTO T 99 | 2019-01 | Standard Method of Test for<br>Moisture-Density Relations of Soils<br>Using a 2.5-kg (5.5-lb) Rammer and a 305-mm (12-in.) Drop |
| API SPEC 13A | 2006-12 | Specification for Drilling Fluid Materials<br>(17th edition) |
| API RP 13B-1 | 1990-01 | Recommended Practice<br>Standard Procedure for Field Testing Water-based Drilling Fluids<br>(1st edition) |
| | 1997-09 | Recommended Practice<br>Standard Procedure for Field Testing Water-based Drilling Fluids<br>(2nd edition) |
| ASTM D 698 | 2021-07 | Standard Test Methods for<br>Laboratory Compaction Characteristics of Soil<br>Using Standard Effort (12,400 ft-lbf/ft$^3$ (600 kN-m/m$^3$)) |
| ASTM D 5890-01 | 2001-08 | Standard Test Method for<br>Swell Index of Clay Mineral Component of<br>Geosynthetic Clay Liners |
| DepV –<br>Deponie-<br>Verordnung | 27 April<br>2009 | Verordnung über Deponien und Langzeitlager<br>*[German Landfill Ordinance: Ordinance on landfill sites<br>and long-term storage facilities]* |
| DIN 4126 | 2013–09 | Nachweis der Standsicherheit von Schlitzwänden<br>*[Stability analysis of diaphragm walls]* |
| DIN 4127 | 2014-02 | Erd- und Grundbau – Prüfverfahren für Stützflüssigkeiten im<br>Schlitzwandbau und für deren Ausgangsstoffe<br>*[Earthworks and foundation engineering – Test methods for<br>supporting fluids used in the construction of diaphragm walls<br>and their constituent products]* |
| DIN 18121–1 | 1998–04 | Untersuchung von Bodenproben – Wassergehalt –<br>Teil 1: Bestimmung durch Ofentrocknung<br>*[Soil, investigation and testing – Water content –<br>Part 1: Determination by drying in oven]* |

| | | |
|---|---|---|
| DIN 18132 | 2012-04 | Baugrund, Versuche und Versuchsgeräte – Bestimmung des Wasseraufnahmevermögens<br>*[Soil, testing procedures and testing equipment – Determination of water absorption]* |
| DIN 18321 | 2019-09 | VOB Vergabe- und Vertragsordnung für Bauleistungen – Teil C: Allgemeine Technische Vertragsbedingungen für Bauleistungen (ATV) – Düsenstrahlarbeiten<br>*[German construction contract procedures (VOB) – Part C: General technical specifications in construction contracts (ATV) – Jet grouting work]* |
| DIN EN 965 | 1995-05 | Geotextilien und geotextilverwandte Produkte – Bestimmung der flächenbezogenen Masse<br>*[Geotextiles and geotextile-related products – Determination of mass per unit area]*<br>*This document is withdrawn and has been replaced by*<br>→ DIN EN ISO 9864 |
| DIN EN 1538 | 2015-10 | Ausführung von Arbeiten im Spezialtiefbau – Schlitzwände<br>*[Execution of special geotechnical work – Diaphragm walls]* |
| DIN EN 12716 | 2019-03 | Ausführung von Arbeiten im Spezialtiefbau – Düsenstrahlverfahren<br>*[Execution of special geotechnical work – Jet grouting]* |
| DIN EN ISO 9864 | 2005-05 | Geokunststoffe – Prüfverfahren zur Bestimmung der flächenbezogenen Masse von Geotextilien und geotextilverwandten Produkten<br>*[Geosynthetics – Test method for the determination of mass per unit area of geotextiles and geotextile-related products]* |
| DIN EN ISO 10319 | 2015-09 | Geokunststoffe – Zugversuch am breiten Streifen<br>*[Geosynthetics – Wide-width tensile test]* |
| DIN EN ISO 12236 | 2006-11 | Geokunststoffe – Stempeldurchdrückversuch (CBR-Versuch)<br>*[Geosynthetics – Static puncture test (CBR test)]* |
| EC Regulation 2003/1831 | 2003-09 | Regulation (EC) No 1831/2003 of the European Parliament and of the Council of 22 September 2003 on additives for use in animal nutrition |

| | | |
|---|---|---|
| EU Decision 2003/33/EC | 2002-12 | 2003/33/EC: Council Decision of 19 December 2002 establishing criteria and procedures for the acceptance of waste at landfills pursuant to Article 16 of and Annex II to Directive 1999/31/EC<br>→ Landfill Directive 1999/31/EC |
| EU Regulation 2013/1060 | 2013-10 | Commission Implementing Regulation (EU) No 1060/2013 of 29 October 2013 concerning the authorization of bentonite as a feed additive for all animal species |
| ISO 13500 | 2008-11 | Petroleum and natural gas industries – Drilling fluid materials – Specifications and tests |
| Landfill Directive 1999/31/EC | 1999-04 | Council Directive 1999/31/EC of 26 April 1999 on the landfill of waste |
| ÖBV Directive „Schmalwände" | 2002-03 | Richtlinie „Schmalwände" der Österreichischen Bautechnik Vereinigung (ÖBV) (1st edition)<br>[*Guideline thin diaphragm walls*] |
| Önorm EN 12716 | 01 June 2019 | Ausführung von Arbeiten im Spezialtiefbau – Düsenstrahlverfahren<br>[*Execution of special geotechnical work – Jet grouting*] |
| Weingesetz 1985 | 24 October 1985 | Österreichisches Bundesgesetz über den Verkehr mit Wein und Obstwein<br>Verordnung des Bundesministers für Land- und Forstwirtschaft zur Durchführung des Weingesetzes 1985 (Weinverordnung); (BGBl. für die Republik Österreich Nr. 444/1985; StF: BGBl. Nr. 630/1992)<br>[*Austrian Wine Act 1985: Federal Act on the placing on the market of wine and fruit made wine*] |

# Acronyms and Abbreviations

| | |
|---|---|
| **AAM** | alkylammonium method |
| **AAS** | atomic absorption spectroscopy |
| **AASHTO** | American Association of State Highway and Transportation Officials |
| **ABM** | alternative buffer material test [*SKB*] |
| **AD** | air-dried |
| **AFS** | American Foundry Society |
| **API** | American Petroleum Institute |
| **ASTM** | American Society for Testing and Materials |
| **BGMN** | Rietveld code developed by BERGMANN |
| **CA** | condensation approximation |
| **CCC** | critical coagulation concentration |
| **CEC** | cation-exchange capacity |
| **CMC** | carboxymethyl cellulose |
| **CMS** | The Clay Minerals Society |
| **COD** | chemical oxygen demand |
| **CoHex** | cobalt hexamine |
| **CT** | computed tomography |
| **CTEM** | conventional transmission electron microscopy |
| **Cu-trien** | copper triethylenetetramine |
| $\mathbf{d}_{001}$ (value) | XRD basal spacing |
| **DPF** | diesel particle filter |
| **DRIFT** | diffuse reflectance infrared Fourier transform *spectroscopy* |
| **DSC** | differential scanning calorimetry |
| **DTA** | differential thermal analysis |
| **DTA-MS** | differential thermal analysis coupled with mass spectrometry |
| **EC** | elementary cell |
| **EC** | electrical conductivity (only in Section 4.7) |
| **EDTA** | ethylenediaminetetraacetic acid |
| **EDX** | energy-dispersive X-ray spectroscopy |
| **EELS** | electron energy-loss spectroscopy |
| **EG** | ethylene glycol (ethane-1,2-diol) |
| **EGME** | ethylene glycol monomethyl ether |
| **EM** | electron microscopy |
| **ER** | electrical resistivity |
| **ESEM** | environmental scanning electron microscope |
| **FIB-nt** | focused ion beam nanotomography |
| **FT-IR** | Fourier transform infrared *spectroscopy* |
| **FU** | formula unit (in case of smectite = ½ elementary cell) |
| **FWHM** | full width at half maximum |
| **GCC** | ground calcium carbonate |
| **GCL** | geosynthetic clay liner |
| **GLY** | glycerol (propane-1,2,3-triol) |
| **GOF** | "goodness-of-fit" *value* |
| **GPF** | gasoline particle filter |
| **HER** | difficult to oxidize organics (FRIEDRICH et al. 1996) |
| **HLRW** | high-level radioactive waste |
| **ICP** | inductively coupled plasma |
| **IR** | infrared |
| **IUPAC** | International Union of Pure and Applied Chemistry |
| **LCD** | layer charge density |
| **LCDD** | layer charge density distribution |
| **LECO** | C/S elemental analyzer |
| **LER** | easy to oxidize organics (FRIEDRICH et al. 1996) |
| **LHe** | liquid helium |
| **Lig** | lignosulfonates |
| **LOI** | loss on ignition |
| **LOT** | long-term test [*SKB*] |

| | |
|---|---|
| **MB** | methylene blue |
| **$M_{FU}$** | molar mass of a formula unit (smectite) |
| **MIR** | mid-infrared *spectra* |
| **MS** | mass spectrometry |
| **MX80** | Wyoming bentonite with special grain size distribution |
| **NABF** | non-aqueous based fluids |
| **NAGRA** | Nationale Genossenschaft für die Lagerung radioaktiver Abfälle [*National Cooperative for the Disposal of Radioactive Waste, Switzerland*] |
| **NIR** | near-infrared *spectra* |
| **OBF** | oil-based fluids |
| **ÖBV** | Österreichische Bautechnik Vereinigung [*Austrian Society for Construction Technology*] |
| **PAC** | polyanionic cellulose |
| **PAD** | proton affinity distribution |
| **PCC** | precipitated calcium carbonate |
| **PD** | 1,3-propanediol (propane-1,3-diol) |
| **PE** | polyethylene |
| **PE-HD** | high-density polyethylene |
| **PILC** | pillared clay |
| **$pK_a$** | acid strength |
| **PP** | polypropylene |
| **PV** | plastic viscosity |
| **PZC** | point of zero charge |
| **QDP** | quality-determining parameter |
| **QM** | quality management |
| **R & D** | research and development |
| **RC** | Reynolds Cup |
| **RH** | relative humidity |
| **RT** | room temperature |
| **SAD** | selected area electron diffraction *pattern* |
| **SB** | soil/bentonite backfill |
| **SBF** | synthetic-based fluids |
| **SEM** | scanning electron microscopy |
| **SEM-EDX** | scanning electron microscopy – energy dispersive X-ray spectroscopy |
| **SFM** | structural formula method |
| **SKB** | Svensk Kärnbränslehantering AB |
| **SSA** | specific surface area |
| **$SSA_{N2BET}$** | nitrogen gas adsorption using the BET method (BRUNAUER et al. 1938) for the determination of the specific surface area |
| **SSM** | small-scale measurement (device) |
| **SSS** | soda soluble silica |
| **STA** | simultaneous thermal analysis |
| **TC** | total carbon |
| **TEM** | transmission electron microscopy |
| **TIC** | total inorganic carbon |
| **TOC** | total organic carbon |
| **TOT** | 2:1 layer (tetra:octa:tetra) |
| **URL** | underground rock laboratory |
| **USGS** | United States Geological Survey |
| **UV-VIS** | ultraviolet-visible spectroscopy |
| **VDG** | Verein Deutscher Giessereifachleute [*Association of German Foundry Professionals*] |
| **WBF** | water-based fluids |
| **WC – EC** | water content – electric conductivity |
| **WD-XRF** | wavelength dispersive X-ray fluorescence spectrometry |
| **WETEM** | wet environmental-cell transmission electron microscopy |
| **XAFS** | X-ray absorption fine structure |
| **XANES** | X-ray absorption near-edge structure |
| **XRD** | X-ray diffraction |
| **XRF** | X-ray fluorescence |
| **YP** | yield point |

Appendix

# Procedure used for the production of Na-saturated (purified) bentonites

## ▸ Carbonate dissolution

- 30 g powdered samples were weighed in 750 mL centrifuge beakers.
- 700 mL Na-acetate/acetic acid solution were added (2:1 mix of 2 M solutions).
- Beakers were shaken end-over-end for 2 to 4 days and centrifuged thereafter (the supernatant was discharged).
- Samples were washed twice with 700 mL 4 M NaCl solution (washing = end-over-end shaking of the mixture and separation of the solution by centrifugation after 24 h shaking).

## ▸ Test for remaining carbonates

Before drying or further treatmens an aliquot is taken (200 mg) and analyzed by LECO analysis with respect to organic and inorganic carbon. If the inorganic carbon content was larger than 0.1 mass%, one or more further carbonate dissolution steps were performed.

## ▸ Organic matter dissolution

- After separation of the NaCl solution by centrifugation 500 mL 10 % $H_2O_2$ were added to dissolve the organic matter (at least the edge blocking carboxylic acids introduced throughout carbonate removal).
- The mixture of the clay and $H_2O_2$ were allowed to stand until no further formation of bubbles was observed.
  *Note that the reaction may take some time and can be speed up by increasing the temperature after the first strong reaction is over.*
- After centrifugation samples were again washed twice with 4 M NaCL solution.
- Finally samples were washed with water and subjected to a dialysis bath to remove excess salts.

About the Authors

## Prof. Dr. Wen-An Chiou

Dr. Wen-An Chiou obtained his PhD degree in Geological Oceanography with emphasis on marine clays from Texas A & M University. He has nearly 45 years of experience in the application of electron microscopy/diffraction and X-ray diffraction in materials and geological/mineralogical research. Dr. Chiou has broad research interests in a wide spectrum of materials, both physical and biological, natural, and man-made, in different areas and environments, ranging from bulk materials to nanomaterials. In the areas of mineralogy and clay science, his research includes microstructures, fabrics and physical properties of clays, application of clays and nano-clayey materials, and biomineralization. Dr. Chiou is currently conducting research using *in-situ* environmental electron microscopy, a novel technique that is revolutionizing many aspects of scientific and engineering research.

## Dr. Andreas Decher

Dr. Andreas Decher is a self-employed consultant for industrial minerals, with a track record from academic research, commercial R & D, industrial bentonite processing to business management. His work on bentonite and bentonite deposits started as student of Geology at RWTH Aaachen University where he graduated with a PhD thesis about bentonites from Milos, Greece. In 1996, Dr. Decher joined IKO Erbslöh (later S & B Industrial Minerals), where he has held several management positions.

## Dipl.-Geol. Michael Dörschug

Dipl.-Geol. Michael Dörschug graduated as geologist at the Technical University of Munich. He joined Süd-Chemie AG after working on several platinum exploration projects in South Africa. He was in charge of raw material assurance (exploration, mining, quality, logistic, procurement) in various regions (EMEA, APAC, South America). He also has proven skills in quality management (EOQ auditor) and in sales and marketing management. Since 2007 he works as a consultant (www.emdico.net) in the field of industrial minerals. He is focused on global projects for raw material development, supply chain, quality, risk and general project management.

## Dr. Reiner Dohrmann

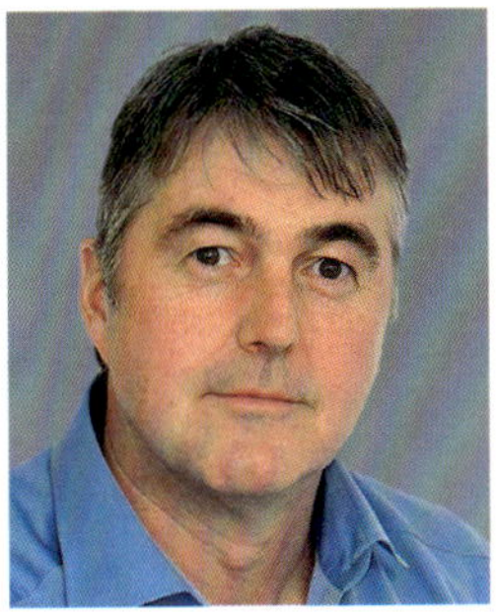

Dr. Reiner Dohrmann graduated as mineralogist at Tübingen University in 1993. He studied cation exchange processes at Aachen Technical University (PhD in 1997) and was responsible for the XRD and clay laboratory at RWTH Aachen until 2000. In 2000, he joined BGR and LBEG and leads the technical mineralogy and sedimentology section since 2001. He is focused on the development of CEC and XRD-based clay mineralogical methods, and using them for studying clay barrier systems for radioactive waste, clay raw materials, building stones, and soils. He served several clay organizations: AIPEA (President 2017 – 2022, now Past President), OECD – NEA Clay Club (2008 – 2017), ECGA (Secretary 2011 – 2015), DTTG and CMS Council. He is a member of the editorial board of Clays and Clay Minerals since 2008, and was Guest Editor of all "Andra" clay-radwaste meetings (since 2002).

## Prof. Dr. H. Albert Gilg

Prof. Dr. H. Albert Gilg is an economic geologist at the Technical University of Munich (TUM) with a focus on industrial minerals, geochemistry and gemstones. He studied Geology at Ludwig-Maximilians-University of Munich, Germany, and obtained a doctoral degree at ETH Zurich, Switzerland, in 1993. His post-doctoral studies as a Marie Curie Fellow at the École Normale Supérieure de Lyon, France, were dedicated to isotope geochemistry of clays. In 2002, he has been Visiting Professor at CISESE, Baja California, Mexico. He served in the editorial boards of Ore Geology Reviews and Mineralium Deposita.

## Dr. Theodore Karidakis

Dr. Theodore Karidakis is a Metallurgical Engineer and holds a PhD in Extractive Metallurgy. He works for Imerys S.A. and has over 20 years of experience in various applications of bentonite, especially in the use of bentonite as binder in the agglomeration of iron ore. He has conducted several projects on product development and process optimization in iron pelletizing. He has cooperated with most of the major pellet plants in the world.

## Dr. Stephan Kaufhold

Dr. Stephan Kaufhold studied Mineralogy at the RWTH Aachen University from 1993 to 1998. After some insights into metal ore deposit research, he started to focus on bentonites in 1996 and finally wrote his Diploma thesis on an in-situ quality method. While working for the bentonite industry he investigated the acid-activation of bentonites using organic acids, and submitted his PhD thesis on this topic. Since 2002 he has worked for the BGR (German Geological Survey) on bentonite research, particularly in the field of radioactive waste management.

## Dr. Kisnaduth Kesore

Dr. Kisnaduth Kesore obtained a MSc in Chemistry at the Voronezh State University in Russia in 1990, was then awarded with a PhD scholarship at the Martin Luther University Halle-Wittenberg, and worked on electro-membrane processes during electrodialysis in 1995. After a post-doctorate stay in France he worked in the field of zeolites and clays till 1998, and continued this research on new zeolite based products at IKO Erbslöh (then S&B Industrial Minerals, later Imerys S.A.). He switched for the position of Global Marketing Manager at Süd-Chemie AG (now Clariant) in 2008. In 2012 he moved to BASF as the EMEA Marketing Manager at BASF Catalysts Germany GmbH. In 2014 he changed to New Business Development Manager EMEA for the same business. Since 2023 he is responsible for the EMEA clean indoor business.

## Dr. Dietrich Koch (retired)

Dr. Dietrich Koch studied Chemistry at the Technische Universität Braunschweig and obtained his PhD in Inorganic Chemistry. He started his work in the German bentonite industry in 1979 as head of the central laboratory of Erbslöh Geisenheimer Kaolinwerke (later Erbslöh Geisenheim GmbH, IKO Erbslöh GmbH, S&B Industrial Minerals and finally Imerys S.A.). He was a member of numerous working groups for analysis, application and standardization of bentonite relevant products, and was involved in several international R&D projects, also at the EU level. From 2005 until his retirement in 2009, he worked as internal technical consultant and continued this activity until the end of 2012.

## Dipl.-Geol. Annette Krause

Dipl.-Geol. Annette Krause studied Geology at the Ruhr-Universität in Bochum. Since 2001 she is working for one of the leading bentonite producers. For more than 15 years her focus was on the Northern European cat litter business which included market development and developing new sales prospects in close cooperation with QA and Operations. Beside the cat litter business, she was project manager for various projects in operations and market development. In 2015 she moved to operations to be in charge for quality and process control. Since 2019 she is Plant Manager, responsible for the production of various bentonite products for cat litter, foundry, paper and speciality applications.

## Dr. Michael Plötze

Dr. Michael Plötze studied Mineralogy/Geochemistry at the Technical University Bergakademie Freiberg in Germany (PhD in 1995). Since 1998 he is employed at the ETH Zurich (Switzerland) and since 2006 head of the ClayLab at the Institute for Geotechnical Engineering. His research is primarily focused on the investigation of clay mineral alteration and the modification of clay physicochemical properties through physical and chemical treatment. He serves on the editorial board of Clays and Clay Minerals since 2013.

## Dr. Nils Rickertsen

Dr. Nils Rickertsen studied Chemistry at the Christian-Albrechts-University of Kiel. For his PhD study he joined the research group of Prof. Dr. G. Lagaly. From 2004 on he worked at S&B Industrial Minerals (now Imerys S.A.) as R&D specialist for bentonite products (paper, water and beverage treatment, ceramics, and chemical and rheological applications). In 2008 he became head of R&D of the S&B business unit "Specialty Bentonites and Additives", and from 2011 on he was responsible for global marketing for functional fillers at S&B. Dr. Rickertsen also worked as R&D manager for Stephan Schmidt KG (clay producer) and at Feldmuehle Uetersen (paper mill) before he joined the Gustav Grolman Group (international distribution of specialty chemicals) in 2017 as Technical Sales Manager and European Technical Service Manager for fillers and performance materials.

## Prof. Dr. Joseph W. Stucki (retired)

Dr. Joseph W. Stucki, Emeritus Professor of Soil Science at the University of Illinois, has enjoyed a fruitful career in research and teaching, with the primary focus being on the physical, chemical, and colloidal properties of redox-modified, Fe-bearing clay minerals. Though retired, he maintains an active and productive research program. He is grateful for the guiding influence he received from his mentors at Purdue University, and acknowledges the invaluable contributions of the many graduate and post-doctoral students and other colleagues who have passed through his laboratory and collaborated with him over the years.

## Dr. Albert Stützer

Dr. Albert Stützer studied Chemistry at the Technical University of Munich. After additional training in economics, marketing and sales, he joined Süd-Chemie AG (today Clariant Produkte (Deutschland) GmbH) in 1993. He oversaw research, development and application technology in the field of industrial wastewater treatment, various natural and activated bentonites, and bentonite–polymer interactions. Later he also gained extensive experience in special bentonite markets and applications in ceramics, refractories, construction chemistry, anti-settling systems, as well as release agents and specific adsorption/desorption processes inclusively process and wastewater treatment. Since October 2021 Dr. Albert Stützer works as Sales Manager Water Treatment at C.H. Erbslöh, Krefeld.

## Dr. Kristian Ufer

Dr. Kristian Ufer studied Mineralogy at the RWTH Aachen University from 1993 to 1999. His diploma thesis addressed the quantification of smectite content of bentonites by photometric methods. He then developed a crystallographic model for turbostratically disordered smectites that is suitable for the Rietveld method (PhD 2005). During 2004 to 2006 he held a postdoctoral position at the research center Jülich, an institution of the Helmholtz Association. From 2006 to 2011 he was employed at the University of Freiberg, where he adapted his method for the structural description of several disordered clay minerals with the aim of quantitative phase analysis. In 2011, he joined the BGR, where he is responsible for the quantitative phase analysis with the Rietveld method as well as the structural description of stacking disordered materials.

Photograph not available at the time of publication

## Dr. Helmut Coutelle (retired)

Dr. Helmut Coutelle studied Chemistry at the Ludwig-Maximilians-University of Munich and joined Süd-Chemie AG (today BYK Chemie GmbH, Wesel) in 1978. He oversaw the application technology for bleaching clays, civil engineering bentonites, and catalysts. Later he focused on the application technology of rheological products including organoclays. He has extensive experience of rheological additives based on bentonites, especially organoclays, in the fields of foundry, drilling fluids, lubricants, paints, and even personal care products, including cosmetics.

## Photo Credits

*Cover:* Bentonite mining, hand designates highest grade at excavation site: © mauritius images / Alamy
(right of center): Engineer using blade to test for purity of bentonite: © mauritius images / Alamy;
Hand displaying processed 'granular' bentonite: © mauritius images / Alamy
(left of center): © mauritius images / KamilSD / Alamy
(bottom): The proximal Angeria deposit (Milos, Greece): © H. Albert Gilg

***Figs. 1.4, 1.5, 1.6, 1.7, 1.11, 1.12, 1.14, 1.15:*** © H. Albert Gilg

***Fig. 1.13:*** © Thomas Albrecht

***Fig. 3.4 (A, B):*** © SELFRAG AG

***Figs. 3.11, 3.13, 3.14, 3.58, 3.60, 3.61 (A–C):*** © Wen-An Chiou

***Figs. 3.50, 4.16, 4.19, 5.21, 6.9, 6.11, 6.12, 6.13, 6.15, 7.12, 7.14, 7.15:*** © Orca Affairs / Max Liebehenschel

***Figs. 5.2, 5.3, 5.6, 5.7, 5.8, 5.9, 5.10, 5.11, 5.13, 5.14, 5.15, 5.16, 5.17, 5.18, 5.19, 5.20:*** © Michael Dörschug

***Figs. 5.4, 5.5:*** © S & B Industrial Minerals GmbH

***Figs. 6.2, 6.3, 6.4, 6.5, 6.6, 7.13, 7.16:*** © Dietrich Koch

***Fig. 7.6:*** photograph of motorblock © Gießerei HEUNISCH GmbH

***Fig. 7.20:*** © Nils Rickertsen

## IMPRINT

Geol. Jb.

B 106

# Bentonites
## Characterization, Geology, Mineralogy, Analysis, Mining, Processing and Uses

The sole responsibility for the content of this publication lies with the authors.

Published by: BUNDESANSTALT FÜR GEOWISSENSCHAFTEN UND ROHSTOFFE (BGR)
[FEDERAL INSTITUTE FOR GEOSCIENCES AND NATURAL RESOURCES]

Bundesanstalt für Geowissenschaften und Rohstoffe (BGR)
Interne Kommunikation, Service-Z-Management, Publikationen (BZ.7)
Stilleweg 2, 30655 Hannover (Germany)
Tel.: +49 511 643–0
www.bgr.bund.de

Edited by: Dr. Thomas Schubert, Dr. Joachim Gersemann,
K. Otremba and H.-J. Sturm

Printed by: Bonifatius GmbH Druck | Buch | Verlag, Paderborn
Printed on FSC-certified paper

Available from: E. Schweizerbart'sche Verlagsbuchhandlung
(Nägele u. Obermiller)
Johannesstraße 3 A, 70176 Stuttgart (Germany)
Tel.: +49 711 351456 – 0
Fax: +49 711 351456 – 99
E-mail: mail@schweizerbart.de
www.schweizerbart.de





ISSN 0341-6402
**ISBN 978-3-510-96859-6**
Information on this title: www.schweizerbart.com/9783510968596

Federal Ministry
for Economic Affairs
and Climate Action

The Federal Institute for Geosciences and Natural Resources (BGR) is a higher-level technical and scientific federal agency that reports to the German Federal Ministry for Economic Affairs and Climate Action (BMWK).